PRINCIPLES OF ECONOMICS

경제학원론

경제학원론

초판인쇄 2017년 8월 31일
초판발행 2017년 8월 31일

지 은 이 박도준

발 행 처 (주)이모션티피에스 TEL : 02-2263-6414 / 홈페이지 : www.emotiontps.com
펴 낸 곳 이모션미디어
주　　소 서울시 중구 퇴계로41길 39, 3층 302호(정암프라자)
등　　록 2016년 10월 1일 제571-92-00230호
전　　화 02)2263-6414 | **팩스** 02)2268-9481
이 메 일 emotion-books@naver.com
홈페이지 www.emotionbooks.co.kr

ISBN 979-11-88145-15-7 93320
값 19,800원

이 도서의 국립중앙도서관 출판예정도서목록(CIP)은 서지정보유통지원시스템 홈페이지(http://seoji.nl.go.kr)와 국가자료공동목록시스템(http://www.nl.go.kr/kolisnet)에서 이용하실 수 있습니다. (CIP제어번호 : CIP2017020769)

PRINCIPLES OF ECONOMICS

경제학원론

박도준 지음

이모션미디어

머리말

소비자로부터 기업에 이르기까지 모든 경제주체들은 한정된 자원을 가지고 가장 유리한 의사결정을 내리려 한다. 경제학은 이러한 의사결정 과정들을 논리적으로 설명해준다. 경제나 사회현상들을 잘 파악하려면 그런 논리의 틀을 갖추고 있어야 한다. 경제를 잘 알거나 경제학적 내공이 깊다는 것은 경제의 논리들을 잘 파악하고 있다는 것과 같다. 따라서 경제학은 일단 각각의 논리들을 이해하기만 하면, 매우 쉽게 효과적으로 공부해나갈 수 있다. 이 책은 독자들이 가장 기본적인 경제학적 틀을 가장 빠르고 최대한 효율적으로 갖추게 하는 것을 목표로 한다. 이 책을 통해 경제학을 잘 익혔다면, 전 세계 어디에 가더라도 가장 기본적인 경제학 수준에서는 결코 부족함이 없다는 것을 스스로 느끼게 될 것이다. 또한 보다 새롭고 합리적으로 현실을 보는 시각이 생기게 되며, 국가의 여러 가지 정책들이나 자신의 관심을 끄는 문제들을 보다 잘 이해하고 평가하고 응용할 수 있는 능력도 생기게 될 것이다.

경제학원론은 대개 한 학기에 미시경제학 파트인 경제원론1과 또 다른 학기에 거시경제학 파트인 경제원론2가 강의된다. 이 책의 Part 1 미시편과 Part 2 거시편 중 어느 편을 먼저 보아도 크게 지장은 없으나, 몇 가지 미시편에 나오는 개념들이 거시편에도 쓰이므로 미시편을 먼저 본 후 거시편을 보면 보다 매끄럽게 공부할 수 있다.

이 책은 경제학개론을 미리 공부한 사람은 물론, 경제학을 처음 접하는 사람도 차분하게 모든 논리를 잘 따라갈 수 있도록 하였다. 그리고 책을 읽을 때 중심이 되는 내용을 잘 파악할 수 있도록 책 전체의 흐름을 매끄럽게 하는데 중점을 두었다. 이를 위해 중심적인 내용에 필요한 보충설명들은 모두 따로 떼어 **주** 에 담았으며, 책의 흐름을 따라가는데 꼭 필요한 것이 아니더라도 매우 유용한 내용들도 **참고**에 수록하였다. 그래서 이 책을 다 읽은 후에 복습할 때 중심내용만 되짚어보는데 매우 편리할 것이다. 이 책에서는 가장 간단한 미분이 가끔 쓰이는데, 전혀 그런 내용을 모르는 독자들은 부록을 참조하면 매우 짧은 시간 안에 필요한 내용들을 쉽게 익힐 것이다. 경제학원론 수준에서 구태여 미분을 쓴 이유는 모든 논리들을 오로지 말로만 장황하게 설명하는 것보다 필요할 때는 간단한 미분을 쓰는 것이 논의가 훨씬 더 간단해지고, 이해하기가 더 쉽고, 응용의 폭도 넓어지기 때문이다. 독자들은 주요 단원마다 적절한 예와 연습문제들을 가지고 자신이 학습한 내용을 충분히 이해하였는지 확인할 수 있다. 연습문제 중 몇몇 도전문제들은 이 책을 학습하는데 반드시 필요한 것은 아니지만, 흥미로운 주제들을 다루고 있다.

이 책의 본문 내용들은 모두 다루어도 되며, 저자의 강의에서는 그렇게 하고 있다. 하지만 각 학교, 학과, 강의의 특성이나 목적과 강의시간에 따라 내용을 선택해서 가르칠 수도 있다. 예를 들어, 경제학의 탄탄한 기초를 잡는 것보다 경제학의 주요 내용과 중심 주제만을 입문형식으로 가르치는 것이 목적이라면 참고에 수록된 내용들은 강의 때 과감하게 생략해도 전혀 상관이 없으며, 주 의 내용들도 다루지 않거나 아주 간략하게 언급만 하고 넘어가도 된다. 그리고 강의에 따라서는 이 책의 여러 주제들 중 몇몇 주제들만 뽑아서 강의를 구성해도 괜찮을 것이다. 나머지 내용들은 학생들이 자신의 관심과 흥미에 따라 스스로 읽어보면 된다.

이 책의 토대가 된 강의노트를 처음 만들기 시작했을 무렵의 웅지세무대학 학생들과 최근의 경제원론 강의에서 서울대학교 경제학부와 몇몇 타과 학생들의 질문과 피드백은 이 책의 내용을 더욱 좋게 만드는데 도움을 주었다.

이 책을 성실하게 공부한 사람들이라면 최단 시간 내에 경제학에 대한 기초를 확고히 하여, 경제와 사회현상들과 정책들을 보다 잘 이해하고, 분석하고, 응용할 수 있게 될 것으로 기대한다. 아무쪼록 경제를 더욱 잘 이해하고 경제와 친숙해지는데 이 책이 많은 도움이 되기 바란다.

2017년 8월

박도준

차례

PART 1 미시편

Part 1 미시편

1장 수요와 공급
2장 소비자이론
3장 생산이론
4장 시장형태론
5장 생산요소시장과 소득분배
6장 일반균형과 후생경제학

1장 수요와 공급

1-1 수요와 공급이론

1-1A 수요와 공급의 정의

수요(Demand)란 재화(Goods)나 용역(Services)에 대한 구매욕구이며, **수요량**(Quantity Demanded)이란 가격(Price)이 주어졌을 때, 구매하려고 의도하는 재화나 용역의 수량(Quantity)이다. 즉, 수요는 당장 구매하거나 소비하는 것을 뜻하는 것이 아니라, 구매하려는 의도를 나타낸다. 마찬가지로 수요량도 이미 소비하고 있는 수량이 아닌, 구매하려고 의도하는 수량을 나타낸다.

공급(Supply)은 재화나 용역에 대한 판매욕구이며, **공급량**(Quantity Supplied)은 가격이 주어졌을 때, 판매하려고 의도하는 재화나 용역의 수량이다.

1-1B 수요곡선과 공급곡선

수요곡선

어떤 재화에 대한 수요량은 주로 그 재화의 가격에 의해 결정된다. 일반적으로 가격이 낮아지면 수요량이 늘어난다. 즉, 가격과 수요량은 서로 반대방향으로 움직인다. 이를 **수요의 법칙**(Law of Demand)이라 한다. 다음 그림에서 가격이 P_1에서 P_2로 낮아지면, 수요량은 Q_1에서 Q_2로 늘어난다. 이때 가격과(P)과 수요량(Q)간의 관계를 나타낸 선을 수요곡선(Demand Curve)이라 한다. 일반적으로 수요곡선은 우하향한다. (즉, 음의 기울기를 가진다.)

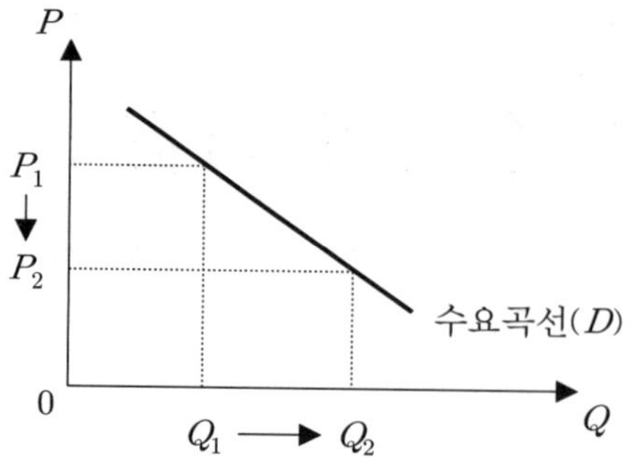

수요량은 가격을 따라 변하기 때문에, 수요량과 가격의 관계를 다음과 같이 **수요함수**로 나타낼 수 있다.

$$Q = D(P) \qquad [\text{단, } D'(P) < 0]$$

수요량(Q)은 가격(P)의 함수이며, 음의 기울기를 가지므로 수요함수를 미분한 것은 음수가 된다. [즉, $D'(P) = dQ/dP < 0$]

가격이 변하면, 수요량은 **수요곡선을 따라**(Along the Curve) 변한다. 하지만 소득처럼 해당 재화 가격 이외의 요인이 변하면, **수요곡선이 이동**(Shift)한다. 예를 들어, 해당 재화의 가격이 변하지 않더라도 소득이 늘어나면, 수요 자체가 늘어나기 때문에 수요곡선은 오른쪽으로 이동한다. 즉, 이전과 비교하면, 동일한 가격에서 수요량이 더 크게 된다.

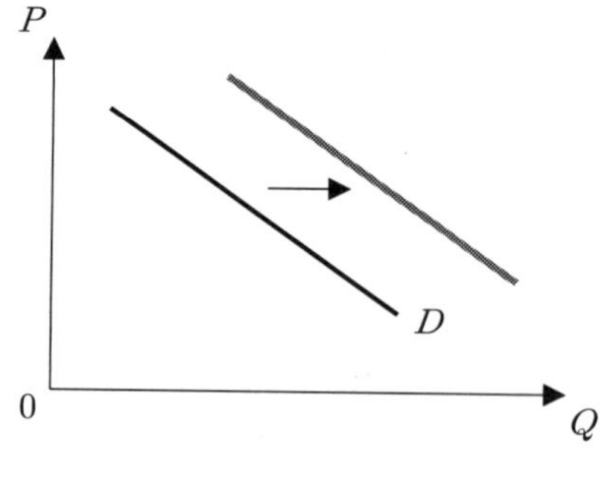

이와 반대로 소득이 줄어들면, 수요곡선은 왼쪽으로 이동한다.

주 소득이 늘어날 때, 오히려 수요가 줄어드는 재화도 있을 수 있다. 예를 들어, 소득이 늘어나면 소고기를 더 소비하느라, 돼지고기에 대한 수요가 줄어들 수 있다. 이러한 재화를 열등재라 한다. 이와 같은 특별한 경우를 제외한 일반적인 재화는 소득의 증가에 따라 수요가 증가한다.

소득의 변화 외에 다음과 같은 요인들이 발생할 때, 수요곡선은 오른쪽으로 이동하게 된다.

- 재화에 대한 기호가 커질 때
- 대체관계에 있는 재화의 가격이 상승할 때 (예. 사이다와 콜라)
- 보완관계에 있는 재화의 가격이 하락할 때 (예. 커피와 설탕)
- 해당 재화의 가격상승이 예상될 때

재화에 대한 기호가 커지면, 같은 가격에서 더 많이 소비하게 되므로 수요곡선이 오른쪽으로 이동한다. 사이다의 대체재인 콜라의 가격이 오르면, 콜라를 덜 소비하는 대신 사이다를 더 소비하게 되므로 사이다의 수요곡선이 오른쪽으로 이동한다. 커피와 설탕은 항상 함께 소비하는 보완재이다. 설탕가격이 내리면 커피를 더 소비할 수 있으므로, 커피의 수요곡선이 오른쪽으로 이동한다. 재화의 가격상승이 예상되면, 가격이 오르기 전에 미리 사재기하려는 현상이 발생하므로 현재의 수요가 증가한다. 따라서 수요곡선이 오른쪽으로 이동한다. 물론 위에서 열거한 수요변화의 요인이 반대 방향으로 나타나면, 수요곡선은 왼쪽으로 이동할 것이다.

공급곡선

공급량은 재화의 가격이 높아질수록 늘어난다. 이를 **공급의 법칙**(Law of Supply)이라 한다. 다음 그림에서 가격이 P_1에서 P_2로 높아지면, 공급량은 Q_1에서 Q_2로 증가한다.

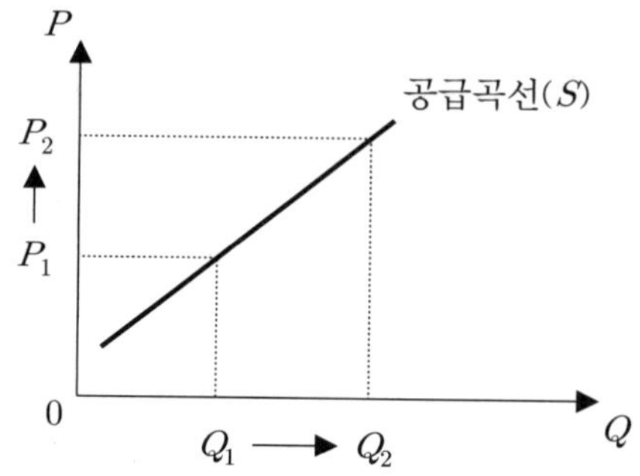

공급량(Q)은 가격(P)의 함수이기 때문에, 공급함수는 다음과 같이 표현된다.

$$Q = S(P) \qquad [\text{단, } S'(P) > 0]$$

공급곡선은 우상향하므로, 공급함수를 미분한 것은 양수가 된다. [즉, $S'(P) = dQ/dP > 0$]

가격이 변하면, 공급량은 **공급곡선을 따라** 변한다. 하지만 해당 재화가격 이외의 요인이 변하면, **공급곡선이 이동**한다. 예를 들어, 다음과 같은 요인들이 발생하면, 공급곡선은 오른쪽으로 이동하게 된다.

- 생산요소의 가격이 하락할 때
- 생산성향상 또는 기술진보가 있을 때
- 해당 재화의 가격하락이 예상될 때

생산요소의 가격이 하락하여 생산비용이 낮아지거나, 생산성이 향상되면, 이윤이 더 커지므로 더 많이 공급하고자 할 것이다. 또한 해당 재화의 가격하락이 예상되면, 가격하락 전에 서둘러 제품을 출하하려할 것이므로, 공급이 늘어난다.

주 1 함수들 내부에서 정해지는 변수를 **내생변수**(Endogenous Variable)라 하고, 외부에서 정해지는 변수를 **외생변수**(Exogenous Variable)라 한다. 수요함수와 공급함수의 연립방정식 자체 내에서 정해지는 가격(P)과 수량(Q)은 내생변수이며, 소득이나 다른 재화의 가격처럼 그 연립방정식 외부에서 다른 요인에 의해 정해진 뒤 내생변수에 영향을 주는 것은 외생변수이다. 외생변수가 변하면 곡선 자체가 이동한다.

주 2 경제학에서 변수는 **유량**(Flow)과 **저량**(Stock)으로 구분된다. 유량이란 일정한 기간 동안 정의되는 값이며, 저량이란 정해진 한 시점에서 정의되는 값이다. 예를 들어, 수요량, 공급량, 소득 등은 모두 1개월, 1년 등과 같이 일정기간 동안 정의되는 값이므로 유량이며, 예금잔액, 재산 등은 한 시점에서 정의될 수 있으므로 저량이다.

1-1C 시장수요와 시장공급

위에서 가격이 주어지면, 수요량과 공급량이 결정됨을 살펴보았다. **시장수요**(Market Demand)란 하나의 재화나 용역에 대해 모든 개별수요자의 수요를 합친 것이다. 또한 가격이 주어지면 각 개인의 수요량이 결정되는데, 시장수요량은 이러한 개별수요량을 모두 합친 것이다. **시장수요곡선**은 가격(P)과 시장수요량(Q)간의 관계를 나타내는 선이며, **시장수요함수**는 이러한 관계를 함수로 나타낸 것이다.

(시장수요 = 개별수요의 합) $Q=\sum_{i=1}^{n} Q_i=\sum_{i=1}^{n} D_i(P)$

예 1 경제 전체에 2명의 수요자가 있으며, 개별수요함수는 각각 $P=100-Q_1$, $P=100-Q_2$라고 한다. 이때 시장수요량(Q)은 다음과 같다.

$$
\begin{aligned}
Q &= Q_1+Q_2 \\
&= (100-P)+(\frac{100}{2}-\frac{P}{2})=150-\frac{3}{2}P
\end{aligned}
$$

이를 다시 정리하면, 시장수요함수는 다음과 같다.[1)]

$$P=100-\frac{2}{3}Q$$

아래 그림에서처럼 수요자 1과 수요자 2의 개별수요곡선을 수평으로 합하면, 시장수

1) 엄밀히 말해서 수요함수의 역함수 꼴이지만, 굳이 역함수라는 말을 쓰지 않아도 혼동의 여지가 없다. 이 책에서는 수요함수와 공급함수의 경우 편의상 역함수라는 명칭을 생략한다.

요곡선을 그릴 수 있다. 예를 들어, $P=50$일 때, 수요자 1의 수요량은 50이고, 수요자 2의 수요량은 25이다. 따라서 시장수요량은 이 둘을 합한 75가 된다. 모든 가격에서 시장수요량은 이와 같이 개별수요량을 합한 것이다.

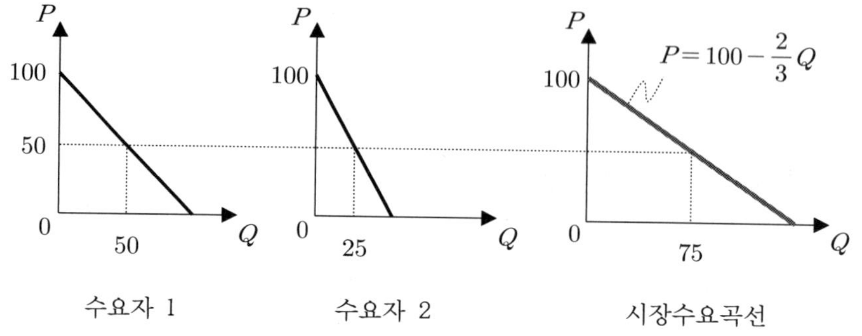

주의 개별수요량을 합해 시장수요량을 구할 때 개별수요자들끼리 가격(P)의 범위가 일치하는지 확인해야 한다. 만일 2번째 수요자의 수요함수가 앞의 예에서와 달리 $P=150-2Q_2$와 같이 주어졌다면, $P>100$에서는 두 수요자의 수평합이 아닌, 2번째 소비자만의 수요량이 시장수요량이 된다.

시장공급(Market Supply)도 마찬가지로 개별공급들을 합한 것이다. 시장공급량은 주어진 가격에서 개별공급량들을 수평으로 합한 것이다. **시장공급곡선**은 가격과 시장공급량간의 관계를 나타내는 선이며, 시장수요곡선과 마찬가지의 방법으로 그릴 수 있다. **시장공급함수**는 이러한 관계를 함수로 나타낸 것이다.

$$(\text{시장공급 = 개별공급의 합}) \quad Q=\sum_{i=1}^{n}Q_i=\sum_{i=1}^{n}S_i(P)$$

결론적으로, 하나의 시장은 다음과 같이 시장수요함수와 시장공급함수로 요약될 수 있다.

$$\text{시장수요함수: } Q=D(P) \quad [\text{단, } D'(P)<0]$$

$$\text{시장공급함수: } Q=S(P) \quad [\text{단, } S'(P)>0]$$

1-1D 시장균형

균형(Equilibrium)이란 다른 외부의 힘이 작용하지 않는 한 변하지 않으려는 상태를 말한다. **시장균형**(Market Equilibrium)이란 수요량과 공급량이 일치하여, 다른 외부의 영향이 없는 한 가격 등이 변하지 않는 상태를 말한다.

시장에서 수요곡선(D)과 공급곡선(S)이 주어지면, 균형점은 아래의 그림과 같이 수요량과 공급량이 일치하는 점이다.

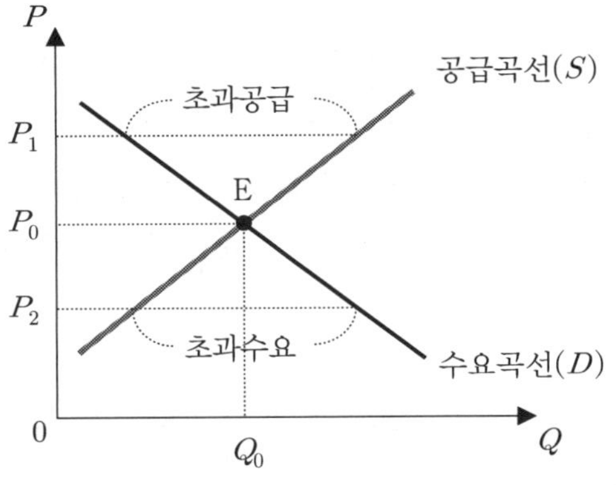

균형은 수요량과 공급량이 같은 E 점에서 이루어진다. 이때 **균형가격**은 P_0, **균형거래량**은 Q_0가 된다. 만일 시장가격이 균형가격보다 높은 P_1이면, **초과공급**(Excess Supply)이 발생한다. 또한 시장가격이 균형가격보다 낮은 P_2이면, **초과수요**(Excess Demand)가 발생한다. 만일 초과공급이 발생하면, 남은 것을 서로 판매하려고 하므로 가격이 하락한다. 가격이 이때 소비자는 수요곡선을 따라 수요량을 늘리고, 공급자는 공급곡선을 따라 공급량을 줄인다. 가격의 하락은 초과공급이 없어질 때 멈추게 된다. 만일 초과수요가 발생하면, 부족한 것을 서로 사려고 할 것이다. 이때 초과수요가 없어질 때까지 가격이 상승한다.

즉, 초과공급이 발생하면 가격이 하락하며, 초과수요가 발생하면 가격이 상승한다. 이와 같이 가격이 적응할 때, 위의 그림에서의 균형은 안정적이다. 즉, 균형점을 일시적으로 벗어나더라도, 스스로 균형을 회복하게 된다.

예 2 불안정한 균형의 예

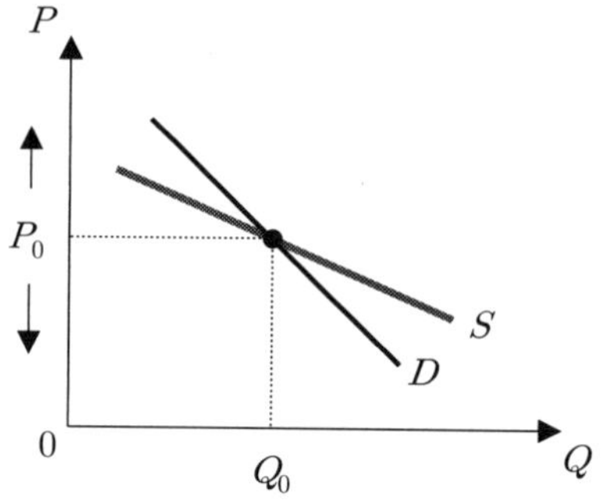

위 그림에서 가격이 균형가격(P_0)보다 높을 경우 초과수요가 발생하므로 가격이 상승하고, 균형가격보다 낮을 경우 초과공급이 발생하므로 가격이 하락한다. 따라서 일단 균형을 벗어나면, 다시 균형을 회복하지 못한다. (물론 이처럼 우하향하는 공급곡선이 현실에서 존재하기는 어려우며, 위의 예는 단지 불안정한 균형을 설명하기 위한 것이다.)

주 1 초과수요 시 위와 같이 가격이 상승하는 방식으로 균형을 달성하는 것을 **왈라스**(Walras) **적응**이라 한다. (즉, 가격이 적응하는 것.) 이에 반해, 수요가격이 공급가격보다 높을 때 공급량을 늘리는 방식으로 균형을 달성하는 것을 **마샬**(Marshall) **적응**이라 한다. (즉, 수량이 적응하는 것.) 만일 위의 예에서 왈라스 적응이 아닌 마샬 적응을 한다면, 균형은 안정적이다. 아래 그림에서 현재의 수량이 균형수량(Q_0)보다 적으면, 수요가격이 공급가격보다 높으므로 수량이 증가한다. 현재의 수량이 균형수량보다 많으면, 수요가격이 공급가격보다 낮으므로 수량이 감소한다. 따라서 균형을 벗어나더라도 자동적으로 균형이 회복된다.

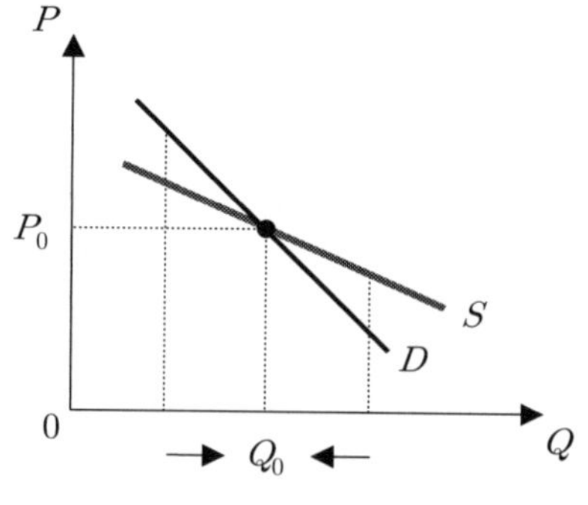

균형을 벗어났을 때 균형을 회복하는 속도는 일반적으로 가격이 물량보다 훨씬 빠르다. 수급에 따른 가격조정은 쉽게 이루어질 수 있으나, 수요가격과 공급가격 차이에 따른 물량조정은 생산이나 운송 등의 이유로 상당한 시간이 소요될 수 있다. 따라서 경제를 분석할 때, 특별한 경우가 아니면 왈라스 적응방식을 따른다.

주 2 시장균형분석에서 왈라스의 경우는 가격이 균형가격을 벗어난 경우 어떻게 될 것인가를 따졌고, 마샬은 수량이 균형수량을 벗어날 경우 어떻게 될 것인가를 따졌다. 수요곡선을 처음 그리기 시작한 마샬이 가격 대신 수량을 가로축에 그린 이유는 이와 같이 수량의 움직임을 먼저 생각했기 때문일 것이다.

참고 경제학 분석은 정학(Statics)과 동학(Dynamics)으로 나누어 볼 수 있다. [정태분석(Static Analysis)과 동태분석(Dynamic Analysis)이라고도 한다.] 정태분석은 균형을 달성하기까지의 시간을 무시한다. 예를 들어, 정태분석의 일종인 비교정학(Comparative Statics)에서는 두 균형점 간의 차이를 비교하지만, 시간이 흐름에 따라 어떤 경로를 거쳐서 새로운 균형에 도달했는지는 따지지 않는다. 반면, 동학은 시간이 흐름에 따라 새로운 균형점에 어떤 경로를 거쳐서 도달하는지의 과정도 따진다. 경제원론 수준의 경제학에서는 주로 정태분석만을 다룬다.

예 동태분석의 예: 거미집 이론 (Cobweb Theory)

농산물의 경우 가격의 변화에 따른 수요량의 조정은 빠르지만, 공급량의 조정은 수확하는데 시간이 걸리므로 느리다. 즉, 이번 기(t)의 농산물 공급량은 지난 기 ($t-1$)의 가격을 토대로 결정되어진 것이다. 즉, $Q_t = D(P_t)$, $Q_t = S(P_{t-1})$로 표현할 수 있다.

다음 그림에서 현재의 공급량이 Q_1이라 하자. 이때 소비자들은 P_1만큼 지불할 용의가 있으므로, 시장가격은 P_1에서 결정된다. 현재가격이 P_1이라면, 다음 기에 생산자들은 생산량과 공급량을 Q_2로 늘리게 될 것이다. 이때 초과공급을 해소하기 위해 가격은 P_2로 하락하게 된다. 따라서 그 다음 기에 공급량은 Q_3가 되고, 가격은 P_3가 된다. 이러한 과정을 거쳐 궁극적으로 균형점인 E점으로 수렴해 간다. 만일 위의 그림에서 수요곡선 기울기의 절대값이 공급곡선 기울기의 절대값보다 크다면, 시간이 지남에 따라 가격과 수량이 균형으로 수렴하지 않고, 발산함을 쉽게 확인할 수 있다.

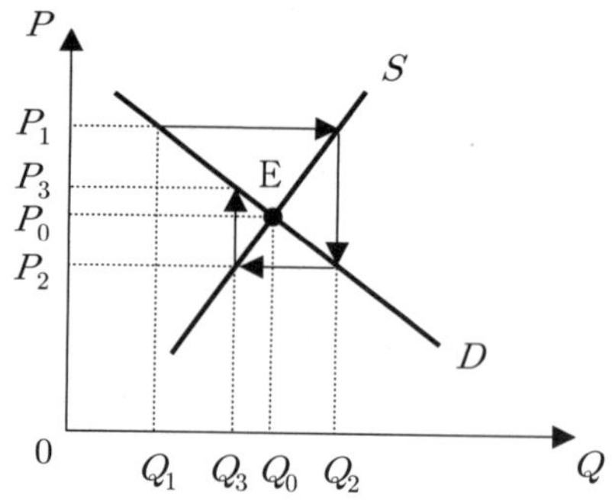

1-1E 시장의 가격기구(Price Mechanism)

시장경제체제하에서는 초과수요나 초과공급이 발생하면, 가격이 재빠르게 움직여서 초과수요나 초과공급을 해소시킨다. 따라서 가격은 경제내의 재화나 서비스의 수요와 공급이 과부족이 없도록 조절해 주는 기능을 가지고 있다. 가격은 또한 재화나 서비스에 대한 가치척도 역할도 하게 된다. 가격이 높다는 것은 그만큼 그 재화나 서비스에 대한 가치를 높게 평가하여 높은 가격을 지불하려는 수요자가 있음을 뜻하고, 공급자는 그러한 재화에 대한 공급량을 더욱 늘리게 된다. 즉, 소비자에게 가치가 높은 상품을 생산하는데 생산요소가 더 투입된다. 이와 같이 가격을 매개로 경제 내의 자원이 가장 효율적으로 생산, 분배되는 것이 시장경제의 장점이다.

가격기능이 제대로 작동하면, 마치 보이지 않는 조정자가 있어서 수요와 공급을 적절한 수준으로 조절해 주는 것처럼 보인다. 이러한 의미에서 경제학의 창시자인 아담 스미스(Adam Smith)는 가격을 **보이지 않는 손**(Invisible Hand)이라 하였다.

동태적으로 보면 시장과 가격의 역할이 더욱 중요해진다. 예를 들어, 과거에는 많은 사람들이 음악을 듣기 위해 휴대용 트랜지스터 라디오를 애용하였으나, 워크맨(Walkman)이 나오자 트랜지스터 라디오는 시장에서 사라져 버렸다. 사람들이 더 편리한 워크맨을 찾게 되자, 트랜지스터 라디오의 수요는 감소하고 더불어 가격도 하락하였다. 이러한 수요 감소와 가격하락은 생산자에게 더 이상 트랜지스터 라디오를 생산하지 말라는 신호의 역할을 한다. 최근에는 다시 MP3 플레이어가 등장하면서 워크맨이 자취를 감추어 버렸다. MP3 플레이어가 더 편리하여 시장에서 MP3 플레이어에 대한 수요가 증가하고 워크맨보다 높은 가격에 팔렸다. 이는 생산자에게 MP3

플레이어를 더 생산해 달라는 신호와 같다. 시간이 지나면서 MP3 플레이어는 워크맨을 대체하게 되었다. (또한 MP3 플레이어의 기술발전과 공급증가에 따라 MP 플레이어의 가격은 차츰 소비자에게 부담이 가지 않는 수준까지 하락하였다.) 이와 같이 시장가격은 많은 사람들이 더 원하는 상품들에 더 많은 생산자원이 분배됨으로써 더 많이 개발되거나 생산되게 하고, 사람들이 원하지 않게 된 상품들을 시장으로부터 도태시키는 역할을 자동적으로 수행한다. 과거에 시장의 기능이 제한된 폐쇄계획경제체제의 국민들이 시대에 한참 뒤처지는 상품들을 소비하던 모습을 자주 볼 수 있었다.

연습문제

1. 다음의 각 재화시장에서 균형가격과 거래량은 어떻게 변하는가?

(1) 아이스크림 광고방송의 여파로 소비자들의 아이스크림에 대한 선호가 증가하였다.

(2) 유가의 상승으로 타이어의 생산비용이 상승하였다.

(3) 콜라와 대체관계에 있는 탄산음료의 가격이 하락하였을 때, 콜라의 균형가격과 거래량.

(4) 고해상도 TV(HDTV)의 기술수준이 발전하여, 제조원가가 하락하였다.

2. 다음의 각 재화시장에서 균형가격과 거래량은 어떻게 변하는가?

(1) 소비자 가계의 소득이 증가하였으며, 소의 사료값이 하락하였을 때 정상재인 소고기의 균형가격과 거래량

(2) 소비자들의 커피에 대한 기호가 증가하였으며, 사탕수수의 가격이 올랐을 때, 설탕의 균형가격과 거래량

(3) 두 달 후 자동차의 가격이 하락할 것으로 예상된다.

(4) 콜라와 대체관계에 있는 이온음료의 가격이 하락하였으며, 콜라의 제조원가가 상승하였을 때, 콜라의 균형가격과 거래량

3. 시장수요함수가 $P=200-2Q$, 시장공급함수가 $P=3Q$이라 한다.

(1) 균형가격과 균형거래량을 구하라.

(2) 수요의 증가로 시장수요함수가 $P=250-2Q$로 변했다. 새로운 균형에 도달하기 전 원래의 가격에서 초과수요는 얼마인가? 또한 새로운 균형가격과 균형거래량은 얼마인가?

(3) 시장수요함수가 $P=250-2Q$로 변함과 동시에 생산비의 증가로 공급함수가 $P=3Q+50$이 되었을 때, 균형가격과 균형거래량은 얼마나 변하는가?

4. 개별수요함수가 $P = 14 - 2q$이며, 개별공급함수가 $P = \frac{1}{2}q$이다. 시장전체의 소비자 수는 100명, 생산자 수는 10명이다. 각 소비자와 생산자는 모두 동일한 수요함수와 공급함수를 가지고 있다. 이때 시장균형가격과 시장균형공급량은 각각 얼마인가?

5. 수요곡선과 공급곡선이 아래와 같이 주어져 있을 때, 균형점은 왈라스 적응에 의하면 안정적인가? 또한 마샬 적응에 의하면 안정적인가?

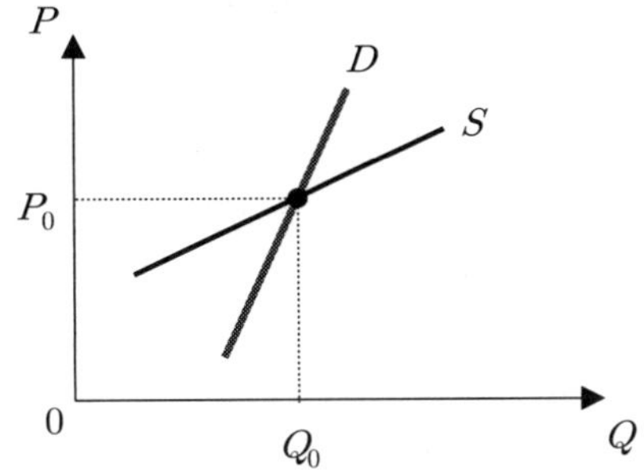

6. 개인들의 수요가 다음과 같이 상호의존적일 때, 시장수요곡선은 통상적인 시장수요곡선에 비해 어떻게 변하겠는가?

(1) 다른 사람들이 많이 구매하면, 자신도 더 구매하려 한다. 즉, **추종효과**(Bandwagon Effect)가 존재한다.

(2) 다른 사람들이 많이 구매하면, 자신은 덜 구매하려 한다. 즉, **속물효과**(Snob Effect)가 존재한다.

1-2 탄력성

1-2A 수요탄력성의 정의

수요탄력성(Demand Elasticity)이란 재화가격의 변화에 대해 수요량이 반응하는 정도를 재는 척도이다. 수요탄력성(ϵ)은 수요량의 변화율($\Delta Q/Q$)을 가격의 변화율($\Delta P/P$)로 나눈 값이다.

$$\epsilon = -\frac{\Delta Q/Q}{\Delta P/P}$$

예를 들어, 수요의 탄력성이 3이라는 말은 가격이 1% 내렸을 때, 수요량이 3% 증가한다는 것을 의미한다.

주 1 수요탄력성의 정의에서 음수부호를 붙인 것은 탄력성의 값을 양수로 만들기 위함이다. 그렇지 않을 경우 수요의 법칙에 의해 탄력성 값이 항상 음수가 되어 쓰기에 불편해진다.

주 2 만일 수요탄력성을 변화율이 아니라, 단순히 변화량만으로 정의할 경우 (즉, $-\Delta Q/\Delta P$), Q나 P의 단위에 따라 탄력성의 값이 들쭉날쭉하게 된다. 예를 들어 소고기 수요에 대한 탄력성에서 소고기 중량을 킬로그램으로 하느냐 그램으로 하느냐에 따라 탄력성 값이 1,000배나 차이나 난다.

위에서 정의된 수요탄력성을 미분기호로 바꾸어 다시 쓰면, 다음과 같이 된다.

$$\epsilon = -\frac{dQ}{dP}\frac{P}{Q}$$

위의 정의를 이용하면, 수요함수로부터 탄력성을 쉽게 구할 수 있으므로 매우 편리하다.

주 1 이와 같이 정의된 탄력성을 **점탄력성**(Point Elasticity)이라 한다. 점탄력성은 가격의 변화량이 극미량일 경우의 탄력성이다.

주 2 아래의 그림과 같이 가격의 변화량이 극미량이 아닌 경우의 탄력성을 **호탄력성**(Arc Elasticity)이라 한다. (아래의 곡선이 일반적인 수요곡선의 모습일 것이다.)

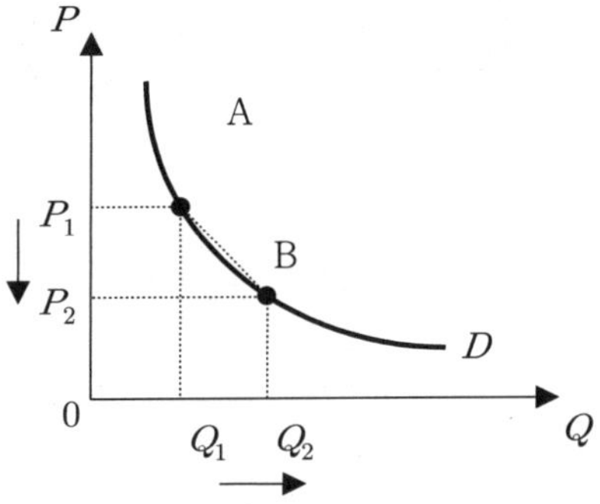

가격이 하락함에 따라 수요량이 증가할 때, 소비점은 A에서 B로 변한다. 이때 호탄력성은 다음과 같이 3가지로 정의할 수 있다.

$$-\frac{\Delta Q}{\Delta P}\frac{P_1}{Q_1},\ -\frac{\Delta Q}{\Delta P}\frac{P_2}{Q_2},\ -\frac{\Delta Q}{\Delta P}\frac{P_1+P_2}{Q_1+Q_2}$$

즉, 기준이 되는 점을 원래의 가격과 수요량, 변한 후의 가격과 수요량, 또는 평균가격과 수요량으로 정할 수 있다. 호탄력성은 대개 첫 번째 또는 세 번째 방식을 쓰며, 그중 세 번째 방식이 가장 많이 쓰인다.

예 1 수요함수가 $P = 250 - 3Q$일 때, 점 $(P, Q) = (100, 50)$에서 수요탄력성은 다음과 같다.

$$\epsilon = -\frac{dQ}{dP}\frac{P}{Q} = -(-\frac{1}{3})(\frac{100}{50}) = \frac{2}{3}$$

예 2 아이스콘의 가격이 500원일 때, 소비량이 10,000개이다. 가격이 700원이 되자 소비량이 8,000개로 줄었을 때, 수요탄력성은 다음과 같다.

$$\epsilon = -\frac{\triangle Q}{\triangle P}\frac{P_1}{Q_1} = -\left(\frac{-2,000}{200}\right)\left(\frac{500}{10,000}\right) = 0.5$$

또는

$$\epsilon = -\frac{\triangle Q}{\triangle P}\frac{P_1 + P_2}{Q_1 + Q_2} = -\left(\frac{-2,000}{200}\right)\left(\frac{500+700}{10,000+8,000}\right) = 0.67$$

수요는 탄력성의 크기에 따라 다음과 같이 구분한다.

$\epsilon > 1$ 탄력적(Elastic)

$\epsilon = 1$ 단위 탄력적(Unit Elastic)

$\epsilon < 1$ 비탄력적(Inelastic)

1-2B 수요의 교차탄력성과 소득탄력성

앞서 정의된 수요탄력성 외에 다음과 같은 수요탄력성들의 정의도 자주 쓰인다.

교차탄력성(Cross Elasticity)이란 타재화의 가격변화율에 대한 수요량의 변화율을 나타낸다. y재의 가격이 변했을 때, x재에 대한 수요의 교차탄력성은 다음과 같다.

$$\epsilon_{xy} = \frac{\triangle Q_x}{\triangle P_y}\frac{P_y}{Q_x} \quad \text{또는} \quad \frac{dQ_x}{dP_y}\frac{P_y}{Q_x}$$

$\epsilon_{xy} > 0$인 경우에 x재와 y재를 **대체재**(Substitutes)라 하며, $\epsilon_{xy} < 0$인 경우에 x재와 y재를 **보완재**(Complements)라 한다. 예를 들어, 커피와 대체재인 홍차의 값이 오르면, 커피의 수요량이 는다. 그리고 커피의 보완재인 설탕의 값이 오르면, 커피의 수요량이 준다.

소득탄력성(Income Elasticity)이란 소득(I)의 변화율에 대한 수요량(Q)의 변화율을 나타낸다.

$$\epsilon_I = \frac{\Delta Q}{\Delta I}\frac{I}{Q} \quad \text{또는} \quad \frac{dQ}{dI}\frac{I}{Q}$$

$\epsilon_I > 0$인 경우 해당재화를 **정상재**(Normal Goods)라 하며, $\epsilon_I < 0$인 경우 **열등재**(Inferior Goods)라 한다. 열등재인 경우에는 소득이 증가하였음에도 오히려 소비량이 줄게 된다. 소고기는 정상재, 돼지고기는 열등재의 대표적인 예다.

정상재 중에서 $\epsilon_I < 1$인 경우 해당재화를 **필수재**(Necessity Goods)라 하며, $\epsilon_I > 1$인 경우 **사치재**(Luxury Goods)라 한다. 쌀은 필수재이기 때문에 소득의 변화율만큼 소비량이 변하지 않으나, 향수 같은 사치재는 소득의 변화에 대한 소비량의 변화가 대단히 크다.

1-2C 공급탄력성

공급탄력성(Supply Elasticity)은 재화가격의 변화에 대해 공급량이 반응하는 정도를 재는 척도이다. 공급탄력성(ϵ_S)은 공급량의 변화율($\Delta Q/Q$)을 가격의 변화율($\Delta P/P$)로 나눈 값이다.

$$\epsilon_S = \frac{\Delta Q}{\Delta P}\frac{P}{Q} \quad \text{또는} \quad \frac{dQ}{dP}\frac{P}{Q}$$

예를 들어, 공급의 탄력성이 2라는 말은 가격이 1% 올랐을 때, 공급량이 2% 증가한다는 것을 의미한다.

주 공급의 법칙에 의해 가격이 증가할 때 공급량도 증가하므로, 공급탄력성을 정의할 때는 수요탄력성의 경우처럼 음수부호를 붙일 필요가 없다.

1-2D 그래프 상에서 가격탄력성 값 찾기

수요탄력성

수요곡선이 아래와 같이 직선으로 주어져 있을 때 E 점에서의 탄력성은 $\frac{b}{a}$가 된다. (이는 $\frac{p}{c}$와 같다.)

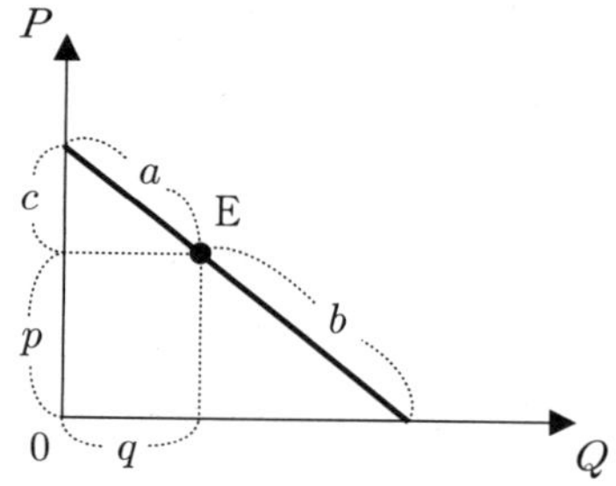

증명 위의 수요곡선에서 $\frac{dP}{dQ} = -\frac{c}{q}$이므로, $\frac{dQ}{dP} = -\frac{q}{c}$.

$$\therefore \epsilon = -\frac{dQ}{dP}\frac{P}{Q} = -(-\frac{q}{c})(\frac{p}{q}) = \frac{p}{c}$$

이때 $\frac{p}{c}$는 삼각형 도형의 비례에 의해 $\frac{b}{a}$와 동일하다.

예 3 아래 수요곡선 상의 E 점에서의 수요탄력성은 $1.5\left(= \frac{30}{20}\right)$이다.

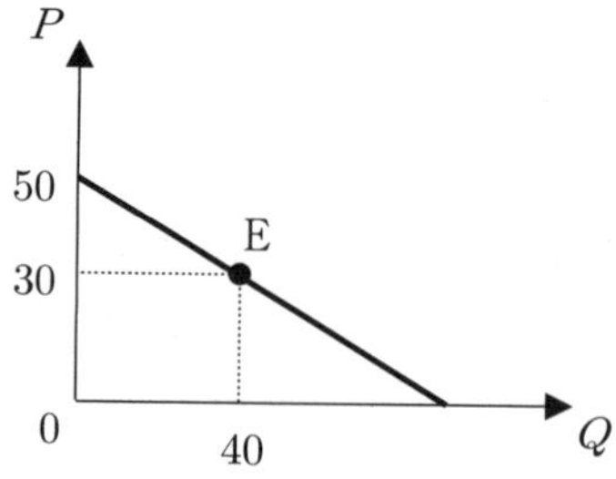

만일 수요곡선이 곡선이면, 한 점에서의 탄력성은 그 점에서의 접선을 수요곡선이라 생각하고 구할 수 있다.

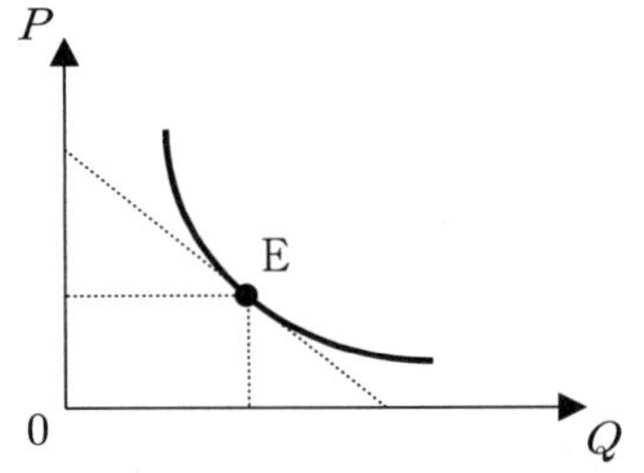

예 4 다음의 각 수요곡선의 탄력성은 다음과 같다.

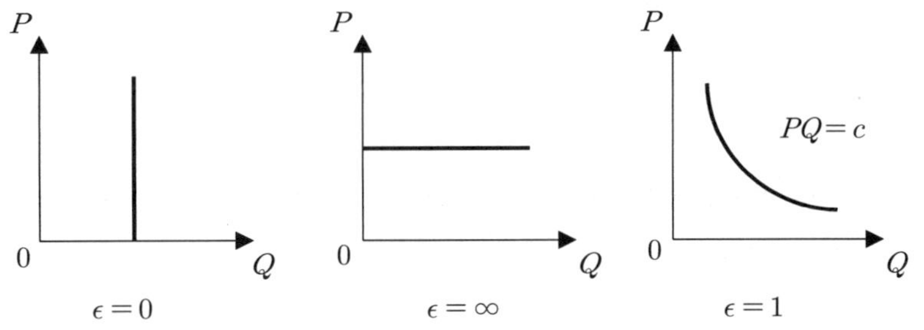

수요곡선이 수직선이면, 가격이 아무리 변해도 수요량은 전혀 변하지 않는다. 반면에 수요곡선이 수평선이면, 가격이 약간만 변해도 수요량이 무한히 변해버린다. (이 경우는 기울기가 점점 완만해지도록 수요곡선들을 그려보면 더 이해하기가 쉽다.) 만일 수요곡선이 직각쌍곡선이면 (즉, 어떤 재화에 대한 지출의 크기가 일정하면), 수요곡선의 모든 점에서 탄력성은 항상 1이 된다. (이에 대한 증명은 연습문제를 참조하기 바람.)

공급탄력성

공급곡선이 아래와 같은 직선으로 주어져 있을 때, E 점에서의 탄력성은 $\frac{a}{q}$가 된다.

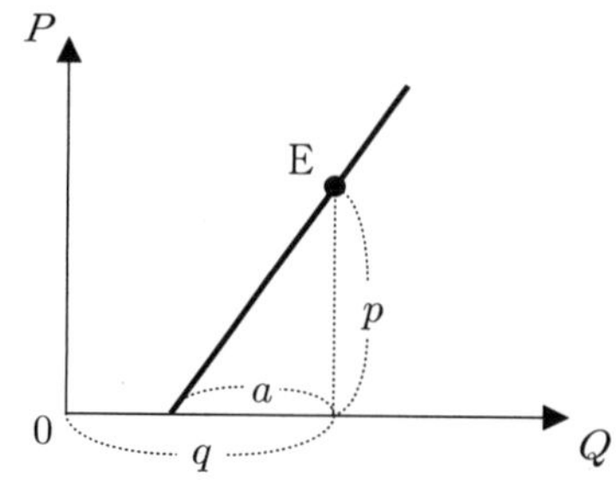

따라서 공급곡선이 이와 같은 모양일 경우, 탄력성은 항상 1보다 작다.

증명 위의 공급곡선에서 $\frac{dP}{dQ}=\frac{p}{a}$이므로, $\frac{dQ}{dP}=\frac{a}{p}$.

$$\therefore \epsilon_S=\frac{dQ}{dP}\frac{P}{Q}=(\frac{a}{p})(\frac{p}{q})=\frac{a}{q}$$

공급곡선이 아래와 같은 모양일 경우에도, E 점에서의 탄력성은 $\frac{a}{q}$가 된다. 따라서 이 경우에는 탄력성이 항상 1보다 크다.

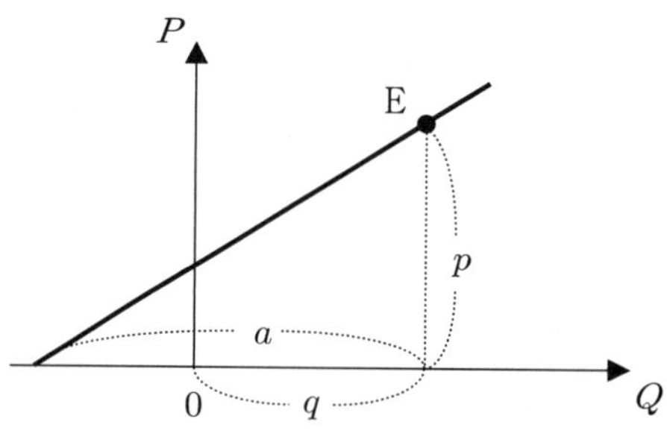

증명 위와 동일

만일 공급곡선이 직선이며 원점을 지나면, 탄력성은 항상 1이 된다. 또한 공급곡선이 곡선이면, 각 점에서의 탄력성은 그 점에서의 접선을 공급곡선이라 간주하고 구하면 된다.

연습문제

1. 수요곡선이 $P=200-2Q$일 때, 점 $(P, Q)=(120, 40)$에서의 탄력성을 구하라.

2. 수요곡선이 $P=250-3Q$이며, 공급곡선이 $P=2Q$ 일 때, 균형점에서의 수요탄력성을 구하라. 또한 수요의 증가로 수요곡선이 $P=500-3Q$로 변했을 때, 균형점에서의 탄력성은 어떻게 변하는가?

3. 상품 A의 가격이 100원일 때, 수요량이 1,000개이었다. 가격이 120원이 되자 수요량이 800개가 되었다. 이 상품에 대한 수요탄력성은 얼마인지 아래의 기준에 따라 각각 계산하라.

   (1) 처음의 가격과 수요량을 기준

   (2) 처음과 변한 후의 평균가격과 수요량을 기준

4. x재의 가격이 1,000원이고, y재의 가격이 2,000원일 때, y재가 10,000개가 팔렸다. x재의 가격이 400원 오르자, y재가 13,000개 팔렸다. 이때 교차탄력성을 구하라. x재와 y재는 서로 대체재인가 보완재인가? (단, 처음의 가격과 수량을 기준으로 계산하라.)

5. x재의 가격이 100원일 때, y재가 500개가 팔렸다. x재의 가격이 10원 내리자, y재가 700개 팔렸다. 이때 교차탄력성을 구하라. x재와 y재는 서로 대체재인가 보완재인가? (단, 처음의 가격과 수량을 기준으로 계산하라.)

6. 월 소득이 200만원일 때 제품 A를 월 10개 소비하던 자가, 월 소득이 250만원이 되자 월 15개를 소비하였다. 제품 A는 이 소비자에게 정상재인가 또는 열등재인가? 또한 필수재인지 사치재인지의 여부도 밝혀라. (단, 처음의 소득과 수량을 기준으로 계산하라.)

7. 1인당 국민소득이 10,000 달러였을 때, A국에서 x재가 한 해 1억 개 팔렸다고 한다. 현재 이 나라의 1인당 국민소득은 12,000 달러가 되었으며, x재는 한 해 1.1억 개가 팔린다고 한다. 이 나라에서 x재의 소득탄력성을 구하고, 이 재화가 필수재 또는 사치재인지 밝히라. (단, 처음의 소득과 수량을 기준으로 계산하라.)

8. 다음 그림의 수요곡선과 공급곡선의 E 점에서 탄력성은 각각 얼마인가?

(1) 수요곡선

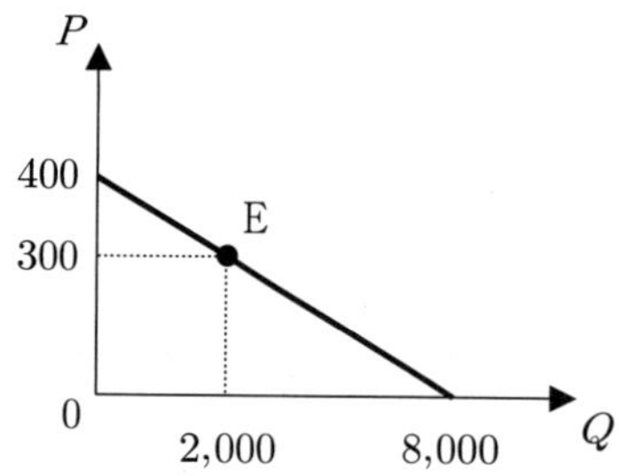

(2) 공급곡선

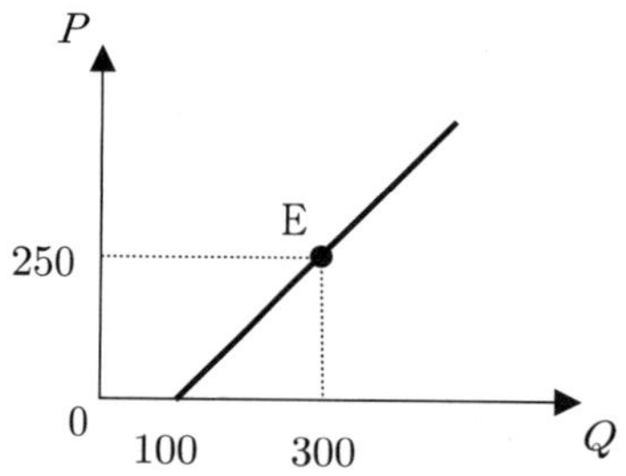

(3) 공급곡선

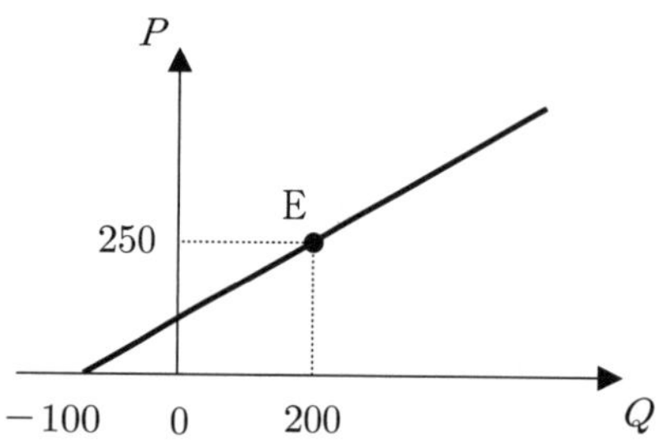

9. 수요함수가 $PQ = c$ (일정)와 같이 주어질 때, 이 수요함수의 모든 점에서 탄력성이 1이 됨을 보여라.

10. 용돈이 일정한 학생이 용돈의 전부를 치킨 사먹는데 쓴다고 한다. 이 학생의 치킨에 대한 수요탄력성은 얼마인가? 또한 용돈이 올라도 모두 치킨 사먹는데 쓴다고 한다. 이 학생의 치킨수요의 소득탄력성을 얼마인가?

1-3 수요와 공급이론의 응용

1-3A 소비자잉여와 생산자잉여

모든 경제행위와 경제정책과 제도의 바람직한 정도를 측정하거나 우열을 가릴 수 있는 가장 본질적인 기준이 경제적 잉여(Economic Surplus)이기 때문에, 경제적 잉여의 개념은 상당히 중요한 위치를 차지한다. 경제적 잉여에는 소비자잉여와 생산자잉여가 있다. **소비자잉여**(Consumer Surplus)는 소비자들이 시장에서 지불하고자 하는 최대금액보다[2] 낮은 가격으로 재화를 구입할 수 있기 때문에 발생한다. 또한 **생산자잉여**(Producer Surplus)는[3] 생산자들이 시장에서 받으려는 최저금액보다 높은 가격으로 재화를 팔 수 있기 때문에 발생한다. 즉, 시장에서 거래가 이루어지는 것은 생산자이든 소비자이든 경제적 잉여가 발생하기 때문이다.

소비자잉여는 자신이 지불할 의도가 있는 최대가격이 매매가격을 초과하는 크기와 동일한 정도의 효용(Utility) 또는 후생(Welfare)이라고 할 수 있다. 예를 들어, 어떤 사람이 제품 1개를 구입할 때 최대 1만 원까지 지불하려는 의도를 가지고 있다면, 그 제품 1개가 주는 만족감 또는 효용(Utility)을 화폐로 표시하면 1만 원이 될 것이다. 제품의 가격이 3,000원이면, 그 사람이 누리는 효용 중 3,000원만큼은 제품의 가격으로 서로 상쇄되었지만, 나머지 7,000원만큼의 효용을 추가로 누리게 된다. 즉, 제품의 구매로 인해 효용 면에서 7,000원만큼의 이익을 보았다고 할 수 있다. 소비자잉여는 이처럼 제품의 구매 시 제품가격을 초과하는 효용의 크기라 할 수 있다. 생산자의 입장에서 보면, 매매가격이 자신이 최소한 받고자하는 금액보다 크기 때문에 효용 면에서 이익이 생긴다. 우리가 경제행위를 포함한 모든 행위를 하는 것은 보다 큰 효용을 누리고자 함이다. 흔히 쓰는 언어로 표현하면, 보다 행복해지기 위해서 또는 잘 먹고 잘 살려고 함이다. 따라서 경제적 주체의 효용, 후생, 만족감, 행복 등 어떤 단어를 선택하더라도, 모든 경제행위, 일상적인 선택, 국가의 정책, 제도 등을 평가할 수 있는 가장 근본적인 개념이 바로 경제적 잉여라 할 수 있다.

---

2) 소비자가 제품 1단위에 대해 지불하고자 하는 최대금액을 유보가격(Reservation Price)이라 한다.

3) 생산자와 판매자(즉, 공급자)가 동일한 주체이면, 구태여 생산자잉여와 공급자잉여(Supplier Surplus)를 구분할 필요가 없다. 여기서는 편의상 생산자와 공급자가 동일한 주체라고 가정한다.

생각해보기

경제학을 잘 모르는 사람들은 어떤 제품을 얼마의 가격을 지불하고 구입하는 것은 그 제품이 딱 그만큼의 값어치를 하기 때문이라고 생각할 수 있다. 하지만 이는 경제적 잉여의 개념을 잘 모르기 때문에 생긴 오해이다. 예를 들어, 다른 사람에게 1만 원 지폐를 주고 동일한 1만 원 지폐를 받는 거래는 전혀 잉여가 발생하지 않기 때문에, 구태여 그런 거래를 하지 않을 것이다. 시장에서 거래가 이루어진다는 것은 소비자든 생산자든 잉여라는 추가적인 이익이 발생하기 때문이다. 하물며 1만 원만큼의 국내화폐를 1만 원만큼의 외국화폐로 교환하거나, 1만 원권을 잔돈으로 교환하는 것도 잉여가 발생하기 때문이다. 즉, 현재 처한 상황에서 1만 원만큼의 외국화폐나 잔돈이 더 쓸모가 있기 때문에, 현재 외국화폐나 잔돈의 가치가 자신의 마음속에서는 1만 원을 초과한다. 이때 외국화폐를 파는 기관은 흔히 수수료를 부과한다. 또한 은행이나 마트 등에서 기꺼이 잔돈으로 교환해주는 것은 지폐와 잔돈의 교환 자체에서 직접적으로 잉여가 발생하기보다는 고객관리 차원에서 다른 이득이 발생하기 때문이다. 따라서 보다 큰 틀에서 보면 외국화폐를 팔거나 잔돈으로 바꾸어 주는 당사자들도 역시 잉여를 누린다고 할 수 있다.

이처럼 어떤 거래든지 강제나 사기가 아닌 자발적으로 일어나는 정상적인 거래는 항상 경제적 잉여를 동반한다.

잉여의 개념을 보다 잘 이해하기 위해 먼저 개별소비자와 개별생산자의 잉여를 살펴본 후, 시장 전체의 잉여를 살펴보기로 한다.

소비자잉여에 대한 이해 (개별소비자의 경우)

제품의 시장가격이 P_0라 하자. 아래 그림에서 보듯이 어떤 소비자가 처음 한 단위를 구입하기 위해 최대 P_1만큼 지불할 용의가 있다고 하자. 즉, 최초의 1단위는 그 소비자에게 최소한 P_1만큼의 가치는 있다는 것이다. 하지만 실제로는 P_0만큼만 지불하므로 $(P_1 - P_0)$만큼 잉여를 누린다. 2개째 구입할 때는 제품으로 누리는 만족감이 처음보다는 떨어질 것이므로, 지불하려는 최대 가격은 P_2로 하락한다. (예를 들어, 아이스크림콘을 처음 1개 소비할 때보다 2개째 소비할 때 추가적인 만족감이 떨어진다.) 따라서 2개째 제품으로 인해 누리는 잉여는 $(P_2 - P_0)$가 된다. 마찬가지로 3개째 제품으로부터 누리는 잉여는 $(P_3 - P_0)$가 된다. 4개째 재화부터는 시장가격이 자신이 지불하려는 금액보다 높으므로 구입하지 않을 것이다. 결론적으로, 이 소비자는 총 3개의 재화를 구입하게 되며, 이 재화의 소비로 인한 총소비자잉여는 음영이 칠해진 면적과 같다.

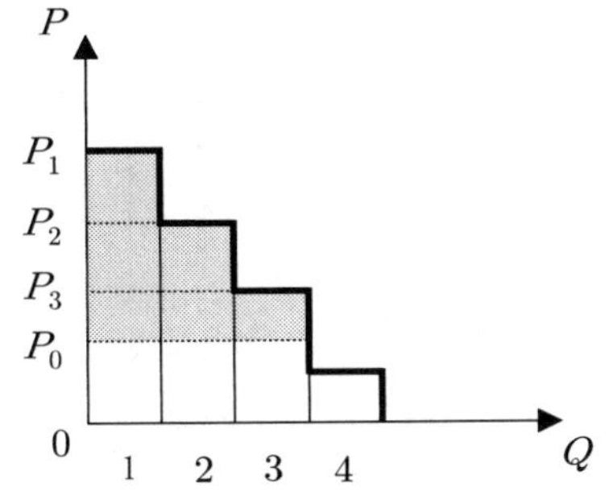

소비자가 제품을 1개씩 추가로 소비할 때 지불할 용의가 있는 최대가격(즉, 유보가격)들을 위 그림의 계단 모양처럼 모두 이어 놓으면, 이 소비자의 그 제품에 대한 수요곡선이 된다. 위의 그림에서 P_1부터 P_2까지는 수요량이 1개이며, P_2부터 P_3까지는 수요량이 2개 등이다. 소비자잉여는 시장가격을 잇는 수평선과 수요곡선으로 둘러싸인 부분의 면적과 같다.

생산자잉여에 대한 이해 (개별생산자의 경우)

소비자잉여의 논의를 그대로 생산자잉여에 적용하면, 생산자잉여도 쉽게 이해할 수 있다. 일반적으로 생산자는 제품을 더 많이 공급할 때 제품의 단위당 가격을 더 받기 원한다. 예를 들어, 어떤 사람이 한 집의 잔디를 깎아주는데 1시간이 소요되며, 그 댓가로 최소한 얼마를 받기 원한다고 하자. 하루 동안 더 많은 집의 잔디를 깎아줄수록 점점 더 힘에 부치게 되며 여가시간은 급속도로 줄어든다. 따라서 더 높은 가격을 받아야만, 하루 동안 더 긴 시간의 잔디 깎는 서비스를 제공해주려고 할 것이다.

아래 그림은 제품의 시장가격이 P_0일 때 생산자가 제품 1개당 최소한 받으려고 하는 금액들을 보여준다. P_1만 받아도 처음 1단위를 공급할 의도가 있는데, 실제로 받는 액수는 P_0이므로, 처음 1단위를 공급할 때 생기는 잉여는 $(P_0 - P_1)$이 된다. 결국 이 생산자는 3단위를 공급할 것이며, 총생산자잉여는 음영이 칠해진 부분의 면적과 같다.

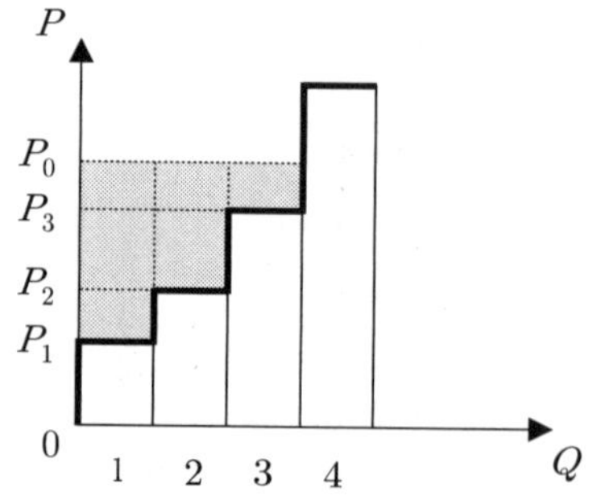

생산자가 제품을 1개씩 추가로 공급할 때 받으려고 하는 최소한의 가격들을 위 그림의 계단 모양처럼 모두 이어 놓으면, 이 생산자의 공급곡선이 된다. 생산자잉여는 시장가격을 잇는 수평선과 공급곡선으로 둘러싸인 부분의 면적과 같다.

시장에서의 소비자잉여와 생산자잉여

개별소비자와 개별생산자의 경제적 잉여에 대한 논의는 모든 소비자들과 생산자들을 함께 모아 놓은 시장에도 그대로 적용된다. 수많은 소비자들과 생산자들이 존재하는 시장의 수요곡선과 공급곡선은 아래 그림에서처럼 부드러운 선의 모양이 된다. 시장 전체의 소비자잉여는 수요곡선 아래와 시장가격 위의 삼각형 AEP_0의 면적과 같으며, 시장 전체의 생산자잉여는 공급곡선 위와 시장가격 아래의 삼각형 BEP_0의 면적과 같다. 그러므로 한 제품의 시장 전체에서 발생하는 총잉여는 삼각형 AEB의 면적과 같다.

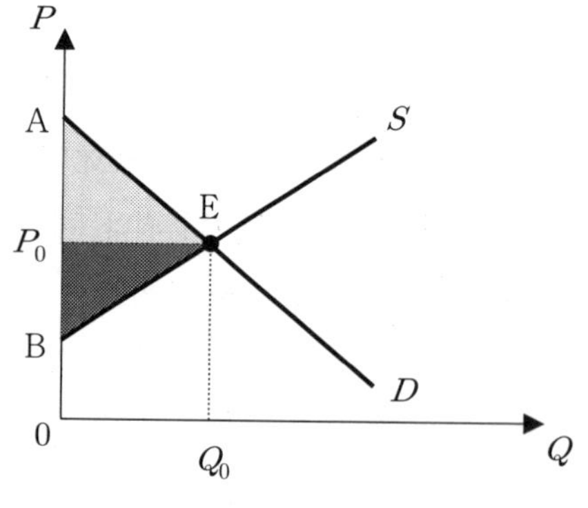

1-3B 최고가격제도

최고가격제 또는 **가격상한제**(Price Ceiling)란 수요자인 소비자를 보호하기 위해, 정부가 시장가격에 상한을 두는 것을 말한다. 따라서 공급자는 최고가격보다 높은 가격으로 판매를 할 수 없다. 만일 최고가격을 시장가격(P_0)보다 높게 정하면, 정책의 실효성이 전혀 없다. 따라서 최고가격은 항상 시장가격보다 낮게 정해야 한다.

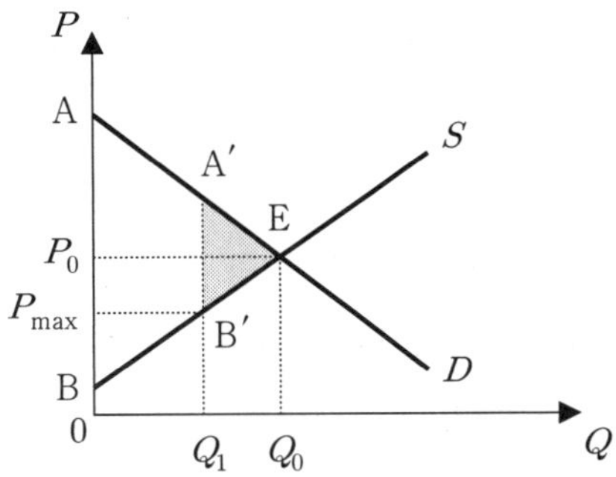

최고가격이 위의 그림에서처럼 P_{max}로 정해지면, 생산자는 Q_1만큼만 공급한다. 그로 인해 거래량은 원래의 Q_0에서 Q_1으로 줄어든다. 따라서 소비자잉여는 삼각형 AEP_0에서 사다리꼴 $AA'B'P_{max}$로 변한다. 또한 생산자잉여는 삼각형 BEP_0에서 삼각형 $BB'P_{max}$로 줄어든다. 즉, 소비자잉여와 생산자잉여를 합친 총잉여는 원래 삼각형 AEB였으나, 최고가격제가 실시되면 사다리꼴 AA′B′B로 줄어든다. 따라서 삼각형 A′EB′만큼의 잉여가 사라져버린 꼴이 된다. 이렇게 사라져버린 잉여를 **사중손실**(Deadweight Loss)이라 부른다. (또는 **자중손실**이라 부르기도 한다.) 최고가격제도는 사중손실을 발생시키므로, 비효율적이다. 다시 말해, 경제 전체의 후생을 감소시킨다. 따라서 오늘날 선진국에서 최고가격제도 잘 실시되지 않는다.

한편, P_{max}에서는 초과수요가 발생하게 된다. 공급량이 Q_1밖에 되지 않아서 오히려 P_0보다 더 높은 가격으로 구매하려는 수요자들도 있으므로, 암시장이 발생할 수도 있다.

1-3C 최저가격제도

최저가격제 또는 **가격하한제**(Price Floor)란 공급자를 보호하기 위해, 정부가 시장가격에 하한을 두는 것을 말한다. 노동시장에서의 최저임금제가 대표적인 예이다. 만일 최저임금을 시장균형임금(w_0)보다 낮게 정하면, 정책의 실효성이 전혀 없다. 따라서 최저가격은 항상 시장가격보다 높게 정해야 한다.

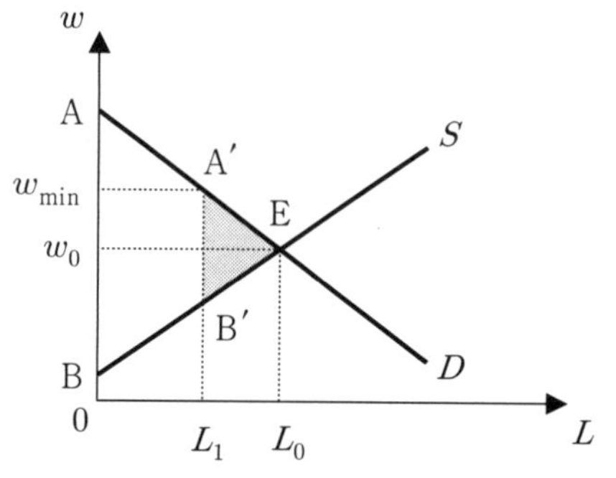

최저임금이 위의 그림과 같이 $w_{\min}$로 정해지면, 노동의 수요자인 기업은 L_1만큼만 고용할 것이다. 그로 인해 고용량은 원래의 L_0에서 L_1으로 줄어든다. 이에 따라 노동의 소비자인 기업의 잉여는 삼각형 AEw_0에서 삼각형 $AA'w_{\min}$으로 줄어든다. 또한 노동자들이 누리고 있는 생산자잉여는 삼각형 BEw_0에서 사다리꼴 $BB'A'w_{\min}$으로 변한다. 즉, 소비자잉여와 생산자잉여를 합친 총잉여는 원래 삼각형 AEB였으나, 최저임금제가 실시되면 사다리꼴 $AA'B'B$로 줄어든다. 즉, 삼각형 $A'EB'$만큼의 사중손실을 발생시킨다. 따라서 최저가격제도는 비효율적이다.

주 임금이 상승하는 것은 노동자들에게 반가운 것이나, 그로 인해 고용량이 준다면 전체 노동자가 누리는 잉여의 합이 반드시 증가한다는 보장이 없다. 최저가격제가 비효율을 발생시킴에도 불구하고 선진국에서도 최저가격제를 실시하는 경우가 있다. 이는 인간다운 생활을 위해 노동자에게 필요하다고 생각되는 최소한의 임금수준을 사람들의 마음속에 정해놓고 있기 때문이며, 경제적 논리 외에 어느 정도 감성(Emotion)이 개입된 결과이다.

1-3D 조세

조세의 종류에는 소득세처럼 소득을 버는 당사사가 납부하는 직접세와 물건을 구매하는 당사자인 구매자가 직접 납부하지 않고 판매자가 대신 납부하는 간접세가 있다. 우리나라에서 물건을 구매할 때 내는 부가가치세가 간접세에 해당한다. 이처럼 물건을 살 때 부과되는 간접세를 물품세(Commodity Tax) 또는 소비세(Consumption Tax)라 부른다. 여기서는 제품 1개당 일정액의 세금을 납부하는 물품세의 경우를 살펴보기로 한다.

물품세를 생산자가 납부하는 경우

제품 1개당 t원씩의 물품세가 부과되고, 이를 생산자가 납부한다고 하자. 이때 공급곡선이 아래 그림에서처럼 S에서 S'으로 t만큼 위로 이동한다. 그 이유는 시장가격이 $(P+t)$원이라야, 제품 1개당 t원의 세금을 낸 후 세금부과 전과 동일한 P원을 가질 수 있기 때문이다. 따라서 1개당 t원씩 더 받아야 이전과 동일한 수량을 공급할 것이다. 이때 균형점은 E점에서 수요곡선과 새로운 공급곡선이 만나는 A′점으로 바뀐다. 이에 따라 시장균형가격은 P_t로 상승하고, 생산량과 거래량은 Q_1으로 감소한다.

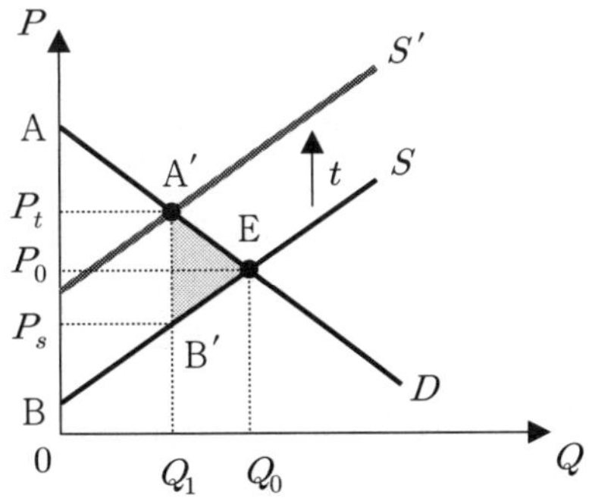

물품세 부과 후 소비자가 지불하는 가격이 P_0에서 P_t로 상승하므로, 소비자잉여는 삼각형 A E P_0에서 삼각형 A A′P_t로 줄어든다. 생산자는 P_t의 가격으로 판매하지만, 물품세를 내고 나면 P_s만큼 받게 되므로, 생산자잉여는 삼각형 B E P_0에서 삼각형 B B′ P_s로 줄어든다. 정부의 조세수입은 사각형 P_tA′B′P_s와 같다. 따라서 총잉여는 원래 삼각형 AEB였으나, 물품세가 부과되면 사다리꼴 AA′B′B로 줄어든다. (단, 조세는 정부의 잉여로 간주할 수 있다.) 즉, 삼각형 A′EB′만큼의 사중손실을 발생시킨다. 따라서 조세의 부과는 비효율을 발생시킨다. 비효율이 발생하는 근본적인 원인은 조세로 말미암아 생산량과 거래량이 줄어버리기 때문이다.

물품세를 소비자가 납부하는 경우

제품 1개당 t원씩의 물품세가 부과되고, 이를 소비자가 납부한다고 하자.[4] 이때 수요곡선이 아래 그림에서처럼 D에서 D'으로 t만큼 아래로 이동한다. 그 이유는 시장가격이 $(P-t)$원이라야, 제품 1개당 t원의 세금을 낸 후 세금부과 전과 동일하게 P원을 지불하기 때문이다. 따라서 1개당 t원씩 덜 주고 구매해야 이전과 동일한 수량을 수요할 것이다. 이때 균형점은 E 점에서 B′점으로 바뀐다. 이에 따라 시장균형가격은 P_s로 하락하고, 생산량과 거래량은 Q_1으로 감소한다.

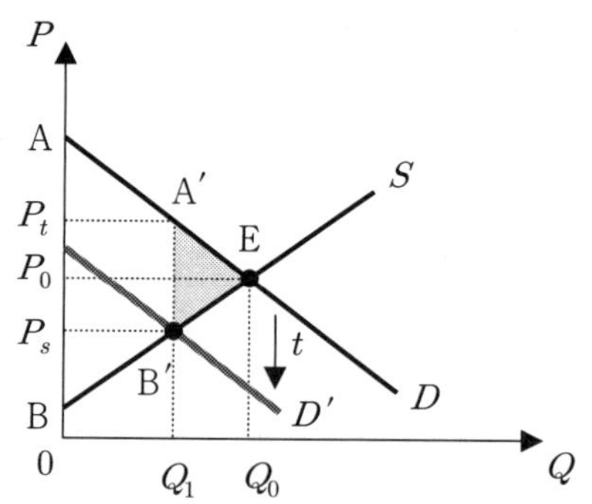

이 경우 잉여의 변화는 생산자가 납부하는 경우와 동일하다. 물품세 부과 후 소비자잉여는 삼각형 AEP_0에서 삼각형 AA′P_t로 줄어든다. 소비자는 P_s에서 구매하지만, 물품세를 낸 후 실제 지출액은 P_t이기 때문이다. 또한 생산자잉여는 삼각형 BEP_0에서 삼각형 BB′P_s로 줄어든다. 정부의 조세수입은 사각형 P_tA′B′P_s와 같다. 따라서 총잉여는 원래 삼각형AEB였으나, 사다리꼴 AA′B′B로 줄어든다. 이때 사중손실의 크기는 삼각형 A′EB′의 면적과 같다. 따라서 소비자가 물품세를 납부하더라도 잉여의 변화는 생산자가 납부하는 경우와 동일하다.

1-3E 조세의 전가

생산자와 소비자 중 누가 물품세를 납부한다 해도, 어느 한 쪽이 물품세 전부를 부담하는 것은 아니다. 물품세는 누가 납부하든지 생산자와 소비자가 함께 부담하는 것이 일반적이다.

아래의 그림은 물품세를 생산자가 납부할 때 공급곡선이 이동하는 경우와 소비자가 납부할 때

---

4) 우리나라에서 소비자가 납부하는 물품세는 주택 취득세와 자동차 취득세가 있다.

수요곡선이 이동하는 경우를 함께 보여주고 있다. 각각의 경우에 균형점은 E′ 또는 E″으로 이동한다. 어느 경우이든지 새로운 균형거래량은 Q_1으로 줄어든다.

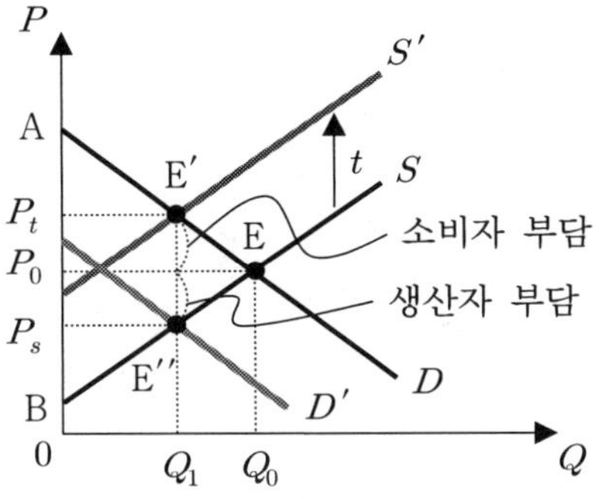

이때 소비자가 제품 1개당 실제로 지불하는 금액은 P_t이므로, 세금부과 전의 시장가격 P_0에 비해 $(P_t - P_0)$만큼 더 부담한다. 생산자는 제품 1개당 실제로 받는 금액이 P_s이므로 세금부과 전에 비해 $(P_0 - P_s)$만큼 덜 받게 되며, 이것이 생산자가 부담하는 몫이다. 물품세 부과 후 소비자부담과 생산자부담의 비율은 아래와 같이 탄력성을 이용해 구할 수 있다.

$$\frac{\text{소비자부담}}{\text{생산자부담}} = \frac{\text{공급탄력성}(\epsilon_S)}{\text{수요탄력성}(\epsilon)}$$

즉, 수요자와 생산자 중 탄력성이 더 큰 쪽의 세금부담비율이 더 작다. 위의 그림에서 균형점(E)을 중심으로 수요곡선의 기울기를 매우 완만하게 그려보면 (즉, 수요탄력성이 크도록 해보면), 소비자의 부담비율이 작아짐을 확인할 수 있다. 또한 공급곡선의 기울기가 완만해지면 (즉, 공급탄력성이 크도록 해보면), 공급자의 부담비율이 작아짐을 확인할 수 있다.

주 물품세 부과 후 생산자나 소비자가 공급량 또는 소비량을 결정할 때는 자신이 납부하는 물품세를 고려한다. 따라서 시장균형은 물품세 부과로 이동한 새로운 공급곡선 또는 수요곡선에 의해 결정된다. 하지만 소비자 또는 생산자가 제품에 대해 느끼는 가치는 제품 고유의 성질에 기인하며 물품세와 전혀 상관이 없다. 따라서 잉여를 따질 때는 원래의 수요곡선과 공급곡선으로 하면 된다. 소비자잉여는 원래의 수요곡선과 소비자가 제품당 실제로 지불하는 액수로 따지면 되고, 생산자잉여는 원래의 공급곡선과 생산자가 제품당 실제로 받는 금액을 가지고 따지면 된다.

참고 제품당 t원의 물품세를 생산자에게 부과할 경우, 조세부담률에 대한 증명은 다음과 같다.

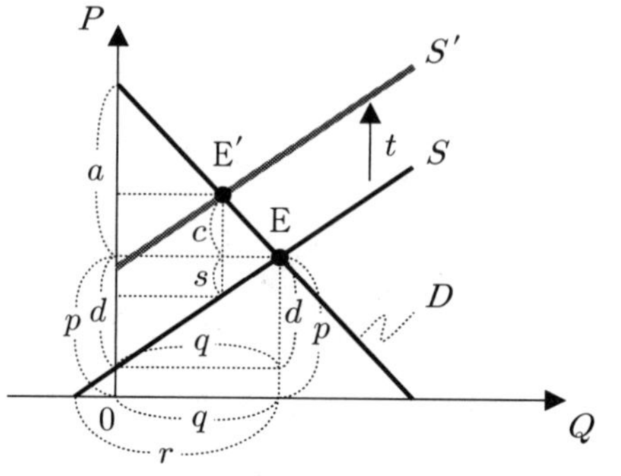

$$\frac{\epsilon_S}{\epsilon}=\frac{\frac{r}{q}}{\frac{p}{a}}=\frac{\frac{p}{d}}{\frac{p}{a}}=\frac{a}{d}=\frac{c}{s} \qquad (\text{단, } \frac{r}{q}=\frac{p}{d})$$

즉, $\frac{\epsilon_S}{\epsilon}=\frac{\text{소비자부담}}{\text{생산자부담}}$

공급탄력성(ϵ_S)이 1이거나 1보다 작은 경우도 증명과정은 동일하다.

연습문제

1. 현재 시장가격이 100원인 제품을 소비하는 소비자 A는 처음 1개를 소비하기 위해 200원을 지출할 용의가 있고, 2개째는 150원을 지출할 용의가 있고, 3개째는 50원을 지출할 용의가 있다. 이 소비자의 잉여는 얼마나 되는가?

2. 현재 시장가격이 100원인 제품을 공급하는 생산자 A는 처음 1개를 생산하여 50원에 판매할 용의가 있고, 2개째 생산한 것은 80원에 팔 용의가 있고, 3개째는 120원에 팔 용의가 있다. 이 생산자의 잉여는 얼마나 되는가?

3. 수요함수가 $P=250-3Q$, 공급함수가 $P=2Q$일 때, 다음의 물음에 답하라.

   (1) 소비자잉여와 생산자잉여는 각각 얼마인가?

   (2) 정부에 의해 가격상한이 80으로 부과될 때, 소비자잉여와 생산자잉여는 각각 어떻게 변하는가?

   (3) 이때 사중손실은 얼마인가?

4. 노동의 수요함수가 $w=250-3L$, 노동의 공급함수가 $w=2L$이다. 정부가 130에서 최저임금제를 실시하고자 한다. 이때 다음의 물음에 답하라. (단, w는 임금, L은 노동량임.)

   (1) 고용은 얼마나 감소하는가?

   (2) 기업과 노동자의 잉여는 얼마나 변하는가?

   (3) 사중손실은 원래의 총잉여의 몇 퍼센트나 되는가?

5. 수요함수가 $P=250-3Q$, 공급함수가 $P=2Q$이다. 정부가 제품 당 10만큼의 물품세를 공급자에게 부과할 때 다음의 물음에 답하라.

   (1) 시장가격과 거래량은 각각 얼마씩 변하는가?

   (2) 소비자잉여와 생산자잉여는 각각 얼마씩 변하는가?

   (3) 사중손실을 얼마나 발생하는가?

   (4) 소비자와 생산자는 개당 물품세 중 각각 얼마씩 부담하는가?

6. 균형점에서 수요의 탄력성이 3/2, 공급의 탄력성이 1/2이다. 물품세가 부과될 때, 소비자와 생산자는 각각 몇 퍼센트씩 부담하는가?

객관식문제

1-1 수요와 공급이론

1. 소고기와 대체관계에 있는 닭고기의 가격과 소의 사료값이 모두 하락하면, 소고기의 가격과 균형거래량은 어떻게 되는가?

① 가격은 상승하고, 거래량은 증가한다.
② 가격은 상승하고, 거래량의 변화는 불확실하다.
③ 가격의 변화는 불확실하나, 거래량은 감소한다.
④ 가격의 변화는 불확실하나, 거래량은 증가한다.
⑤ 가격은 하락하고, 거래량의 변화는 불확실하다.

2. 한 종류의 재화만 거래가 되고 있는 어떤 섬나라에 2명의 수요자와 2명의 공급자가 있다. 개인의 수요함수는 각각 $P=20-Q$, $P=20-2Q$이며, 개인의 공급함수는 2명 모두 $P=2Q$라고 한다. 이 재화의 시장균형가격은 얼마인가?

① 10 ② 12 ③ 16 ④ 18 ⑤ 20

3. 수요곡선(D)과 공급곡선(S)이 다음의 그림처럼 주어져 있을 때, 왈라스적 적응과 마샬적 적응방식에 따르면 균형은 안정적인가?

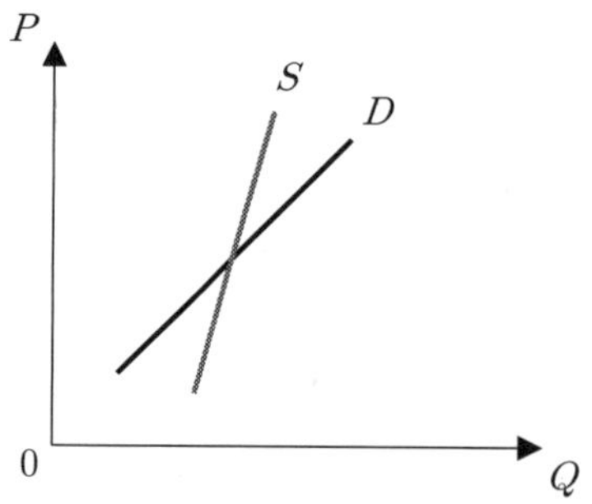

① 왈라스: 안정적 마샬: 안정적
② 왈라스: 안정적 마샬: 불안정적

③ 왈라스: 불안정적 마샬: 안정적

④ 왈라스: 불안정적 마샬: 불안정적

⑤ 분명하지 않다.

1-2 탄력성

4. x재의 가격이 1,000원 일 때 y재가 100만개 팔렸다. x재의 가격이 1,200원이 되자, y재가 110만개 팔렸다고 한다. 이때 대체탄력성(ϵ_{xy})은 얼마이며, x재와 y재는 어떤 관계에 있는가? (단, 탄력성을 계산할 때 원래의 값을 기준으로 하라.)

① $\epsilon_{xy}=0.5$, 대체재

② $\epsilon_{xy}=0.5$, 보완재

③ $\epsilon_{xy}=-0.5$, 대체재

④ $\epsilon_{xy}=1$, 대체재

⑤ $\epsilon_{xy}=-1$, 보완재

5. 시장공급곡선이 $P=3Q$, 시장수요곡선이 $P=-2Q+100$일 때, 균형점에서의 수요탄력성은 얼마인가?

① $\frac{1}{2}$ ② 1 ③ $\frac{3}{2}$ ④ 2 ⑤ $\frac{5}{2}$

6. 수요곡선이 아같이 주어졌을 때, E 점에서 수요탄력성은 얼마인가?

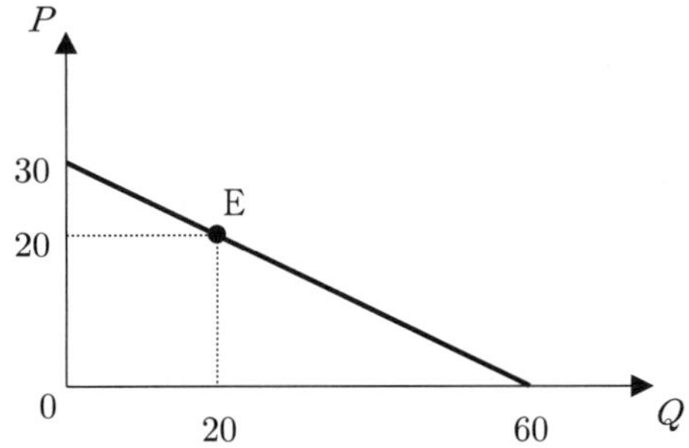

① $\frac{1}{2}$ ② $\frac{2}{3}$ ③ 1 ④ $\frac{3}{2}$ ⑤ 2

7. 공급곡선이 아래와 같이 주어졌을 때, E 점에서 공급탄력성은 얼마인가?

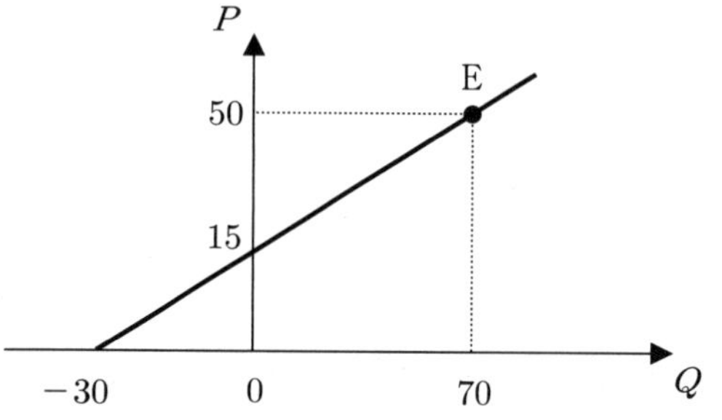

① $\frac{3}{10}$ ② $\frac{10}{3}$ ③ $\frac{7}{10}$ ④ $\frac{10}{7}$ ⑤ $\frac{7}{3}$

8. 공급곡선이 아래와 같이 주어졌을 때, 점 E 점에서 공급탄력성은 얼마인가?

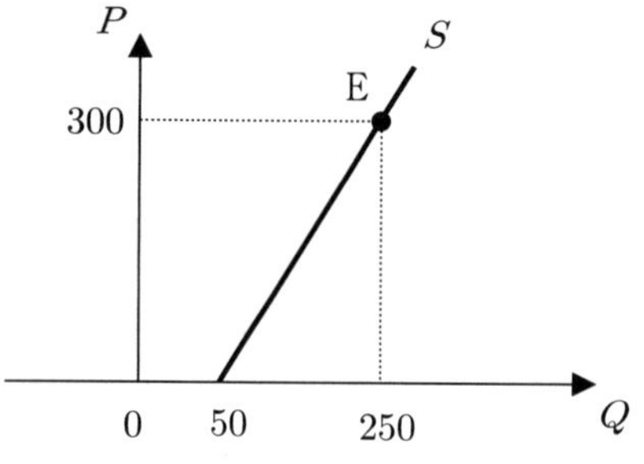

① $\frac{1}{5}$ ② $\frac{1}{4}$ ③ $\frac{4}{5}$ ④ $\frac{5}{4}$ ⑤ 5

9. 수요곡선(D)과 공급곡선(S)이 다음과 같이 주어져 있을 때, 가장 옳지 **않은** 것은?

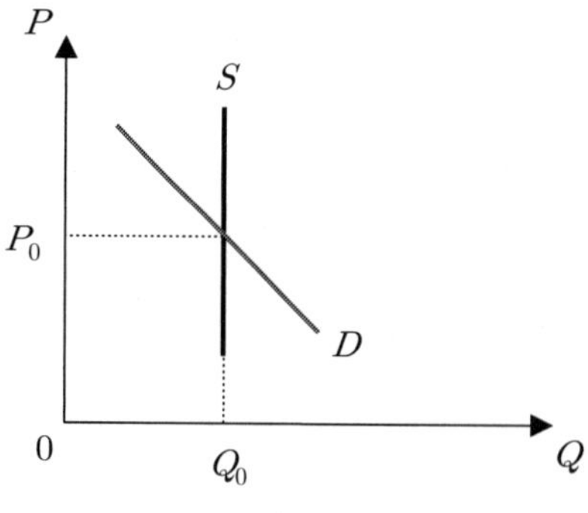

① 공급탄력성은 0이다.
② 가격이 P_0보다 낮으면, 초과수요가 발생한다.
③ 소비자들의 재화에 대한 기호가 커져도, 균형거래량은 늘어나지 않는다.
④ 왈라스적 적응방식에 의하면, 시장균형은 안정적이다.
⑤ 수요탄력성의 크기는 0과 1사이의 값이다.

10. 어떤 향수의 가격이 하락하여 향수에 대한 소비량이 늘어나면, 그 향수를 쓰지 않던 사람들도 그 향수에 관심을 갖고 구매하는 경향이 있다고 한다. 소비에서 이러한 효과가 존재할 때, 최초의 시장균형점에서의 수요탄력성은 그러한 효과가 없는 경우에 비해 어떻게 변하는가?

① 더 커진다.
② 더 작아진다.
③ 변함이 없다.
④ 처음에 커지다가 나중에 원래보다 작아진다.
⑤ 주어진 조건만으로 확인이 안 된다.

11. 수요의 가격탄력성이 1보다 클 때, 다음 중 옳지 **않은** 것은?

① 가격의 상승률보다 수요량의 감소율이 더 크다.
② 이 재화의 수요곡선은 항상 우하향한다.
③ 이 재화는 열등재가 아니다.
④ 공급의 탄력성이 1이라면, 공급자에 비해 수요자의 물품세 부담률이 더 작을 것이다.
⑤ 수요곡선이 직선이라면, 현재의 수요점은 직선의 한가운데보다 왼쪽의 점이다.

1-3 수요와 공급이론의 응용

12. 수요곡선(D)과 공급곡선(S)이 다음과 같을 때 옳지 **않은** 것은?

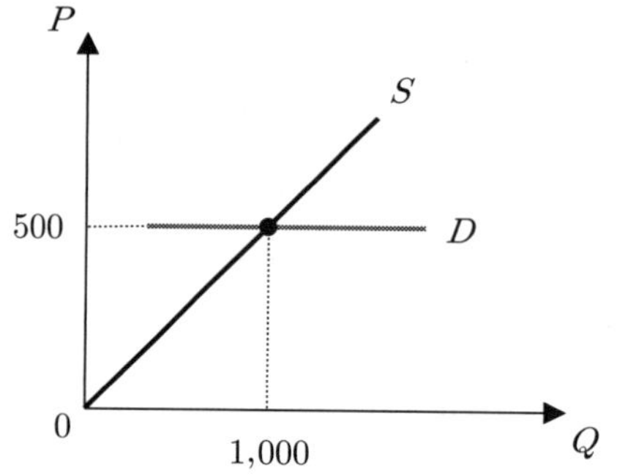

① 마샬적 적응방식에 따르면, 시장균형은 불안정적이다.
② 균형점에서 수요의 탄력성은 무한대이다.
③ 균형점에서 공급의 탄력성은 1이다.
④ 생산비가 하락하면, 균형거래량이 늘어날 것이다.
⑤ 소비자는 이 제품의 소비에서 전혀 잉여를 누리지 못하고 있다.

13. 시장가격보다 낮은 가격에서 최고가격제를 실시할 때의 효과 중 옳지 **않은** 것은?

① 경제 내의 비효율을 발생시킨다.
② 암시장이 발생할 수 있다.
③ 초과수요가 발생한다.
④ 소비자 전체의 잉여가 늘어난다.
⑤ 생산자 전체의 잉여가 줄어든다.

14. 아파트가 완공된 후 판매하는 방식의 후분양제를 실시하는 아파트 건축업자가 아파트를 신규분양하려고 한다. 이때 정부에서 소비자 보호를 위한 조치로 시장균형보다 낮은 가격에서 아파트 판매가격의 상한제를 실시하고 있다. 이러한 가격정책의 결과를 설명한 다음 중 옳지 **않은** 것은?

① 생산자의 잉여가 줄어든다.
② 전체 소비자의 잉여가 늘어난다.
③ 생산자와 소비자의 잉여를 합친 총잉여는 줄어든다.
④ 아파트를 분양받은 소비자의 잉여는 늘어난다.

⑤ 일단 분양이 완료된 후에 자유로운 시장가격으로 아파트를 구입하는 자가 누릴 수 있는 잉여는 가격상한제를 실시하기 전에 비해 줄어든다.

[문제 15－17] 최고가격제에 대한 수요곡선(D)과 공급곡선(S)이 다음과 같이 주어져 있을 때, 정부가 가격(P) 80에서 최고가격제를 실시하고 있다.

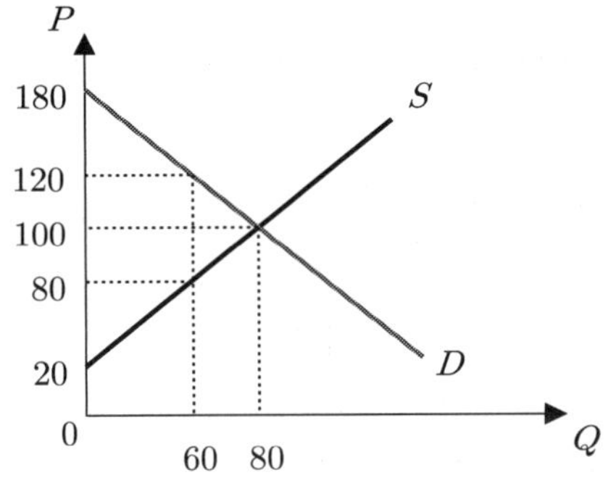

15. 최고가격제 실시 후 소비자잉여의 변화량은 얼마인가?

① －200 ② －800 ③ 0 ④ 600 ⑤ 1,000

16. 최고가격제로 인한 사회전체의 후생의 손실을 얼마나 되는가?

① 200 ② 400 ③ 800 ④ 1,200 ⑤ 1,500

17. 최고가격제에 대한 다음 서술 중 옳지 **않은** 것은?

① 만일 120에서 최고가격제를 실시하면 정책의 실효성이 없다.
② 최고가격제 후 초과수요가 발생한다.
③ 최고가격제 후 정부의 잉여가 발생한다.
④ 최고가격제 후 100보다 큰 가격에서 암시장이 발생할 수 있다.
⑤ 최고가격제는 효율성 측면에서 바람직하지 못하다.

18. 최저임금제에 대한 다음 사실 중 옳지 **않은** 것은?

① 사중손실을 발생시키므로 파레토 효율적이지 못하다.
② 모든 노동자의 잉여가 증가한다.
③ 노동의 사용자인 기업의 잉여가 줄어든다.

④ 노동자와 기업의 잉여의 합이 줄어든다.

⑤ 정책이 실효성을 가지려면 최저임금은 시장균형임금보다 높은 수준이어야 한다.

19. 물품세에 관한 다음 사항 중 옳지 **않은** 것은?

① 물품세를 생산자에게 부과하든지 소비자에게 부과하든지, 생산자와 소비자 간의 조세분담비율은 변하지 않는다.

② 생산자의 공급탄력성에 비해 소비자의 수요탄력성이 더 작으면, 소비자의 조세부담비율이 공급자의 부담비율보다 더 크다.

③ 물품세 부과의 결과로 생산자와 소비자 모두 잉여가 감소한다.

④ 물품세를 생산자에게 부과하면 원래의 시장균형가격보다 제품의 가격이 더 상승한다.

⑤ 물품세 부과로 발생하는 사중손실은 모두 정부의 조세수입으로 흡수된다.

20. 제품 1개당 일정액의 물품세를 부과할 때, 다음 중 옳은 것은?

> 가. 공급자와 수요자 중 탄력성이 더 큰 쪽이 물품세를 덜 부담한다.
> 나. 물품세를 공급자와 수요자 중 어느 쪽에 부과하든지, 물품세 부담비율이 달라지지 않는다.
> 다. 사중손실이라는 비효율을 발생키며, 그 크기는 물품세를 공급자에게 부과하든지 수요자에게 부담하든지 동일하다.

① 가 ② 가, 나 ③ 나, 다 ④ 다 ⑤ 가, 나, 다

2장 소비자이론

소비자이론에서는 주어진 예산으로 최대의 만족을 주는 재화들의 소비량을 찾는다. 이를 위해 효용, 무차별곡선, 예산선 등의 개념들을 익히며, 어떻게 최적소비점을 찾는가를 공부하게 된다. 또한 소비자이론은 현실의 여러 가지 문제를 분석하는데 응용될 수 있다.

2-1 한계효용과 무차별곡선

2-1A 한계효용의 정의

재화나 서비스를 소비할 때 느끼는 만족감을 **효용**(Utility)이라 한다. 또한 **한계효용**(MU: Marginal Utility)은 재화의 마지막 1단위 소비로 인해 증가하는 효용이다. 효용수준을 U라 할 때, 재화 x의 한계효용은

$$MU = \frac{\triangle U}{\triangle x}$$

로 표시할 수 있다. (또는 미분기호를 써서 $\frac{dU}{dx}$로 표시할 수 있다.)

예 1 아래의 표는 어떤 재화의 소비량이 증가할 때 한계효용의 변화를 보여준다.

소비량	1	2	3	4	5
총효용	10	15	17	17	16
한계효용(MU)	10	5	2	0	−1

일반적으로 소비량이 늘수록 한계효용의 크기는 작아진다. 이를 **한계효용체감의 법칙**(Law of Diminishing Marginal Utility)이라 한다. 또한 한계효용을 모두 더하면, 총효용이 됨을 알 수 있다.

효용함수란 재화의 소비량이 주어질 때 만족감을 표시하는 지표이다. 소비자이론에서는 주로 2가지 재화를 다루므로, 효용함수를 $U=U(x,y)$로 표시한다.

주 $U=f(x,y)$로 표시해도 상관없으나, 함수를 나타내는 문자 f 대신에 효용을 나타내는 변수인 U와 같은 문자를 쓰면 편리하다.

효용함수가 주어지면, x재의 한계효용(MU_x)과 y재의 한계효용(MU_y)은 효용함수에 대한 미분의 형태로 표시할 수 있다.

$$MU_x = \frac{\partial U}{\partial x}, \qquad MU_y = \frac{\partial U}{\partial y}$$

주 미분으로 정의하면, 한계효용은 재화 소비의 극미량 증가에 대한 효용의 증가비율이다.

예 2 $U=\sqrt{xy}$ 일 때, x재와 y재의 한계효용은 다음과 같다.

$$MU_x = \frac{\partial}{\partial x}(\sqrt{xy}) = \frac{\partial}{\partial x}(x^{1/2}y^{1/2}) = \frac{1}{2}x^{-1/2}y^{1/2} = \frac{\sqrt{y}}{2\sqrt{x}}$$

$$MU_y = \frac{\partial}{\partial y}(\sqrt{xy}) = \frac{\sqrt{x}}{2\sqrt{y}}$$

만일 소비량이 $(x,y)=(16,4)$라면, 한계효용은 각각

$$MU_x=\frac{\sqrt{4}}{2\sqrt{16}}=\frac{1}{4},\ MU_y=\frac{\sqrt{16}}{2\sqrt{4}}=1$$

이 된다.

2-1B 한계효용과 최적소비

x재와 y재를 소비할 때, 최대의 효용을 누리려면 화폐 1단위로 얻을 수 있는 x재와 y재의 한계효용이 동일하도록 해야 한다. 이를 **한계효용균등의 법칙**이라 부른다.

$$\frac{MU_x}{P_x}=\frac{MU_y}{P_y}$$

만일 $\frac{MU_x}{P_x}>\frac{MU_y}{P_y}$라면, 1원을 더 쓸 때 증가하는 효용이 x재가 y재보다 더 크다. 따라서 x재의 소비를 늘리고, y재의 소비를 줄이는 것이 총효용을 증가시킨다. 이때 한계효용체감의 법칙에 따라, MU_x는 감소하고, MU_y는 증가한다. 계속하여 x재 소비를 늘리고, y재 소비를 줄이다보면, 결국 $\frac{MU_x}{P_x}=\frac{MU_y}{P_y}$가 될 것이며, 이때 효용은 극대가 된다.

예 3 x재를 소비할 때의 한계효용이 50, x재의 가격이 10원, y재를 소비할 때의 한계효용이 60, y재의 가격이 30원이라 하자. 이때 x재에 대해 쓰는 화폐 1원의 한계효용은 5가 될 것이며 $\left(\frac{50}{10}=5\right)$, y재에 대해 쓰는 화폐 1원의 한계효용은 2가 될 것이다. $\left(\frac{60}{30}=2\right)$ 즉, 1원을 더 쓸 때 증가하는 효용은 x재가 y재보다 더 크다. 따라서 x재를 소비하는데 1원을 더 쓰고, y재를 소비하는데 1원을 줄인다면, 효용은 3만큼 더 늘어난다. (즉, $5-2=3$)

예 4 물은 사용가치가 다이아몬드보다 더 높은데, 왜 다이아몬드의 가격이 더 비쌀까? 이는 다이아몬드는 희귀하므로, 다이아몬드 소비의 한계효용이 더 높기 때문이다. 아래의 그림에서 총효용은 한계효용의 합이므로 한계효용곡선 아래 부분의 면적으로 나타난다. 물의 소비(x_0)가 가져다주는 총효용은 다이아몬드의 소비(y_0)가 가져다주는 총효용보다 크지만, 물의 한계효용은 다이아몬드의 한계효용보다 더 작다. (즉, $MU_x < MU_y$) 따라서 $\frac{MU_x}{P_x} = \frac{MU_y}{P_y}$가 성립한다고 할 때, $P_x < P_y$가 되는 것이다. 즉, 다이아몬드는 물에 비해 총효용이 작지만, 한계효용이 더 높으므로 가격이 더 높다. 이와 같이 총사용가치보다 교환가치가 더 높은 것을 **가치의 역설** 또는 **스미스의 역설**(Smith's Paradox)이라 한다.

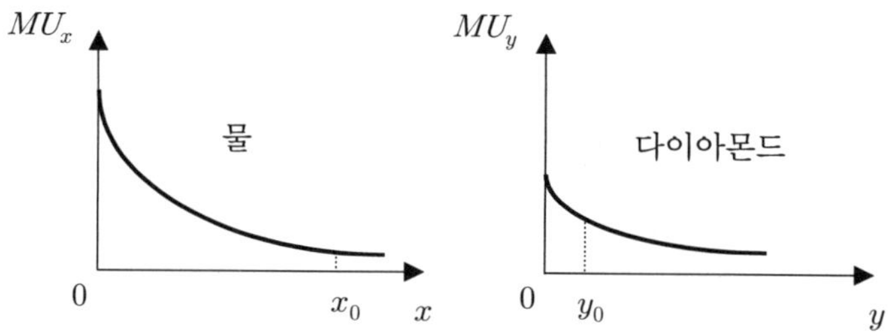

2-1C 선호에 대한 가정

선호표시 기호

두 소비집합 A와 B에 대해 선호(Preference)는 다음과 같이 표시한다.

$$A > B \quad \Leftrightarrow \quad U(A) > U(B)$$
$$A \sim B \quad \Leftrightarrow \quad U(A) = U(B)$$

즉, "$>$"은 "더 선호한다."(Prefer)는 (즉, 효용이 더 크다는) 뜻이고, "$\sim$"은 "같은 정도로 선호한다."(Equivalent)는 (즉, 효용이 동일하다는) 뜻이다.

선호에 대한 가정

경제학에서는 개인의 선호(Preference)에 대해 다음과 같은 가정을 한다. 첫째, 같은 재화라면 더 많은 양을 소비할수록 효용이 증가한다는 **단조성**(Monotonicity) 가정이다. 즉, 한계효용이 항상 0보다 크다고 가정한다. (그렇지 않을 경우, 그 재화를 소비하지 않을 것이기 때문에 경제학의 분석대상에서 제외시킨다.) 둘째, 어떤 소비집합 A를 B보다 더 선호하고, B를 C보다 더 선호하면, A를 C보다 더 선호한다고 가정한다. 이를 **이행성**(Transitivity) 가정이라 한다.[1] 즉, $A > B$와 $B > C$이면, $A > C$이다. [또한 $A \sim B$와 $B \sim C$이면, $A \sim C$이다.] 셋째, 만족도가 동일한 두 재화집합을 가중평균한 재화집합이 각 재화집합보다 더 큰 만족을 준다고 가정한다. 이를 **볼록성**(Convexity) 가정이라 한다. 즉, $A \sim B$이면, $tA+(1-t)B > A$와 $tA+(1-t)B > B$가 성립한다. (단, $0 < t < 1$) 예를 들어, (x, y)재의 소비량 $A(2, 4)$와 $B(4, 2)$에 대해 동일한 만족을 느끼는 사람은 이 둘의 가중평균 중의 하나인 $C(3, 3)$의 만족도가 더 높다는 것이다. 볼록성은 어느 재화에 치우쳐 소비하는 것보다 여러 재화를 골고루 소비하는 것이 더 큰 만족감을 준다는 것을 의미한다.

주 보다 자세히 구분하면, $MU \geq 0$인 경우를 약단조성(Weak Monotonicity)이라 하고, $MU > 0$인 경우를 강단조성(Strong Monotonicity)이라 한다. 또한 볼록성도 약볼록성(Weak Convexity)과 강볼록성(Strong Convexity)으로 나눌 수 있다. 약볼록성은 위의 논의에서 선호기호 $>$ 대신 $\gtrsim$을 쓰는 경우에 해당한다. 본서에서 말하는 단조성과 볼록성은 엄밀히 말해 강단조성과 강볼록성을 의미한다.

1) 이행성은 얼핏 보면 어떤 경우든 성립해야 할 것처럼 보인다. 등호나 부등호만 보더라도 이행성이 성립한다. (예를 들어, $7>5$이고 $5>3$이면, $7>3$이 된다.) 하지만 함수보다 더 포괄적인 개념인 관계(Relation)라는 면에서 볼 때 이행성이 항상 성립하는 것은 아니다. 예를 들어, F라는 관계를 "is the father of" 로 정의해보자. 이때 "철수 F 민수" 와 "민수 F 현수" 라고 해서 "철수 F 현수" 라고 할 수 없다. 또한 L을 "~의 애인이다.(is a lover of)" 라고 정의해보자. 2명의 남자배우 훈남과 꽃남이 여자배우 얼짱과 동시에 사귀고 있다고 하면, "훈남 L 얼짱" 과 "얼짱 L 꽃남" 이라는 관계가 성립한다. 이때 이행성이 성립한다면, "훈남 L 꽃남" 이라는 매우 어색한 관계가 되어버리고 말 것이다. 이와 같이 모든 관계에서 항상 이행성이 성립하는 것은 아니다. 다만, 경제학의 효용이나 소비자균형 분석의 경우 거의 모든 경우에 이행성이 성립하기 때문에, 소비자이론은 기본적인 가정의 하나로 이행성을 받아들이고 있다. (이행성이 성립하지 않는 경우는 종종 유아들에게서 볼 수 있다. 귤과 사과 중 귤이 더 좋으며, 사과와 배 중 사과가 더 좋다는 유아에게 귤과 배 중 어느 것이 더 좋으냐고 물으면, 배가 더 좋다고 하는 경우가 있다.)

2-1D 무차별곡선의 정의

무차별곡선(Indifference Curve)이란 동일한 만족을 주는 재화 (x, y)의 조합을 나타내는 점들을 연결한 선이다.

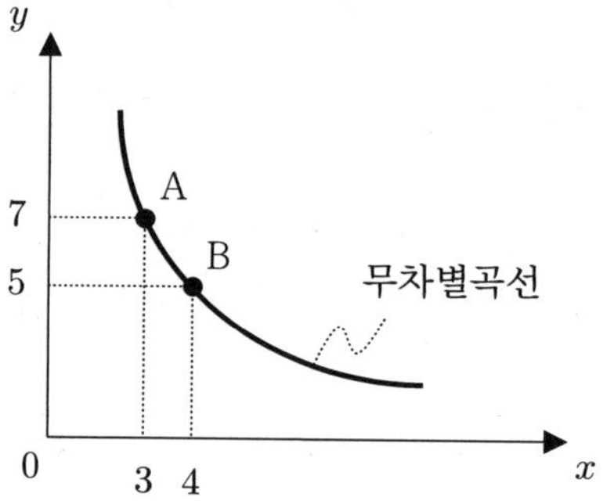

위의 그림에서 A 점과 B 점에서 소비자가 느끼는 효용은 동일하다.
즉, $U(x_1, y_1) = U(x_2, y_2)$. 효용함수를 사용하면, 무차별곡선은 다음과 같이 정의된다.

$$U(x, y) = c \quad (\text{일정})$$

한계대체율

무차별곡선상에서는 효용수준이 일정하므로, x재의 소비량을 늘릴 때, y재의 소비량을 줄여야 한다. 이때 x재와 y재 변화비율의 절대값을 **한계대체율**(MRS: Marginal Rate of Substitution)이라 한다. 이는 x재를 1단위 더 소비하기위해 포기해야하는 y재의 단위를 나타낸다.

$$MRS_{xy} = \left| \frac{\Delta y}{\Delta x} \right|$$

위 그림의 A 점과 B 점 사이에서 한계대체율은

$$MRS_{xy} = -\frac{\triangle y}{\triangle x} \quad (= -\frac{y_2 - y_1}{x_2 - x_1})$$

으로 표시될 수 있다. 즉, A 점과 B 점간의 기울기의 절대값이다. 이때 B 점이 A 점에 무한히 접근하면, 한계대체율은 바로 A 점에서 무차별곡선의 기울기가 된다. 따라서 무차별곡선 기울기의 절대값은 x재와 y재간의 한계대체율(MRS_{xy})이며, 미분기호를 써서 다음과 같이 나타낸다.

$$MRS_{xy} = -\frac{dy}{dx}$$

무차별곡선 $U(x,y)=c$를 전미분하면,

$$\frac{\partial U}{\partial x}dx + \frac{\partial U}{\partial y}dy = 0 \quad \Rightarrow \quad -\frac{dy}{dx} = \frac{\partial U/\partial x}{\partial U/\partial y} = \frac{MU_x}{MU_y}$$

즉, 한계대체율(MRS_{xy})은 x재의 한계효용과 y재의 한계효용 비율과 같다.

▶ 한계대체율 공식에 대한 직관적 이해

예를 들어, x재의 한계효용이 3, y재의 한계효용이 2라 하자. 이때 x재를 1단위 더 소비하면, 효용이 3만큼 증가한다. 또한 y재를 1.5단위 덜 소비하면, 효용이 3만큼 감소한다. 따라서 x재를 1단위 더 소비하고 y재를 1.5단위 덜 소비하면, 효용의 변화가 없다. 즉, 한계대체율이 $1.5\left(=\frac{1.5}{1}\right)$라 할 수 있다. 또한 $\frac{MU_x}{MU_y} = \frac{3}{2} = 1.5$이다. 따라서 한계대체율이 $\frac{MU_x}{MU_y}$와 같음을 알 수 있다. 수학적으로 엄밀하지는 않지만, 한계대체율이 한계효용의 비율과 같다는 사실을 다음과 같이 보다 직관적으로 이해할 수도 있다. (y재는 감소하므로, $\triangle y$는 음수가 된다.)

$$M_x \triangle x = -M_y \triangle y \quad \Rightarrow \quad -\frac{\triangle y}{\triangle x} = \frac{MU_x}{MU_y}$$

이때 MU_x나 MU_y는 재화의 단위당 효용이며, x나 y는 재화의 변화량이다. 따라서 위의 식은 x재나 y재의 소비량이 변하더라도 효용수준의 변화가 없음을 나타낸다.

예 5 효용함수가 $U = \sqrt{xy}$ 로 주어져 있을 때, 소비점 $(2, 1)$에서의 한계대체율은 다음과 같다.

$$MRS_{xy} = \frac{MU_x}{MU_y} = \frac{\frac{1}{2}x^{-1/2}y^{1/2}}{\frac{1}{2}x^{1/2}y^{-1/2}} = \frac{y}{x}$$

$$\therefore MRS_{xy}(2,1) = \frac{1}{2}$$

즉, x재를 1단위 더 소비하면, 동일한 효용수준을 유지하기 위해 y재를 0.5단위 덜 소비하여야 한다.

일반적으로 x재의 소비량이 많아질수록 x재를 1단위 더 소비하기 위해 줄이려고 하는 y재의 소비량은 작아진다. 즉, <u>한계대체율은 체감한다</u>. 한계대체율이 체감하면, 무차별곡선은 원점에 대해 볼록한 모양을 가진다.

2-1E 무차별곡선의 성질

무차별곡선은 다음과 같은 성질을 가진다.

① 원점에서 멀수록 효용이 증가한다.

② 우하향한다. (즉, 기울기가 음수이다.)

③ 무차별곡선끼리 서로 교차하지 않는다.

④ 원점에 대해 볼록(Convex)하다.

이 중 ①과 ②는 단조성 가정 때문이며, ③은 단조성과 이행성 가정 때문이다. 또한 ④는 볼록성 가정 (즉, 한계대체율체감의 가정) 때문이다. 이 중 ①이 단조성 때문이라는 것은 명백하다. 또한 단조성 가정 아래 ②도 성립한다. 이는 한 재화를 더 소비하면 효용이 증가하므로 다른 재화를 덜 소비해야 효용수준이 변하지 않기 때문이다. ③의 경우도 쉽게 확인할 수 있다. 만일 두 무차별곡선이 아래 그림에서와 같이 교차한다고 하자. 이때 $A \sim B$와 $B \sim C$가 성립하므로, 이행성에 의해 $A \sim C$가 성립해야한다. 한편, C 점에서는 두 재화 모두의 소비량이 A 점에서보다 많으므로 단조성에 의해 $A < C$도 성립해야 한다. 이는 명백히 모순이다.

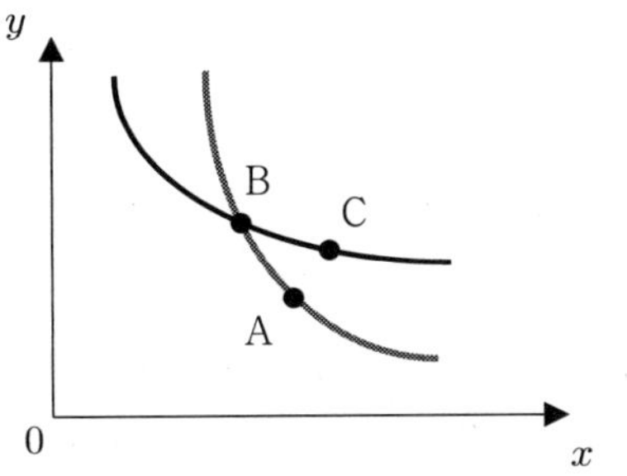

④는 선호의 볼록성 또는 한계대체율체감의 가정과 동일한 가정이다. 아래 그림에서 원점에 대해 볼록한 무차별곡선 위의 소비점 A에서보다 B에서 한계대체율이 더 작음을 알 수 있다.

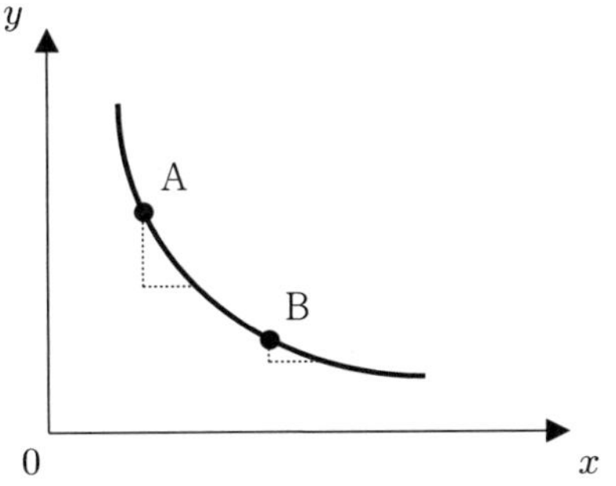

주 1 무차별곡선의 성질 ④는 그냥 가정일 뿐이며, 한계효용체감의 가정은 ④가 되기 위한 대한 필요조건도 충분조건도 아니다.

$$MRS_{xy} = \frac{MU_x(x,y)}{MU_y(x,y)}$$

한계효용체감의 법칙은 x재의 한계효용(MU_x)이 x의 감소함수이며, y재의한계효용(MU_y)이 y의 감소함수라는 것을 의미한다. 따라서 x가 증가하고 y가 감소하면, 위의 표현에서 MU_x가 감소하고 MU_y가 증가하여 MRS_{xy}가 감소하는 것처럼 보인다. 하지만 $\frac{\partial MU_x(x,y)}{\partial y}$나 $\frac{\partial MU_y(x,y)}{\partial x}$의 값을 모르면, MU_x가 감소하고 MU_y가 증가하는지 명확하지 않다. 만일 두 재화가 콜라와 사이다처럼 서로 대체재라면 $\frac{\partial MU_x(x,y)}{\partial y} < 0$라 할 수 있으므로, y재의 감소는 MU_x를 증가시킨다. [또한

$\frac{\partial MU_y(x,y)}{\partial x} < 0$이므로, x의 증가는 MU_y를 감소시킨다.] 따라서 MU_x가 감소하고 MU_y가 증가하는지 확실치 않다. 이처럼 한계효용체감만으로는 한계대체율이 체감하는지 명확하지 않다. 하지만 y재 감소로 인한 MU_x의 증가폭이 x재의 증가로 인한 MU_x의 감소폭보다 크지 않으면 (또한 x재 증가로 인한 MU_y의 감소폭이 y재의 감소로 인한 MU_y의 증가폭보다 크지 않으면), MRS_{xy}가 감소하는 것이 분명하다. 즉, 한계효용체감의 가정에 "다른 재화가 한계효용에 미치는 영향이 본 재화보다 크지 않다."라는 조건이 추가되면, 한계대체율체감의 가정이 성립한다.

주 2 앞에서 선호의 볼록성 가정을 하였다. 예를 들어, 아래 그림의 두 소비점 A(2, 4)와 B(4, 2)에서 효용의 크기가 같으면, C(3, 3)과 같이 이 두 점을 가중평균한 소비점에서의 효용이 A와 B에서보다 더 커야 한다. 이렇게 되려면 무차별곡선이 원점에 대해 볼록해야 된다. 그러므로 선호의 볼록성과 원점에 대해 볼록한 무차별곡선(즉, 한계대체율체감)은 동일한 가정이다.

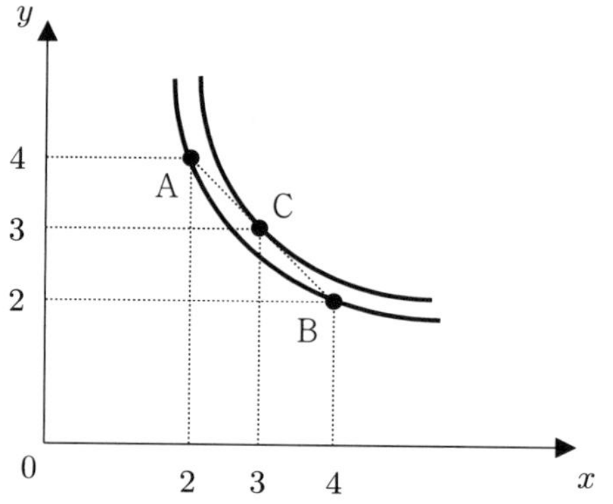

2-1F 여러 가지 경우의 무차별곡선들

비재화

비재화(Bads)란 공해 등과 같이 양이 증가할수록 효용이 감소하는 것을 말한다. 그러므로 비재화의 양이 줄어들수록 효용이 증가한다. 따라서 비재화가 존재할 경우, 무차별곡선의 형태는 비재화의 감소방향을 재화의 증가방향인 것처럼 생각하고 그린 것과 같다.

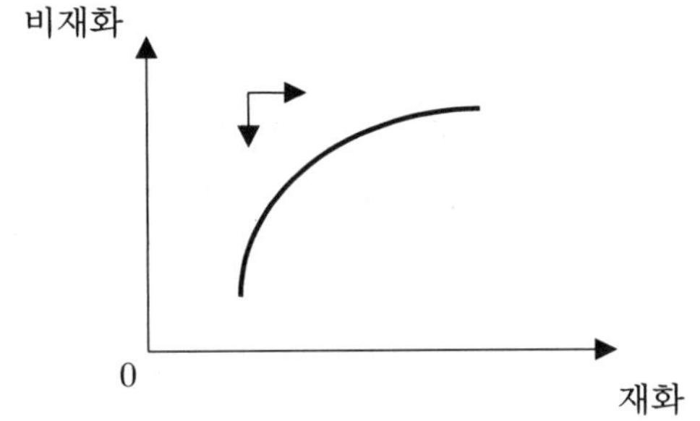

참고 위와 같이 생긴 무차별곡선의 예는 투자이론에서 흔히 볼 수 있다. 이때 가로축은 투자의 수익률을 표시하며, 세로축은 투자수익률의 변동정도를 나타내주는 위험(risk)을 표시한다. 수익률은 클수록 효용이 증가하므로 재화라 할 수 있다. 일반적으로 투자자들은 위험이 작은 것을 선호하므로 위험은 비재화가 된다.

예 6 $(x, y) =$ (비재화, 재화)인 경우와 모두 비재화인 경우, 무차별곡선의 형태는 각각 다음과 같다.

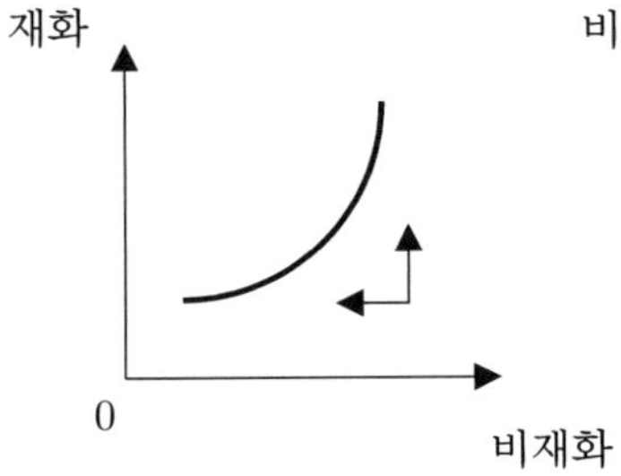

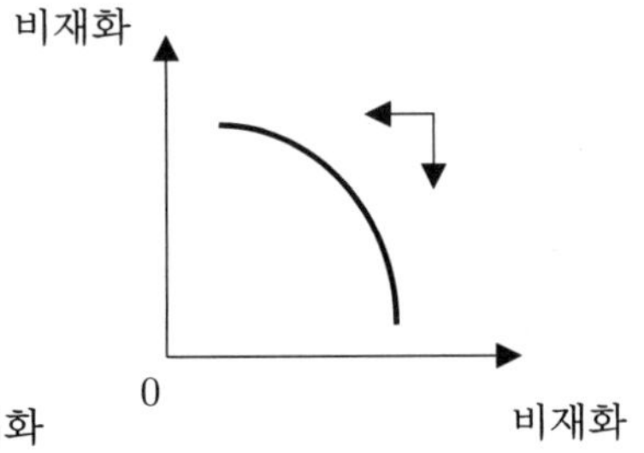

참고 어떤 재화든지 적정수준을 넘어 소비하면 오히려 한계효용이 0보다 작아질 것이다. 아래 그림에서 (x_0, y_0)는 두 재화의 적정수준을 나타낸다. 이러한 점을 포만점(Satiation Point)이라 한다. 어느 재화든지 이 수준을 넘어버리면, 비재화가 되어버린다고 할 수 있다. 따라서 무차별곡선은 포만점을 중심으로 동심원의 형태가 되며, 포만점에 가까운 무차별곡선일수록 효용이 커진다. 경제학에서는 재화의 한계효용이 0보다 큰 경우만 취급하므로, 아래 그림에서 경제학의 분석대상은 포만점의 좌하방에 위치한 원점에 대해 볼록한 무차별곡선들이다.

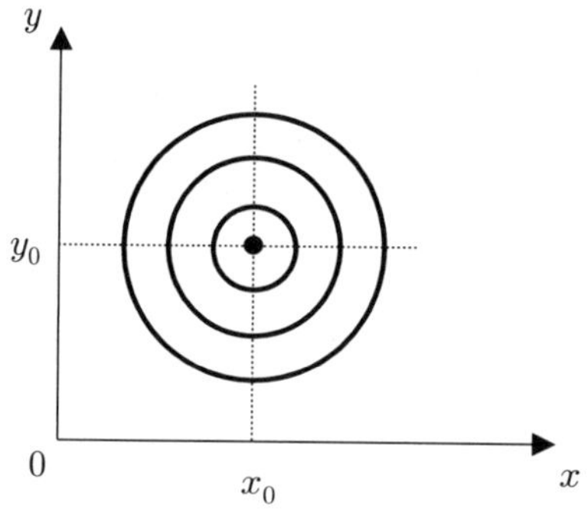

중립재

중립재(Neutral Goods)란 효용에 아무런 영향을 미치지 않는 재화를 말한다. 따라서 중립재 수량의 증감에 따른 효용의 변화는 전혀 없다. 예를 들어 축구선수에게 축구공은 재화이지만, 럭비공은 중립재이다.[2] 한 재화가 중립재일 때, 무차별곡선의 모양은 다음과 같다. 아래의 왼편 그림에서 가로축은 중립재에 해당한다. 이 경우 가로축 재화의 소비를 늘려도 효용의 크기는 변하지 않는다. 따라서 무차별곡선의 모양은 수평선이 된다. 이때 세로축 재화의 소비를 늘리면 효용이 증가한다. 아래의 오른편 그림은 세로축 재화가 중립재인 경우이다.

---

2) 일반적으로 경제학에서는 재화의 자유처분성(Free Disposability)을 가정한다. 즉, 재화를 버리는데 아무런 비용이 들지 않는다는 것이다. 따라서 중립재인 럭비공이 별다른 불편을 주지 않는다고 간주한다.

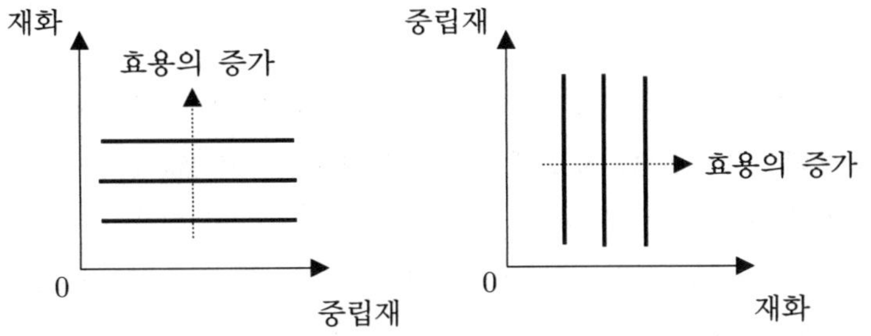

완전대체재

쌀 20kg 포장과 쌀 10kg 포장과 같이 효용에 영향을 주는 성질이 같은 재화들을 **완전대체재**(Perfect Substitutes)라 한다. 20kg짜리를 x재, 10kg짜리를 y재라 하면 효용함수가 $U = 2x + y$의 형태가 된다. 즉, x재를 1단위 소비하는 것과 y재를 2단위 소비하는 것은 효용에 동일한 효과를 가진다. 무차별곡선은 $c = 2x + y$의 꼴이 되며, 아래의 그림과 같이 직선의 형태를 가진다. 따라서 한계대체율은 항상 2가 된다.

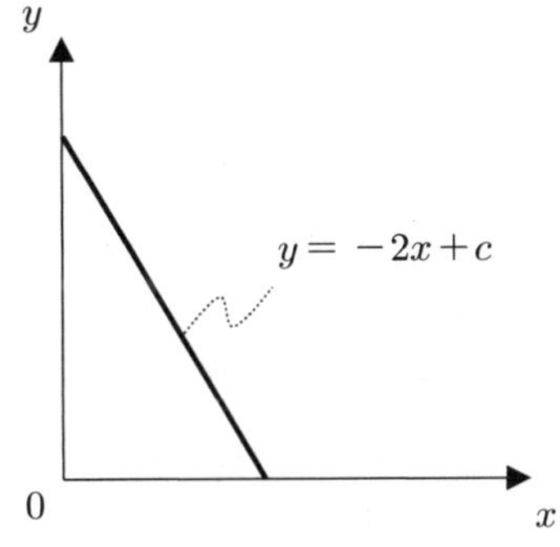

참고 완전대체재의 경우 한계대체율이 일정하다는 사실을 살펴보았다. 위에서처럼 한계대체율이 2로 일정한 경우 왜 무차별곡선이 $c = 2x + y$의 형태가 될까? 한계대체율이 2이므로, 무차별곡선의 기울기도 2이다. 즉, $MRS_{xy} = -\frac{dy}{dx} = 2$가 성립한다. 따라서 $\frac{dy}{dx} = -2$. 이는 $y = -2x + c$ (단, c는 상수)라는 사실을 암시한다. (이와 같이 미분의 형태가 주어졌을 때, 역으로 함수를 찾는 것을 미분방정식을 푼다고 말한다.) 그러므로 무차별곡선은 $c = 2x + y$라는 형태를 가지게 된다.

완전보완재

안경테와 안경알과 같이 항상 일정한 비율로 함께 소비되는 재화를 **완전보완재**(Perfect Complements)라 한다. 안경테를 x재, 안경알을 y재라 하면, 효용함수는 $U = \min\{2x, y\}$의 형태가 된다. 만약 $x = 1$이라면, $y = 2$일 때, 효용수준은 2가 된다. 이때 x재와 y재 중 어느 한 재화만 아무리 증가해도 효용수준에 전혀 변화가 없다. 즉, 최적조합 후 남는 재화는 중립재 역할밖에 하지 못한다. 따라서 무차별 곡선은 $c = \min\{2x, y\}$의 꼴을 가지며, L자 형태이다. 그러므로 $2x = y$가 되는 점이 최적소비점이다.

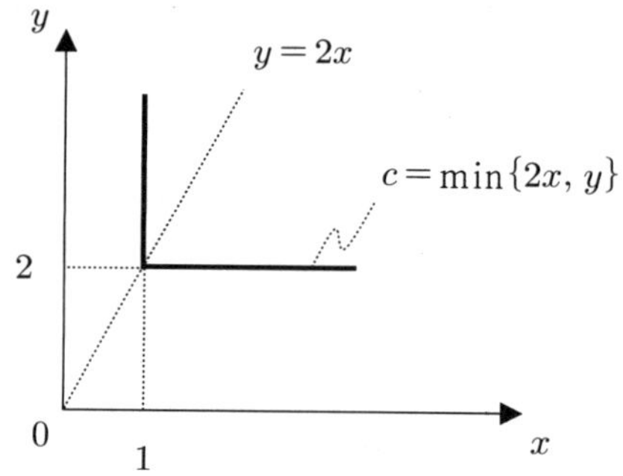

주 효용함수 $U = ax + by$와 $U = \min\{ax, by\}$는 한계효용이 체감하지 않고 일정한 값을 가진다. 한계효용이 체감하게 하려면, $U = \sqrt{ax + by}$나 $U = \sqrt{\min\{ax, by\}}$와 같은 형태로 고치면 된다. 하지만 그렇게 변환시켜도 무차별곡선의 모양은 바뀌지 않으므로, 최적소비점도 변하지 않는다. 따라서 위에서처럼 한계효용이 일정한 효용함수를 사용하더라도, 분석에 큰 지장이 없으며 편리하기도 하다.

예를 들어, $c = \sqrt{ax + by} \Rightarrow c^2 = ax + by$이므로, 원래의 $k = ax + by$와 무차별곡선의 모양은 동일하다.

2-1G 예산선

소비할 수 있는 재화의 양 (x, y)은 소득(I)에 의해 제한을 받으며, 이러한 제한을 나타낸 선을 **예산선**(Budget Line)이라 한다.

$$P_x x + P_y y = I$$

이를 다시 적으면, $y = -\frac{P_x}{P_y}x + \frac{I}{P_y}$가 되며, 아래와 같은 직선이 된다.

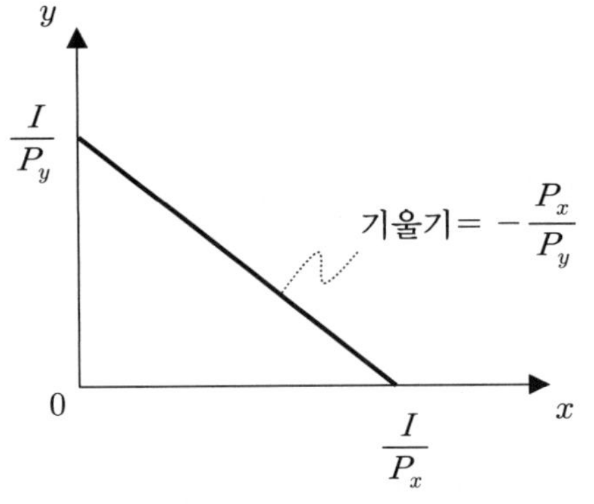

예산선과 그 내부의 모든 점은 소비가 가능한 소비가능영역이다.

예 7 x재의 가격이 10, y재의 가격이 20, 소득이 400일 경우 예산선은 $10x+20y=400$이 된다. 또는 $y = -\frac{1}{2}x+20$가 된다. 이때 x재만 소비하면 $400/10=40$이므로 40단위를 소비할 수 있고, y재만 소비하면 $400/20=20$이므로 20단위를 소비할 수 있다.

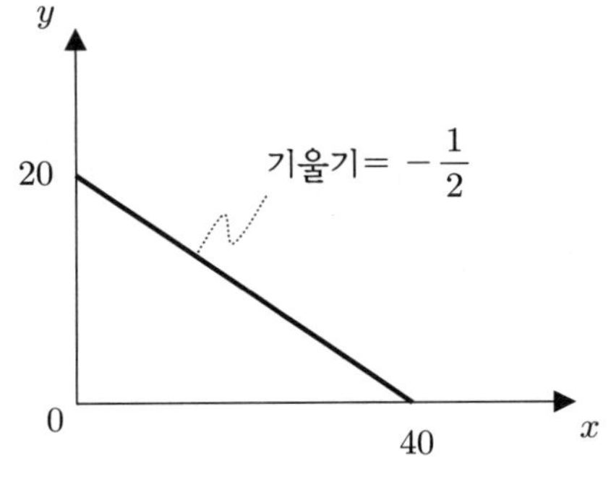

만일 x재의 가격(P_x)이 하락하면, $\frac{I}{P_x}$의 값이 커지므로 (또는 기울기의 절대값인 $\frac{P_x}{P_y}$가 작아지므로), 예산은 다음과 같이 이동한다.

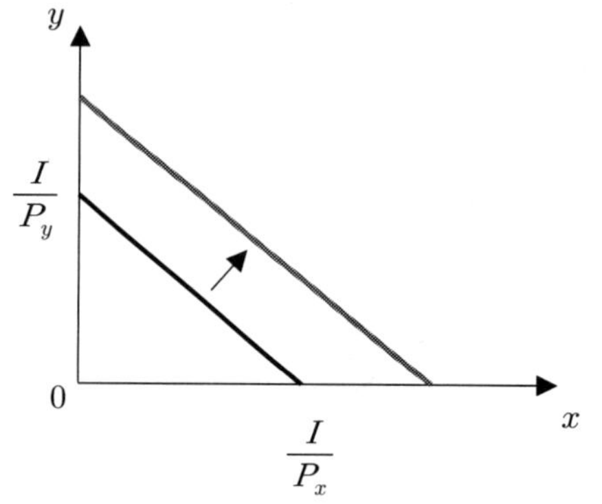

만일 소득(I)이 증가하면, 기울기는 변하지 않고 절편 $\frac{I}{P_x}$와 $\frac{I}{P_y}$가 모두 커지므로 예산선은 다음과 같이 이동한다.

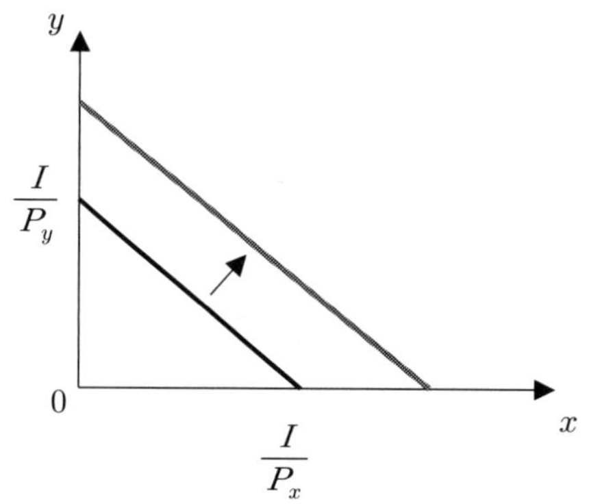

연습문제

1. 아래의 빈 칸을 메우라.

소비량	1	2	3	4	5
총효용	20	28			
한계효용(MU)			4	1	−1

2. 다음의 표에서 4개를 소비할 때의 총효용을 구하라.

소비량	1	2	3	4	5
한계효용(MU)	30	20	7	2	−2

3. 효용함수가 $U=3x^{1/3}y^{2/3}$일 때, $(x,y)=(27,8)$에서 x재와 y재의 한계효용을 각각 구하라.

4. 사과(x)와 배(y)를 소비하는 소비자가 있다. 이 소비자는 지금 사과 2개를 더 얻기 위해 배를 최대한 3개까지 줄 용의가 있다. 현재 이 소비자의 한계대체율(MRS_{xy})은 얼마인가?

5. 사과(x)와 배(y)를 소비하는 소비자가 있다. 다음의 각 경우에서 한계대체율을 구하라.

   (1) 사과(x) 1개를 더 소비하면 효용이 2만큼 증가하고, 배(y) 1개를 더 소비하면 효용이 5만큼 증가한다.

   (2) 우유(x)를 0.1단위 더 소비하면 효용이 0.8만큼 증가하고, 오렌지주스(y)를 0.2 단위 더 소비하면 효용이 0.4만큼 증가한다.

6. 효용함수가 $U=3x^{1/3}y^{2/3}$일 때, $(x,y)=(5,2)$에서 한계대체율을 구하라.

7. x가 비재화, y가 중립재이다. 무차별곡선을 3개 그리고, 효용의 증가방향을 표시하라.

8. 다음의 각 경우에서 무차별곡선의 모양은 어떠한가?

(1) x재와 y재 모두 중립재이다.

(2) $(x_1, y_1) > (x_2, y_2)$ ($x_1 > x_2$인 경우)

$(x_1, y_1) > (x_2, y_2)$ ($x_1 = x_2$와 $y_1 > y_2$인 경우)

주 이와 같은 선호를 사전편찬식 선호(Lexicographic Preferences)라 한다. 이는 올림픽에서 메달색깔 순으로 순위를 정하는 것과 같다.

9. 1ℓ 짜리 콜라를 x재, 250mℓ짜리 콜라를 y재라 하자. 효용이 20일 때, 무차별곡선의 식을 구하고, 무차별곡선을 그려보라. (단, 250mℓ짜리 콜라의 효용을 1로 하라.)

10. 볼링 핀을 x재, 볼링 레인을 y재라 하자. 효용이 20일 때, 무차별곡선의 식을 구하고, 무차별곡선을 그려보라. (단, 볼링 핀과 레인 한 세트의 효용을 10으로 하라.)

11. x재의 가격이 15, y재의 가격이 10, 소득이 300일 때, 예산선의 식을 구하고, 예산선을 그려보라.

12. 현재 예산선이 $10x + 20y = 400$이다. 이 예산선을 그린 후, 다음과 같은 변화가 생길 때의 예산선을 같이 그려보라.

(1) x재의 가격이 5로 하락했을 때

(2) x재의 가격이 20으로 상승했을 때

(3) y재의 가격이 10으로 하락했을 때

(4) 소득이 600으로 증가했을 때

2-2 소비자선택

2-2A 소비자균형점

주어진 예산하에서 소비자는 효용이 극대화되도록 x재와 y재의 소비를 선택한다. 이렇게 선택된 최적소비점이 소비자균형점이며, 이는 무차별곡선과 예산선이 접하는 E 점이다. (이보다 높은 효용을 주는 무차별곡선은 예산을 초과하게 된다.)

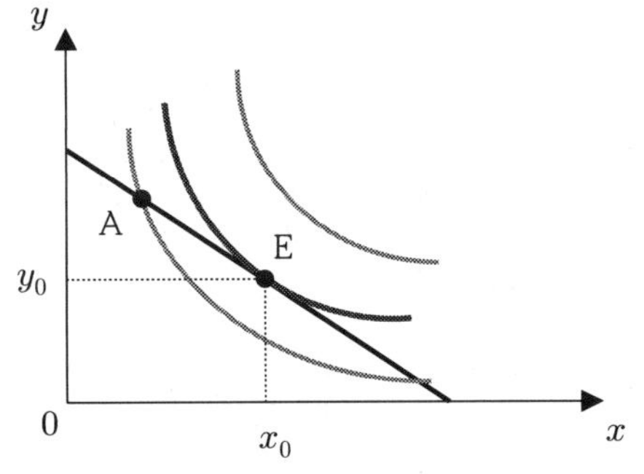

소비자균형점에서는 무차별곡선의 기울기인 한계대체율(MRS_{xy})과 예산선의 기울기가 같으므로,

$$\frac{MU_x}{MU_y}=\frac{P_x}{P_y}$$

가 성립한다. 이를 **효용극대화조건**이라 한다. 이는 x재와 y재의 가치에 대한 주관적 평가와 시장의 평가가 일치한다는 의미이다.

주 1 앞에서 $MRS_{xy}=\frac{MU_x}{MU_y}$임을 확인한 바 있다.

주 2 위의 조건은 $\frac{MU_x}{P_x}=\frac{MU_y}{P_y}$ 꼴로 고칠 수 있다. 이는 바로 한계효용이론에서 최적소비를 만족시키는 조건이다.

주 3 위 그림의 A점에서는 $\frac{MU_x}{MU_y} > \frac{P_x}{P_y}$, 즉 $\frac{MU_x}{P_x} > \frac{MU_y}{P_y}$가 된다. 다시 말해, 1원을 x재에 쓰는 것이 y재에 쓰는 것보다 한계효용이 더 높다. 그러므로 x재의 소비를 늘리고 y재의 소비를 줄이면, 총효용이 더 높아진다. 이때 한계대체율이 체감함에 따라 궁극적으로 $\frac{MU_x}{MU_y} = \frac{P_x}{P_y}$, 즉 $\frac{MU_x}{P_x} = \frac{MU_y}{P_y}$가 된다. 즉, 최적소비조건이 만족되는 E점에 도달하게 된다.

예 1 효용함수가 $U = \sqrt{xy}$ 이며, 예산선이 $20x + 10y = 400$일 때, 효용을 극대화시키는 소비점 (x, y)를 구해보자.

$$MRS_{xy} = \frac{MU_x}{MU_y} = \frac{\frac{1}{2}x^{-1/2}y^{1/2}}{\frac{1}{2}x^{1/2}y^{-1/2}} = \frac{y}{x}$$

$$\frac{P_x}{P_y} = \frac{20}{10} = 2$$

효용극대화조건으로부터 $\frac{y}{x} = 2$. 따라서 $y = 2x$. 이를 예산선에 대입하여 풀면, $(x,y) = (10,20)$이 된다.

2-2B 완전대체재와 완전보완재의 소비자균형점

완전대체재의 소비자균형점

완전대체재의 경우 무차별곡선은 직선이며, 한계대체율은 x재와 y재의 소비량에 관계없이 항상 일정한 값을 가진다. 그러므로 만일 $MRS_{xy} > \frac{P_x}{P_y}$, 즉 $\frac{MU_x}{P_x} > \frac{MU_y}{P_y}$인 경우라면 x재만 소비하는 E점에서 최대의 효용을 달성하게 된다. 이러한 최적소비점은 구석해(Corner Solution)에 해당한다.

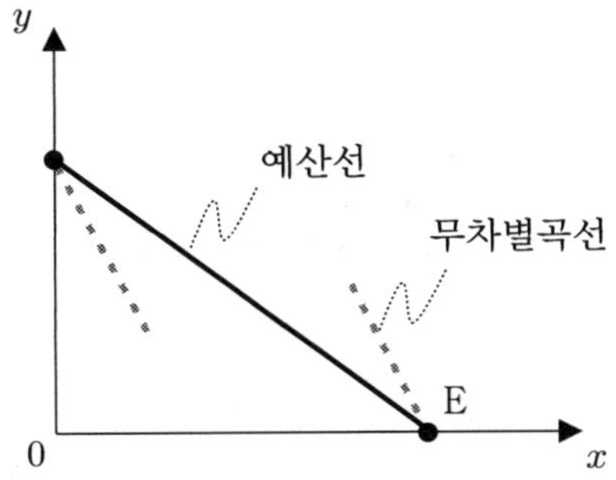

예 2 효용함수가 $U = x + 2y$, 예산선이 $2x + y = 100$일 때, 효용을 최대로 하는 점인 소비지균형점을 구해보자.

$$MRS_{xy} = \frac{1}{2} < 2 = \frac{P_x}{P_y}. \text{ 즉, } \frac{MU_x}{P_x} < \frac{MU_y}{P_y}$$

따라서 y재만 소비하며, 최적소비점은 $(x, y) = (0, 100)$.

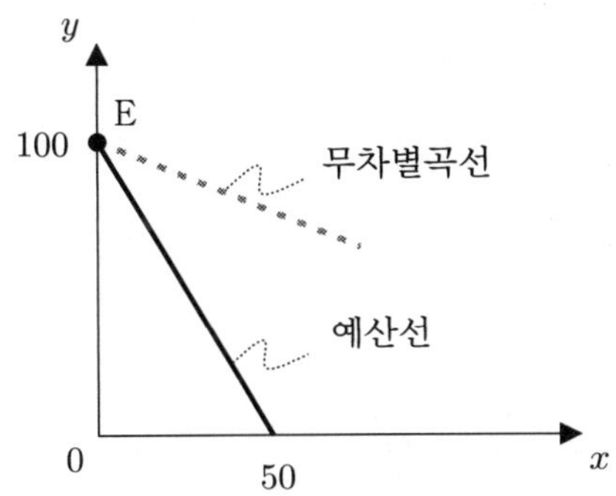

완전보완재의 소비자균형점

완전보완재의 경우는 무차별곡선이 $c = \min\{ax, by\}$와 같은 형태를 가진다. 최적소비점은 아래의 그림에서와 같이 무차별곡선의 꼭짓점이 되며, $ax = by$ 선상에 놓이게 된다.

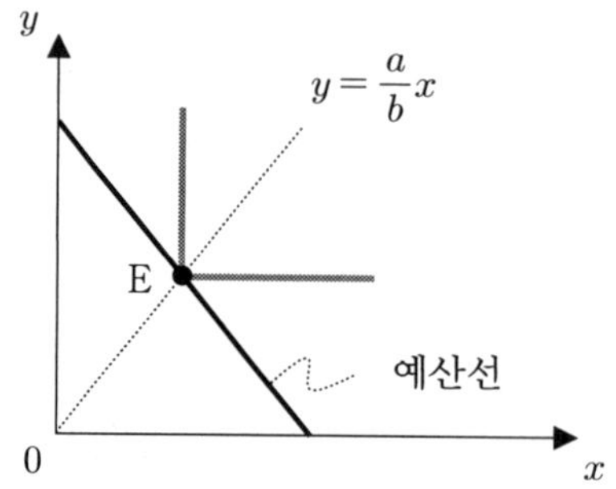

주 완전대체재나 완전보완재의 소비자균형점과 같은 뾰족점들에서는 미분이 불가능하므로, $\frac{MU_x}{MU_y}=\frac{P_x}{P_y}$ 조건을 사용할 수 없다.

예 3 x재와 y재는 항상 2 : 3의 비율로 짝을 이루어 소비되는 완전보완재이며, 효용함수가 $U=\min\{3x, 2y\}$라 한다. x재의 가격이 2, y재의 가격이 1, 소득이 70일 때, 이들 재화로부터 누릴 수 있는 최대의 효용을 구해보자.

예산선은 $2x+y=70$이다. 또한 최적소비점에서는 $3x=2y$이므로, $y=\frac{3}{2}x$가 된다. 이를 예산선에 대입하여 풀면, $(x, y)=(20, 30)$. 이를 효용함수에 대입하면 최대효용은 $U=\min\{3\times 20, 2\times 30\}=60$.

2-2C 가격소비곡선과 소득소비곡선

가격소비곡선(PCC: Price Consumption Curve)이란 한 재화의 가격이 변할 때, 소비자균형점들을 연결한 곡선이다. 예를 들어 x재의 가격이 변할 때의 가격소비곡선은 아래와 같다.

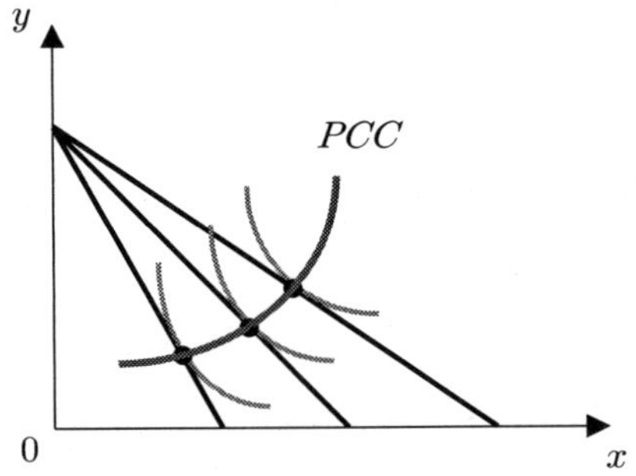

소득소비곡선(ICC: Income Consumption Curve)이란 소득이 증가할 때, 소비자균형점들을 연결한 곡선이다.

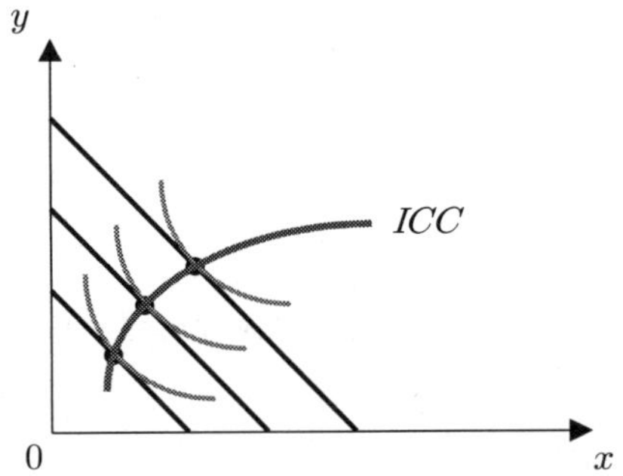

예 4 x재가 열등재인 경우 소득소비곡선은 아래와 같이 후방굴절한다.

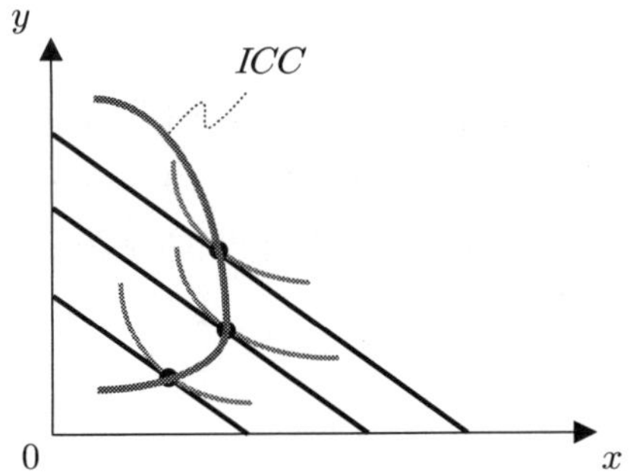

선호의 동조성

앞에서 효용(Utility) 또는 선호(Preference)의 특성인 단조성, 한계효용체감, 이행성, 볼록성 등에 대해 살펴보았다. 경제학에서는 이와 함께 **동조성**(Homotheticity)이라는 개념도 종종 쓰인다. 선호의 동조성은 다음과 같이 정의된다.

$$(x_1, y_1) \sim (x_2, y_2) \quad \Rightarrow \quad (ax_1, ay_1) \sim (ax_2, ay_2) \qquad (\text{단, } a > 0)$$

즉, 동일한 효용을 가지는 두 재화벡터를 같은 비율로 변화시키면, 변화된 두 벡터는 서로 동일한 효용을 가진다는 것이다. 예를 들어, $U(1,4) = U(2,2)$라 해보자. 이때 각 재화의 소비량을 3배씩 늘리면($a = 3$), $U(3,12) = U(6,6)$이 된다. 즉, 동조적 선호를 가진 사람이 (x, y)재 소비량 $(1,4)$와 $(2,2)$에 대한 만족도가 같다면, 소비량 $(3,12)$와 $(6,6)$에 대한 만족도도 같다는 것이다. 선호가 동조적(Homothetic)이면, 소득소비곡선(ICC)이 직선이 됨을 다음과 같이 확인할 수 있다.

참고 선호가 동조적이면, 주어진 양수 a에 대해 동일한 무차별곡선상의 모든 점 (x, y)에서 $U(ax, ay) = kU(x, y)$를 만족하는 상수 k가 존재한다고 할 수 있다. 또한 $MRS = U_x / U_y$이므로,

$$\begin{aligned} MRS(ax, ay) &= \frac{MU_x(ax, ay)}{MU_y(ax, ay)} = \frac{kMU_x(x, y)}{kMU_y(x, y)} \\ &= \frac{MU_x(x, y)}{MU_y(x, y)} = MRS(x, y) \end{aligned}$$

이 성립한다. 즉, 아래 그림에서 E점과 A점에서 한계대체율이 서로 같다. 따라서 이 두 점에서 무차별곡선은 동일한 기울기를 가지는 예산선과 접하게 된다. 이는 원점을 지나는 어떠한 직선을 그리더라도 마찬가지이다. 따라서 소득소비곡선은 원점을 지나는 직선이 된다.

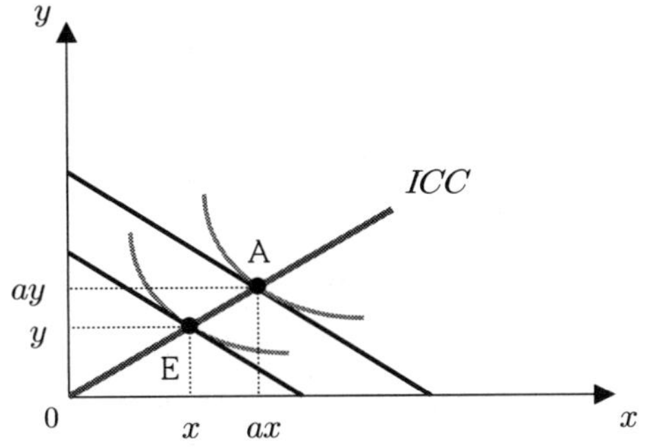

2-2D 대체효과와 소득효과

어떤 재화의 가격이 변하면 그 재화에 대한 수요량이 변하는데, 이때 수요량이 변하는 요인은 두 가지로 나누어 생각해볼 수 있다. 예를 들어, 일정한 소득을 가지고 사과와 배를 소비하는 소비자가 사과의 가격이 하락하자 사과의 소비량을 더 늘렸다고 하자. 이렇게 사과의 소비량이 변한 것은 두 가지 요인에 기인한다. 첫째, 사과의 가격이 배의 가격보다 상대적으로 더 싸졌기 때문에 배의 소비량을 줄이고 사과의 소비량을 늘리려고 할 것이다. (두 가지 상품이 있을 때 더 비싸진 것을 덜 쓰고, 더 싸진 것을 더 쓰려는 마음은 누구나 같을 것이다.[3]) 이와 같이 상대적으로 더 저렴해진 상품의 소비를 늘리는 효과를 **대체효과**(Substitution Effect)라 한다. 둘째, 사과가격이 하락하면 명목소득이 변하지 않더라도, 마치 자신이 더 부유해진 것처럼 느낄 것이다. 이는 똑같은 소득을 가지고 구입할 수 있는 상품의 양이 더 많아졌기 때문이다. 즉, 자신의 소득이 가지는 구매력이 증가하였기 때문에 실질소득이 증가하였다고 할 수 있다. 소득이 증가하면, 앞 장에서 이미 살펴보았듯이 해당재화가 정상재 또는 열등재냐의 여부에 따라 수요량의 증감여부가 결정된다. 만일 사과가 정상재라면 소득증가의 효과는 수요량의 증가로 나타날 것이고, 열등재라면 소득증가의 효과는 수요량의 감소로 나타날 것이다. 이와 같이 재화의 가격이 변할 때 실질소득의 변화 때문에 생기는 수요량의 변화를 **소득효과**(Income Effect)라 한다. 요약하면, 가격의 변화가 수요량에 영향을 주는 가격효과는 대체효과와 소득효과로 나누어진다.

3) 이는 엄밀히 말해 가격이 하락하면 1원당 한계효용이 그만큼 더 커지기 때문에 그 상품의 소비량을 늘려야 상품들 사이의 1원당 한계효용이 같아지기 때문이다. 이와 같이 되는 이유를 보다 엄밀히 말한다면, 무차별곡선이 원점에 대해 볼록하다고 하는 선호의 볼록성, 즉 한계대체율체감을 가정하고 있기 때문이다.

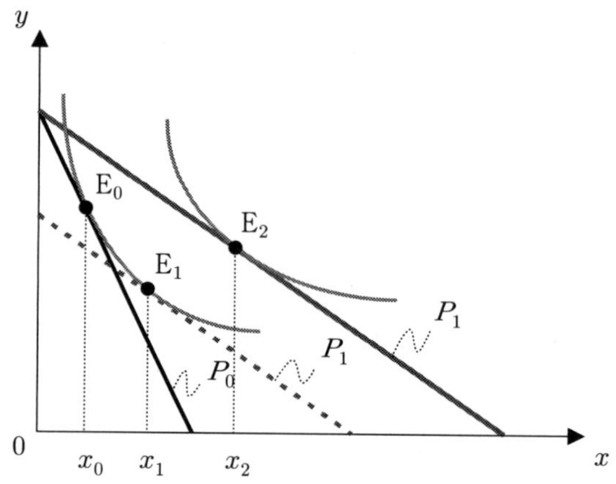

위의 그림에서 x재의 가격이 하락하면, 예산선의 기울기$(-P_x/P_y)$는 P_0에서 P_1으로 더 완만해진다. 이때 x재의 소비량은 x_0에서 x_2로 증가한다. 소비량의 변화(x_2-x_0)는 대체효과와 소득효과로 나누어진다. x재 가격의 하락은 상대가격(P_x/P_y)을 변화시키는 동시에, 이전과 동일한 명목소득으로 더 많은 x재 구입을 가능하게 하므로 마치 소득이 증가한 것과 같은 효과도 지닌다. x재 가격하락의 영향 중 소득효과를 제거하려면, E_2점을 지나는 예산선을 기울기(P_1)는 그대로 둔 채 원래의 효용수준을 나타내는 무차별곡선 위의 점인 E_1점까지 움직이면 된다. 즉, 이전과 똑 같은 효용을 누리도록 소득을 조정하는 것이다.[4] 이때 E_0점에서 E_1점으로의 이동은 순수하게 가격의 변화에 의한 효과만을 나타낸다. 따라서 대체효과의 크기는 "x_1-x_0"가 된다. 또한 E_1점에서 E_2점으로 이동한 것은 가격변화와 관계없이 실질소득증가 효과에 의한 것이다. 따라서 소득효과의 크기는 "x_2-x_1"이 된다.

요약하면 x재의 가격이 하락할 때, 수요량 변화(x_2-x_0)는

$$\text{대체효과} = x_1 - x_0, \quad \text{소득효과} = x_2 - x_1$$

로 구분된다. (그림에서 보면, 대체효과는 예산선 기울기의 변화로 인한 효과이며, 소득효과는 예산선의 평행이동에 의한 효과이다.)

4) 이를 힉스(Hicks)적 소득보상이라 한다.

예 5 x재의 가격이 20, y재의 가격이 10일 때, 소비량은 $(x, y) = (50, 100)$이며, 100만큼 만족을 누리는 소비자가 있다. x재의 가격이 10으로 변했을 때, 소비량은 $(80, 120)$이 되었고, 만족감은 130으로 바뀌었다. 바뀐 가격 아래에서 100만큼의 만족감을 누리게 하는 소비량은 $(70, 90)$이라고 한다. 이때 대체효과와 소득효과는 다음과 같다.

$$\text{대체효과} = 70 - 50 = 20, \quad \text{소득효과} = 80 - 70 = 10$$

무차별곡선이 원점에 대해 볼록하므로 (즉, 한계대체율이 체감하므로), 대체효과의 부호는 항상 가격의 변화와 반대방향이다. 즉, x재의 가격이 하락하면, x재에 대한 수요량은 항상 증가한다. 하지만 소득효과의 부호는 정상재일 경우는 가격의 변화와 반대방향이나, 열등재의 경우 가격의 변화와 같은 방향이다. 예를 들어, 가격하락으로 인한 소득증가가 열등재의 경우는 수요량을 감소시킨다. 만일 열등재의 소득효과가 너무 커서 대체효과를 압도해버리면, 가격하락이 오히려 수요량을 감소시킬 수도 있다. 열등재 중에서 이와 같이 수요의 법칙을 벗어나는 재화를 기펜재(Giffen Good)라 한다. 아래 그림은 x재가 기펜재인 경우를 나타낸다. x재의 가격이 하락하면, x재의 소비량은 x_0에서 x_2로 오히려 감소한다. 이때 대체효과는 "$x_1 - x_0$"와 같지만, 소득효과가 "$x_2 - x_1$"으로 대체효과를 압도해버린다.

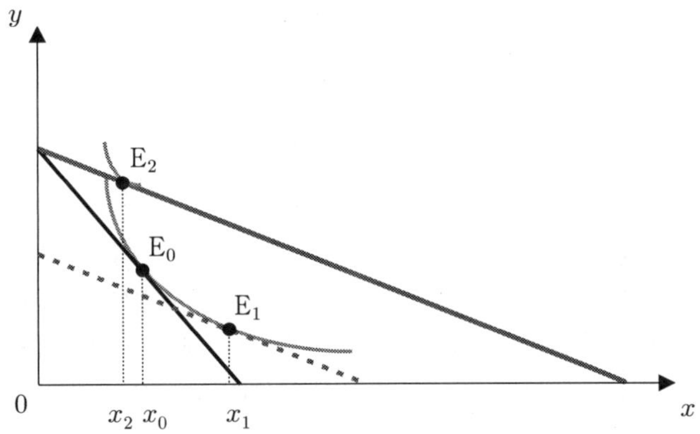

정상재와 열등재 (또한 열등재 중 기펜재)에 대한 요약은 아래와 같다.

$P_x \downarrow \quad \Rightarrow$ 정상재: 소득효과 $x \uparrow$

열등재: 소득효과 $x \downarrow$

기펜재: | 대체효과 $x \uparrow$ | < | 소득효과 $x \downarrow$ |

주 현실적으로 기펜재를 찾기란 쉽지 않다. 특히 개인수요의 합인 시장수요의 경우는 더욱 그렇다. 실제로 경제분석에서 기펜재는 거의 다루어지지 않는다.

참고 **보상변화와 대등변화**

재화의 가격이 하락할 때 실질소득 증가의 효과가 있다고 하였다. 이와 같이 재화가격 하락에 따른 소득증가를 재는 척도로 보상변화와 대등변화가 쓰인다.

보상변화(CV: Compensating Variation)란 가격변화 후, 새 가격 아래 가격변화 이전의 효용과 같아지는데 필요한 소득의 변화량을 말한다.

대등변화(EV: Equivalent Variation)란 가격변화 후, 원래의 가격 아래 가격변화 후의 효용과 같아지는데 필요한 소득의 변화량을 말한다.

아래의 그림에서 x재의 가격이 하락했을 때, 소비자균형점은 E_0에서 E_1으로 이동한다. 이때 바뀐 가격 아래서 원래의 E0 점과 효용수준이 같아지도록 E1을 지나는 예산선을 안쪽으로 이동시킬 때, y재로 표시한 거리가 보상변화(CV)이다. 또한 원래의 가격 아래서 새로운 균형점 E1과 효용수준이 같아지도록 E0를 지나는 예산선을 바깥쪽으로 이동시킬 때, y재로 표시한 거리가 대등변화(EV)이다.

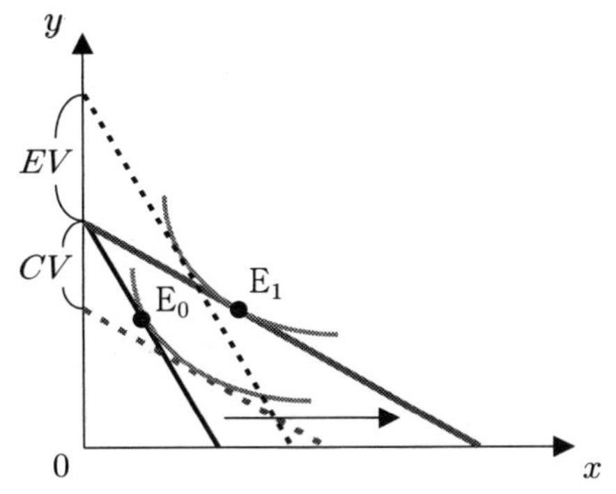

2-2E 수요곡선의 유도

수요의 법칙에 의하면, 재화의 가격이 하락할 때 수요량이 늘어난다. 즉, 수요곡선은 우하향한다. 한계효용 또는 무차별곡선을 이용하면, "왜 수요곡선이 우하향하는가?"에 대한 설명이 가능하다.

한계효용으로 설명

효용이 최대가 되는 최적소비를 달성하기 위해서는 다음이 성립되어야 한다는 것을 살펴본 바 있다.

$$\frac{MU_x}{P_x}=\frac{MU_y}{P_y}$$

x재의 가격이 하락했다고 하자. 이 때 위의 식에서 좌변이 우변보다 크게 된다. 즉, 화폐 1단위의 한계효용이 x재를 소비할 때 더 크게 된다. 따라서 x재의 소비량을 더 늘리려 할 것이다. 그러므로 x재의 수요곡선은 우하향한다.

주 위와 같이 한계효용만으로 설명하는 것은 엄밀히 말해 정확한 것이 아니다. 왜냐하면 $\frac{\partial MU_x(x,y)}{\partial y}$의 부호를 알 수 없으므로, x재의 소비량을 증가시키고 y재의 소비량을 감소시킬 때, x재의 한계효용(MU_x)이 감소하여 다시 소비자균형조건이 만족될지 알 수 없기 때문이다. 수요곡선이 우하향하는 것은 무차별곡선이론에서처럼 한계대체율이 체감하기 때문이라고 설명하는 것이 보다 정확하다.

무차별곡선으로 설명

x재의 가격이 하락할 때, 기펜재가 아닌 한 x재의 수요량이 증가한다는 것을 보았다. 기펜재는 아주 예외적인 경우이기 때문에, 보편적으로 수요의 법칙이 성립한다고 할 수 있다.

주 한계효용이론은 개인의 효용을 숫자로 나타낼 수 있으며, 효용함수의 값이 2배가 되면 만족도도 2배가 된다는 것을 전제로 한다. 즉, **기수적 효용**(Cardinal Utility)을 전제로 한다. 이에 반해 무차별곡선이론은 효용간의 상대적인 크기만 비교할 뿐, 배수는 의미가 없다. 즉 **서수적 효용**(Ordinal Utility)만을 전제로 한다. 이는 기수적인 경우보다 덜 제한적이기 때문에 진일보한 이론이라 할 수 있다.

▶ 보상수요곡선

힉스(Hicks)의 **보상수요곡선**은 대체효과만을 고려한 수요곡선이다. 무차별곡선이 원점에 대해 볼록하기 때문에, 대체효과에 의하면 x재의 가격이 하락할 때 x재의 수요량은 항상 증가한다. 따라서 보상수요곡선의 경우는 항상 우하향한다. (단, 두 재화가 완전보완재가 아니라고 가정한다. 완전보완재일 경우는 x재와 y재간에 이미 수요량의 비율이 정해져있기 때문에 소비자선택 이론에서 매우 예외적인 경우에 해당한다.) 정상재의 경우 보상수요곡선의 기울기는 통상적인 수요곡선보다 더 가파르다. 아래 그림에서 x재의 가격이 P_0일 때,[5] x재에 대한 수요량은 x_0이다. x재의 가격이 P_1으로 하락하면, 수요량은 x_1으로 늘어난다. 이때 통상적인 수요곡선은 아래 그림에서와 같이 우하향한다는 것을 알 수 있다. 한편 대체효과에 의하면 x재의 수요량이 x_0에서 x'으로 증가한다. 따라서 보상수요곡선의 기울기는 아래 그림에서처럼 통상적인 수요곡선보다 더 가파르다. 또한 x재는 정상재이므로, 소득효과에 의해 수요량이 $(x_1 - x')$만큼 더 증가한다. 이와 같이 통상적인 수요곡선이 대체효과와 소득효과를 모두 포함하는 수요곡선인 반면, 보상수요곡선은 대체효과만 고려한 수요곡선이다. 그리고 원래의 소비점인 E_0점에서 보상수요탄력성이 통상적인 수요탄력성보다 더 작음을 알 수 있다. (열등재의 경우는 보상수요곡선의 기

5) y재 가격을 1로 놓으면, $P=\frac{P_x}{P_y}=P_x$ 가 되어 각 예산선 기울기의 절대값이 x재의 가격과 같아지므로 편리하다. 그렇게 하지 않고, x재의 가격이 각 예산선 기울기의 절대값에 비례한다고 해도 상관없다.

울기가 통상적인 수요곡선의 기울기보다 더 완만해짐을 확인해보라.)

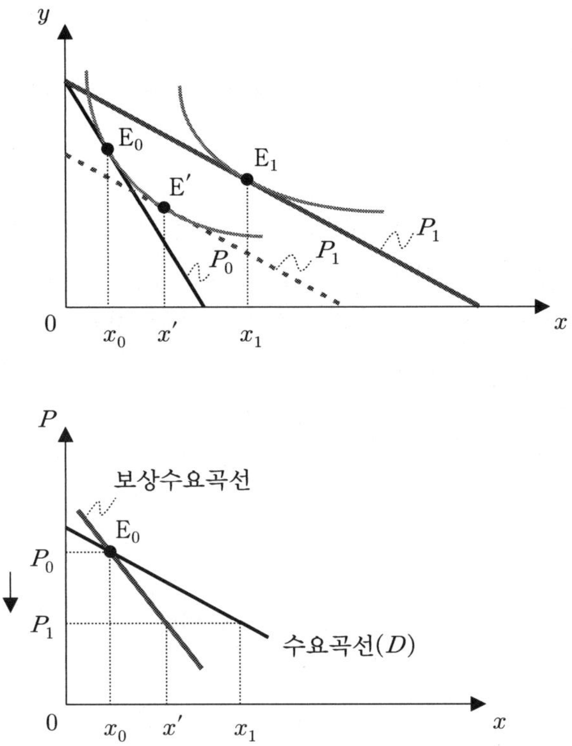

2-2F 현시선호이론

전통적으로 한계효용 또는 무차별곡선을 이용해 수요곡선이 우하향한다는 사실을 규명해왔지만, 실제로 효용함수를 파악하기란 현재의 학문능력 밖이다. 이에 따라 새뮤얼슨(Samuelson)과 같은 경제학자는 인간의 주관적 선호를 구체적으로 드러내는 한계효용이론이나 무차별곡선에 의존하지 않고, 객관적으로 관찰된 자료만을 가지고 수요곡선이 우하향한다는 것을 설명하는 현시선호(Revealed Preference)이론을 제안하였다.

현시선호이론의 공리

현시선호이론을 전개하기 위해서는 다음의 공리들이 필요하다.

▶ 현시선호의 약공리(Weak Axiom)

$$A > B \quad \not\Rightarrow \quad A < B$$

즉, A를 B보다 더 선호하였으면, B를 A보다 더 선호하지 않아야 한다. 다시 말해 선호의 일관성이 있어야 한다는 것이다.

아래 그림에서처럼 예산선이 주어졌을 때, 소비자가 A점을 선택한 것이 관찰되었다고 하자. B점도 선택 가능한 범위 안에 있었으나, A점을 선택한 것은 A > B라는 것을 말해준다.[6] 따라서 A < B가 되어서는 안 된다. 이와 같은 이유로 소비가능영역의 다른 어떤 점도 A점보다 더 선호되어서는 안 된다는 것이다. 즉, 소비점 A가 선택되었으면, A점은 A점을 지나는 예산선과 그 안의 다른 모든 점들보다 더 선호된다는 것이다.

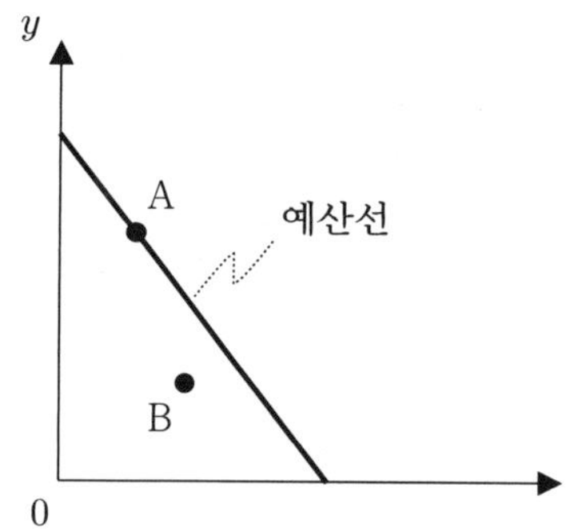

▶ 현시선호의 강공리(Strong Axiom)

$$A > B,\ B > C \quad \not\Rightarrow \quad A > C$$

즉, A와 C를 직접 비교할 수 없을 때, B를 통하여 간접적으로 비교한다. 간접비교한 결과 이행성에 의하여 A > C가 되면, 또다시 A < C가 되어 일관성을 깨는 일이 없어야 한다는 것이다.

아래 그림의 A점에서 소비하던 자가, 두 재화의 가격이 변한 후 B점에서 소비하였다고 하자. C점은 A을 지나는 예산선 바깥에 있으므로, A점과 C점간 효용의 직접비교는 불가능하다. 그

6) 만일 원점에 대해 볼록한 무차별곡선을 그린다면, 무차별곡선이 예산선과 접하는 점은 A점이 유일할 것이다. 즉, B점을 지나는 무차별곡선은 A점을 지나는 무차별곡선의 안쪽에 있게 된다. 따라서 A~B 의 경우는 배제되었다.

런데 B점은 A점을 지나는 예산선 안에 있으므로, A > B이다. 또한 B점을 지나는 예산선상에서 C가 아닌 B를 선택했으므로 B > C이다. 따라서 이행성에 의해 A > C라는 간접비교가 가능하다. 물론 이때에도 강공리에 의해 A < C가 되어서는 안 된다.

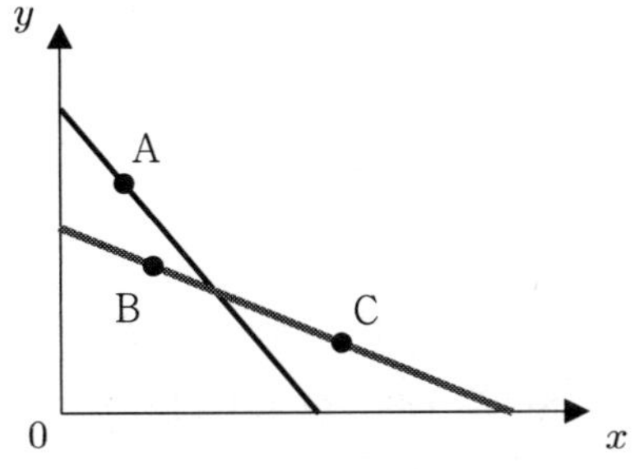

소비점 사이의 효용비교

아래 그림에서 기울기가 P_0 벡터로 표시되어 있는 예산선에서 소비자선택점이 Q_0라 하자. 즉, 가격이 $P_0(P_{x0}, P_{y0})$일 때, 소비점 $Q_0(x_0, y_0)$가 선택되었다. Q_1점은 가격이 P_0일 때 소비가능영역에 있었지만 (즉, $P_0Q_0 \geq P_0Q_1$) 선택되지 않았으므로, $Q_0 > Q_1$이라 할 수 있다. 한편 A점에서는 두 재화 모두 Q_0점에서보다 소비량이 많으므로, 당연히 A > Q_0가 된다. 하지만 B점이나 C점에서의 소비량은 Q_0점과 비교하여 두 재화 중 하나는 더 많고 다른 하나는 더 적다. 또한 두 점 모두 소비가능영역 바깥에 있다. (즉, $P_0Q_0 < P_0B$, $P_0Q_0 < P_0C$) 따라서 이러한 점들과 Q_0점간 선호의 직접비교는 불가능하다.

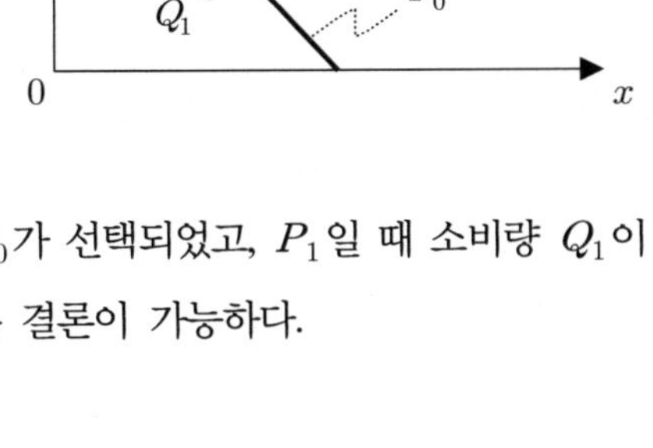

가격이 P_0일 때, 소비량 Q_0가 선택되었고, P_1일 때 소비량 Q_1이 선택되었다고 하자. 이때 위의 논의로부터 다음과 같은 결론이 가능하다.

$$P_0 Q_0 \geq P_0 Q_1 \quad \Rightarrow \quad Q_0 \succ Q_1$$

$$P_1 Q_1 \geq P_1 Q_0 \quad \Rightarrow \quad Q_1 \succ Q_0$$

만일 $P_0 Q_0 < P_0 Q_1$이거나 $P_1 Q_1 < P_1 Q_0$이면, Q_0와 Q_1 사이의 선호비교에 대한 결론이 나지 않는다.

예 6 소비자 갑과 을은 2종류의 재화 (x, y)를 소비하고 있다. 자료를 보니 x재와 y재의 가격 (P_x, P_y)과 소비량 (Q_x, Q_y)가 다음과 같았다고 한다.

갑의 자료를 보니, $P_0 = (2, 2)$일 때 $Q_0 = (8, 16)$만큼 소비하다가, $P_1 = (1, 4)$로 변하자 $Q_1 = (12, 9)$만큼 소비하였다.

을의 자료를 보니, $P_0 = (2, 2)$일 때 $Q_0 = (20, 4)$만큼 소비하다가, $P_1 = (1, 4)$로 변하자 $Q_1 = (8, 10)$만큼 소비하였다.

갑과 을이 현시선호의 약공리를 만족시키는지 확인해보자.

갑의 경우:

$$P_0 Q_0 = 2 \times 8 + 2 \times 16 = 48$$

$$P_0 Q_1 = 2 \times 12 + 2 \times 9 = 42$$

$P_0 Q_0 > P_0 Q_1$이므로, 가격이 P_0일 때 Q_1도 소비가능영역 안에 있었다. 따라서 $Q_0 \succ Q_1$.

$$P_1 Q_0 = 1 \times 8 + 4 \times 16 = 72$$

$$P_1 Q_1 = 1 \times 12 + 4 \times 9 = 48$$

$P_1 Q_1 < P_1 Q_0$이므로, 가격이 P_1일 때 Q_0는 소비가능영역 밖에 있었다. 따라서 $Q_1 \succ Q_0$라고 단정 지을 수 없다.

∴ 약공리를 위반하지 않는다.

을의 경우:

$$P_0 Q_0 = 2 \times 20 + 2 \times 4 = 48$$

$$P_0 Q_1 = 2 \times 8 + 2 \times 10 = 36$$

$P_0 Q_0 > P_0 Q_1$이므로, 가격이 P_0일 때 Q_1도 소비가능영역 안에 있었다. 따라서 $Q_0 \succ Q_1$.

$$P_1 Q_0 = 1 \times 20 + 4 \times 4 = 36$$

$$P_1 Q_1 = 1 \times 8 + 4 \times 10 = 48$$

$P_1 Q_1 > P_1 Q_0$이므로, 가격이 P_1일 때 Q_0도 소비가능영역 안에 있었다. 따라서 $Q_1 \succ Q_0$.

$\therefore$ 약공리를 위반한다. (즉, 소비행위가 일관성이 없다.)

현시선호이론을 이용한 수요곡선의 유도

아래의 그림에서 x재의 가격이 하락하면, 예산선의 기울기가 P_0에서 P_1으로 작아진다. 이때 소비점이 E_0에서 E_2로 이동하였다고 하자. 가격하락으로 인한 소득효과를 제거하려면, 새로운 가격 하의 예산선을 원래의 소비점인 E_0점까지 안쪽으로 평행이동시키면 된다.[7] (즉, 무차별곡선이론에서 원래의 무차별곡선에 접하도록 예산선을 이동시키는 경우와 유사하다.) 이렇게 E_0점을 지나는 예산선이 주어져 있다면, 소비는 이 예산선상에서 이루어지게 될 것이다. 이 소비점을 E_1이라 하자. 현시선호의 약공리를 위반하지 않으려면, E_1점은 반드시 선분 AE_0 위에 있어야 한다. 그렇지 않을 경우 현시선호의 약공리를 위반하게 된다. 이때 대체효과는 "$x_1 - x_0$"이며, 소득효과는 "$x_2 - x_1$"이다. 따라서 보상수요곡선은 우하향한다. 또한 통상적인 수요곡선도 음의 소득효과가 대체효과를 압도하지 않는 한 우하향한다.

---

7) 이를 마샬(Marshall)적 소득보상이라 한다.

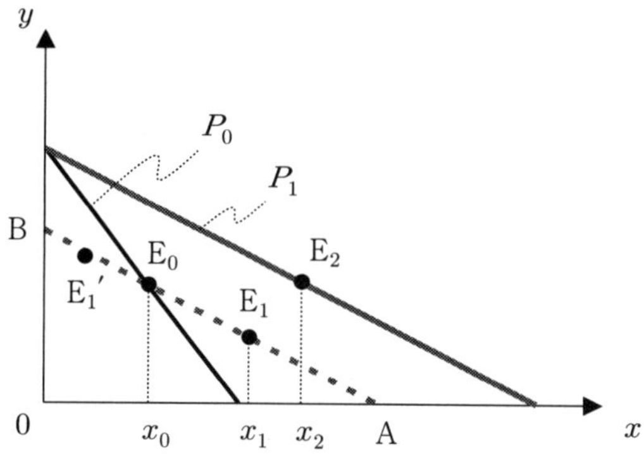

주 새로운 가격(P_1)에서 E_0점을 지나는 예산선이 주어졌을 때 선택한 점이 E_1이 아니라, BE_0 선분상의 E_1'이라 해보자. 이때 E_0점과 E_1'점 모두 선택 가능한 상황에서 E_1'을 선택했으므로 $E_1' > E_0$라 할 수 있다. 또한 원래의 가격(P_0)에서는 E_0점을 선택하였었는데, E_1'점도 선택 가능했으므로, $E_0 > E_1'$이라 할 수 있다. 따라서 현시선호의 약공리를 위반한다.

2-2G 현시선호이론의 응용: 물가지수와 후생의 변화

물가지수

주로 쓰이는 물가지수(Price Index)는 **라스파이레스지수**와 **파셰지수**가 있다.

$$\mathrm{L} = \frac{P_1Q_0}{P_0Q_0} \times 100 \qquad \text{(Laspeyres 지수)}$$

$$\mathrm{P} = \frac{P_1Q_1}{P_0Q_1} \times 100 \qquad \text{(Paasche 지수)}$$

주 1 위의 지수를 정의할 때 100을 곱하지 않으면, 이론을 전개할 때 더 간편하다. 물론 이때는 물가지수가 퍼센트가 아닌 소수점을 포함하는 수로 표현될 것이다.

주 2 소비자물가지수, 생산자물자지수 등 거의 모든 물가지수는 라스파이레스지수를 쓴다. 그 이유는 물가지수를 계산하는 시점에서 Q_1보다 Q_0의 자료를 구하기가 더 쉽고, 또한 비교년도에 신제품이 나왔을 때는 기준년도와 비교하기가 불가능하기 때문이다. P지수는 명목GDP를 실질GDP로 나눈 GDP디플레이터(Deflator)라는 지수의 정의에 주로 쓰인다.

주 3 만일 가격이 상대적으로 더 많이 오른 제품이 있다면, 소비자들은 그 제품을 덜 쓰려고 하기 때문에 거래량이 줄어들 것이다. 즉, 물가지수를 구할 때, 가격이 더 많이 오른 제품의 가중치를 줄여야 하는 것이 정상이다. 하지만 L지수는 이를 고려하지 않고 기준년도의 고정된 산출량 Q_0를 쓰기 때문에, 평균가중치인 $\dfrac{Q_0+Q_1}{2}$을 쓰는 경우에 비해 물가상승률을 약간 과장하는 측면이 있다. 반대로 P지수는 평균가중치를 사용하는 경우보다 물가상승률을 약간 과소평가하는 측면이 있다. 이러한 논의는 가격이 하락할 때도 똑같이 적용될 수 있음은 쉽게 확인할 수 있다.

예 7 경제 내에 x재, y재 두 재화가 있다. 기준년도의 물가는 $P_0=(40, 80)$, 산출량은 $Q_0=(300, 100)$이었으며, 비교년도의 물가는 $P_1=(42, 82)$, 산출량은 $Q_1=(310, 120)$이었다. L지수와 P지수에 따라 물가상승률이 각각 몇 %인지 구해보자.

$$\mathrm{L} = \frac{P_1Q_0}{P_0Q_0}\times 100 = \frac{42\times300+82\times100}{40\times300+80\times100}\times 100$$
$$= \frac{20,800}{20,000}\times 100 = 104 \quad \text{즉, 물가상승률은 4\%.}$$

$$\mathrm{P} = \frac{P_1Q_0}{P_0Q_0}\times 100 = \frac{42\times310+82\times120}{40\times310+80\times120}\times 100$$
$$= \frac{22,860}{22,000}\times 100 = 103.9 \quad \text{즉, 물가상승률은 3.9\%.}$$

주 위의 예에서 수량의 변화는 가격변화에 대한 소비자의 반응뿐만 아니라 경제성장 같은 생산부문의 변화도 함께 섞여 있기 때문에, L지수와 P지수의 물가상승률에 대한 과대 또는 과소평가 여부가 희석되어 있다.

참고 $\frac{P_0 Q_1}{P_0 Q_0} \times 100$을 **라스파이레스 수량지수**라 하며, 이는 실질경제성장률을 나타낸다. 예를 들어, 이 값이 105이면, 실질성장률이 5%이다. 여기서 $P_0 Q_1$은 기준년도의 불변가격으로 표시한 비교년도의 GDP이다.

후생수준의 비교

만일 기준년도(기간 0)에 비해 비교년도(기간 1)의 모든 산출량, 따라서 거래량이 증가하였다면, 명백히 비교년도의 후생이 더 크다고 할 수 있다. 하지만 한 제품의 산출량은 증가하였으나, 다른 제품의 산출량이 감소하였다면, 후생수준이 증가하였는지 명백하지 않다. 이때에는 명목소득 증가율(M)과 물가지수를 비교함으로써 기준년도에 비해 비교년도의 후생이 증가하였는지 알아낼 수 있다. 결론은 다음과 같다.

M > L지수 ⇒ 비교년도의 후생이 증가

M < P지수 ⇒ 비교년도의 후생이 감소

주 명목소득 증가율(M)이란 비교년도의 명목소득을 기준년도의 명목소득으로 나눈 값이다.

$$M = \frac{P_1 Q_1}{P_0 Q_0} \times 100$$

증명 M지수 > L지수 $\Rightarrow \frac{P_1 Q_1}{P_0 Q_0} > \frac{P_1 Q_0}{P_0 Q_0} \Rightarrow P_1 Q_1 > P_1 Q_0$

따라서 Q_0는 가격이 P_1일 때의 예산선의 내부, 즉, 소비가능영역 안에 있다. 하지만 선택된 소비점은 Q_1이므로, Q_1의 효용이 Q_0의 효용보다 더 크다고 할 수 있다.

M지수 < P지수 $\Rightarrow \frac{P_1 Q_1}{P_0 Q_0} < \frac{P_1 Q_1}{P_0 Q_1} \Rightarrow P_0 Q_0 > P_0 Q_1$

따라서 Q_0의 효용이 Q_1의 효용보다 더 크다.

주 이와 같이 M지수나 L지수 등을 이용한 후생의 비교는 앞에서 나온 현시선호이론을 이용한 비교와 동일한 결론을 얻는다. 후생을 비교할 때 현시선호이론을 쓰는 것이 편리하지만, M지수와 L지수 등의 정보만 주어졌을 때는 위의 방법을 써야 한다.

예 8 두 재화에 대해 기준년도의 물가는 $P_0 = (40, 80)$, 산출량은 $Q_0 = (300, 100)$이었으며, 비교년도의 물가는 $P_1 = (42, 82)$, 산출량은 $Q_1 = (250, 130)$이었다. 기준년도와 비교년도의 후생수준을 비교해보자.

$$P_0 Q_0 = 40 \times 300 + 80 \times 100 = 20{,}000$$

$$P_0 Q_1 = 40 \times 250 + 80 \times 130 = 20{,}400$$

$$P_1 Q_0 = 42 \times 300 + 82 \times 100 = 20{,}800$$

$$P_1 Q_1 = 42 \times 250 + 82 \times 130 = 21{,}160$$

이므로,

$$\mathrm{M} = \frac{P_1 Q_1}{P_0 Q_0} \times 100 = \frac{21{,}160}{20{,}000} \times 100 = 105.8$$

$$\mathrm{L} = \frac{P_1 Q_0}{P_0 Q_0} \times 100 = \frac{20{,}800}{20{,}000} \times 100 = 104$$

$$\mathrm{P} = \frac{P_1 Q_1}{P_0 Q_1} \times 100 = \frac{21{,}160}{20{,}400} \times 100 = 103.7$$

가 된다. M > L이므로 비교년도에 후생이 증가하였다.

(또한 M < P가 아님도 확인할 수 있다.)

주 이 문제에서는 현시선호이론을 이용해도 동일한 결론을 얻는다. 즉, $P_0Q_0 < P_0Q_1$은 별다른 정보를 주지 못하며, $P_1Q_1 > P_1Q_0$로부터 $Q_1 > Q_0$라는 결론을 내릴 수 있다. 만일 P_0Q_0 등의 값이 구체적으로 주어져있지 않고 M=105.8, L=104 등의 정보만 주어져있으면, 직접 M지수와 L지수 등을 비교할 수밖에 없다.

연습문제

1. 효용함수가 $U=\sqrt{xy}$ 이며, x재의 가격이 20, y재의 가격이 30, 예산이 1,200이다. 소비자균형점과 가능한 최대효용을 구하라.

2. 효용함수와 예산선이 다음과 같이 주어져 있을 때, 각각 가능한 최대효용을 구하라.

   (1) $U=x^{2/3}y^{1/3}$, $2x+y=60$

   (2) $U=3x+y$, $20x+10y=300$

   (3) $U=\min\{3x, y\}$, $2x+y=100$

3. x재의 가격이 40, y재의 가격이 10, 예산이 800이다. 이때 x재의 가격이 10으로 하락하였다. 다음 각 효용함수의 경우 x재의 단위로 표시한 대체효과와 소득효과를 구하라.

   (1) $U=\sqrt{xy}$

   (2) $U=2x+y$

   (3) $U=\min\{4x, y\}$

4. 어떤 소비자의 x재에 대한 한계효용이 20, y재에 대한 한계효용이 50이다. 현재 x재의 시장가격은 1,000원이고, y재의 시장가격은 2,000원이다. 이 소비자는 각 재화의 소비량을 어떻게 변화시켜야 하는가? 적절한 이유를 대어보라.

5. x재와 y재를 생산, 소비하는 나라의 기준년도의 물가(P_0) 및 산출량(Q_0), 비교년도의 물가(P_1) 및 산출량(Q_1)은 다음과 같다.

P_0	Q_0	P_1	Q_1
$(30, 50)$	$(500, 900)$	$(20, 60)$	$(600, 800)$

   (1) 라스파이레스지수와 파셰지수에 의한 물가상승률을 각각 얼마인가?

   (2) 이 나라 소비자들의 소비행동은 일관성을 보이고 있는가?

(3) 이 나라의 후생수준은 어떻게 변하였는가?

6. [도전문제] x재의 가격이 하락하고, y재의 가격은 변함이 없다. 이때 x재에 관해 다음의 사실을 증명해보라. (단, x재는 기펜재가 아니다.)

우상향하는 가격소비곡선(PCC) $\Rightarrow$ "수요탄력성(ϵ) < 1"

수평인 가격소비곡선 $\Rightarrow$ "수요탄력성(ϵ) $= 1$"

우하향하는 가격소비곡선 $\Rightarrow$ "수요탄력성(ϵ) > 1"

7. [도전문제] 두 가지 재화를 소비하는 어떤 나라에서 사치재를 쓰지 말자는 캠페인을 벌이고 있다. 이는 가능한 것인가? 논해보라.

2-3 소비자선택이론의 응용

2-3A 노동공급의 결정

여가와 근로소득에 대한 예산선

근로자들은 주어진 시간을 놓고 얼마나 노동을 하고, 얼마나 여가를 즐길 것인가를 결정하게 된다. 노동은 소득을 가져다주므로, 마치 소득과 여가라는 두 재화의 적소비점을 고르는 것과 같다. 하루 중 노동시간을 L, 여가시간을 x라 하면, $L+x=24$ 라는 제약식이 성립한다. 즉, $L=-x+24$ 가 된다. 이때 양변에 시간당 임금 w를 곱하면, $wL=-wx+24w$가 된다. 이때 wL은 바로 소득이 된다. 여기서 소득을 y재로 놓으면, $y=-wx+24w$ 라는, 기울기의 절대값이 w인 예산제약식이 생긴다. 소비자선택점은 여가(x)와 소득(y) 사이의 무차별곡선과 예산선이 접하는 점이다. 그리고 24시간에서 여가시간을 제하면 노동시간(L)이 된다.

소비자균형점

아래 그림에서 소비자는 무차별곡선과 예산선이 접하는 E 점을 선택하므로, 여가시간은 x_0에서, 소득은 y_0에서 결정된다. 이때 노동시간은 $(24-x_0)$이며, 소득(y_0)은 $w(24-x_0)$와 같다.

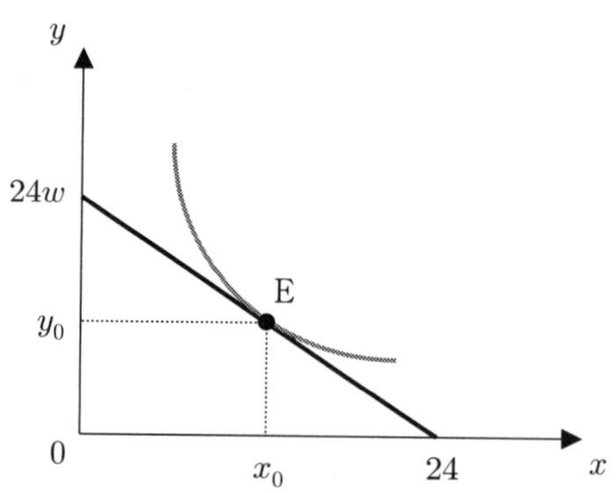

임금상승의 효과

"만일 시간당 임금이 상승한다면, 노동자들은 노동시간을 더 늘릴까?"라는 의문을 제기해볼 수 있다. 임금의 상승은 예산선의 y축 절편을 상승시킨다. 따라서 y재의 가격이 하락한 것과 똑같이 분석하면 된다. 다시 말해, x재의 상대가격이 더 상승했다고 할 수 있다. (즉, 여가의 기회비용이 더 상승한 것이다.) 따라서 대체효과에 따르면, 반드시 x재의 소비를 줄여야 한다. 즉, 여가시간을 줄이고 노동시간을 늘여야 한다. 하지만 임금상승으로 소득이 늘어났으며, 여가는 정상재라고 봐야 한다. 따라서 소득효과에 따르면, x재의 소비가 증가하여야 한다. 대체효과가 소득효과보다 크면, x재의 소비가 감소하므로, 여가시간이 감소하고 노동시간이 증가한다. 반대로 소득효과가 대체효과보다 크면, 여가시간이 증가하고 노동시간이 감소한다.

▶ 노동시간이 증가하는 경우

아래 그림에서 시간당 임금이 상승한 후 균형점이 E_0에서 E_1으로 바뀌었다. 임금인상으로 여가의 기회비용[즉, 여가의 상대가격(P_x/P_y)]이 상승함에 따라 대체효과에 의한 여가 소비량은 x_0에서 x'으로 감소하였다. 또한 소득효과에 의한 여가 소비량은 x'에서 x_1으로 증가하였다.[8] 전체적으로 보면, 여가시간이 x_0에서 x_1으로 감소하였다. 따라서 이 경우에는 여가시간이 줄고, 노동시간이 늘어난다.

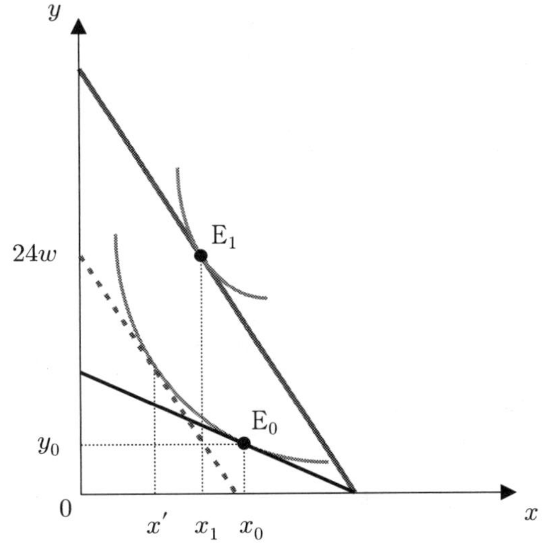

8) 여가와 소득은 모두 정상재로 보아야 한다. 일반적으로, 더 부유해졌다고 해서 더 낮은 소득이나 더 적은 여가시간을 더 원하지는 않을 것이다.

▶ 노동시간이 감소하는 경우

만일 시간당 임금이 상승한 후 균형점이 아래 그림에서와 같이 E_1에서 결정되었다면, 오히려 노동시간이 줄어든다. 왜냐하면 소득효과가 대체효과를 압도하여(즉, $|x_1 - x'| > |x' - x_0|$) 여가시간이 x_0에서 x_1으로 늘어났기 때문이다. 이와 같이 임금의 상승이 노동시간을 축소시키는 경우는 주로 고소득자들에게서 볼 수 있다. 이들은 추가적인 수입으로 얻는 효용보다 추가적인 여가시간으로부터 얻는 효용이 더 크기 때문에 소득이 증가할수록 여가시간을 더 갖기를 원하는 경우가 많다. 이 같은 고소득자들은 소수이기 때문에, 임금상승이 노동시간을 단축시키는 경우는 그리 흔한 것은 아니다.

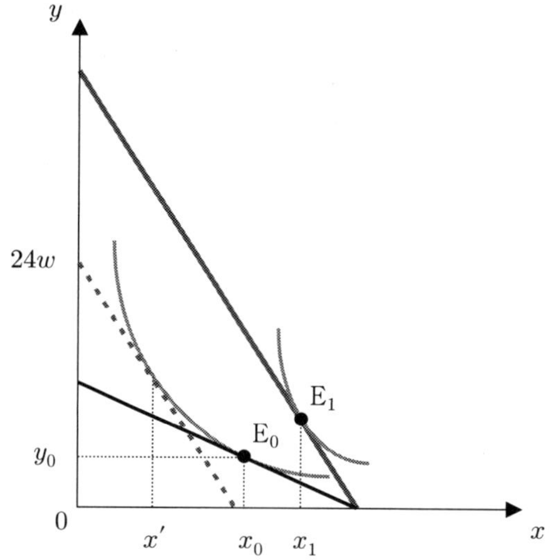

만일 임금상승이 노동시간을 단축시키면, 노동공급곡선(S_L)은 아래 그림의 w_0 윗부분에서처럼 후방굴절(Backward Bending)하는 모습을 지니게 된다.

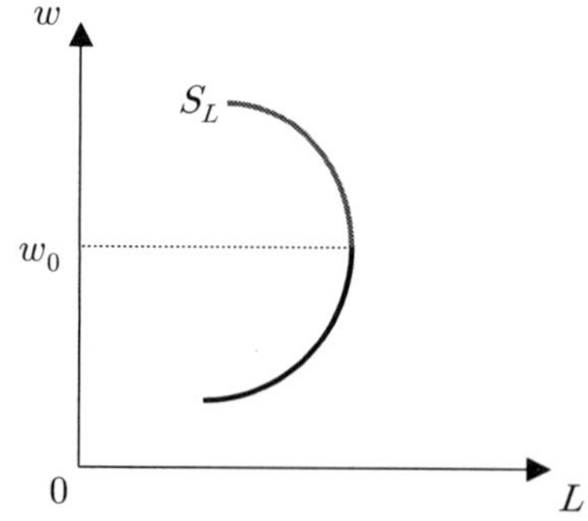

2-3B 저축의 결정

현재소비와 미래소비에 대한 예산선

현재소득(I_0)과 미래소득(I_1)이 주어져 있을 때, 소비자는 현재소비(C_0)와 미래소비(C_1)를 결정한다.[9] 그리고 저축은 현재소득에서 현재소비를 뺀 값이므로, 저축액도 결정된다. 시장이자율을 r이라고 하자. 이때 예산제약식은 다음과 같이 쓸 수 있다.

$$C_0 + \frac{C_1}{1+r} = I \qquad \left(\text{단, } I = I_0 + \frac{I_1}{1+r} \right)$$

위의 예산제약식에서 미래의 소비나 소득은 시장이자율로 할인되었다.

주 만일 시점을 현재가 아닌 미래로 옮기면, 예산제약식을 다음과 같이 표현할 수 있다.

$$(1+r)C_0 + C_1 = (1+r)I$$

이는 현재시점의 예산제약식 양변에 $(1+r)$을 곱한 것이므로, 현재시점의 예산제약식과 동일함을 알 수 있다.

현재시점에서 보든 미래시점에서 보든, 예산제약식은 다음과 같이 정리된다.

$$C_1 = -(1+r)C_0 + (1+r)I$$

금융의 역할

저축이나 차입이 불가능한 상태에서 소비하면, 현재소비량은 현재소득으로 제한된다. 이때 소비점은 아래 그림에서 A 점이 된다. 하지만 저축이나 차입이 가능하면, 소비자는 위에서 주어진 예산선 위에서 얼마든지 소비점을 선택할 수 있으므로 예산선과 무차별곡선이 접하는 E 점에서

9) 이와 같은 모형을 시점간 선택 모형(Intertemporal Choice Model)이라 한다.

현재소비량(C_0)과 미래소비량(C_1)을 선택한다. 아래 그림의 경우는 현재소득(I_0)이 현재소비량(C_0)을 초과하는 순저축자에 해당한다. 이때 저축액은 ($I_0 - C_0$)와 같다. (만일 현재소득이 현재소비보다 작으면 순차입자에 해당한다.) 저축은 미래에 소득을 초과하여 ($C_1 - I_1$)만큼 추가소비를 가능케 해준다.[10] 이때 E 점에서의 효용이 A 점에서의 효용보다 높음을 알 수 있다. 금융기관은 이와 같이 저축이나 차입을 가능케 함으로써 소비자의 후생수준을 높여준다. (차입자의 경우 금융을 이용함으로써 어떻게 효용이 증가하는지 같은 방법으로 확인해보라.)

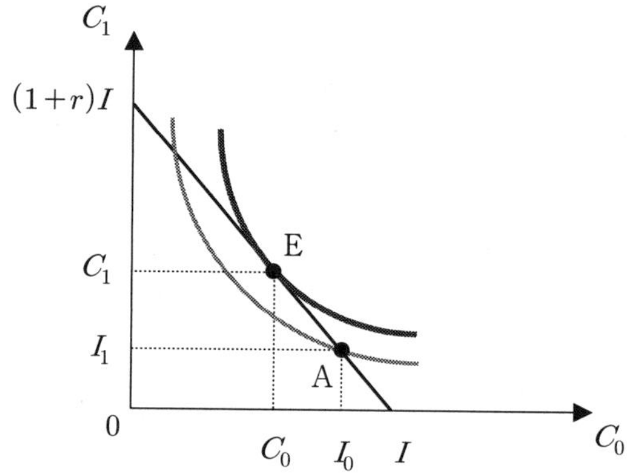

이자율상승의 효과

저축자의 경우 이자율(r)이 상승하면 저축액을 증가시킬 것인지 알아보자. 아래의 그림들은 현재소득(I_0)이 현재소비량(C_0^*)보다 많은 저축자의 경우를 보여준다. 이자율이 상승함에 따라 예산선의 기울기는 더 가파르게 변하며, 또한 예산선은 항상 A 점을 지난다.[11] 따라서 이자율이 상승하면, 예산선이 A 점을 중심으로 더 가파르게 기울어진다. 이때 소비점은 E 에서 E$'$으로 바뀌고 현재소비량은 C_0^* 에서 C_0' 으로 변한다. 소비량의 변화를 대체효과와 소득효과로 나누어 더 자세히 살펴보자.

▶ 저축이 증가하는 경우

대체효과에 의하면 소비량이 C_0^* 에서 C_0'' 으로 감소한다. 이자율이 상승하면, 현재소비의 가

10) 예산선 $C_1 = (1+r)(I_0 - C_0) + I_1$ 에서 소득의 부존(Endowment)점인 A점에 해당하는 (I_0, I_1) 값을 (C_0, C_1)에 대입하면, 항상 성립하는 것을 알 수 있다.

11) 예산제약식에서 C_0의 값이 I_0이면, C_1의 값은 I_1이 된다. 따라서 예산선은 항상 (I_0, I_1)점을 지난다.

격(즉, 기회비용)이 상승하였다고 할 수 있으므로 대체효과만 보면 현재소비량이 항상 줄어든다. 또한 소득효과에 의해 소비량이 C_0''에서 C_0'으로 증가하였다. (현재소비와 미래소비는 모두 정상재로 보아야 한다.) 이자율이 상승하면, 순저축자의 경우 소득이 증가한 셈이 된다. 따라서 이자율이 상승할 때, 소득효과에 의하면 순저축자의 현재소비량은 항상 늘어난다. 아래의 그림은 소득효과의 크기가 대체효과의 크기보다 작은 경우이다. (즉, $|C_0' - C_0''| < |C_0'' - C_0^*|$) 따라서 대체효과와 소득효과를 모두 고려하면, 전체적으로 현재소비량이 $(C_0^* - C_0')$만큼 감소한다. 이때 저축액은 $(I_0 - C_0^*)$에서 $(I_0 - C_0')$으로 증가한다.

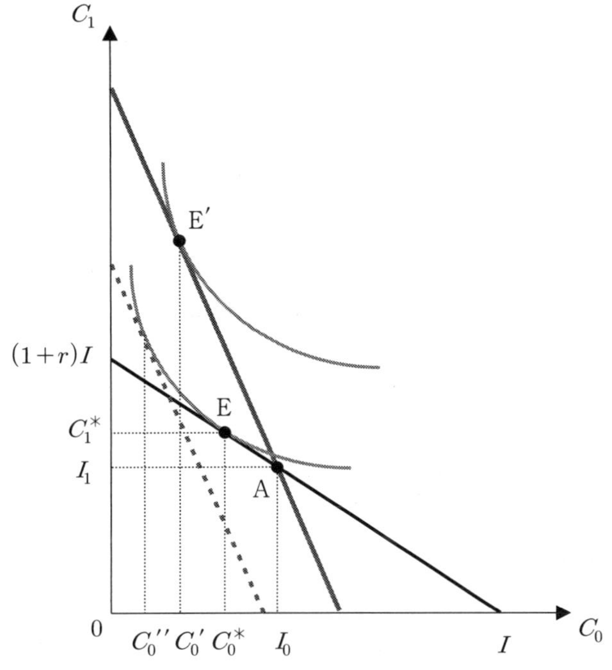

▶ 저축이 감소하는 경우

만일 소득효과가 대체효과보다 크면, 이자율이 상승할 때 아래 그림에서처럼 현재소비가 C_0'으로 증가하고 저축액이 감소한다. 저축자들이 이자율이 상승한 후 자신의 소득이 충분히 커졌다고 생각하여 현재소비량을 많이 늘리려고 한다면, 소득효과가 대체효과보다 클 수 있다. 그 결과 현재소비량이 처음보다 증가하므로 저축액이 감소하게 된다. 이와 같이 이자율이 상승할 때 저축액이 감소하는 경우는 매우 특이한 경우라 할 수 있다.

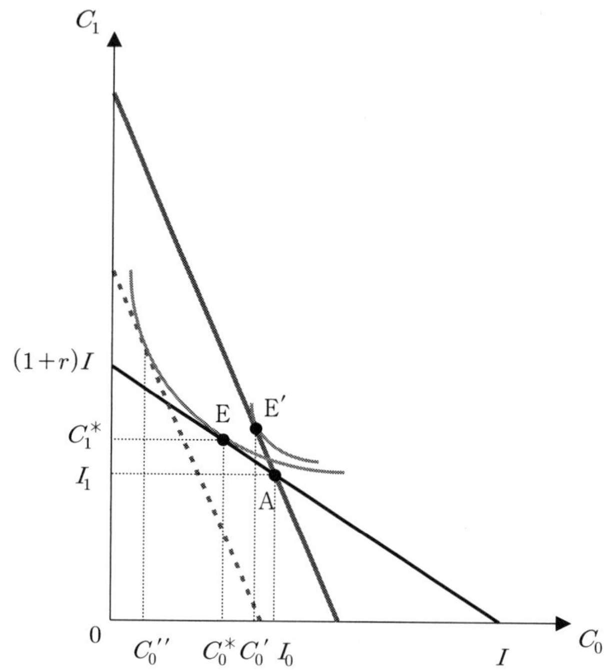

2-3C 조세

소득세와 물품세의 비교

조세는 크게 보아 소득에 대해 직접 부과하는 소득세와 부가가치세와 같이 물건을 구입할 때 부과하는 물품세로 구분된다. 소득세는 직접세이며, 물품세는 간접세이다. 그런데, "조세액이 같을 경우, 소득세와 물품세 중 어느 것이 소비자에게 더 유리할까?"라는 질문을 해 볼 수 있다. 결론은 소득세가 더 유리하다는 것이다. 게다가 한 재화에 대해 물품세를 부과하면, 재화의 가격이 바뀌므로 시장을 교란시키게 된다.

아래 그림에서 처음의 소비점이 E 점으로 주어져있다. x재에 물품세를 부과하면, x재의 가격이 오른 것이나 마찬가지이기 때문에 예산선의 기울기가 더 가파르게 되고 x축 절편이 안쪽으로 이동한다. 이때 소비자는 A 점을 선택하여, x재를 x_0만큼 소비하고 y재를 y_0만큼 소비한다. 만일 물품세부과 전 원래의 예산선에서 x재를 x_0만큼 소비했었다면, y재는 y_1만큼 소비할 수 있었을 것이다. 즉, 물품세 때문에 y재를 $(y_1 - y_0)$만큼 덜 소비하는 셈이 된다. 따라서 $(y_1 - y_0)$

는 y재 단위로 표시한 총물품세부담액이 된다. 물품세 대신 동일한 세액만큼의 소득세를 부과하면, 재화의 가격은 변하지 않으므로 예산선은 기울기를 그대로 유지한 채 총소득세액인 $(y_1 - y_0)$에 해당하는 만큼 안쪽으로 이동한다. 이때 소비자는 B 점을 선택하게 된다. B 점은 물품세 부과 후의 소비점인 A 점을 지나는 무차별곡선의 바깥쪽에 위치하므로, B 점에서의 효용이 A 점에서보다 크다. 따라서 동일한 세액을 징수할 경우, 소득세가 물품세보다 소비자의 후생수준을 덜 떨어뜨린다.

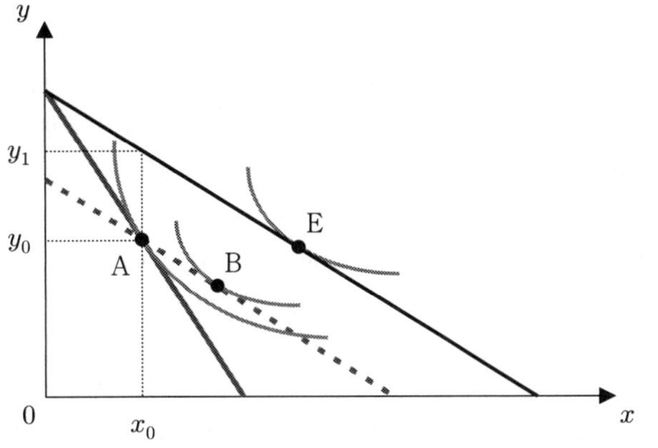

주 만일 물품세와 소득세의 부과 순서를 바꿔 소득세액만큼 무차별곡선을 먼저 안쪽으로 옮겨 B 점의 소비점을 선택하게 한 후, 동일한 세액의 물품세를 부과하면 효용변화에 대한 결과가 달라지지 않을까 생각해 볼 수도 있다. 이렇게 생각하는 이유는 물품세부과 후 예산선이 B 점을 지나게 되면 물품세 부과 후의 소비점이 B 점을 지나는 무차별곡선의 바깥쪽에 있게 되므로, B 점에서보다 효용이 더 클 수 있을 것 같기 때문이다. 하지만 이때 새로운 예산선은 (물품세액과 소득세액이 같아지는) A 점 윗부분을 지나므로 물품세액이 소득세액보다 작게 된다. 따라서 동일한 액수의 세액을 가지고 비교하려면, 물품세부과 후 균형점을 먼저 찾은 뒤 동일한 액수의 소득세만큼 예산선을 옮겨야 한다.

소득세가 같은 액수의 물품세보다 효용 면에서 더 유리한 것을 보다 직관적으로 이해하기 위해 다음과 같이 생각해보자. 어느 한 재화에 대해 물품세를 부과할 경우 소비자들은 그 재화를 덜 소비할수록 물품세를 더 작게 내게 된다. 따라서 소비자들은 소비할 때 그 재화를 되도록 덜 구입하라는 추가적인 제약을 받는 것이나 마찬가지인 상황에 놓이게 된다. 반면에 소득세는 이러한 추가제약 없이 자신이 원하는 최적의 상품조합을 선택하면 그만이다. 같은 조건이라면 제약을 덜 받는 쪽이 효용이 더 크다.

만일 어느 한 재화가 모든 재화에 대해 똑같은 세율만큼의 물품세를 부과하면, 재화의 상대가격이 변하지 않으므로 예산선은 소득세의 경우와 같이 원점을 향해 평행이동할 것이다. 이때는 효용에 대한 물품세의 효과가 동일한 세액의 소득세와 같게 된다.

주 세금은 제1장에서 본 바와 같이 경제 전체의 효용을 떨어뜨리는데, 왜 각국은 세금을 부과할까? 이는 제6장에 나오는 시장실패를 보완하기 위해 국가의 개입이 필요하기 때문이다. 예를 들어, 국방, 외교, 치안, 공원 등은 일단 제공이 되면 비용의 지불 여부에 관계없이 누구나 향유할 수 있기 때문에, 사람들은 구태여 이와 같은 재화나 서비스를 제공하는데 소요되는 비용을 지불하려하지 않을 것이다. 그러므로 이와 같은 공공재는 시장에 맡겨두면 적정량이 생산되기 힘들다. 이 때문에 공공재는 국가가 세금을 거두어 공급하는 기능을 맡는다. 또한 같은 양의 조세를 부과하더라도, 몇몇 상품에 대한 선별적인 물품세가 소득세보다 효용을 더 감소시킨다는 것도 확인하였다. 그런데 왜 각국은 부가가치세와 같은 물품세를 부과할까? 그 이유는 물품세가 소득세보다 조세저항이 더 작고, 세원의 포착과 징수가 더 쉽기 때문이다. 만일 물품세를 몇몇 상품에 대해서만이 아니라 모든 재화나 서비스에 대해 예외 없이 똑같은 세율로 부과하면, 효용에 대한 효과는 어떠할까? 이때는 $\frac{(1+t)P_x}{(1+t)P_y}=\frac{P_x}{P_y}$에서 보듯이 모든 상품의 상대가격이 물품세 부과전과 비교해 변하지 않는다. 따라서 예산선이 안쪽으로 평행이동할 뿐이다. 그러므로 모든 상품에 대해 동일한 세율로 물품세를 부과하면, 효용에 대한 효과는 소득세의 경우와 동일하다. 단, 그렇게 하려면, 경제 내의 모든 재화나 서비스에 대해 예외 없이 동일한 세율이 적용되어야 한다. 몇몇 재화나 서비스에 대해 세금을 감면해주거나 품목에 따라 특별소비세 같은 고율의 물품세를 부과하면, 물품세는 소비자들의 최적소비조합을 왜곡시키고 소득세보다 경제 전체의 효용을 더 떨어뜨릴 것이다.

2-3D 보조금

보조금은 현금보조, 가격보조, 현물보조로 나눌 수 있다. 가격보조란 특정한 재화를 더 싸게 살 수 있도록 할인쿠폰 등을 지급하는 것을 말한다.

현금보조와 가격보조의 비교

x재에 대해 가격보조를 실시할 경우 예산선의 기울기가 더 완만해지므로, 아래 그림에서 소비점은 E 점에서 A 점으로 바뀐다. 이때 가격보조로 인한 정부의 지출액은 y재 단위로 표시할 때

$(y_1 - y_0)$나 마찬가지이다. 왜냐하면 원래의 예산선에서 x재를 x_0만큼 소비하면, y재를 y_0밖에 소비할 수 없기 때문이다. 만일 가격보조 대신 동일한 액수만큼 현금보조금을 지급하면, 예산선은 원래의 예산선과 같은 기울기를 가지고 A점을 지나는 점선과 같아진다. 이때 소비점은 B점이 되며, 예산선과 접하는 무차별곡선이 가격보조의 경우보다 원점에서 더 멀다. 따라서 현금보조 후의 소비자 후생이 가격보조의 경우보다 높다.

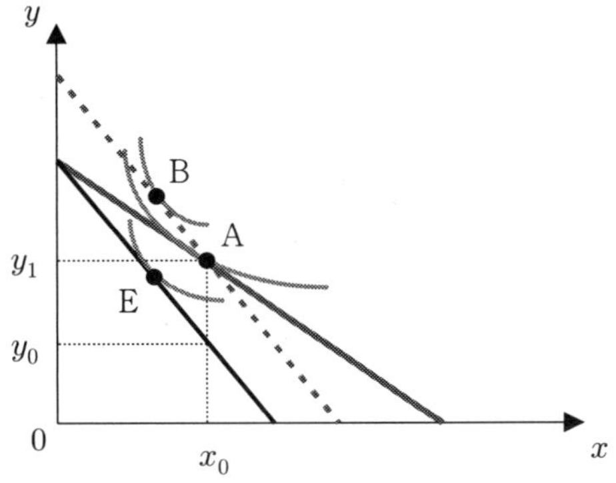

주 가격보조 후의 소비자균형점을 먼저 찾은 뒤 현금보조 후의 소비자균형점을 비교한 것은 물품세와 소득세를 비교한 앞의 경우와 같은 이유 때문이다.

가격보조가 후생 면에서 덜 유리한 사실에 대한 직관적인 설명은 소득세와 물품세를 비교한 경우와 비슷하다. 즉, 가격보조의 경우 보조받는 재화를 더 많이 구입할수록 보조금이 늘어나므로, 그 재화를 더 많이 구입하라는 제약이 더해지는 것과 마찬가지이기 때문이다.

현물보조

가격보조와 동일한 액수$(y_1 - y_0)$에 해당하는 양만큼 x재를 현물로 보조해줄 경우 예산선은 그만큼 오른쪽으로 이동하여 아래 그림에서처럼 원래의 소비점 E점을 지나는 예산선과 나란하면서 A점을 지나는 실선으로 바뀐다. (A점은 앞서 보았듯이 가격보조 후의 소비점이다.) 다만, 보조받은 현물을 다른 재화로 바꾸거나 현금화할 수 없다고 가정하면, 보조받은 x재를 모두 소비해야 하므로 예산선은 굵은 실선과 같이 C점에서 꺾인 모양이 된다. 또한 현물보조와 동일한 액수의 현금을 보조해줄 경우 예산선은 A점과 B점을 지나는 직선이 된다. [원래의 예산선의 기울기가 두 재화의 가격비율과 같으므로, 보조받은 x재와 $(y_1 - y_0)$만큼의 y재는 액수 면에서 동일하다.] 그러므로 현물보조 후의 소비가능영역은 현금보조에 비해 B점과 C점을 포함하는 작은 삼각형만큼 줄어든다. 이때 무차별곡선이 아래그림에서처럼 B 점에서 접하게 되면, 현물보조가 현금보조보다 후생 면에서 불리하다. 왜냐하면 x재를 현물보조수량보다 더 적게 소비하기를 원하나, 그렇게 할 수가 없기 때문이다. 이때는 현금보조에서처럼 소비점 B 점은 선택불가능하고, 최선의 소비는 보조받은 x재를 모두 소비해야 하는 C 점에서이다.

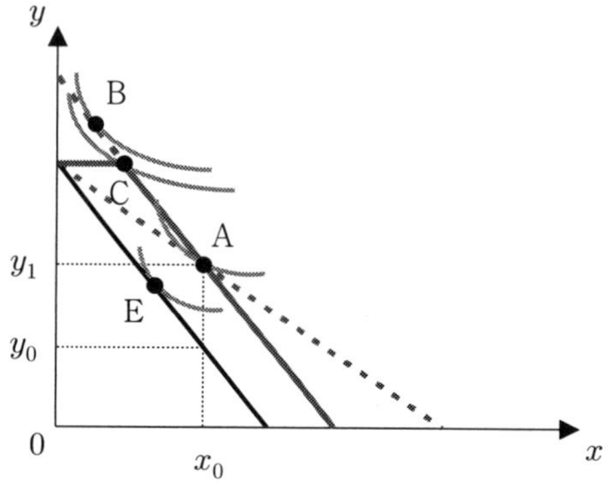

만일 무차별곡선이 아래 그림에서와 같이 C 점과 B 점을 지나는 굵은 실선부분과 접한다면, 현물보조와 현금보조 후의 소비점은 B 점으로 동일하며 후생 면에서 아무런 차이가 없다. 즉, 소비하고자 하는 x재의 양이 보조받은 양과 같거나 보조받은 양보다 많을 때는, 현물보조의 후생에 대한 효과는 현금보조와 동일하다. 다만 x재의 구입량을 보조받은 양만큼 줄이면 된다.

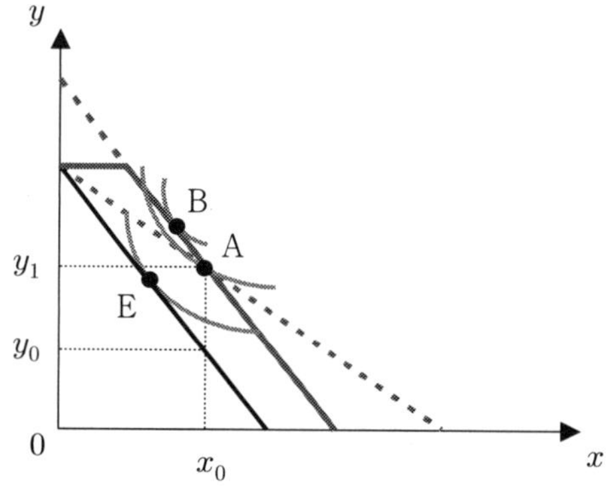

원하는 x재의 소비량이 현물보조 받은 양보다 적든지 많든지 현물보조 후 누리게 되는 무차별곡선은 가격보조 후 소비점인 A 점을 지나는 무차별곡선보다 명백하게 원점에서 더 멀다. 따라서 현물보조가 가격보조보다 후생 면에서 더 유리하다.

주 현물보조는 피보조자가 어떠한 재화를 꼭 소비하는 것이 바람직한 경우에 주로 시행된다. 예를 들어, 영양실조에 걸린 빈민층에 현금을 지급하면 다른 곳에 써버릴 염려가 있을 때는 식량을 현물로 지급하기도 한다. 미국의 경우 산모와 태아 또는 유아의 건강과 발육을 위해 WIC(Women, Infants, and Children)이라는 프로그램을 통해 저소득층 임산부와 유아양육자에게 특정상표의 우유, 치즈, 주스 무료교환권을 매주 보내주기도 한다.

현금보조, 현물보조, 가격보조의 후생효과 비교

결론적으로, 소비자의 후생 면에서 현금보조가 현물보조보다 더 낫거나 같다. 또한 현금보조와 현물보조는 가격보조보다 더 낫다. 같은 액수의 정부지출을 요하는 보조금의 종류별로 피보조자 효용의 증가에 따른 순위를 매겨보면,

현금보조 ≥ 현물보조 > 가격보조

의 순서가 된다. 단, 현금보조와 현물보조의 순위가 같아지는 것은 보조받는 재화의 양이 소비하고자 하는 양보다 많지 않을 때이다.

연습문제

1. 하루에 x시간의 여가시간을 가지고, y만원을 버는 기술자의 효용함수가 $U=x^{2/3}y^{1/3}$ 이라 한다.

   (1) 시간당 임금이 2만원일 때, 이 기술자는 하루 몇 시간 일하겠는가?

   (2) 시간당 임금이 3만원으로 상승했을 때, 이 기술자는 하루 몇 시간 일하겠는가?

2. 현재소득이 120, 미래소득이 198인 사람의 저축액 또는 차입액을 구하라. 이 사람의 효용함수는 $U=C_0^{1/3}C_1^{2/3}$ 이라 한다. 단, 시장이자율은 10%이다.

3. 현재소비(C_0)와 미래소비(C_1)를 선택하는 시점간 모형에서 이자율이 상승할 때, 차입자의 차입액이 어떻게 변하는지 그림을 그려 설명해보라. 또한 현재소비량은 대체효과와 소득효과에 의해 어떻게 영향을 받는가? (단, 현재소비와 미래소비는 모두 정상재이다.)

4. 효용함수가 $U=\sqrt{xy}$, x재와 y재의 가격이 각각 10, 소득이 400이다.

   (1) x재에 대해 단위당 물품세를 10만큼 부과할 때 (즉, 100%의 물품세율), 원래의 효용에 비해 효용의 손실은 몇 퍼센트인가?

   (2) x재에 대해 100%의 물품세를 부과하는 대신, 그것과 동일한 조세수입이 발생하도록 소득세를 부과할 때, 원래의 효용에 비해 효용의 손실은 몇 퍼센트인가?

   (3) 위의 결과를 비교해 볼 때, 같은 세액을 징수할 때 소비자의 후생 면에서 물품세와 소득세 중 어느 것이 더 낫다고 결론지을 수 있는가?

5. 효용함수가 $U=\sqrt{xy}$, x재와 y재의 가격이 각각 20, 소득이 400이다.

   (1) x재를 50% 더 싸게 구입할 수 있는 가격할인 쿠폰을 지급하는 가격보조를 정부가 실시할 때, 가격보조 수혜자의 효용은 원래의 효용에 비해 몇 퍼센트 증가하는가?

   (2) x재에 가격보조를 하는 대신, 가격보조로 인한 정부지출액과 동일한 금액의 보조금을 현금으로 지급할 때, 현금보조금 수혜자의 효용은 원래의 효용에 비해 몇 퍼센트 증가하는가?

   (3) 위의 결과를 비교해 볼 때, 가격보조와 현금보조 중 보조금 수혜자의 후생 면에서 어느 것이 더 낫다고 결론지을 수 있는가?

객관식문제

2-1 한계효용과 무차별곡선

1. 다음은 어떤 소비자의 소비량을 나타내고 있다. 이 소비자의 총효용이 가장 커지는 소비량은?

수량	1	2	3	4	5	6
한계효용	10	7	3	−1	−3	−7

① 2 ② 3 ③ 4 ④ 5 ⑤ 6

[문제 2−3] 효용함수가 $U=\sqrt{xy}$로 주어져 있을 때, 다음의 물음에 답하라. 단, 현재의 소비량은 $(x, y)=(5, 20)$이라 한다.

2. x재에 대한 한계효용은 얼마인가?

① 0.1 ② 0.4 ③ 1 ④ 2.5 ⑤ 5

3. x재를 1단위 더 소비할 때 소비의 만족도가 일정하려면, y재의 소비를 몇 단위 줄여야 하는가?

① 1 ② 2 ③ 3 ④ 4 ⑤ 5

4. 현재 1주일 동안 사과 10개, 빵 15조각을 소비하는 사람이 있다. 이 사람이 1주일 동안 사과를 1개 더 먹으면 효용이 10만큼 더 증가하고, 빵 1조각을 더 먹으면 효용이 3만큼 더 증가한다고 한다. 사과 1개의 가격은 1,000원이고, 빵 1조각의 가격은 200원이다. 현재의 예산으로 이 사람의 효용을 극대화시키려면 어떻게 하여야 하는가?

① 사과의 소비를 늘리고, 빵의 소비를 줄인다.
② 사과의 소비를 늘리고, 빵의 소비는 그냥 둔다.
③ 사과의 소비를 줄이고, 빵의 소비를 늘린다.
④ 사과의 소비를 줄이고, 빵의 소비는 그냥 둔다.
⑤ 사과의 빵의 소비를 모두 늘린다.

5. 무차별곡선의 모양이 아래의 그림과 같을 때, x재와 y재에 대해 바르게 서술한 것은? 단, 한계대체율은 체감한다고 가정한다.

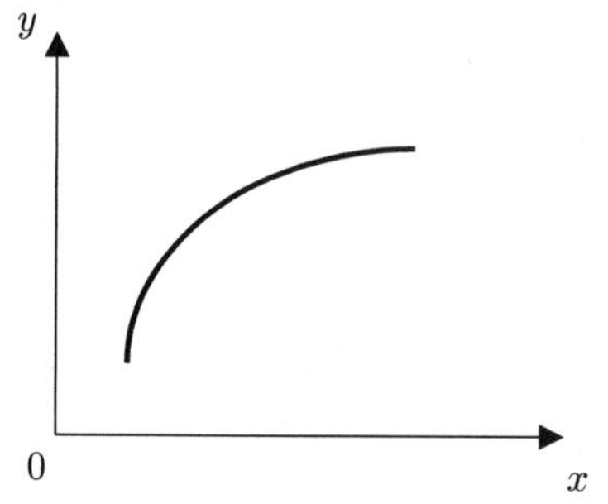

① x재: 재화, y재: 재화
② x재: 재화, y재: 비재화
③ x재: 비재화, y재: 재화
④ x재: 비재화, y재: 비재화
⑤ x재: 중립재, y재: 재화

6. 효용함수가 $U = x^{1/4}y^{3/4}$이라 할 때, 다음 중 옳지 **않은** 것은?

① 이 소비자는 포만점에 도달할 수 있다.
② 무차별곡선은 우하향한다.
③ x재의 한계효용은 체감한다.
④ x재의 한계효용은 y재의 소비량이 클수록 체감한다.
⑤ 한계대체율은 체감한다.

7. 1리터짜리 우유팩을 x재, 0.2짜리 우유팩을 y재라 하자. 소비자가 0.2리터 우유를 마실 때의 효용이 1이라 한다. 또한 한계효용은 체감한다. 다음 중 효용수준이 10인 무차별 곡선의 표현으로 가장 적합한 것은?

① $5x + y = 10$
② $5x + y = 100$
③ $x + 5y = 10$
④ $x + 5y = 100$
⑤ $x + y = 10$

8. 소비자 A는 커피(x재) 한잔에 각설탕(y재)이 꼭 2개가 들어가야 만족감을 느끼며, 그 비율이 맞지 않으면 굉장히 불쾌해한다. 이 소비자의 무차별곡선은 어떤 형태인가? (단, c는 일정한 상수)

① $c = 2x + y$
② $c = x + 2y$
③ $c = \min\{2x, y\}$
④ $c = \min\{x, 2y\}$
⑤ $c = \sqrt{xy}$

2-2 소비자선택

9. 다음의 그림은 소득소비곡선(ICC)와 가격소비곡선(PCC)들을 그린 것이다. 이 중 x재가 수요의 법칙에 위배되는 경우는?

①
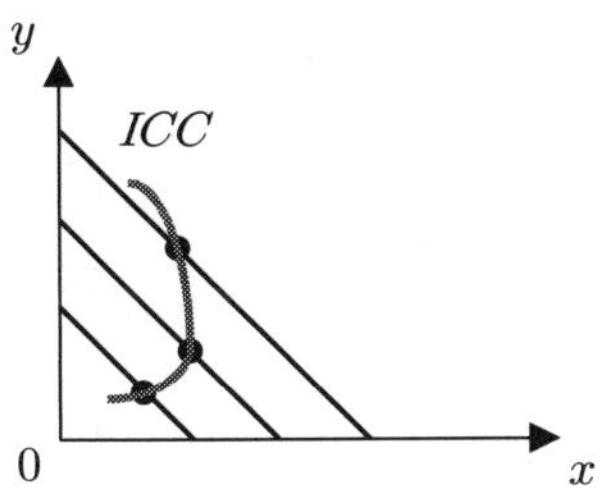

②
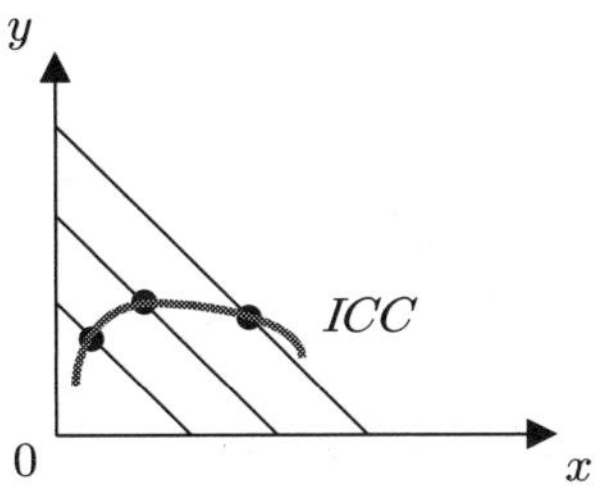

③
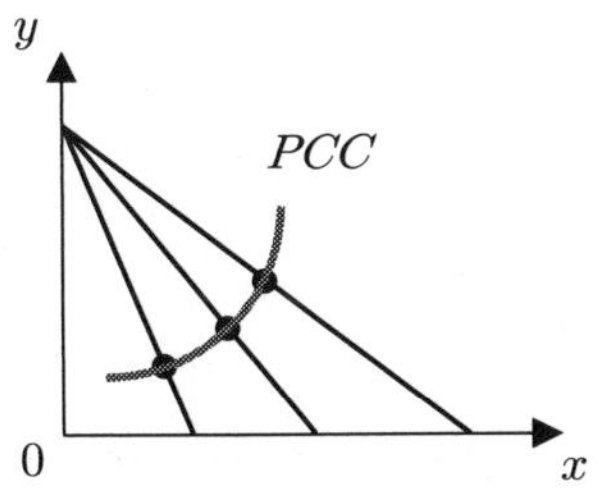

④
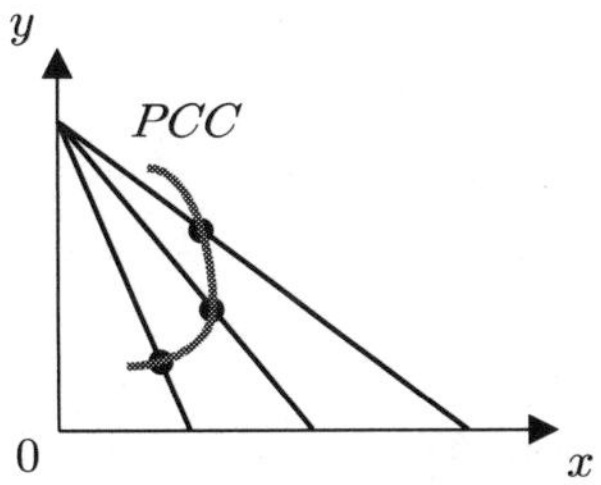

⑤
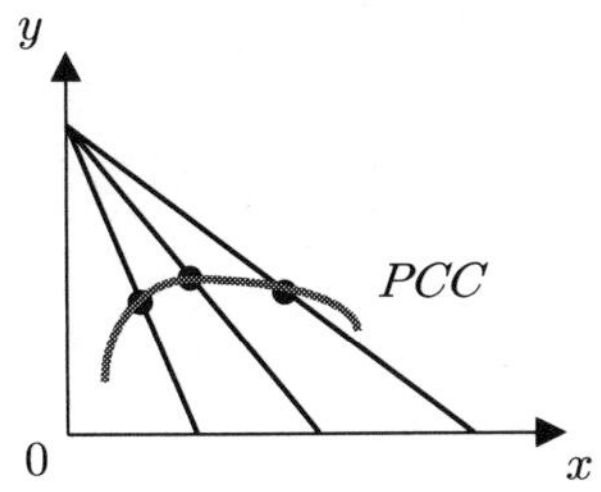

10. x재가 열등재이며, 소득효과의 절대값이 대체효과의 절대값보다 작다고 한다. 또한 y재는 정상재이다. x재의 가격이 하락할 때 가격소비곡선(PCC)은 어떤 모양이 되겠는가?

① 우상향한다.
② 우하향한다.
③ 후방굴절의 모습을 가진다.
④ 수평선이 된다.
⑤ 위의 정보만으로는 우상향 또는 우하향 여부를 알 수 없다.

11. 가격선과 무차별 곡선들이 아래 그림과 같이 주어졌을 때, 이 소비자의 최초의 x재 소비량은 10이었다. x재의 가격이 아래 그림과 같이 하락했을 때 대체효과와 소득효과는 각각 얼마씩인가?

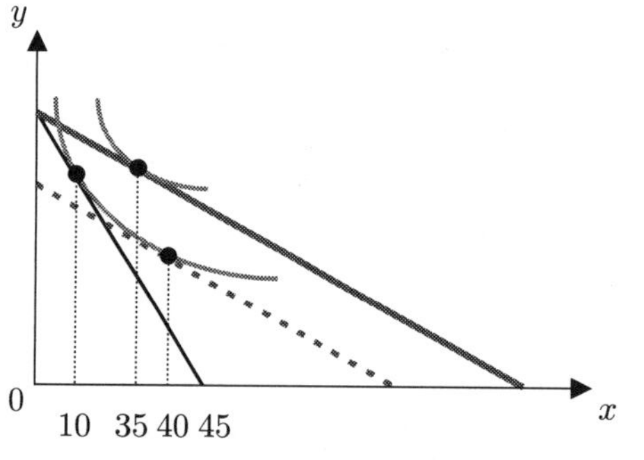

① 대체효과 $= -5$, 소득효과 $= 30$
② 대체효과 $= 5$, 소득효과 $= 25$
③ 대체효과 $= 25$, 소득효과 5
④ 대체효과 $= 30$, 소득효과 $= 5$
⑤ 대체효과 $= 30$, 소득효과 $= -5$

12. 현재 두 재화의 소비량은 $(x, y) = (20, 30)$이다. x재의 가격이 상승했을 때 소비량은 $(x, y) = (13, 33)$으로 변했다. 변한 가격 아래서 원래의 만족을 누릴 수 있는 소비량은 $(x, y) = (15, 35)$라고 한다. 이때 다음 중 옳은 것은?

가. 대체효과 크기의 절대값은 5이다.
나. 소득효과 크기의 절대값은 7이다.
다. x재는 열등재이다.

① 가 ② 나 ③ 다
④ 나, 다 ⑤ 가, 나, 다

[문제 13－15] x재의 가격이 10, y재의 가격이 30, 예산이 600이라 한다. 이때 다음의 물음에 답하라.

13. 효용함수가 $U=\sqrt{xy}$ 인 사람의 최대효용은 얼마인가?

① $\sqrt{30}$ ② 10 ③ $10\sqrt{2}$ ④ $10\sqrt{3}$ ⑤ 30

14. 효용함수가 $U=2x+3y$ 인 사람의 최대효용은 얼마인가?

① 40 ② 60 ③ 76 ④ 80 ⑤ 120

15. x재와 y재를 반드시 3:1의 비율로 써야하는 사람의 최대효용은 얼마인가? 단, 소비량이 $(x, y)=(3, 1)$일 때의 효용수준은 3이라 한다.

① 10 ② 20 ③ 30 ④ 50 ⑤ 60

16. 처음에 예산선(실선)의 E 점에서 소비하던 사람이 가격이 변한 후 새로운 예산선(점선)의 C 점에서 소비하는 것이 관측되었다. 이때 다음 중 옳지 **않은** 것은?

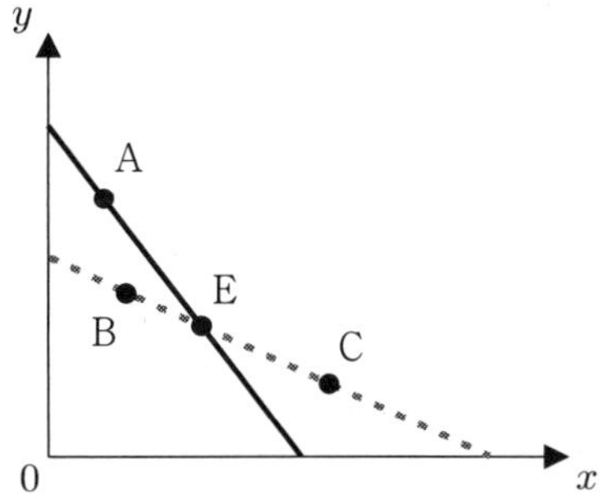

① 이 소비자는 현시선호의 약공리를 위반하지 않는다.
② 선호의 이행성에 의해 이 소비자는 A 보다 C를 더 선호한다.
③ 가격이 변한 후 B 점에서 소비했다면, 현시선호의 약공리를 위반하게 된다.
④ 가격이 변한 후에 B 점에서 소비하기는 불가능하다.
⑤ 이 소비자는 B보다 소비점 B를 더 선호한다.

17. 어떤 소비자의 x재와 y재에 대한 소비패턴이 기준년도의 가격(P_0) 및 산출량(Q_0), 비교년도의 가격(P_1) 및 산출량(Q_1)에 따라 다음과 같이 나타났다. 이때 다음 중 옳은 것은? (단, 괄호 속의 왼편이 x재에 해당됨.)

P_0	Q_0	P_1	Q_1
$(10, 40)$	$(200, 100)$	$(30, 10)$	$(160, 120)$

① 기준년도에 비해 비교년도에 이 소비자의 후생이 향상되었다.
② 기준년도에 비해 비교년도에 이 소비자의 후생이 악화되었다.
③ 이 소비자의 후생은 두 기간 중에 변함이 없다.
④ 이 소비자는 소비의 일관성이 결여되어 있다.
⑤ 소비패턴의 일관성은 있으나, 후생수준 변화에 대한 결론을 내릴 수 없다.

18. 어떤 나라의 명목소득이 작년에 비해 금년에 7.6%가 상승하였다. 또한 라스파이레스지수에 따르면 물가가 6.4% 상승하였고, 파셰지수에 따르면 물가가 5.2% 상승하였다. 이 나라의 금년도 후생수준은 어떻게 되었는가?

① 더 향상되었다.
② 더 악화되었다.
③ 변함이 없다.
④ 결론이 나지 않는다.
⑤ 매우 일관성 없는 소비패턴을 보여준다.

2-3 소비자선택이론의 응용

19. 하루 x시간의 여가시간을 즐기면서 y만원을 버는 소비자의 효용이 $U=\sqrt{xy}$로 표시될 때, 이 소비자는 하루 몇 시간씩 일하려 하겠는가? (단, 시간당 임금은 2만원임.)

① 6 ② 8 ③ 10 ④ 12 ⑤ 14

[문제 20－21] 현재와 미래의 두 기간동안 소비하는 어떤 사람의 현재소득이 100, 미래소득이 132라 한다. 또한 시장이자율은 10%라 한다. 이 사람의 현재소비(C_0)와 미래소비(C_1)에 대한 효용함수는 $U=\sqrt{C_0 C_1}$ 이다.

20. 이 사람은 현재기간 중 얼마나 저축 또는 차입을 하겠는가?

① 10만큼 저축한다.
② 10만큼 차입한다.
③ 20만큼 저축한다.
④ 20만큼 차입한다.
⑤ 저축도 차입도 하지 않는다.

21. 시장이자율이 20%로 상승했을 때, 이 사람의 효용은 이전과 비교하여 어떻게 변하는가?

① 효용이 증가한다.
② 효용이 감소한다.
③ 효용의 변화가 없다.
④ 이 사람의 마음먹기에 따라 다를 수 있다.
⑤ 주어진 정보만으로는 결론이 나지 않는다.

[문제 22–24] 효용함수가 $U=\sqrt{xy}$ 인 사람이 x재와 y재 두 재화만 소비한다고 한다. 현재 x재의 가격이 20, y재의 가격이 10이며, 이 사람의 소득이 400이다. 이때 다음의 물음에 답하라. (단, 가격보조로 구입하거나 현물보조 받은 재화를 재판매할 수 없다.)

22. x재를 50% 할인해서 살 수 있는 쿠폰을 주면, 이 사람의 효용이 몇 퍼센트 증가하는가?

① 14.2%　② 20.2%　③ 28.0%　④ 33.2%　⑤ 41.4%

23. 쿠폰대신 가격보조금액만큼 현금을 주면, 이 사람의 효용의 크기는 얼마가 되는가?

① 18.8%　② 19.2%　③ 20.0%　④ 21.2%　⑤ 24.0%

24. 가격보조, 가격보조금액만큼 x재를 현물로 주는 현물보조 또는 현금보조 후 효용의 크기를 가장 잘 비교한 것은?

① 가격보조 < 현물보조 < 현금보조
② 가격보조 < 현물보조 = 현금보조
③ 가격보조 > 현물보조 > 현금보조
④ 가격보조 = 현물보조 < 현금보조
⑤ 가격보조 = 현물보조 = 현금보조

3장 생산이론

3-1 생산함수

3-1A 생산함수의 정의

생산함수는 생산요소인 노동(L) 및 자본(K)과 생산량(Q)과의 관계를 나타낸다. 장기적으로는 모든 생산요소의 양을 변화시킬 수 있다. 하지만 단기에서는 자본의 양은 고정되어 있고, 노동의 양만 변화시킬 수 있다. 따라서 생산함수는 장기생산함수와 단기생산함수로 구분된다.

장기생산함수: $Q = f(L, K)$

단기생산함수: $Q = f(L, \overline{K})$ 또는 $Q = f(L)$

즉, 자본은 장기에서 가변투입요소이지만, 단기에서는 고정투입요소이다.

평균생산과 한계생산

평균생산(AP: Average Product)은 생산요소 1단위당 생산량을 나타내며, **한계생산**(MP: Marginal Product)은 마지막으로 투입한 생산요소에 의해 추가로 증가한 생산량을 나타낸다. 노동의 평균생산(AP_L)과 한계생산(MP_L), 자본의 평균생산(AP_K)과 한계생산(MP_K)은 각각 다음과 같이 정의된다.

$$AP_L = \frac{Q}{L}, \quad MP_L = \frac{\partial Q}{\partial L}$$

$$AP_K = \frac{Q}{K}, \quad MP_K = \frac{\partial Q}{\partial K}$$

주 단기생산함수에서는 가변생산요소가 노동뿐이므로, 노동의 한계생산은 $MP_L = \frac{dQ}{dL}$로 표현해야 한다.

예 1 생산함수가 $Q = 3L^{1/3}K^{2/3}$, 생산요소의 투입량이 $(L, K) = (8, 27)$일 때, 노동과 자본의 평균생산 및 한계생산은 다음과 같다.

$$AP_L = \frac{Q}{L} = \frac{3L^{1/3}K^{2/3}}{L} = 3(\frac{K}{L})^{2/3} = 3(\frac{27}{8})^{2/3} = \frac{27}{4}$$

$$MP_L = \frac{\partial Q}{\partial L} = L^{-2/3}K^{2/3} = (\frac{K}{L})^{2/3} = (\frac{27}{8})^{2/3} = \frac{9}{4}$$

$$AP_K = \frac{Q}{K} = \frac{3L^{1/3}K^{2/3}}{K} = 3(\frac{L}{K})^{1/3} = 3(\frac{8}{27})^{1/3} = 2$$

$$MP_K = \frac{\partial Q}{\partial K} = 2L^{1/3}K^{-1/3} = 2(\frac{L}{K})^{1/3} = 2(\frac{8}{27})^{1/3} = \frac{4}{3}$$

주 $Q = AL^{\alpha}K^{\beta}$와 같은 생산함수를 **콥 – 더글러스**(Cobb-Douglas) **생산함수**라 부른다. (단, $A, \alpha, \beta > 0$) 이때 A는 생산의 효율성을 나타내는 효율성계수의 역할을 한다. 또한 각 생산요소에 대한 보수를 한계생산만큼 지급하면, α와 β는 각각 총생산량 중에서 차지하는 노동의 분배몫과 자본의 분배몫을 나타낸다.

$$\frac{MP_L \times L}{Q} = \frac{\alpha AL^{\alpha-1}K^{\beta} \times L}{Q} = \frac{\alpha AL^{\alpha}K^{\beta}}{Q} = \alpha$$

$$\frac{MP_K \times K}{Q} = \frac{\beta AL^{\alpha}K^{\beta-1} \times K}{Q} = \frac{\beta AL^{\alpha}K^{\beta}}{Q} = \beta$$

이때 $\alpha + \beta = 1$인 경우, 총생산물은 생산요소에 대한 보수로 모두 소진된다. 이를 **오일러(Euler) 정리**라 한다.

$$MP_L \times L + MP_K \times K = Q$$

3-1B 단기생산

단기에는 자본의 양이 고정되어 있으므로, 투입량을 조절할 수 있는 가변생산요소는 노동뿐이다. 아래 그림에서 평균생산(AP)은 원점으로부터 생산곡선 $Q=f(L)$ 상의 각 점까지 이은 선의 기울기와 같으며, 한계생산(MP)은 생산곡선 상의 각 점에서의 접선의 기울기와 같다. 노동투입량이 L_1보다 작을 때는 한계생산이 평균생산보다 더 크다가, L_1에 이르면 한계생산과 평균생산이 같아진다. 노동투입량이 L_1보다 커지면 한계생산은 평균생산보다 작아진다.

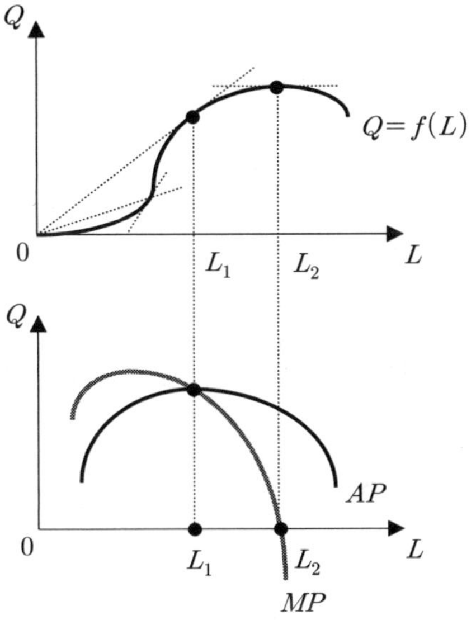

주 한계생산이 평균생산보다 큰 구간에서는 평균생산이 증가하고 한계생산이 평균생산보다 작은 구간에서는 평균생산이 감소한다. 즉, 한계생산곡선은 평균생산곡선의 꼭짓점을 위로부터 통과한다.

평균생산이 증가하는 구간 (즉, L_1까지의 구간)을 생산의 1단계라 한다. 생산의 1단계 초반부에는 한계생산이 증가하는데, 이는 생산량이 증가함에 따라 협업과 분업이 이루어지기 때문이다. 이후 생산량이 일정 수준을 넘어서면, 고정된 자본량에 비해 노동투입량이 지나치게 많아지기 때문에, 비효율이 발생하면서 한계생산이 감소하기 시작한다. 이렇게 한계생산이 감소하는 현상을 **수확체감의 법칙**(Law of Diminishing Returns)이라 한다. 평균생산이 감소하지만 한계생산이 0보다 큰 구간 (L_1부터 L_2까지의 구간)을 생산의 2단계라 한다. 한계생산이 0보다 작아서 총생산이 감소하는 구간 (L_2 이후의 구간)을 생산의 3단계라 한다.

한계생산이 0보다 작은 수준까지 생산할 이유가 없으므로, 생산의 3단계에서는 생산이 이루어지지 않는다. 또한 임금이 일정하면, 평균생산이 증가할 때 평균생산비용은 감소한다. 만일 제품의 가격이 일정하게 주어지면, 평균생산비용의 감소는 이윤의 증가를 뜻한다. 따라서 평균생산이 증가하는 한, 생산을 계속하여 증가시키려 할 것이다. 따라서 기업은 평균생산이 감소하는 단계에서 생산을 하게 된다. 즉, 실제로 생산이 이루어지는 단계는 생산의 2단계이다.

3-1C 장기생산

장기에는 자본과 노동 모두 가변생산요소이다. 따라서 생산함수는 $Q=f(L,K)$의 형태가 된다. 장기에 있어서 분석은 주로 등량선을 이용하여 이루어진다.

등량선

등량선(Isoquant)은 일정한 생산량을 산출하는 노동과 자본의 조합점들을 연결한 선이다.

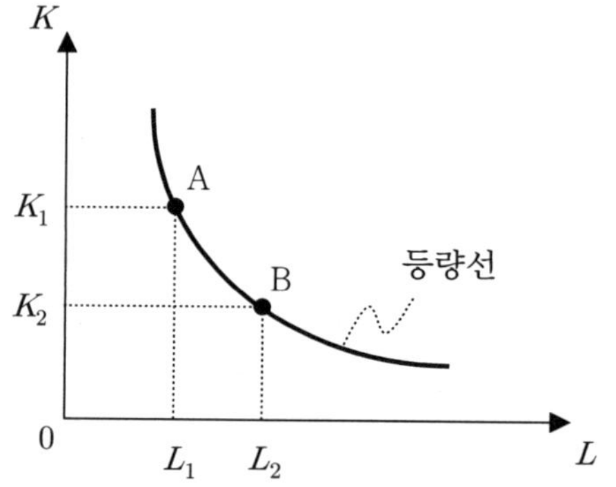

생산함수를 사용하면, 등량선은 다음과 같이 정의된다.

$$f(L,K)=c \quad (\text{일정})$$

생산량이 일정하려면, 노동(L)의 투입을 늘릴 때, 자본(K)의 투입을 줄여야 한다. (왜냐하면 생산의 2단계에서는 한계생산이 0보다 크기 때문.) 이때 노동과 자본의 변화비율의 절대값을 **한계기술대체율**($MRTS$: Marginal Rate of Technical Substitution)이라 한다.

$$MRTS_{LK} = \left| \frac{\triangle K}{\triangle L} \right|$$

위 그림의 A점과 B점 사이에서 한계기술대체율은

$$MRTS_{LK} = -\frac{\triangle K}{\triangle L} \quad \left(= -\frac{K_2 - K_1}{L_2 - L_1} \right)$$

으로 표시할 수 있다. 즉, A점과 B점간의 기울기의 절대값이다. 이때 B점이 A점에 무한히 접근하면, 한계기술대체율은 바로 A점에서 등량선의 기울기가 된다. 따라서 등량선 기울기의 절대값은 한계기술대체율($MRTS_{LK}$)이며, 미분기호를 쓰면 다음과 같다.

$$MRTS_{LK} = -\frac{dK}{dL}$$

등량선 $f(L, K) = c$를 전미분하면,

$$\frac{\partial f}{\partial L} dL + \frac{\partial f}{\partial K} dK = 0 \quad \Rightarrow \quad -\frac{dK}{dL} = \frac{\partial f / \partial L}{\partial f / \partial K} = \frac{MP_L}{MP_K}$$

즉, 한계기술대체율($MRTS_{LK}$)은 노동의 한계생산과 자본의 한계생산 비율과 같다.

예 2 생산함수가 $Q = \sqrt{LK}$로 주어져 있을 때, 생산점 $(2, 1)$에서의 한계기술대체율은 다음과 같다.

$$MRTS_{LK} = \frac{MP_L}{MP_K} = \frac{\frac{1}{2} L^{-1/2} K^{1/2}}{\frac{1}{2} L^{1/2} K^{-1/2}} = \frac{K}{L}$$

$$\therefore \ MRTS_{LK}(2,1) = \frac{1}{2}$$

즉, 노동을 1단위 더 투입하면, 동일한 생산량을 유지하기 위해 자본을 0.5단위 덜 투입하여야 한다는 뜻이다.

등량선의 성질

생산의 경우도 소비에서와 마찬가지로 단조성, 이행성, 볼록성 등의 가정을 한다. 따라서 등량선은 다음과 같이 무차별곡선과 유사한 성질을 가진다.

① 원점에서 멀수록 생산량이 증가한다.

② 우하향한다.

③ 등량선끼리 서로 교차하지 않는다.

④ 원점에 대해 볼록하다.

이중 ①과 ②는 단조성($MP > 0$) 때문이며, ③은 단조성과 이행성 때문이다. 또한 ④는 볼록성(즉, 한계기술대체율 체감) 때문이다.

주 생산량은 숫자로 표현되므로, 생산은 항상 기수적(Cardinal) 개념이다.

특이한 형태의 등량선들

▶ 서로 완전한 대체가 가능한 생산요소

만일 노동과 자본이 완전히 서로 대체가 가능한 생산요소라면(이 경우 현실성은 크지 않으나, 그냥 이론상 따져보기로 한다.), 등량선은 다음의 그림처럼 직선의 형태를 가진다. 이때 한계기술대체율은 항상 일정한 값을 가지게 된다. 즉, 등량선은 $2L + K = c$의 꼴로 표현된다.

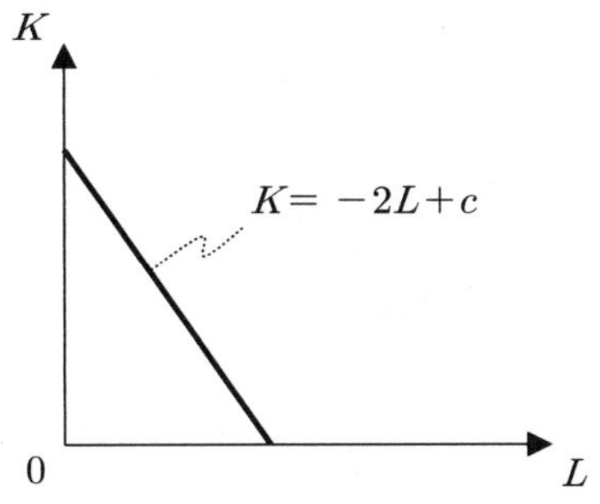

▶ 서로 완전히 보완적인 생산요소

만일 노동과 자본의 사용비율이 일정하게 정해져 있어서 서로 완전히 보완적인 생산요소인 경우에는 등량선이 L자 모양이 된다. 예컨대 반드시 노동 2단위와 자본 1단위가 결합되어 생산이 이루어진다면, 등량선은 아래의 그림과 같이 $\min\{L, 2K\}=c$의 형태가 된다. 이때 효율적인 생산은 $L=2K$의 직선상에서 이루어진다. 예를 들어, 자본이 1단위 있을 때, 2단위보다 많은 노동은 비용만 들 뿐 생산에는 전혀 기여하지 못한다.

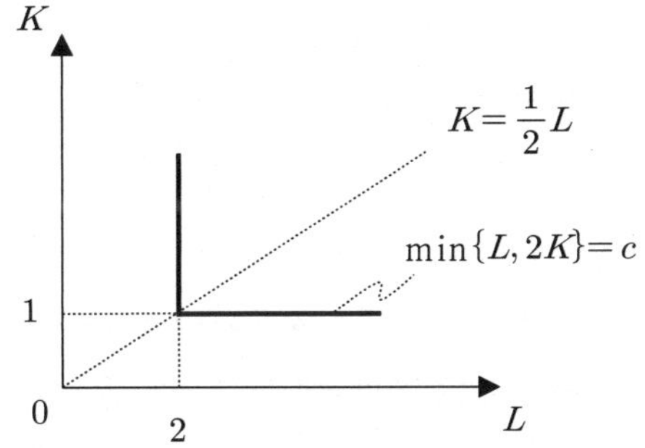

3-1D 규모에 대한 수익

규모수익에 대한 정의

장기생산함수 $Q=f(L, K)$에서 각 생산요소를 λ배만큼 늘렸을 때, 생산량도 λ배만큼 늘어나는 경우를 **규모수익일정**(CRS: Constant Returns to Scale)이라 한다. 예를 들어, 노동과 자본의 투입량을 2배씩 늘리면, 생산량도 2배 늘어난다. 즉, CRS 생산함수에서는 다음의 관계가 성립한다.

$$f(\lambda L, \lambda K) = \lambda Q \quad (\text{단, } \lambda > 1)$$

규모수익체증(IRS: Increasing Returns to Scale)의 경우에는 각 생산요소를 λ배만큼 늘렸을 때, 생산량은 λ배보다 더 늘어난다. 즉, IRS 생산함수에서는 다음의 관계가 성립한다.

$$f(\lambda L, \lambda K) > \lambda Q \quad (\text{단, } \lambda > 1)$$

규모수익체감(DRS: Decreasing Returns to Scale)의 경우에는 각 생산요소를 λ배만큼 늘렸을 때, 생산량은 λ배보다 작게 늘어난다. 즉, DRS 생산함수에서는 다음의 관계가 성립한다.

$$f(\lambda L, \lambda K) < \lambda Q \quad (\text{단, } \lambda > 1)$$

주 위에서 규모수익을 정의할 때 "$\lambda > 1$"임에 유의하자. 만일 이와 달리 "$0 < \lambda < 1$"이라고 했다면, 위의 관계식에서 IRS와 DRS의 부등호는 각각 반대가 되어야 한다. 왜 그런지 IRS의 예를 가지고 살펴보자. $f(L, K) = Q$에서 생산요소투입을 2배로 늘렸을 때, $f(2L, 2K) > 2Q$가 된다. 이때 생산요소투입을 절반으로 줄인다면 $f\left(\frac{L}{2}, \frac{K}{2}\right) < \frac{Q}{2}$가 되어야 한다. 그래야 생산요소투입을 $\left(\frac{L}{2}, \frac{K}{2}\right)$에서 (L, K)로 2배 늘렸을 때 생산량이 2배 이상 늘어나기 때문이다.

동차함수

생산함수가 $f(\lambda L, \lambda K) = \lambda^n Q$ (단, $\lambda > 0$)의 형태로 표현될 수 있으면, 이러한 함수를 n차 **동차함수**(Homogeneous Function of Degree n)라 한다. 예를 들어, 노동과 자본의 투입량을 2배 늘리면, 생산량은 2^n배 늘어난다는 것이다. 이때 CRS 생산함수는 $n = 1$이 되며, IRS의 경우는

$n>1$, DRS의 경우는 $n<1$임을 쉽게 확인할 수 있다.

예 3 콥-더글러스 생산함수는 동차함수이지만, $Q=L+K^2$과 같은 생산함수는 동차함수가 아니다.

주 n차 동차생산함수에서 규모수익을 따질 때는 $\lambda>1$이 아니라, $\lambda>0$라고 해도 상관없다.

왜 그런지 IRS의 예를 가지고 살펴보자. $f(L,K)=Q$에서 생산요소투입을 2배로 늘리면, $f(2L,2K)=2^nQ>2Q$가 성립해야 한다. 또한 생산요소투입을 절반으로 줄이면, $f\left(\frac{L}{2},\frac{K}{2}\right)=\left(\frac{1}{2}\right)^nQ<\frac{Q}{2}$가 성립해야 한다. 어느 경우이든 항상 $n>1$이어야 함을 알 수 있다. 따라서 λ의 값이 1보다 크든지 작든지 상관없다.

예 4 아래의 각 생산함수에서 규모에 대한 수익은 다음과 같다. (단, $\lambda>1$)

(1) $Q=10\sqrt{LK}$

$$f(\lambda L,\lambda K)=10\sqrt{(\lambda L)(\lambda K)}=\lambda 10\sqrt{LK}=\lambda Q$$

∴ 규모수익일정(CRS) (1차 동차함수)

(2) $Q=KL$

$$f(\lambda L,\lambda K)=(\lambda L)(\lambda K)=\lambda^2 LK=\lambda^2 Q$$

∴ 규모수익체증(IRS) (2차 동차함수)

(3) $Q=K^{1/3}L^{1/3}$

$$f(\lambda L,\lambda K)=(\lambda L)^{1/3}(\lambda K)^{1/3}=\lambda^{2/3}L^{1/3}K^{1/3}=\lambda^{2/3}Q$$

∴ 규모수익체감(DRS) $\left(\frac{2}{3}\text{차 동차함수}\right)$

콥-더글러스 생산함수의 규모수익

콥-더글러스 생산함수 $Q = AL^{\alpha}K^{\beta}$는 $(\alpha+\beta)$차 동차함수이다. 즉,

$$f(\lambda L, \lambda K) = A(\lambda L)^{\alpha}(\lambda K)^{\beta} = \lambda^{\alpha+\beta}AL^{\alpha}K^{\beta}$$
$$= \lambda^{\alpha+\beta}Q$$

따라서 $\alpha+\beta > 1$이면 규모수익이 체증하고, $\alpha+\beta = 1$이면 규모수익이 일정하고, $\alpha+\beta < 1$이면 규모수익이 체감한다.

주 각 생산요소에 대해 한계생산만큼 보수를 지급하면, 콥-더글러스 생산함수의 지수는 각 생산요소에 대한 분배몫을 나타낸다는 것을 이미 살펴보았다. 따라서 $\alpha+\beta > 1$이면, 생산요소에 대한 분배몫이 생산량을 초과하므로 기업은 손실을 입게 되는 것처럼 보인다. 그렇다면 기술적으로 바람직하다고 할 수 있는 규모수익체증이 손실로 연결된다는 것도 이상하다. 하지만 규모수익이 체증하는 기업은 생산요소에 대해 한계생산만큼 지급하지 않기 때문에, 위의 결과는 전제조건을 잘못 적용했기 때문에 나온 것이다. 규모수익이 체증하면, 다음 절에서 보듯이 장기평균비용이 체감한다. 평균비용이 체감하면, 해당기업은 궁극적으로 자연독점기업이 된다는 것을 제4장의 시장형태론에서 보여주고 있다. 완전경쟁의 경우에는 기업들이 생산요소에 대해 한계생산만큼 보수를 지급하지만, 독점기업은 생산요소에 대해 한계생산보다 낮은 보수를 지급한다.[1]

1) 이에 대해서는 제5장의 생산요소시장에서 자세히 설명하고 있다. 즉, 노동의 한계생산에 제품의 가격을 곱한 것을 한계생산가치(*VMP*: Value of Marginal Product)라 하는데, 제품시장에서 독점인 기업은 노동에 대해 한계생산가치보다 낮은 보수를 지급한다.

연습문제

1. 생산함수가 $Q=2\sqrt{LK}$ 이다.

   (1) $(L,K)=(4,16)$ 에서 노동의 평균생산과 한계생산을 구하라.

   (2) $(L,K)=(4,25)$ 에서 노동의 평균생산과 한계생산을 구하라.

2. 생산함수가 $Q=L^{1/4}K^{3/4}$일 때, 한계기술대체율($MRTS$)을 구하라.

3. 다음의 경우 규모에 대한 수익은 각각 어떻게 되는가?

   (1) $(L,K)=(10,20)$에서 $Q=100$이었다가, $(L,K)=(20,40)$이 되자 $Q=220$이 되었다.

   (2) $(L,K)=(10,20)$에서 $Q=100$이었다가, $(L,K)=(5,10)$이 되자 $Q=40$이 되었다.

4. 다음 각 생산함수에서 규모수익불변/체증/체감 여부를 결정하라.

   (1) $Q=10L^{1/4}K^{1/2}$

   (2) $Q=L^{1/4}K^{3/4}$

   (3) $Q=L^{2/5}K^{4/5}$

   (4) $Q=\min\left\{\frac{L}{5},\frac{K}{2}\right\}$

   (5) $Q=2L+3K$

   (6) $Q=A\left[\alpha L^{-\rho}+(1-\alpha)K^{-\rho}\right]^{-\frac{1}{\rho}}$ (단, $A>0$, $0<\alpha<1$, $\rho>-1$, $\rho\neq 0$)

5. 생산함수가 $Q=L^{0.3}K^{0.7}$인 경우 노동과 자본에 대한 보수는 각각 전체 생산량의 몇 퍼센트인가?

3-2 생산비용

3-2A 기회비용과 매몰비용

경제학에서 주로 쓰이는 비용은 **기회비용**(Opportunity Cost)이다. 기회비용은 명시적으로 기록되는 회계적 비용은 물론, 잠재적 비용까지 포함한다. 예를 들어 일주일간 휴가여행을 갔다 올 때, 회계적 비용은 휴가여행에 든 비용만이겠지만, 기회비용 또는 경제적 비용은 휴가여행비용과 휴가가지 않고 일했을 때 벌 수 있었던 잠재적인 수입까지 모두 포함한다. 즉, 어떤 선택할 때의 기회비용이란 다른 여러 가능한 선택들 중 최상의 것을 하지 못함으로써 발생하는 비용인 셈이다.

예 1 어떤 약사 A씨가 경영하는 약국의 한 달 총수입이 2,000만원이었다. 또한 판매된 약의 원가 및 약국의 광열비가 1,000만원이었다. 비슷한 크기의 근처 매장 1개월 임대료가 200만원이지만 현재 A씨는 자신의 약국건물을 소유하고 있다. A씨가 고용한 약사 B씨의 급료는 현재의 시장시세대로 월 350만원을 지급하고 있다. 이 약국의 경제적 이윤은 다음과 같다.

$$
\begin{aligned}
\text{경제적 이윤} &= (2{,}000 - 1{,}000 - 350) - 350 - 200 \\
&= 100 \ \text{(만원)}
\end{aligned}
$$

즉, 자신이 약국을 경영하지 않고, 다른 약국에서 일하면 350만원을 벌 수 있으므로 그만큼 기회비용으로 간주된다. 또한 건물 중 약국으로 쓰이는 부분을 타인에게 임대하면 200만원의 임대료수입이 생기므로 기회비용으로 간주된다.

매몰비용(Sunk Cost)이란 이미 투자해버려 회수가 불가능한 비용이다. 공장건물이나 이미 투자된 연구개발비 같은 것이 바로 매몰비용에 해당한다. 매몰비용은 이와 같이 향후의 생산량과 상관없이 고정되어 있는 고정비용이다.

생산량 결정 등 경제적 의사결정에서 기회비용은 따지지만, 매몰비용은 의사결정에 더 이상 영향을 미치지 않는다.[2] 따라서 경제학에서의 비용은 기회비용을 말한다.

3-2B 단기비용

생산을 하려면 비용이 든다. 단기에서는 자본이 고정생산요소이므로, 생산량과 무관하게 자본비용은 고정되어 있다. 이와 같은 자본비용을 **고정비용**(FC: Fixed Cost)이라 한다. 단기에서는 생산량(Q)이 변함에 따라 제품의 원료나 인건비 같은 **가변비용**(VC: Variable Cost)만이 변한다. 총비용은 고정비용과 가변비용으로 나누어 볼 수 있다.

즉, $C(Q) = FC + VC(Q)$. 이때 고정비용은 생산량의 함수가 아닌 상수이다.

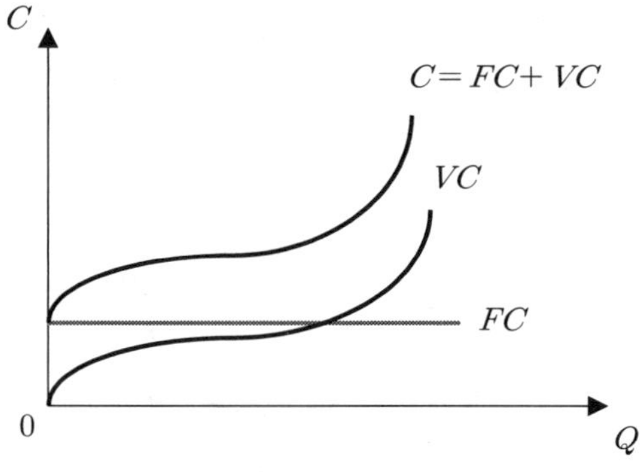

주 임금(w)이 일정하다고 가정하면, 가변비용은 wL로도 표현할 수 있다. 따라서 위의 비용곡선의 세로축에 C 대신 wL을 써넣고, 이 축을 가로축이라고 생각하고 그림을 보면, 비용곡선이 앞서 나온 단기생산곡선 $Q = f(L)$의 모양과 같은 형태임을 알 수 있다. 즉, 단기비용은 단기생산함수와 역의 관계를 가진다. (원료 등은 노동자가 가지고 오며 노동비용에 함께 포함되어 있다고 생각하면 편리하다.)

---

2) 예를 들어, 조금 전 영화가 시작되었는데 너무 재미가 없다. 이때 관람을 포기하고 극장 밖으로 나갈 것인가를 결정할 때, 이미 지불한 입장권 구입비는 매몰비용이므로 고려하지 않는 것이 합리적이다. 지불한 돈이 아까워 계속 있어봤자 득이 될 것이 없다. 반면에 지금 극장을 나가서 아르바이트를 하거나 다른 재미있는 일을 할 수 있는데 계속 영화를 보고 있으면, 아르바이트로 벌 수 있는 돈이나 재미있는 일을 할 때 주는 즐거움이 기회비용이 된다. 그러한 기회비용이 클수록 관람을 포기하는 것이 현명할 것이다. 따라서 영화를 그만 볼 것이냐에 관한 결정은 이미 지불한 매몰비용은 잊어버리고 현재의 기회비용을 고려하여 하는 것이 합리적이다.

평균비용

평균비용(AC: Average Cost)이란 제품 1개당 든 비용이므로, 총비용을 생산량으로 나눈 값이다. 평균비용은 **평균고정비용**(AFC: Average Fixed Cost)과 **평균가변비용**(VC: Average Variable Cost)의 합으로 표현할 수 있다.

$$AC = \frac{C(Q)}{Q} = \frac{FC}{Q} + \frac{VC(Q)}{Q} = AFC + AVC$$

각 생산량에서 평균비용은 원점에서 그 생산량에 해당하는 총비용, 가변비용, 또는 고정비용곡선 위의 점까지 이은 직선의 기울기와 같다. 따라서 평균고정비용은 생산량이 증가함에 따라 지속적으로 감소하고, 평균가변비용과 평균비용은 처음에는 감소하다가, 일정한 생산점을 지난 후 점차 증가한다.

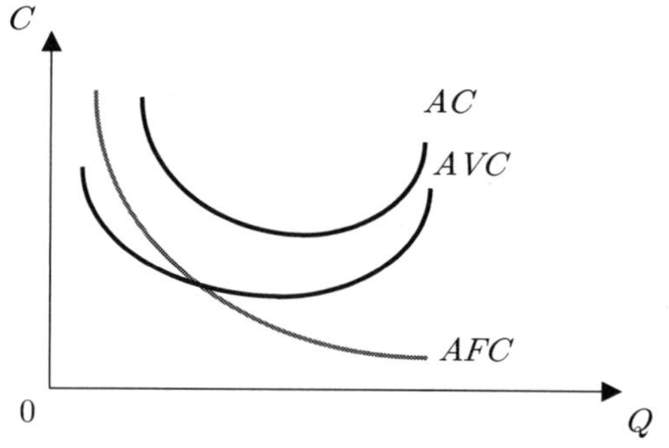

한계비용

한계비용(MC: Marginal Cost)은 생산량을 1단위 더 늘릴 때 추가로 드는 비용이다. 한계비용은 $\triangle C/\triangle Q$로 표현되지만, 생산함수가 주어질 때는 미분값 dC/dQ를 사용하는 것이 편리하다. 즉, 한계비용은 총비용곡선의 기울기와 같다.

한계비용과 평균비용의 그림은 총비용곡선으로부터 유도할 수 있다.

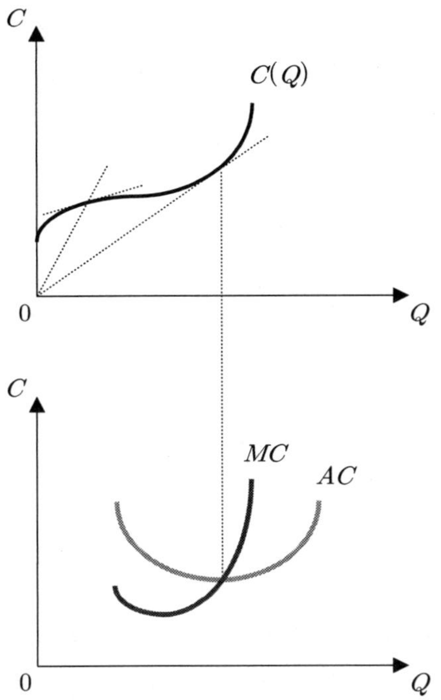

한계비용(MC)이 평균비용(AC)보다 작은 구간에서는 평균비용이 감소하고, 한계비용이 평균비용보다 큰 구간에서는 평균비용이 증가함에 유의하라. 즉, 한계비용곡선은 평균비용곡선의 최저점을 아래로부터 통과한다. 같은 논리로 한계비용곡선은 평균가변비용(AVC)곡선의 최저점도 아래로부터 통과한다.

참고 한계비용과 평균비용의 관계는 다음과 같이 보일 수 있다.

$$\begin{aligned}\frac{d}{dQ}AC(Q) &= \frac{d}{dQ}\left[\frac{C(Q)}{Q}\right] = \frac{C'(Q)Q - C(Q)}{Q^2} \\ &= \frac{1}{Q}\left[C'(Q) - \frac{C(Q)}{Q}\right] \\ &= \frac{1}{Q}[MC(Q) - AC(Q)]\end{aligned}$$

$$\therefore\ AC'(Q) > 0 \quad \Leftrightarrow \quad MC(Q) > AC(Q)$$

즉, MC가 AC보다 큰 구간에서는 $AC'(Q) > 0$이므로, 평균비용(AC)이 증가한다. 반대로, MC가 AC보다 작은 구간에서는 $AC'(Q) < 0$이므로, 평균비용(AC)이 감소한다.

예 2 생산량 Q에 대하여, 비용함수가 $C = Q^2 + 2Q + 100$으로 주어져 있다. 이때 평균비용(AC), 평균고정비용(AFC), 평균가변비용(AVC), 한계비용(MC)은 다음과 같다.

$$AC = \frac{C}{Q} = \frac{Q^2 + 2Q + 100}{Q} = Q + 2 + \frac{100}{Q}$$

$$AFC = \frac{FC}{Q} = \frac{100}{Q}$$

$$AVC = \frac{VC}{Q} = \frac{Q^2 + 2Q}{Q} = Q + 2$$

$$MC = \frac{dC}{dQ} = 2Q + 2$$

생산과 비용과의 관계

앞서 단기에 있어서 생산과 비용은 역의 관계에 있다고 언급하였다. 이를 좀 더 구체적으로 살펴보자. 평균가변비용(AVC)과 노동의 평균생산(AP_L)은 아래와 같이 역의 관계를 가진다. (단, 임금수준 w는 고정되어 있다고 가정한다.)

$$AVC = \frac{VC}{Q} = \frac{wL}{Q} = \frac{w}{Q/L} = \frac{w}{AP_L}$$

또한 한계비용(MC)과 노동의 한계생산(MP_L)은 아래와 같이 역의 관계를 가진다.

$$MC = \frac{\Delta C}{\Delta Q} = \frac{w \times \Delta L}{\Delta Q} = \frac{w}{\Delta Q / \Delta L} = \frac{w}{MP_L}$$

주 따라서 평균생산곡선과 한계생산곡선이 오목하면, 평균가변비용곡선과 한계비용곡선은 반대로 볼록함을 알 수 있다.

3-2C 장기비용

장기에 있어서는 노동(L)과 자본(K)은 모두 생산량에 따라 변할 수 있는 가변요소가 된다. 장기비용도 단기비용과 마찬가지로 평균비용과 한계비용으로 나누어진다.

장기평균비용

장기적으로는 자본의 양을 변화시킬 수 있으므로, 각 생산량 수준에서 총비용을 가장 작게 할 수 있는 적합한 자본규모를 갖출 수가 있다. 따라서 각 생산량에서 장기총비용이나 **장기평균비용**(LAC: Long-Run Average Cost)은 항상 단기총비용이나 단기평균비용보다 작다. 또한 각기 다른 자본규모에 따라 단기평균비용(AC)의 모습도 달라진다. 장기평균비용곡선은 각각 다른 자본량 아래 그린 단기평균비용곡선들을 아래서부터 감싸는 포락선(Envelope Curve)과 같다. 아래 그림에서 생산량이 Q_1일 때 가장 적합한 자본량이 K_1이며, 이때 단기평균비용곡선은 AC_1이다. 마찬가지로 생산량이 Q_2일 때는 자본량 K_2에서 AC_2를 그릴 수 있으며, Q_3일 때는 K_3에서 AC_3를 그릴 수 있다. 특히 생산량이 Q_2일 때, 장기평균비용이 최소가 되며, 이때의 생산시설규모를 **최적시설규모**라 한다.

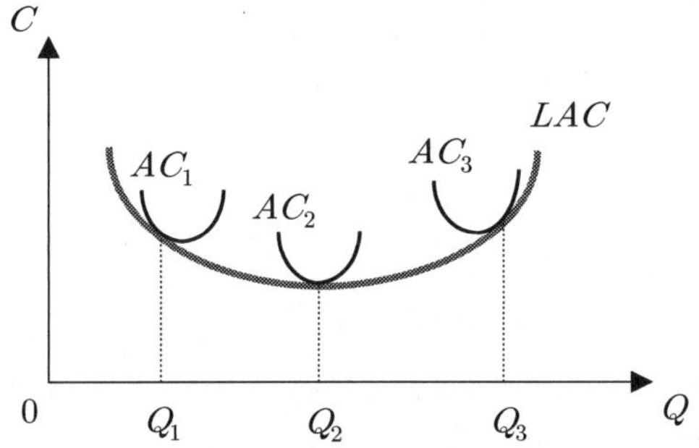

주 최적시설규모의 경우를 제외하고는, 장기평균비용곡선이 단기평균비용곡선의 최저점을 지나지 않음에 유의하라.

장기한계비용

장기한계비용(LMC: Long-run Marginal Cost)이란 생산량을 1단위 늘릴 때 추가로 드는 비용이다. 이때 추가비용은 노동뿐만 아니라 자본의 투입량도 함께 변화시킬 수 있을 때의 비용이다.

장기비용과 단기비용

아래 그림은 장기비용곡선과 단기비용곡선을 함께 보여주고 있다. 장기평균비용은 단기평균비용들을 감싸는 포락선이며, 장기한계비용은 장기평균비용의 최저점을 아래로부터 통과한다.

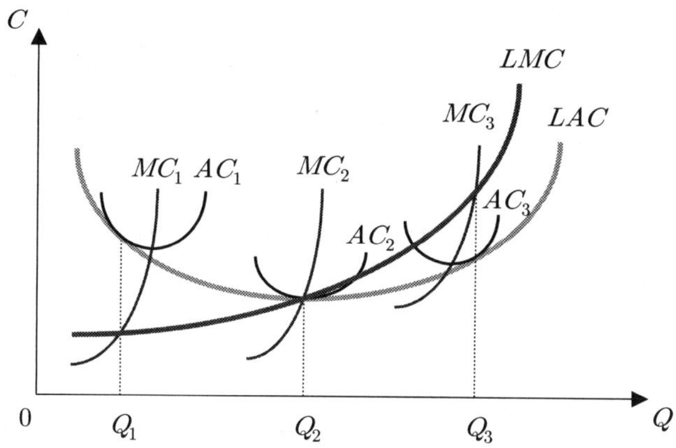

주 위의 그림에서 생산량이 Q_1일 때 단기평균비용 AC_1과 장기평균비용이 같으며, 이때 단기한계비용 MC_1과 장기한계비용(LMC)도 서로 같다. 그 이유는 다음과 같다. 아래의 그림에서처럼 장기총비용곡선(LC)을 그려본다면, 자본량이 정해질 때마다 그려지는 수많은 단기총비용곡선들을 아래서부터 감싸는 포락선이 될 것이다. 단기평균비용 AC_1과 장기평균비용(LAC)이 같아지는 접점의 생산량인 Q_1에서 자본량이 K_1일 때의 단기총비용곡선인 C_1과 장기총비용곡선(LC)의 기울기가 같으므로, 단기한계비용 MC_1과 장기한계비용(LMC)이 같아진다.

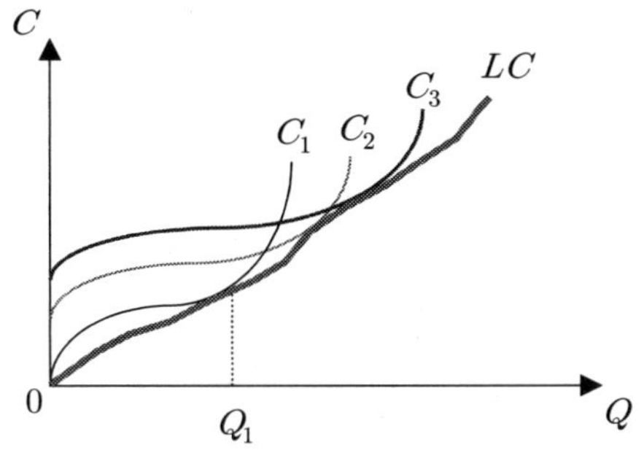

3-2D 규모의 경제

생산량이 증가할 때 장기평균비용(LAC)이 감소하는 경우를 **규모의 경제**(Economies of Scale)라 하고, 장기평균비용이 증가하는 경우를 **규모의 비경제**(Diseconomies of Scale)라 한다. 즉, 장기평균비용곡선이 우하향하면 규모의 경제가 있고, 우상향하면 규모의 비경제가 있다.

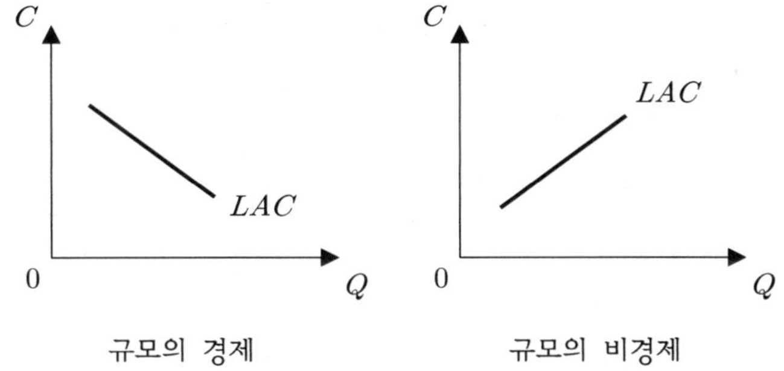

주 규모수익이 체증할 때 규모의 경제가 있다는 사실은 다음과 같이 확인할 수 있다. 임금(w)과 자본가격(r)이 일정하다고 가정할 때, 장기평균비용은 다음과 같이 표현된다.

$$LAC = \frac{C(Q)}{Q} = \frac{wL + rK}{Q}$$

위의 식에서 생산요소 L과 K를 각각 2배씩 늘릴 때, 규모수익이 체증하면 생산량 Q가 2배 이상 증가할 것이다. 따라서 장기평균비용이 감소한다.

연습문제

1. 어떤 대학생의 한 학기 등록금이 300만원이었고, 책과 학용품비용으로 30만원을 지출하였다. 만일 이 대학생이 취업을 했더라면 그 기간 동안 총 1,000만원을 벌 수 있었다고 한다. 이 대학생의 경우 한 학기 동안의 회계적비용과 경제적 비용은 각각 얼마인가?

2. 비용함수가 $C=4Q^2+10Q+400$이라 한다.

 (1) 평균비용, 평균고정비용, 평균가변비용, 한계비용을 각각 구하라.

 (2) 평균비용이 최소가 되는 생산량을 구하고, 이때 평균비용, 평균고정비용, 평균가변비용, 한계비용을 각각 구하라.

3. 생산함수가 $Q=2\sqrt{LK}$로 주어져 있다. 현재 투입된 요소는 노동(L) 100단위, 자본(K) 10,000단위라 한다. 또한 노동 1단위당 임금수준은 600이며, 총고정비용은 40,000이라 한다.

 (1) 평균가변비용과 한계비용의 값을 구하라.

 (2) 평균비용의 값을 구하라.

 (3) 현재의 생산량에서 평균비용이 증가하고 있는가? 또는 감소하고 있는가?

4. 다음의 그림에서 규모의 경제 또는 규모의 비경제가 존재하는 생산구간은 각각 어디인가?

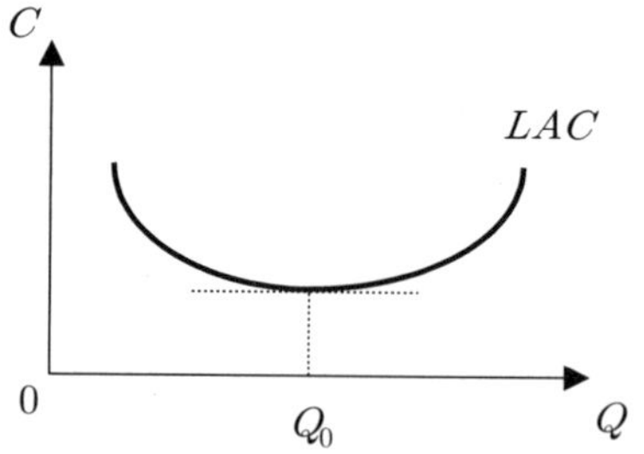

3-3 생산자선택

3-3A 생산자균형점

등비용선

등비용선(Isocost Line)이란 일정한 비용으로 투입 가능한 노동(L)과 자본(K)의 조합을 나타내는 선이다. 임금(w)과 자본가격(r)이 일정하다고 가정하자. 이때 생산비용을 C만큼 들일 때, 등비용선은 다음과 같다.

$$C = wL + rK \qquad (\text{즉, } K = -\frac{w}{r}L + \frac{C}{r})$$

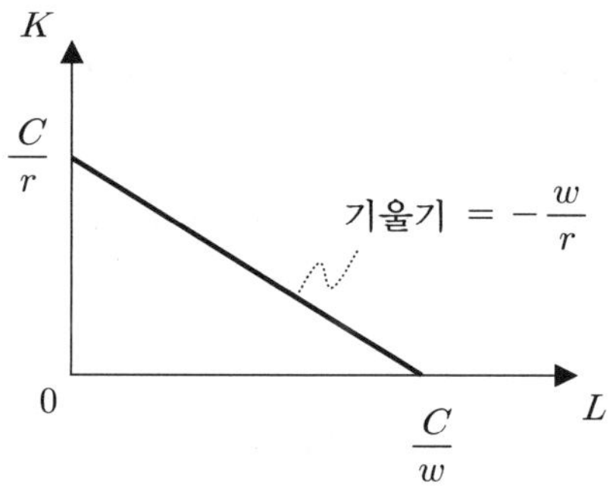

생산요소의 가격인 w나 r이 변화하거나, 생산비용을 변화시키면 등비용선은 다음과 같이 이동한다.

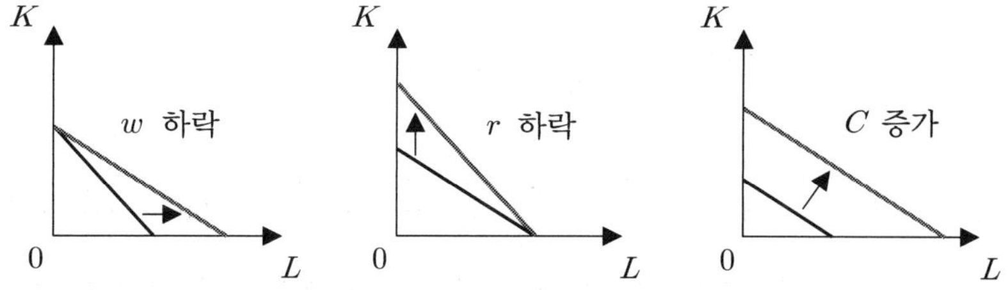

생산자균형점

생산자균형점은 아래 그림에서 등량선과 등비용선이 접하는 E 점이다. 이 점에서는 두 가지의 해석이 가능하다. 첫째, 목표생산량이 주어졌을 때 (즉, 등량선이 주어졌을 때), 비용을 최소화하는 노동과 자본의 조합 (즉, 원점에 가장 가까운 등비용선)을 선택한다는 것이다. 두 번째, 이와 반대로 생산비용이 주어졌을 때, 가장 많이 생산할 수 있도록 노동과 자본의 조합 (즉, 원점에서 가장 먼 등량선)을 선택한다는 것이다.

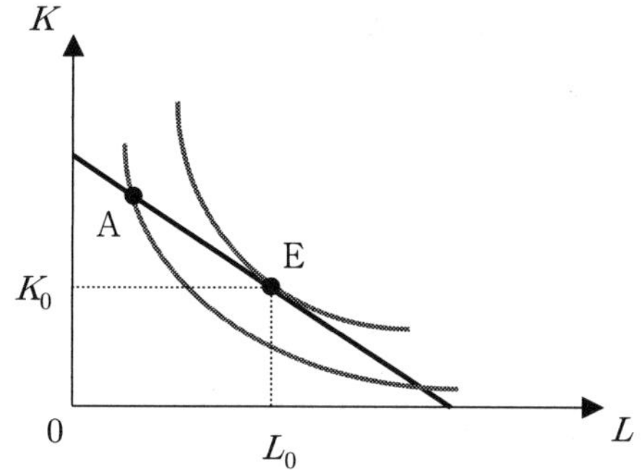

위의 생산자 균형점에서 생산자는 L_0 단위의 노동과 K_0 단위의 자본을 투입하게 된다.

생산자균형점에서는 등량선의 기울기인 한계기술대체율($MRTS_{LK}$)과 등비용선의 기울기가 같으므로,

$$\frac{MP_L}{MP_K} = \frac{w}{r}$$

가 성립한다. 이를 **생산자균형조건**이라 한다. (앞에서 $MRTS_{LK} = MP_L/MP_K$임을 확인한 바 있다.)

주 1 위의 조건은 $\frac{MP_L}{w} = \frac{MP_K}{r}$의 꼴로 바꿀 수 있다.

주 2 위 그림의 A 점에서는 $\frac{MP_L}{MP_K} > \frac{w}{r}$, 즉, $\frac{MP_L}{w} > \frac{MP_K}{r}$가 된다. 이때, 화폐 1단위만큼의 노동을 더 투입함으로써 증가하는 생산량이 화폐 1단위만큼의 자본을 덜 투입함으

로써 감소하는 생산량보다 많다. 따라서 노동투입을 늘리고, 자본투입을 줄임으로써 추가비용을 들이지 않고 생산량을 증가시킬 수 있다. 따라서 A 점은 효율적인 생산점이 될 수 없다.

예 1 생산함수가 $Q=3L^{1/3}K^{2/3}$이며, 임금이 20, 자본가격이 40, 총비용이 600 일 때, 생산자균형점을 구해보자.

$$MRTS_{LK}=\frac{MP_L}{MP_K}=\frac{L^{-2/3}K^{2/3}}{2L^{1/3}K^{-1/3}}=\frac{K}{2L}$$

$$\frac{w}{r}=\frac{20}{40}=\frac{1}{2}$$

생산자균형조건으로부터 $\frac{K}{2L}=\frac{1}{2}$. 즉, $K=L$.

이를 등비용선 $20L+40K=600$에 대입하여 풀면, 생산자균형점은 $(L,K)=(10,10)$이 된다.

확장경로

생산요소가격비율(w/r)이 일정할 때, 생산량이 증가함에 따라 생기는 생산자균형점들을 이어놓은 선을 **확장경로**(Expansion Path)라 한다.

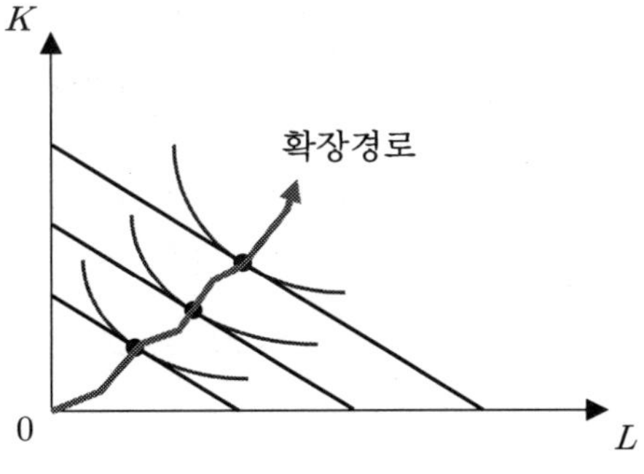

동조생산함수

선호의 동조성(Homotheticity)에 관해서는 소비자이론에서 이미 살펴보았다. 동조성은 생산의 경우에서도 마찬가지로 정의된다. 즉, 양수 a에 대해

$$f(L_1, K_1) = f(L_2, K_2) \quad \Rightarrow \quad f(aL_1, aK_1) = f(aL_2, aK_2)$$

이 성립하는 생산함수를 **동조생산함수**(Homothetic Production Function)라 한다. 동조생산함수의 확장경로는 원점을 지나는 직선의 모양을 가진다. 이때 생산요소의 결합비율(K/L)이 변하지 않으면, 한계기술대체율($MRTS$)도 변하지 않는다. [즉, 동조함수의 한계기술대체율은 K/L만의 함수로 표현된다]. 또한 생산요소의 가격비율(w/r)이 변하지 않으면, 생산자균형점에서의 K/L 비율도 변하지 않는다.

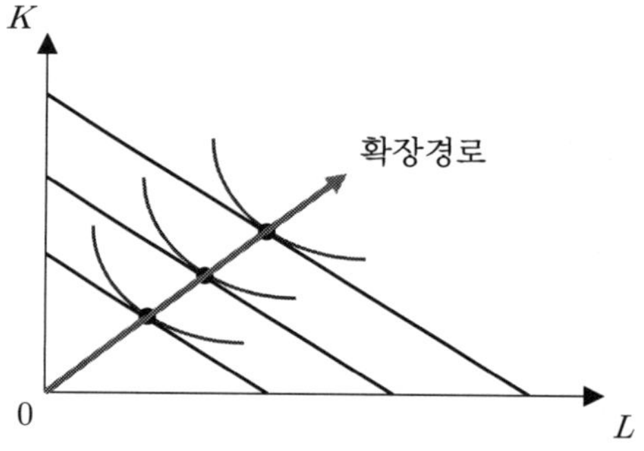

참고 1 동조생산함수의 확장경로가 원점에서 직선이라는 사실은 소비자이론에서 원점에서 직선인 소득소비곡선(ICC)을 도출한 것과 동일한 방법을 써서 보일 수 있다. 생산함수가 동조함수이면, 주어진 양수 a에 대해 동일한 등량선 상의 모든 점 (L, K)에서 $f(aL, aK) = kf(L, K)$를 만족하는 상수 k가 존재한다고 할 수 있다. 이때

$$MRTS(aL, aK) = \frac{f_L(aL, aK)}{f_K(aL, aK)} = \frac{kf_L(L, K)}{kf_K(L, K)} = \frac{f_L(L, K)}{f_K(L, K)} = MRTS(L, K) \qquad (\text{단, } f_L \equiv \partial f/\partial L \text{ 등})$$

즉, 원점으로부터의 직선 위에 있는 모든 점들은 동일한 한계기술대체율을 가진다. 따라서 확장경로는 원점에서 직선이 됨을 알 수 있다.

참고 2 동조함수는 동차함수(또는 1차 동차함수)의 단조변환함수로[3] 정의되기도 한다. 따라서 동차함수는 동조함수이지만, 동조함수가 반드시 동차함수가 되는 것은 아니다. 예를 들어, $Q = \ln LK$는 동조함수이지만 동차함수는 아니다.[4] 동조함수는 동차함수를 포함하고 있으며, 동차함수를 단조변환한 것이라 할 수 있다.

동조함수는 확장경로가 직선이라는 성질을 가진다. 동차함수는 동조함수이기 때문에 동차함수의 확장경로도 직선이다. 반대로 확장경로가 직선인 함수는 동조함수이지만, 반드시 동차함수가 되는 것은 아니다. 예를 들어, 동차함수의 경우 100개, 200개, 300개 등을 생산하는 등량선들의 간격이 일정한 법칙을 가지고 변하지만, 동조함수의 경우는 그 간격이 들쭉날쭉할 수 있다.

규모수익과 규모의 경제

앞서 규모수익과 규모의 경제에 대해 살펴보았다. 생산요소가 동일한 비율로 증가할 때 생산량이 그 비율보다 크게 증가하면 규모수익체증의 경우이고, 그 비율보다 작게 증가하면 규모수익체감의 경우이다. 또한 생산량이 증가할 때 장기평균비용이 감소하면 규모의 경제이고, 장기평균비용이 증가하면 규모의 비경제이다.

만일 생산함수가 동조함수이면, 규모수익체증과 규모의 경제는 동일하며, 규모수익체감과 규모의 비경제도 동일하다. 동조생산함수의 경우 생산량이 증가할 때 K/L 비율이 항상 일정하다. 장기평균비용(LAC)은 $\dfrac{wL+rK}{Q}$이므로, 생산요소의 가격(w/r)이 일정할 때 다음의 관계가 성립함을 쉽게 확인할 수 있다.

---

3) 원함수가 증가(감소)하는 구간에서 변환된 함수도 증가(감소)하도록 변환시키는 것을 단조변환(Monotonic Transformation)이라 한다. 예를 들어, $y=x$에 대해 $y=2x+1$ 또는 $y=x^3$ 등은 단조변환이라 할 수 있다. 하지만 $y=-x$나 $y=\sin x$는 단조변환의 예가 아니다. 단조성은 생산요소투입량이 증가하는데 생산량이 감소하는 것과 같은 경우를 방지해준다.

4) 이 함수의 경우 $MRTS_{LK} = \dfrac{MP_L}{MP_K} = \dfrac{K/(LK)}{L/(LK)} = \dfrac{K}{L}$, 즉 한계대체율이 K/L만의 함수이므로 동조함수의 특성을 가지고 있다. 하지만 $f(\lambda L, \lambda K) = \lambda^n f(L, K)$ 꼴로 표현할 수 없으므로, 동차함수는 아니다.

$$\text{“}Q\text{의 증가비율} > L\text{과 } K\text{의 증가비율”} \Leftrightarrow LAC \text{ 감소}$$

$$\text{“}Q\text{의 증가비율} < L\text{과 } K\text{의 증가비율”} \Leftrightarrow LAC \text{ 증가}$$

생산함수가 동조생산함수가 아닌 경우에는 생산량이 증가할 때 비용을 절감하기 위해 K/L 비율을 바꿀 수 있다. 예를 들어, 아래 그림에서 생산량이 Q_0에서 $2Q_0$로 2배 증가할 때, 생산함수가 동조함수이면 $2Q_0$에 해당하는 등량선이 실선과 같다. 하지만 생산함수가 동조함수가 아닌 경우에는 등량선이 점선과 같을 수 있다. 이때 생산은 A 점이 아니라 B 점에서 이루어지며, 이때 비용은 2배보다 작게 증가한다. 즉, 생산요소의 재배분으로 비용절감이 가능하다. 그러므로 규모수익체증의 경우에는 생산량이 증가할 때 동조생산함수라면 장기평균비용이 감소하며, 동조생산함수가 아니면 여기에 추가적인 비용절감이 가능하다. 따라서 장기평균비용은 항상 감소한다. 규모수익일정의 경우 동조생산함수라면 장기평균비용이 일정하지만, 동조생산함수가 아니면 생산요소의 재배분으로 비용절감이 가능하므로 장기평균비용이 감소할 수 있다. 규모수익체감의 경우 동조생산함수라면 장기평균비용이 증가하지만, 동조생산함수가 아니라면 생산요소 재배분 효과 때문에 장기평균비용이 증가, 일정 또는 감소할 수 있다.

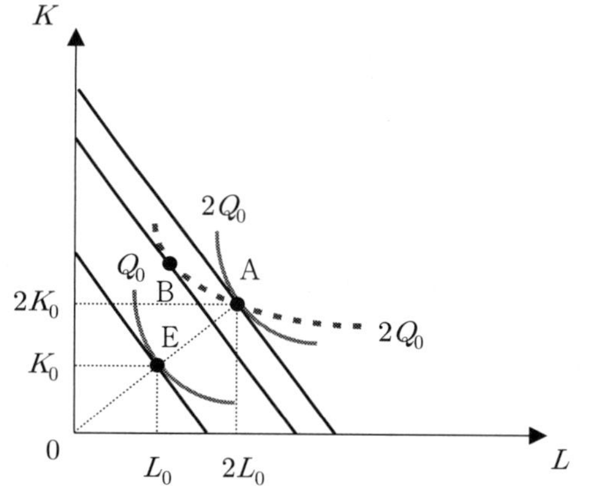

동조함수가 아니며 규모의 경제가 있는 경우, 장기평균비용이 감소하는 것이 생산량의 빠른 증가 때문이라고 단정 지을 수는 없다. 왜냐하면 생산량의 증가비율이 생산요소의 증가비율보다 작을 때에도 생산요소의 재배분으로 인한 비용절감으로 장기평균비용이 감소할 수 있기 때문이다. 마찬가지로 장기평균비용이 일정한 경우, 규모수익일정이 될 수도 규모수익체감이 될 수도 있다. 또한 규모의 비경제가 있는 경우, 규모수익체증이나 규모수익일정은 가능하지 않다. 왜냐하면 규모수익이 체증하거나 일정하면 동조함수이건 비동조함수이건 규모의 비경제가 나타날 수 없기 때문이다. 이상의 논의를 요약하면 다음과 같다.

동조생산함수의 경우:

규모수익체증 ⇔ 규모의 경제
규모수익체감 ⇔ 규모의 비경제
규모수익일정 ⇔ 장기평균비용 일정

일반적인 경우:

규모수익체증 ⇒ 규모의 경제
규모수익체감 ⇒ 모든 경우 가능
규모수익일정 ⇒ 장기평균비용 일정 또는 규모의 경제
규모의 경제 ⇒ 모든 경우 가능
규모의 비경제 ⇒ 규모수익체감
장기평균비용 일정 ⇒ 규모수익일정 또는 규모수익체감

결론적으로, 생산함수가 동조함수이면, 규모수익과 규모의 경제 사이에는 일률적인 관계가 있다. 하지만 생산함수가 일반적인 함수이면, 규모수익체증은 규모의 경제를 암시하고, 규모의 비경제는 규모수익체감을 암시한다.

3-3B 기술진보

기술진보의 의미

기술이 진보하면 같은 양의 생산요소를 투입하더라도, 생산량이 늘어나게 된다. 단기에서는 같은 양의 노동투입으로 생산이 더 늘어나므로 단기생산곡선이 아래의 왼쪽 그림에서처럼 위로 이동한다. 노동과 자본이 모두 가변요소인 장기에서의 기술진보는 등량선을 가지고 보일 수 있다. 기술이 진보하면 아래의 오른쪽 그림에서처럼 이전과 동일한 생산량인 Q_0만큼 생산하는데 필요한 생산요소의 양이 줄어든다. 따라서 기술이 진보하면 등량선은 원점을 향해 안쪽으로 이동한다.

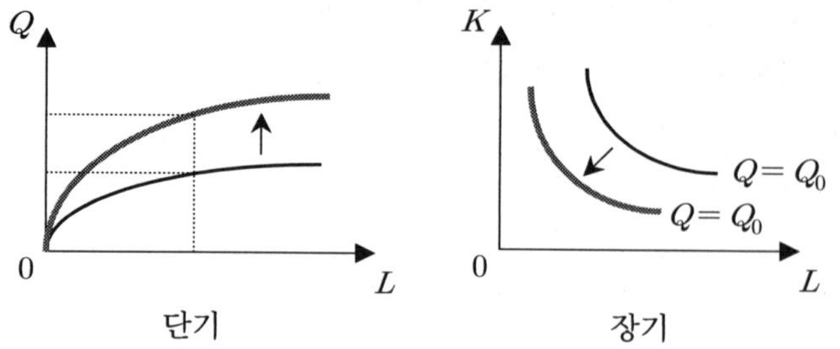

기술진보의 요인으로는 연구개발(R&D)투자 증가, 자본축적, 교육투자 증가로 인한 인적자본 증가, 창의성 제고를 위한 환경조성 등을 들 수 있다.

기술진보의 유형

장기적인 관점에서 기술진보의 유형은 자본과 노동의 투입비율 증감여부에 따라 나누어볼 수 있다.

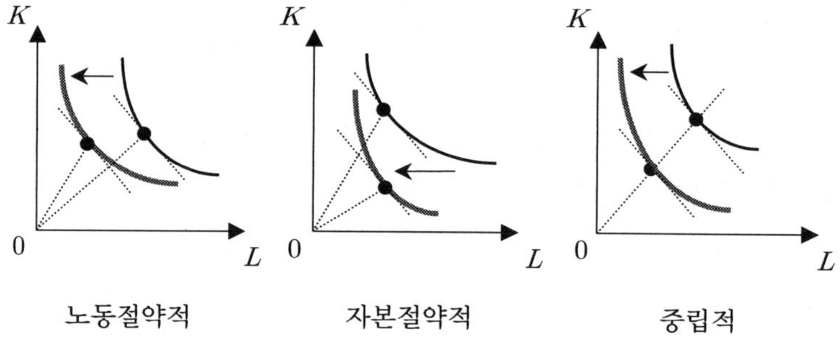

자본과 노동의 투입비율(K/L)을 증가시키는 (즉, 상대적으로 노동을 덜 사용하게 하는) 기술진보를 노동절약적 기술진보라 한다. 이와 반대로 K/L의 비율을 감소시키는 기술진보를 자본절약적 기술진보라 부른다. K/L의 비율을 변화시키지 않는 기술진보를 중립적 기술진보라 부른다.

3-3C 대체탄력성

대체탄력성(Elasticity of Substitution)이란 생산요소의 가격비율이 변할 때, 생산요소의 대체가 얼마나 민감한가를 나타낸다. 대체탄력성(σ)은 다음과 같이 생산요소비율의 변화율에서 생산요소가격비율의 변화율을 나눈 값이다.

$$\sigma = \frac{\triangle(\frac{K}{L})/(\frac{K}{L})}{\triangle(\frac{w}{r})/(\frac{w}{r})} = \frac{\triangle(\frac{K}{L})}{\triangle(\frac{w}{r})}\frac{(\frac{w}{r})}{(\frac{K}{L})}$$

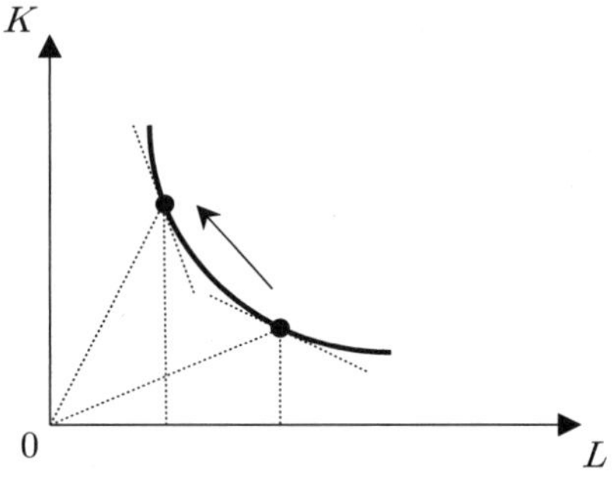

예를 들어, 임금과 자본가격의 비율(w/r)이 1% 올랐을 때, 자본과 노동의 사용비율(K/L)이 2% 증가하면, 대체탄력성은 2이다.

주 일반적으로 등량선은 원점에 대해 볼록하기 때문에 w/r이 상승하면, K/L이 증가한다. 따라서 위에서 정의된 대체탄력성은 양수가 되며, 음수부호를 따로 붙일 필요가 없다. 학자에 따라서는 대체탄력성을 다음과 같이 정의하기도 한다.

$$\sigma = -\frac{\triangle(L/K)/(L/K)}{\triangle(w/r)/(w/r)}$$

대체탄력성은 미분기호를 써서 다음과 같이 표현할 수 있다.

$$\sigma = \frac{d(K/L)}{d(w/r)}\frac{(w/r)}{(K/L)}$$

또한 생산자균형점에서는 한계기술대체율이 생산요소의 가격비율과 같으므로, w/r대신 $MRTS_{LK}$를 써서 대체탄력성을 다음과 같이 표현하기도 한다.

$$\sigma = \frac{d(K/L)}{d(MRTS)}\frac{MRTS}{(K/L)}$$

예 2 임금이 20, 자본가격이 40일 때, 노동사용량이 100단위, 자본사용량이 400단위이었다. 임금이 30으로 바뀌자, 노동사용량이 40단위로 감소한 대신, 자본사용량이 420단위로 증가하였다. 이때 대체탄력성은 다음과 같다. (단, 계산에서 원래의 w/r 값과 K/L 값을 기준으로 하기로 한다.)

$$\frac{w}{r} = \frac{20}{40} = 0.5,\ \triangle(\frac{w}{r}) = \frac{30}{40} - \frac{20}{40} = 0.25$$

$$\frac{K}{L} = \frac{400}{100} = 4,\ \triangle(\frac{K}{L}) = \frac{420}{40} - \frac{400}{100} = 6.5$$

$$\therefore\ \sigma = \frac{\triangle(K/L)}{\triangle(w/r)}\frac{(w/r)}{(K/L)} = \frac{6.5}{0.25} \times \frac{0.5}{4} = 3.25$$

예 3 생산분석에서 다음과 같은 관계를 발견하였다.

$$(\frac{K}{L}) = 3(\frac{w}{r}) + 1$$

이때 $(w,r) = (20,40)$에서 대체탄력성은 다음과 같다.

$$\frac{w}{r} = \frac{20}{40} = 0.5,\ \frac{K}{L} = 3 \times 0.5 + 1 = 2.5$$

또한 $\dfrac{d(K/L)}{d(w/r)} = 3$

$$\therefore\ \sigma = \frac{d(K/L)}{d(w/r)}\frac{(w/r)}{(K/L)} = 3 \times \frac{0.5}{2.5} = 0.6$$

등량선의 곡률과 대체탄력성의 크기

다음의 그림과 같이 등량선의 곡률이 클수록, 즉, 급하게 휘어질수록 대체탄력성이 작아진다. 따라서 웬만큼 생산요소의 가격비율(w/r)이 변해도, 생산요소의 투입비율(K/L)을 많이 바꾸지 않는다.

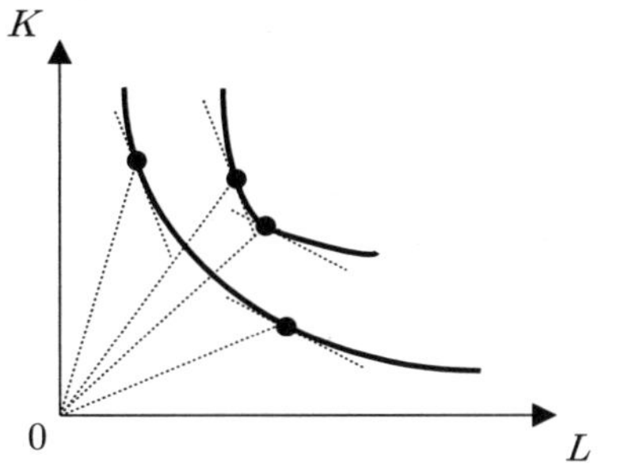

예 4 생산요소인 노동(L)과 자본(K)이 완전대체재인 경우에는 등량선이 직선이 되므로, 대체탄력성은 무한대가 된다. (이는 원점에 볼록한 등량선의 곡률을 점점 줄여나가면, 대체탄력성이 점점 커지는 사실에서 유추할 수 있다.)

예 5 노동과 자본이 완전보완재이면, 생산함수는 다음과 같이 표현된다. [이런 모양의 생산함수를 **레온티에프(Leontief) 생산함수**라 한다.]

$$Q = \min\left\{\frac{L}{a}, \frac{K}{b}\right\}$$

주 위의 식에서 효율적인 생산은 항상 $\frac{L}{a} = \frac{K}{b}$, 즉 $K = \frac{b}{a}L$ 선상에서 이루어진다. 또한 노동과 자본 1단위에 대한 생산량은 $\min\left\{\frac{1}{a}, \frac{1}{b}\right\}$임을 알 수 있다. 이와 같이 노동과 자본이 완전보완재인 경우에 생산은 항상 L자 모양을 가진 등량선의 꼭짓점에서 이루어지므로, 생산요소의 가격비율이 변해도, 노동과 자본의 투입비율이 변하지 않는다. 따라서 대체탄력성이 0이다. 예를 들어 반드시 기계 1대와 2명의 노동자가 1조가 되어 생산해야 하는 경우라면, 생산요소의 가격비율이 변해도 노동과 자본의 투입비율이 변하지 않을 것이다.

콥-더글러스 생산함수인 $Q=AL^{\alpha}K^{\beta}$의 대체탄력성(σ)은 항상 1이다.

증명 $MRTS=\dfrac{MP_L}{MP_K}=\dfrac{\alpha AL^{\alpha-1}K^{\beta}}{\beta AL^{\alpha}K^{\beta-1}}=\dfrac{\alpha}{\beta}(\dfrac{K}{L})$

위의 표현에서 $\dfrac{d(K/L)}{d(MRTS)}=\dfrac{\beta}{\alpha}$와 $\dfrac{MRTS}{(K/L)}=\dfrac{\alpha}{\beta}$가 됨을 알 수 있다.

$$\therefore\ \sigma=\frac{d(K/L)}{d(MRTS)}\frac{MRTS}{(K/L)}=\frac{\beta}{\alpha}\times\frac{\alpha}{\beta}=1$$

참고 $Q=A[\alpha L^{-\rho}+(1-\alpha)K^{-\rho}]^{-\frac{1}{\rho}}$ (단, $A>0$, $0<\alpha<1$, $\rho>-1$, $\rho\neq 0$)과 같은 생산함수를 ***CES***(Constant Elasticity of Substitution) **생산함수**라 한다. *CES* 생산함수의 대체탄력성(σ)은 항상 $\dfrac{1}{1+\rho}$가 된다. (증명은 연습문제 참조.) 따라서 $-1<\rho<0$인 경우에는 대체탄력성이 1보다 크고, $\rho>0$인 경우에는 대체탄력성이 1보다 작다. 만일 $\rho\rightarrow -1$ 이면, $\sigma=\infty$인 완전대체 생산요소의 경우가 된다. 만일 $\rho\rightarrow 0$ 이면, $\sigma=1$인 콥-더글러스 생산함수가 된다. 만일 $\rho\rightarrow\infty$이면, $\sigma=0$인 완전보완 생산요소에 해당되는 레온티에프 생산함수가 된다. [실제로 *CES* 생산함수가 각 경우에서 위의 3가지 생산함수로 수렴함을 로피탈의 법칙(L' Hôpital' s Rule)을 이용한 미분을 써서 보일 수 있다.]

요약

생산함수의 형태	대체탄력성(σ)
완전대체 생산요소	∞
완전보완 생산요소 (레온티에프 생산함수)	0
콥-더글러스 생산함수	1
CES 생산함수	$1/(1+\rho)$

연습문제

1. 어떤 생산점에서 노동과 자본의 한계생산 비율이 1 : 5 이며, 임금과 자본가격의 비율이 1 : 10 일 때, 효율적인 생산을 위해서는 어떻게 해야 하는가?

2. 어떤 생산점에서 한계기술대체율($MRTS$)이 2, 임금과 자본가격의 비율이 3으로 나타났다. 효율적인 생산을 위해서는 어떻게 해야 하는가?

3. 생산함수가 $Q=200\sqrt{LK}$ 이며, 임금이 10, 자본가격이 40, 총비용이 8,000일 때, 가능한 최대생산량은 얼마인가?

4. 다음의 경우에 대체탄력성은 각각 얼마인가?

   (1) 임금과 자본가격의 비율(w/r)이 1% 하락하자, 자본과 노동의 투입비율(K/L)이 2% 줄었다.

   (2) 생산균형점에서 한계기술대체율($MRTS$)이 2% 상승했을 때, 자본과 노동의 비율(K/L)이 5% 증가했다.

   (3) 생산함수가 $Q=2L+7K$이며, 생산요소 가격비율(w/r)이 1% 올랐다고 한다.

   (4) 생산함수가 $Q=10\min\{2L, K\}$이다. 임금이 10, 자본가격이 20이었으나, 임금이 20으로 증가하였다.

   (5) 생산함수가 $Q=5LK^2$이며, 생산요소 가격비율(w/r)이 3% 올랐다고 한다.

   (6) 생산함수가 $Q=10\left[0.2L^{-0.5}+0.8K^{-0.5}\right]^{-2}$이다.

5. CES 생산함수의 대체탄력성이 $\dfrac{1}{1+\rho}$임을 증명하라.

객관식문제

3-1 생산함수

1. 생산함수가 $Q=2L+3K$와 같은 모양을 가질 때, 다음 중 옳지 **않은** 것은?

① 1차 동차함수이다.
② 규모수익이 일정하다.
③ 장기평균비용이 일정하다.
④ 각 생산요소에 대해 한계생산만큼 보수를 지급하면, 초과이윤이 생기지 않는다.
⑤ 확장경로는 직선이 될 수 없다.

2. 다음 생산함수 중에서 규모수익에 대한 특성이 나머지 것과 다른 것은?

① $Q=5L^{1/4}K^{3/4}$
② $Q=2L+3K$
③ $Q=LK$
④ $Q=6\min\left\{\frac{L}{3},\frac{K}{4}\right\}$
⑤ $Q=3(0.4L^{-2}+0.6K^{-2})^{-0.5}$

3-2 생산비용

3. 생산량(Q)에 대한 비용함수가 $C=3Q^2+50$이다. 이때 생산량 $Q=10$에서 평균비용(AC)과 한계비용(MC)은 각각 얼마인가?

① $AC=35$, $MC=60$
② $AC=40$, $MC=55$
③ $AC=45$, $MC=60$
④ $AC=50$, $MC=55$
⑤ $AC=55$, $MC=65$

4. 다음 설명 중 옳은 것은?

> 가. 한계비용이 감소하면, 반드시 평균비용도 감소한다.
> 나. 평균비용곡선이 수평선이면, 한계비용곡선은 평균비용곡선과 똑같은 선이다.
> 다. 장기평균비용곡선은 단기평균비용곡선의 최저점들을 아래서부터 접하면서 감싸고 있는 포락선(Envelope Curve)이다.

① 가 ② 나 ③ 다
④ 가, 다 ⑤ 가, 나, 다

3-3 생산자선택

5. 생산함수가 $Q = L^{1/3}K^{2/3}$인 공장에서 제품 100개를 생산하려고 한다. 이때 드는 최소의 비용은 얼마인가? 단, 노동(L) 1단위 비용은 10, 자본(K) 1단위 비용은 20이라 한다.

① 1,500 ② 2,000 ③ 3,000 ④ 4,500 ⑤ 5,000

6. 다음 서술 중 옳지 **<u>않은</u>** 것은?

① 등량선의 곡률이 클수록 대체탄력성의 크기는 작아진다.
② 생산함수가 동차함수이면, 확장경로는 직선이 된다.
③ 생산성이 향상되면, 등량선은 원점으로부터 더욱 멀어진다.
④ 노동절약적 기술진보란 기술이 진보할 때, 노동/자본의 사용비율이 줄어드는 것을 말한다.
⑤ 생산함수가 규모수익이 일정한 콥-더글러스 생산함수의 모양을 가질 때, 노동과 자본의 한계생산에 따라 요소가격을 지급하면, 생산물은 전부 요소비용으로 지불된다.

7. 임금이 10, 자본가격이 30일 때, 노동사용량이 60단위, 자본사용량이 40단위였다. 임금과 자본가격이 모두 20으로 바뀌자, 노동사용량이 40단위, 자본사용량이 50단위로 변했다. 대체탄력성은 얼마인가? (단, 계산 시 원래의 K/L 값과 w/r 값을 기준으로 하라.)

① $\frac{1}{12}$ ② $\frac{3}{14}$ ③ $\frac{2}{15}$ ④ $\frac{6}{15}$ ⑤ $\frac{7}{16}$

8. A국의 경우 임금/자본가격 비율이 1% 상승할 때, 자본투입/노동투입 비율이 항상 5% 상승한다고 한다. 다음 중 이 나라의 생산함수가 될 수 있는 것은?

① $Q = \min\{L, 5K\}$

② $Q = L + 5K$

③ $Q = 10L^{0.2}K$

④ $Q = 10[0.3L^{0.8} + 0.7K^{0.8}]^{1.25}$

⑤ $Q = \sqrt{LK}$

4장 시장형태론

시장의 형태는 완전경쟁, 독점, 독점적경쟁, 과점으로 나누어진다. 각 시장의 특성에 대해 알아보기 전에 먼저 평균수입과 한계수입의 개념과 이윤극대화조건을 살펴보기로 하자.

평균수입과 한계수입

기업의 판매수입(R)은 가격(P)과 판매수량(Q)을 곱한 값이다. 판매량 1개당 수입인 **평균수입**(AR: Average Revenue)은 총수입에서 판매량을 나눈 $\frac{R}{Q}$로 정의되며, **한계수입**(MR: Marginal Revenue)은 마지막 단위수량의 판매에 대한 수입의 변화인 $\frac{dR}{dQ}$로 정의된다.

이윤극대화 조건

이윤(Profit)은 판매수입(R)에서 생산비용(C)을 뺀 값이며, 이윤(π)을 극대화하기 위해서는 다음의 2가지 조건이 만족되어야 한다.

$$\pi = R(Q) - C(Q)$$

$$\frac{d\pi}{dQ} = R'(Q) - C'(Q) = 0 \quad \Rightarrow \quad MR = MC \quad \text{(1계조건)}$$

$$\frac{d^2\pi}{dQ^2} = R''(Q) - C''(Q) < 0 \quad \Rightarrow \quad MR' < MC' \quad \text{(2계조건)}$$

1계조건에 의하면 한계수입(MR)과 한계비용(MC)의 값이 같아야 하고, 2계조건에 의하면 한계수입곡선의 기울기보다 한계비용곡선의 기울기가 더 커야 한다. 만일 기울기의 크기가 서로 반대이면, 오히려 이윤이 극소, 즉, 손실이 극대가 된다.

4-1 완전경쟁

4-1A 완전경쟁시장의 특성

완전경쟁(Perfect Competition)시장은 무수히 많은 공급자와 수요자가 존재하는 시장이며, 다음과 같은 특성을 가진다.

- 무수히 많은 생산자와 소비자가 존재하기 때문에, 각각 가격수용자(Price Taker)이다. 즉, 자신이 제품가격을 정하는 것이 아니라, 시장에서 주어진 가격을 그대로 받아들인다.
- 모든 상품은 완전히 동질적이며, 아무런 차이가 없다.
- 생산자들의 시장진입과 탈퇴가 자유롭다.
- 생산자들과 소비자들은 완전한 시장정보를 가지고 있다. 즉, 시장가격과 시장의 성격 등에 대한 완전한 정보를 가지고 있다.

개별기업의 수요곡선

완전경쟁시장에서 시장공급과 시장수요가 일치하는 수준에서 제품가격이 정해지면, 개별기업은 그 가격을 주어진 것으로 받아들인다. 개별기업은 무수히 많은 기업 중의 하나이므로, 자신의 공급량변화가 제품의 시장가격에 전혀 영향을 미치지 않는다.[1] 따라서 완전경쟁기업은 주어진 가격에서 얼마든지 상품을 판매할 수 있다. 또한 시장가격보다 약간만 더 비싸도 전혀 판매할 수 없다. 즉, 완전경쟁기업이 직면하는 개별수요곡선은 수평선이 된다.

---

1) 완전경쟁시장에서 수많은 기업 중 어느 하나의 기업이 생산량을 변동시키면 시장공급곡선이 미세하게 이동하여 시장가격이 미세하게라도 변해야 한다는 생각이 들 수도 있다. 하지만 현실에서 이와 같은 가격의 미세조정이 나타날 가능성은 거의 없다고 할 수 있다. 예를 들어, 마트에서 1,000원짜리 상품의 가격표에 표시된 가격이 초단기간에 999.9원과 1,000.1원 사이에서 등락을 거듭하는 경우는 상상하기 힘들다.

4-1B 이윤극대화

완전경쟁시장에서는 제품가격(P)이 개별기업에게 정해진 값으로 주어지기 때문에, 개별기업의 입장에서 보면, $P = AR = MR$이 성립한다.

$$AR = \frac{R}{Q} = \frac{PQ}{Q} = P$$

$$MR = \frac{dR}{dQ} = \frac{d(PQ)}{dQ} = P$$

완전경쟁기업의 경우 $P = MR$이므로, 이윤극대화의 1계조건은 $P = MC$와 같다. 또한 한계수입곡선의 기울기는 0이므로, 2계조건은 "한계비용곡선의 기울기가 양수"라는 것이다. 따라서 아래의 그림에서 공급량이 Q_0일 때, 이윤이 최대가 된다. 이때 이윤의 크기는 $(P_0 - AC) \times Q_0$와 같으며, 그림에서 음영이 칠해진 부분이다. (Q_1에서는 오히려 손실이 최대가 된다.)

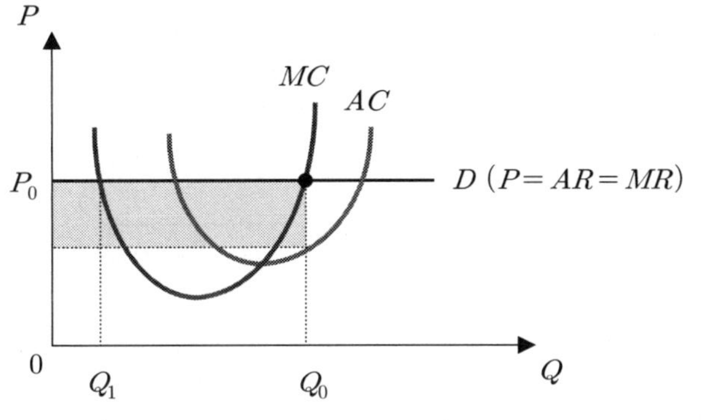

예 1 제품가격이 100이며, 비용함수가 $C = Q^2 + 500$인 완전경쟁기업의 이윤을 구해보자.

$$MC = \frac{dC}{dQ} = 2Q$$

$P = MC$이므로 $100 = 2Q$. 따라서 $Q = 50$.

$$AC = \frac{C}{Q} = Q + \frac{500}{Q} = 50 + \frac{500}{50} = 60$$

$$\therefore \ \pi = (P - AC) \times Q = (100 - 60) \times 50 = 2{,}000$$

4-1C 완전경쟁기업의 단기공급곡선

완전경쟁기업은 가격(P)이 주어지면 $P = MC$가 되는 지점까지 생산한다. 아래그림에서 가격이 P_1을 넘어서면 $P > AC$가 되므로 초과이윤이 생기지만, P_1 아래로 내려가면 손실이 생긴다. 만일 가격이 P_0와 P_1 사이이면, 가격이 전체평균비용보다는 작지만, 평균가변비용(AVC)은 초과한다. 즉, 가변비용 전부와 고정비용의 일부를 충당할 수 있다. 만일 생산을 중단하면 가변비용은 들지 않겠지만, 완전히 폐업결정을 하지 않는 이상 고정비용은 지속적으로 들게 된다. 따라서 가격이 P_0 이상이라면, 단기적으로는 생산을 계속하는 것이 그만큼 고정비용의 일부라도 충당할 수 있다. 따라서 단기적으로 기업의 공급곡선은 한계비용(MC)곡선 중 평균가변비용(AVC)보다 높은 부분이다. 아래 그림에서 A 점을 조업중단점이라 한다.

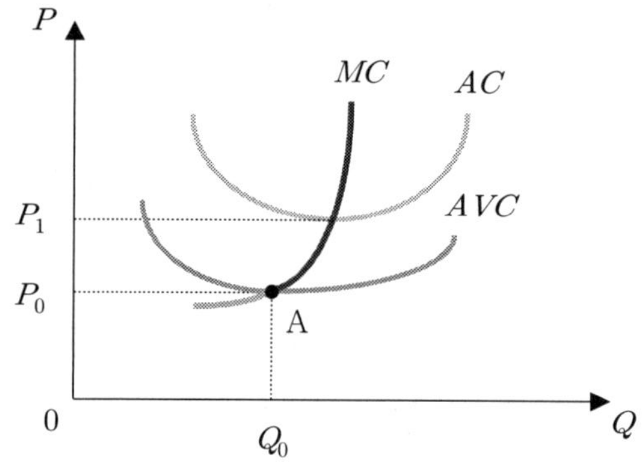

예 가격이 평균비용(AC)보다는 낮고, 평균가변비용(AVC)보다는 높다고 하자. 이때 초과이윤은 생기지 않지만, 가변비용비용은 충당하고 남는다. 이렇게 가변비용을 충당하고 남는 부분을 **정상이윤**이라 한다. 이에 반해 가변비용과 고정비용을 다 충당하고 남는 진정한 이윤은 **초과이윤**이라 한다.

가격 P에서 기업 i의 공급량을 Q_i라 하면, n개의 기업이 존재하는 시장전체의 공급량(Q)은 다음과 같이 개별기업들의 공급량들을 모두 합친 것이다. 즉, $Q = \sum_{i=1}^{n} Q_i$이 된다.

적 한계비용과 일치한다. 일반적으로 생산이 늘수록 한계편익은 감소하며, 한계비용은 증가한다. 만일 한계편익이 한계비용보다 크다면, 생산을 늘림으로써 순편익을 증가시킬 수 있다. 반대로 한계편익이 한계비용보다 작으면, 생산을 줄임으로써 순편익을 증가시킬 수 있다. 따라서 한계편익이 한계생산과 같지 않으면, 효율적이라 할 수 없다. 완전경쟁에서는 사회적 한계편익과 사회적 한계비용이 일치하므로 효율적이라 할 수 있다. 또한 완전경쟁의 장기균형은 장기평균비용을 최소로 하는 생산량, 즉, 최적시설규모가 되는 생산량이 되도록 해준다. 이와 같이 완전경쟁은 생산자원의 효율적 배분을 가능케 해준다.

연습문제

1. 생산량이 Q일 때, 비용함수가 $C=Q^2+4Q+80$인 완전경쟁기업이 있다. 이 기업이 공급하는 제품의 시장가격이 24일 때, 이 기업이 누릴 수 있는 최대이윤을 구하라.

2. 제품 A에 대한 시장수요함수는 $P=200-\frac{1}{5,000}Q$이며, 완전경쟁시장에서 거래된다. 이 제품을 공급하는 모든 기업의 비용함수는 동일하며, 생산량이 q일 때 비용함수가 $C=q^2+1,000$이라 한다. 현재 제품 A를 공급하는 기업은 10,000개가 있다고 한다. 이때 다음 물음에 답하라.

   (1) 제품 A의 균형시장가격을 구하라.

   (2) 각 기업의 이윤은 얼마인가?

   (3) [도전문제] 새로 진입하는 기업도 기존 기업과 동일한 비용함수를 가지고 있을 때, 장기적으로 진입하는 신규기업의 개수는 얼마나 되는가?

4-2 독점

4-2A 독점시장의 특성

독점(Monopoly)은 1개의 공급자만이 존재하는 시장이며, 다음과 같은 특성을 가진다.

- 독점기업은 시장에서 가격설정자(Price Setter)이다.
- 진입장벽이 높아, 시장진입과 탈퇴가 매우 어렵다. 따라서 독점기업은 장기적으로도 초과 이윤을 실현할 수 있다.
- 독점기업의 공급곡선은 정의될 수 없다.

주 1 1개 기업이 시장수요를 독차지하고 있으므로, 더 많이 판매하려면 가격이 더 낮아져야 한다. 즉, 독점기업이 직면하는 수요곡선은 시장수요곡선과 같으며 우하향한다.

주 2 독점기업이 이윤을 최대로 하는 공급량을 정하면, 수요곡선 상에서 제품의 가격이 결정된다. 즉, 시장가격이 먼저 주어지고 거기에 따라 공급량이 결정되는 것이 아니다. 따라서 독점에서는 공급곡선이 정의되지 않는다.

주 3 독점기업이라 해서 항상 이윤이 실현되는 것은 아니다. 비용이 높으면, 오히려 손실을 입을 수도 있다.

4-2B 독점의 원인

독점은 주로 다음과 같은 원인 때문에 발생한다.

- 생산에 필요한 기술이나 인력, 원료 등을 독점하고 있다.
- 제품이나 생산기술에 관한 특허권이나 사업의 인허가권을 독점적으로 가지고 있다.
- 산업 내 규모의 경제가 존재한다. 즉, 생산량이 늘수록 장기평균비용(LAC)이 감소한다.이를 자연독점(Natural Monopoly)이라 한다.
- 정부가 재정수입 등을 목적으로 독점적으로 운영한다.

4-2C 이윤극대화

수요함수를 $P=a-bQ$ (단, $a, b>0$)라 하자. 이때 수입(R)과 한계수입(MR)은 다음과 같다.

$$R=P(Q)\times Q=(a-bQ)Q$$

$$MR=\frac{dR}{dQ}=a-2bQ$$

그러므로 한계수입곡선의 기울기는 수요곡선보다 2배 더 급하며, 한계수입곡선의 가로축 절편은 수요곡선의 가로축 절편의 절반이다. 또한 아래 그림에서 A 점에서의 수요탄력성은 1이 된다.

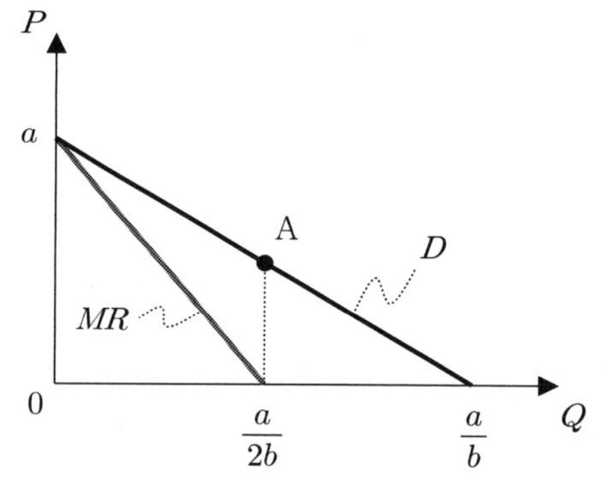

독점기업은 한계수입과 한계비용이 같아질 때, 즉 $MR=MC$에서 이윤이 극대화된다. (단, MC곡선의 기울기가 MR곡선의 기울기보다 커야 한다.) 따라서 독점기업은 아래 그림에서와 같이 Q_0만큼 생산할 때 이윤이 최대가 되며, 이윤의 크기는 음영이 칠해진 부분의 면적과 같다. 그러므로 독점기업은 제품의 가격을 P_0에서 결정할 것이다.

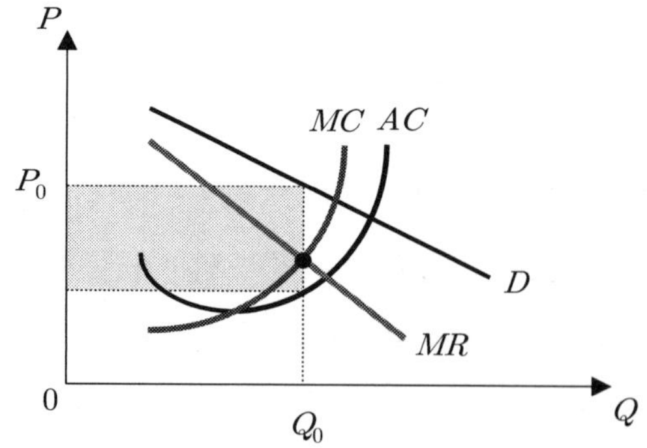

주 한계비용이 0보다 큰 것이 일반적인 경우이므로, 독점기업의 생산점에서는 수요탄력성 (ϵ)이 항상 1보다 크다.

$$MC = MR = P(1 - \frac{1}{\epsilon}) > 0 \quad \Rightarrow \quad \epsilon > 1$$

예 1 시장수요함수가 $P = 200 - Q$로 주어져 있다. 이 시장에서의 독점기업의 비용함수가 $C = \frac{3}{2}Q^2 + 1,000$일 때, 시장가격과 이윤은 다음과 같다.

$$R = PQ = (200 - Q)Q = 200Q - Q^2$$

$$MR = 200 - 2Q, \quad MC = 3Q$$

$$MR = MC \quad \Rightarrow \quad 200 - 2Q = 3Q \quad \Rightarrow \quad Q = 40$$

$$\therefore \quad P = 200 - 40 = 160$$

$$\pi = R - C = 160 \times 40 - (\frac{3}{2} \times 40^2 + 1,000)$$
$$= 3,000$$

한계비용이 0인 경우

만일 생산에 있어서 고정생산요소만 필요하다면, 가변비용이 전혀 들지 않는다. 즉, 한계비용이 0인 셈이다. 이때는 최대매출액과 최대이윤을 달성하는 생산량이 똑같다. (예를 들어, 사막지방에서 자동펌프 우물을 하나 파놓고, 사람들이 돈을 넣으면 일정량의 물이 나오도록 한다면, 가변생산요소가 거의 소요되지 않을 것이다.) 따라서 이때는 매출액극대가 목표가 된다.

독점기업의 매출액인 총수입(R)은 $P(Q) \times Q$가 된다. (단, 판매량이 많을수록 가격이 하락하므로, $\frac{dP}{dQ} < 0$이다.) 이때 총수입이 극대가 되기 위한 1계조건은 다음과 같다.

$$\frac{dR}{dQ} = \frac{dP}{dQ}Q + P = P(\frac{dP}{dQ}\frac{Q}{P} + 1) = P\left(1 - \frac{1}{-\frac{dQ}{dP}\frac{P}{Q}}\right)$$

$$= P\left(1 - \frac{1}{\epsilon}\right) = 0$$

즉, 수요탄력성(ϵ)이 1이 된다. 따라서 한계비용이 0인 독점기업은 수요의 탄력성이 1이 되는 지점까지 생산할 때 이윤이 최대가 된다. 수요곡선이 직선이라면, 탄력성은 수요곡선의 정중앙에서 1이 된다.

주 $MC = 0$인 경우에 이윤극대화 조건 $MR = \frac{dR}{dQ} = 0$은 $MR = MC$과 같다.

4-2D 독점의 비효율성

같은 제품을 공급하는 산업이라도 완전경쟁산업에 비해 독점산업은 사회적 후생의 손실을 발생케 한다. 아래 그림에서 독점기업은 $MR = MC$가 되는 Q_M만큼 공급할 것이며, 이때 시장가격은 P_M에서 결정될 것이다. 만일 이 산업이 완전경쟁산업이었다면, MC곡선이 시장공급곡선의 역할을 하므로, 공급량은 Q_C이며, 시장가격은 P_C이었을 것이다. 따라서 독점산업은 완전경쟁산업에 비해 생산량은 줄고, 가격은 더 높게 된다. 이때 생산자와 소비자의 잉여를 합친 총잉여는 빗금 친 부분만큼 감소하기 때문에, 그만큼 사중손실이 발생한다.

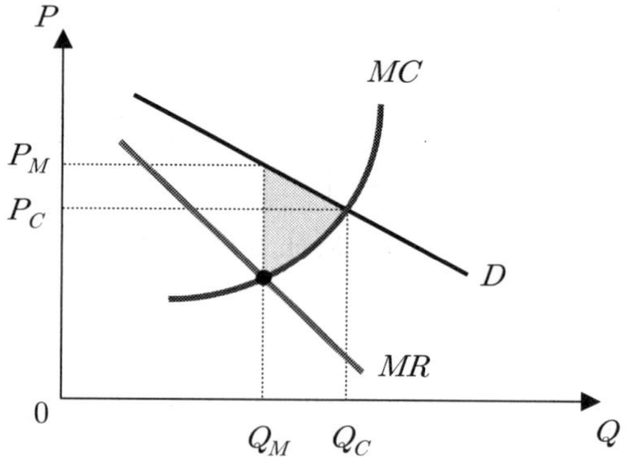

주 이밖에 독점기업은 완전경쟁에 비해 근로의욕이나 생산조직이 다소 느슨해도 기업이 도태되지 않을 수 있으므로, 기업 내부적으로 생산의 효율성이 감소될 수 있다. 또한 독점기업의 지위가 정부에 의해 인위적으로 부과된 것이라면, 인허가권을 유지하거나 타 기

업의 진입을 막기 위한 로비를 펼칠 유인이 존재한다. 이는 그만큼 비효율을 발생시킨다. 이와 같이 독점의 지위를 계속 유지하려고 하는 행위를 지대추구행위(Rent-Seeking Behavior)라 한다. 한편 독점기업은 규모면에서 완전경쟁기업보다 훨씬 크므로, 그만큼 기술개발을 위한 재원, 인력, 조직 등을 갖추는 것이 수월하다. 따라서 연구개발이나 기업의 국제경쟁력 등을 고려한 장기적인 측면에서는 오히려 독점기업이 사회에 더 많은 기여를 할 수 있다.

4-2E 가격차별

독점기업은 보다 큰 이윤을 얻기 위해 제품의 가격을 차별하기도 한다. 가격차별은 하는 방식에 따라 다음 3가지로 분류된다.

1급 가격차별(First-Degree Price Discrimination)은 제품 1단위마다 각각의 소비자가 지불할 용의가 있는 최대 가격을 부과하는 것이다.[2] 이 방식에 의하면, 소비자가 누릴 수 있는 모든 잉여가 생산자에게로 이전된다. 물론 이때에는 사회적으로도 사중손실이 전혀 발생하지 않는다. 하지만 일반적인 제품의 경우 각 소비자가 지불할 용의가 있는 가격들을 모두 알아내기란 어려우므로, 이러한 가격차별을 현실에서 시행하기는 쉽지 않다. 예를 들어, 왕진을 가는 의사가 각 가정의 경제수준을 보고 유보가격들을 완벽하게 추론하여 왕진료를 부과할 수 있으면, 1급 가격차별의 예가 될 것이다.

2급 가격차별(Second-Degree Price Discrimination)은 판매수량에 따라 제품의 가격을 차별하는 것이다. 이 방식은 제품 1단위마다 모두 가격차별을 하는 것은 아니기 때문에 소비자잉여를 생산자잉여로 완전히 이전시키지는 못한다. 대량구매에 대해 단일가격 때보다 싼 단위당 가격을 부과하므로, 전체 거래량을 증가시켜 독점의 사중손실을 줄일 수는 있다. 예들 들어, 박스째 구입하는 제품의 가격할인 또는 “Buy two, get one free” 등이 2급 가격차별의 예가 된다.

3급 가격차별(Third-Degree Price Discrimination)은 소비자 계층이나 시장별로 (주로 수요탄력성에서) 다른 특성을 보일 때, 가격을 차별하여 이윤극대화를 꾀하는 것이다. 3급 가격차별은 실제로 우리 주위에서 흔히 볼 수 있는 가격차별에 속한다.

2) 제품 1단위에 대해 각각의 소비자가 지불할 용의가 있는 최대가격을 그 소비자의 유보가격(Reservation Price)이라 한다.

독점기업의 제품시장이 수요탄력성이 큰 시장과 작은 시장이라는 2가지 시장으로 구분된다고 하자. 이때, 독점기업은 탄력성이 큰 시장에 대해 낮은 가격을 부과하고, 탄력성이 작은 시장에 대해 높은 가격을 부과하는 것이 이윤을 극대화하는 방법이다.

시장 A의 수요탄력성(ϵ_A)이 시장 B의 수요탄력성(ϵ_B)보다 크다고 하자. 이때 독점기업은 $MR_A = MR_B = MC$가 되도록 생산함으로써 이윤극대화를 꾀하므로 (증명은 연습문제 참조), 다음 식이 성립된다.

$$P_A\left(1-\frac{1}{\epsilon_A}\right)=P_B\left(1-\frac{1}{\epsilon_B}\right)=MC$$

주 수요탄력성(ϵ)이 주어지면, $MR=P\left(1-\frac{1}{\epsilon}\right)$의 관계가 성립함을 앞서 확인한 바 있다.

따라서 $\epsilon_A > \epsilon_B$이면, $P_A < P_B$가 된다.

예 2 지역 내에 1개의 영화관이 있으며, 영화관람에 대한 수요탄력성은 일반인이 1.5, 학생이 2라 한다. 또한 영화공급에 대한 한계비용은 3,000원이라 한다. 이때, 일반인과 학생에 대해 영화관람료를 어떻게 부과하는 것이 영화관의 이윤을 최대로 하는지 알아보자.

$$P_A\left(1-\frac{1}{1.5}\right)=P_B\left(1-\frac{1}{2}\right)=3,000$$

따라서 $P_A = 9,000$, $P_B = 6,000$. 즉, 일반인에게 9,000원, 학생에게 6,000원의 영화관람료를 받는다.

4-2F 독점규제를 위한 조세

독점의 비효율성을 줄이려고, 정부가 독점기업의 제품에 대한 물품세를 부과하면, 독점기업에게는 그만큼 부담이 된다. 따라서 독점기업의 한계비용곡선이 위로 이동한다. 이때 독점기업의 공급량은 Q_0에서 Q_1으로 줄고, 가격은 P_0에서 P_1으로 더 높아진다. 따라서 독점기업에 대한 물품세부과는 독점으로 인한 후생의 손실을 더욱 확대시킨다.

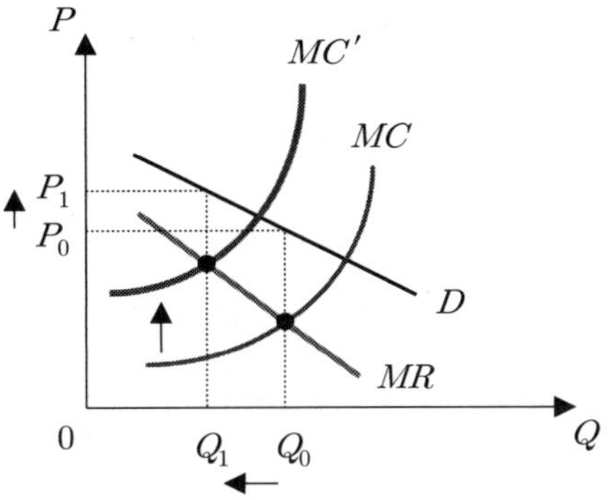

주 만일 물품세가 아닌 이윤세를 부과하면, 독점기업의 의사결정 기준인 $MR = MC$에 전혀 영향을 주지 않으므로, 공급량이나 가격에 전혀 영향을 주지 못한다. 다만, 독점기업 이윤의 일부를 정부로 이전시킬 뿐이다.

4-2G 자연독점

전력공급을 위한 댐이나 원자력발전소 등과 같이 덩치가 큰 사업은 초기 고정비용이 엄청나게 소요된다. 따라서 웬만한 생산수준에서도 평균고정비용의 감소가 두드러지기 때문에, 생산량이 늘수록 전체평균비용이 감소하게 된다. 이와 같이 평균비용이 감소하면, 완전경쟁산업 자체가 생성될 수 없다. 이때는 독점기업만이 살아남기 때문이다. 이러한 경우를 **자연독점**(Natural Monopoly)이라 한다.

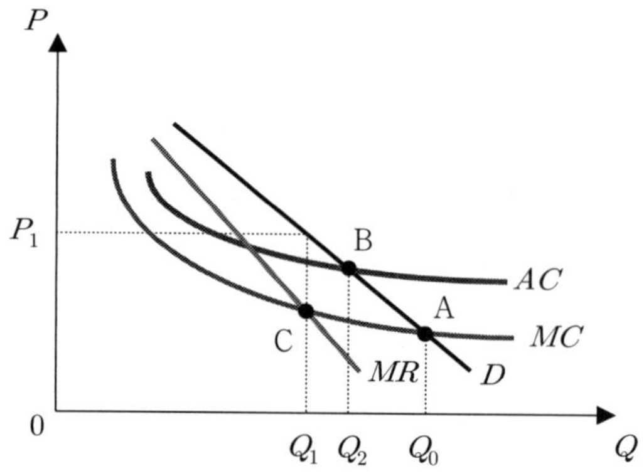

위의 그림에서 완전경쟁의 경우라면, $P=MC$가 성립하는 A 점에서 생산이 결정되므로, 시장공급량은 Q_0가 된다. 하지만 이러한 생산점에서는 $P<AC$가 되므로 모든 기업이 손실을 입게 된다. 따라서 장기적으로 완전경쟁기업은 살아남을 수가 없다. 하지만 독점기업이라면, $MR=MC$가 성립되는 C 점에서 생산을 결정하므로, 시장공급량은 Q_1이 된다. 이점에서는 $P>AC$가 되어 이윤실현이 가능해진다.

비록 A 점이 $P=MC$라는 의미에서 사회적으로 효율적인 생산점이 되겠으나, 어떤 기업도 이 생산점에서는 자생할 수가 없다. 생산점이 A 점이 되도록 하고자 한다면, 손실액 $(AC-P)\times Q_0$만큼 보조금의 형태로 기업에 지불하는 방법이 있다. 이때 정부의 보조금부담이 너무 크다고 생각되면, 차선책으로 B 점에서 Q_2까지만 생산을 유도해 볼 수도 있다. 이때는 기업의 손실이 0이 되므로 독립채산제가 가능하기 때문이다.

사회적으로 효율적인(즉, $P=MC$가 되는) Q_0로 생산을 유도하기 위한 것으로 이부가격제(Two-Part Pricing 또는 Two-Part Tariff)를 실시하는 방법도 있다. 이부가격제란 기본요금과 사용량에 따른 추가요금을 받는 것을 말한다. 소비자 전체에 대한 총기본요금은 Q_0만큼 소비할 때의 소비자잉여와 같게 할 수 있으며, 사용량에 따른 단위당 요금은 Q_0에서의 MC와 같게 하면 된다. 이때 기업은 독점의 사중손실을 제거하고 사회적 효율성을 보장해주는 양만큼 생산하고도 손실을 보지 않을 수 있다. 이동통신사가 부과하는 기본요금제와 사용량에 따른 요금제가 이부가격제의 예라 할 수 있다.

주 Q_0만큼 생산하도록 유도하기 위해서 소비자잉여 전부를 생산자의 손실을 메우거나 생산자잉여를 증가시키는 데 이전시키게끔 이부가격제를 실시하면, 소비자들은 전혀 잉여를 누리지 못하게 된다. 그러므로 소비자들도 잉여를 누릴 수 있도록 정부가 때때로 이동통신사의 요금을 통제하는 것을 흔히 볼 수 있다.

연습문제

1. 시장수요함수가 $P=100-2Q$로 주어져 있다.

   (1) 비용함수가 $C=\frac{1}{2}Q^2+700$인 독점기업의 균형생산량, 가격, 이윤을 구하라.

   (2) 비용함수가 $C=\frac{1}{2}Q^2+1,300$인 독점기업의 이윤은 얼마인가?

2. 시장수요함수가 $P=350-2Q$로 주어져 있다.

   (1) 이 산업이 완전경쟁이며, 모든 기업의 한계비용곡선의 수평합인 시장공급곡선이 $P=3Q$라 한다. 이때 시장균형가격과 거래량을 구하라.

   (2) 이 산업이 독점이며, 독점기업의 한계비용곡선이 $MC=3Q$라 한다. 이때 시장균형가격과 거래량을 구하라.

   (3) 독점으로 인한 후생의 손실은 전체 잉여 중 몇 퍼센트인가?

3. 수요함수가 $P=120-Q$, 독점기업의 비용함수가 $C=20Q$일 때, 판매단위를 두 그룹으로 나누어 제품 20개짜리 박스에 대해서는 제품 1단위당 가격을 100, 40개짜리 박스에 대해서는 제품 1단위당 가격을 60으로 2급 가격차별을 할 때, 이 기업의 이윤은 단일가격을 부과할 때에 비해 얼마나 증가하는가?

4. 소비자그룹 A의 수요탄력성은 2, 소비자그룹 B의 수요탄력성은 3이라 한다.

   (1) 이때 독점기업이 소비자그룹 A에 공급하는 제품의 가격(P_A)과 소비자그룹 B에 공급하는 제품의 가격(P_B)의 비율(P_A/P_B)을 구하라.

   (2) 만일 독점기업의 한계비용이 600원으로 주어져 있다면, 각 소비자그룹에서 제품의 가격은 각각 얼마인가?

5. 특성이 다른 2개의 시장에서 제품을 판매하는 독점기업이 있다. **(1공장 2시장모형)**

   (1) 이 기업의 이윤극대화 조건을 구해보라.

힌트: 이윤함수를 각 시장에 대한 공급량으로 편미분한 값이 각각 0이 되어야 한다.

(2) 이 기업의 비용함수가 $C=\frac{1}{2}Q^2+2,000$이며, 시장 1과 시장 2의 수요곡선은 다음과 같다.

시장 1: $P_1=100-\frac{1}{2}Q_1$

시장 2: $P_2=200-Q_2$

이때 시장 1과 시장 2에서 부과하는 제품가격은 각각 얼마인가? 또한 이 기업의 총이윤은 얼마인가?

6. 단일 시장에 제품을 공급하지만, 생산함수가 다른 2개의 공장을 가지고 있는 기업이 있다.

(2공장 1시장 모형)

(1) 이 기업의 이윤극대화 조건을 구해보라.

힌트: 이윤함수를 각 공장의 생산량으로 편미분한 값이 각각 0이 되어야 한다.

(2) 이 기업의 수요함수가 $P=800-2Q$이며, 공장 1과 공장 2의 비용함수는 다음과 같다.

공장 1: $C_1=2Q_1^2+10,000$

공장 2: $C_2=Q_2^2+20,000$

이때 공장 1과 공장 2에서의 생산량은 각각 얼마인가? 또한 제품가격과 총이윤은 얼마인가?

4-3 독점적경쟁

4-3A 독점적경쟁시장의 특성

독점적경쟁(Monopolistic Competition)시장은 다수의 공급자가 유사하면서도 나름대로 특징을 가진 제품들을 공급하는 시장이며, 다음과 같은 특성을 가진다.

- 제품 간의 차별성(Product Differentiation)으로 인하여 독점의 경우와 같이 개별기업이 직면하는 수요곡선은 우하향한다. 하지만 대체재들이 많으므로, 수요탄력성이 매우 크다. 따라서 개별기업 수요곡선의 기울기는 아주 완만하다.
- 진입장벽은 매우 낮거나 없다.
- 제품에 대한 광고, 포장, 추가서비스 등 비가격경쟁을 한다.

주위에서 흔히 볼 수 있는 독점적경쟁의 예로 미용실, 카페, 노래방 등을 들 수 있다.

4-3B 이윤극대화

단기이윤

독점적경쟁기업은 독점에서와 마찬가지로 $MR = MC$에서 이윤이 극대화된다. 따라서 아래 그림에서와 같이 Q_0까지 생산할 때 이윤이 최대가 되며, 이 때 이윤은 음영이 칠해진 부분과 같다.

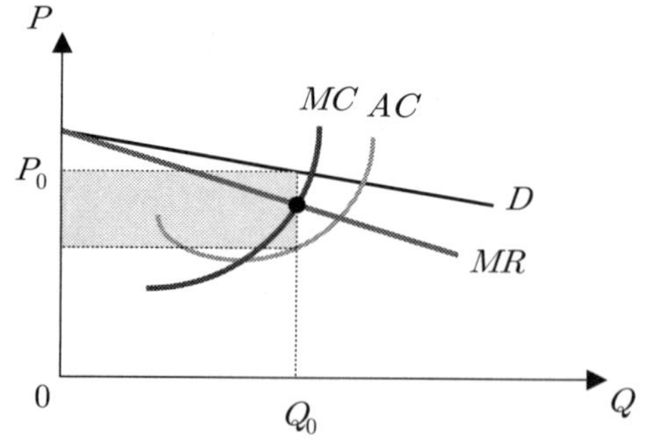

장기이윤

독점적경쟁시장은 진입장벽이 거의 없는 편이기 때문에, 초과이윤이 생기면 새로운 기업들이 진입하게 된다. 이에 따라 개별기업의 수요가 줄어든다. 따라서 개별기업의 수요곡선은 점차 왼쪽으로 이동하다가, 이윤이 0이 되는 지점에서 멈출 것이다. 이윤이 0이 되면, 새로운 기업이 시장에 진입할 유인이 없기 때문이다. 따라서 장기적으로는 독점적경쟁기업의 이윤은 0이 된다.

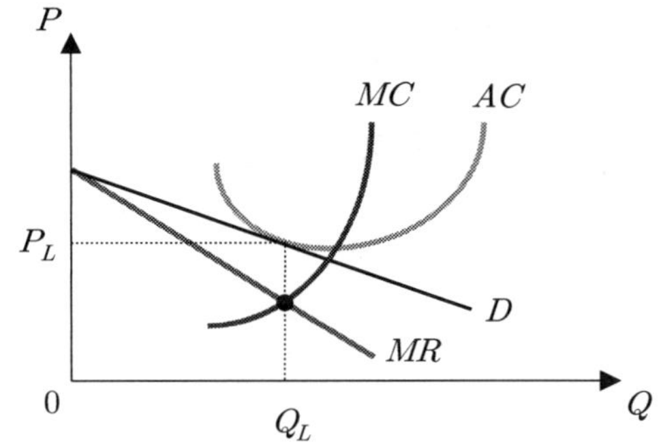

연습문제

1. 어느 독점적경쟁기업에게 현재 주어진 수요함수와 평균비용(AC)함수가 다음과 같을 때, 장기생산량과 제품가격은 얼마가 되는가?

$$수요함수:\ P=100-\frac{1}{2}Q$$

$$AC=\frac{1}{40}Q^2-2Q+60$$

4-4 과점

4-4A 과점시장의 특성

과점(Oligopoly)은 2개에서 많게는 5~6개 정도 소수의 공급자가 동질적 또는 약간의 차별성을 가진 제품을 공급하는 시장이며, 다음과 같은 특성을 가진다.

- 소수의 기업이 시장을 나누어 가지므로, 높은 가격결정력을 가진다. 즉, 비교적 시장지배력(Market Power)이 높다고 할 수 있다.
- 비교적 높은 진입장벽이 존재한다.
- 타 기업의 반응을 고려하여 생산량 등에 관한 의사결정을 하는 상호 의존성을 보인다.
- 가격인상이나 인하에 관하여 타 기업의 반응을 고려하므로, 가격이 덜 유동적이며 경직적일 수 있다.
- 시장점유율을 때문에 광고 등의 비가격경쟁이 치열하다.

과점을 설명하는 이론 중 이전에는 굴절수요곡선이론이 사용되다가, 후에 쿠르노 모형으로 교체되었다. 최근에는 게임이론을 이용한 모형이 빈번하게 사용되고 있다.

4-4B 굴절수요곡선

굴절수요곡선 모형은 과점시장 제품가격의 경직성을 설명해 준다. 아래 그림은 어떤 과점 기업이 직면하고 있는 수요곡선을 보여준다. 현재 가격이 P_0라 하자. 만일 이 기업이 제품가격을 올리면, 다른 기업들은 제품가격을 함께 올리지 않는다고 가정한다. 따라서 이 기업 제품가격만 오르게 되고, 그 결과 이 기업의 시장점유율이 대폭 줄어버린다. 만일 이 기업이 가격을 내리면, 다른 기업들도 시장점유율을 유지하기 위해 가격을 함께 내린다고 가정한다. 그 결과, 가격을 인하하여도 이 기업이 의도했던 것만큼 수요량이 증가하지 않는다. 따라서 아래 그림에서와 같이 가격이 P_0보다 큰 구간에서는 수요탄력성이 크고, 수요곡선의 기울기가 완만하다. 또한 가격이 P_0보다 작은 구간에서는 수요탄력성이 작고, 수요곡선의 기울기가 가파르다. 즉, 수요곡선이 P_0

에서 굴절된 모양으로 나타나며, 이에 따라 한계수입(MR)곡선은 불연속한 모양이 된다.[3] 이 기업은 이윤극대화조건인 $MR=MC$를 만족시키는 Q_0만큼 생산한다. 이때 가격은 P_0에서 결정되며, 이 가격은 매우 경직적이다. 예를 들어, 기업의 한계비용(MC)이 웬만큼 변해도, 가격은 P_0 수준에 계속 머물러 있을 것이다.

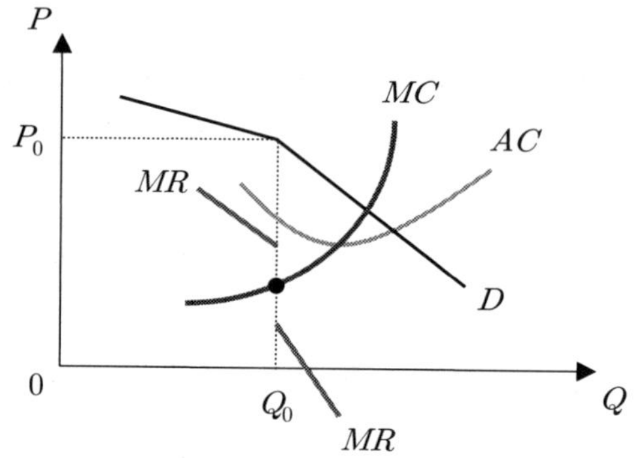

주 실제로 과점산업에서 한 기업이 가격을 올리면 다른 기업들도 가격을 올리고, 한 기업이 가격을 내리면 다른 기업들도 가격을 내리는 경우가 많이 있었다. 이는 굴절수요곡선 이론의 기본가정을 벗어나는 것이다. 또한 굴절수요곡선 모형은 최초의 가격이 어떻게 결정되는지 설명해주지 못한다. 따라서 오늘날 이 이론은 잘 쓰이지 않는다.

4-4C 쿠르노 모형

쿠르노 모형(Cournot Model)은 과점시장에서 기업들의 행위를 설명해주는 주요 이론 중의 하나이다. 이 모형의 가장 중요한 가정은 "타 기업의 공급량이 자신의 공급량에 의해 영향을 받지 않는다."는 것이다. 이때 한 기업이 직면하는 수요곡선은 시장수요곡선에서 타 기업의 공급량만큼 뺀 것이 된다. 아래의 그림은 2개의 기업이 존재하는 복점(Duopoly)시장을 보여주고 있다. 시장수요곡선(D)에서 기업 2의 공급량 Q_2만큼 빼면, 기업 1의 수요곡선(D_1) 과 한계수입(MR_1)곡선을 그릴 수 있다. 기업 1은 자신의 한계수입(MR_1)과 한계비용(MC_1)이 같은 지점에서 공급량(Q_1)을 결정할 것이다. 기업 2의 입장도 기업 1과 똑같다. 기업1의 공급량이 주어지면, 그에 따라 기업 2의 수요곡선과 한계수입곡선이 정해지고, $MR_2=MC_2$인 지점에서 공급량

3) 수요곡선 $\begin{cases} P=100-Q \ (Q \le 30) \\ P=130-2Q(Q>30) \end{cases}$ 에서 MR곡선을 그려보라.

(Q_2)을 결정할 것이다.

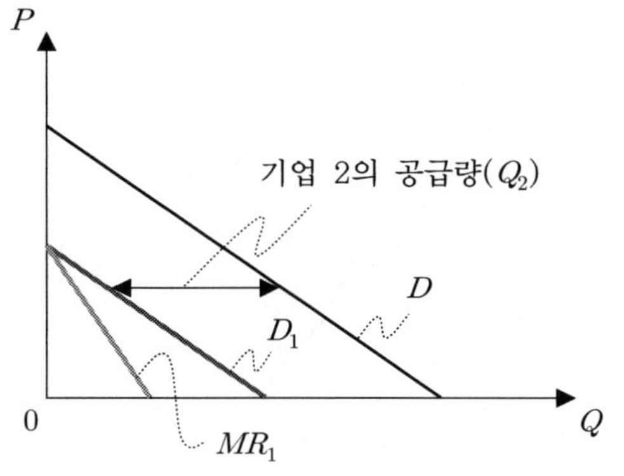

기업 2의 공급량(Q_2)이 주어지면, 그에 따라 결정되는 기업 1의 공급량(Q_1)을 나타내는 선을 기업 1의 **반응곡선**(Reaction Curve)이라 한다. 이와 반대로 기업 1의 공급량(Q_1)이 주어졌을 때, 기업 2의 공급량(Q_2)을 나타내는 선을 기업 2의 반응곡선이라 한다. 반응곡선은 아래 그림에서처럼 우하향한다. 예를 들어, 기업 2가 공급량을 늘리면, 기업 1이 직면하는 수요는 줄어든다. 이에 따라 기업 1의 공급량이 줄어들게 된다.

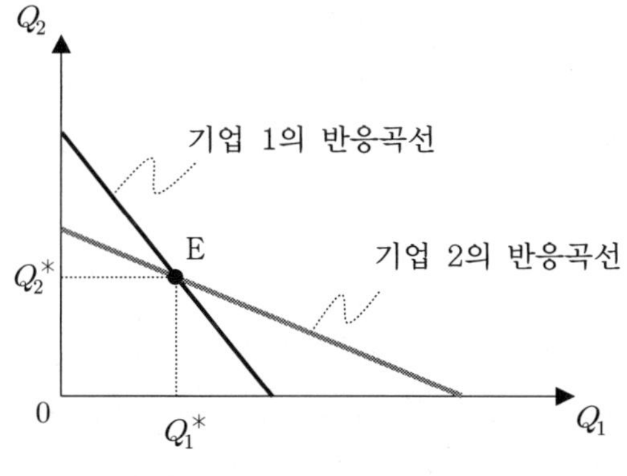

위의 그림에서 기업 1과 기업 2의 균형공급량은 E 점에서 결정되며, 각각 Q_1^* 과 Q_2^* 가 된다. 만일 균형점을 벗어나면, 각각의 공급량이 반응곡선을 따라 움직이다가 균형점인 E에서 멈추게 된다. 아래 그림에서처럼 처음에 기업 1의 공급량이 Q_1'으로 주어지면, 기업 2가 자신의 반응곡선을 따라 공급량을 조정한다. 기업 2의 공급량이 변하면, 기업 1은 다시 자신의 반응곡선을 따라 공급량을 변화시킨다. 이러한 과정을 계속 반복하다보면, 화살표와 같은 경로를 따라 균형점

E에 도달하게 된다.

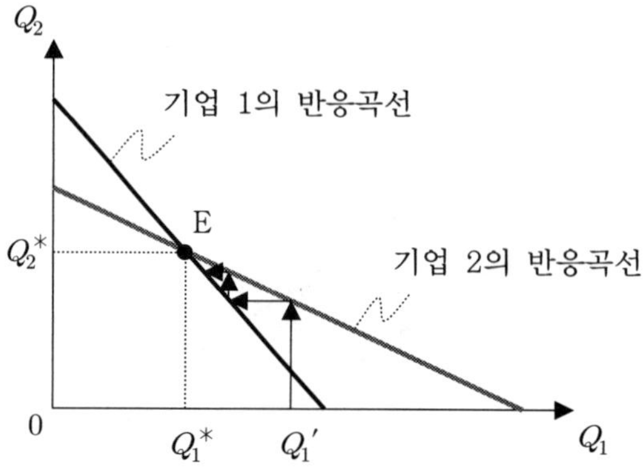

4-4D 수량선도 모형

수량선도 모형(Quantity Leadership Model)은 한 기업이 수량선도자이고, 다른 기업은 수량추종자라고 가정한다. 수량선도자는 상대방기업의 반응곡선을 파악하고 있다. 즉, 자신의 공급량에 따라 상대방의 공급량이 어떻게 변하는지 파악하고 있다. 따라서 상대방기업의 공급량을 정해진 것으로 받아들이지 않는다. 쿠르노 모형에서는 기업 1이 볼 때 Q_2가 외생변수와 마찬가지이다. 하지만 기업 1이 수량선도자라면 기업 2의 생산량이 반응곡선에 의해 $Q_2(Q_1)$의 형태(즉, Q_2가 Q_1의 함수)가 되기 때문에 Q_2가 내생변수로 바뀐다. 이에 따라 수량선도모형의 결과는 쿠르노 모형과 차이가 난다.

예 1 시장수요함수가 $P = 280 - Q$인 시장에서 2개의 기업이 제품을 공급하고 있다. 두 기업의 비용함수는 각각 생산량 x에서 $C = x^2 + 5{,}000$으로 동일하다. 이때 쿠르노 모형과 수량선도 모형에 따르면 어떤 결과가 나오는지 살펴보자.

쿠르노 모형

기업 1의 이윤극대화 조건인 $MR_1 = MC_1$을 이용한다.

$$\begin{aligned} R_1 &= PQ_1 = (280 - Q)Q_1 = (280 - Q_1 - Q_2)Q_1 \\ &= 280Q_1 - Q_1^2 - Q_2Q_1 \end{aligned}$$

$MR_1 = 280 - 2Q_1 - Q_2 = 2Q_1 = MC_1$

(즉, 기업 1의 반응곡선은 $Q_1 = 70 - \dfrac{Q_2}{4}$ 이다.)

마찬가지로 기업 2의 경우도 다음과 같다.

$R_2 = (280 - Q_1 - Q_2)Q_2 = 280Q_2 - Q_1Q_2 - Q_2^2$

$MR_2 = 280 - Q_1 - 2Q_2 = 2Q_2 = MC_2$

(즉, 기업 2의 반응곡선은 $Q_2 = 70 - \dfrac{Q_1}{4}$ 이다.)

기업 1과 2에서 나온 두 식을 정리하면,

$$\begin{cases} 4Q_1 + Q_2 = 280 \\ Q_1 + 4Q_2 = 280 \end{cases}$$

$\therefore Q_1 = Q_2 = 56,\ Q = Q_1 + Q_2 = 56 + 56 = 112$

$P = 280 - Q = 280 - 112 = 168$

$\pi_1 = PQ_1 - C_1 = 168 \times 56 - (56^2 + 5{,}000)$
$= 1{,}272$ 마찬가지로 $\pi_2 = 1{,}272$

수량선도 모형

기업 1이 수량선도자, 기업2가 수량추종자라 하자. 이때 기업 1의 이윤극대화 조건인 $MR_1 = MC_1$을 살펴보자.

$R_1 = PQ_1 = (280 - Q)Q_1 = (280 - Q_1 - Q_2)Q_1$
$= [280 - Q_1 - (70 - \dfrac{Q_1}{4})]Q_1 = 210Q_1 - \dfrac{3}{4}Q_1^2$

(즉, 기업 2의 반응곡선 $Q_2 = 70 - \dfrac{Q_1}{4}$을 기업 1이 이용하였다.)

$MR_1 = 210 - \dfrac{3}{2}Q_1 = 2Q_1 = MC_1$

$$\therefore Q_1 = 60,\ Q_2 = 70 - \frac{Q_1}{4} = 70 - \frac{60}{4} = 55$$

$$Q = Q_1 + Q_2 = 60 + 55 = 115$$

$$P = 280 - Q = 280 - 115 = 165$$

$$\pi_1 = PQ_1 - C_1 = 165 \times 60 - (60^2 + 5{,}000) = 1{,}300$$

$$\pi_2 = PQ_2 - C_2 = 165 \times 55 - (55^2 + 5{,}000) = 1{,}050$$

주 위의 예에서 보듯이 수량선도자의 공급량은 쿠르노 모형에서보다 많다. 만일 두 기업 모두 상대방 기업의 반응곡선을 파악하고 있으며 수량선도자가 되고자 하면, 전체 시장 공급이 원래 예상했던 것보다 더 많이 늘어난다. 이에 따라 제품의 가격도 예상했던 것보다 더 낮아지게 된다. 따라서 원래 수량선도자로서 원했던 결과가 나오지 않게 된다. 이때 수량선도자가 되고자 하는 두 기업 중 누가 양보하여 공급량을 줄이는가는 예측하기 어렵다. 이 경우 두 기업의 공급전략이 서로 밀고 당기는 혼전이 될 수도 있다.

4-4E 담합

과점의 경우 기업은 쿠르노 모형 또는 수량선도 모형에서처럼 행동할 수 있다. 이와 달리, 가능하다면 모든 기업을 합쳐 마치 하나의 독점기업인 것처럼 공급하여 최대의 이윤을 얻고, 그 이윤을 과점기업들에게 분배하는 것이 기업 전체적으로 보면 최선일 것이다. 이렇게 몇 개의 기업이 서로 공모하여 하나의 독점기업인 것처럼 공급하는 것을 **담합**(Collusion)이라고 한다. 2개의 과점기업이 있을 때, 어떻게 담합하는가를 살펴보자. 앞서 연습문제에서 보았듯이 2개의 공장을 가진 독점기업은 $MR = MC_1 = MC_2$에서 공급량을 결정한다. 2개의 기업이 마치 하나의 독점기업인 것처럼 공급하는 방식은 2개의 공장을 가진 독점기업이 공급하는 방식과 똑같다. 기업 1과 기업 2의 생산량을 각각 Q_1, Q_2라 하자. 이때 결합이윤(Joint Profit)을 극대화하려면,

$$MR(Q_1 + Q_2) = MC_1(Q_1) = MC_2(Q_2)$$

가 되는 지점에서 생산, 공급하면 된다. 아래 그림에서 기업 1은 Q_1^* 만큼 공급하게 하고, 기업

2는 Q_2^* 만큼 공급하게 하면, 위의 결합이윤 극대화의 조건을 만족시킨다. 이때 시장전체의 공급량은 $(Q_1^* + Q_2^*)$가 되며, 시장가격은 P^* 가 된다.

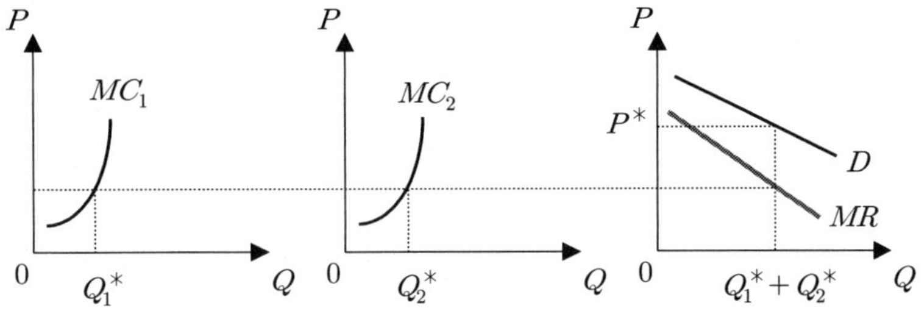

기업 1 기업 2 시장

주 각 기업의 한계비용함수의 형태에 따라서는, 각 기업 한계비용들의 수평합으로 결합한계비용(MC)을 구하는 것이 매우 어려워질 수 있다. 따라서 담합의 경우는 결합한계비용을 이용한 $MR = MC$의 조건이 아닌, 위에 나온 것처럼 '1기업 2공장' 모형으로 풀어야 한다.

예 2 시장수요함수가 $P = 280 - Q$인 시장에서 2개의 기업이 제품을 공급하고 있다. 두 기업의 비용함수는 각각 생산량 x에서 $C = x^2 + 5{,}000$으로 동일하다. [즉, **예 1**에서 나온 쿠르노 및 수량선도 모형과 동일한 조건이다.]

이때 두 기업이 담합을 한다면, 시장공급량, 시장가격, 결합이윤이 어떻게 되는지 살펴보자.

결합이윤극대화 조건인 $MR = MC_1 = MC_2$를 이용한다.

$R = PQ = (280 - Q)Q \quad \Rightarrow \quad MR = 280 - 2Q$

$MC_1 = 2Q_1, \ MC_2 = 2Q_2$

결합이윤극대화조건을 이용하면, $280 - 2(Q_1 + Q_2) = 2Q_1 = 2Q_2$.

$$\Rightarrow \begin{cases} 4Q_1 + 2Q_2 = 280 \\ 2Q_1 + 4Q_2 = 280 \end{cases}$$

$$\therefore\ Q_1 = Q_2 = \frac{140}{3} = 46.7,\ Q = Q_1 + Q_2 = 93.4$$

$$P = 280 - Q = 280 - 93.4 = 186.6$$

쿠르노 모형과 수량선도 모형보다 시장공급량은 줄고, 가격은 더 올랐다.

$$\pi = PQ - C_1 - C_2$$
$$= 186.6 \times 93.4 - (46.7^2 + 5,000) - (46.7^2 + 5,000) = 3066.7$$

따라서 담합을 할 때 전체 이윤은 쿠르노 모형에서 두 기업 이윤의 합인 2,544나 수량선도모형에서 두 기업 이윤의 합인 2,350보다 큼을 알 수 있다. 담합을 한 두 기업의 비용함수가 같으므로, 이윤도 똑같이 나누면 된다. 즉,

$$\pi_1 = \pi_2 = \frac{3066.7}{2} = 1533.4$$

담함을 하는 두 기업은 상대방기업을 밀쳐내고 전체 독점이윤을 더 많이 차지하려는 유인을 가질 수 있다. 즉, 상대방 몰래 협정된 공급량보다 더 많이 시장에 공급하려고 할 것이다. 따라서 카르텔(Cartel)이라고도 하는 담합은 깨어지기가 쉽다. 이를 방지하기 위해 위반자에 대해 심한 벌칙을 주는 것이 일반적이다. 세계적으로 대표적인 담합의 경우로 석유수출국기구(OPEC)를 들 수 있다.

예 3 위의 **예 2** 에서 기업 2가 협정공급량 $Q_2 = 46.7$을 준수할 때, 기업 1이 몰래 담합을 깨고 생산량을 늘린다면 기업 1에게 가능한 최대이윤은 얼마인지 알아보자.

$$P = 280 - Q_1 - Q_2 = 280 - Q_1 - 46.7 = 233.3 - Q_1$$

$$R_1 = PQ_1 = (233.3 - Q_1)Q_1$$

$MR_1 = 233.3 - 2Q_1$ 또한 $MC_1 = 2Q_1$

$MR_1 = MC_1$이므로, $233.3 - 2Q_1 = 2Q_1$

$\therefore \; Q_1 = 58.3$

$Q = Q_1 + Q_2 = 58.3 + 46.7 = 105$

$P = 280 - 105 = 175$

$$\pi_1 = PQ_1 - C_1$$
$$= 175 \times 58.3 - (58.3^2 + 5{,}000) = 1{,}803.6$$

$$\pi_2 = PQ_2 - C_2$$
$$= 175 \times 46.7 - (46.7^2 + 5{,}000) = 991.6$$

따라서 담합의 협정을 준수할 때보다, 기업 1의 이윤은 늘고, 기업 2의 이윤은 준다.

시장수요함수가 $P = 280 - Q$이고, 생산량 x에 대해 두 기업의 비용함수가 똑같이 $C = x^2 + 5{,}000$이라 할 때, 각 모형에 대한 결과는 아래 표와 같이 요약할 수 있다.

		쿠르노		수량선도		담합		담합위반	
Q	Q_1	112	56	115	60	93.4	46.7	105	58.3
	Q_2		56		55		46.7		46.7
P		168		165		186.6		175	
π	π_1	2,544	1,272	2,350	1,300	3,067	1,533	2,795	1,804
	π_2		1,272		1,050		1,533		992

주 1 수량선도의 경우 기업 1이 수량선도자, 기업2가 수량추종자임.

주 2 담합위반의 경우 위반자는 기업 1임.

주 3 담합과 담합위반의 경우 두 기업 이윤의 합이 꼭 맞지 않는 것은 소수점 이하 반올림 때문임.

주 4 두 기업 다 담합을 위반하면, 각 기업의 이윤은 1,127.3이 된다.

4-4F 가격경쟁 모형

과점에서 수량을 조정하는 쿠르노 모형과 다르게 베르트랑(Bertrand)은 가격을 조정하는 가격경쟁 모형인 **베르트랑 모형**을 제시하였다. 동일한 상품에 대해 가격이 낮은 쪽이 시장을 독식할 수 있다고 믿고 가격인하경쟁을 하다보면, 더 이상 낮출 수 없는 수준까지 가격이 하락한다는 것이다. 즉, $P = MC$가 되어버린다. (가격이 한계비용 아래로 떨어지면, 더 팔수록 손해이다.) 따라서 베르트랑 모형에 의하면 제품가격과 시장공급량은 완전경쟁의 경우와 같아진다.

실제로 한계비용 수준의 가격을 지속적으로 유지하는 과점기업은 찾기가 어렵기 때문에, 베르트랑의 모형은 현실성이 떨어진다. 그리고 베르트랑 모형은 모든 기업들의 비용함수가 동일하며 제품이 동질적이라는 것을 전제로 한다. 따라서 기업들의 비용함수가 서로 다르거나 기업들끼리 제품차별성을 가지면, 위의 결과를 얻을 수 없다. 또한 과점기업의 경우 수요곡선이 우하향하기 때문에 이윤극대화는 결국 $MR = MC$가 되는 지점에서 달성되며, 판매량극대화에 의해 달성되는 것은 아니다.

4-4G 가격선도 모형

가격선도 모형(Price Leadership Model)은 한 기업이 가격선도자이고, 다른 기업은 가격추종자라고 가정한다. 가격추종자는 가격선도자가 정한 제품가격을 그대로 받아들인다. 가격추종자는 가격수용자가 되므로, 생산량을 완전경쟁에서처럼 $P = MC$에서 결정한다.[4] 가격선도자는 가격추종자의 이러한 반응을 파악하고 있으며, 이를 자신의 생산량에 관한 의사결정에 반영한다.

예 4 앞서 나온 것과 동일한 시장수요함수 $P = 280 - Q$와 개별기업의 비용함수 $C = x^2 + 5{,}000$ 아래, 기업 1이 가격선도자, 기업2가 가격추종자라 하자.

기업 2는 $P = MC_2$에 의해 $P = 2Q_2$가 되게 생산량을 결정한다. 즉, $Q_2 = \dfrac{P}{2}$가 된다.

---

4) 현실에서는 동일한 종류의 제품생산에서 주도적인 가격선도기업과 다른 많은 소규모 가격추종기업들이 있는 경우가 보다 일반적이라 할 수 있다. 과점의 가격선도 모형에서는 가격추종기업의 생산량을 가격추종기업들 생산량의 합이라 볼 수도 있다.

기업 1은 전체 수요에서 기업 2의 공급량을 뺀 나머지 부분을 차지한다. 즉,

$$Q_1 = Q - Q_2 = (280 - P) - \frac{P}{2} = 280 - \frac{3}{2}P$$

$$\Rightarrow \quad P = \frac{560}{3} - \frac{2}{3}Q_1 \quad \text{(기업 1만의 수요함수)}$$

이때 $MR_1 = \frac{560}{3} - \frac{4}{3}Q_1$이 되며, 또한 $MC_1 = 2Q_1$이므로, $MR_1 = MC_1$의 조건을 써서 풀면, $Q_1 = 56$, $P = 149.3$, $\pi_1 = 224.8$이 된다. 또한 $Q_2 = 74.7$, $\pi_2 = 572.6$이 된다.

주 단, $P = 149\frac{1}{3}$, $Q_2 = 74\frac{2}{3}$라는 보다 정확한 값을 써서 계산하면, $\pi_1 = 226.7$, $\pi_2 = 575.1$이 된다.

수량선도자처럼 수량을 정한 뒤 가격의 결정을 시장에 맡겨두기보다, 이와 같이 가격선도자로서 직접 가격을 정하는 역할을 하는 것은 이윤 면에서 보면 별로 매력적이지 못한 것 같다. (적어도 현재 주어진 시장조건이나 비용함수 아래서는 그렇다.)

요약 과점의 수량조정과 가격조정에 관한 모형을 정리하면 다음과 같다

수량	수량경쟁	쿠르노 모형
	수량선도	수량선도 모형
가격	가격경쟁	베르트랑 모형
	가격선도	가격선도 모형

4-4H 게임이론을 이용한 모형

최근에는 과점이론에 게임이론(Game Theory)을 많이 이용하고 있다. 게임이론은 게임의 참가자들이 전략(Strategy)을 선택하고, 그에 따른 보수(Payoff)를 얻는 상황을 전제한 뒤, 참가자들 간에 어떤 전략끼리 균형이 되는지 알아보는 것이다. 게임의 종류는 그 성격에 따라 다음과 같이 몇 가지로 나눌 수 있다. 우선 모든 참가자가 동시에 단 한번만 전략을 구사하는 1회성 동시게임을 들 수 있다. 이에 반해 여러 번에 걸쳐 전략을 구사하는 것을 반복게임이라 한다. 또한 참가자들이 전략을 동시에 구사하지 않고, 차례대로 구사하는 것을 순차게임이라 한다. 게임의 균형은 그 성격에 따라 우월전략균형과 내쉬(Nash)균형으로 나누어진다. 우선 1회성 동시게임 안에서 우월전략균형과 내쉬균형을 살펴본 후, 반복게임, 순차게임 등을 살펴보기로 한다.

우월전략균형

기업 1과 기업2가 담합에 대한 협정을 맺었다고 하자. 이때 각 기업은 담합의 준수를 선택할 수도 있고, 위반을 선택할 수도 있다. 이때 기업 1과 기업 2는 게임의 참가자가 되며, 이들은 담합을 준수하느냐 또는 위반하느냐 2가지의 전략을 선택할 수 있다. 아래의 표는 이러한 전략에 따른 두 기업의 이윤을 나타낸다. 이와 같이 경기자의 전략에 따른 보수를 나타낸 것을 **보수행렬**(Payoff Matrix)이라 한다. (단, 각 보수의 쌍에서 왼쪽이 기업 1에 대한 보수, 오른쪽이 기업 2에 대한 보수를 나타냄.)

		기업 2	
		준수	위반
기업 1	준수	50, 50	10, 70
	위반	70, 10	30, 30

만일 기업 2가 준수를 택하면, 기업 1은 위반을 택할 것이다. 만일 기업 2가 위반을 택해도, 기업 1은 위반을 택할 것이다. 이와 같이 상대방의 전략에 관계없이 택하는 전략이 있으면, 이를 **우월전략**(Dominant Strategy)이라 한다. 기업 2도 마찬가지로 기업 1이 준수를 택하든 위반을 택하든, 위반을 택할 것이다. 따라서 균형은 (위반, 위반)에서 이루어지며, 이를 **우월전략균형**이라 한다. 이때 보수는 $(30, 30)$이 된다.

주 1 이러한 게임의 기본전제는 서로 비협조(Noncooperative)적이라는 것이다. 만일 서로 협조하는 게임이라면, 당연히 두 기업 모두 준수를 택할 것이다.

주 2 이 게임의 특성은 두 기업 모두 전략의 행사를 단 한번만 동시에 행사한다는 것이다. 다시 말해, 1회성 (즉, 비반복) 동시게임이라 할 수 있다.

위의 게임에서 균형점은 두 기업 모두에게 효율적이라 할 수 없다. 만약 두 기업 모두 협정을 준수 했다면, 두 기업 모두 보다 큰 이윤인 50을 누릴 수 있었기 때문이다.

참고 **죄수의 딜레마**

죄수의 딜레마(Prisoner's Dilemma)는 우월전략균형이 비효율이 되는 예로 잘 알려져 있다. 주요 범죄를 공모한 것이 의심되는 용의자 두 명을 서로 격리된 곳에서 심문하여, 자백을 받아내려고 한다. 만일 두 명 모두 자백하면 각각의 형량을 3년으로 한다. 만일 한명만 자백하면 자백한 자는 사면해주고, 다른 자는 6년형에 처한다. (미국에서는 Plea Bargain이라 하여 용의자의 유죄인정과 감형을 거래하기도 한다.) 둘 다 부인할 경우는 증거불충분으로 가벼운 죄목만 물어 각각의 형량을 1년으로 한다. 이때 각 용의자의 우월전략은 자백하는 것이므로, 균형에서의 보수는 아래의 표에서처럼 $(-3, -3)$이 된다. 하지만 둘 다 부인했더라면 보수는 $(-1, -1)$이 되었을 것이다. (단, 형량은 비효용이므로 음수로 표시하였다.)

		용의자 2	
		자백	부인
용의자 1	자백	−3, −3	0, −6
	부인	−6, 0	−1, −1

내쉬균형

게임에 따라서는 우월전략이 존재하지 않을 수도 있다. 보수행렬이 다음과 같이 주어져 있다고 하자. (단, 각 보수의 쌍에서 왼쪽이 기업 1의 이윤임.)

		기업 2	
		전략 1	전략 2
기업 1	전략 1	20, 8	10, 7
	전략 2	15, 5	12, 9

기업 2가 전략 1을 택하면 기업 1도 전략 1을 택할 것이고, 기업 2가 전략 2를 택하면, 기업 1도 전략 2를 택할 것이다. 반대로 기업 1이 전략 1을 택하면 기업 2도 전략 1을 택할 것이고, 기업 1이 전략 2를 택하면, 기업 2도 전략 2를 택할 것이다. 각 기업의 전략은 상대방의 전략에 따라 바뀌게 되므로, 우월전략이 존재하지 않는다. 위의 경우에 균형은 (전략 1, 전략 1) 또는 (전략 2, 전략 2)이 되며, 보수는 $(20, 8)$ 또는 $(12, 9)$가 된다. 균형점에서는 상대방의 전략이 주어진 후 변하지 않으면, 자신의 전략을 바꿀 유인이 존재하지 않는다는 것이다. 이와 같은 균형을 **내쉬균형**(Nash Equilibrium)이라 한다.

위에서 보듯이 우월전략균형은 내쉬균형이지만, 내쉬균형이 반드시 우월전략균형이 되는 것은 아니다.

반복게임

만일 똑 같은 게임을 계속해서 반복할 수 있다면 어떻게 될까? 위에서 죄수의 딜레마라는 성질을 가진 우월전략균형을 살펴보았다.

		기업 2	
		준수	위반
기업 1	준수	50, 50	10, 70
	위반	70, 10	30, 30

만일 이러한 게임을 반복해서 하게 되면, 합리적인 참가자라면 계속해서 시행착오를 겪는 과정에서 어떤 전략이 모두에게 최선의 것인지 알게 되고 그와 같은 상태를 유지하려는 마음이 생기게 될 것이다. 위의 예에서 기업 1, 기업 2 모두 계속해서 $(30, 30)$의 이윤을 얻는 것보다 $(50, 50)$의 이윤을 얻고자 할 것이다. 즉, **반복게임**(Repeated Game)에서는 **협조게임**을 할 유인이 커진다. 따라서 이와 같은 게임이 계속해서 반복되면, 서로 협조하여 죄수의 딜레마를 벗어나게 된다.

앞에서 본 우월전략균형의 예에서 담합을 하면 결합이윤이 100으로 최대가 되지만, 개별 업들은 담합을 깨려는 유인을 가지게 된다. 예를 들어, 기업 2가 계속 담합을 준수할 것이라고 믿으면, 기업 1은 담합을 위반함으로써 보수가 50에서 70으로 늘어날 것으로 기대할 수 있다. 이는 기업 2도 마찬가지이다. 이와 같이 담합은 깨어지기가 쉽다. 만일 두 기업 다 담합을 위반하면 다시 담합 이전의 상태로 돌아가 버린다. 따라서 담합기업들은 담합이 깨어지는 것을 막기 위해 담합 위반자에 대해 20 이상의 벌금을 물리려고 할 것이다. 즉, 담합위반이 발각되면 담합위반으로부터 기대되는 추가이익보다 큰 벌금을 물림으로써, 담합이 깨어지는 것을 방지하려할 것이다.

복합전략게임

두 사람이 손에서 구슬을 펼쳐 보이는 게임을 한다고 하자. 이때 두 사람이 펼쳐 보인 구슬의 합이 홀수이면 사람 1이 10을 따고, 짝수이면 사람 2가 10을 딴다고 하자. 이때 보수행렬은 다음과 같다. (단, 각 보수의 쌍에서 왼쪽이 사람 1에 대한 보수임.)

		사람 2	
		홀수	짝수
사람 1	홀수	−10, 10	10, −10
	짝수	10, −10	−10, 10

여기서는 우월전략이 존재하지 않는다. 또한 Nash균형도 존재하지 않는다. 어떤 보수가 주어져도, 사람 1 또는 사람 2가 다른 전략을 택하려는 유인을 가지기 때문에 균형이 성립할 수 없다. 즉, 홀수 또는 짝수라는 순수전략만으로는 균형자체가 존재하지 않게 된다. 이때는 두 순수전략을 어떤 빈도로 사용할까 하는 것이 관건이 된다. 즉, 홀수와 짝수를 내는 전략들의 확률을 각각 얼마씩으로 하는 것이 최선인가를 결정하는 것이다. 위의 경우에서는 물론 홀수와 짝수를 낼 확률을 각각 0.5씩 하는 것이 최선이다. 만일 사람 2가 짝수를 0.6의 확률로 낸다면, 사람 1이 계속 홀수 전략만을 사용함으로서 이익을 볼 수 있기 때문이다.[5] 반면에 사람 2는 손해를 보기 때문에 확률을 바꾸려고 할 것이다. 따라서 이 경우의 균형은 두 사람 다 짝수와 홀수의 전략을 0.5의 확률로 사용하는 것이다. 이와 같이 순수전략을 사용하는 빈도인 확률로 균형을 정할 때, 이를 **복합전략게임**(Mixed-Strategy Game)이라 부른다.

---

5) 즉, 게임을 한 번 할 때마다 $10\times0.6+(-10)\times0.4=2$에서 보듯이 2만큼의 이익을 기대할 수 있다.

순차게임

여태까지는 게임의 전략을 동시에 시행하는 동시게임만을 보았다. 이와는 달리 참가자가 서로 번갈아 전략을 구사하는 것을 **순차게임**(Sequential Game)이라 한다.

현재 가솔린자동차를 생산하고 있는 기업 1이 전기자동차 공장을 구상 중에 있다. 이때 새로 자동차사업을 하려는 기업 2도 전기자동차 공장을 지으려고 한다. 기업 1은 기업 2의 결정을 보고 난 후, 전기자동차 공장을 지을 것인지 결정하고자 한다. 기업 1은 새로 전기자동차 공장을 지어야할까? 이에 대한 답은 다음과 같은 게임나무(Game Tree)를 그려봄으로써 얻을 수 있다. (단, 게임나무의 맨 오른쪽에 표시된 보수들의 괄호 속에서 왼쪽은 기업 1의 이윤, 오른쪽은 기업 2의 이윤을 나타냄.)

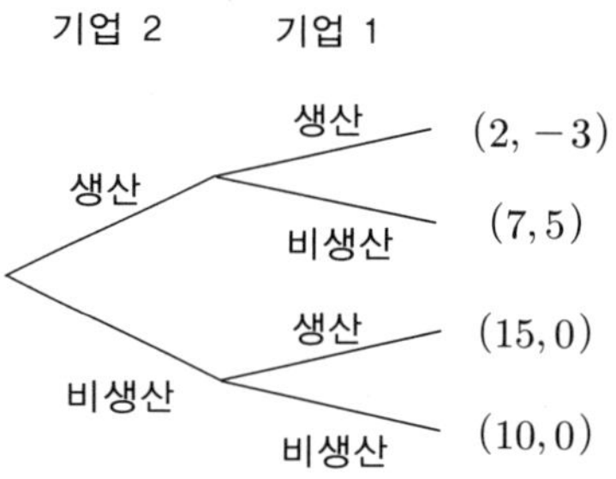

기업 2가 아직 전기자동차를 생산하지 않고 있을 때, 기업 1의 이윤이 10이다. 이때 기업 1이 추가로 전기자동차를 생산하면 기업 1의 전체 이윤이 15가 된다. 만일 기업 2가 전기자동차를 생산하게 될 때, 기업 1도 전기자동차를 생산하면, 자동차 공급과잉으로 기업 1의 이윤은 2가 되고, 기업 2는 -3의 손실을 입는다. 이때 기업 1이 전기자동차를 생산하지 않으면, 기업 1과 기업 2의 이윤은 각각 7과 5가 된다.

보수 $(7,5)$와 $(15,0)$을 주는 균형 둘 다 우월전략균형은 아니지만, 내쉬균형이 됨을 알 수 있다. 왜냐하면 다른 기업의 결정이 일단 주어지면, 각 기업은 내쉬균형점 외의 다른 결정을 내리려 하지 않기 때문이다. 따라서 이 경우 균형은 이 둘 중 기업 1은 당연히 $(15,0)$을 주는 균형을 원할 것이다. 따라서 기업 1은 기업 2가 전기자동차 공장을 짓지 않기를 바랄 것이다. 기업 1은 어떤 일이 있어도 전기자동차를 생산하고야 말 것이라는 단호한 의지를 기업 2에 보여주려 할 것이다. 물론, 실제로 기업 2가 전기자동차를 생산하면, 기업 1은 당연히 전기자동차 생산을 포기할 것이다. 하지만 기업 1이 미리 전기자동차 공장부지를 확보하고 기초공사를 시작하였다면, 또는 외국의 유명자동차 회사와 전기자동차 합작투자협정을 체결하였다면, 기업 2는 기업 1이 전기자동차를 생산하는 것을 기존사실로 받아들일 수도 있다. 이때 기업 2가 전기자동차 공장을 짓는 것이 쉽지 않을 것이다. 따라서 기업 1의 계획이 상대방에게 얼마나 믿을만하냐는 신뢰성 (Credibility)이 최종 균형이 어떻게 되는지를 결정한다. 그리고 기업 1은 자신의 계획이 매우 신뢰할만한 것임을 과시하려 할 것이다.

연습문제

1. 시장수요함수가 $P=200-Q$이다. 이 시장에서는 기업 1과 기업 2가 제품을 공급하고 있다. 두 기업 모두 각각의 생산량 x에 대해 비용함수가 $C=20x+1,000$으로 동일하다. 이때 다음의 물음에 답하라.

   (1) 쿠르노 모형에서 각 기업의 공급량, 시장가격, 각 기업의 이윤을 구하라.

   (2) 쿠르노 모형에서 각 기업의 반응곡선을 구하고, 그려보아라.

   (3) 기업 1이 수량선도자, 기업 2가 수량추종자일 때, 각 기업의 공급량, 시장가격, 각 기업의 이윤을 구하라.

   (4) 두 기업이 담합을 할 때, 각 기업의 공급량, 시장가격, 각 기업의 이윤을 구하라.

   (5) 기업 2가 담합을 준수하고 있을 때, 기업 1은 담합을 위반하여 가능한 최대의 이윤을 얻으려고 한다. 이때 각 기업의 공급량, 시장가격, 각 기업의 이윤을 구하라.

   (6) 두 기업 모두 상대방이 담합을 준수하고 있다고 가정하고, 담합을 위반함으로써 가능한 최대의 이윤을 얻으려고 한다. 이때 각 기업의 공급량, 시장가격, 각 기업의 이윤을 구하라.

   (7) 두 기업 모두 자신이 수량선도자이고, 상대방이 수량추종자인 것처럼 착각하고 있다. 이 때 각 기업의 공급량, 시장가격, 각 기업의 이윤을 구하라.

2. 기업 1이 가격선도자, 기업2가 가격추종자인 과점모형에서 시장수요함수가 $P=240-Q$이고, 두 기업 모두 생산량(Q_i)에 대한 비용함수가 $C=Q_i^2+3,000$일 때, 각 기업의 생산량, 시장균형가격, 이윤을 구하라.

3. 두 기업이 자사제품에 대해 광고를 하느냐 또는 안 하느냐 중에서 선택을 할 때, 기업이윤에 대한 보수행렬이 다음과 같다.

   (단, 각 보수의 쌍에서 왼쪽이 기업 1의 이윤임.)

기업 2

		광고	비광고
기업 1	광고	50, 30	80, 20
	비광고	30, 60	70, 40

(1) 기업 1과 기업 2의 우월전략은 각각 무엇인가?

(2) 균형점은 어디인가?

(3) 담합을 할 유인이 있는가? 있다면 어떤 점을 선택하겠는가?

(4) 만일 담합을 하고 있다면, 기업 1과 기업 2는 담합을 위반할 유인이 있는가? 유인이 있다면, 각각 어떤 전략을 택하려 하겠는가?

4. 새로 개발된 제품의 시장에 진입하느냐 마느냐를 놓고 두 기업이 선택을 할 때, 각각의 이윤에 대한 보수행렬이 다음과 같다.

(단, 각 보수의 쌍에서 왼쪽이 기업 1의 이윤임.)

기업 2

		진입	포기
기업 1	진입	−10, −10	30, 0
	포기	0, 30	0, 0

(1) 기업 1이 진입하는 전략을 택하면 기업 2는 어떤 전략을 택하겠는가?

(2) 균형점은 어디인가?

(3) 만약 기업 1이 먼저 선택을 하고, 기업 2가 그 후에 선택을 게 된다면, 균형점은 어디인가? 게임나무를 그려서 설명해 보라. 이때 기업 2는 어떤 보수를 성취하려 하며, 어떤 전략에 대해 상대방에게 실행의지를 보이겠는가?

객관식문제

4-1 완전경쟁

1. 다음 중 완전경쟁시장의 성질이 **아닌** 것은?

① 개별기업이 직면하는 수요곡선은 수평선이다.
② 경제주체는 가격수용자가 된다.
③ 진입장벽이 없다.
④ 제품 간의 차별성으로 인해 비가격 경쟁이 치열하다.
⑤ 장기적으로 초과이윤은 0이 된다.

2. 어느 완전경쟁기업의 비용함수가 $C = 100 + \frac{Q^2}{2}$라 한다. 시장가격이 20일 때, 이 기업의 이윤은 얼마인가?

① −100 ② 0 ③ 100 ④ 200 ⑤ 400

4-2 독점

3. 독점에 관한 다음 사항 중 옳지 **않은** 것은?

① 독점기업은 항상 수요탄력성이 1인 지점에서 이윤이 최대가 된다.
② 신규기업이 기존의 독점산업에 진출하기란 쉽지 않다.
③ 한계비용이 0일 경우, 이윤을 최대로 하는 생산량과 매출액을 최대로 하는 생산량은 같다.
④ 독점기업은 독점적 지위를 고수하기 위한 지대추구행위를 함으로써 사회적 낭비를 초래할 수 있다.
⑤ 산업이 독점산업화 되면, 사회전체의 후생수준이 떨어지기는 하나, 장기적으로 보면 기술개발을 촉진시키고 국제경쟁력을 제고시키는데 유리할 수도 있다.

4. 다음 중 독점의 원인으로 옳지 **않은** 것은?

① 제품생산에 필요한 기술을 한 기업만 가지고 있다.
② 사업에 대한 인허가권을 한 기업만 가지고 있다.
③ 정부가 재정수입을 목적으로 단독사업을 실시한다.
④ 생산에 필요한 원료를 한 기업만 공급받는다.
⑤ 많은 유사 제품과 다른 차별성을 가지고 있다.

5. 시장수요곡선이 $P=200-2Q$이며, 이 시장에서 유일한 공급자인 기업 A의 생산비용이 $C=\frac{1}{2}Q^2+2{,}000$이다. 이 기업의 이윤은 얼마인가?

① 1,000 ② 2,000 ③ 3,000 ④ 4,000 ⑤ 5,000

6. 같은 지역 내에 유일한 상영관의 영화관람에 대한 탄력성이 일반인은 2, 학생은 이다. 이 상영관은 일반인에 대해 6,000원의 관람료를 부과하고 있다. 이때 학생에게 부과하는 관람료는 몇 원이겠는가?

① 2,000 ② 2,500 ③ 3,000 ④ 4,000 ⑤ 4,500

7. 자연독점에 대한 다음 설명 중 옳지 **않은** 것은?

① 완전경쟁적으로 행동하면, 기업은 자생하기가 힘들어진다.
② 이부가격제를 실시하면, 비효율성을 감소시킬 수 있다.
③ 이부가격제나 정부보조금 없이 기업이 독립채산제를 유지할 수 있게 할 수도 있으나, 이때는 사중손실이 발생한다.
④ 한계생산비는 항상 평균생산비보다 작다.
⑤ 그냥 내버려두면 기업이 독점화 될 수밖에 없으며, 이때 사회후생의 손실을 제거할 수 있다.

8. 다음 중 사중손실이 발생하는 경우가 **아닌** 것은?

① 기업의 제품에 물품세를 부과한다.
② 2급가격차별을 실시한다.
③ 독점기업의 수요곡선과 한계비용이 만나는 점에서 최고가격제를 실시한다.
④ 산업이 독점적경쟁의 모습을 지닌다.
⑤ 시장균형가격보다 낮은 수준에서 가격상한제를 실시한다.

9. 다음 중 사회적으로 비효율이 발생하는 경우는?

> 가. 산업이 독점적경쟁 형태이다.
> 나. 산업이 과점 형태이다.
> 다. 독점기업이 1급가격차별을 한다.
> 라. 노동시장의 균형이 쌍방독점에 의해 결정된다.

① 가, 나 ② 나, 다 ③ 나, 다, 라
④ 가, 나, 라 ⑤ 가, 나, 다, 라

4-3 독점적경쟁

10. 독점적경쟁에 관한 다음의 서술 중 옳지 **않은** 것은?

① 제품 간의 비가격경쟁이 치열할 수 있다.
② 각 기업은 한계수입과 한계비용이 일치하는 점까지 생산할 때 최대의 이윤을 올릴 수 있다.
③ 제품들은 유사하면서도, 서로 다른 특징을 가진 차별성을 보인다.
④ 많은 수의 기업이 존재하므로, 각 기업은 가격수용자가 된다.
⑤ 진입장벽은 매우 낮거나 존재하지 않는다.

4-4 과점

11. 다음 중 과점시장의 성격을 기술한 것이다. 이중 옳지 **않은** 것은?

① 각 기업은 높은 시장지배력을 가진다.
② 가격이나 생산량을 변화시킬 때, 상대방기업의 반응을 많이 고려하는 편이다.
③ 시장점유율을 놓고 비가격 경쟁이 치열해진다.
④ 장기적으로 진입장벽이 낮아진다.
⑤ 개별기업이 직면하는 수요곡선은 우하향한다.

12. 시장수요함수가 $P = 360 - Q$로 주어져 있다. 가변비용이 0인 두 기업이 쿠르노 모형에서처럼 행동할 때, 시장균형가격을 구하라.

① 80 ② 100 ③ 120 ④ 150 ⑤ 180

13. 다음은 두 기업이 광고를 하는 전략과 안하는 전략을 결정해야 하는 상황에서의 보수행렬이다. 1회성 동시게임을 한다면, 균형에서의 보수는 어떻게 결정이 되겠는가? (단, 각 보수쌍에서 왼쪽이 기업 1의 보수, 오른쪽이 기업 2의 보수임.)

		기업 2	
		광고	비광고
기업 1	광고	30, 30	100, 10
	비광고	10, 100	60, 60

① (30, 30) ② (100, 10)
③ (10, 100) ④ (60, 60)
⑤ (30, 30) 또는 (60, 60)

14. 다음 보수행렬에서 내쉬(Nash)균형의 보수인 것은? (단, 각 보수쌍에서 왼쪽이 기업 1의 보수임.)

		기업 2	
		전략 1	전략 2
기업 1	전략 1	10, 0	5, 5
	전략 2	6, 6	7, 3

① (10, 0) ② (5, 5)
③ (7, 3) ④ (5, 5) 와 (6, 6)
⑤ 내쉬균형이 존재하지 않는다.

[문제 15-16] 두 기업이 신규시장 진입을 놓고 줄다리기를 하고 있다. 시장진입과 비진입 전략에 따른 보수가 아래와 같다. (단, 각 보수쌍에서 왼쪽이 기업 1의 보수임.)

		기업 2	
		진입	비진입
기업 1	진입	−3, −2	10, 0
	비진입	0, 8	0, 0

15. 다음 설명 중 옳은 것은?

① 우월전략균형이 존재한다.
② 내쉬균형이 1개 존재한다.
③ 내쉬균형이 2개 존재한다.
④ 내쉬균형이 존재하지 않는다.
⑤ 반복게임을 하면, 우월전략이 존재하게 된다.

16. 만일 기업 2가 먼저 진입여부를 결정하고 난 다음에 기업 1이 진입여부를 결정한다면, 기업 1의 입장에서는 어떤 행동을 하려 하겠는가?

① 절대 진입하려 하지 않을 것이다.
② 어떠한 일이 있어도 진입할 것이라고, 온갖 제스처를 다 쓸 것이다.
③ 기업 2가 진입하느냐에 따라 자신의 전략을 따로 세우며, 그 전에는 어떠한 행동도 자제할 것이다.
④ 절대 진입하지 않을 것처럼 행동하여 기업 2를 안심시킬 것이다.
⑤ 둘 다 진입하면 다 망할 것이라고 호소하여 기업 2에게 위기감을 심어주되, 그래도 기업 2가 진입하면 함께 진입하여 본때를 보여준다.

[문제 17-18] 두 가지 전략에 대한 보수행렬이 다음과 같이 주어져 있다. (단, 각 보수쌍에서 왼쪽이 기업 1의 보수임.)

		기업 2	
		전략 A	전략 B
기업 1	전략 A	80, 70	110, 60
	전략 B	70. 90	100, 80

17. 두 기업이 1회성 동시게임을 할 때 균형점에서의 보수는 얼마인가?

① (80,70)
② (110, 60)
③ (70, 90)
④ (100, 80)
⑤ (70, 90) 또는 (110, 60)

18. 위의 경우와는 달리 두 기업이 반복게임을 한다면, 두 기업 이윤의 합은 게임을 한번 할 때마다 얼마씩 늘어나는가?

① 10 ② 20 ③ 30 ④ 40 ⑤ 50

5장 생산요소시장과 소득분배

5-1 생산요소시장

생산요소시장에서 생산요소의 가격과 고용량이 결정되면, 그에 따라 각 생산요소에 대한 소득분배가 결정된다. 생산요소 중 가변생산요소인 노동에 대한 임금과 고용량은 노동의 공급과 수요에 의해 결정된다. 노동시장을 살펴보기에 앞서 노동에 관한 몇 가지 개념을 익혀보자.

5-1A 기본개념

한계수입생산

한계수입생산(MRP: Marginal Revenue Product)은 노동(L) 1단위를 추가로 투입할 때, 늘어나는 수입(R)이다.

$$MRP = \frac{\Delta R}{\Delta L} = \frac{\Delta R}{\Delta Q}\frac{\Delta Q}{\Delta L} = MR \times MP_L$$

즉, 한계수입생산은 한계수입(MR)에 노동의 한계생산(MP_L)을 곱한 값과 같다. 즉, 노동자 1명을 추가로 고용할 때 늘어나는 수입은 증가된 생산량(MP_L)에 생산물 1개를 추가로 시장에 공급할 때 얻는 수입(MR)을 곱한 값과 같다. 예를 들어, 노동자 1명을 추가로 고용하였더니 생산량이 10개 증가하였으며, 생산물 1개를 추가로 시장에 공급하여 얻는 수입이 20이라면, 한계수입생산(MRP)은 200($= 10 \times 20$)이 된다.

한계생산가치

한계생산가치(VMP: Value of Marginal Product)는 노동(L) 1단위를 추가로 투입할 때, 늘어나는 사회적 가치이다. 이는 기업의 수입이 아닌 사회전체의 잉여라는 관점에서 볼 때, 늘어나는 가치를 나타낸다.

$$VMP = P \times MP_L$$

즉, 한계생산가치는 생산물가격(P)에 노동의 한계생산(MP_L)을 곱한 값과 같다. 이때 생산물가격은 생산물 1단위에 대해 사회가 평가하는 가치인 셈이다. 예를 들어, 노동자 1명을 추가로 고용하였더니 생산량이 10개 증가하였으며, 생산물의 시장가격이 30이라면, 한계생산가치는 300 ($= 10 \times 30$)이 된다.

주 독점기업의 경우 $P > MR$이므로, $VMP > MRP$가 성립한다. 반면에 완전경쟁기업의 경우 $P = MR$이므로, $VMP = MRP$가 된다. 아래 그림은 노동(L)과 임금(w)의 평면에서 독점기업의 한계수입생산곡선이 한계생산가치곡선보다 아래에 있음을 보여준다. (한계생산은 체감한다고 가정한다.)

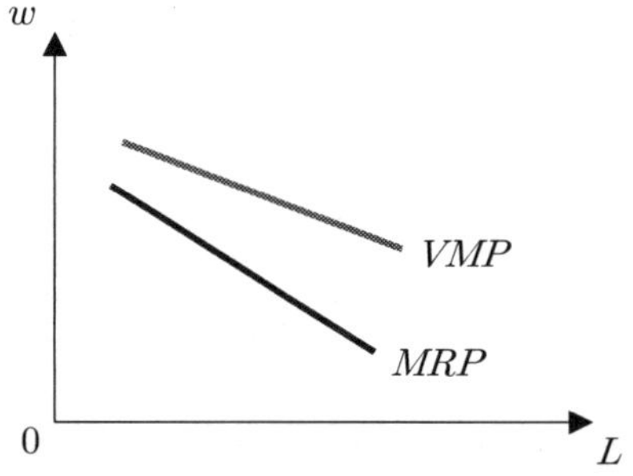

예 1 생산물시장에서 독점적으로 제품을 공급하는 기업 A의 경우 노동의 한계생산은 현재 10이라 한다. 또한 현재의 생산수준에서 가격은 100, 한계수입은 70이라 한다. 이때 한계수입생산(MRP)과 한계생산가치(VMP)는 다음과 같다.

$$MRP = MR \times MP_L = 70 \times 10 = 700$$

$$VMP = P \times MP_L = 100 \times 10 = 1{,}000$$

예 2 수요함수가 $P = 100 - \frac{1}{2}Q$, 생산함수가 $Q = \frac{3}{2}L^{1/3}K^{2/3}$인 독점기업의 한계수입생산($MRP$)과 한계생산가치($VMP$)는 $(L, K) = (8, 64)$에서 다음과 같다.

$$R = PQ = \left(100 - \frac{1}{2}Q\right)Q = 100Q - \frac{1}{2}Q^2$$

$$MR = 100 - Q$$

$$MP_L = \frac{\partial Q}{\partial L} = \frac{1}{2}L^{-2/3}K^{2/3} = \frac{1}{2}\left(\frac{K}{L}\right)^{2/3}$$

$$Q = \frac{3}{2}(8)^{1/3}(64)^{2/3} = 48$$

$$MRP = MR \times MP_L = (100 - Q) \times \frac{1}{2}\left(\frac{K}{L}\right)^{2/3}$$
$$= (100 - 48) \times \frac{1}{2}\left(\frac{64}{8}\right)^{2/3} = 104$$

$$VMP = P \times MP_L = \left(100 - \frac{1}{2}Q\right) \times \frac{1}{2}\left(\frac{K}{L}\right)^{2/3}$$
$$= \left(100 - \frac{1}{2} \times 48\right) \times \frac{1}{2}\left(\frac{64}{8}\right)^{2/3} = 152$$

평균요소비용

평균요소비용(AFC: Average Factor Cost)은 노동(L) 1단위당 드는 비용이다. 만일 가변생산요소가 노동뿐이라면, 평균요소비용은 노동 1단위당 든 가변비용이다.

$$AFC = \frac{w \times L}{L} = w$$

즉, 평균요소비용은 임금(w)과 같다. 예를 들어 총 10명을 고용하는데 비용이 1,000만원 들었다면, 평균요소비용은 100만원이며, 이는 임금수준과 동일하다. (물론 노동단위를 시간으로 하면,

임금도 시간당 임금으로 바꾸면 된다.)

한계요소비용

한계요소비용(MFC: Marginal Factor Cost)은 노동 1단위를 추가로 고용할 때 드는 비용이다.

$$MFC = \frac{\Delta C}{\Delta L} = \frac{\Delta C}{\Delta Q}\frac{\Delta Q}{\Delta L} = MC \times MP_L$$

즉, 한계요소비용은 한계비용과 노동의 한계생산을 곱한 값과 같다.

주 만일 노동시장에서 노동의 공급곡선을 $w = f(L)$ (단, $f' > 0$)이라 해보자. 이때

$$AFC = \frac{w \times L}{L} = \frac{f(L) \times L}{L} = f(L)$$

$$MFC = \frac{d}{dL}[f(L) \times L]$$
$$= f'(L)L + f(L) > f(L) = AFC$$

여기서 두 가지 사실을 확인할 수 있다. 즉, 평균요소비용(AFC)곡선이 노동의 공급곡선(S_L)과 일치한다는 것과 한계요소비용(MFC)곡선이 노동의 공급곡선 위에 있다는 것이다.

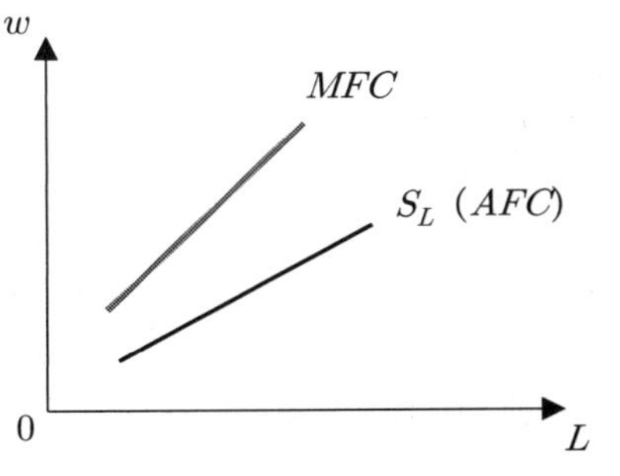

주 만일 어떤 기업이 노동시장에서 노동고용에 대한 독점력이 전혀 없고 완전경쟁의 위치에 있다면, 정해진 임금수준에서 얼마든지 원하는 만큼 고용할 수 있다. 따라서 그 기업

이 직면하는 노동의 공급곡선(S_L)은 위의 그림과 같이 우상향하지 않고, 수평선이 된다. 이때 노동의 공급곡선, 즉, 평균요소비용(AFC)곡선과 한계요소비용(MFC)곡선은 일치하게 된다. 이는 생산물시장에서 독점기업이 직면하는 수요곡선은 우하향하나, 완전경쟁기업이 직면하는 수요곡선은 수평인 것과 같은 논리이다.

예 3 노동시장에서 독점력을 가진 기업이 노동을 고용할 때, $MFC > AFC$인 사실을 다음의 표를 통해서도 확인해볼 수 있다.

L	1	2	3
w	100	200	300
총요소비용	100	400	900
AFC	100	200	300
MFC	100	300	500

노동(L)을 처음 1단위 고용할 때는 임금(w)을 100만큼 지급하지만, 2단위를 고용하기 위해서는 2단위 모두 임금을 200만큼 지급해야 한다. 즉, 평균요소비용은 200이다. 이때 총요소비용은 400이므로, 2단위를 고용할 때는 1단위를 고용할 때보다 300만큼 추가비용이 든다. 즉, 한계요소비용이 300이다. 마찬가지로, 3단위를 고용하기 위해서는 3단위 모두 300씩 임금을 지급해야 하기 때문에, 한계요소비용이 500이 된다. (즉, 1단위 추가로 고용하면서 지급한 임금 300에다가, 원래 200씩 임금을 지급했던 노동 2단위에 대해 300씩의 임금을 지급하면서 추가로 더 지급한 200을 더하면 500이 된다.)

5-1B 노동시장에서의 수요와 공급

노동에 대한 수요곡선

아래그림에서 임금이 w_0라면 기업의 노동수요량은 L_0이 된다. 만일 그보다 작게 고용하면, $MRP > w_0$가 된다. 이때 노동 1단위를 더 고용하면 추가수입이 추가비용보다 크므로 이윤이 증가한다. 따라서 노동고용량은 임금수준과 한계수입생산(MRP)이 같은 지점에서 결정된다. 임금이 하락하면, 노동에 대한 수요량은 한계수입생산(MRP) 곡선을 따라 증가한다. 즉, 한계수입생산곡선은 노동에 대한 수요곡선(D_L)이 된다. 단, 생산물시장에서 완전경쟁기업이라면, 노동에 대한 수요곡선은 한계생산가치(*VMP*)곡선이라 해도 된다. 노동에 대한 시장수요는 개별기업 노동수요의 수평합으로 구할 수 있다.

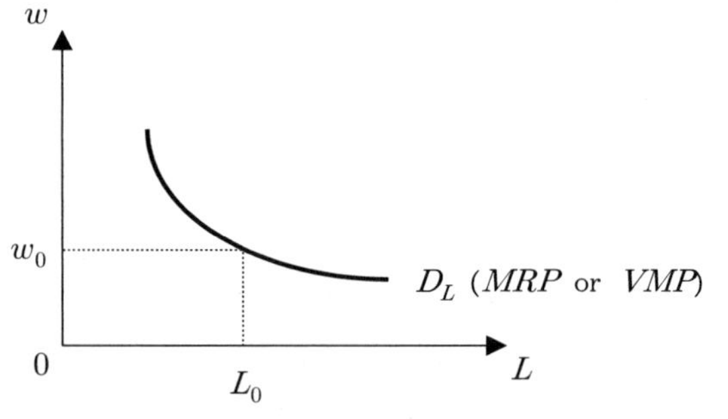

노동공급곡선

노동의 공급은 임금수준이 매우 높아지면, 다음과 같은 후방굴절의 모양이 나타날 수도 있다. 즉, 임금상승의 소득효과가 소득과 여가간의 대체효과보다 클 때이다.

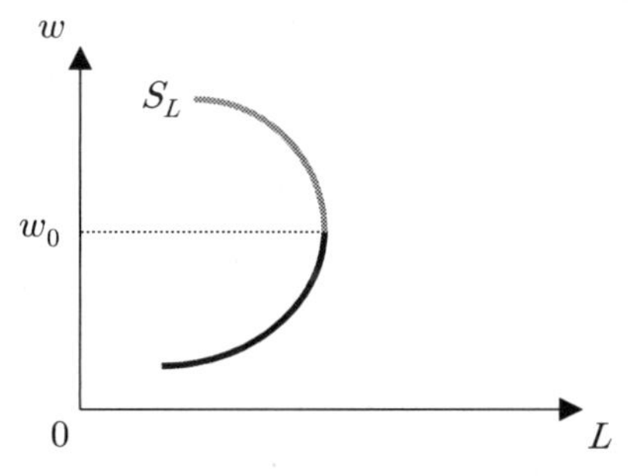

하지만 후방굴절이 나타나는 것은 대개 소득이 꽤 높은 수준에서 나타난다. 이들 그룹에서는 임금이 오를 때 풍요로워진 소득을 쓸 수 있는 추가적인 여가를 더 선호하기 때문에 오히려 노동시간이 줄어든다. 그렇지만 이러한 그룹에 속하는 자들은 소수이며, 대다수 노동자들의 노동공급곡선은 후방굴절하지 않고 우상향한다. 따라서 경제 전체를 보면 노동공급곡선이 우상향하는 것이 일반적이다. 만일 시장전체의 노동공급곡선에서 후방굴절된 부분이 있더라도 균형점은 그 부분에서 이루어지지 않는다. 왜냐하면, 노동수요자들은 같은 노동을 고용하더라도, 후방굴절된 부분보다 그 아래에서 정상적으로 우상향하는 부분을 선택할 때 임금을 덜 지불할 수 있기 때문이다.

5-1C 노동시장에서의 균형

노동시장이 완전경쟁인 경우

노동시장에서 균형임금(w_0)은 아래 그림에서와 같이 노동의 공급곡선(S_L)과 수요곡선(D_L)이 만나는 점에서 결정된다. 이때 시장전체의 노동고용량은 L^*가 된다. 노동시장에서 수많은 기업들이 고용을 할 때, 개별기업이 직면하는 노동시장은 완전경쟁적이다. 즉, 개별기업의 고용량 변화는 시장에서 노동의 가격인 균형임금에 전혀 영향을 주지 못하며, 개별기업은 주어진 임금수준(w_0)에서 얼마든지 노동의 고용이 가능하다. 따라서 개별기업이 직면하는 노동공급곡선은 수평선이다. (완전경쟁 생산물시장에서 제품을 판매하는 개별기업이 직면하는 수요곡선이 수평선인 것과 같은 이치이다.) 따라서 개별기업은 한계수입생산(MRP)이 w_0와 같아지는 L_0만큼 고용할 것이다.

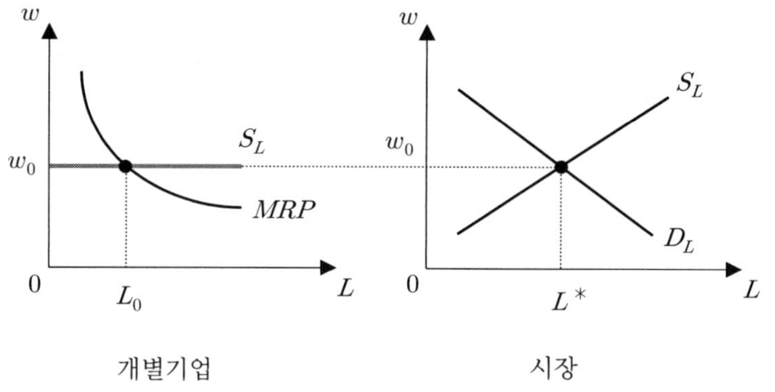

주 생산물시장도 완전경쟁이라면, 위의 그림에서 한계수입생산(MRP)대신 한계생산가치(VMP)를 써도 된다.

생산물시장이 독점인 경우

노동시장에서는 완전경쟁이지만, 생산물시장에서 독점(Monopoly)인 기업의 경우를 살펴보자. 노동시장이 완전경쟁이므로, 개별기업이 직면하는 노동공급곡선(S_L)은 수평선이다. 임금과 고용량은 노동에 대한 수요곡선(D_L)인 한계수입생산(MRP)곡선과 노동공급곡선이 만나는 E점에서 각각 w_0와 L_0로 결정된다. 이때 임금은 한계생산가치(VMP)보다 작다. 즉, 임금을 한계생산의 시장가치보다 작게 준다는 것이다. 한계생산가치와 임금의 차이인 “$w_1 - w_0$”를 **공급독점적 착취**(Monopolistic Exploitation)라 한다.

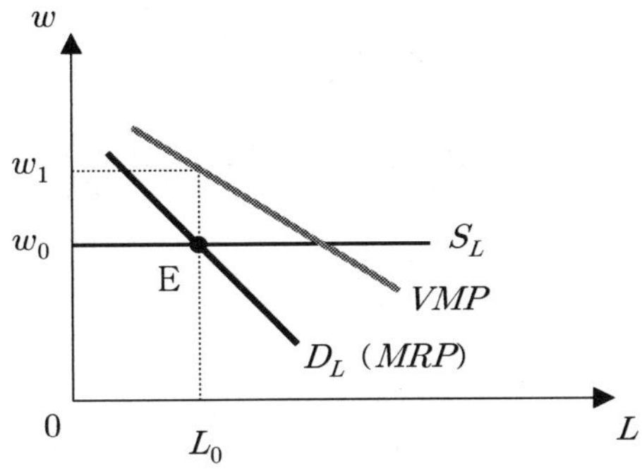

주 기업이 $w = MRP$, 즉, $w = MR \times MP_L$ 가 되는 점에서 생산하면, $\frac{w}{MP_L} = MR$이 된다. 또한 $\frac{w}{MP_L} = MC$임을 생산자이론에서 확인하였었다. 따라서 노동시장에서 기업의 행동은 생산물시장에서의 이윤극대화조건인 $MR = MC$를 포함하고 있다.

노동시장이 수요독점인 경우

노동을 고용하는 기업이 단 1개뿐이라면, 이러한 노동시장을 **수요독점**(Monopsony)시장이라 한다. 수요독점인 기업이 완전경쟁 생산물시장에 제품을 공급하는 경우 임금과 고용량은 어떻게 결정되는지 살펴보자. 임금과 고용량은 아래 그림에서와 같이 노동에 대한 수요곡선인 한계생산가치(VMP)곡선과 한계요소비용(MFC)곡선이 만나는 E 점에서 정해진다. 이 점에서 기업의 이윤은 최대가 된다. 이때 고용량은 L_0에서 결정된다. 또한 임금은 노동공급곡선(S_L)상의 w_0에서 결정되며, 한계요소비용보다 작다. 즉, 마지막 1단위의 노동을 더 고용하기위해 들인 추가비용보다 각 노동자에게 더 낮은 임금을 준다는 것이다. 이때 한계요소비용과 임금의 차이인 “$w_1 - w_0$”를 **수요독점적 착취**(Monopsonistic Exploitation)라 한다.

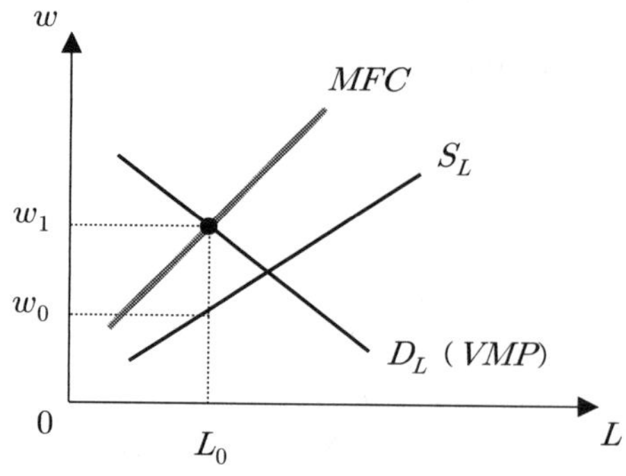

주 1 수요독점이면서 완전경쟁시장에 제품을 공급하는 예를 들어보자. 어떤 기업이 제품생산에 그 기업만의 독특한 기술을 사용하고 있으면, 그러한 기술을 가진 노동자들에 대해서 수요독점이다. 또한 노동의 이동이 없는 지역에서 유일하게 존재하는 기업은 그 지역에서 수요독점이 된다. 이러한 기업이 전국의 완전경쟁시장에 제품을 공급하면, 완전경쟁 생산물시장에 제품을 공급하는 수요독점기업이 된다.

주 2 $VMP = MFC$이면, $P \times MP_L = MC \times MP_L$ 이다, 따라서 생산요소시장에서 기업의 이윤극대화조건은 $P = MC$라는 완전경쟁 생산물시장에서의 이윤극대화조건과 동일하다. 노동에 대한 수요는 생산물에 대한 수요에서 비롯된 파생수요이기 때문에, 똑같은 이윤극대화 원리가 작용한다.

주 3 독점이나 수요독점의 경우에 등장하는 착취란 말은 매우 부당하고 비도덕적인 어감을 준다. 임금이 결정되는 것은 시장구조에 따른 최적화라는 경제적 원리가 작용한 결과이며, 도덕과는 전혀 상관이 없다. (마치 수요탄력성 차이에 따른 가격차별의 결과 어른이 초등학생보다 더 비싼 공공교통요금을 지불한다고 착취라고 하지 않는 것처럼.) 보다 정확한 의미를 전달하는 데는 공급독점적 갭(Gap)과 수요독점적 갭(Gap)이라는 용어가 더 적절해 보인다.

생산물시장이 독점, 노동시장이 수요독점인 경우

생산물시장에서 독점이고, 노동시장에서 수요독점인 기업의 고용량은 노동에 대한 수요곡선인 한계수입생산(MRP)곡선과 한계요소비용(MFC)곡선이 만나는 E 점에서 결정된다. 이때 균형임금(w_0)은 한계생산가치(VMP)와 한계요소비용(MFC)보다 작다. 한계생산가치와 한계수입생산의 차이인 "$w_2 - w_1$"은 공급독점적 착취이며, 한계요소비용과 임금의 차이인 "$w_1 - w_0$"는 수요독점적 착취이다.

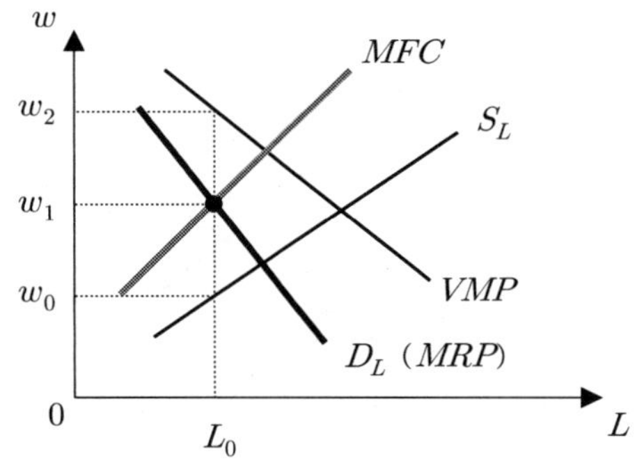

주 독점기업의 경우 $MRP = MFC$가 되는 지점에서 생산하면, 즉, $MR \times MP_L = MC \times MP_L$에서 생산하면, $MR = MC$가 되므로 생산물시장 독점기업의 이윤극대화조건과 일치한다.

쌍방독점

노동의 공급자와 수요자가 동시에 독점일 때를 **쌍방독점**이라 한다. 예를 들어, 특별한 기능을 가진 노동자들을 독점수요 하는 기업에 노동자들이 그들만의 노동조합을 통해 노동을 공급하는 경우이다. 이때 기업은 한계수입생산(MRP)과 한계요소비용(MFC)이 같아지는 E1 점에서 이윤이 최대가 되며, 노동공급곡선(S_L)상에서 w_1 수준의 임금을 지불하려 할 것이다. 한편 노동자가 노동공급량을 결정하는 것은 노동시장에서 마치 일반상품처럼 자신의 노동을 얼마나 팔까 결정하는 것과 같다. 따라서 노동의 공급량은 생산물시장에서의 독점기업과 마찬가지로 노동에 대한 수요곡선(D_L) 아래에 그려지는 한계수입(MR)곡선과 한계비용(MC)곡선이 만나는 점에서 결정된다. 이때 노동의 한계비용곡선은 노동공급곡선(S_L)과 동일하다. 왜냐하면 노동공급곡선은 노동 1단위를 더 공급하기 위해 추가로 수고한 것을 나타내고 있기 때문이다. 따라서 노동자들은 그들의 한계수입(MR)과 한계비용(MC)이 같아지는 E2 점까지 노동을 공급하려 할 것이다. 이때 노동의 가격인 임금은 노동에 대한 수요곡선(D_L)상에서 w_2까지 받으려 할 것이다. 따라서 임금은 기업이 주려고 하는 w_1과 노동자들이 요구하는 w_2 사이에서 결정될 것이다. 구체적으로 어느 수준에서 결정되느냐는 양자의 협상력에 달려있다.

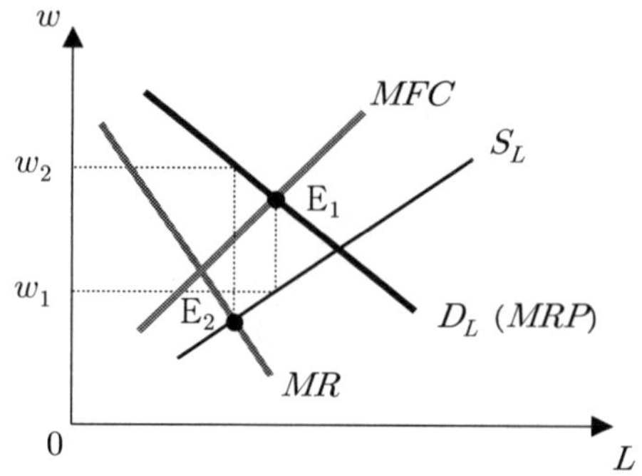

5-1D 지대

원래 **지대**(Rent)란 말은 농산물을 생산할 때 토지를 사용한 값이었다. 지대가 생기는 원인은 토지의 공급량이 한정되어 있기 때문이다. 만일 토지의 양이 무한정이라면, 아무도 지대를 내려하지 않을 것이다. **경제적 지대**(Economic Rent)도 마찬가지로 공급이 고정되어 있거나, 제한되어 있는 생산요소의 가격을 말한다. 보다 정확하게 말한다면, 생산요소의 경제적 지대란 생산요소의 총수입에서 전용수입(Transfer Earnings)을 뺀 것이다. 전용수입이란 생산요소가 어떤 생산에 종사하도록 지불해야 하는 최소한의 비용을 말한다. 즉, 그 분야에서 종사할 때의 기회비용과 같다.

예 4 미국 메이저리그의 일류투수들이 받는 연봉은 보통 수백만 달러에서 2천만 달러가 넘는다. 만일 2천만 달러의 연봉을 받는 투수가 일반 직장에 취업하면 일반적으로 6만 달러 정도의 연봉을 받을 수 있다고 하자. 이는 그의 나이 정도 되는 건장한 젊은이를 고용하는데 필요한 최소한의 연봉과 같다고 할 수 있다. 이때 2천만 달러에서 6만 달러를 뺀 1,994만 달러가 지대이다. 이렇게 큰 지대가 발생하는 요인은 시속 160km에 육박하는 직구(Fastball)는 물론, 커터(Cutter), 체인지업(Changeup), 스플리터(Split-Finger Fastball), 슬라이더(Slider), 낙차 큰 커브(Curve) 등의 구종 중에서 몇 가지와 제구력을 겸비한 투수의 수가 전 세계적으로 지극히 제한되어 있기 때문이다.

만일 흔히 지급하는 일정한 급료로 고용할 수 있는 생산요소의 수가 무제한이라면, 즉, 노동의 공급곡선이 수평선이라면, 아무런 지대가 발생하지 않을 것이다. 이 경우는 모든 생산요소의 수입이 전용수입이 된다. 하지만 약간이라도 생산요소의 수가 제한되어 있다면, 크던 작던 지대가 발생한다. 다음의 그림은 생산요소의 공급곡선에 따른 지대가 음영이 칠해진 부분으로 나타나있다. 만일 생산요소의 공급이 완전히 고정되어 있다면, 생산요소의 가격은 모두 지대이며, 전적으로 수요에 의해 결정된다.

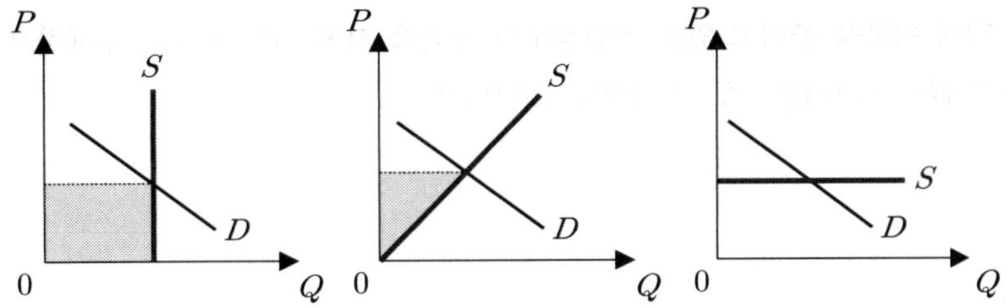

전부 지대 일부분 지대 지대=0

5-1E 준지대

앞서 생산이론에서 보았듯이 자본이라는 생산요소는 단기에는 고정되어 있으나, 장기에는 고정되어 있지 않다. 따라서 이러한 생산요소에 대한 지대는 단기에만 발생하는데, 이같이 단기에만 공급량이 고정된 생산요소에 대한 지대를 **준지대**(Quasi-Rent)라 한다.

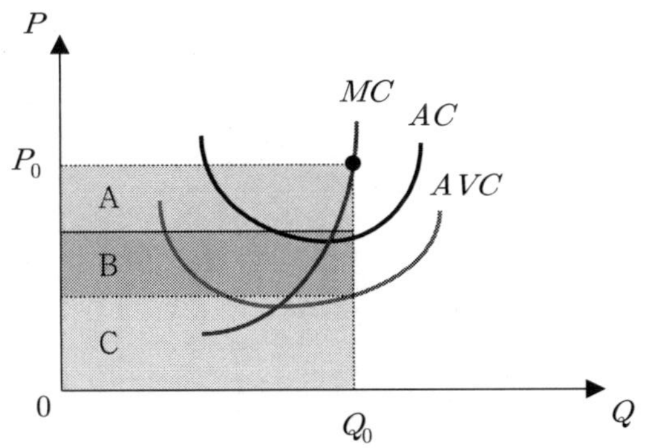

위의 그림은 가격이 P_0로 주어질 때 Q_0만큼 생산하는 완전경쟁기업의 이윤을 나타내고 있다. 사각형 C는 가변비용으로 지출된 것이다. 평균비용(AC)과 평균가변비용(AVC)의 차이는 평균고정비용(AFC)이므로, 사각형 B는 고정생산요소에 대한 보수, 즉 고정비용이다. 고정비용은 정상이윤이라고도 한다. 사각형 A는 초과이윤이다. 이 중 준지대는 사각형 A와 B를 합친 것이다. B는 단기에만 고정되어 있는 생산요소인 자본에 대한 보수이므로 준지대에 속한다. 또한 완전경쟁시장에서 초과이윤인 A는 단기에만 존재한다. 장기에는 기업의 진입이 자유롭게 이루어져 초과이윤이 없어지기 때문이다. 초과이윤이 생기는 이유는 주어진 시장가격에서 이윤을 올릴 수 있는 기업의 수가 단기에는 고정되어 있기 때문이다. 하지만 장기에는 다른 기업들이 진입하므로, 현재 이윤을 올리고 있는 기업정도의 능력을 가진 기업의 수가 무제한으로 늘어난다. 따라서 장기에는 초과이윤, 즉, 준지대가 소멸된다.

참고 이윤은 기업가가 사업의 위험(Risk)을 진 대가라고 볼 수 있다. 슘페터(Schumpeter)는 이윤을 기업가가 수행한 혁신(Innovation)의 대가라 하였다. 한편 마르크스(Marx)는 이윤을 자본가가 노동자를 착취한 것으로 보았다. 이윤을 어떤 식으로 해석하든, 이윤이란 노동과 자본을 이용하여 생산한 기업가의 전반적인 경영능력과 노력에 대한 대가라고 볼 수 있다. 보다 근본적으로 이윤이 발생하는 원인은 위험을 감수하고 혁신을 하거나 뛰어난 경영능력을 가진 사업가나 기업의 수가 무한정 많지 않고 어느 정도 제한되어 있기 때문이라고 할 수 있다. 그래서 이윤은 어떻게 보면 지대의 성격을 가지고 있다.

연습문제

1. 수요함수가 $P=1,000-Q$, 생산함수가 $Q=2\sqrt{LK}$라 한다. $(L,K)=(25,100)$에서 한계수입생산과 한계생산가치는 얼마인가?

2. 완전경쟁시장의 시장수요함수, 시장공급함수가 각각 다음과 같이 주어져 있다.

   시장수요: $P=300-\dfrac{1}{20,000}Q$

   시장공급: $P=\dfrac{1}{20,000}Q$

   완전경쟁인 노동시장에서 현재의 임금(w)은 300이다. 생산함수가 $Q=2\sqrt{LK}$이며, 자본(K)을 100단위 갖춘 완전경쟁기업이 이윤을 극대화하려고 한다.

   (1) 노동(L)의 균형고용량을 $P=MC$를 이용해 구하라.
   (2) 노동(L)의 균형고용량을 $VMP=w$를 이용해 구하라.

3. 수요함수가 $P=200-\dfrac{1}{2}Q$로 주어져 있다. 완전경쟁인 노동시장에서 현재의 임금(w)은 200이다. 생산함수가 $Q=2\sqrt{LK}$이며, 자본(K)을 100단위 갖춘 생산물시장 독점기업이 이윤을 극대화하려고 한다.

   (1) 노동(L)의 균형고용량을 $MR=MC$를 이용해 구하라.
   (2) 노동(L)의 균형고용량을 $MRP=w$를 이용해 구하라.
   (3) 균형고용량에서의 한계수입생산과 한계생산가치를 구하라.
   (4) 공급독점적 착취는 얼마인가?

4. 노동(L)의 공급함수가 $w=2L+20$이다. 기업 A의 한계수입생산(MRP)은 $500-4L$, 한계생산가치(VMP)는 $500-3L$로 표현된다고 한다. 이때 공급독점적 착취와 수요독점적 착취는 각각 얼마인가?

5. 노동(L)을 독점으로 공급하는 노동조합과 노동을 독점으로 수요하는 기업 A가 있다. 노동공급함수가 $w = 2L + 20$이며, 기업 A의 한계수입생산(MRP)곡선은 $w = 500 - 4L$이다. 이때 임금이 결정되는 범위를 구하라.

6. 생산량 Q에 대해 비용함수가 $C = Q^2 + 100$인 완전경쟁기업이 있다. 제품의 시장가격이 40이라 한다. 준지대를 구하라.

5-2 소득분배

5-2A 소득분배이론

각 개인의 소득은 요소시장에서 결정된다. 소득이 개인 간에 보다 균등해질 수 있도록 재분배해야 하느냐에 대해서는 경제사상에 따라 의견이 다를 수 있다. 이 중 몇 가지를 살펴보자.

공리주의자

공리주의자들은 "최대다수의 최대 행복"이라는 구호에서 보듯이 구성원들의 총효용이 최대가 되는 것을 목표로 한다. 따라서 개인 간에 한계효용이 균등해야 한다. 즉, 개인 A와 B 사이에서 $MU_A = MU_B$가 되어야한다. 만일 어느 한 쪽의 한계효용이 더 크면, 한계효용이 작은 쪽의 소득을 한계효용이 큰 쪽으로 재분배하면, 사회의 총효용을 증가시킬 수 있다.

평등주의자

공리주의자와 같이 사회전체 총효용의 극대를 목표로 삼으나, 효용수준이 낮은 저소득층의 효용에 더 높은 가중치를 부여한다. 따라서 공리주의자처럼 구성원 사이의 한계효용뿐만 아니라, 총효용도 동일해야한다. 즉, 되도록 소득까지 평등한 사회를 지향하는 것이다. 따라서 고소득층으로부터 저소득층으로 소득을 재분배하여 사회의 총효용을 증가시킬 여지가 존재한다고 믿는다.

롤즈

롤즈(Rawls)와 같은 학자는 사회 전체에서 효용수준이 최저인 자의 효용이 최대가 되어야 한다는 최소최대화(Maxmin)를 목표로 한다. 따라서 사회에 2명의 구성원이 존재한다면, 사회효용함수는 $U_S = \min\{U_A, U_B\}$가 될 것이다. 이 경우에도 효용이 낮은 자에게 소득을 재분배하는 것이 사회의 총효용을 증가시킬 수 있다.

자유주의자

자유주의자에 따르면, 공공의 이익이라는 명분하에 개인의 권리가 침해되어서는 안 된다. 부당한 소득에는 국가가 간여할 수 있지만, 정당하게 번 소득에 대해서는 국가가 간여해서는 안 된다는 것이다. 따라서 무조건적인 소득의 재분배에는 반대한다.

ATLAS SHRUGGED (Ayn Rand 저)

사회에는 생산자(Producer), 약탈자(Looter), 구걸자(Beggar)라는 3종류의 군상이 존재한다. 생산자들은 사회에 재화든 서비스든 가치를 창출하는 자들이다. 약탈자들은 거래에 의하지 않고, 힘에 의한 강제나 도둑질 또는 사기로 남의 것을 뺏는 자들이다. 이들은 자기가 누리는 소득만큼 가치를 창출하지 않고 직접적으로 또는 사회의 시스템이나 지위를 이용해 간접적으로 남의 것을 뺏는 계층이다. 구걸자들은 가치를 창출하지 않고, 동정심, 공공의 이익 또는 사회정의라는 이름으로 남이 생산해 놓은 것을 자신들의 필요에 따라 요구하는 자들이다.

이 소설은 사람들을 위와 같이 3종류로 분류한 후, 개인의 능력이나 노력에 따른 소득의 분배가 아닌 개인이나 집단의 필요에 따라 소득이 분배될 때 사회가 어떻게 몰락해 가는지 흥미롭게 보여준다. 즉, 소득이란 그만큼 사회에 가치(Value)를 창출한 것에 대한 반대급부라고 보며, 그러한 가치창출 없이 강제나 구걸에 의해 소득을 누리는 것을 가장 큰 죄악이라고 본다. 정부시스템이 잘못된 분배방식을 택하면 사회가 어떻게 몰락하는지 생생하게 보여주는 수작이다. (미국국회도서관 목록 중에서 미국인들에게 성경 다음으로 큰 영향을 끼친 책이라 평가되고 있다.)

5-2B 소득분배에 대한 지표

지니계수

로렌츠곡선(Lorenz Curve)은 소득이 가장 낮은 자로부터 가장 높은 자까지 차례로 소득을 누적해 나갈 때, 전체소득에서 차지하는 비율을 보여주는 곡선이다.

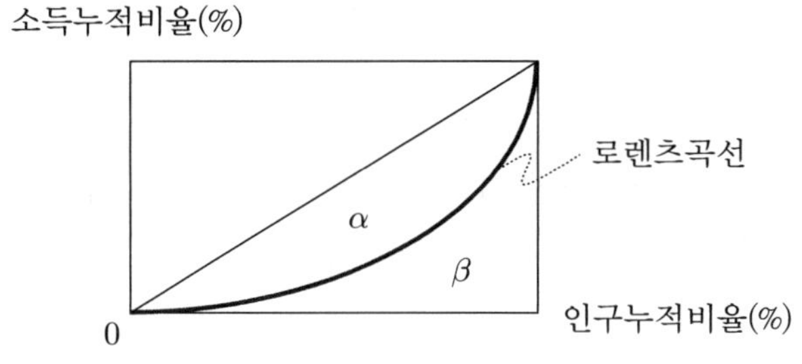

지니(Gini)**계수**는 소득분포의 불균등정도를 나타내는 지표이며, 위의 그림에서 면적 α를 면적 α와 β의 합으로 나눈 값이다.

$$\text{지니계수}(G) = \frac{\alpha}{\alpha+\beta}$$

만일 소득이 완전히 균등하게 분배되어 있다면, 로렌츠곡선은 원점을 잇는 대각선이 될 것이며, $\alpha = 0$이 되기 때문에 지니계수는 0이 된다. 만일 소득이 단 한사람에게만 몰려있다면, 로렌츠곡선은 사각형의 밑변과 오른쪽 세로변을 잇는 선이며, $\beta = 0$이 되기 때문에 지니계수는 1이 된다. 소득의 불균등정도가 심할수록 지니계수의 값은 커진다.

지니계수는 소득의 불균등 정도를 비교적 잘 보여주고 있으나, 다음과 같은 약점도 가지고 있다. 예를 들어, 두 나라가 지니계수의 값은 같으나, 로렌츠곡선의 모양이 다를 경우, 두 나라의 로렌츠곡선을 함께 그리면 서로 교차할 수 있다. 이때는 소득분배의 불균등 정도에 대해 어떤 판단을 내려야할지 애매할 수도 있다.

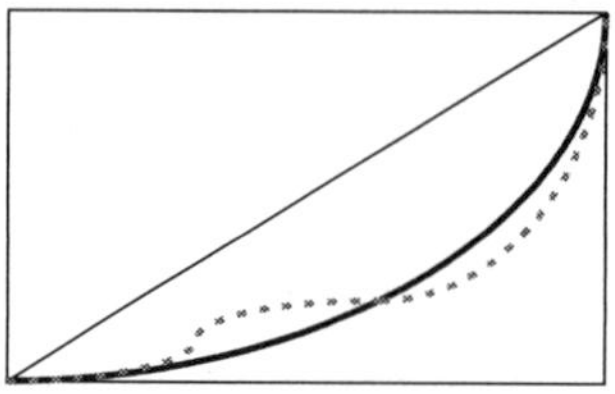

10분위분배율

10분위분배율은 구성원의 소득에서 하위 40%가 차지하는 소득과 상위 20%가 차지하는 소득의 비율이다.

$$10분위분배율 = \frac{하위\ 40\%의\ 소득점유율}{상위\ 20\%의\ 소득점유율}$$

만일 소득이 완전히 균등하게 분배되어 있다면, 10분위분배율이 2가 될 것이다. 이와 반대로 완전히 불균등하게 분배되어 있다면, 10분위분배율이 0이 될 것이다. 소득의 불균등정도가 심할수록 10분위분배율의 값이 작아진다.

주 1 10분위분배율이 0이라고 해서 완전불균등분배가 되는 것은 아니다. 예를 들어, 하위 40%의 소득이 0이더라도, 중간계층의 소득이 0이 아닐 수 있기 때문이다. 반면에 10분위분배율이 2이면, 완전균등분배라 할 수 있다. 그 이유는 다음과 같다. 10분위분배율이 2이면, 하위 40% 소득이 상위 20% 소득의 2배이다. 상위 20% 중 최저소득이 하위 40% 중 최고소득보다 크거나 같아야한다. 따라서 상위 20%와 하위 40%에 속한 모든 사람의 소득이 동일하지 않으면, 하위 40% 소득이 상위 20% 소득의 2배보다 작게 된다. 이와 같이 상위 20%와 하위 40%에 속한 모든 사람의 소득이 동일하므로, 중간계층에 속한 모든 사람의 소득도 이와 동일해야 한다.

주 2 소득분배이론에서 공리주의자, 평등주의자, 롤즈 모두 배후에 **사회후생함수**(Social Welfare Function)를 가정하고 있다. 예를 들어, 2명의 구성원이 있는 사회에서 개인 A와 B의 효용이 U_A와 U_B로 주어지면, 사회후생함수 $U_S(U_A, U_B)$가 존재한다고 가정하는 셈이다. 소득분배이론의 주창자들은 사회후생수준의 극대화를 위한 소득재분배를 지지하고 있다. 누진세, 재산세, 상속세 등은 모두 소득재분배를 위한 정책들이다.

참고 **사회후생함수에 대한 불가능성정리**

경제학자 애로우(Arrow)는 선호(Preference)의 비독재성, 독립성 등 몇 가지 가정하에 사회후생함수는 존재할 수 없다는 것을 밝혀내었다. 이를 **불가능성정리**(Impossibility Theorem)라 한다. 따라서 어떠한 소득분배가 사회적으로 최상이냐는 객관적으로 정의되기가 불가능하다. 즉, 얼마나 균등한 분배가 최선인가의 여부는 전적으로 각 개인의 선호에 달려있으며, 객관적으로 일관성 있게 정해질 수 없다는 것이다. 그리고 그러한 선호는 개인마다 다를 것이다.

주 1 **선호의 독재성**이란 한 사람의 선호가 사회의 모든 구성원의 선호로 강요되는 것을 말한다. **선호의 독립성**이란 "상태 A가 상태 B보다 사회적으로 더 선호되었을 때, 개인들의 선호가 변하더라도 A를 더 선호했던 개인들이 계속해서 A를 더 선호하는 한, 사회적으로도 상태 A가 상태 B보다 여전히 더 선호된다."는 가정이다. 즉, 상태 A를 더 좋아하는 개인들은 이전에 비해 상태 A를 약간만 더 좋아하게 되고, 상태 B를 더 좋아하는 개인들은 이전에 비해 상태 B를 훨씬 더 좋아하게 되었을 경우에도, 상태 A와 B 사이의 사회적 선호에는 변함이 없다는 것이다.

주 2 물론 모든 개인들의 효용을 온도처럼 정확한 수치로 잴 수 있다면, 즉, 효용의 기수성(Cardinality)이 성립한다면, 사회후생함수가 존재할 수 있다. 이때는 위의 독립성에 대한 가정이 항상 성립되기는 어렵다.

요약

[완전균등] $0 \leq$ 지니계수 ≤ 1 [완전불균등]

[보다 불균등] $0 \leq$ 10분위분배율 ≤ 2 [완전균등]

연습문제

1. 소득분포가 4분위별로 다음과 같을 때 지니계수를 구하라.
(단, 왼쪽이 저소득층, 오른쪽이 고소득층임.)

(1) 누적소득점유율이 주어졌을 때

소득계층	1/4	2/4	3/4	4/4
누적소득점유율(%)	10	30	60	100

(2) 계층별 소득점유율이 주어졌을 때

소득계층	1/4	2/4	3/4	4/4
소득점유율(%)	5	20	30	45

힌트: $(\alpha+\beta)$의 면적은 소득분포가 연속분포라면 5,000이지만, 4분위 소득분포에서는 아래 그림에서처럼 6,250이 된다. 즉, $25\times(25+50+75+100)=6,250$

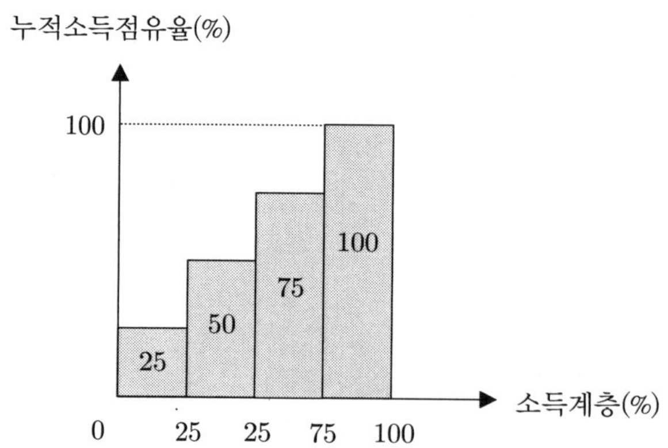

2. 소득분포가 10분위별로 다음과 같을 때 10분위분배율을 구하라.
(단, 왼쪽이 저소득층, 오른쪽이 고소득층임.)

소득계층	1	2	3	4	5	6	7	8	9	10
소득점유율(%)	1	2	4	5	8	12	13	15	18	22

3. 두 사람으로 구성된 사회에서 개인 A와 B의 소득에 대한 효용함수는 각각 $U_A = \sqrt{y_A}$, $U_B = 2\sqrt{y_B}$이다. 공리주의와 평등주의에 따르면, 사회 전체의 후생수준이 최대가 되는 소득분배 비율($y_A : y_B$)은 각각 어떻게 되는가? 단, 사회후생함수는 존재한다고 가정한다.

객관식문제

5-1 생산요소시장

1. 완전경쟁 노동시장에 대한 다음 사실 중 옳지 **않은** 것은?

① 기업이 직면하는 노동공급곡선은 수평선이다.
② 기업이 생산물시장에서 독점이면, 한계생산가치(MRP)와 임금이 같은 지점까지 노동을 고용하는 것이 최대의 이윤을 가져다준다.
③ 평균요소비용(AFC)과 한계요소비용(MFC)이 일치한다.
④ 기업이 생산물시장에서 완전경쟁이면, 독점적 착취가 발생하지 않는다.
⑤ 기업이 생산물시장에서 독점이면, 노동의 고용량은 노동 1단위의 추가로 인한 추가생산물의 사회적 가치와 임금이 같아지는 점에서 결정된다.

2. 완전경쟁시장에 제품을 공급하고 있는 수요독점 기업이 직면하는 노동공급곡선이 $w = 10 + L$이라 한다. 또한 한계생산가치는 로 표현된다. 이 기업은 노동(L)을 얼마나 고용하겠는가?

① 20 ② 30 ③ 40 ④ 50 ⑤ 60

3. 생산물시장이 완전경쟁이며, 노동시장이 수요독점의 상태라 한다. 이때 다음 중 옳은 것은?

① 노동을 1단위 더 고용함으로써 얻는 기업의 추가수입이 추가된 사회가치보다 크다.
② 노동을 1단위 더 고용함으로써 얻는 기업의 추가수입이 추가된 사회가치보다 작다.
③ 임금이 노동을 1단위 더 고용할 때 추가적으로 드는 비용보다 크다.
④ 임금이 노동을 1단위 더 고용할 때 추가적으로 드는 비용보다 작다.
⑤ 공급독점적 착취가 발생한다.

4. 다음의 사실 중 옳지 **않은** 것은?

① 생산물시장이 독점인 경우 생산요소시장이 완전경쟁이더라도 임금에 대하여 공급독점적 착취가 발생한다.
② 생산요소시장이 독점인 경우 생산물시장이 완전경쟁이더라도 임금에 대하여 수요독점적 착취가

발생한다.

③ 노동을 수요하고 공급하는 쪽 모두 독점인 쌍방독점의 경우 임금수준은 양자 간의 협상력에 의해 많이 좌우된다.

④ 완전경쟁기업이 단기에 있어서 이윤을 실현하고 있다면, 주어진 시장가격에서 단기에 이윤을 올릴 수 있는 기업의 수가 제한되어 있다는 의미에서 그 이윤을 준지대라고 할 수 있다.

⑤ 가격에 대해 공급이 무한히 탄력적일 때, 지대는 최대가 된다.

5-2 소득분배

5. 소득분배를 나타내는 지표에 대한 다음 설명 중 옳지 **않은** 것은?

① 소득분배가 불균등할수록 지니계수의 값이 커진다.

② 소득분배가 불균등할수록 10분위분배율의 값이 커진다.

③ 10분위 분배율은 0과 2 사이의 값을 가진다.

④ 10분위 분배율이 2의 값을 가지면, 소득분배가 완전히 균등하다.

⑤ 10분위 분배율이 0의 값을 가지더라도, 소득분배가 완전히 불균등하지 않을 수 있다.

6. 다음 중 소득의 분포가 가장 균등한 경우는?

① 지니계수= 0.5

② 지니계수= 1

③ 10분위분배율= 0

④ 10분위분배율= 1

⑤ 10분위분배율= 2

6장 일반균형과 후생경제학

6-1 일반균형과 효율성

6-1A 일반균형의 의미

소비자, 생산자, 생산요소 등에 관한 이론은 하나의 시장을 놓고 보는 부분균형분석이다. 이에 반해 **일반균형분석**은 모든 시장의 균형을 함께 분석하는 것이다. 모든 시장이 동시에 균형을 이룰 수 있는가와 생산과 소비에서 자원이 효율적으로 배분되었는가는 일반균형분석에서 매우 중요한 문제이다. 이 장에서는 어떠한 조건아래 모든 시장에서 자원이 효율적으로 배분되는지 알아보기로 한다.

참고 경제 전체의 예산제약식이 성립한다고 하자. 이때 총수요액은 총공급액과 같아야 한다. 즉,

$$P_1D_1 + \cdots + P_nD_n = P_1S_1 + \cdots + P_nS_n$$

우변의 항들을 좌변으로 옮겨 정리하면, 아래와 같이 각 시장에서의 초과수요(E_i)로 표시할 수 있다.

$$P_1E_1 + \cdots + P_nE_n = 0$$

이때 전체 n개의 시장 중 $(n-1)$개의 시장이 균형이면, 나머지 1개의 시장도 초과수요가 0인 균형상태가 된다. 이를 **왈라스 법칙**(Walras Law)이라 한다.

6-1B 파레토효율

소비에서의 효율성

다른 모든 자들의 효용을 감소시킴 없이 적어도 한 사람의 효용을 증가시키는 것을 소비에서의 **파레토개선**(Pareto Improvement)이라 한다. 만일 어떠한 분배상태가 더 이상의 파레토개선의 여지가 없으면, 그 분배상태를 **파레토효율**(Pareto Efficiency) 또는 **파레토최적**(Pareto Optimum)이라 한다. 경제학에서 효율성은 이와 같이 파레토효율로 정의된다.

경제 내에 x재와 y재의 양이 주어져 있고, 두 사람이 존재할 때, 어떻게 분배하는 것이 효율적인 분배인지 살펴보자. 이들 사이의 분배를 살펴보려면 아래와 같은 에지워스 상자(Edgeworth Box)를 그리는 것이 편리하다.

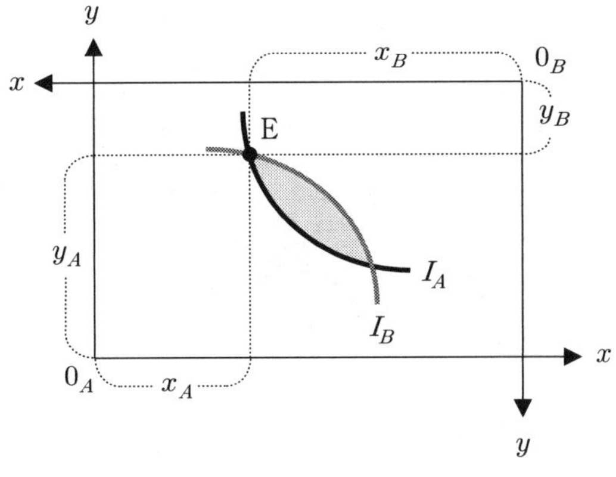

처음에 주어진 두 재화의 양이 A가 (x_A, y_A)이고 B가 (x_B, y_B)일 때, 에지워스 상자는 두 사람이 소유한 재화의 양을 합친 것이다. 즉, 경제 내에 A와 B 두 사람만 존재한다고 가정하면, 상자의 가로축은 경제 내에 주어진 x재의 총량을, 세로축은 y재의 총량을 나타낸다. 상자 내의 E점은 최초의 부존점(Endowment Point)이다. 개인 A와 개인 B의 무차별곡선은 각각의 원점에 대해 I_A, I_B와 같은 모양으로 그려진다. 자신에게 주어진 재화를 그대로 소비하면, 두 사람은 각각 무차별곡선 I_A와 I_B만큼 만족감을 누릴 것이다. 하지만 재화를 서로 교환함으로써 각자의 효용을 증가시키는 것이 가능하다. 즉, 교환을 하여 어느 한쪽의 무차별곡선 또는 두 무차별곡선을 모두 원래의 무차별 곡선 사이의 음영이 칠해진 부분으로 이동시키면, 파레토개선이 가능함을 알 수 있다. 따라서 E점과 같은 점은 효율적인 분배점이 될 수 없다. 효율적인 분배점은 두 무차별곡선이 서로 접하는 점이어야 한다. 이때 두 사람의 한계대체율(MRS)은 서로 같게 된다. 즉, 소비에서 효율적인 분배가 이루어지려면, $MRS_{xy}^A = MRS_{xy}^B$가 되어야 한다.

E 점에서는 A의 무차별곡선의 기울기가 B의 무차별곡선의 기울기보다 더 급하므로 $MRS_{xy}^A > MRS_{xy}^B$ 가 된다. 즉, x재를 한 단위 더 얻기 위해 포기하려는 y재의 양이 A가 B보다 더 많다. 예를 들어, $MRS_{xy}^A = 5$, $MRS_{xy}^B = 2$ 라 해보자. 이때 A는 x재 1단위를 더 얻기 위해 기꺼이 y재 5단위를 더 포기하려고 한다. 이에 반해 B는 x재 1단위와 y재 2단위를 교환하려 할 것이다. 따라서 A가 B에게 y재 3단위를 주고 x재 1단위를 얻는 것과 같은 교환은 둘 다에게 이익이 된다. 즉, 파레토개선이 되는 것이다. 두 명의 한계대체율이 같을 경우에는 이러한 파레토개선의 여지는 없어지게 된다.

에지워스 상자에서 A와 B의 무차별곡선이 서로 접하는 모든 점들을 이어 놓은 선을 **계약곡선**(Contract Curve)이라 한다. 계약곡선 상의 모든 점들은 $MRS_{xy}^A = MRS_{xy}^B$ 를 충족시키며, 파레토효율을 만족시킨다.

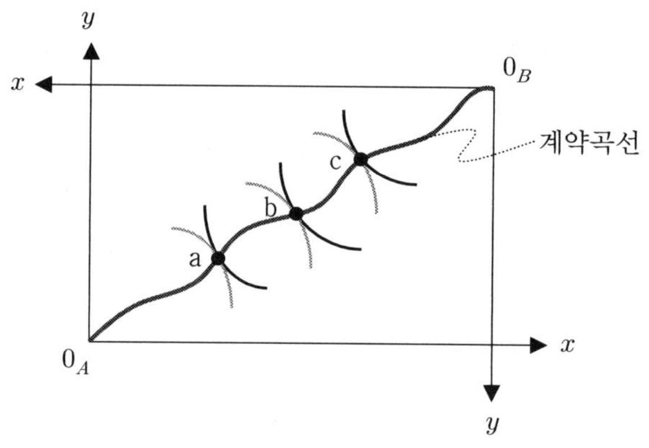

계약곡선 상의 각 점들에 해당하는 개인 A와 B의 효용수준을 아래와 같이 효용의 평면에 나타낸 선을 **효용가능곡선**(Utility Possibility Curve)이라 한다. 예컨대 아래의 효용가능곡선 상의 a, b, c 점들은 위의 에지워스 상자 안에 그린 계약곡선 상의 a, b, c 점들을 옮겨놓은 것이다. 즉, 효용가능곡선 상의 각 점들은 경제 내 재화의 양이 일정하게 주어졌을 때, 개인 A와 B에게 가능한 효용수준의 조합을 나타낸다. 따라서 효용가능곡선 상의 모든 점들은 소비에서의 파레토효율을 만족시킨다.

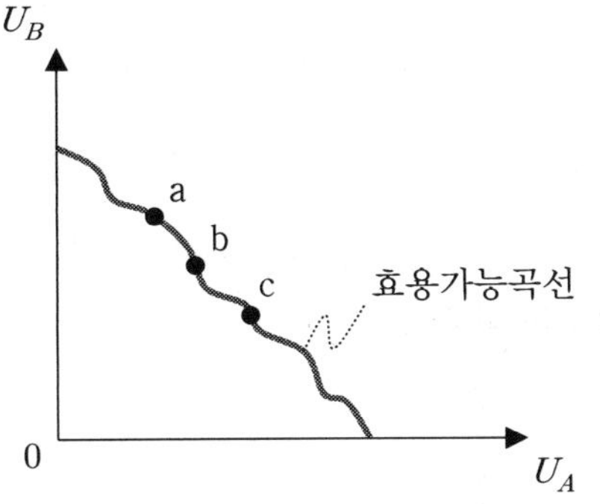

생산에서의 효율성

생산요소인 노동(L)과 자본(K)의 양이 주어졌을 때, x재와 y재를 가장 효율적으로 생산하려면, $MRTS_{LK}^{x} = MRTS_{LK}^{y}$ 를 만족시켜야 한다. 즉, x재를 생산할 때의 한계기술대체율과 y재를 생산할 때의 한계기술대체율이 같아야 한다. 만일 $MRTS_{LK}^{x} > MRTS_{LK}^{y}$ 이라면, 효율적인 생산이 될 수 없다. 예를 들어, $MRTS_{LK}^{x} = 5$, $MRTS_{LK}^{y} = 2$ 라 해보자. 이때 x재의 생산에서 노동을 1단위 더 투입하고 자본을 5단위 덜 투입하면, 같은 생산량을 유지할 수 있다. 반면 y재의 생산에서는 노동을 1단위 덜 투입하는 대신 자본을 2단위 더 투입하면 같은 생산량을 유지할 수 있다. 이때 x재와 y재의 생산량은 이전과 똑같은 대신 자본을 3단위 절약할 수 있다. 즉, 재화간의 한계기술대체율이 같지 않으면, 생산에서의 효율성이 달성되지 않는다. 따라서 생산에서 효율성이 달성되려면, 재화간의 한계기술대체율이 같아야 한다. 생산에서도 소비에서와 마찬가지로 노동(L)과 자본(K)의 부존량이 주어지면, 에지워스 상자 안에 x재의 등량선과 y재의 등량선이 서로 접하는 점들을 이어놓은 계약곡선을 그릴 수 있다. 따라서 계약곡선 상의 모든 점들에서는 x재와 y재의 한계기술대체율이 서로 같으며, 파레토효율을 만족시킨다.

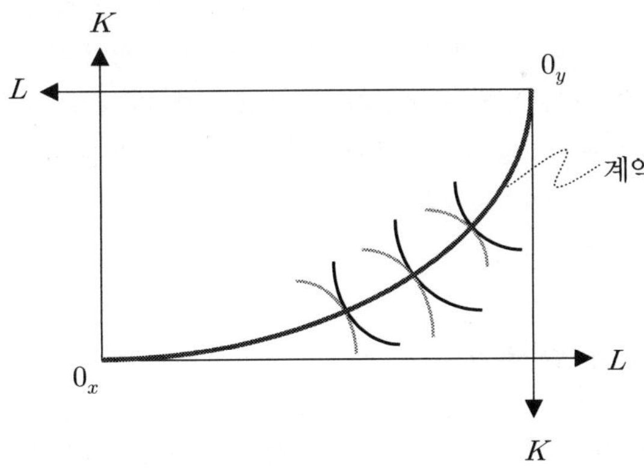

이때 계약곡선 상의 점들을 아래 그림과 같이 재화의 평면에 그린 것을 **생산가능곡선**(Production Possibility Curve)이라 한다. 생산가능곡선은 경제 내에 노동과 자본의 양이 주어졌을 때, 생산 가능한 재화의 조합을 나타낸다. 생산가능곡선 기울기의 절대값$\left(-\dfrac{dy}{dx}\right)$은 x재를 1단위 더 생산하기 위하여 포기해야 하는 y재의 양을 나타내며, 이를 **한계전환율**(MRT: Marginal Rate of Transformation) 또는 **한계변환율**이라 한다.

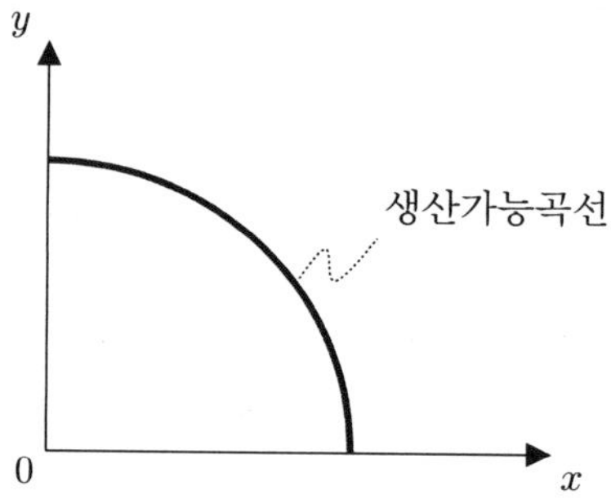

한계전환율은 x재 생산의 기회비용을 y재로 나타낸 것과 같다. 따라서 생산가능곡선이 원점에 대해 오목한 것은 재화의 생산에 따른 기회비용이 체증함을 나타낸다.

주 관례적으로 생산가능곡선은 원점에 대해 오목하게 그리고, 효용가능곡선은 그렇지 않게 그리고 있다. 여기에 대해 효용의 크기는 서수적으로만 표현되나, 생산의 크기는 기수적으로 표현이 가능하기 때문이라고 설명하기도 한다. 하지만 이러한 논리만으로 분명하게 납득하기란 어렵다. 소비에서 재화가 한 종류뿐이며, 한계효용이 양수이며, 한계효용이 체감한다는 조건하에서는 효용가능곡선이 원점에 대해 볼록해짐을 쉽게 보일 수 있다. 마찬가지로 생산에서 생산요소가 한 종류뿐이며, 한계생산이 양수이며, 한계생산이 체감한다는 조건하에서 생산가능곡선이 원점에 대해 볼록해짐도 쉽게 보일 수 있다. (연습문제 참조.) 그러나 소비에서 재화의 종류가 2개 이상일 때, 또는 생산에서 생산요소의 종류가 2개 이상일 때는, 효용가능곡선 또는 생산가능곡선이 원점에 대해 오목한가 여부를 확인하는 것은 그리 간단한 문제가 아니다. 이것을 확인하는 것은 현 강좌의 범위를 훨씬 넘는 것이므로 생략하기로 한다.

생산과 소비의 동시 효율성

생산가능곡선 위의 한 점이 정해지면, 소비할 수 있는 x재와 y재의 양도 정해진다. 따라서 아래 그림에서처럼 생산가능곡선 위의 한 점에 대응하여 소비에서의 에지워스 상자를 그릴 수 있다.

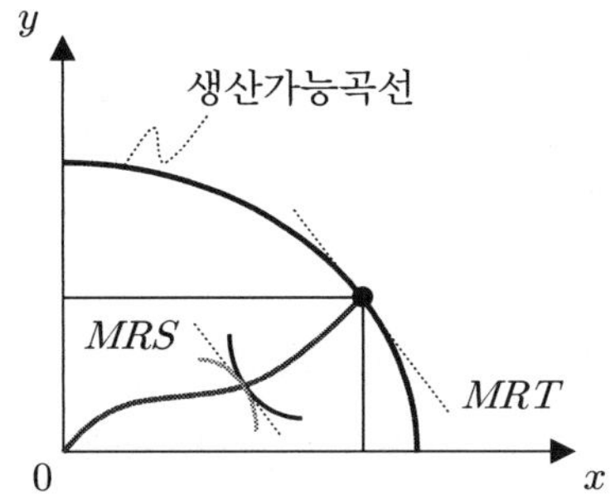

생산가능곡선 상의 한 점에 대해 그린 에지워스 상자 안의 계약곡선 상에서 소비가 이루어질 때, 소비는 효율적이라 할 수 있다. 이때 두 소비자의 무차별곡선은 서로 접하며, 두 소비자의 한계대체율(MRS)은 동일하다. 또한 생산과 소비에서 모두 효율적이 되려면 두 소비자의 한계대체율이 한계전환율(MRT)과도 동일해야 한다. 만일 $MRS=5$, $MRT=2$ 라 해보자. 이때 소비자들은 x재를 1단위 더 얻기 위해 y재를 5단위까지 포기할 용의가 있다. 또한 x재를 1단위 더 생산할 때, y재는 2단위 덜 생산된다. 이때 x재를 1단위 더 생산한다면, y재의 생산을 2단위만 포기하면 된다. 반면에 소비자들은 x재를 1단위 더 얻기 위하여 y재를 5단위까지 포기할 용의가 있었으므로, x재의 생산을 1단위 더 늘리면, 명백히 소비자들의 후생이 증가한다. 따라서 한계대체율과 한계전환율이 틀리면, 파레토효율이 될 수 없다. 그러므로 생산과 소비를 동시에 고려할 때, 파레토 효율이 되려면 $MRS=MRT$가 되어야 한다.

생산가능곡선상의 한 점에 대해 1개의 에지워스 상자와 계약곡선이 그려진다. 또한 각 계약곡선에 대해 1개의 효용가능곡선이 그려진다. 이때 생산가능곡선을 따라 생산점을 변경시켜나가면, 무수히 많은 에지워스 상자 및 계약곡선과 그에 따른 효용가능곡선을 그릴 수 있다. 이러한 효용가능곡선들을 아래의 그림과 같이 바깥쪽에서 감싸는 곡선을 **효용가능경계**(Utility Possibility Frontier)라 한다.

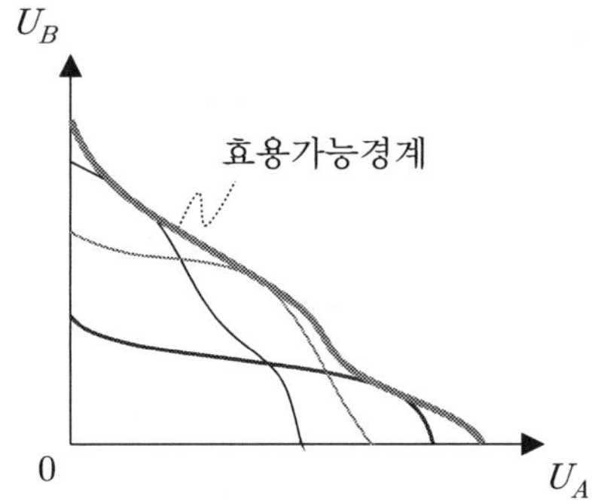

효용가능곡선은 일단 x재와 y재의 생산량이 정해졌을 때 두 소비자에게 가능한 효용수준들의 조합이었지만, 효용가능경계는 x재와 y재 생산량의 모든 조합에서 두 소비자에게 가능한 효용수준들의 조합이다. 즉, 효용가능경계는 생산과 소비의 효율성을 동시에 만족시키는 점들로 구성되어 있다. 따라서 효용가능경계 상의 각 점에서는 $MRS = MRT$도 만족된다. 그러므로 효용가능곡선에서 효용가능경계와 접하는 부분은 $MRS = MRT$가 되는 점이다. 요약하면, 효용가능곡선상의 각 점은 생산량이 주어졌을 때, 효율적인 소비점을 나타낸다. 이에 반해 효용가능경계 상의 각 점은 생산량도 변할 수 있을 때, 생산과 소비 모두에서 효율을 보장한다. 물론 두 재화의 생산과정은 $MRTS^x = MRTS^y$가 되도록 생산요소를 각 재화의 생산에 투입하였다고 전제한다. 만일 그렇지 않다면 생산과정에서 비효율이 발생하였기 때문이며, 이때 생산점은 생산가능곡선의 안쪽에 있을 것이다.

주 효용가능곡선 위의 모든 점에서 $MRS_{xy}^A = MRS_{xy}^B$가 성립하겠지만, $MRS_{xy}^A = MRS_{xy}^B = MRT_{xy}$까지 성립하는 것은 효용가능곡선 위의 어떤 특정한 점에서일 것이다. 즉, 효용가능경계와 접하는 부분에서이다.

요약 생산과 소비에 있어서 파레토효율 조건

$$MRS_{xy}^A = MRS_{xy}^B = MRT_{xy}$$

$$MRTS_{LK}^x = MRTS_{LK}^y$$

주 MRS와 MRT는 생산물 x와 y 간의 대체관계를 나타내고, $MRTS$는 생산요소 L과 K 간의 대체관계를 나타낸다. 따라서 $MRS = MRTS$와 같은 조건은 없다.

6-1C 후생경제학의 정리

후생경제학 제1정리

후생경제학 제1정리는 완전경쟁시장의 균형에 의한 분배는 파레토효율 분배라는 것이다.

증명 완전경쟁에서는 생산물과 생산요소의 가격을 주어진 것으로 받아들이므로, 생산물의 상대가격(P_x/P_y)과 생산요소의 상대가격(w/r)이 일정하게 주어진다. 이때 소비자와 생산자균형 및 이윤극대화조건은 완전경쟁시장에서 아래와 같다.

소비자균형: $MRS^A = MRS^B = \dfrac{P_x}{P_y}$

생산자균형: $MRTS^x = MRTS^y = \dfrac{w}{r}$

이윤극대화 조건: $P_x = MC_x,\ P_y = MC_y \Rightarrow \dfrac{P_x}{P_y} = \dfrac{MC_x}{MC_y}$

또한 $MRT = \left|\dfrac{\Delta y}{\Delta x}\right| = \left|\dfrac{\Delta C}{\Delta x}\dfrac{\Delta y}{\Delta C}\right| = \left|\dfrac{\Delta C/\Delta x}{\Delta C/\Delta y}\right| = \dfrac{MC_x}{MC_y}$

따라서 $MRS^A = MRS^B = \dfrac{P_x}{P_y} = \dfrac{MC_x}{MC_y} = MRT$

∴ 완전경쟁시장의 균형은 파레토효율 조건을 만족시킨다.

후생경제학 제2정리

어떠한 분배점이 파레토효율 만족시키며, 모든 사람의 한계대체율이 체감할 때 (즉, 무차별곡선이 원점에 대해 볼록할 때), 그 분배점이 완전경쟁균형이 되게 하는 상대가격(P_x/P_y)이 존재한다.

자세한 증명은 생략하고, 다음의 그림이 예시하는 것을 보자. E 점은 파레토효율 분배점이다. 이 점은 완전경쟁시장으로부터 주어진 시장가격 아래서의 소비자균형점이기도 하다. 즉, 시장가격(P_x/P_y)에서 소비자들은 초과수요 없이 균형을 이루게 된다. 마찬가지로 생산부문에서도 완전경쟁균형을 만족시키는 생산요소가격(w/r)을 찾을 수 있다.

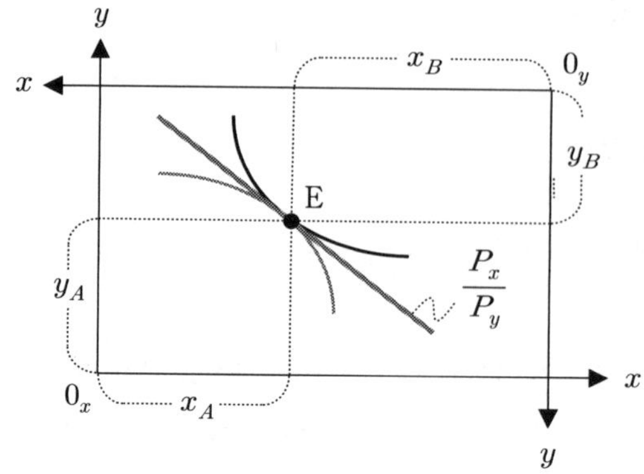

소비자 A의 한계대체율이 아래의 그림에서처럼 체감하지 않는다고 가정해보자. 이때 E 점은 파레토효율 배분점이다. 하지만 E 점을 지나는 시장가격에서 소비자 A는 F 점에서 소비하려고 하므로, x재에 대한 초과수요가 발생한다. 따라서 이 가격에서 시장균형이 되지 않는다.

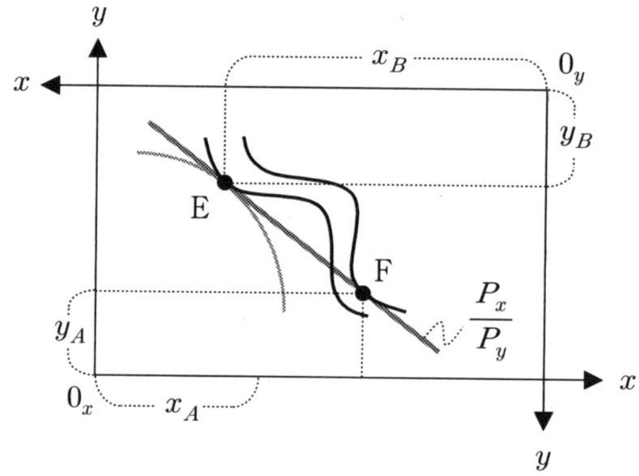

6-1D 사회적 최적분배

앞서 효용가능경계를 살펴보았다. 이 점은 현재 주어진 경제상태에서 개인 A와 B에게 가능한 효용수준을 나타낸다. 효용가능경계 상의 모든 점은 파레토효율적이긴 하지만, 개인 간의 바람직한 분배를 보장해 주는 것은 아니다. 예를 들어 $(U_A, U_B) = (100, 0)$도 파레토효율 분배가 될 수 있지만, 바람직한 분배상태라 보기는 어렵다. 그러면 어떠한 분배가 사회적으로 가장 바람직한가? 이에 대한 대답을 하기 위해서는 사회후생함수(Social Welfare Function)가 정의되어야 한다. 개인 A와 B의 효용수준이 U_A와 U_B로 주어지면, 사회후생함수는 $U_S = f(U_A, U_B)$와 같이 표현될 수 있다. 만일 사회무차별곡선이 원점에 대해 볼록하다면, 사회적 최적분배는 아래 그림에서처럼 E 점을 가능케 하는 분배가 될 것이다.

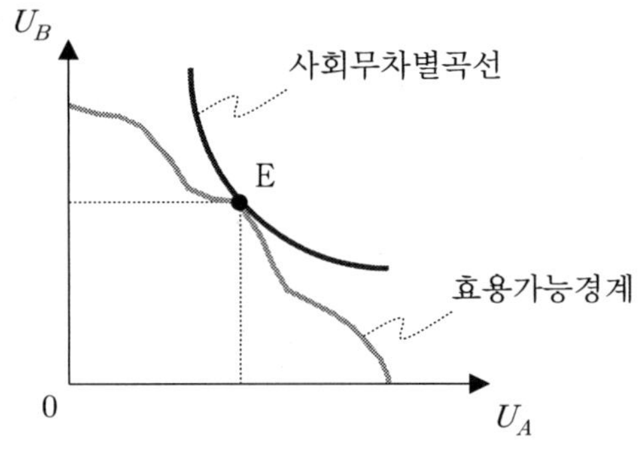

사회후생함수의 형태

일정한 조건 아래 사회후생함수가 존재하지 않음을 애로우(Arrow)가 보인 바 있다. 만일 사회후생함수가 존재한다면,[1] 사회무차별곡선으로 표현한 사회후생함수의 모양은 어떻게 생겼을까? 각 사상에 따른 몇 가지 사회무차별곡선의 형태를 살펴보자.

공리주의자

공리주의자는 모든 사람의 효용을 합한 값이 최대가 되는 것을 목표로 삼는다. 따라서 사회에 개인 A와 B가 있으면, 사회후생함수는 $U_S = U_A + U_B$가 된다. 따라서 사회무차별곡선은 아래와 같이 직선의 형태이다.

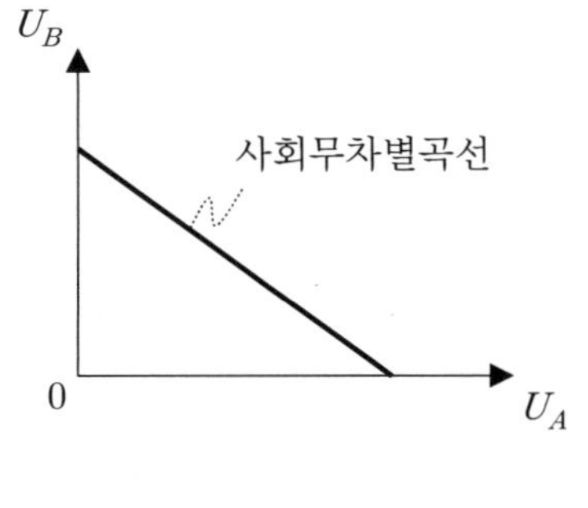

1) 만일 효용을 온도처럼 객관적으로 측정할 수 있게 되면, 효용의 기수성(Cardinality)이 성립하게 된다. 이때는 사회후생함수가 존재할 수 있다.

평등주의자

평등주의자는 효용수준이 낮은 자에게 더 높은 가중치를 준다고 하였다. $U_S = \sqrt{U_A U_B}$ 와 같은 사회후생함수는[2)] 그러한 조건을 만족시키는 것 중의 하나다. 왜냐하면, 효용수준이 낮은 자의 효용이 증가하는 것이 사회후생함수의 값을 더욱 크게 증가시키기 때문이다. 따라서 사회무차별곡선은 아래와 같이 쌍곡선의 형태를 지닌다.

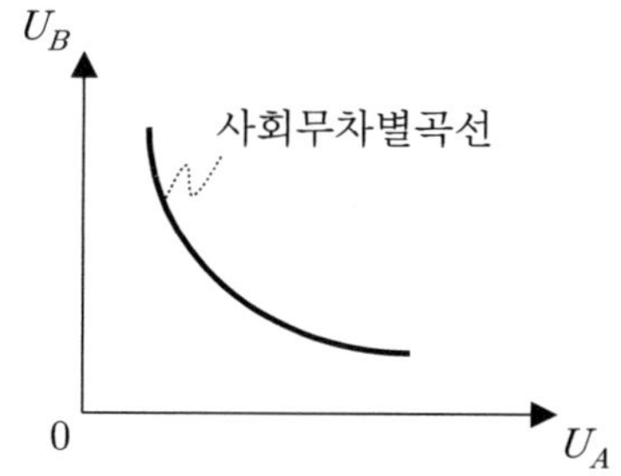

롤즈

롤즈(Rawls)의 경우, 최소최대의 원칙에 따라 사회후생함수는 $U_S = \min\{U_A, U_B\}$와 같은 형태를 지닌다. 따라서 사회무차별곡선은 아래와 같이 L자형태가 된다.

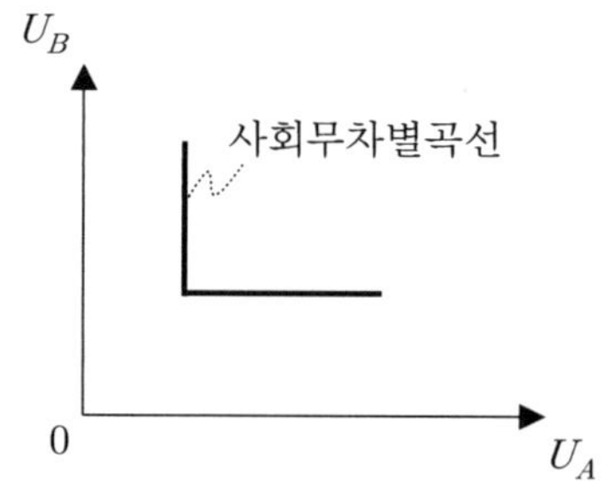

2) 이 사회후생함수의 극대조건은 $U_A = U_B$가 아니라, $y_A = y_B$가 되어버린다. 즉, 개인 간 효용의 평등이 아닌 소득의 평등을 지향하고 있다.

참고 보상원리

어떤 정책으로 개인 A의 효용이 증가하고, 개인 B의 효용이 감소하면, 파레토개선이 이루어지지 않는다. 만일 A의 추가이익 중 일부분만 B에게 주어 B의 효용이 정책전보다 감소하지 않게 할 수 있다면, 이 정책은 잠재적 파레토개선을 달성하였다고 한다. 이와 같은 논리를 **보상원리**(Compensation Principle)라 한다.

연습문제

1. 개인 A는 현재 x재와 y재를 각각 16개, 8개를 소유하고 있고, 개인 B는 현재 x재와 y재를 각각 14, 12를 소유하고 있다고 한다. 이때 에지워스 상자를 그리고, A와 B간의 최초의 분배점을 표시해 보라.

2. 경제 내 x재와 y재의 부존량을 각각 x_0, y_0라 하자. (단, $x_0 = 2y_0$라 한다.) 이때 다음의 각 경우에서 계약곡선을 그려보라.

   (1) 개인 A와 B의 효용함수가 모두 $U = \sqrt{xy}$라 한다.

   (2) 개인 A의 효용함수는 $U_A = x + y$, 개인 B의 효용함수는 $U_B = 2x + y$라 한다.

   (3) 개인 A의 효용함수는 $U_A = \min\{x, 2y\}$, 개인 B의 효용함수는 $U_B = \min\{x, y\}$라 한다.

3. 현재 $MRS^A = 3$, $MRS^B = 4$, $MRT = 5$라 한다. 이때 생산과 소비에서 효율성을 제고시키기 위한 분배방향을 논하라.

4. 공리주의자에 따르면 $((U_A, U_B) = (100, 0)$ 또는 $(50, 50)$ 또는 $(0, 100)$일 때의 사회후생수준이 모두 같다. 따라서 공리주의자의 경우 소득재분배가 전혀 필요하지 않은지 논하라.

5. 평등주의자 또는 롤즈의 경우 $U_A = U_B$ 일 때, 사회후생이 최대가 됨을 알 수 있다. 이를 위해 개인 A와 B 간의 소득이 똑같이 분배되어야 하는지 논하라.

6. [도전문제] 노동이 유일한 생산요소이며, x재와 y재의 한계생산이 0보다 크며 체감한다. 이때 한계전환율$\left(= -\dfrac{dy}{dx}\right)$이 체증함을 보여라.

6-2 시장실패

아담 스미스(Adam Smith) 이래로 시장자본주의는 시장의 가격기구에 의해 생산과 소비의 모든 분야에서 효율적인 자원의 배분이 다른 외부의 간섭이 없어도 이루어진다고 알려져 있다. **시장실패**(Market Failure)란 시장의 가격기구가 효율적인 자원배분에 실패하는 것을 말한다.

6-2A 시장실패의 원인

시장실패가 발생하는 원인으로 다음과 같은 것들을 들 수 있다.

- 불완전경쟁 (예. 독점, 과점, 자연독점 등)
- 공공재의 존재
- 외부성의 존재
- 불확실성과 정보비대칭

6-2B 불완전경쟁

불완전경쟁시장의 대표적인 경우인 독점시장의 경우 생산량은 $MR = MC$가 되는 Q_M이다. 이때 $P_M > MC$이므로, 사회적 편익이 비용을 초과하게 된다. 즉, 사회적으로 바람직한 수준에 비해 과소생산이 발생한다. 이때 정부가 완전경쟁가격수준인 P_0에서 최고가격제를 실시하면, 독점기업의 한계수입(MR)은 아래 그림의 파판 선으로 바뀌게 된다. 따라서 이 기업은 사회적 최적생산량인 Q_0까지 생산하게 되고, 사회적 효율성이 달성된다.

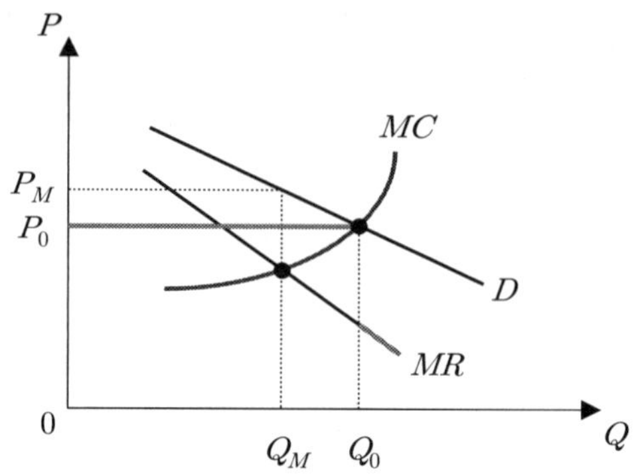

주 실제로 기업의 한계비용곡선이나 수요곡선의 정확한 형태를 파악하는 것은 매우 어렵다. 정부가 잘못된 정보에 근거하여 가격통제를 실시하면, 오히려 가격정책 전보다 경제의 후생이 더 떨어질 수도 있다. 이와 같이 정부가 잘못된 정책으로 경제를 더 망쳐놓는 것을 **정부실패**(Government Failure)라 한다.

6-2C 공공재

공공재의 정의

공공재(Public goods)란 **비배제성**(Nonexcludability)과 **비경합성**(Nonrivalry)이라는 성질을 가진 재화나 서비스를 말한다. 비배제성이란 타인을 소비로부터 제외시킬 수 없는 것을 말한다. 비경합성이란 한 사람이 소비한다고 해서 다른 사람이 소비할 수 있는 양이 줄어들지 않는다는 것을 뜻한다. 즉, 재화를 놓고 서로 차지하려고 경합을 벌일 필요가 없다는 것이다. 예를 들어 치안이나 국방의 경우를 보자. 일단 치안 또는 국방의 서비스가 시행되면, 소비자들을 소비로부터 제외시킬 수 없다. 즉 비배제성이 성립된다. 또한 그러한 서비스를 내가 더 많이 소비하면, 다른 사람이 덜 소비해야 되는 것도 아니다. 따라서 치안이나 국방의 서비스를 서로 더 많이 누리겠다고 경합할 필요도 없다.

예 1 500대의 전투기가 국방을 담당하고 있다고 하자. 이때 어떤 사람은 전투기 300대만큼의 국방 서비스를 받고 어떤 사람은 200대만큼 국방 서비스를 받는 것이 아니다. 누구나 똑같이 500대만큼의 국방 서비스를 받게 된다. 그리고 어느 누구도 국방 서비스로부터 배제시킬 수 없다.

공공재의 특성

공공재는 일단 특정한 양이 공급되면, 비경합성으로 인해 누구나 그 양만큼 동일하게 소비할 수 있다. 따라서 공공재의 시장수요는 일반적인 재화의 시장수요처럼 개별수요의 수평합이 아니다. 또한 공공재의 생산에 지불하는 가격은 각 개인이 지불하는 가격을 모두 더한 것이므로, 시장수요곡선은 개별수요곡선을 수직으로 합한 것과 같다. 아래 그림은 두 사람으로 구성된 사회에서 공공재에 대한 시장수요곡선(D)을 보여준다. 공공재를 Q_0만큼 소비하기 위하여 개인 A와 B는 자신의 수요곡선에 따라 단위당 각각 최대 P_A와 P_B만큼의 가격을 지불하려 할 것이다. 이때 Q_0만큼의 공공재를 소비를 위해서는 시장전체로 보면 P_A와 P_B를 합해서 단위당 최대 P_0만큼 지불하려고 할 것이다.

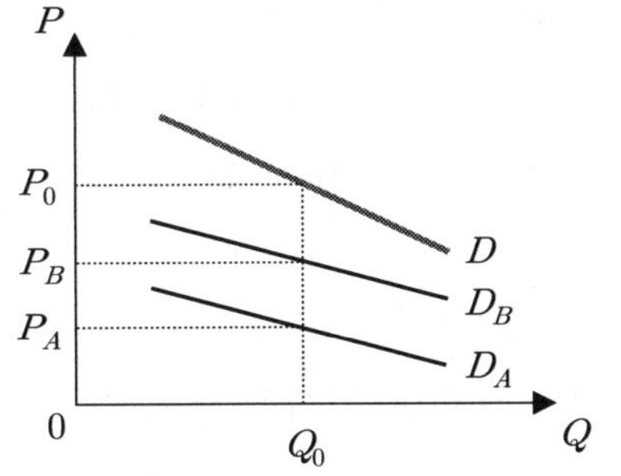

공공재의 최적 생산량은 아래 그림에서처럼 공공재 공급의 한계비용곡선(MC)과 공공재에 대한 소비자 전체의 편익을 나타내는 시장수요곡선이 같아지는 Q_0가 된다. 이때 공공재의 총생산비용은 P_0Q_0가 된다. 공공재 생산의 비용부담은 개인 A와 B가 각각P_AQ_0와 P_BQ_0만큼 하는 것이 공평할 것이다.

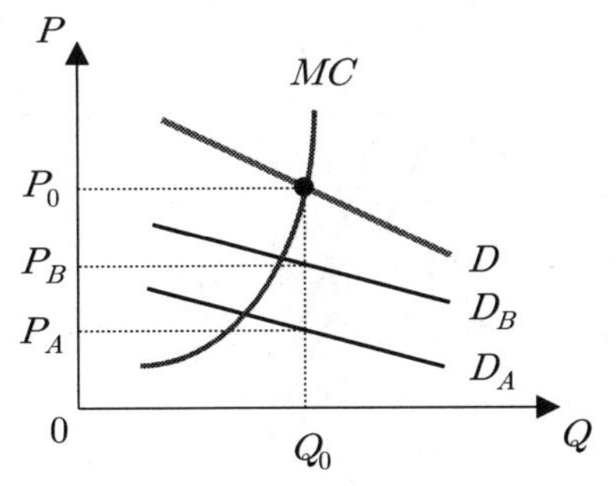

무임승차자 문제

일단 공공재가 생산되면, 공공재 생산비용의 지불 여하 또는 지불 수준에 관계없이 누구나 동일한 양만큼 소비할 수 있다. 따라서 공공재의 경우에는 비용 내지 않고 소비만 하려고 하는 **무임승차자**(Free Rider) **문제**가 발생한다. 만일 공공재를 시장에만 맡겨두면, 생산을 위한 재원조달에 어려움이 따르게 된다. 공공재에 대해 각 개인의 수요함수의 높이로 나타나는 편익의 크기에 비례하여 재원을 조달하려고 하면, 개인들은 자신의 수요가 매우 작은 것처럼 가장할 것이다. 따라서 시장수요곡선도 실제보다 아래로 이동할 것이다. 그래서 공공재의 공급량은 시장에만 맡겨두면 사회적 최적수준보다 작게 생산되기가 쉽다. 그러므로 공공재의 공급은 주로 정부가 세금으로 재원을 조달하여 공급하는 것이 효율적이다.

예 2 개인 A와 B 2명으로 구성된 사회의 공원면적(Q 헥타르)에 대한 개인수요함수가 각각 $P_A = 100 - Q$, $P_B = 200 - 2Q$이다. 또한 공원조성의 한계비용은 $MC = 2Q$이다. 이때 최적 공원면적과 공원조성 부담액은 다음과 같이 구할 수 있다.

$$\begin{aligned} P = P_A + P_B &= (100 - Q) + (200 - 2Q) \\ &= 300 - 3Q \qquad \text{(시장수요함수)} \end{aligned}$$

공급함수는 한계비용곡선과 같으므로 $P = 2Q$이다. 이때 공원면적의 균형공급량은 $Q = 60$이며, 단위당 공급가격은 $120\,(= 2 \times 60)$이다. 따라서 공원조성비용은 $7,200\,(= 120 \times 60)$이다. 이 중 개인 A의 부담액은 $2,400\,(= 40 \times 60)$, 개인 B의 부담액은 $4,800\,(= 80 \times 60)$이 된다.

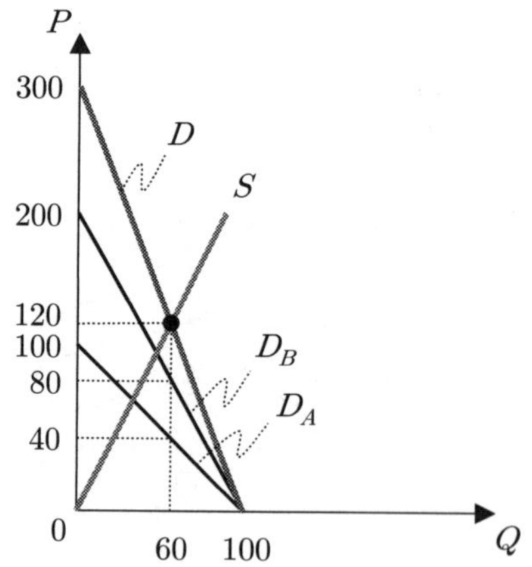

참고 도심의 녹지공간을 생각해보라. 녹지공간이 넓을수록 누구나 좋아하지만, 다 같이 쓸 수 있는 녹지공간을 자신의 비용으로 조성하려고 하지는 않을 것이다. 구미선진국의 경우 도시계획단계서부터 지방자치단체가 나서 전체부지의 15% 이상을 공원과 녹지공간으로 확보하는 것이 일반적이다.

6-2D 외부성

외부성의 정의

외부성(Externality)이란 원래의 의도와는 관계없이 자신의 소비 또는 생산행위가 남에게 이득 또는 피해를 주는 것을 말한다. 남에게 이득을 주는 것을 **외부경제**(External Economies)라 하고, 피해를 주는 것을 **외부비경제**(External Diseconomies)라 한다. 양봉업자의 벌들이 꽃가루를 옮김으로써 근처의 과수원에 보다 많은 열매를 맺게 하는 것은 외부경제의 예가 된다. 반면에 공장의 폐수가 근처의 생선양식장에 피해를 주는 것은 외부비경제의 예가 된다.

외부성을 이해하기 위해 우선 몇 가지 용어들을 익혀보자. 첫째, **사적 한계편익**(PMB: Private Marginal Benefit)이란 재화나 서비스를 한 단위 추가로 소비할 때 증가하는 소비자의 편익이며, 소비자의 한계효용이라 할 수 있다. 1장에서 보았듯이 수요곡선은 재화나 서비스를 한 단위 더 추가로 소비하기 위해 소비자가 지불하려는 최대 금액을 나타내며, 이는 추가로 증가하는 소비자의 효용(즉, 한계효용)의 가치를 화폐의 단위로 표시한 것이다. 따라서 수요곡선은 사적 한계편익곡선이라 할 수 있다. 둘째, **사회적 한계편익**(SMB: Social Marginal Benefit)이란 재화나 서비스의 추가적인 한 단위로 인해 생기는 모든 사람들의 편익을 합한 것이다. 즉, 해당 제품을 직접 소비하는 사람뿐만 아니라 간접적으로 편익을 느끼는 모든 사람들의 편익을 포함한다. 외부경제가 있는 경우, 사회적 한계편익이 사적 한계편익보다 크다.

셋째, **사적 한계비용**(PMC: Private Marginal Cost)은 재화나 서비스를 한 단위 더 추가로 생산할 때 생산의 당사자에게 추가로 드는 비용이며, 생산이론에서 나온 한계비용(MC)과 같다. 넷째, **사회적 한계비용**(SMC: Social Marginal Cost)은 재화나 서비스를 한 단위 더 추가적으로 생산할 때 생산의 당사자 뿐만 아니라 다른 사람들에게도 안겨주는 비용을 모두 합한 것이다. 외부비경제가 존재하면, 사회적 한계비용이 사적 한계비용을 초과한다.

주 사회적 추가비용이 드는 대신 사회적 한계편익을 떨어뜨리는 외부비경제의 경우는 $SMC > PMC$가 아닌 $SMB < PMB$가 될 것이다. 예를 들어, 흡연행위가 주변에 있는 다른 사람들의 한계편익을 떨어뜨리는 경우 등이다.

외부경제

외부경제가 발생하면, 사회적 한계편익이 사적 한계편익(PMB)을 초과한다. 이때 한계비용(MC)을 나타내는 공급곡선(S)과 사적 한계편익을 나타내는 수요곡선(D)이 만나는 곳에서 Q_0만큼 생산되어 소비되지만, 사회적 최적 생산량은 공급곡선과 사회적 한계편익(SMB)곡선이 만나는 지점에서 Q_S만큼이다. 즉, 외부경제가 존재하면, 사회적으로 바람직한 생산량보다 적게 생산되어 사중손실이 발생한다. 왜냐하면 Q_0보다 추가로 1단위 더 생산하면, 사회 전체에서 증가하는 편익이 증가하는 비용보다 커서 사회전체의 순편익(Net Benefit)을 증가시킬 수 있기 때문이다. 사중손실은 아래 그림에서 Q_0와 Q_S 사이의 구간에서 사회적 한계편익(SMB)곡선과 공급곡선(S)으로 둘러싸인 영역의 크기에 해당한다.

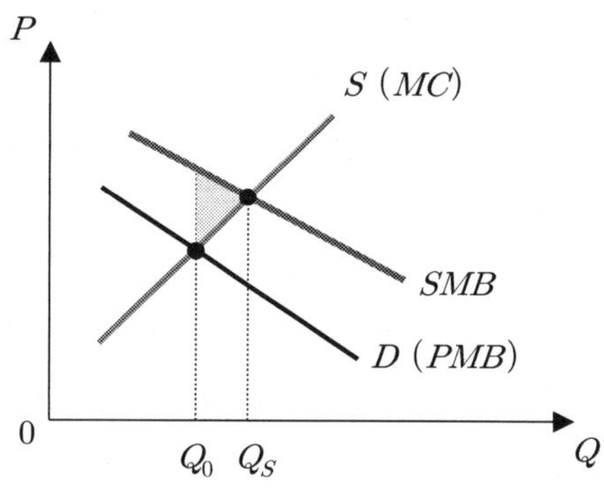

주 완전경쟁의 기업의 한계비용곡선은 바로 제품의 공급곡선이다. 독점기업의 경우는 공급곡선이 정의되지 않는다. 따라서 독점기업의 경우 외부성을 설명할 때는 공급곡선(S) 대신 그냥 사적 한계비용(PMC)곡선을 사용하면 된다. 독점기업의 경우 외부비경제가 발생하면, 독점기업 자체의 사중손실과 함께 외부성에 따른 사중손실도 발생한다.

생산에 있어서 외부경제가 발생하면, 정부가 제품 1개당 s만큼 보조금을 주어 공급곡선을 S'까지 아래로 이동시키면, 사회적 최적생산량인 Q_S만큼 생산되도록 유도할 수 있다.[3)]

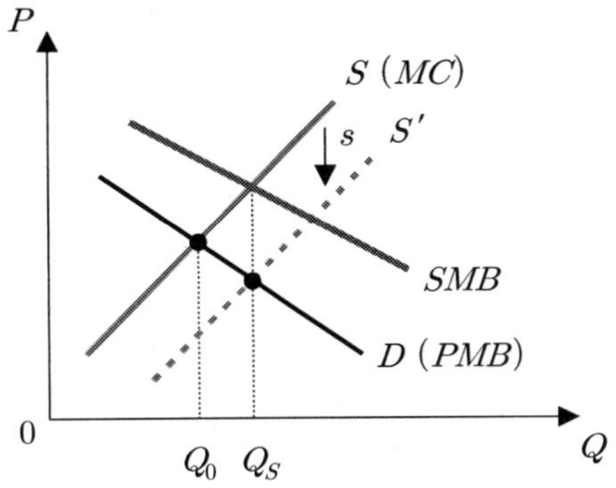

외부비경제

외부비경제가 발생하면, 사회적 한계비용(SMC)이 사적 한계비용(PMC)을 초과한다. 이때 한계편익(MB)을 나타내는 수요곡선(D)과 사적 한계비용을 나타내는 공급곡선(S)이 만나는 곳에서 Q_0만큼 생산되어 소비되지만, 사회적 최적 생산량은 수요곡선과 사회적 한계비용(SMC)곡선이 만나는 지점에서 Q_S만큼이다. 즉, 외부비경제가 존재하면, 사회적으로 바람직한 생산량보다 많게 생산되어 사중손실이 발생한다. 왜냐하면 Q_0보다 추가로 1단위 덜 생산하면, 사회 전체에서 감소하는 비용이 감소하는 편익보다 커서 사회전체의 순편익(Net Benefit)을 증가시킬 수 있기 때문이다. 사중손실은 아래 그림에서 Q_S와 Q_0 사이의 구간에서 수요곡선(D)과 사회적 한계비용(SMC)곡선으로 둘러싸인 영역의 크기에 해당한다.

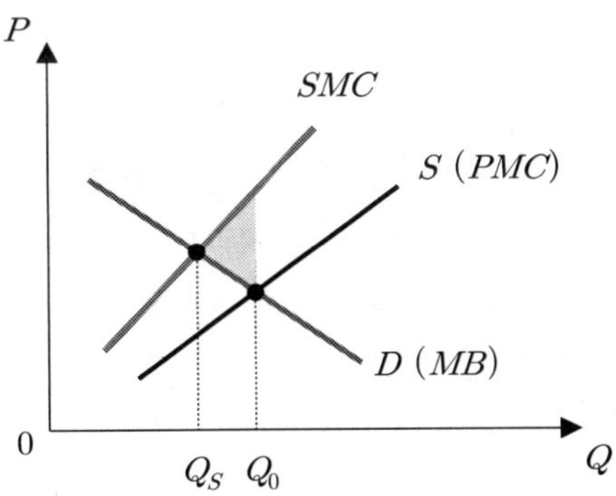

3) 보조금은 정부로부터 생산자에게로 이전되어 주고받는 것이기 때문에, 보조금액의 이동 자체만으로는 정부와 민간을 포함한 사회 전체의 편익이 변하지 않는다. (단, 조세나 보조금이 가질 수 있는 비효율성을 2장에서 살펴본 바가 있는데, 여기서는 그런 점을 고려하지 않기로 한다.)

이때 제품 1개당 t만큼 종량세(즉, 물품세)를 부과하여[4] 공급곡선을 S'까지 위로 이동시키면, 사회적 최적생산량인 Q_S만큼 생산되도록 유도할 수 있다.

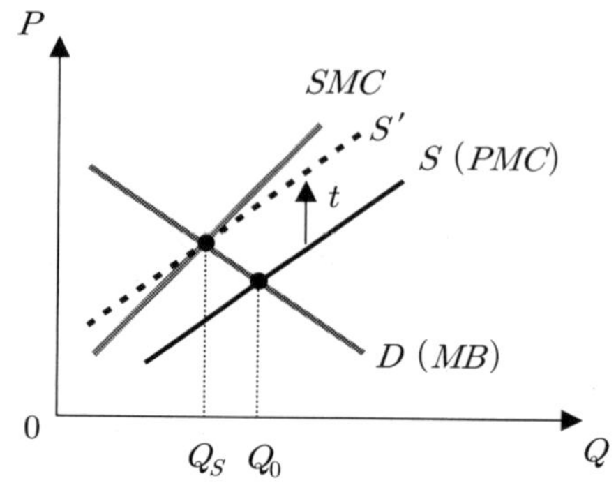

공유자원의 비극

산림자원이나 수산자원 등을 일정량씩 각 개인에게 할당할 경우에는 최적의 생산과 소비계획에 따라 적절하게 자원을 이용하겠지만, 공동자원으로 방치될 경우에는 각 개인이 과도하게 사용하여 자원을 황폐화시키고 고갈시킬 우려가 크다. 또한 공공시설 등도 자기 소유의 시설과는 달리 지저분하게 함부로 사용하거나 남용하여, 얼마 못가 타인이 쓰기에 불편하도록 만들 가능성이 있다. 이러한 현상을 **공유자원의 비극**(Tragedy of the Commons)이라 한다. 공유자원은 비배제성이 성립하지만 비경합성은 성립하지 않는다. 공유자원의 비극은 자신의 사용이 남에게 피해를 주는 외부비경제의 특성을 가진다.

공유자원의 비극을 해결하기 위해 공공시설의 청결한 이용을 위한 캠페인을 펴거나, 수산자원의 무차별적인 남획을 금지하는 규제를 가하기도 한다. 또한 산림자원처럼 사유화(Privatization)를 통해 외부성을 내부화시켜(Internalize), 외부성을 사적 편익이나 비용으로 전환시켜 공유자원의 문제를 해결하기도 한다. 재산권 설정이 명확히 된 산림자원이나 가축들이 공유지나 야생동물들보다 더 잘 보전되는 현상을 볼 수 있다.

주 비배제성은 성립하지 않으나 비경합성이 성립하는 것을 클럽재(Club Goods)라 한다. 클럽재는 개인 간의 소비량은 같지만, 회원제를 실시하거나 따로 이용요금을 징수함으로써 비배제성은 성립하지 않는다. 예를 들어, 회원제 위성TV나 붐비지 않는 유료도로 등이 클럽재의 예이다.

4) 이와 같이 외부비경제 문제를 해결하기 위해 부과하는 세금을 피구세(Pigouvian tax)라 부른다.

코즈의 정리

코즈(Coase)는 외부성에 대한 재산권이 잘 설정되어 있고, 외부성에 대한 거래비용이 크지 않다면, 당사자끼리의 자발적인 매매를 통해 사회적 최적생산에 도달할 수 있다고 하였다. 그러므로 **코즈의 정리**에 의하면 외부성이 존재할 때도, 정부의 간여 없이 시장실패가 치유될 수 있다는 것이다.

예를 들어, 과수원주인이 외부경제를 발생시키는 양봉업자에게 좀 더 벌을 많이 치도록 지원해줄 수 있다. 또한 외부비경제의 경우에도 마찬가지로 최적생산에 도달할 수 있다. 예를 들어, 폐수에 대해 국가가 간섭하지 않는다면, 피해가 심각하지 않을 정도의 공해만 발생시키는 수준까지 생산량을 줄이든지, 공해정화시설을 갖추도록 양식업자들이 지원해줄 수 있다. 물론 이때에도 바다의 사용권리가 어느 쪽에 있는지에 대한 재산권설정에 따라, 누가 지원을 해주는 당사자가 될 것인지 정해진다.

6-2E 불확실성과 정보비대칭

이에 관한 내용은 다음 절 정보경제학에서 살펴보기로 한다.

연습문제

1. 개인 A와 개인 B로 구성된 사회가 있다. 개인 A와 B의 어떤 공공재에 대한 수요함수는 각각 아래와 같다. 단, 이 공공재 생산의 한계비용은 $MC = 3Q$라 한다.

개인 A: $P = 50 - \frac{1}{2}Q$

개인 B: $P = 150 - \frac{3}{2}Q$

(1) 공공재의 균형공급량과 공급가격은 얼마인가? 이때 A와 B의 분담금은 각각 얼마씩인가?

(2) 각 개인이 자신의 수요함수를 다음과 같이 가장하고 있다면, 공공재의 균형공급량, 공급가격, 각자의 분담금은 각각 얼마인가?

개인 A: $P = 5 - \frac{1}{2}Q$

개인 B: $P = 15 - \frac{3}{2}Q$

힌트: 공공재가 공급되면, 각 개인의 소비량은 동일하며, 공급가격은 함께 분담하게 된다. 즉, 수직합을 구하면 되므로, $P = P_A + P_B$를 이용하여야 한다.

2. 어떤 생산물의 공급함수가 $P = Q$이며, 사적 한계편익(PMB)과 사회적 한계편익(SMB)은 각각 다음과 같이 표현된다. 이때 실제 생산량(Q_0)과 사회적으로 바람직한 생산량(Q_S)을 각각 구하라. 실제생산량을 사회적으로 바람직한 생산량 수준이 되게 하려면 생산기업에 대해 제품 1개당 얼마의 보조금을 지급하여야 하는가?

PMB: $P = 120 - Q$

SMB: $P = 240 - 2Q$

3. 어떤 생산물에 대한 수요함수가 $P=300-\frac{1}{2}Q$이며, 사적 한계비용(PMC)과 사회적 한계비용(SMC)은 각각 다음과 같이 표현된다. 이때 실제 생산량(Q_0)과 사회적으로 바람직한 생산량(Q_S)을 각각 구하라. 실제생산량을 사회적으로 바람직한 생산량 수준이 되게 하려면 생산기업의 제품에 1개당 얼마의 종량세를 부과하여야 하는가?

$$PMC:\ P=\frac{3}{2}Q$$

$$SMC:\ P=\frac{5}{2}Q$$

4. 인근해안 김 양식장의 연간 이윤이 20억 원이었다. 근처에 페인트공장이 들어서자, 폐수 때문에 생산량 감소와 품질 저하로 말미암아 김 양식장의 이윤이 10억 원으로 감소되었다. 현재 페인트공장의 이윤은 연간 100억 원이라 한다. 다음의 각 경우에 있어서 김 양식장과 페인트공장 사이에 어떠한 거래가 생길지 논하라.

(1) 인근해의 폐수에 대한 규제법규가 전혀 없을 때

(2) 인근해의 폐수에 대한 강력한 규제법규가 있을 때

6-3 정보경제학

전통적으로 경제학은 완전한 정보를 가정하고 이론을 전개한다. 이러한 가정과는 달리, 정보가 불완전하다면 시장균형이 사회적 최적을 보장해주지 않을 수 있다. 특히 공급자와 수요자간에 정보의 양이나 질이 틀린 **정보비대칭**(Asymmetry of Information)이 존재하는 경우가 최근 많은 관심을 끌어왔다. 정보비대칭에서 대표적으로 다루어지는 문제로 역선택과 도덕적 해이를 들 수 있다. 또한 정보가 불확실한 상황 아래서는 어떠한 경제적 선택이 가능한지에 대해서도 살펴보기로 한다. 불확실성하에서 제공되는 대표적인 상품으로는 보험을 들 수 있다.

6-3A 역선택

역선택의 특성

역선택(Adverse Selection)이란 정보가 적은 자가 정보가 많은 자와 거래할 때, 바람직하지 않은 결과를 얻을 수 있는 것을 말한다. 예를 들어, 중고차시장에서는 겉은 멀쩡해도 속이 형편없는 고물차를 구입하기가 쉽다. [이러한 차를 미국의 슬랭으로 레몬(Lemon)이라 한다.]

예 1 중고차 판매자의 경우 양질의 차에 대해서는 500만원, 저질의 차에 대해서는 200만원을 받기를 원한다고 하자. 반면에 중고차 구매자의 경우 양질의 차에 대해서는 600만원, 저질의 차에 대해서는 300만원을 지불하기를 원한다. 양질과 저질의 중고차는 외관상 별 차이가 없다고 한다. 따라서 구매자들은 차의 품질에 대한 정보가 부족하다. 또한 시장에 나와 있는 양질과 저질의 중고차는 각각 반반씩이라 가정해보자. 이때 처음에 구매자가 지불하려는 가격은 중고차 가치의 기대값과 같은 450만원($=600\times0.5+300\times0.5$)일 것이다. 하지만 이때 양질의 중고차 소유자는 시장으로부터 철수하게 될 것이다. 양질의 차가 사라짐에 따라 구매자의 기대치도 점점 낮아질 것이다. 이러한 상황을 그대로 두면 중고차시장이 대폭 위축되거나 궁극적으로 사라질지도 모른다.

예 2 정부의 간여 없이 민간에서 건강보험을 실시할 경우, 보험회사로부터 기대되는 보험지급액이 보험료보다 클 가능성이 많은 자들만 보험에 가입하고, 건강에 자신이 있는 자들은 보험에 들지 않게 된다. 따라서 궁극적으로 건강보험회사의 존립이 어렵게 된다. 그러므로 사회적으로 후생수준을 높여주는 건강보험이 제공되지 못할 수도 있다.

예 3 자동차보험의 경우, 사고율이 높아 보험료보다 보험지급액이 클 것이라고 기대되는 자들은 점점 더 많이 가입하게 되고, 운전에 자신이 있거나 안전운전 하는 자들은 점점 탈퇴하여, 자동차보험회사의 존립이 어려워지고 자동차보험이 제공되지 못할 수도 있다.

예 4 금융시장에서 은행이 기업에 대출을 할 때 과도하게 높은 이자율을 부과하면, 그러한 수준의 이자율보다 높은 수익률을 올리려고 의도하는 기업만 대출받으려 할 것이다. 대개 그러한 기업들은 위험(risk)이 큰 사업을 벌이므로 파산의 위험이 높다. 몇 개의 대출기업이 파산한다 해도, 은행은 큰 손실을 입게 되며, 은행산업의 존립이 위태로울 수도 있다.

역선택의 해결책

첫째, **신호**(Signaling)나 **선별**(Screening)을 이용하는 방법이 있다. 중고차의 경우 예를 들어 판매자가 1년 무상수리 보증(Warranty)을 제공하면, 소비자들에게 지금 구입하려는 차가 양질의 차라는 신호를 주게 된다. 건강보험의 경우 보험가입자에게 건강기록이나 신체검사를 요구함으로써, 고비용 환자를 미리 선별하기도 한다. 자동차보험의 경우에도 마찬가지로 성별, 나이, 운전용도, 사고경력 등으로 보험가입자들을 선별한 후, 그에 따라 다양한 보험요율을 적용하기도 한다. 은행의 경우는 이자율을 높이기보다, 대출자금에 대한 초과수요가 발생하는 낮은 이자율에서 위험이 작은 기업들만 선별하여 **신용할당**(Credit Rationing)을 하기도 한다. 둘째, 의료보험과 자동차보험의 경우 건강유무나 운전능력과 관계없이 무조건 가입하게 하는 **강제가입**의 방법을 쓰기도 한다.

6-3B 도덕적 해이

도덕적 해이의 특성

도덕적 해이(Moral Hazard)란 정보가 많은 쪽에서 느슨하게 주의를 덜 기울이거나 바람직하지 못한 행동을 하는 것을 말한다.

예 5 자동차보험에 가입한 후에 안전운전에 대해 주의를 덜 기울이거나, 화재보험가입에 가입한 후에 소화기점검을 덜 하는 것과 같은 예를 들 수 있다. 이와 같이 보험가입 후에 안전의식이 떨어지거나 주의를 덜 기울이므로, 사회적 손실이 증가할 수 있다.

예 6 **주인과 대리인 문제**(Principal-Agent Problem)를 들 수 있다. 주주가 일정기간 동안 사장을 고용하면, 사장은 회사의 이윤극대화보다는 자신의 보너스나 기타 이득에 더 신경을 쓸 수가 있다. 마찬가지로 기업주가 고용한 종업원들도 드러나지 않는 부분에서는 근무를 게을리 할 수 있다. 국민의 대리인인 정치인들의 경우도 일단 당선되면, 지역구나 국민을 위하기보다는 자신의 이익과 당리당략에 따라 행동할 수 있다.

도덕적 해이의 해결책

자동차보험이나 화재보험의 경우, 사고 시 손실액 전액을 지급하지 않고 일부만 지급하고, 나머지는 본인이 부담하게 하는 **기초공제**(Initial Deduction)제도, 즉 **부분보험** 또는 **공동보험**을 실시하여 보험가입자의 경각심을 높이기도 한다. 고용사장이나 종업원들에게는 스톡옵션 등을 실시하여 회사의 이윤에 대한 성취동기를 부여하기도 한다. 또한 정치인들의 경우에는, 주민과 국민보다 자신과 당리당략에 따라 움직이는 의원을 지연이나 학연에 관계없이 다음 선거에서 절대 뽑지 않음으로써, 정치인들의 목표가 국민의 후생 쪽으로 향할 수 있도록 강한 동기를 부여하면 된다. 이와 같이 **유인체계**(Incentive System)를 이용하기도 한다.

6-3C 불확실성과 보험

정보에 대한 불확실성이 존재할 때, 경제적 의사결정은 수익 또는 손실여부만이 아니라, **위험**(Risk)도 고려하게 된다. 예를 들어 똑같이 연간 10%의 수익률이 기대되는 투자상품이라도 위험이 전혀 없이 그대로 10%가 보장되는 것과, 30%의 수익률을 올릴 확률과 10%의 손해를 볼 확률이 반반인 것은 개인의 위험에 대한 태도에 따라 선호도가 달라진다.

위험에 대한 태도

2가지 결과에 대한 가치를 각각 V_1, V_2라 하고 그에 대한 확률을 각각 p_1, p_2라 하자. 이때 **기대가치** $E(V)$는 다음과 같이 표현된다.

$$E(V) = V_1 \times p_1 + V_2 \times p_2$$

재화나 서비스의 기대가치와 동일한 양만큼 확실하게 누릴 때 느끼는 만족감을 **기대가치효용**(Utility of Expected Value)이라 하며, $U[E(V)]$와 같이 표현할 수 있다. 즉, 기대가치효용이란 기대가치와 동일한 크기의 가치가 확실하게 주어져 있을 때 느끼는 효용이다. 이제 불확실한 상황에서의 효용을 살펴보자. 결과가 1이 되었을 때 느끼는 효용은 $U(V_1)$이 될 것이며, 결과가 2가 되었을 때 느끼는 효용은 $U(V_2)$가 될 것이다. 이때 기대되는 효용은 두 결과의 확률에 달려있으며, 이를 **기대효용**(Expected Utility)이라 한다. 따라서 기대효용은 다음과 같이 표현된다.

$$E(U) = U(V_1) \times p_1 + U(V_2) \times p_2$$

예 7 재산의 가치 V에 대한 효용함수가 $U = \sqrt{V}$인 사람이 현재 소유하고 있는 재산의 가치는 10,000이며, 화재가 나면 재산의 잔존가치는 100이다. 화재가 날 확률은 0.1이라 한다. 이때 기대가치효용과 기대효용은 다음과 같다.

기대가치: $E(V) = 10,000 \times 0.9 + 100 \times 0.1 = 9,010$

$$기대가치효용:\ U[E(V)] = \sqrt{9,010} = 94.9$$

$$기대효용:\ E(U) = \sqrt{10,000} \times 0.9 + \sqrt{100} \times 0.1 = 91$$

위의 예에서 $U[E(V)] > E(U)$임을 알 수 있다. 즉, 기대가치인 9,010 만큼을 확실하게 보장받는 효용이 더 크다는 것이다. 이와 같이 기대가치효용이 기대효용보다 더 큰 사람을 위험기피자라고 한다. 위험에 대한 태도에 따라 개인들을 다음과 같이 분류할 수 있다.

$U[E(V)] > E(U)$: 위험기피자(Risk Averter)

$U[E(V)] < E(U)$: 위험애호자(Risk Lover)

$U[E(V)] = E(U)$: 위험중립자(Risk Neutral)

즉, 위험기피자는 확실하게 주어지는 가치를 더 좋아하고, 위험애호자는 기대값의 가치가 같더라도 도박과 같이 위험이 클수록 더 좋아한다. 위험의 태도가 이와 같이 다른 것은 효용함수가 틀리기 때문이다. 한계효용이 체감하는 자는 더 큰 가치에 대해 느끼는 만족감이 상대적으로 덜 크므로, 더 큰 소득을 얻으려고 모험을 하지 않는다. 이에 반해 한계효용이 체증하는 자는 더 큰 가치에 대해 느끼는 만족감이 상대적으로 더 크므로, 더 큰 소득을 얻으려고 모험을 하게 된다. 일반적으로 대부분의 사람들은 아래 그림에서처럼 한계효용이 체감하므로 위험기피적인 성향을 띤다.

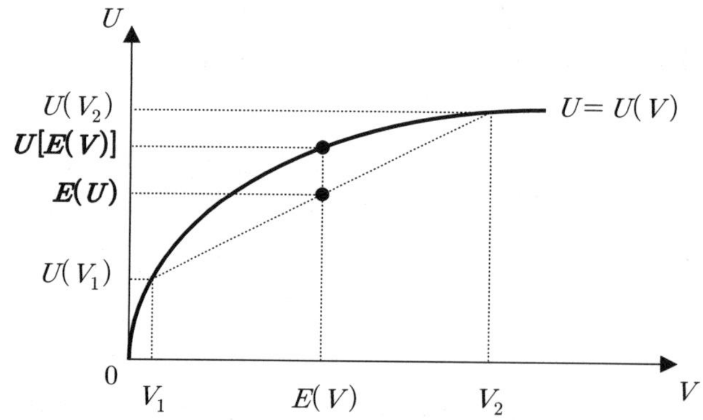

위험기피자의 효용함수

보험

보험은 위험기피자가 위험을 회피하기 위한 수단이다. 위험에 따른 자산가치의 변동에 노출되는 대신, 보험료를 지불하고 일정액의 가치를 보장받을 때 더 큰 만족을 느끼기 때문이다.

예 8 재산의 가치 V에 대한 효용함수가 $U=\sqrt{V}$인 위험기피자인 사람이 현재 소유하고 있는 재산의 가치는 10,000이며, 화재가 나면 재산의 잔존가치는 100이다. 화재가 날 확률은 0.1이라 한다. 이때 보험과 관계된 몇 가지 값들을 구해보자.

기대가치: $E(V)=10,000\times0.9+100\times0.1=9,010$

기대가치효용: $U[E(V)]=\sqrt{9,010}=94.9$

기대효용: $E(U)=\sqrt{10,000}\times0.9+\sqrt{100}\times0.1=91$

확실성등가: $CE=E(U)^2=91^2=8,281$

리스크 프리미엄 = 기대가치 − 확실성등가 = $9,010-8,281=729$

공정보험료=보험금×화재발생확률= $9,900\times0.1=990$

(단, 보험금은 손실액 전액인 9,900을 지불한다고 가정함.)

가능한 최대보험료 = 보장액 − 확실성등가 = $10,000-8,281=1,719$

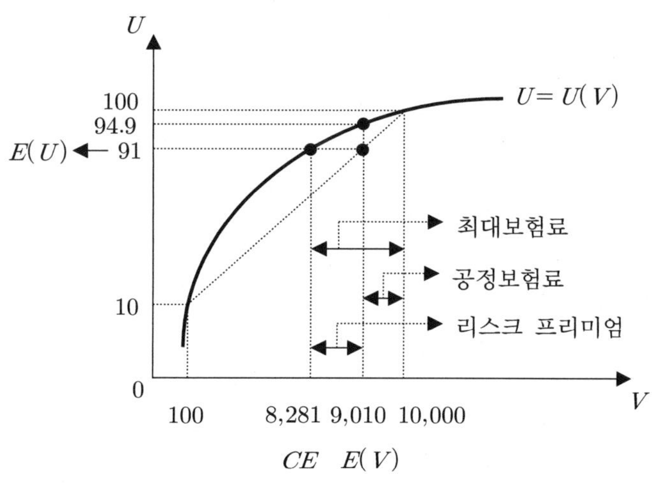

확실성등가(CE: Certainty Equivalent)란 위험한 현실로부터 기대되는 효용수준과 똑

같은 만족을 줄 수 있는 확실하게 정해진 가치를 말한다. 즉, 8,281만큼의 확실한 가치만 보장해 준다면, 보험에 들지 않고 100 또는 10,000이 될 수도 있는 현재의 위험상황에서 기대되는 91만큼의 효용과 동일한 만족감을 느낀다는 것이다. 이때, **리스크 프리미엄**(Risk Premium)이란 보험을 들지 않은 위험상황에서 기대되는 자산의 기대가치에서 확실성등가를 뺀 값으로 정의된다. 위험기피자의 리스크 프리미엄은 당연히 양수가 된다.

화재 시 지급받는 보험금에다 화재확률을 곱한 값인 $(V_2 - V_1)p_1$을 **공정보험료**라 한다. 즉, 공정보험료는 기대보험금만큼만 지불하는 보험료이다. 또한 공정보험료는 비화재 시의 자산가치(V_2)에서 기대가치를 뺀 값과 같다.[5] 화재가 발생해도 손실액 전액을 지급받으므로, 화재발생 여부에 관계없이 보험가입자의 가치는 10,000으로 보장된다. 이때, 최대로 부과할 수 있는 보험료는 보장된 자산가치인 10,000에서 확실성등가를 뺀 1,719가 된다. 또는 공정보험료에 리스크 프리미엄을 더한 값이다. 만일 보험사가 최대보험료만큼 보험료를 징수하면, 보험에 가입해도 소비자의 효용은 91로 보험에 들지 않을 때와 동일한 수준이 된다. 만일 이보다 작게 징수하면, 소비자의 효용은 91보다 커지므로 보험에 가입하는 것이 유리하다.

5) $V_2 - E(V) = V_2 - (V_1p_1 + V_2p_2) = V_2(1-p_2) - V_1p_1$
$= V_2p_1 - V_1p_1 = (V_2 - V_1)p_1$

연습문제

1. 다음의 각 경우는 역선택과 도덕적 해이 중 어떤 것을 해결하기 위한 방법인지 구별하라.

> 가. 자동차 무사고경력이 길수록 보험료를 더 많이 할인해준다.
>
> 나. 중고차를 팔 때, 1년간 엔진수리 보증서를 준다.
>
> 다. 사원들의 연봉 중 성과급의 비율을 높인다.
>
> 라. 의료보험가입자가 병원을 방문할 때, 기본적으로 내는 본인부담 진료비의 비중을 높인다.
>
> 마. 국민연금의 가입을 의무화한다.

2. 취업희망자들은 지원하는 회사에 흔히 졸업장이나 학교성적을 제출한다. 이는 정보경제학의 측면에서 어떤 문제를 해결하기 위한 것인지 논해보라.

3. 재산의 가치 V에 대한 효용함수가 $U=\sqrt{V}$인 사람이 현재 소유하고 있는 재산의 가치는 10,000이며, 화재 시 재산의 전부가 소실된다. 화재보험에 가입하면, 화재 시 손실액 전부를 보상해 준다. 화재가 날 확률은 0.19라 한다. 이때 공정보험료, 리스크 프리미엄, 최대보험료를 각각 구하라.

객관식문제

6-1 일반균형과 효율성

1. 다음 중 소비에 있어서 파레토효율의 개념을 가장 잘 설명한 것은?

① 모든 사람에 대한 소득분배가 공정하게 잘 되어있다.
② 모든 사람이 소비행위를 할 때 알뜰하게 잘 절약한다.
③ 소비자 중 과반수이상이 현재의 소비에 만족하고 있다.
④ 모든 사람의 효용을 다 같이 증가시킬 수 없을 경우만을 말한다.
⑤ 한 사람이라도 만족도를 증가시키려면, 다른 사람의 만족도가 감소한다.

2. 아래의 그림은 소비에서 개인 A와 B간의 분배상태를 나타내고 있다. 분배점 1~5 중 파레토효율이 아니라고 확실하게 말할 수 있는 점은? (단, I_A와 I_B는 각각 A와 B의 무차별곡선이다.)

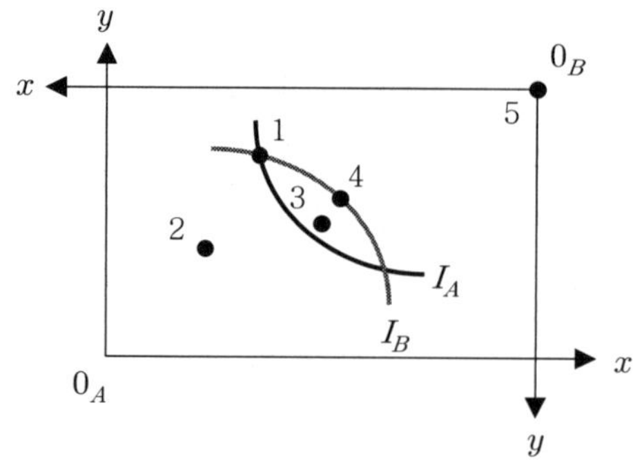

① 1 ② 2 ③ 3 ④ 4 ⑤ 5

3. 생산과 소비에 있어서 효율성의 조건은 무엇인가?

> 가. 개인 간의 한계대체율이 동일하다.
> 나. 재화간의 한계기술대체율이 동일하다.
> 다. 한계대체율과 한계전환율이 동일하다.
> 라. 한계기술대체율과 한계전환율이 동일하다

① 가, 나　　② 나, 다　　③ 가, 나, 다
④ 가, 나, 라　　⑤ 가, 나, 다, 라

4. 다음 사실 중 옳지 **않은** 것은?

① 효용가능곡선 위의 모든 점에서 소비자 간의 한계대체율이 동일하다.
② 효용가능경계 위의 모든 점에서 생산과 소비의 효율성이 동시에 달성된다.
③ 롤즈의 최약자 보호를 위한 효용함수를 가정하면, 모든 사회구성원의 효용이 동일 할 때, 사회적 후생은 최대가 된다.
④ 사회의 여러 분야에서 비효율이 발생하면, 한 분야씩 차례로 개혁함으로써 사회후생을 증가시킬 수 있다.
⑤ 단 한 사람이 모든 소득을 독차지 하는 경우도 파레토효율이라 할 수 있다.

6-2 시장실패

5. 다음 중 시장실패의 경우라고 볼 수 **없는** 것은?

① 제한된 시장에 기업의 수가 너무 많아 지나친 경쟁으로 모든 기업이 사업에 실패를 거듭하고 있다.
② 다목적 댐이 지역사회에 필요하나, 막대한 비용 때문에 누구도 먼저 나서 지으려하지 않는다.
③ 프로운동선수에 상해보험을 실시하려고 하는데, 가장 부상의 위험이 높고 거친 선수들만 주로 가입하고 있다.
④ 주주총회에서 선임한 주식회사 사장이 자신의 사무실을 고급대리석으로 꾸며 놓았다.
⑤ 범죄율이 높은 지역에서 자체적으로 방범대를 구성하려고 모금을 하려해도, 모금액수가 너무 작다.

6. 어떤 공공재를 x만큼 공급할 때 한계비용은 $2x$이다. 현재 경제의 구성원은 2명이며, 공공재에 대한 수요함수는 각각 $P=150-x$, $P=100-2x$로 표현된다. 이 공공재의 최적공급량은 얼마인가?

① 10　　② 20　　③ 30　　④ 40　　⑤ 50

7. 40평형 아파트 1,000가구 단지가 착공되고 있다. 이때 바로 그 옆에 15평형 임대아파트 100가구 단지도 착공되려고 한다. 원래 40평형 아파트의 기대가치는 5억 원이었으나, 임대아파트가 바로 옆에 생기게 되면 가치가 4억 5천만 원으로 떨어질 것으로 기대된다. 또한 이 임대아파트의 시장매매 가격은 1억

5천만 원이다. 이때 코즈의 정리에 따르면, 40평형 아파트 입주자예정자들은 어떻게 행동하겠는가?

① 임대아파트를 짓지 못하도록 정부를 상대로 설득과 동시에 로비를 한다.
② 임대아파트를 짓지 못하도록 임대아파트 공사장에서 주야로 농성을 벌인다.
③ 임대아파트 예정단지 전체를 시장가격으로 사버린 뒤, 임대 아파트 대신 그 자리에 공원을 짓는다.
④ 공공의 이익을 위해 그냥 짓게 하고, 다 같이 사이좋게 살 수 있도록 노력한다.
⑤ 자신의 아파트가격이 떨어지므로, 아예 1,000가구 단지의 계획을 철회한다.

8. 해안 근처의 페인트 공장에서 폐수가 발생하여 해산물양식장의 순익이 매년 30억 원에서 10억 원으로 줄어들었다고 한다. 이때 다음 사항 중 옳은 것은?

① 만일 해안근처에서 폐수를 발생시키는 것이 법률로 불법화되어 있으면, 양식장 주인은 페인트 공장에 직접 폐수정화시설을 설치하여 줄 것이다.
② 만일 해안근처에서 폐수를 발생시키는 데 대한 아무런 법률적인 제재가 없으면, 폐수정화시설의 설치 및 운영비용으로 양식장 주인이 최대 20억까지 지불할 용의가 있을 것이다.
③ 이익의 폭이 줄어들었으므로, 양식장의 규모를 1/3로 축소할 것이다.
④ 이익이 발생하는 한 그대로 가만히 있다가, 이익이 0으로 되는 순간에 양식업을 포기할 것이다.
⑤ 양식업을 격년제로 실시하려 할 것이다.

6-3 정보경제학

9. 다음 중 역선택의 경우에 해당하는 것은?

① 프로운동선수를 대상으로 부상자보험을 실시하였더니, 격투기 등 격렬한 운동종목의 선수들이 주로 가입하였다.
② 어떤 지역구에서 같은 지역출신의 의원을 뽑아 놓았더니, 지역발전은 생각지 않고 자신의 이권에만 신경 쓰는 것 같아, 잘못 선택했다는 생각이 든다.
③ 어떤 중고차상점에서 양심적인 사장이 있어, 좋은 가격에 고장 없는 좋은 차만 추천해주고 있어서, 신차를 선택하는 것이 역으로 비효율적이라는 생각이 든다.
④ 소비행위에서 현시선호의 공리를 만족시키지 않으면, 소비선택을 잘못 하게 된다.
⑤ 생산부문의 파레토효율을 위해서는 입지선정, 즉 화물역선택이 매우 중요하다.

10. 다음 중 도덕적 해이에 해당하는 것은?

① 사회의 지도계층이 부패에 빠지면, 국민의 기강이 해이해지기 쉽다.
② 유명 프로축구선수가 부상자보험에 가입한 후, 몸을 사리지 않고 이전보다 더욱 격렬하고 열심히 시합에 임한다.
③ 소득분배가 공정하지 않으면, 사람들이 자포자기에 빠져 도덕적으로 해이해질 수 있다.
④ 기업이 신입사원 선발에서 학교졸업장만 보는 등 사회적으로 부당한 행동을 한다.
⑤ 부동산투기가 성행하면, 좌절감을 느낀 일반인들의 도덕성이 더욱 느슨해진다.

11. 어떤 건물주는 화재보험에 가입한 뒤 조기화재 진압용 신형 스프링클러에 대해 별 관심을 보이지 않고 있다. 이는 어떤 경우이며, 이를 해결하기 위한 방법은 어느 것인가?

① 역선택 – 신호
② 역선택 – 선별
③ 도덕적 해이 – 강제보험
④ 도덕적 해이 – 기초공제
⑤ 도덕적 해이 – 스톡옵션

12. 다음 중 역선택을 해결하기 위한 방안이 **아닌** 것은?

① 직원 채용 시 자격증 등을 통한 선별을 한다.
② 물건을 구입한 후 일정기간동안 반품을 허용하여, 물건의 품질을 보증한다.
③ 고용사장에게 스톡옵션을 준다.
④ 자동차책임보험 가입을 의무화한다.
⑤ 은행이 이자율을 낮춘 후, 신용할당을 실시한다.

13. 다음 중 도덕적 해이를 해결하기 위한 방안에 속하는 것은?

① 사회지도층이 솔선수범하여 기강을 바로 세운다.
② 민간의료보험업자가 가입대상자를 대상으로 몇 가지 질병검사를 실시한다.
③ 학교에서 윤리교육과 인성교육을 더욱 강화한다.
④ 화재 시 손실액의 90%만 보상해준다.
⑤ 자동차보험회사가 음주량이 많은 자는 절대 받지 않는다.

14. 위험기피자에 관한 다음 사실 중 옳은 것은?

① 위험을 기피하므로 보험에 들지 않는다.
② 한계효용이 체증한다.
③ 확실성등가가 기대가치보다 크다.
④ 리스크 프리미엄이 음수이다.
⑤ 기대가치효용이 기대효용보다 크다.

15. 어떤 사람은 기대효용이 기대가치효용보다 더 크다고 한다. 이 사람은 어떤 성향을 지니고 있는가?

① 한계효용이 체감한다.
② 한계효용이 일정하다.
③ 한계효용이 체증한다.
⑤ 한계대체율이 체증한다.
④ 한계대체율이 체감한다.

[문제 16-17] 어떤 사람의 재산이 x 일 때, 효용이 $U=\sqrt{x}$ 라 한다. 현재 이 사람의 재산은 1,600이며, 화재가 나면 전 재산이 없어진다. 이 사람은 화재피해액 전액을 보상해 주는 화재보험에 가입하려고 한다. 화재가 날 확률은 5%라 한다. 이때 다음의 물음에 답하라.

16. 공정보험료는 얼마인가?

① 80 ② 100 ③ 120 ④ 150 ⑤ 180

17. 리스크 프리미엄은 얼마인가?

① 38 ② 45 ③ 76 ④ 124 ⑤ 156

Part 2 거시편

7장 국민소득의 결정
8장 경제정책
9장 총수요와 총공급
10장 인플레이션과 실업
11장 경제학파와 최근의 경제학
12장 경기변동과 경제성장
13장 국제경제

7장 국민소득의 결정

경제학은 미시경제학과 거시경제학으로 나눌 수 있다. 미시경제학이 개인, 기업, 개별 시장에 대한 분석을 주로 하는 반면, 거시경제학은 나라 전체의 경제를 다룬다. 거시경제학에서는 국민소득, 물가, 인플레이션, 실업, 국제수지 등과 같은 **총량변수**(Aggregate Variable)에 해당하는 용어들이 등장한다.

7-1 국민소득의 순환과 측정

7-1A 국민소득의 순환

거시경제학은 국민소득, 고용, 물가 등과 같은 경제의 총량변수를 다룬다. 이 중 국민소득은 일정기간 동안 생산된 재화와 서비스의 총부가가치이다. 일단 창출된 국민소득은 생산요소별로 지대, 자본비용, 임금 등으로 가계에 분배된다. 이렇게 분배받은 국민소득을 각 경제주체는 재화나 서비스를 구매하려고 지출하게 된다. 국민소득이 새로운 증가요인이나 감소요인이 없이 계속 순환한다면, 국민소득은 생산, 분배, 지출 중 어느 면에서 보나 크기가 같다. 이를 **3면등가법칙**이라 한다.

아래 그림은 국민소득의 순환과정을 나타내고 있다. 가계에서 지대, 자본비용, 임금을 받고 토지, 자본, 노동을 기업에 제공하면, 기업은 이를 이용하여 생산한다. 생산물은 다시 가계에 판매되고 가계의 지출은 기업의 판매수입이 된다. 이와 같이 생산물, 생산요소, 자금의 흐름을 따라 국민소득이 순환한다.

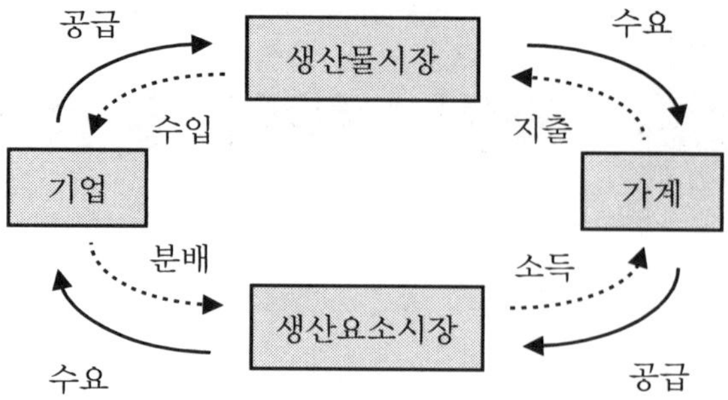

7-1B 국민소득의 측정

국민소득은 한 국가의 경제규모나 국민의 복지를 나타내는 지표로 쓰인다. 국민소득은 1980년대까지만 해도 주로 GNP로 측정되었으나, 경제가 글로벌화 되면서 외국기업의 투자가 국내의 고용창출이나 복지에 기여하는 바가 커짐에 따라 최근에는 주로 GDP로 측정되고 있다. 이들을 포함한 몇 가지 국민소득의 개념과 측정방법은 다음과 같다.

GDP의 정의

GDP(Gross Domestic Product; **국내총생산**)는 한 해 동안 국내에서 생산된 최종생산물 시장가치의 총액으로 정의된다. 이때 이중계산을 피하기 위해 중간생산물은 제외한다. 모든 재화와 서비스의 생산단계별 부가가치를 더하면, 그 값은 최종생산물의 시장가치와 같아진다. 따라서 GDP는 최종생산물의 가치 또는 모든 생산물의 부가가치라 할 수 있다.

예 시장가격이 100만원인 옷장이 아래의 그림과 같은 과정을 거쳐 생산되었다고 하자. 생산의 첫 단계에서 부가가치는 나무와 철의 생산에서 각각 30만원과 10만원이 발생하였다. 중간생산물인 목재는 50만원에 판매되었으며, 이중 재료로 쓰인 나무의 가격 30만원을 제외한 20만원이 새로 창출된 부가가치이다. 마찬가지로 쇠 프레임은 재료인 철의 가격을 뺀 10만원이 부가가치이다. 옷장의 부가가치는 100만원에서 재료비 70만원을 뺀 30만원이다. 이때 총부가가치의 합은 최종생산물 가격인 100만원과 같다. [즉, $(30+10)+(20+10)+30=100$]

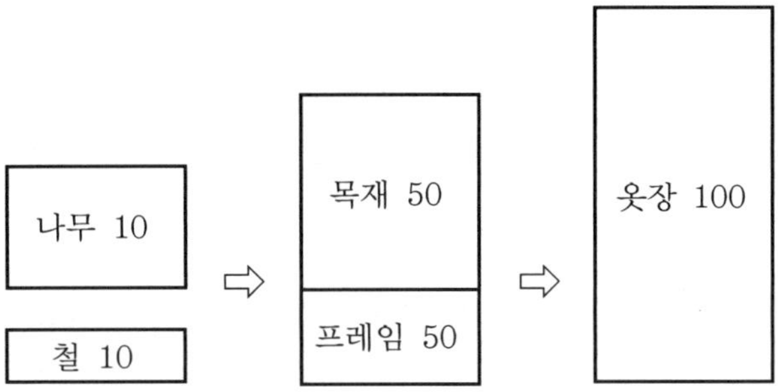

주 1 외국소재 한국기업의 생산물은 국내에서 생산된 것이 아니므로 한국의 GDP에 포함되지 않는다. 반면에 한국 소재 외국기업의 생산물은 한국의 GDP에 포함된다.

주 2 재고품은 생산된 해의 GDP에 포함시킨다. 그렇지만 당해 연도 생산제품이 아닌 골동품의 시세변화나, 중고품 거래는 GDP에 포함되지 않는다. 또한 밀수품, 불법생산품, 지하경제 등도 GDP의 고려대상이 아니다.

주 3 GDP는 일 년 동안 생산된 총 가치의 합인 유량(flow)의 개념이다.

GDP는 국민소득의 측정에 매우 유용한 개념이지만, 다음과 같은 제약점도 가진다. 첫째, 시장가격으로 나타낸 것만 측정하기 때문에, 가사노동은 포함되지 않는다. 둘째, 공해정화 비용도 GDP에 포함되기 때문에, 공해유발산업이 많은 국가는 그만큼 GDP가 더 커진다. 셋째, 여가는 GDP에 포함되지 않는다. 따라서 여가시간을 줄이고 일을 더하면, GDP는 높아지겠지만 반드시 복지수준이 더 높아진다고 할 수는 없다. 넷째, 한 나라의 GDP는 주로 달러로 표현되는데, 그 나라의 생산수준에 상관없이 달러의 변동만으로 GDP가 변동할 수 있다.

주 주요 농작물에 대해서는 시장에서 거래되지 않고 자가소비용으로 생산한 것도 따로 추정하여 GDP에 포함시킨다. 또한 자가소유주택의 경우도 시장시세만큼의 임대료를 추정하여 귀속임대료로서 GDP에 포함시킨다.

GNP와 GDP의 차이

GNP(Gross National Product; **국민총생산**)는 한 해 동안 자국민에 의해 국내외에서 생산된 최종생산물 시장가치의 총액이다. GNP는 1990년대 이전까지는 가장 빈번하게 쓰이던 국민소득의 지표였으나, 요즈음에는 거의 쓰이지 않고 대신 GDP가 쓰인다.

우리나라 국민이 외국에서 벌어들인 소득은 우리나라의 GNP에 포함되나, GDP에는 포함되지 않는다. 반면에 외국인이 우리나라에서 벌어들인 소득은 우리나라의 GNP에 포함되지 않으나, GDP에는 포함된다. 따라서 GDP에 국외순수취요소소득을 더하면 GNP가 된다.

GNP = GDP + 국외순수취요소소득

참고 1 국민소득의 여러 가지 측정방식

국민소득은 GDP 외에 아래와 같은 방법으로 측정되기도 하는데, 실제로 자주 쓰이지는 않는다.

NNP (Net National Product; 국민순생산) = GNP − 감가상각액

NI (National Income; 국민소득) = NNP − 간접세 + 보조금

PI (Personal Income; 개인소득) = NI − 법인세 − 사내유보이윤 + 기업으로부터의 이전지출

DI (Disposable Income; 가처분소득) = PI − 개인소득세

참고 2 GDI와 GNI

"수출재 가격/수입재 가격" 비율을 **교역조건**이라 하는데, 교역조건이 변하면 한 나라의 국민소득이 가지는 구매력이 변하게 된다. 예를 들어, 우리나라가 수입하는 유가가 상승하거나 환율이 상승하면, 이미 GDP로 측정된 국민소득의 대외구매력이 떨어진다. 이러한 것을 반영하기 위해 최근에는 **GDI**(Gross Domestic Income; **국내총소득**)의 개념이 가끔씩 사용되기도 한다. 이는 보다 정확하게 실질GDI라는 용어에 해당된다. 실질GDP가 물가상승에 따른 구매력의 변화를 반영하는 것처럼, 실질GDI는 수출입물가 변화에 따른 대외구매력의 변화를 반영한다. 만일 '수출재 가격/수입재 가격' 비율이 하락하면, 이전과 똑같은 양을 수출한 금액으로 수입할 수 있는 양이 줄어든다. 즉, 우리나라에서 보면 대외구매력이 감소하며, 그만큼 실질GDI가 감소한다. GDI는 가격변화에 대한 구매력의 변화를 반영하기 위해 만든 지표이기 때문에, 실질GDI가 아닌 명목 GDI는 개념상 별 의미가 없다.

GNI(Gross National Income; 국민총소득) 중 실질GNI는 실질GDI에 국외순수취요소소득을 더한 것이다. GNP가 GDP에 국외순수취요소소득을 더하는 것과 같은 이치이다. 다만 명목GNI는 명목GNP와 동일한 지표라 할 수 있다.

실질 GDP와 명목 GDP

현재의 시장가격, 즉, 비교년도의 시장가격으로 측정한 GDP를 **명목GDP**(Nominal GDP)라 하고, 과거 기준년도의 시장가격으로 측정한 GDP를 **실질GDP**(Real GNP)라 한다. 그리고 명목GDP를 실질GDP로 나눈 값을 **GDP 디플레이터**(GDP Deflator)라 한다. 최종소비재만 포함하는 소비자물가지수나 중간재나 생산재를 포함하는 생산자물가지수 등과는 달리 GDP는 경제 전체의 물가수준을 나타내는 지표이다.[1)]

$$\text{GDP 디플레이터} = \frac{\text{명목GDP}}{\text{실질GDP}} \times 100$$

통상적으로 기준년도는 매 5년마다 변경된다. 2020년이 기준년도인 경우, 2021년의 실질GDP는 2011년의 생산량에 2020년의 가격을 곱해 구한다. 각국에서 발표되는 경제성장률은 실질GDP에 의해 계산된다.

주 GDP디플레이터는 $\frac{P_1 Q_1}{P_0 Q_1} \times 100$으로 계산되므로 파셰(Paasche)지수이다. (단, 첨자 0은 기준년도, 첨자 1은 비교년도이다.)

1) 이러한 물가지수들은 사용목적에 따라 적절하게 선택해서 쓰고 있으며, 우리나라의 경우 매 기간 언론에서 자주 발표하는 물가지수는 주로 소비자물가지수이다. 그 이유는 소비자물가지수가 일반시민들의 실생활에 가장 밀접하게 연관되어 있기 때문이다.

예 2 두 재화를 생산하는 어느 나라에서 가격과 생산량이 아래의 표와 같이 주어져 있을 때, GDP 디플레이터를 구해보자.

	가격		생산량	
	x재	y재	x재	y재
2020년	10	20	90	380
2021년	11	21	100	400

위의 표에서 $P_0=(10,20)$, $P_1=(11,21)$, $Q_0=(90,380)$, $Q_1=(100,400)$이다. 2021년의 명목GDP는 P_1Q_1과 같은 $9,500\,(=11\times100+21\times400)$이며, 실질 GDP(2020년 불변가격 기준)는 P_0Q_1과 같은 $9,000\,(=10\times100+20\times400)$이다. 따라서 GDP 디플레이터는 다음과 같다.

$$\text{GDP디플레이터}=\frac{9,500}{9,000}\times100=105.6$$

즉, 경제 전체의 2021년 물가상승률은 5.6%이다. 또한 2020년의 명목GDP 및 실질GDP는 P_0Q_0와 같은 $8,500\,(=10\times90+20\times380)$이므로, 2021년의 명목경제성장률은 $11.8\%\left(\frac{9,500-8,500}{8,500}\times100\right)$이며, 실질경제성장률은 $5.9\%\left(\frac{9,000-8,500}{8,500}\times100\right)$이다.

주 위의 예에서 실질성장률과 물가상승률의 합은 명목성장률이 됨을 알 수 있다. 단, 약간의 오차는 이 둘을 합하기 때문에 발생한다. 정확한 식을 사용하면, 오차가 발생하지 않는다. 즉, $(1+0.059)\times(1+0.056)=1.118$이 된다.

7-1C 국민소득의 균형조건

위에서 국민소득은 생산을 통해 창출되고, 생산요소의 주체인 가계에 분배되고, 가계는 이를 재화나 서비스를 구매하기 위해 처분한다는 것을 살펴보았다. 이때 창출된 국민소득과 처분된 국민소득이 같아야 국민소득의 순환이 균형을 이루게 된다. 즉, 아래와 같은 조건을 만족하여야 한다.

$$C+I+G+(X-M)=C+S+T$$

(단, C: 소비, I:투자, G:정부지출, X:수출, S:저축, T:조세, M:수입)

식의 왼쪽은 국민소득의 창출을 나타내고, 오른쪽은 처분을 나타낸다. 국민소득의 창출은 소비수요, 투자수요, 정부수요인 정부지출, 해외수요인 순수출에 기인한다. 소비, 투자, 정부지출 또는 수출재 등에는 수입품, 수입부품, 수입원자재 등이 포함되어 있을 수 있다. 이러한 수입재는 국내에서 생산된 것이 아니기 때문에 GDP에 포함되지 않는다. 위의 식에서 수입(X)은 이러한 수입재를 각 항목으로부터 차감하는 역할을 한다.

보통 국민소득에서 가장 큰 비중을 차지하는 것은 소비이다. 투자는 생산을 위한 기계, 건물 등에 대한 지출이다. 투자는 국민소득에서 차지하는 비중이 작은 편이지만, 경기변동에 매우 민감하므로 변동성이 심하다. 따라서 투자는 경기의 영향을 많이 받음과 동시에 경기변동에 많은 영향을 주기도 한다. (투자는 민간투자를 말하며, 감가상각을 위한 대체투자와 그것을 초과하는 순투자로 나눌 수 있다.) 정부지출은 국방, 치안, 외교, 교통 등을 위해 상시적으로 지출하는 것 외에 불경기 때의 실업수당이나 사회간접자본투자 등에서 보듯이 경기조절수단이 되기도 한다.

주 국민소득의 창출을 수요중심으로 보는 것은 케인즈(Keynes)에서부터 비롯되었다. 케인즈가 거시경제학의 토대를 세울 때는 1920~30년대의 대공황기여서, 경제는 만성적인 수요부족과 생산요소의 불완전고용 상태에 놓여있었다. 그래서 일단 수요가 증가하면, 생산의 증가가 자연스럽게 뒤따를 수 있었다. 이와 같이 수요에 바탕을 둔 분석의 전통이 오늘날까지 이어져오고 있다.

위의 식을 간단히 하면 아래의 **국민소득 균형조건**이 된다.

$$I+G+(X-M)=S+T$$

소비는 국민소득의 창출과 처분에 동시에 속하기 때문에, 항상 국민소득의 순환 안에 머물러 있다. 이에 반해 식 왼쪽의 투자, 정부지출, 순수출은 국민소득의 순환과정에서 새롭게 국민소득을 창출하는 **주입**(Injection)에 해당하며, 식 오른쪽의 저축과 조세는 국민소득의 순환으로부터 빠져나가는 **누출**(Leakage)에 해당한다. 만일 주입이 누출보다 크면 국민소득은 증가하고, 주입이 누출보다 작으면 국민소득은 감소한다. 따라서 국민소득이 균형을 이루기 위해서는 주입과 누출의 양이 같아야 한다. 이는 다음과 같이 물탱크로 비유할 수 있다. 물탱크 안에 새로 들어오는 물의 양과 빠져나가는 물의 양이 같으면, 물탱크의 수면은 일정한 수준을 유지한다. 즉, 균형상태가 된다. 하지만 주입되는 양과 누출되는 양이 다르면, 물탱크 안의 물의 양은 변하게 된다.

주입

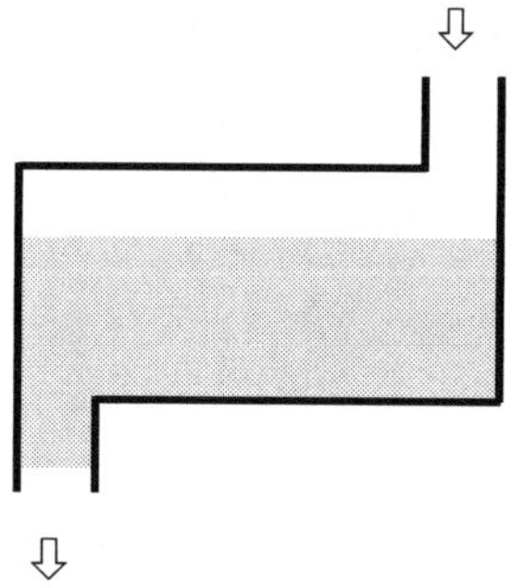

누출

주 1 장기적으로 보면 저축은 투자로 연결되고, 조세는 정부지출로 이어지고, 수출은 수입을 가능케 하지만, 케인즈의 이론은 이러한 연결고리를 부정한다. 경기가 불황기일수록 저축에 비해 투자가 부족할 수 있다. 또한 정부재정은 균형이 아닌 흑자나 적자인 경우가 많다. 그리고 국내소득수준에 의해 결정되는 수입과 달리 수출은 해외소득수준에 의해 결정된다. 물론 민간순저축($S-I$), 정부재정($T-G$), 경상수지($X-M$)가 장기적으로 보면 균형을 회복할 수 있지만, 단기적으로는 이러한 균형이 항상 성립한다는 보장이 없을 수도 있다. 따라서 케인즈의 이론은 주로 단기분석 위주의 이론이라 할 수 있다.

주 2 만일 정부부문과 해외부문이 없다면, 균형조건은 단순히 $I=S$가 된다. 저축은 궁극적으로 투자로 연결되겠지만, 일반적으로 투자의 주체와 저축의 주체가 다르기 때문에 단기에 있어서 반드시 그렇다는 보장은 없다. 특히 불황기에는 새로운 투자를 꺼리기 때문에 투자수준이 저축수준을 밑도는 경우가 많다. 따라서 균형이 항상 보장되는 것은 아니다. 이와 같이 사전적(*ex ante*)으로는 균형이 보장되지 않지만, 사후적(*ex post*)으로는 항상 균형을 이루게 된다. 예를 들어, $I< S$라 해보자. 이때 이미 생산된 것을 저축하는 양에 비해 수요(즉, 투자수요)의 양이 부족하므로, 재고가 증가하게 된다. 하지만 재고는 궁극적으로 다 처분이 될 것이기 때문에, 사후적으로 보면 투자가 증가한

것으로 볼 수도 있다. 투자를 하면, 지금은 소비할 수 없지만 미래에 소비할 수 있는 것과 같은 이치이다. 이와 같이 재고의 증가(즉, $S-I$)를 투자의 증가로 보면, 주입과 누출이 항상 같아진다. 즉, 사후적 균형은 항등적으로 성립한다.

연습문제

1. 다음의 각 항목이 GNP와 GDP 중 어디에 포함될 것인지 판단하여보라. (단, 특별한 언급이 없으면, 국내에서 생산된 것으로 간주하라.)

   ① 한국인 근로자가 사우디아라비아 소재 한국공장에서 번 소득
   ② 미국인 근로자가 한국 소재 미국공장에서 번 소득
   ③ 가정주부의 육아와 가사활동
   ④ GNP계산에 전액 포함된 자동차에 쓰인 모터
   ⑤ 국방비
   ⑥ 사설경비업체의 용역
   ⑦ 금광에서 캐낸 금
   ⑧ 소장 미술품의 가치상승분
   ⑨ 아파트 재건축을 위한 철거비용
   ⑩ 무료강습해준 교양강좌의 용역
   ⑪ 우리나라의 프로리그에서 받는 외국인 선수의 연봉
   ⑫ 우리나라 야구선수가 미국의 메이저리그에서 받는 연봉

2. x재와 y재를 생산하는 나라에서 기준년도의 생산량이 $(x, y) = (100, 30)$, 가격이 $(P_x, P_y) = (20, 35)$이었으며, 비교년도의 생산량이 $(110, 50)$, 가격이 $(21, 37)$이었다. 라스파이레스 물가지수와 GDP 디플레이터에 의하면, 물가상승률은 각각 몇 퍼센트인가? 또한 경제성장률은 몇 퍼센트인가?

7-2 국민소득결정 이론

7-2A 균형국민소득의 계산

국민소득의 순환에서 경제가 균형을 이루려면, 총생산으로 표시한 국민소득이 총수요와 같아져야 한다. 즉, 국가전체의 총공급과 총수요가 같아져야 한다. 따라서 균형국민소득은 소비수요, 투자수요, 정부수요, 해외순수요로 구성된 총수요와 같다.

$$Y = C + I + G + (X - M)$$

이 식은 총수요가 국민소득을 창출하는 케인즈이론의 국민소득 창출식과 같다.

주 위의 균형국민소득에 관한 식은 $Y - C = I + G + (X - M)$으로 고쳐 쓸 수 있다. 또한 국민소득은 $Y = C + S + T$와 같이 처분되며, 이는 다시 $Y - C = S + T$로 고쳐 쓸 수 있다. 따라서 위의 균형소득식이 주어지면, 자동적으로 국민소득 균형조건 $I + G + (X - M) = S + T$가 성립함을 알 수 있다. 즉, 균형국민소득식이 의미하는 균형조건과 앞 절에서 본 "주입=누출"의 균형조건은 동일한 것이다. 그러므로 이 둘 중 경우에 따라 편리한 것을 선택하여 사용하면 된다. 국민소득의 크기를 계산할 때는 균형소득식이 더 편리하며, 균형여부를 따질 때는 "주입=누출"의 균형조건이 더 편리하다.

총수요 중 소비는 구체적으로 다음과 같이 표현할 수 있다.

$$C = a + b(Y - T)$$

즉, 소득과 관계없이 독립적으로 지출하는 독립소비 a와 가처분소득인 $(Y - T)$에 비례하는 부분으로 나누어진다. 이때 b를 **한계소비성향**(MPC: Marginal Propensity to Consume)이라 한다. 즉, 소득의 증가에서 차지하는 소비증가의 비율이다. 한계소비성향은 0과 1사이의 값을 가진다.

그리고 $(1-b)$를 **한계저축성향**(MPS: Marginal Propensity to Save)이라 한다. 소비에 관한 식을 위의 균형소득식에 대입하면 다음과 같다.

$$Y = a + b(Y - T) + I + G + (X - M)$$

이를 다시 정리하면 다음과 같다.

$$Y = \frac{1}{1-b}[a - bT + I + G + (X - M)]$$

위의 식에서 I, G, T, X, M은 외부로부터 일정하게 주어진 외생변수의 역할을 한다. 따라서 위의 식은 매 기간 투자, 정부지출, 조세, 수출, 수입이 일정한 값으로 주어질 때의 균형국민소득을 보여준다.[2] 위의 식에서 계산된 Y값이 균형국민소득이며, $\frac{1}{1-b}$은 국민소득의 **승수**(Multiplier)라 한다. 만일 정부지출이 $\triangle G$만큼 증가하면, 균형국민소득은 승수 배인 $\frac{1}{1-b} \times \triangle G$ 만큼 증가한다.

주 위의 식에서 투자가 증가할 때의 국민소득승수를 **투자승수**라 부르며, 정부지출이 증가할 때의 국민소득승수를 **정부지출승수**라 부른다. 위의 식에서 투자승수와 정부지출승수는 $\frac{1}{1-b}$이 된다. 또한 조세가 증가할 때의 승수인 **조세승수**는 $\frac{-b}{1-b}$이 된다.[3] (만일 정부지출과 조세를 동일한 액수만큼 늘리면, 국민소득승수는 어떻게 되는지 확인해보라.)

---

2) 초기승수이론에서 케인즈는 투자결정이 동물적 감각(Animal Spirit)에 의존한다고 하여 투자를 외생변수로 보았다. 후에 케인즈는 투자의 한계효율개념을 도입하면서, 투자를 이자율의 함수로 보았다.

3) 조세승수의 값은 균형소득식에서 다른 변수의 값을 고정시키고 조세에 대해서만 미분하면$\left(\frac{dY}{dT}\right)$ 쉽게 확인할 수 있다.

예 1 독립소비지출이 1,000, 투자가 100, 정부지출이 200, 조세가 200, 수출이 250, 수입이 150, 한계소비성향이 0.8인 경제의 균형국민소득은 다음과 같다.

$$Y=\frac{1}{1-0.8}[1{,}000-0.8\times 200+100+200+(250-150)]=6{,}200$$

이 경우 승수의 크기는 5가 된다. 따라서 정부지출을 20만큼 증가시켜 220이 되게 하면, 균형국민소득은 100만큼 증가한다.

예 2 해외부문이 없는 폐쇄경제를 가정하면, 균형국민소득은 $Y=C+I+G$가 된다. 또한 $C=30+0.8(Y-T)$, $T=100$, $I=50$, $G=100$이라 하자. 이때 총수요($C+I+G$)는 $100+0.8Y$ 가 된다. 따라서 $Y=100+0.8Y$로부터 균형국민소득이 500임을 알 수 있다. 만일 현재의 국민소득(Y)이 균형을 벗어나 400이라면, 총수요가 420이 되므로 국민소득도 420으로 증가한다. (케인즈에 의하면, 총수요는 같은 크기만큼 국민소득을 창출한다.) 그 다음 $Y=420$이면, 총수요와 국민소득은 436으로 증가한다. 이와 같이 국민소득은 균형국민소득이 될 때까지 계속 증가한다. 만일 현재의 국민소득(Y)이 600이라면, 총수요가 580이 되므로 국민소득도 580으로 감소한다. 그 다음 $Y=580$이면, 총수요와 국민소득은 564로 감소한다. 이와 같이 국민소득은 균형국민소득이 될 때까지 계속 감소한다. 따라서 국민소득이 균형국민소득과 같지 않으면, 위의 과정을 반복하면서 균형국민소득으로 접근해간다.

만일 조세가 정액세가 아니라 소득에 대한 비례세($T=tY$)라면, 균형국민소득은 다음과 같이 구할 수 있다. (만일 세율이 10%이면, $t=0.1$이 된다.)

$$\begin{aligned}Y&=C+I+G+(X-M)\\&=a+b(Y-tY)+I+G+(X-M)\end{aligned}$$

이를 다시 정리하면 다음과 같다.

$$Y=\frac{1}{1-b(1-t)}[a+I+G+(X-M)]$$

위의 결과를 보면 국민소득 승수가 이전보다 더 작아진 것을 알 수 있다. 이는 정부지출 등이 증가하여 소득이 증가할 때, 세율에 비례해 조세가 증가하기 때문이다. 즉, 누출이 증가하기 때문이다.

예 3 독립소비지출이 1,000, 투자가 100, 정부지출이 200, 수출이 250, 수입이 150, 세율이 10%, 한계소비성향이 0.8인 경제의 균형국민소득은 다음과 같다.

$$
\begin{aligned}
Y &= \frac{1}{1-0.8(1-0.1)}[1{,}000+100+200+(250-150)] \\
&= 5{,}000
\end{aligned}
$$

만일 조세가 비례세이고 수입이 소득에 비례하면($M=mY$), 균형국민소득은 다음과 같이 구할 수 있다.

$$
\begin{aligned}
Y &= C+I+G+(X-M) \\
&= a+b(Y-tY)+I+G+(X-mM)
\end{aligned}
$$

이를 다시 정리하면 다음과 같다.

$$
Y=\frac{1}{1-b(1-t)+m}(a+I+G+X)
$$

예 4 독립소비지출이 1,000, 투자가 100, 정부지출이 200, 수출이 250, 세율이 10%, 한계소비성향이 0.8, 한계수입성향이 0.12인 경제의 균형국민소득은 다음과 같다.

$$
\begin{aligned}
Y &= \frac{1}{1-0.8(1-0.1)+0.12}(1{,}000+100+200+250) \\
&= 3{,}875
\end{aligned}
$$

7-2B 재정지출의 영구적 또는 일시적 변화의 효과

균형국민소득이란 정부지출, 투자 등의 수준이 매 기간 지속적으로 유지될 때의 개념이다. 만일 균형국민소득의 승수가 5라면 (즉, 한계소비성향이 0,8이라면), 투자가 10만큼 늘 때 균형국민소득은 50만큼 늘 것이다. 이때 투자는 매 기간 증가된 수준을 유지한다는 것을 명심해야 한다. 예를 들어, 원래의 투자수준이 100이었다면, 향후 매 기간 투자수준을 110으로 유지해야 한다. 이때 첫 번째 기간에는 국민소득이 10만큼 늘 것이다. 두 번째 기간에는 원래보다 늘어난 투자량 10과 첫 번째 기간의 신규투자로 인한 국민소득 증가분 10에서 저축으로 빠져나간 2를 제외한 새 소비수요 8을 더하여 총 증가분은 18이 된다.[4)] 마찬가지로 세 번째 기간에는 국민소득의 증가분이 10, 10×0.8, 10×0.8^2을 모두 더한 값이 된다. 따라서 궁극적으로 국민소득수준은 아래에서 보듯이 원래보다 50이 증가한 수준이 될 것이다.

$$\triangle Y = 10 + 0.8\times10 + 0.8^2\times10 + 0.8^3\times10 + \cdots$$

$$= (1 + 0.8 + 0.8^2 + 0.8^3 + \cdots)\times10$$

$$= \frac{1}{1-0.8}\times10 = 5\times10 = 50$$

즉, 현재의 투자가 100이라면, 향후 투자수준을 영원히 110을 유지해야, 균형국민소득이 궁극적으로 50만큼 늘게 된다. 만일 처음에 투자를 10만큼 늘렸다가 다음해부터 투자가 원래 수준인 100으로 복귀해버리면, 국민소득은 첫 번째 기간에 10만큼 늘었다가. 두 번째 기간에는 10만큼의 증가분에서 저축으로 2만큼 빠져나가버리게 된다. 따라서 두 번째 기간에서는 균형국민소득의 증가분이 8로 줄어든다. 마찬가지로 세 번째 기간에서는 증가분이 6.4가 된다. 따라서 독립투자의 증가가 단 1회에 그쳐버리면, 균형국민소득은 궁극적으로 원래의 수준으로 복귀해버린다. 다음의 그림은 투자가 계속 110을 유지할 때, 국민소득의 증가를 3기간에 걸쳐 보여주고 있다.

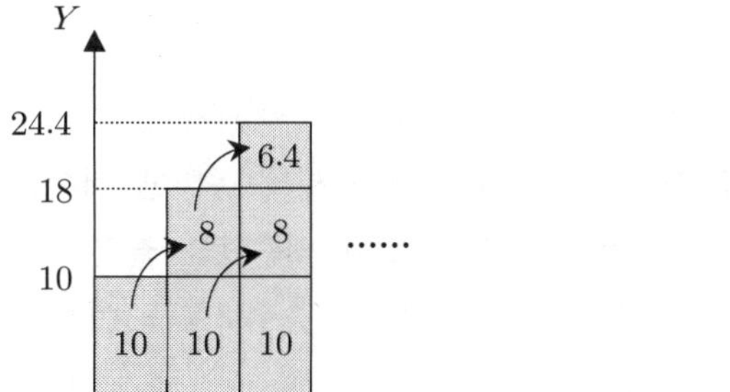

4) 논의의 편의상 정부지출이나 투자 등 정책변수 또는 외생변수의 변화는 당해기간의 국민소득에 영향을 주고, 그런 변수의 변화로 유발된 국민소득의 변화량은 다음 기간의 소비에 영향을 준다고 가정하였다.

만일 원래 100이었던 투자가 첫 번째 기간에만 110이 된 후 두 번째 기간부터 다시 100으로 복귀해버리면, 궁극적으로 소득수준은 예전의 소득수준으로 돌아가 버린다. 즉, 투자의 증가가 1회성에 그치면, 균형국민소득의 증가는 0이 된다. 단, 각 기간에서 증가한 모든 소득을 다 합친 값은 50이 된다.

$(50 = 10 + 10 \times 0.8 + 10 \times 0.8^2 + \cdots)$

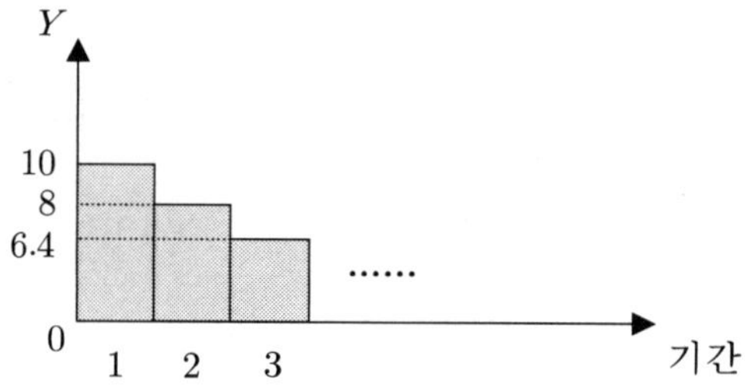

주 위의 논의로부터, 투자증가에 대한 승수(m)의 값은 증가된 투자수준을 매 기간 유지하면서 무한히 시간이 흐른 후의 균형국민소득 증가분을 투자증가분으로 나눈 값 ($\Delta Y/\Delta I$)과 같다. 하지만 투자증가가 단 1회에 그치면, 승수가 매 기간 증가한 국민소득을 모두 합친 것을 투자증가분으로 나눈 값$\left(\sum_{i=1}^{\infty} \Delta Y_i / \Delta I\right)$과 같다는 것을 알 수 있다.

7-2C 균형재정승수

정부재정이 균형상태이면, 정부지출과 조세를 동일한 액수만큼 늘려도 계속 균형재정을 유지하게 된다. 정부지출과 조세를 동일한 액수만큼 늘릴 때, 균형국민소득은 어떻게 되는지 알아보자. 앞에서 논의한 정액세 하의 승수모형을 이용하면, 폐쇄경제의 균형국민소득은 다음과 같다.

$$Y = \frac{1}{1-b}(a - bT + I + G)$$

이때 정부지출과 조세를 동시에 증가시키면 ($dG = dT$),

$$
\begin{aligned}
dY &= \frac{1}{1-b}(-bdT + dG) \\
&= \frac{1}{1-b}(1-b)dG \qquad (\because\ dG = dT) \\
&= dG
\end{aligned}
$$

이므로

$$\frac{dY}{dG} = 1$$

이 된다. 즉, 균형재정승수는 1이다. 만일 정부지출과 조세가 원래수준보다 100씩 늘어난 후 이 수준이 영원히 지속된다면, 균형국민소득도 100만큼 늘어나게 된다. 정부지출과 조세가 같은 양만큼 증가할 때, 정부지출의 증가는 전액 직접적으로 국민소득창출에 반영되지만, 조세의 증가는 한계소비성향만큼만 소비에 영향을 주어 국민소득에 반영된다. 따라서 정부지출과 조세가 같은 양만큼 증가하더라도, 균형국민소득은 증가하게 된다.

주 만일 저축이 궁극적으로 투자로 연결된다는 가정을 하면, 조세의 증가가 한계소비성향만큼 소비를 감소시킬 뿐만 아니라 한계저축성향만큼 투자도 감소시키게 된다. 따라서 정부지출과 조세를 동일한 수준으로 늘리면, 균형국민소득이 전혀 늘어나지 않는다. 즉, "공짜 점심은 없다. (No Free Lunch)" 라는 것이다. 장기적으로 저축이 전부 투자로 연결된다면, 균형재정승수는 장기적으로 0이 되어버린다.

예 5 한계소비성향이 0.8이며 정부지출과 조세가 동시에 100씩 증가하여 매 기간 증가된 수준을 유지한다고 하자. 첫 번째 기간에서 정부지출은 수요를 100만큼 증가시킨다. 반면에 조세는 소비 80만큼 감소시키고, 저축을 20만큼 감소시킨다. 따라서 총수요는 20만큼 증가한다. 즉, 국민소득이 20만큼 증가한다. (저축은 케인즈 경제학에서 어차피 누출에 해당하므로 저축이 감소하더라도 총수요에 영향을 주지 않는다.) 두 번째 기간에서도 마찬가지로 정부지출과 조세에 의해 국민소득은 원래의 값과 비교하면 20만큼 증가한다. 또한 첫 번째 기간에 증가한 국민소득은 두 번째 기간의 소비를 16만큼 증가시킨다. 따라서 두 번째 기간의 국민소득은 원래의 값에 비해 36만큼 증가한다. 이와 같은 논의를 지속하면, 균형국민소득은 100만큼 증가한다는 것을 알 수 있다. (즉, 균형재정승수가 1이 된다.)

$$\triangle Y_1 = \triangle G_1 - b\triangle T_1 = 100 - 0.8 \times 100 = 20$$

$$\triangle Y_2 = (\triangle G_2 - b\triangle T_2) + b\triangle Y_1 = (100 - 0.8 \times 100) + 0.8 \times 20 = 36$$

$$\begin{aligned}\triangle Y_3 &= (\triangle G_3 - b\triangle T_3) + b\triangle Y_2 + b^2\triangle Y_1 \\ &= (100 - 0.8 \times 100) + 0.8 \times 20 + 0.8^2 \times 20 = 48.8\end{aligned}$$

$$\vdots$$

$$\begin{aligned}\triangle Y &= 20 + 0.8 \times 20 + 0.8^2 \times 20 + 0.8^3 \times 20 + \cdots \\ &= \frac{1}{1-0.8} \times 20 = 100\end{aligned}$$

이 같은 상황에서 각 기간 자체만 놓고 보면, 각 기간의 정부지출과 조세의 증가는 그 기간의 총수요를 20만큼 증가시킨다. 따라서 이는 조세의 증가 없이 정부지출만 20만큼 증가하는 경우와 같다고 할 수 있다 이때 균형국민소득은 마찬가지로 100만큼 증가한다는 것을 쉽게 알 수 있다.

$$\triangle Y = \frac{1}{1-0.8} \times 20 = 100$$

7-3 소비함수와 투자함수

앞에서 국민소득이 소비수요와 투자수요 등에 의해 결정됨을 보았다. 이 절에서는 소비함수와 투자함수의 형태에 대해 좀 더 자세하게 알아보도록 한다.

7-3A 각종소비함수

거의 모든 국가에서 국민소득 중 소비가 가장 비중이 크고 중요한 위치를 차지한다. 그리고 소비는 가처분소득의 함수라는 것도 살펴보았다. 그런데 1900년대 중반 무렵에 소비함수에 대한 실증적 분석을 하던 중 매우 특이한 점을 발견하게 되었다. 장기분석인 시계열(Time Series)분석에서의 한계소비성향이 단기분석인 횡단면 (Cross Section)분석에서의 한계소비성향보다 크다는 것이 드러났다. (여기서 시계열분석은 소득과 소비의 연간자료를 연도별로 나열하여 분석하는 것이며, 횡단면분석은 한 해에 계층별 소득분포에 따른 소비를 분석하는 것이다.) 즉, 시계열분석에 따른 소비곡선은 원점을 지나며, 횡단면분석에 따른 소비곡선보다 기울기가 더 가파르다는 것이다. 아래의 그림은 시계열분석과 횡단면분석에서의 소비함수 형태를 보여준다.

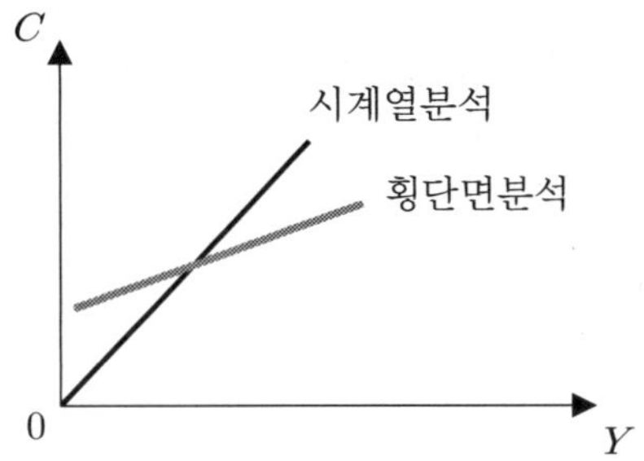

즉, 장기분석인 시계열분석에 따르면, 평균소비성향$\left(\frac{C}{Y}\right)$과 한계소비성향$\left(\frac{\Delta C}{\Delta Y}\right)$이 일치한다. 하지만 단기분석인 횡단면분석에 따르면, 한계소비성향은 일정하지만, 평균소비성향은 소득수준이 증가할수록 감소한다.

주 위의 그림에서 한계소비성향은 소비함수곡선 자체의 기울기이며, 평균소비성향은 원점에서 소비함수곡선상의 점을 잇는 직선의 기울기이다.

이와 같은 장단기 소비함수간의 차이를 설명하기 위해 다음과 같은 몇 가지 소비함수이론들이 등장하였다.

항상소득가설 (Permanent Income Hypothesis)

이는 프리드먼(Friedman)에 의해 제안되었다. 소득은 항상소득과 임시소득으로 구성된다. 늘 받는 급료 등은 항상소득에 속하며, 일시적인 보너스 등은 임시소득에 속한다. 또는 개인사업자의 경우, 지속적으로 기대되는 수입이 항상소득인데 반해, 경기에 따른 일시적인 수입의 변화부분을 임시소득이라 할 수 있다. 임시소득의 변화는 항상소득의 변화보다 소비에 미치는 영향이 훨씬 작다. 즉, 단기에 있어서 일시적인 소득의 증감은 기존의 소비패턴을 많이 변화시키지 않는다. 따라서 단기분석인 횡단면분석에서의 한계소비성향이 장기분석인 시계열분석에서의 한계소비성향보다 작다. 항상소득가설에 의하면 경기를 진작시키기 위한 일시적인 감세조치는 별 효력이 없다. 왜냐하면 감세정책을 시행할 때 경제주체들은 미래의 증세조치를 예상하므로, 항상소득이 별로 변화하지 않기 때문이다.

상대소득가설 (Relative Income Hypothesis)

이는 듀젠베리(Duesenberry)에 의해 제안되었다. 현재의 소비는 자신의 과거소비수준이나 타인의 소비에 의해 영향을 받는다. 사람들은 과거의 소비수준을 유지하려는 경향이 있으므로, 일시적으로 소득수준이 감소해도 그만큼 소비수준을 줄이지 않는다. 그러므로 단기 횡단면분석에서는 한계소비성향이 보다 작아진다. 이를 아래와 같은 그림의 모양대로 톱니효과(ratchet effect)라 부른다.

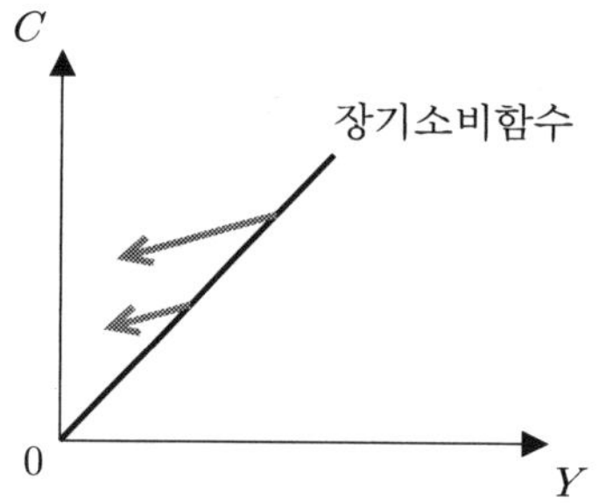

생애주기가설 (Life-Cycle Hypothesis)

생애주기가설은 안도(Ando)와 모딜리아니(Modigliani)에 의해 제안되었다. 소비는 미래의 소득(income)과 부(wealth)의 현재가치에 의해 결정된다. 즉, 유년기와 노년기에는 낮은 소득에 비해 소비수준이 높으며, 청장년기에는 높은 소득만큼 소비하지 않는다. 즉, 인생의 각 시기에 있어서의 소비수준은 그 시기의 소득에 의해서가 아니라, 인생전체의 소득수준에 의해 정해진다는 것이다. 따라서 소득수준이 낮은 계층에서는 소득에 비해 소비수준이 높으며, 소득수준이 높은 계층에서는 소득에 비해 소비수준이 낮게 나타난다는 것이다. 이는 횡단면분석의 결과와 일치한다.

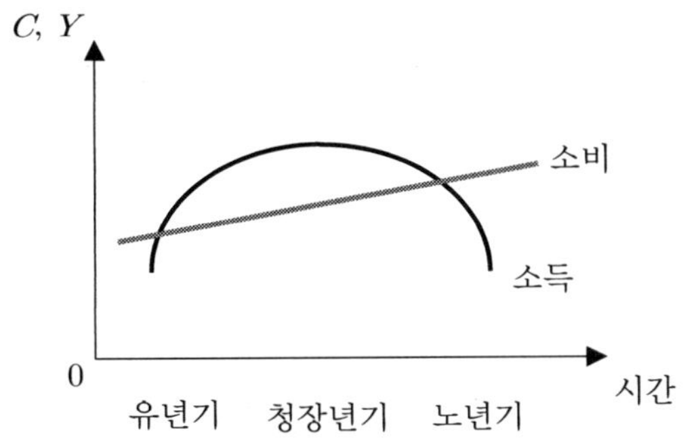

7-3B 투자함수

가속도원리

케인즈의 단순모형에서 투자는 동물적 감각에 의해 결정되는 독립변수라고 하였다. 만일 투자가 국민소득의 크기에 의해 영향을 받는다면 투자함수를 다음과 같이 국민소득의 함수로 나타낼 수 있다.

$$I = \delta Y \qquad (\text{단, } \delta > 0)$$

따라서 투자의 증가는 국민소득을 승수 배만큼 증가시키고, 증가된 국민소득은 다시 투자를 증가시키는 순환이 되풀이된다. 이를 투자에 있어서의 **가속도원리**(Acceleration Principle)라 한다. 만일 가속도원리가 작용한다면, 국민소득의 승수가 더 커질 것이다.

토빈의 q

토빈의 q(Tobin's q)는 투자한 것의 시장가치를 투자의 대체비용으로 나눈 것으로 정의된다. 예를 들어, 새로 투자하여 기업을 설립한 후 상장했을 때의 시가총액을 그 기업을 설립하는 데 든 비용으로 나눈 것이다. (시가총액에는 그 기업의 미래 사업전망 등에 대한 투자자들의 기대가 반영되어 있다.)

$$\text{토빈의 } q = \frac{\text{투자된 자본의 시장가치}}{\text{투자된 자본의 대체비용}}$$

따라서 토빈의 q가 1보다 크면 투자를 하는 것이 유리하다.

케인즈의 투자함수

확장된 케인즈 모형에서는 투자를 시장이자율의 감소함수로 본다. 즉, 이자율이 높아질수록 투자수요가 감소하고, 이자율이 낮아질수록 투자수요가 증가한다. 거시이론을 전개할 때는 이와 같이 투자를 이자율(r)의 감소함수로 보는 것이 보다 일반적이다.

$$I = I(r) \qquad [\text{단, } I'(r) < 0]$$

투자가 이자율의 감소함소인 이유를 케인즈는 투자의 한계효율이라는 개념을 써서 설명하였다. **투자의 한계효율**(m)은 투자로부터의 총수입이 투자비용과 같아지도록 하는 할인율이다. 즉, 투자의 한계효율은 투자의 수익률을 나타내는 지표인 **내부수익률**(IRR: Internal Rate of Return)과 같은 개념이다.

$$\text{투자비용} = \frac{R_1}{1+m} + \frac{R_2}{(1+m)^2} + \cdots + \frac{R_n}{(1+m)^n}$$

(단, R_i: i기의 투자수입)

이때 $m > r$ 이면 투자의 순현재가치(즉, 수입의 흐름을 시장이자율로 할인한 것에서 투자비용을 뺀 것)가 0보다 크므로, 투자를 하는 것이 유리하다. 즉, 투자수익률을 나타내는 지표인 투자의 한계효율이 투자비용을 나타내는 지표인 이자율보다 커야 유리하다. 투자를 할 때는 수익률이 큰 대상을 먼저 선택하므로, 투자가 증가할수록 투자의 한계효율은 아래 그림의 막대모양처럼 작아진다. 이자율이 r_1이면, 투자의 한계효율이 이자율을 초과하는 I_1수준까지 투자할 것이다. 이자율이 r_2로 하락하면, 투자는 I_2수준까지 증가할 것이다. 따라서 이자율이 낮아지면 투자액은 증가한다.

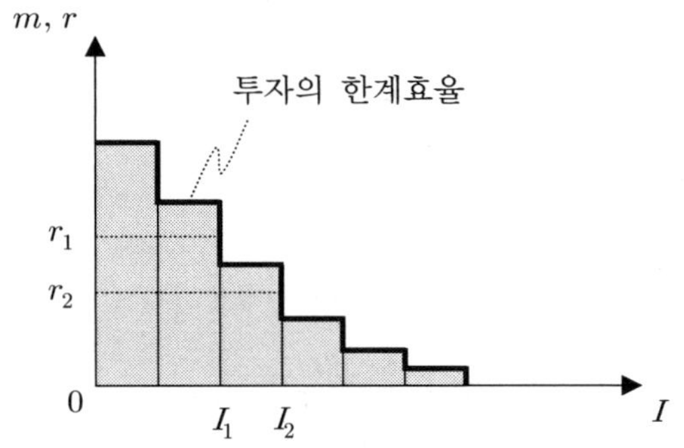

참고 딕싯의 투자옵션모형

딕싯(Dixit)은 투자의 비가역성과 미래에 대한 불확실성을 강조한 투자이론을 제시하였다. 비가역성이란 투자의 고정비용이 커서 투자 후 퇴출가격 아래로 제품가격이 떨어지더라도 투자를 철회하지 않는 현상을 말하며, 이를 투자의 이력현상(Hysteresis)이라고도 한다. 이때 기업은 투자의 진입가격을 정상이윤을 감한한 수입보다 높게 설정하게 되며, 미래에 대한 불확실성이 클수록 사태를 관망하면서 투자에 대한 선택권(Option)을 보유하는 것이 유리할 수 있다. 즉, 기업은 투자의 비가역성과 불확실성으로 인해 투자시기를 지연시키는 경향이 있기 때문에, 투자가 잘 늘어나지 않는다는 것이다. 따라서 투자를 활성화시키기 위해서는 금리인하와 같은 단기적인 처방보다는 일관성 있는 정책으로 기업의 신뢰성을 얻는 것과 투자환경의 개선이 더 효과적이라는 것이다.

연습문제

1. 다음의 각 경우에 있어서 균형국민소득을 구하라.

    (1) 독립소비 = 100, 투자 = 20, 정부지출 = 30, 조세 = 40, 수출 = 60, 수입 = 50, 한계소비성향 = 0.8

    (2) 독립소비 = 100, 투자 = 20, 정부지출 = 30, 순수출 = 10, 한계소비성향 = 0.75, 세율 = 20%

    (3) 독립소비 = 100, 투자 = 20, 정부지출 = 30, 수출 = 40, 한계소비성향 = 0.9, 세율 = 40%, 한계수입성향 = 0.04

2. 다음의 각 경우에 있어서 첫 번째 기간 동안의 국민소득의 변화량과 균형국민소득의 변화량은 각각 얼마인가? 단, 한계소비성향은 0.8이다.

    (1) 정부지출이 100만큼 첫 번째 기간에만 증가하고, 그 다음 기간부터 원래의 수준으로 복귀한다.

    (2) 정부지출이 첫 번째 기간에 100만큼 증가한 후, 증가된 정부지출 수준이 영원히 지속된다.

    (3) 정부지출과 조세가 각각 첫 번째 기간에만 100씩 증가하고, 그 다음 기간부터 원래의 수준으로 복귀한다.

    (4) 정부지출과 조세가 첫 번째 기간에 각각 100만큼 증가한 후, 증가된 정부지출과 조세의 수준이 영원히 지속된다.

    (5) 정부지출과 조세가 첫 번째 기간에 각각 100만큼 증가한 후, 증가된 정부지출과 조세의 수준이 영원히 지속된다. (단, 저축이 다음 기부터 투자로 전환되기 시작하여 궁극적으로 전부 투자로 전환된다고 가정하라.)

객관식문제

7-1 국민소득의 순환과 측정

1. 다음 중 GDP의 개념의 취약점에 해당되지 **<u>않는</u>** 것은?

① 국외에서 생산하는 국내기업보다 국내에서 생산하는 외국기업이 많아질수록 GDP가 높아진다.
② 방범용 경찰서비스가 비싼 사회는 범죄율이 낮아 경찰비용이 낮은 사회보다 그만큼 더 GDP가 높아진다.
③ 취미생활을 줄이고 시간외 근무를 오래하는 사람이 많을수록 GDP가 높아진다.
④ 공해배출 공장이 많은 국가의 GDP는 공해정화비용만큼 더 커진다.
⑤ 주부가 취업하면, 파출부가 대신 하게 되는 가사노동의 서비스가 새로 GDP에 추가된다.

2. 국민소득의 지표로서 사용하는 GDP의 제약점이라고 볼 수 **<u>없는</u>** 것은?

① 가정주부의 육아활동은 포함되지 않는다.
② 범죄율이 증가하여 사설 보안업체의 매출액이 늘어나면 GDP도 늘어난다.
③ 여가생활을 줄이고 더 일하면, GDP가 더 커진다.
④ 달러로 표시한 GDP는 단순히 환율의 변화만으로 그 크기가 변한다.
⑤ 최종생산품의 가치만을 계산하므로, 중간재의 가치를 소홀히 할 수 있다.

7-2 국민소득결정 이론

[문제 3-4] 어떤 폐쇄경제의 독립소비지출이 100, 투자가 80, 정부지출이 40, 조세가 40이라 한다. 또한 이 나라의 한계소비성향은 0.5이다.

3. 투자승수는 얼마인가?

① 0.5　② 1　③ 2　④ 2.5　⑤ 5

4. 균형국민소득은 얼마인가?

① 180 ② 200 ③ 400 ④ 600 ⑤ 880

[문제 5-7] 어떤 나라의 독립소비가 200, 투자가 100, 정부지출이 50이다. 단, 한계소비성향은 0.75, 세율은 20%이다.

5. 이 나라의 균형국민소득은 얼마인가?

① 350 ② 425 ③ 550 ④ 875 ⑤ 1,025

6. 첫해에 정부지출이 100만큼 늘어 150으로 바뀌었다가, 다음해부터 원래수준인 50으로 복귀할 경우, 균형국민소득의 증가량은 얼마인가?

① 0 ② 50 ③ 100 ④ 250 ⑤ 500

7. 정부지출이 영원히 100으로 바뀌면, 균형국민소득은 얼마가 되는가?

① 875 ② 975 ③ 1,000 ④ 1,250 ⑤ 1,375

8. 다음과 같은 경제의 균형국민소득은 얼마인가?

$Y = C + I + G$	$C = 200 + 0.75(Y - T)$
$T = 0.2Y$	$I = 100,\ G = 100$

① 400 ② 600 ③ 800 ④ 1,000 ⑤ 1,400

9. 정부가 재정지출과 조세를 동시에 100만큼 증가시킨 후, 이렇게 증가된 수준을 계속 유지한다고 한다. 이때 균형국민소득은 얼마나 증가하는가? 단, 한계소비성향은 0.8이다.

① 0 ② 100 ③ 200 ④ 400 ⑤ 500

10. 정부지출과 조세가 첫 기간 초에 각각 100씩 증가하였으나, 다음 기부터는 정부지출과 조세가 원래의 수준으로 복귀해버린다고 한다. 이때 첫 기간 말의 국민소득(Y_1)과 균형국민소득(Y)의 증가량은 각각 얼마인가? 단, 한계소비성향은 0.75이다.

① $\triangle Y_1 = 0$, $\triangle Y = 100$
② $\triangle Y_1 = 25$, $\triangle Y = 0$
③ $\triangle Y_1 = 25$, $\triangle Y = 100$
④ $\triangle Y_1 = 75$, $\triangle Y = 0$
⑤ $\triangle Y_1 = 100$, $\triangle Y = 400$

11. 한계소비성향이 0.75, 세율이 20%, 한계수입성향이 0.1이라 한다. 100이었던 투자가 이번 기부터 110으로 바뀌었다. 이때 균형국민소득은 얼마나 더 증가하는가?

① 10 ② 20 ③ 40 ④ 50 ⑤ 100

12. 독립소비가 500, 투자가 100, 정부지출이 180, 수출이 220인 경제에 대한 다음 설명 중 옳은 것은? 단, 가처분소득에 대한 한계소비성향은 0.8, 소득에 대한 한계수입성향은 0.14, 세율은 20%이다.

> 가. 투자승수는 2.5이다.
> 나. 정부재정은 매년 흑자이며, 그 규모는 220이다.
> 다. 경상수지는 매년 흑자이며, 그 규모는 60이다.

① 가 ② 나 ③ 다
④ 나, 다 ⑤ 가, 나, 다

13. 어떤 국가의 한계소비성향이 0.8이며, 균형국민소득이 200조원이라 한다. 또한 세율은 37.5%로 고정되어 있다. 케인즈의 승수이론에 따르면, 현재 투자수준이 15조원인 이 나라의 균형국민소득을 20조원만큼 증가시키기 위해 투자수준이 어떻게 변해야 하는가?

① 처음 1회 20조원으로 변화시켰다가, 다음 기부터 15조원을 유지하면 된다.
② 향후 모든 기에서 20조원을 유지해야 한다.
③ 처음 1회 25조원으로 변화시켰다가, 다음 기부터 15조원을 유지하면 된다.
④ 향후 모든 기에서 25조원을 유지해야 한다.
⑤ 처음 1회 25조원으로 변화시켰다가, 다음 기부터 20조원을 유지하면 된다.

7-3 소비함수와 투자함수

14. 한계소비성향이 장기 시계열분석에서보다 단기 횡단면분석에서는 더 작은 이유는 무엇인가?

> 가. 소비가 항상소득의 변화에 대해서는 민감하나, 임시소득의 변화에 대해서는 둔감하기 때문이다.
>
> 나. 소비자들은 과거의 소비행태를 크게 변화시키지 않으려 하기 때문이다.
>
> 다. 소비자들은 일생동안의 소득과 부의 기대치에 의거하여 소비하기 때문이다.

① 가　② 가, 나　③ 가, 다
④ 나, 다　⑤ 가, 나, 다

15. 다음 중 투자하기에 좋은 환경은 어떤 것인가?

> 가. 토빈의 q가 2이다.
>
> 나. 투자의 한계효율이 자본비용을 나타내는 시장이자율보다 높다.
>
> 다. 내부수익률이 0보다 크다.

① 가　② 가, 나　③ 가, 다
④ 나, 다　⑤ 가, 나, 다

8장 경제정책

경제정책은 조세와 정부지출을 수단으로 하는 **재정정책**(Fiscal Policy)과 통화량과 이자율을 수단으로 하는 **금융정책**(Monetary Policy)으로 나누어진다.

8-1 재정정책

8-1A 디플레이션갭과 인플레이션갭

편의상 국내경제만 살펴보면, 균형조건은 앞서 보았듯이 다음과 같다.

$$I + G = S + T$$

(단, I: 투자, G: 정부지출, S: 저축, T: 조세)

경제내의 총수요가 부족하면, 실업이 발생하는 등 경제가 불황상태에 놓이게 된다. 완전고용을 위한 총수요 (즉, 국민소득) 수준을 Y_F라 하고, 균형상태의 총수요 수준을 Y_0라 하자. 아래 그림에서처럼 $Y_0 < Y_F$일 때, **디플레이션갭**(Deflationary Gap)이 발생하였다고 한다. 반대로 현재의 총수요가 완전고용을 위한 총수요 수준을 초과하여 경기가 과열될 때, 즉, 아래그림에서처럼 $Y_0 > Y_F$일 때는 **인플레이션갭**(Inflationary Gap)이 발생하였다고 한다.

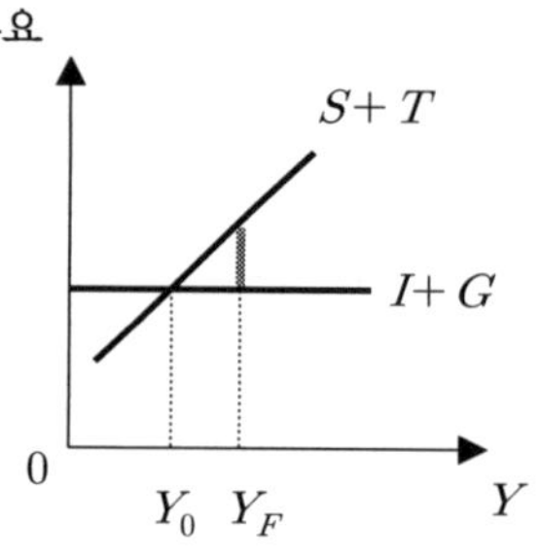

디플레이션갭

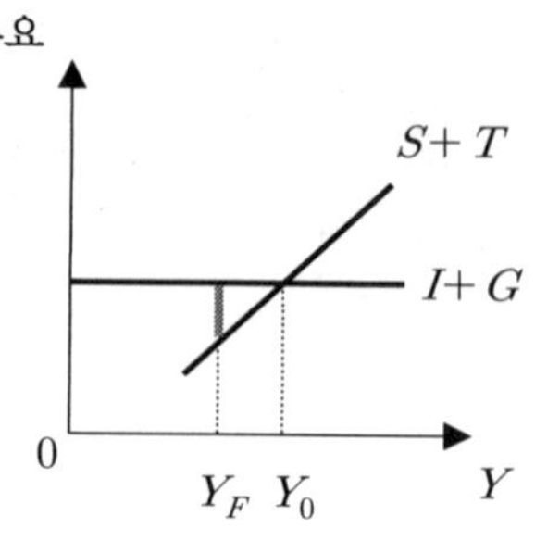

인플레이션갭

주 소득의 창출을 나타내는 $I+G$는 소득수준에 상관없이 주어지지만, 소득의 처분을 나타내는 $S+T$는 소득의 증가함수이다. 디플레이션갭의 경우 총수요$(I+G)$가 Y_F를 달성하는 수준보다 작으며, 인플레이션갭의 경우는 그 반대이다. 따라서 디플레이션갭의 크기는 $[(S+T)-(I+G)]$이며, 인플레이션갭의 크기는 $[(I+G)-(S+T)]$가 된다.

디플레이션갭이 발생하면, 정부는 조세를 줄이거나 정부지출을 확대하여 총수요를 늘리고자 한다. 총수요를 늘림으로써 경기를 진작시키고 실업을 줄이려고 할 것이다. 반대로 인플레이션갭이 발생하면, 정부는 조세를 늘이거나 정부지출을 줄여 과열된 경기를 진정시키려 할 것이다. 이와 같이 정부는 조세나 정부지출을 통한 재정정책의 유인을 가지게 된다. 케인즈는 경기불황기에 이와 같은 재정정책을 적극적으로 지지하였다.

8-1B 재정정책의 수단

조세의 경우는 주로 세율을 조정하게 된다. 정부지출은 보조금 또는 실업수당의 증감이나 정부발주 프로젝트 등을 통해서 이루어지게 된다. 이때 재원은 조세수입 또는 공채의 발행을 통해서 조달한다. 그런데 공채발행을 늘리면, 시장이자율이 상승하게 된다. 그 이유를 살펴보기 위해, 매년 말 c원의 쿠폰을 영원히 지급하는 공채의[1] 현재가격을 구해보자. 공채가격은 매기간의 쿠폰수입을 시장이자율로 할인(Discount)한 현재가치(Present Value)와 같다. 시장이자율을 r이라 하면, 공채의 연초 가격(P)은 다음과 같다.

---

1) 영국정부에 의해 발행되는 이러한 공채를 콘솔(Consol)이라 부른다.

$$P=\frac{c}{1+r}+\frac{c}{(1+r)^2}+\frac{c}{(1+r)^3}+\cdots=\frac{c}{r}$$

즉, 시장이자율과 공채의 가격은 반대로 움직인다. 재정정책을 위해 공채를 발행하면, 공채의 공급이 늘어나므로 공채의 가격이 떨어지고, 시장이자율은 상승하게 된다. 만기가 정해져 있는 공채의 경우도 마찬가지로 공채가격과 시장이자율 간에 역의 관계가 성립한다.

주 만일 쿠폰지급액이 시장이자율에 연동되어 있으면 (즉, 고정금리가 아니라 변동금리 채권의 경우), 시장이자율이 변해도 채권가격은 변하지 않는다.

8-1C 재정정책에 대한 비판

케인즈는 재정정책을 적극적으로 지지하였지만, 다른 학파나 경제이론에 따라서는 다음과 같은 이유들 때문에 재정정책을 반대하기도 한다.

구축효과

고전학파는 다음과 같은 이유로 재정정책에 반대하였다. 재정정책을 위해 공채를 발행하면 이자율이 상승하고, 이는 민간의 소비와 투자를 위축시킨다. 따라서 정부지출에 의한 수요증가가 상쇄되어 버린다. 이를 **구축효과**(Crowding-Out Effect)라 한다.

리카도 대등정리

조세를 감면하거나 재정지출을 늘리면 정부재정이 악화된다. 이때 소비자들은 미래의 증세에 대비하여 현재소비를 줄여버려 재정정책의 총수요증가를 상쇄시켜버린다. 따라서 재정정책은 효과가 없다는 것이다. 이와 같은 논리를 고전학파 경제학자 리카도(Ricardo)의 이름을 따서 **리카도 대등정리**(Ricardian Equivalence Theorem)라 한다.

자동안정장치

경기불황이 발생된 후 재정정책이 시행되기까지는 상당한 시차가 존재한다. 경기불황상태를 간파하고 재정정책이 집행되기까지의 의사결정과정에서 생기는 **내부시차**와 정책이 집행된 후 경기에 영향을 미치기까지의 **외부시차** 때문에, 막상 정책의 효과가 나타날 때쯤이면 경기는 이미 과열상태에 접어들어 재정정책이 오히려 역효과를 초래할 수도 있다. 이러한 시차의 문제를 줄이고자, 정부의 재량적인 재정정책에 반대하고, 자동적으로 재정정책이 시행되게 하는 것을 **자동안정장치**(Built-In Stabilizer)라 한다. 누진세와 실업수당은 자동안정장치의 대표적인 예다. 경기불황기에는 소득이 감소하므로, 자동적으로 세율이 내리고, 실업수당이 늘어난다. 즉, 경기변동의 폭을 자동적으로 줄일 수 있다는 것이다. 자동안정장치를 옹호하는 사람들은 재정정책 자체를 반대하는 것은 아니나, 자의적인 재정정책에는 반대한다.

래퍼곡선

지나친 누진세나 높은 세율은 근로의욕이나 투자의욕을 저하시키기 때문에, **공급측 경제학**(Supply-Side Economics)은 조세 등에 의존하는 재정정책에는 반대한다. 재정정책과 같은 수요측면의 정책에는 반대하고, 장기적으로 총공급을 증가시켜야 한다고 한다. 또한 세율이 높다고 조세수입이 큰 것도 아니다. 지나치게 높은 세율은 총수요와 국민소득을 위축시키므로, 오히려 세수를 감소시킬 수도 있다. 아래의 **래퍼곡선**(Laffer Curve)은 최대의 세수를 위한 세율의 수준을 보여주고 있다.

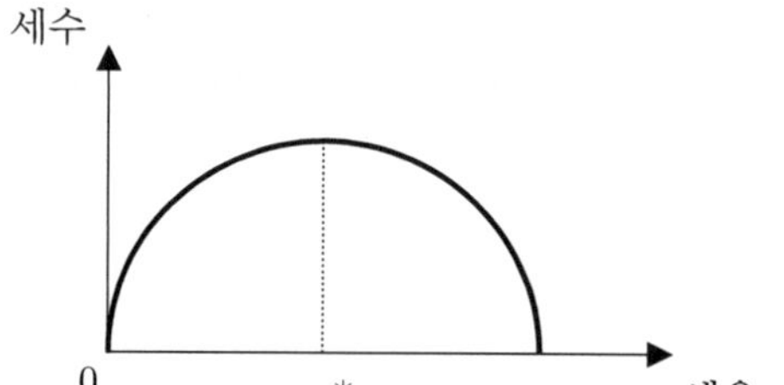

주 공급측 경제학은 1980년대 초 미국의 레이건(Ronald Reagan) 대통령 때 등장하여 Reaganomics라고도 불렸다. 공급측 경제학은 조세와 정부지출을 동시에 줄임으로써 총수요정책의 역할을 축소시키고, 공급부문의 생산성과 생산능력의 확대를 통한 경기 활성화와 경제성장을 추구하였다. 이와 같이 공급측 경제학은 작은 정부(Small Government)를 지향하였다.

8-2 금융정책

8-2A 화폐의 공급

화폐의 기능으로는 교환과 지불의 수단, 가치의 척도, 가치저장의 수단 등을 들 수 있다. **통화량**(Currency)이란 경제 내에 통용되고 있는 화폐의 총액을 말하며, 저량(Stock)이다. 통화량은 다음과 같이 몇 가지 방식으로 정의된다.

M_1(통화) = 민간보유현금 + 요구불예금

M_2(총통화) = M_1 + 저축성예금 + 거주자 외화예금

M_3(총유동성) = M_2 + CD(양도성 예금증서) + RP(환매조건부채권)
+ 비통화기관 예수금 + 금융채권 + 상업어음매출액

M_2는 준통화라 할 수 있는 저축성예금을 포함하며, M_3는 비통화금융기관인 제2금융권의 예금 등을 포함한다.

참고 우리나라의 통화지표는 1978년까지 M_1을 사용했으며, 1979년부터 1996년까지는 M_2를, 1997년부터 1999년 3월전까지는 M_2와 MCT(M_2에다 CD와 금전신탁을 더한 지표)를 혼용하였다. 1999년 3월부터는 주로 M_3를 사용해오고 있다.

본원통화와 지급준비금

금융정책에 대한 논의에서 통화는 편의상 M_1이라 하기로 한다. 통화는 근원적으로 중앙은행의 발권통화를 기초로 공급된다. 중앙은행 발권통화를 **본원통화**(Monetary Base; Reserve Base) 또는 **강력통화**(High-Powered Money)라고 한다. 본원통화는 시중의 **민간보유현금**(Cash)과 은행의 **지급준비금**(Reserves)으로 나누어진다. 지급준비금이란 예금주들의 현금인출 요구에 부응하기 위

해 은행이 준비하고 있는 현금을 말하며, 은행금고 안에 보관하거나 중앙은행에 예치해 놓는다.

$$M_1 = C + D$$

$$B = C + R$$

(단, B: 본원통화, C: 민간보유현금, D: 요구불예금, R: 지급준비금)

지급준비금은 법적으로 반드시 준비해 둬야하는 법정지급준비금과 이를 초과하는 부분인 초과지급준비금으로 구성된다. 예금총액에서 법정지급준비금이 차지하는 비율을 **법정지급준비율**(Legal Reserve Ratio) 또는 **필요지급준비율**(Required Reserve Ratio)이라 하고, 초과지급준비금이 차지하는 비율을 **초과지급준비율**(Excess Reserve Ratio)이라 한다.

$$\text{지급준비율}\left(\frac{R}{D}\right) = \text{법정지급준비율} + \text{초과지급준비율}$$

참고 화폐발행액은 민간보유현금과 금융기관시재금을 더한 것이다. 금융기관시재금이란 지급준비금 중 중앙은행예치금으로 환류된 부분을 제외한 것이다.

신용창조

은행으로 들어온 예금 중 지급준비금을 제외한 나머지 부분은 대출을 하게 되며, 대출된 금액은 다시 당좌예금 등의 형태로 은행에 예치되어 대출되는 것을 반복하게 된다. 이러한 과정에서 최초의 예금보다 큰 액수의 요구불예금, 즉, 통화가 공급될 수 있다. 은행에 처음 들어온 예금인 본원적예금에 대하여 이론적으로 가능한 최대의 신용창조액을 구해보자. 만일 법정지급준비율이 20%라면, 예금액에 대해 최대 80%까지 대출이 가능하다. 최초에 100만원이 예금되었다면, 이를 바탕으로 80만원의 대출이 가능하고, 이는 다시 당좌예금으로 은행에 예치된 후, 80%에 해당하는 64만원이 대출가능하다. 이를 무한히 반복하면, 총신용창조액은 다음과 같다.

$$\begin{aligned}\text{총신용창조액} &= 1{,}000{,}000 \times (1 + 0.8 + 0.8^2 + 0.8^3 + \cdots) \\ &= 1{,}000{,}000 \times \frac{1}{1-0.8} = 5{,}000{,}000\end{aligned}$$

일반적으로 법정지급준비율을 r이라 하면, 본원적예금(S)에 대하여 가능한 총신용창조액(D)은 다음과 같다.

$$D = \frac{1}{r} \times S$$

이때 $\frac{1}{r}$을 **신용승수**(Credit Multiplier)라 한다. 또한 총신용창조액서 원래의 본원적예금을 제외한 순신용창조액(D_N)은 다음과 같다.

$$D_N = D - S = \frac{1-r}{r} \times S$$

통화의 공급

통화의 공급량은 일반적으로 중앙은행으로부터의 본원통화량보다 크다. 본원통화가 공급되면, 이중 일부는 은행의 예금으로 예치되어 신용창조과정을 거치기 때문이다. 본원통화 중 예금되지 않고 민간이 현금의 형태로 보유하고 있는 부분과 은행이 지급준비금의 형태로 보유하고 있는 부분은 신용창조의 과정을 거치지 않는다. 따라서 본원통화 중 일부만 신용창조의 과정을 거치게 된다. 통화(M)와 본원통화(B)의 비율을 **통화승수**(Money Multiplier)라 한다. 통화승수를 m이라 하면, 다음과 같이 표현된다.

$$m = \frac{M}{B}$$

통화승수의 크기는 당연히 신용승수보다 작다. 통화(M)는 민간보유현금(C)과 요구불예금(D)의 합이며, 본원통화B)는 민간보유현금과 지급준비금(R)의 합이므로, 본원통화가 주어졌을 때 통화량을 구해보면 다음과 같다.

$$\frac{M}{B}=\frac{C+D}{C+R}=\frac{C/D+1}{C/D+R/D}=\frac{c+1}{c+r}$$

$$\Rightarrow\ M=\frac{c+1}{c+r}\times B=mB$$

단, $c\left(=\frac{C}{D}\right)$는 현금/예금 비율이며, $r\left(=\frac{R}{D}\right)$은 지급준비율임. 여기서 지급준비율은 법정지급준비율과 초과지급준비율을 합친 것임. 또한 $0<r<1$임.

통화승수(m)는 $\frac{c+1}{c+r}$과 같으며, 신용승수보다 작다. 이는 본원통화 중 일부는 민간의 현금보유로, 일부는 은행의 지급준비금으로 전환되어 신용창조과정에서 누출되기 때문이다. 또한 현금의 비율과 지급준비율이 높을수록 통화승수가 작아짐을 쉽게 확인할 수 있다.

주 예금을 하지 않고 현금을 갖고 있으면, 더 이상 신용창조를 할 수가 없다. 따라서 현금/예금 비율(c)이 높아지면, 신용창조과정에서 누락되는 비율이 높아지므로 통화승수가 작아진다. 이는 통화승수를 현금/예금 비율에 대해 미분하면 음수가 된다는 사실로도 확인할 수 있다.

$$\frac{dm}{dc}=\frac{r-1}{(c+r)^2}<0$$

일반적으로 현금/예금비율과 은행전체의 초과지급준비율이 일정한 수준을 유지한다면, 경제 내의 통화량은 본원통화량과 법정지급준비율에 의해 결정된다. 그리고 이 두 가지 모두 중앙은행이 통제할 수 있는 변수이다. 중앙은행이 경제 내의 통화량을 증가시키고자 할 때는 본원통화를 늘리든지, 법정지급준비율을 낮추어 통화승수를 보다 크게 할 것이다.

참고 본원통화량이 B만큼 주어지면, 현금(C), 요구불예금(D), 지급준비금(R)이 최대 얼마가 되는지 확인해보자. 현금/예금 비율을 c라하고, 지급준비율을 r이라 하자. 이때 본원통화량은 처음에 현금과 예금 사이에 $\frac{c}{1+c}B$와 $\frac{1}{1+c}B$씩 배분된다. 최초의 예금 $\frac{1}{1+c}B$는 다시 $(1-r)\frac{1}{1+c}B$만큼의 대출금과 $\frac{r}{1+c}B$만큼의 지급준비금으로 배분된다. 최초의 대출금은 다시 $\frac{c}{1+c}(1-r)\frac{1}{1+c}B$만큼의 현금과 $(1-r)\left(\frac{1}{1+c}\right)^2B$만큼의 예금으로 배분된다. 이렇게 생겨난 두 번째 예금은 다시 $(1-r)^2\left(\frac{1}{1+c}\right)^2B$만큼의 대출금과 $r(1-r)\left(\frac{1}{1+c}\right)^2B$만큼의 지급준비금으로 배분된다. 두 번째 대출금은 다시 $\frac{c}{1+c}(1-r)^2\left(\frac{1}{1+c}\right)^2B$만큼의 현금과 $(1-r)^2\left(\frac{1}{1+c}\right)^3B$만큼의 예금으로 배분된다. 이런 과정을 무한히 반복하면, 현금(C), 예금(D), 지급준비금(R)의 크기는 다음과 같아진다.

$$
\begin{aligned}
C &= \frac{c}{1+c}B+\frac{c}{1+c}(1-r)\frac{1}{1+c}B \\
&\quad +\frac{c}{1+c}(1-r)^2\left(\frac{1}{1+c}\right)^2B+\frac{c}{1+c}(1-r)^3\left(\frac{1}{1+c}\right)^3B+\cdots \\
&= \frac{\frac{c}{1+c}B}{1-\frac{1-r}{1+c}}=\frac{c}{c+r}B
\end{aligned}
$$

$$
\begin{aligned}
D &= \frac{1}{1+c}B+(1-r)\left(\frac{1}{1+c}\right)^2B+(1-r)^2\left(\frac{1}{1+c}\right)^3B+(1-r)^3\left(\frac{1}{1+c}\right)^4B+\cdots \\
&= \frac{\frac{1}{1+c}B}{1-\frac{1-r}{1+c}}=\frac{1}{c+r}B
\end{aligned}
$$

$$
\begin{aligned}
R &= \frac{r}{1+c}B+r(1-r)\left(\frac{1}{1+c}\right)^2B+r(1-r)^2\left(\frac{1}{1+c}\right)^3B+\cdots \\
&= \frac{\frac{r}{1+c}B}{1-\frac{1-r}{1+c}}=\frac{r}{c+r}B
\end{aligned}
$$

위의 계산결과를 이용하면 $\frac{M}{B}=\frac{C+D}{C+R}=\frac{c+1}{c+r}$이 됨을 확인할 수 있다.

8-2B 화폐에 대한 수요

화폐에 대한 수요이론은 크게 고전학파의 **화폐수량설**(Money Quantity Theory)과 케인즈의 **유동성선호이론**(Liquidity Preference Theory)으로 나누어 볼 수 있다.

화폐수량설

고전학파에 의하면 화폐는 베일(Veil)에 불과하며, 실물부문에 영향을 미치지 않는 명목변수에 지나지 않는다. 고전학파 학자인 피셔(Fisher)는 통화량에 관해 다음의 식이 성립한다고 하였다.

$$MV = PT$$

(단, M: 통화량, V: 화폐의 유통속도, P: 물가, T: 거래량)

통화량이 1년에 V회 유통된다면, 연간 화폐의 총유통량(MV)은 총거래량의 명목가치(PT)와 같다는 것이다. 이를 피셔의 **교환방정식**(Exchange Equation)이라 한다. 즉, 화폐의 기능 중 교환의 수단에 초점을 맞추고 있다. 화폐의 유통속도가 관습에 의해 비교적 일정하고, 거래량도 일정하다면, 위의 식에서 통화량의 증가는 그대로 물가에 반영된다. 예를 들어 통화량이 10% 증가하면, 물가수준도 10% 상승한다. 따라서 통화량이 증가하면 명목국민소득은 증가하여도, 실질국민소득은 변화가 없다. 위의 식은 $M = \frac{1}{V}PT$로 고쳐 쓸 수 있는데, 이는 경제 내에 필요한 통화량, 즉, 화폐수요를 나타내기도 한다. 이때 화폐수요는 명목거래량에 비례하게 된다.

경제 전체의 거래량을 파악하는 것은 매우 번거로우므로, 오늘날에는 화폐수량설의 교환방정식을 다음과 같이 거래량 대신 국민소득(Y)을 써서 나타낸다. 이때 우변은 명목국민소득이 된다.

$$MV = PY$$

한편 마샬(Marshall)은 거래량 대신 국민소득(Y)의 개념을 써서 화폐에 대한 수요를 다음과 같이 나타내었다.

$$M^D = kPY$$

즉, 명목국민소득 중 일정비율(k)만큼을 화폐의 형태로 보유하고자 한다는 것이다. 즉, 다른 자산과 화폐간의 보유효용을 비교하여, 화폐수요를 결정한다는 것이다. 이를 마샬이 속했던 경제학파인 케임브리지(Cambridge) 학파의 **현금잔고방정식**(Cash Balance Equation)이라 한다.

고전학파에 속했던 피셔와 마샬의 화폐수요이론은 명목변수로서의 통화량을 강조하고 있다. 즉, 통화량의 변화는 명목변수만을 변화시키며, 실질국민소득과 같은 실질변수에는 아무런 영향을 미치지 못한다는 것이다. 따라서 고전학파의 세계에서는 통화량의 변화를 통한 금융정책은 아무런 효과가 없고, 물가만 상승시키게 된다.

케인즈의 화폐수요이론

케인즈는 **유동성선호**(Liquidity Preference), 즉, 화폐에 대한 선호를 3가지의 동기로 구분하여 설명하였다. 첫째, 소득의 발생시점과 지출시점이 다르기 때문에, 거래를 위해 일정액의 화폐를 보유하려는 **거래적 동기**가 있다. 일정액의 화폐를 보유하고 있지 않으면, 일상생활에서 거래하는데 불편하기 때문이다. 경제 전체의 거래적 동기에 의한 화폐수요는 국민소득(Y)이 클수록 증가한다. 둘째, 미래에 대한 불확실성에 대비하려는 **예비적 동기**가 있다. 미래의 응급상황이나 비상시에 대비하여 일정액의 화폐를 보유하려는 것이다. 예비적 동기에 의한 화폐수요도 국민소득이 클수록 증가한다. 셋째, 국공채 같은 채권의 매매를 통한 이익을 위해 채권구입용으로 화폐를 보유하려는 **투기적 동기**가 있다. 케인즈는 민간이 자산이나 부를 채권과 화폐 2가지 형태로 보유한다고 가정한다. 이자율이 상승하면, 채권가격이 하락한다. 이때 향후 채권가격이 상승할 것으로 예상하는 자들이 많아지기 때문에, 경제 전체로 보면 채권의 매입량이 늘고 화폐보유량이 감소한다. 반대로 이자율이 하락하면 채권가격이 상승하므로, 채권의 매각이 늘고, 화폐보유량이 증가한다. 따라서 투기적 동기에 의하면, 이자율이 상승할수록 화폐에 대한 수요는 감소한다.

참고 케인즈는 개인의 투기적 화폐수요를 다음과 같이 설명하였다. 각 개인들은 시장이자율이 정상이자율 초과하면 전액 채권을 보유하고, 정상이자율을 밑돌면 전액 현금을 보유한다고 하였다. **정상이자율**은 개인이 정상적인 경제상태에서 유지되리라고 기대하는 적정이자율이며, 이는 개인마다 차이가 있다. 만일 시장이자율이 어떤 개인의 정상이자율을 초과하면, 채권가격은 이 사람이 생각하는 정상가격보다 밑돌게 된다. 향후 시장이자율이 정상이자율로 떨어지면, 채권의 가격은 오르게 된다. 따라서 현재 채권을 사는 것이 유리하므로, 이 사람은 현금을 보유하지 않고 채권을 보유할 것이다. 반대로 시장이자율이 정상이자율보다 낮으면, 채권가격이 정상가격보다 높다고 생각한다. 향후 시장이자율이 정상이자율을 회복하면, 채권가격은 하락할 것이다. 따라서 당장 채권을 팔고 현금을 보유하고자 할 것이다. 이처럼 낮은 시장이자율 수준에서 보유하게 되는 현금은 향후 채권에 투자하기 위한 투기적 동기에서 비롯된다고 할 수 있다. 개인의 화폐수요는 이와 같이 정상이자율과 시장이자율을 비교하여 전액 채권보유 또는 전액 화폐보유라는 극단적인 형태로 나타난다. 하지만 시장이자율이 감소할수록 채권보다 화폐를 보유하는 사람이 늘어나기 때문에 경제 전체의 화폐수요함수는 이자율에 대해 부드럽게 우하향하는 곡선으로 나타난다.

화폐수요에 대한 세 가지의 동기를 종합하면, 화폐수요함수를 다음과 같이 나타낼 수 있다.

$$M^D = L(Y, r) \qquad \left(\frac{\partial L}{\partial Y} > 0,\ \frac{\partial L}{\partial r} < 0\right)$$

즉, 화폐수요는 국민소득(Y)에 대하여 증가함수이며, 이자율(r)에 대하여 감소함수이다.

화폐수요는 이자율에 대해 감소함수이므로, 화폐수요곡선은 아래 그림에서처럼 우하향한다. 아래 그림에서 이자율(r)은 내생변수, 국민소득(Y)은 외생변수의 역할을 하고 있다. 이자율이 변하면 화폐수요량은 화폐수요곡선을 따라 변하고, 국민소득이 변하면 화폐수요곡선 자체가 이동한다. 만일 국민소득이 증가하면, 화폐수요곡선은 오른쪽으로 이동한다.

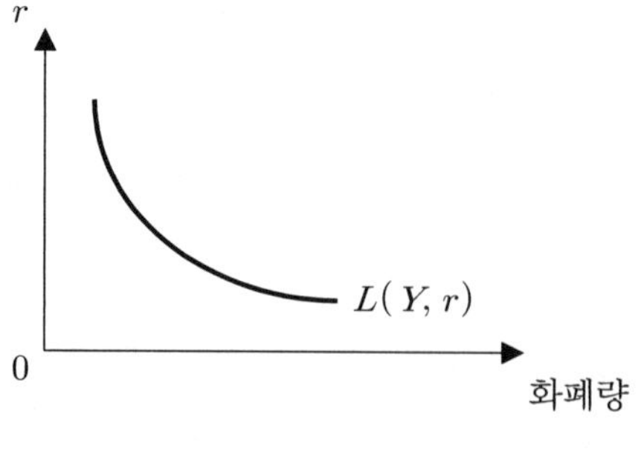

주 케인즈는 고전학파와 달리 화폐유통속도를 불안정하다고 생각하였다. 이자율이 상승하면 화폐보유의 기회비용이 상승하기 때문에 화폐를 빨리 처분하는 과정에서 화폐유통속도가 증가한다고 하였다.

이와 같은 논의가 고전학파의 화폐수량설과 비교하여 모순이 되지 않음은 케인즈의 화폐수요함수 $L(Y,r)$와 화폐수량설의 화폐수요함수 $\frac{1}{V}PY$를 비교해보면 확인할 수 있다. 이자율(r)이 상승하면, 케인즈의 화폐수요식에서 화폐수요(L)가 감소한다. 또한 케인즈는 물가가 단기적으로 안정적인 것으로 보았다. 이때 화폐수량설의 식에서도 화폐수요가 감소하려면 화폐유통속도(V)가 증가하여야 한다.

참고 1 보몰(Baumol)은 케인즈의 거래적 동기에 의한 화폐수요를 좀 더 깔끔하게 다듬었다. 매기의 소득(Y)과 이자율(r)이 주어져 있고, 매기 초 보유하는 화폐량을 M, 매회 화폐의 인출비용을 e라 하자. 이때 화폐보유에 관한 비용(C)은 다음과 같이 표시된다.

$$C=\frac{Y}{M}e+\frac{M}{2}r$$

위의 식에서 $\frac{Y}{M}$는 매기 화폐의 인출회수이기 때문에 $\frac{Y}{M}e$는 화폐인출비용을 나타낸다. 또한 $\frac{M}{2}$은 매기 평균 화폐보유액이기 때문에 $\frac{M}{2}r$은 화폐보유로 말미암아 받지 못하는 이자수입이라는 화폐보유의 기회비용을 나타낸다. 이때 화폐보유비용을 최소화하기 위한 조건은 다음과 같다.

$$\frac{dC}{dM}=-\frac{Ye}{M^2}+\frac{r}{2}=0$$

이를 정리하면 다음과 같다.

$$M=\sqrt{\frac{2Ye}{r}}$$

즉, 소득이 증가하거나 이자율이 하락할 때 거래적 동기에 의한 화폐수요는 증가한다. 케인즈와 달리 보몰은 거래적 동기에 의한 화폐수요가 이자율에 의해서도 영향을 받는다고 보았다.

참고 2 토빈(Tobin)은 자산선택이론(Portfolio Selection Theory)을 가지고 투기적 동기에 의한 화폐수요를 설명하였다. 시장이자율이 상승하면, 채권구입가격이 하락하고 채권의 수익률은 증가한다. 이로 인해 소득이 증가한 것과 같은 소득효과가 발생하며, 이로 인해 화폐를 포함한 전체 자산에 대한 수요가 증가한다. 또한 화폐보유의 기회비용이 상승하므로, 대체효과에 의하면 화폐에 대한 수요가 감소한다. 일반적으로 대체효과가 소득효과보다 크므로, 이자율의 상승은 화폐에 대한 수요를 감소시킨다고 설명한다.

신화폐수량설

고전학파의 계보를 이어 받은 프리드먼(Friedman)은 화폐수요를 항상소득(Y_P), 채권의 수익률(r), 물가상승률(π) 등의 함수로 보았다.

$$M^D = f(Y_P, r, \pi) \qquad \left(\frac{\partial M^D}{\partial Y_P} > 0,\ \frac{\partial M^D}{\partial r} < 0,\ \frac{\partial M^D}{\partial \pi} < 0\right)$$

즉, 화폐수요는 항상소득의 증가함수이며, 채권의 수익률과 물가상승률의 감소함수이다. 물가상승률의 감소함수인 이유는 물가가 상승하면, 화폐가치가 떨어지므로 화폐의 보유비용이 늘어나기 때문이다. 프리드먼은 채권의 수익률과 물가상승률이 비교적 안정적이라는 전제하에 화폐에 대한 수요는 주로 항상소득의 변화에 의해 영향을 받는다고 하였다. 즉, 화폐수요함수를 아래와 같이 나타낼 수도 있다.

$$M^D = k(r, \pi)\, Y_P$$

여기서 $k(r, \pi)$는 거의 상수와 마찬가지로 안정적이라는 것이다. 프리드먼의 화폐수요함수는 고전학파에 속하는 마셜의 화폐수량설과 유사하며, 화폐수요를 이자율의 함수로 보았다는 점에서 케인즈적 요소도 가미하였다고 볼 수 있다. 하지만 이자율의 영향이 크지 않다는 점에서 고전학파의 화폐수량설에 더 가깝기 때문에 프리드먼의 화폐수량설은 신화폐수량설이라 불렸다. 프리드먼과 같은 학자를 **통화주의자**(Monetarist)라고 부른다.

주 프리드먼의 화폐수요에 관한 식은 $M^D \frac{1}{k} = Y_P$로 다시 적을 수 있다. 이를 화폐수량설의 식 $MV = PY$와 비교해보면, $V = \frac{1}{k}$이 된다. (단, Y_P는 일종의 명목소득으로 PY와 같은 역할을 한다.) 따라서 프리드먼의 식에서 k가 고정되어 있지는 않지만 안정적이라는 것은 화폐유통속도가 고정되어 있지는 않지만 안정적이라는 것을 의미한다.

8-2C 금융정책의 수단

금융정책은 주로 통화량이나 이자율의 변화를 통해 경기를 조절하고자하는 것이다. 금융정책은 재정정책에 요구되는 추가경정예산 등의 승인과정이 생략되므로 재정정책에 비해 내부시차는 짧으나, 정책집행 후의 외부시차는 보다 길다. 정부지출은 곧바로 총수요로 연결되지만, 통화량이나 이자율의 변화가 총수요로 연결되기 위해서는 전달경로를 거쳐야하므로 보다 많은 시간이 소요되기 때문이다. 금융정책의 주요수단으로는 공개시장조작, 법정지급준비율이나 재할인율의 변경 등이 있다.

공개시장조작

중앙은행이 국채 등 유가증권을 매입 또는 매각하여 시중의 유동성을 조절하는 것을 **공개시장조작**(Open Market Operation)이라 한다. 중앙은행이 민간으로부터 국채를 매입하면, 경제 내의 통화량은 증가한다. 반대로 중앙은행이 민간에 국채를 매각하면, 통화량은 감소한다. 따라서 경기불황기에 확대금융정책의 실시방법 중 하나가 국채의 매입이다.

예를 들어, 중앙은행이 증권거래소 등의 공개시장에서 100억 원만큼의 국채를 매입하였다고 하자. 이때 국채를 매도한 기관 또는 개인 갑은 매각대금으로 받은 중앙은행수표를 자신의 거래은행인 A은행의 요구불예금에 예치한다. 한편 A은행은 갑으로부터 받은 중앙은행수표를 중앙은행에 예치시킨다. 이때 중앙은행 및 A은행의 대차대조표 계정은 다음과 같다.

중앙은행

자산		부채	
국채	100억 원	A 은행 예치금	100억 원

A 은행

자산		부채	
중앙은행 예치금	100억 원	갑의 요구불예금	100억 원

갑의 요구불예금이 증가함에 따라 경제 전체의 통화량도 증가한다. 또한 정부가 국채를 매입함에 따라 국채의 가격은 상승하고, 이자율을 하락한다. 이자율이 하락하면, 투자수요를 증가시켜 생산과 고용을 촉진시키게 된다.

참고 **기준금리**

현재 우리나라의 금융정책은 주로 금융통화위원회에서 기준금리의 변동을 통해 이루어진다. **기준금리**란 국공채 중 환매조건부채권(RW: Repurchase Warranty)[2)]의 금리를 말한다. 경기부양이 필요하다고 판단되면 기준금리를 낮추고, 물가상승이 우려되면 기준금리를 높인다. 이때 국공채의 가격은 기준금리의 변동방향과 반대방향으로 변한다. 국공채의 가격이 변하면, 국공채에 대한 시장수요량이 변할 것이다. 이때 정부는 국공채를 공급 또는 매입하여 시장균형을 유지하게 한다. 즉, 기준금리를 먼저 정해놓고 그에 따라 국공채 물량이 시장에서 소화되게 한다.

과거에는 금리보다는 목표통화량을 가지고 금융정책을 실시하였다. 물론 국공채의 매입이나 매각을 통해 통화량을 조절하는 과정에서 금리가 변동하였다. 점차 신용경제가 확대되면서 통화량과 물가의 관계에 대한 안정성이 떨어짐에 따라, 1998년부터 목표통화량 대신 은행 간 초단기 금리인 콜금리를 목표금리로 하여 금리위주로 금융정책을 전환하였다. 콜금리를 결정하는 시장기능을 저해하지 않기 위해, 2008년 3월부터 콜금리 대신 기준금리를 목표금리로 전환하여 금융정책을 시행해오고 있다.

2) 환매조건부 채권이란 팔았던 채권을 일정기간 후 되살 때의 매입가격을 미리 정해놓아 가격변동 리스크를 제거한 채권이다.

법정지급준비율과 재할인율

중앙은행이 법정지급준비율을 낮추면 시중은행의 지급준비율이 낮아지므로, 시중은행은 보다 많은 자금을 대출해줄 수 있다. 이에 따라 통화승수가 더 커지고, 통화량은 증가한다.

은행이 고객의 예금인출에 대하여 지급준비금이 부족할 때 중앙은행으로부터 자금을 조달하게 되는데, 이때 중앙은행이 부과하는 이자율을 **재할인율**(Rediscount Rate)이라 한다. 중앙은행이 재할인율을 낮추면, 시중은행들은 유동성부족에 대한 차입비용이 낮아지므로 초과지급준비율을 낮출 것이다. 이에 따라 통화승수가 더 커진다. 또한 재할인율을 낮추면, 대출자금이나 자산구성비율 조정 등의 목적으로 민간은행의 중앙은행으로부터의 차입금이 늘어나 본원통화량이 증가하기도 한다.

기타 금융정책 수단

정부가 금융기관에 대한 자산이나 여신 등에 대한 각종 규제를 완화하거나, 중소기업자금 등 각종 지원금융 등을 확대하는 것도 통화량을 증가시키게 된다.

8-2D 금융정책의 전달경로

고전학파는 금융정책으로 인한 화폐의 증가가 단순히 물가만을 상승시킨다고 하였다. 반면 케인즈는 화폐의 증가는 채권에 대한 수요를 증가시키므로, 채권가격을 상승시키고 이자율을 하락시킨다고 하였다. 이자율이 하락함에 따라 투자수요가 늘어나고, 국민소득이 증가하게 된다. 다만, 현재의 이자율이 아주 낮은 상태라면, 채권의 가격이 매우 높은 상태이다. 따라서 화폐의 증가가 더 이상 채권의 가격이나 이자율을 변화시키지 않는다. 즉, 민간은 화폐보유량을 무한히 늘릴지언정 채권구입량을 더 이상 늘리지 않는다. 이러한 상황을 케인즈는 **유동성함정**(Liquidity Trap)이라 불렀다. 이러한 상황 아래에서는 아무리 통화량을 늘려도 이자율이 더 이상 하락하지 않으며, 따라서 투자수요도 증가하지 않는다. 케인즈는 당시의 대공황상태를 유동성함정이라 규정하고, 금융정책은 효과가 없다고 하였다.

고전학파나 통화론자들은 주로 화폐공급에 따른 물가상승을 우려하는 등 통화량에 초점을 맞춘 반면, 케인즈는 이자율을 통한 투자수요 등 실물변수와의 연결고리를 중시하여, 이자율에 금융정책의 초점을 맞추었다고 할 수 있다.

연습문제

1. 법정지급준비율이 10%, 은행전체의 초과지급준비율이 5%라 한다. 이때 다음의 물음에 답하라.

   (1) 본원적예금이 100억 원일 때, 신용승수와 가능한 신용창조액을 구하라.

   (2) 이때 순신용승수의 값을 구하라.

2. 법정지급준비율이 15%, 은행전체의 초과지급준비율이 5%, 민간의 현금 대 예금의 비율이 0.3이라 한다. 또한 민간의 요구불예금액은 200조원이라 한다.

   (1) 본원통화량을 구하라.

   (2) 통화승수는 얼마인가?

   (3) 통화량을 구하라.

   (4) 통화량을 52조원만큼 증가시키려면, 본원통화량을 얼마나 증가시켜야 하는가?

   (5) 법정지급준비율을 12%로 줄이면, 통화량은 몇 퍼센트나 증가 또는 감소하겠는가?

3. 고전학파의 화폐수량설을 가정하고, 다음의 물음에 답하라.

   (1) 통화량이 1,000, 물가수준이 100, 거래량이 200일 때, 화폐의 유통속도를 구하라.

   (2) 통화량이 1,500으로 변하면, 물가수준은 어떻게 되는가?

4. 정부가 화폐공급의 증가를 통한 확대금융정책을 쓸 때의 효과를 고전학파와 케인즈로 나누어 설명하라. (단, 유동성함정은 없다고 가정하라.)

객관식문제

8-1 재정정책

1. 다음 중 정부의 재량적인 재정정책에 반대하는 입장에 해당되지 **않는** 것은?

   ① 재정정책을 위해 정부가 채권을 발행하면 이자율이 상승하므로, 민간의 수요가 위축 된다.
   ② 조세를 감면하여도, 미래의 조세증가를 예상하는 소비자들은 소비를 늘리지 않는다.
   ③ 재정정책의 재원마련을 위한 국공채의 발행은 정부부채의 증가를 의미하고, 미래의 조세증가를 예상하는 소비자들은 소비를 줄이므로 정부지출의 총수요창출효과가 상쇄된다.
   ④ 디플레이션갭을 극복하기 위해서는 부족한 유효수요를 자극하여, 완전고용수준을 가능하게 하는 총수요수준에까지 이르게 한다.
   ⑤ 경기변동의 폭을 줄이기 위해서 세율의 수시 변경이나 직접적인 정부지출의 증감보다는 누진세나 실업수당이라는 수단을 사용하는 편이 더 낫다.

2. 현재 디플레이션갭이 발생하였다. 이때 정부가 취할 수 있는 적절한 수단은 무엇인가? 단. 경제는 현재 유동성함정 상태에 있으며, 임금은 하방경직성을 보인다고 한다.

가. 정부지출을 늘린다. 나. 법정지급준비율을 낮춘다. 다. 정부가 공개시장조작을 통하여 공채를 매입한다.

   ① 가　　② 나　　③ 다
   ④ 나, 다　　⑤ 가, 나, 다

8-2 금융정책

3. 경제 내의 민간보유현금이 800, 지급준비금이 200이라 한다. 또한 민간의 현금/예금 비율이 0.4, 법정지급준비율이 8%, 은행전체의 평균초과지급준비율이 2%라 한다. 통화량은 얼마인가?

① 1,400 ② 2,800 ③ 3,600 ④ 4,800 ⑤ 5,400

4. 어떤 나라의 통화량(M_1)이 얼마인지 알아보려고, 그 나라의 중앙은행을 방문하여 문의한 결과 발권액수의 총 누계가 100이라는 것을 알았다. 또한 이 나라 국민의 현금/예금 보유비율은 0.4이며, 은행들의 평균 초과지급준비율은 10%라 한다. 현재 이 나라는 각 은행에 대해 20%의 법정지급준비율을 요구하고 있다. 이 나라의 통화량은 얼마나 되는가? (단, 발권화폐는 모두 민간보유현금과 민간은행의 지급준비금 형태로 분산되어 있다.)

① 100 ② 200 ③ 300 ④ 500 ⑤ 800

5. 다음 중 통화량 증가의 요인은?

> 가. 민간의 현금보유비율이 증가하였다.
> 나. 법정지급준비율이 낮아졌다.
> 다. 중앙은행이 본원통화를 늘렸다.
> 라. 통화승수가 증가하였다.

① 가, 나 ② 가, 나, 다 ③ 나, 라
④ 나, 다, 라 ⑤ 가, 나, 다, 라

6. 물가수준이 10, 총거래량이 500, 화폐량이 100일 때, 화폐의 유통속도는 얼마인가?

① 0.1 ② 0.5 ③ 5 ④ 10 ⑤ 50

7. 화폐공급과 화폐수요에 대한 다음 설명 중 옳지 **않은** 것은?

① 소득이 커질수록 거래적 동기와 예비적 동기에 의한 화폐수요량이 늘어난다.
② 이자율이 상승하면, 투기적 동기에 의한 화폐수요량이 늘어난다.
③ 화폐수량설에 의하면 화폐공급량이 10% 늘어나면, 물가도 10% 상승한다.
④ 케임브리지학파의 현금잔고방정식은 화폐의 자산가치 보관기능에 초점을 맞추어 화폐수요량을 정한다.
⑤ 통화주의자인 프리드먼의 화폐수요함수에 따르면, 채권수익률이나 이자율이 화폐수요량을 결정하는 변수이긴 하나, 화폐수요량을 결정하는데 있어서 그 영향력은 그리 크지 않다.

9장 총수요와 총공급

한 재화의 시장만을 대상으로 하는 부분균형분석에서의 수요와 공급과는 달리 경제 전체의 수요를 **총수요**(AD: Aggregate Demand)라 하고, 경제 전체의 공급을 **총공급**(AS: Aggregate Supply)이라 한다. 거시경제학에서 전통적으로 자주 쓰이는 분석의 틀은 케인즈의 승수모형을 시작으로, IS-LM 모형을 거쳐, 총수요-총공급 모형(AD-AS 모형)으로 완성된다. 특히 IS-LM 모형은 총수요곡선을 유도하는 데 유용하게 쓰인다. 1절에서는 먼저 IS-LM 모형을 살펴보고 그것을 바탕으로 총수요곡선을 도출한다. 2절에서는 총공급곡선을 도출한다. 총공급곡선의 모양은 고전학파와 케인즈 사이에 커다란 차이를 보이게 된다. 바로 이 차이가 고전학파와 케인즈학파의 경제학과 경제정책에 관한 견해를 구분 짓게 한다. 3절에서는 총수요-총공급 모형을 써서 재정정책과 금융정책에 관해 살펴보기로 한다.

9-1 총수요곡선

총수요곡선은 경제 전체의 생산물시장과 화폐시장이 동시에 균형을 이룰 때, 물가수준(P)과 생산량, 즉, 국민소득(Y)의 관계를 나타내는 선이다. 총수요곡선을 보기 전에 먼저 생산물시장의 균형을 나타내는 IS곡선과 화폐시장의 균형을 나타내는 LM곡선을 살펴보기로 하자.

9-1A IS-LM 모형

IS곡선

IS곡선은 다음과 같이 경제 전체의 실물부문, 즉, 생산물시장이 균형을 이룰 때, 이자율(r)

과 국민소득(Y)의 관계 연결한 선이다. 편의상 해외부문을 배제한 폐쇄경제 모형을 사용하기로 한다.

$$Y = C(Y - T) + I(r) + G$$

위의 식에서 소비(C)는 가처분소득의 증가함수이며, 투자(I)는 이자율(r)의 감소함수이다. 위의 식은 다음과 같이 표현할 수 있다.

$$I(r) + G = Y - C(Y - T)$$

위의 식에서 이자율이 낮아지면 투자가 증가하므로, 좌변이 우변보다 커진다. 이때 균형을 회복하려면, 우변도 커져야 한다. 한계소비성향은 1보다 작으므로, 소득이 증가하면 우변도 커진다. 따라서 실물부문의 균형을 이루기 위해서는 이자율이 감소할 때, 국민소득은 커져야 한다. 그러므로 IS곡선은 다음과 같이 음의 기울기를 가진다.

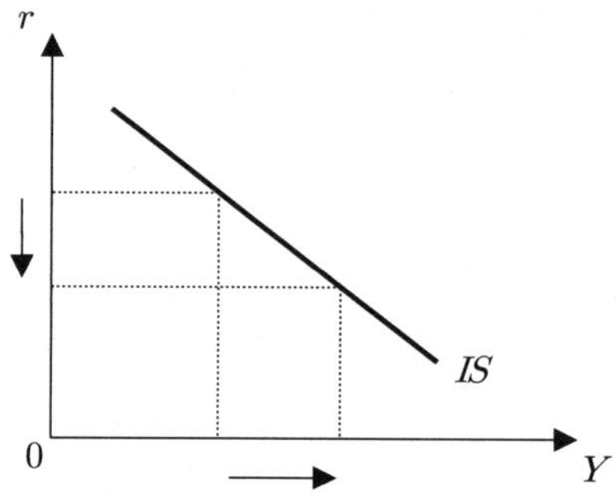

참고 위의 균형식을 다음과 같이 전미분하면 IS곡선의 기울기를 구체적으로 구할 수 있다.
(단, 정부지출과 조세는 변화가 없으므로 $dG = dT = 0$.)

$$I'dr = dY - C'dY$$

$$\Rightarrow \quad I'dr = (1-b)dY \qquad (\text{단, } C' = b)$$

$$\Rightarrow \quad \frac{dr}{dY} = \frac{1-b}{I'} < 0 \qquad (\because \ I' < 0, \ 0 < b < 1)$$

위의 그림에서 IS곡선보다 윗부분 또는 오른쪽부분은 공급초과를 나타내고, IS곡선보다 아랫부분 또는 왼쪽부분은 수요초과를 나타낸다. 예를 들어, 주어진 Y에서 r의 값이 IS곡선보다 위쪽의 값이라면, 투자수요가 보다 작아지기 때문에 원래의 균형에서보다 총수요가 작아지므로, 공급초과가 발생한다.

IS곡선의 이동

만일 정부지출이 증가하면, 실물시장의 균형식에서 좌변의 값이 커지므로, Y의 값이 커져야 다시 균형을 이룰 수 있다. (또는 r의 값이 커져, 투자가 감소해도 다시 균형을 이룰 수 있다.) 만일 조세가 감소하면, 가처분소득이 증가하므로, 소비가 증가한다. 이때 우변의 값이 작아지므로 다시 균형을 회복하려면, Y 또는 r의 값이 더 커져야 한다. 즉, 정부지출이 증가하거나 조세가 감소하면, 국민소득 또는 이자율이 더 커져야 다시 위의 실물부문의 균형식이 성립된다. 이때 IS곡선은 우측으로 이동하게 된다.

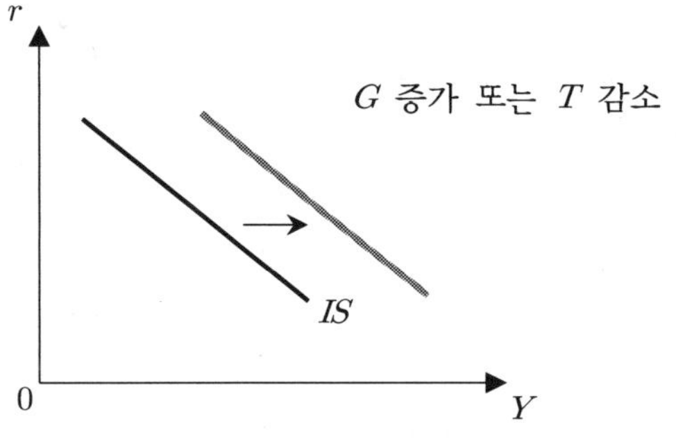

LM곡선

LM곡선은 다음과 같이 경제 전체의 화폐부문이 균형을 이룰 때, 이자율(r)과 국민소득(Y)의 관계 연결한 선이다.

$$\frac{M}{P} = L(Y, r)$$

위의 식에서 좌변은 명목화폐량(M)을 물가수준(P)으로 나눈 실질화폐량이며, 우변은 실질화폐수요함수이다. 화폐수요는 국민소득의 증가함수이며, 이자율의 감소함수임을 8장에서 보았다.

주 화폐수요함수를 실질화폐수요함수가 아닌 명목화폐수요함수로 정의하면, 물가가 변할 때마다 화폐수요량이 변하므로 쓰기에 불편해진다. 물론 위의 식은 $M = PL(Y, r)$로 고쳐 쓸 수도 있는데, 이때는 명목화폐공급량과 명목화폐수요량이 일치하는 것으로 볼 수 있다.

LM곡선을 나타내는 화폐의 균형식에서 이자율(r)이 상승하면, 화폐수요가 감소하여 화폐의 초과공급이 발생한다. 이때 다시 균형을 회복하기 위해서는 국민소득(Y)이 증가하여 화폐수요가 증가하여야 한다. 따라서 LM곡선은 아래 그림에서처럼 양의 기울기를 가지며 우상향한다.

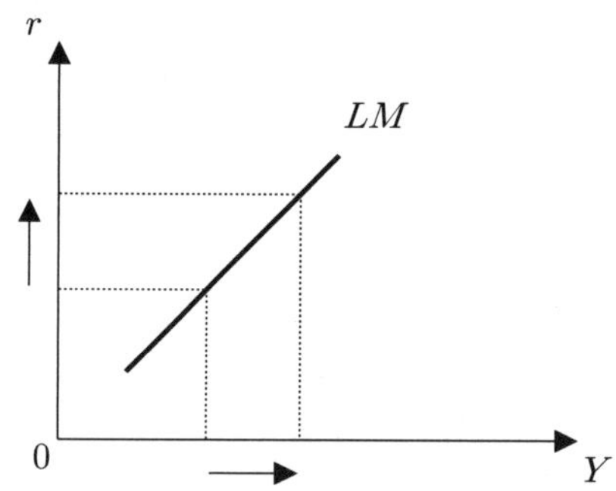

참고 위의 균형식을 다음과 같이 전미분하면 LM곡선의 기울기를 구체적으로 구할 수 있다. (단, 통화량과 물가는 변화가 없으므로 $dM = dP = 0$.)

$$0 = L_Y dY + L_r dr \qquad (\text{단, } L_Y \equiv \frac{\partial L}{\partial Y} \text{ 등})$$

$$\frac{dr}{dY} = -\frac{L_Y}{L_r} > 0 \qquad (\because\ L_Y > 0,\ L_r < 0)$$

위의 그림에서 LM곡선보다 윗부분 또는 왼쪽부분은 화폐의 공급초과를 나타내고, LM곡선보다 아랫부분 또는 오른쪽부분은 수요초과를 나타낸다. 예를 들어, 주어진 Y의 값에서 r의 값이 LM곡선보다 위쪽의 값이라면, 원래의 균형에서보다 화폐수요가 작으므로 화폐의 초과공급이 발생한다.

LM곡선의 이동

통화량이 증가하면 LM곡선식 좌변의 실질통화량이 증가하여[1] 화폐의 초과공급이 발생하므로, 주어진 이자율(r) 수준에서 국민소득(Y)이 증가하여 화폐수요가 증가하여야 다시 균형을 회복할 수 있다. 따라서 통화량이 증가하면, 아래 그림에서처럼 LM곡선이 오른쪽으로 이동한다. (또는 이자율이 하락해도 화폐수요가 증가하므로, LM곡선이 아래쪽으로 이동한다고 봐도 된다.)

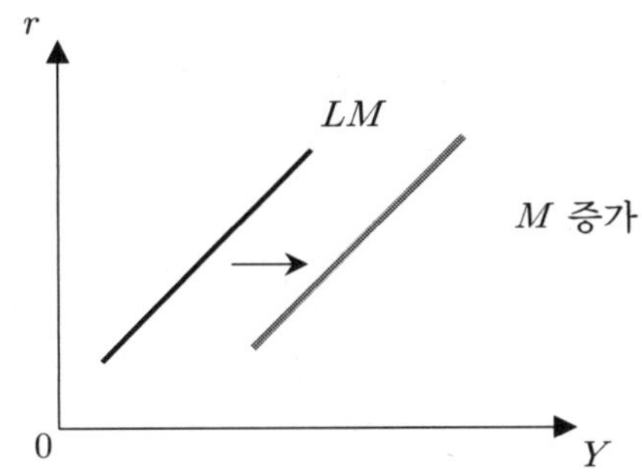

화폐시장

LM곡선이 화폐시장의 균형을 나타낸다고 하였는데, 화폐시장에 대해 좀 더 자세히 알아보자. 화폐시장은 아래 그림에서처럼 화폐에 대한 수요곡선과 공급곡선으로 나타낼 수 있다. 화폐에 대한 수요량과 공급량이 같아지는 점에서 균형이자율(r_0)이 결정된다.

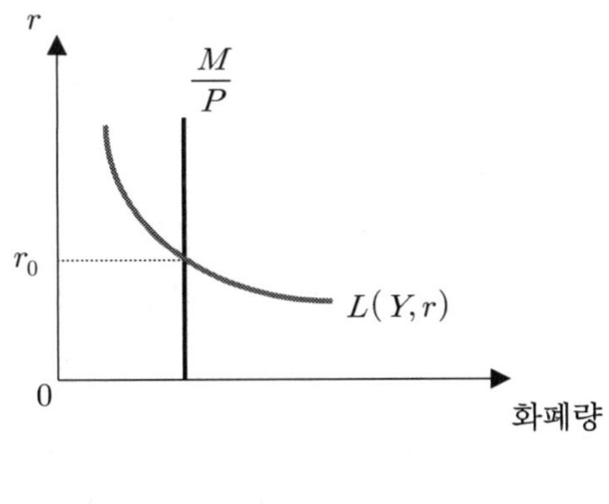

---

1) 케인즈는 당시 대공황이라는 시대적 배경 때문인지 통화량이나 총수요가 변하더라도 물가상승은 거의 없다고 생각하였다. IS-LM 모형은 케인즈의 이론을 수식으로 표현하기 위해 힉스(Hicks)가 처음 제시하였는데, IS-LM 모형에서도 물가는 고정되어 있다고 가정한다. 뒷 절에 나오는 총수요-총공급(AD-AS) 모형에서는 총수요의 증가가 보다 현실적으로 물가상승을 유발한다.

케인즈의 화폐이론은 이자율의 움직임을 통한 화폐시장의 균형 회복과정을 설명해준다. 이자율이 균형이자율보다 낮아 화폐에 대한 초과수요가 생기면, 사람들은 채권을 팔아 현금을 마련하려고 한다. 이때 채권의 공급이 증가하여 채권가격이 하락하고 이자율이 상승한다. 또한 이자율이 균형이자율보다 높아 화폐에 대한 초과공급이 생기면, 사람들은 채권을 구입함으로써 남아도는 현금을 처분하려고 한다. 이때 채권에 대한 수요가 증가하여 채권가격이 상승하고 이자율이 하락한다. 이와 같이 이자율의 움직임을 통해 화폐시장은 균형을 회복하게 된다.

주 채권가격과 이자율이 반대방향으로 움직인다는 것은 앞 장에서 살펴본 바 있다.

만일 소득이 증가하면, 화폐수요가 증가하여 아래의 왼쪽 그림에서처럼 화폐수요곡선이 오른쪽으로 이동한다. 이때 화폐에 대한 초과수요가 발생하여 이자율이 상승하게 된다. 또한 통화량이 증가하면, 아래의 오른쪽 그림에서처럼 화폐공급곡선이 오른쪽으로 이동한다. 이때 화폐의 초과공급이 발생하여 이자율이 하락하게 된다.

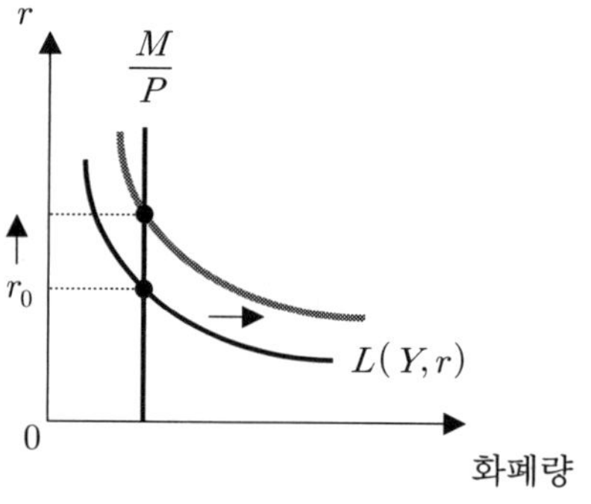

소득의 증가

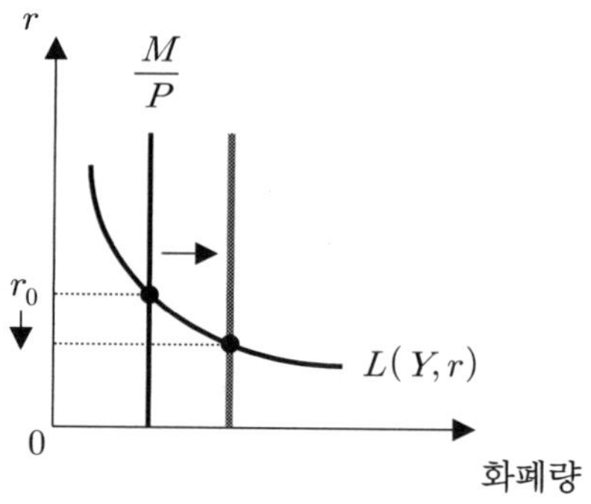

통화량의 증가

참고 고전학파의 대부자금설

고전학파의 대부자금설에 의하면, 이자율(r)은 아래 그림에서처럼 자금에 대한 수요와 공급에 의해 결정된다고 하였다. 자금에 대한 수요는 투자(I)와 같고, 자금의 공급은 저축(S)과 같다. 케인즈는 $I \neq S$ 인 불균형상태가 일반적이고 하였으나, 고전학파는 이자율의 신축적인 움직임에 의해 항상 $I = S$의 균형이 유지된다고 하였다.

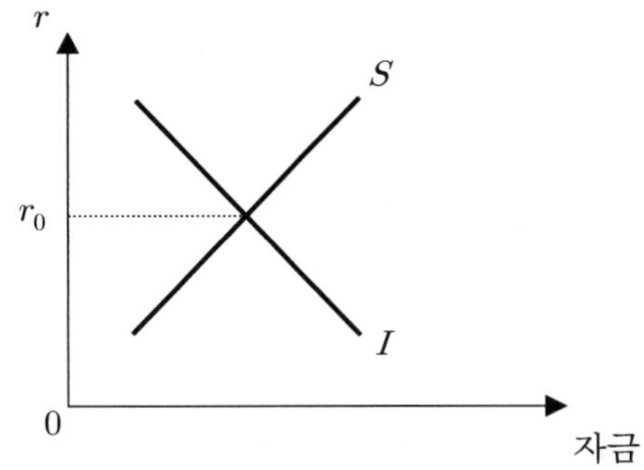

유동성함정

만일 이자율이 지나치게 낮다면, 즉, 채권가격이 지나치게 높으면, 아무리 화폐공급량이 증가하여도 더 이상 채권을 사지 않고 증가된 화폐를 모두 보유하고자 할 것이다. 즉, 화폐수요가 무한히 커지게 된다. (다시 말해, 화폐수요의 이자율에 대한 탄력성이 무한대가 된다.) 이때 화폐수요곡선은 아래 그림에서처럼 매우 낮은 이자율 수준에서 수평선이 된다. 이러한 상태를 케인즈는 **유동성함정**(Liquidity Trap)이라 불렀다. 경제가 유동성함정에 빠져있으면, 화폐공급량이 아무리 늘어도 이자율이 더 이상 하락하지 않는다. 따라서 LM곡선은 수평선의 모양이 된다. 경제가 유동성함정 상태에 빠져있으면, 통화량을 증가시키는 금융정책은 총수요를 증가시킬 수가 없으며 무력해진다.

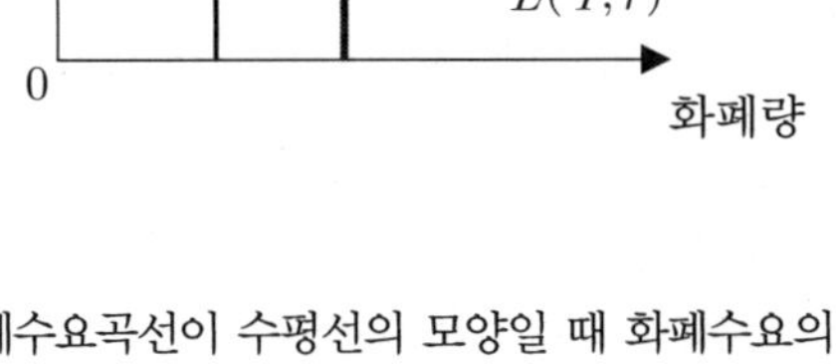

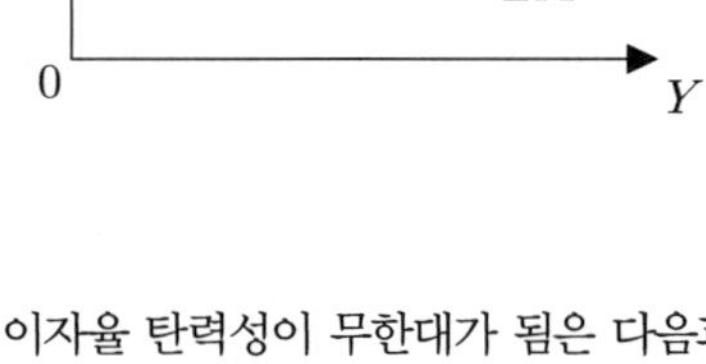

주 화폐수요곡선이 수평선의 모양일 때 화폐수요의 이자율 탄력성이 무한대가 됨은 다음과 같이 해보면 쉽게 알 수 있다. 위의 그림에서 화폐수요곡선을 약간 기울여 음의 기울기를 가지게 한 뒤 차츰 화폐수요곡선의 기울기를 더 완만하게 하여보라. 화폐수요곡선의 기울기가 더 완만할수록 조그만 이자율의 변화에 대해서도 화폐수요량의 변화가 크므로, 화폐수요의 이자율 탄력성이 커진다. 화폐수요곡선의 기울기가 점점 더 완만해지다 수평선이 되면, 화폐수요의 이자율 탄력성이 무한대가 된다.

IS-*LM* 분석에서의 균형

생산물시장과 화폐시장이 동시에 균형을 이루는 지점, 즉, *IS*곡선과 *LM*곡선이 만나는 지점에서 균형국민소득(Y_0)과 균형이자율(r_0)이 결정된다.

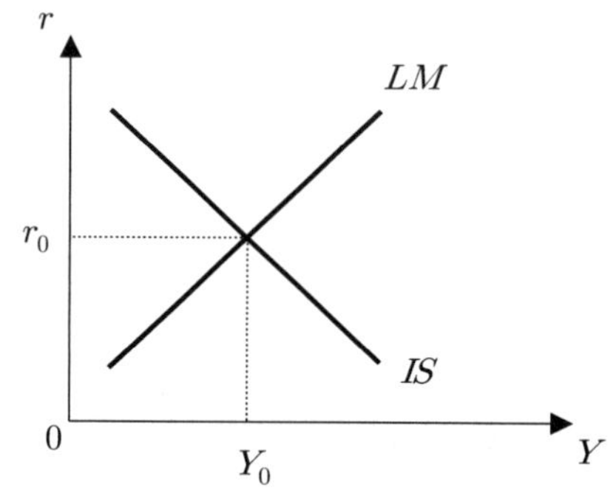

IS-*LM* 모형을 이용한 재정정책과 금융정책의 분석

▶ 재정정책

재정정책의 결과 정부지출(G)이 증가하면, 아래 그림과 같이 *IS*곡선이 오른쪽으로 이동하므로 균형이자율이 상승하고 국민소득이 증가한다.

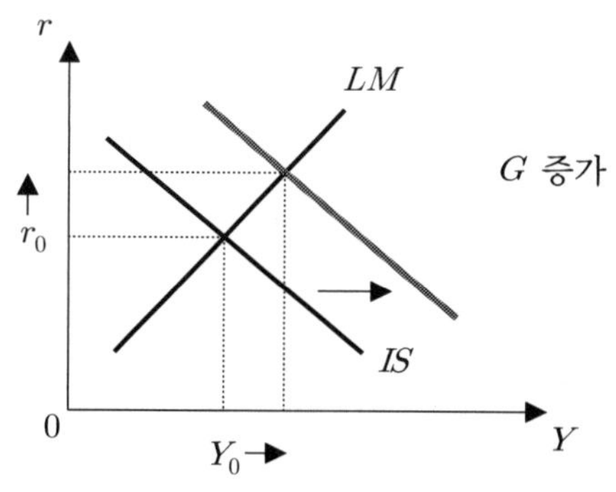

주 공채를 발행하여 재정지출을 증가시키면, 채권공급이 증가하므로 채권가격이 하락하고 이자율이 상승한다. 혹은 공채를 발행하지 않고 조세증가 등을 통하여 재정지출을 증가시키더라도 이자율은 상승한다. 왜냐하면 재정지출의 증가로 소득이 증가함에 따라 화폐에 대한 수요가 증가하기 때문이다.

▶ 금융정책

금융정책의 결과 통화량이 증가하면 아래 그림과 같이 균형이자율은 하락하고, 국민소득은 증가할 것이다. (통화량이 증가하면, 경제가 유동성함정 상태가 아닌 이상 남는 화폐로 채권을 구입하므로, 채권가격은 오르고 이자율은 하락한다.)

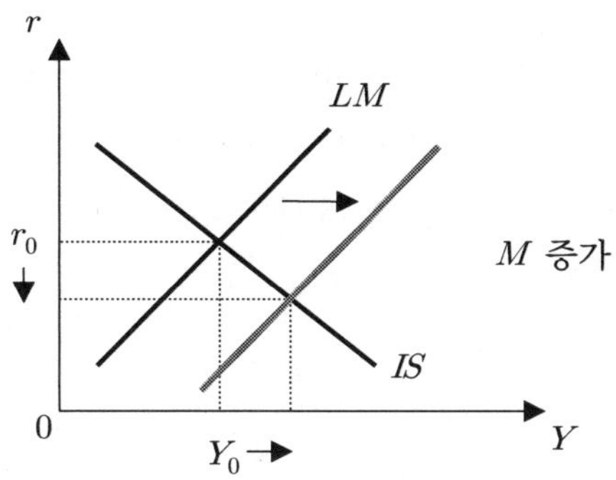

참고 통화량이 증가하면 균형이자율이 하락하는데, 흔히 단기간 동안 이자율은 최종균형값보다 낮은 수준이 된다. 이와 같이 외생변수의 변화라는 충격이 가해질 때 내생변수가 일시적으로 최종균형값을 지나쳐 반응하는 현상을 **과잉반응**(Overshooting)이라 한다. 이는 화폐시장의 적응속도가 실물시장보다 빠른 데 기인한다. 특히 요즈음과 같이 화폐나 금융거래가 전산으로 순식간에 이루어지면, 화폐시장은 매우 빠르게 균형을 회복한다. 화폐시장의 적응속도가 매우 빠르므로, 통화량이 증가하면 균형점은 아래 그림에서처럼 순식간에 E_0에서 A로 이동한다. 이 때 이자율은 r_A로 새로운 균형이자율 r_1보다 낮다. 그 후 시간이 지남에 따라 실물시장이 적응하면서, 서서히 새로운 균형점 E_1으로 이동해 간다. 화폐시장은 항상 균형을 유지하므로, 경제는 LM' 곡선을 따라 이동한다.

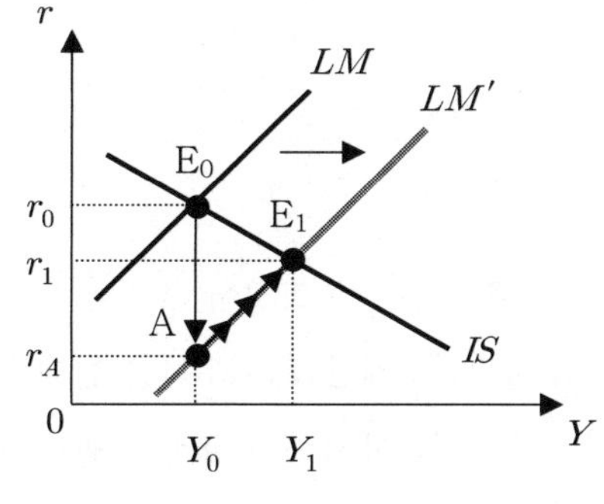

9-1B 총수요곡선

총수요곡선은 경제 전체의 생산물시장과 화폐시장이 동시에 균형을 이룰 때, 물가수준(P)과 생산량(Y)의 관계를 나타내는 선이다. 앞서 살펴보았던 IS-LM 모형을 이용하면, 총수요곡선을 그릴 수 있다. 아래의 그림에서 물가가 P_0에서 P_1으로 하락하면, 실질통화량은 $\frac{M}{P_0}$에서 $\frac{M}{P_1}$으로 늘어나므로, LM곡선이 우측으로 이동한다. 이때 이자율이 하락하고 투자수요가 증가하여 국민소득이 Y_0에서 Y_1으로 증가한다. 따라서 실물부문과 화폐부문이 동시에 균형을 이룰 때, 물가와 국민소득의 궤적인 총수요(AD)곡선은 우하향한다.

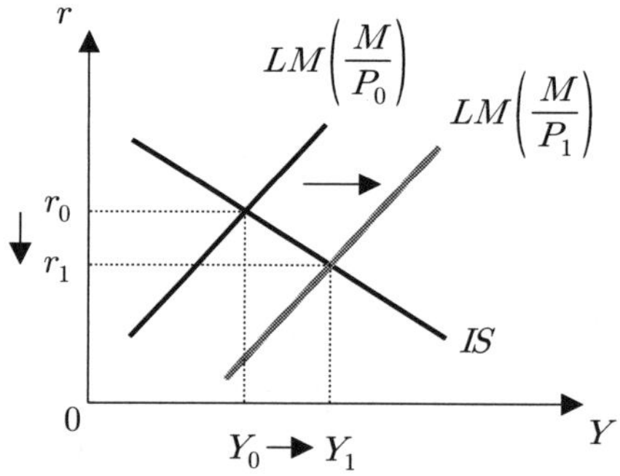

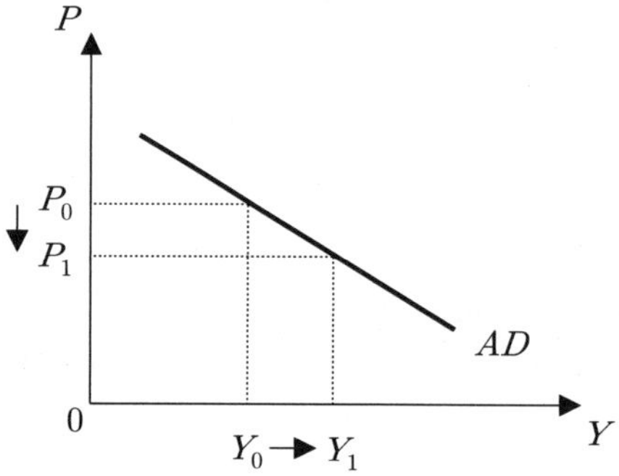

총수요곡선의 이동

재정정책의 결과 정부지출이 증가하면 IS곡선이 우측으로 이동한다. 이때 케인즈의 단순모형에 서라면 국민소득이 Y_1까지 증가하겠지만, 화폐부문을 함께 고려한 모형에서는 정부지출의 증가가 이자율을 상승시키므로, 민간부문에서 구축효과가 발생한다. 즉, 민간부문의 총수요가 도로 감소하므로, 국민소득은 최종적으로 Y_2까지만 증가한다. (즉, 화폐부문을 함께 고려한 승수가 케인즈의 단순모형의 승수보다 작다.) P-Y 평면에서 보면, 정부지출이 증가함에 따라 원래의 물가수준 P_0에서 국민소득이 Y_0에서 Y_1까지 증가한다. 따라서 정부지출이 증가하면 AD곡선은 우측으로 이동한다.

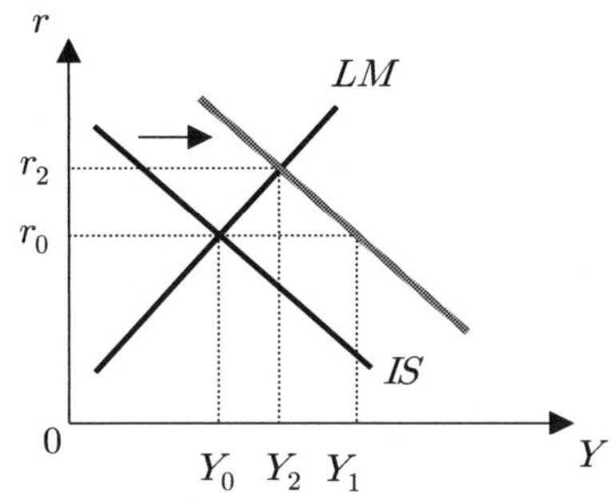

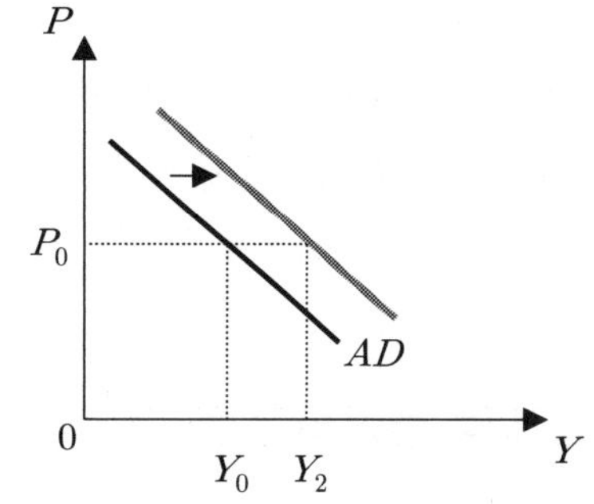

금융정책의 결과 통화량이 증가하면 LM곡선이 우측으로 이동한다. 이때 이자율은 하락하고 국민소득은 증가한다. P-Y 평면에서 보면 통화량이 증가함에 따라 원래의 물가수준 P_0에서 국민소득이 Y_0에서 Y_1까지 증가한다. 따라서 통화량이 증가하면 AD곡선은 우측으로 이동한다.

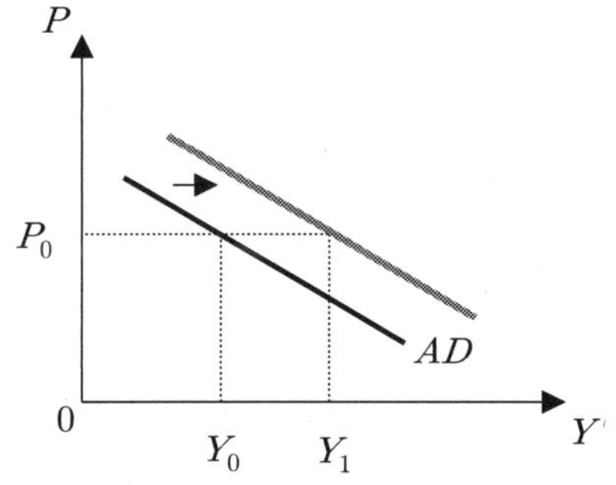

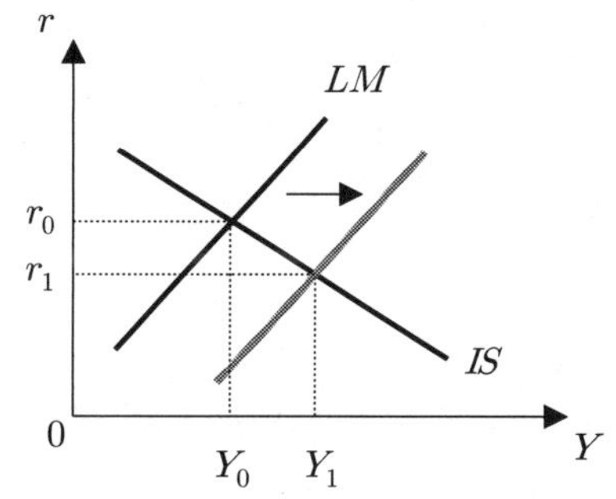

9-2 총공급곡선

총공급곡선은 경제 전체의 물가수준(P)과 생산량, 즉, 국민소득(Y)의 관계를 나타내는 선이다. 총공급곡선의 형태는 케인즈와 고전학파 간에 크게 차이가 난다. 재정정책이나 금융정책의 효과는 총공급곡선의 모양에 따라 많이 달라진다.

9-2A 케인즈의 총공급곡선

케인즈는 임금의 하방경직성을 가정하였다. 즉, 임금수준은 현재수준보다 상승할 수는 있어도, 그 밑으로 떨어지기는 어렵다는 것이다. 따라서 그에 따르면, 노동공급곡선(S_L)이 현재의 임금수준(w_0) 이상일 때는 우상향하지만, 그 미만 일 때는 노동의 공급이 없어지므로 세로축과 겹치는 수직선의 형태를 취한다. 또한 케인즈는 노동시장이 항상 불완전고용 상태에 있다고 가정하였다. 즉 노동의 고용량이 완전고용 상태의 노동공급량(L_F)에 못 미친다는 것이다. 또한 생산물시장과 생산요소시장이 완전경쟁시장이라고 가정할 때, 노동의 한계생산가치(VMP)가 임금수준보다 크면 노동을 더 고용하는 것이 고용주에 이익이므로, 고용주는 노동의 한계생산가치가 임금수준과 같아지는 점까지 노동을 고용하려 할 것이다. 즉, 한계생산가치곡선이 노동수요곡선(D_L)이 된다.

총공급곡선의 모양을 보기 위해 아래 그림에서 물가가 P_0에서 P_1으로 상승했다고 하자. 이때 노동수요곡선(즉, VMP곡선)이 위로 이동한다.[2] 반면에 케인즈는 노동자들이 물가변화에 대한 예상을 잘하지 못한다고 하였다. 따라서 노동공급곡선은 위로 이동하지 않으며, 명목임금도 상승하지 않는다. 노동에 대한 수요가 증가하면서 원래의 명목임금수준(w_0)에서 고용량이 L_0에서 L_1까지 늘어나기 때문에, 경제 전체의 총생산량이 생산함수곡선을 따라 Y_0에서 Y_1까지 늘어난다.

---

2) 제5장에서 $VMP = P \times MP_L$ 임을 확인하였다.

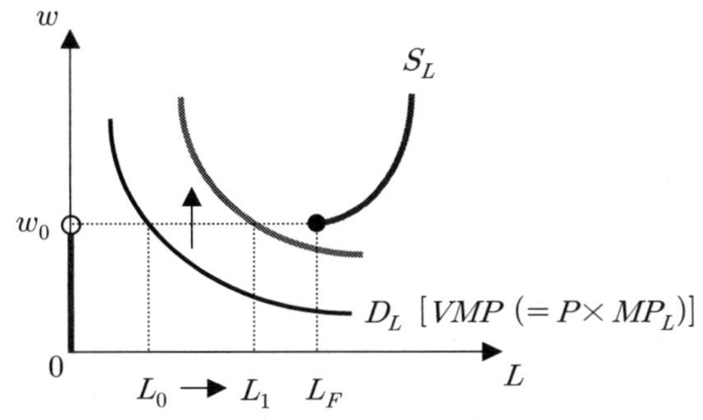

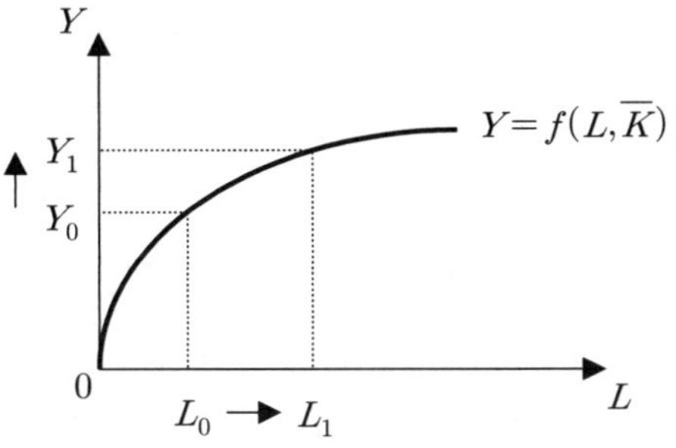

즉, 아래의 P-Y 평면에서와 같이 물가수준이 P_0에서 P_1으로 상승하면, 국민소득이 Y_0에서 Y_1으로 증가한다. 따라서 총공급곡선(AS)은 우상향하는 형태를 지닌다.

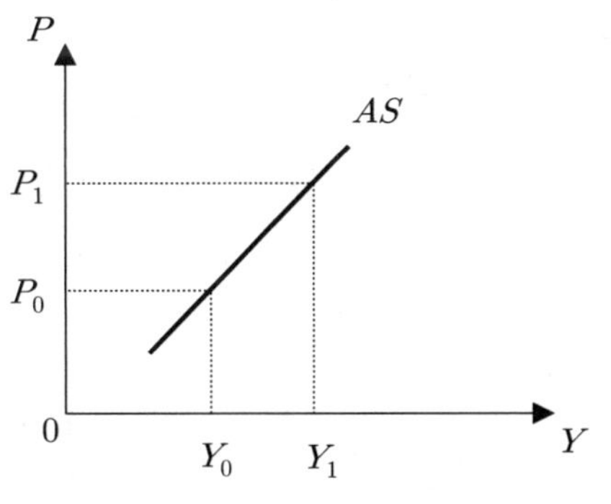

주 케인즈의 이론에서는 임금의 하방경직성으로 말미암아 비자발적 실업이 나타난다. 또한 노동자들의 불완전한 물가예상으로 말미암아 총공급곡선이 우상향하기 때문에, 총수요 정책이 국민소득을 증가시키거나 실업을 줄이는데 유효하게 된다.

한편 케인즈의 이론을 계승한 케인즈학파는 케인즈처럼 가격과 임금의 극단적인 경직성까지는 아닐지라도, 역시 가격과 임금의 경직성을 주장하므로 총공급곡선은 마찬가지로 우상향한다.

9-2B 고전학파의 총공급곡선

고전학파에 의하면 물가수준이 상승하면, 근로자들이 물가상승률만큼의 명목임금 인상을 요구한다. 왜냐하면 물가가 상승한 만큼 명목임금(w)이 올라야 실질임금(w/P)이 이전과 같아지기 때문이다. 따라서 물가의 상승은 노동수요곡선뿐만 아니라 노동공급곡선도 위로 이동시킨다.

총공급곡선의 모양을 보기 위해 물가가 P_0에서 P_1으로 상승했다고 하자. 이때 VMP곡선, 즉, 노농수요곡선과 노동공급곡선이 똑같이 위로 이동한다. 이에 따라 명목임금수준만 상승할 뿐 노동의 고용은 전혀 늘어나지 않는다. 따라서 총생산량, 즉, 국민소득도 원래의 Y_0 수준에서 전혀 늘어나지 않는다.

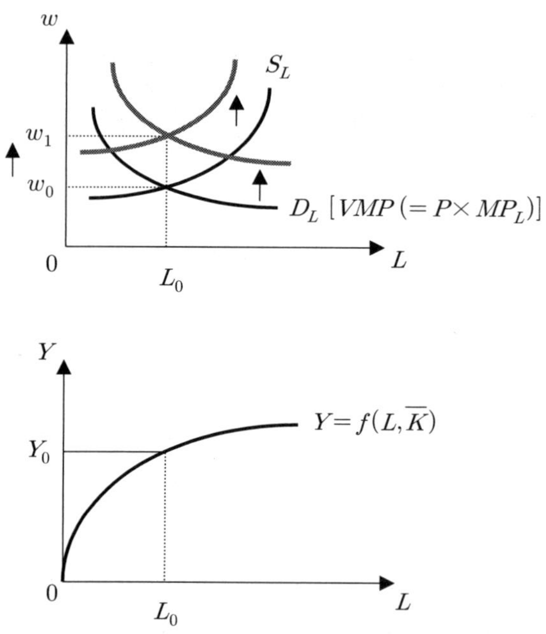

즉, 아래 그림에서와 같이 물가수준이 P_0에서 P_1으로 상승하여도 국민소득이 Y_0에 그대로 머물러 있다. 따라서 총공급곡선(AS)은 수직선의 형태를 지닌다.

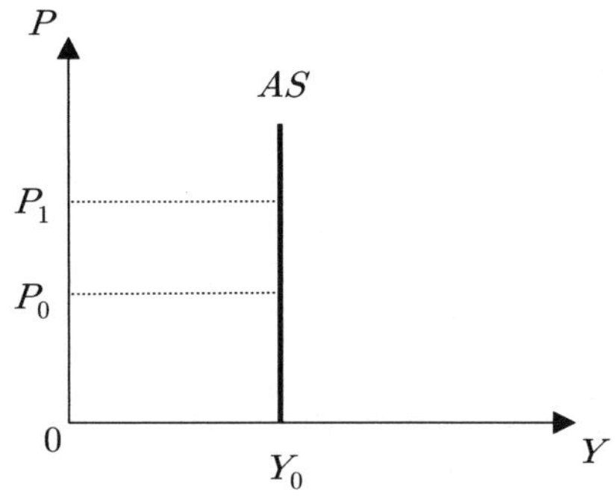

주 1 위에서 케인즈나 고전학파의 총공급곡선을 논의할 때, 국민소득(Y)은 실질국민소득임.

주 2 고전학파에 있어서 국민소득이 늘어나는 경우는 기술진보가 발생하거나 생산성 등이 향상되어, 아래 그림에서처럼 생산함수곡선 자체가 위로 이동할 때이다.

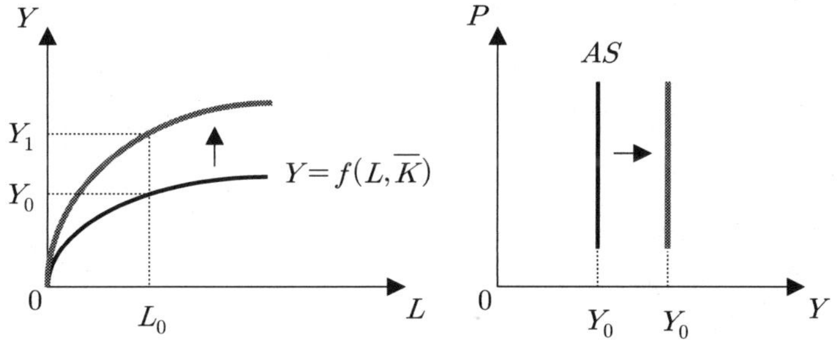

물가가 상승하면, 단기적으로는 근로자들이 눈치를 채지 못하지만, 장기적으로는 알아차릴 수 있다. 따라서 장기적으로 물가의 상승은 명목임금만 상승시킬 뿐 실질임금이나 국민소득을 변화시키지 못하는 것이 일반적이다. 그러므로 장기적인 관점에서 보면, 고전학파의 총공급곡선이 더 타당성을 가진다고 할 수 있다.

9-3 균형국민소득과 물가수준

아래의 그림에서처럼 총수요곡선과 총공급곡선이 만나는 점에서 균형국민소득(Y_0)과 물가수준(P_0)이 결정된다.

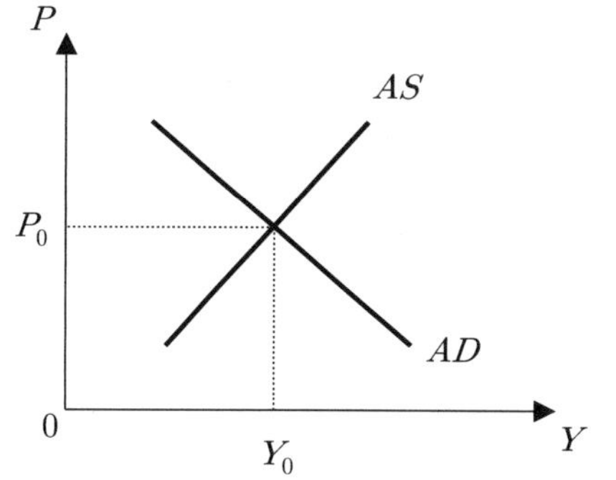

균형국민소득을 결정하는 모형은 크게 3가지로 나누어 볼 수 있다. 첫째, 단순 케인즈 모형인 국민소득 승수모형이다. 둘째, *IS-LM* 모형이며, 여기서는 균형국민소득과 이자율이 결정되었다. 단순 케인즈 모형에 비해 화폐부분이 추가되었다. 이 두 모형은 대공황기에 탄생된 케인즈 경제학을 바탕으로 하였으며, 경제의 수요측면을 중시하여 전개된 모형이라 할 수 있다. 셋째, 총수요-총공급(*AD-AS*) 모형으로서 이는 총수요와 함께 총공급까지도 고려한 모형이므로 가장 완성된 모형이라 할 수 있다.

9-4 총수요 관리정책 (*AD-AS* 분석)

재정정책이나 금융정책은 총수요를 조절하여 경기를 활성화시키거나 안정시키려는 총수요 관리정책이다. 앞의 예에서 *IS-LM*의 틀을 이용하여 균형국민소득이 재정정책이나 금융정책에 대해 어떻게 변하는지 살펴보았다. 이제 가장 완성된 모형인 총수요-총공급(*AD-AS*) 모형을 통하여 재정정책과 금융정책의 효과를 알아보기로 하자. (단, 여기서의 분석도 *AS*곡선이 우상향하는 케인즈식의 단기분석임을 명심하기 바란다.)

9-4A 재정정책

정부지출을 늘리거나 조세를 감소시키면, IS곡선을 우측으로 이동시키고, 그 결과 AD곡선을 우측으로 이동시키는 것을 앞에서 보았다. 이때 총수요가 증가하므로 P-Y 평면에서 물가가 상승한다. 따라서 실질통화량(M/P)이 감소하고, LM곡선은 좌측으로 이동한다. 이러한 과정을 반복한 후 최종적인 균형은 Y_1, P_1, r_1에서 이루어진다. 즉, 국민소득, 물가, 이자율이 원래의 균형값 Y_0, P_0, r_0에 비해 모두 상승한다.

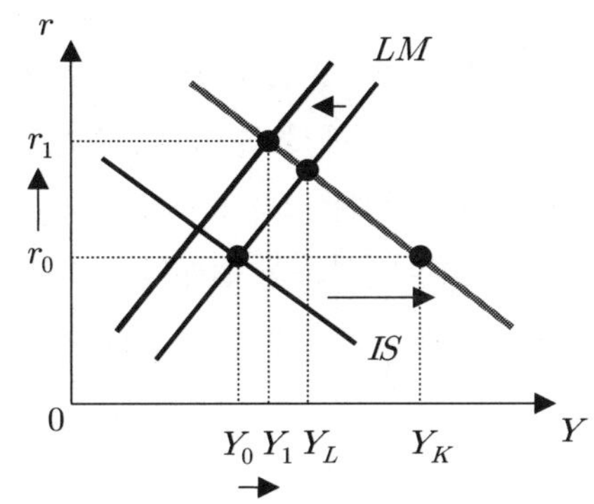

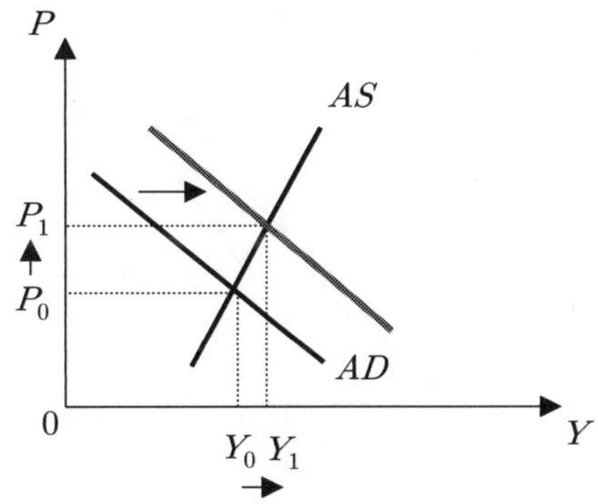

단순 케인즈 모형에서였다면, 국민소득은 증가한 정부지출의 승수 배만큼 증가해 위 그림에서 Y_K가 되었을 것이다. 그리고 IS-LM 모형에서는 이자율 상승으로 구축효과가 발생해서 국민소득은 Y_L까지만 상승했을 것이다. AD-AS 모형에서는 물가상승으로 인한 실질통화량이 감소하여 국민소득은 Y_1까지만 상승한다. 따라서 국민소득의 승수는 단순 케인즈 모형에서 가장 크며, 그 다음이 IS-LM 모형이며, AD-AS 모형에서 가장 작다.

주 물가상승에 따른 LM곡선의 좌측이동이 지나쳐 국민소득이 오히려 줄어버리지 않을까 의문을 가지는 독자들도 있을 것이다. 하지만 그러한 일은 좀처럼 발생하지 않는다. 재정정책은 직접적으로 총수요를 확대시켜 국민소득을 증가시키는 1차적인 효과를 가진다. 이에 반해 LM곡선의 좌측이동으로 인한 효과는 2차적이며, 일반적으로 정책의 2차 효과는 1차 효과보다 작다.

9-4B 금융정책

통화량을 증가시키면, LM곡선이 우측으로 이동하고, 그 결과 AD곡선이 우측으로 이동하는 것을 앞에서 보았다. 이때 P-Y 평면에서 물가가 상승하므로, 실질통화량(M/P)이 감소한다. 이로 인해 LM곡선이 좌측으로 이동하는 2차 효과가 나타난다. 이러한 과정을 반복한 후 최종적인 균형은 Y_1, P_1, r_1에서 이루어진다. 즉, 원래의 균형값인 Y_0, P_0, r_0에 비해 국민소득과 물가는 상승하고, 이자율은 하락한다. 통화량이 증가하므로 이자율이 하락하는 것은 당연한 결과라 하겠다.

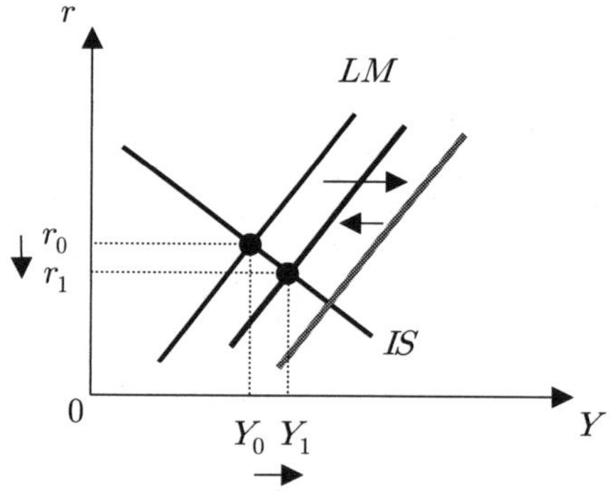

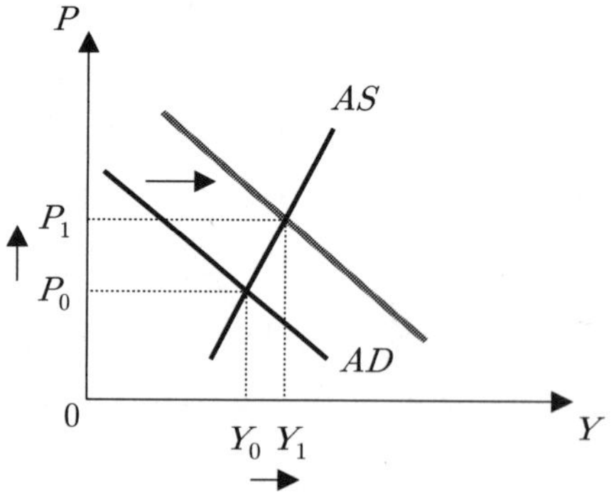

9-4C 총수요관리정책의 유효성

재정정책의 효과가 큰 경우

단기적으로 총공급곡선이 우상향한다는 가정 아래 재정정책과 금융정책 중 어느 정책이 더 유효할까? 만일 경제가 케인즈가 생각했듯이 유동성함정과 유사한 상황에 처해 있다면 금융정책은 별로 효과가 없는 반면, 재정정책은 효과가 크다. 유동성함정과 유사한 상황에서는 아래의 그림에서처럼 *LM*곡선이 수평에 가깝게 된다. 이때 재정정책으로 *IS*곡선을 우측으로 이동시키면 국민소득을 상당히 증가시킬 수 있다. 하지만 금융정책으로 *LM*곡선을 웬만큼 우측으로 이동시키더라도, 국민소득이 별로 증가하지 않음을 아래의 그림을 이용하면 쉽게 확인할 수 있다.

유동성함정에 가까울수록 금융정책의 효과가 크지 않은 것은 화폐량의 변화가 이자율을 별로 하락시키지 못하므로 투자수요의 증가를 크게 기대할 수 없기 때문이다. 반면 재정정책은 직접적으로 총수요를 증가시킨다. 이때 물가상승으로 인한 실질통화량의 감소와 *LM*곡선의 좌측이동은 이자율을 별로 상승시키지 못하는 것을 그림상에서 확인할 수 있다. 또한 *IS*곡선의 기울기가 가파른 것은 투자수요가 이자율에 대해 매우 둔감한 것을 나타낸다. 즉, 재정정책으로 이자율이 상승하여도 별로 투자수요가 감소하지 않는다는 것이다. 따라서 물가상승으로 인한 화폐부문의 2차적 효과가 국민소득을 별로 감소시키지 못한다.

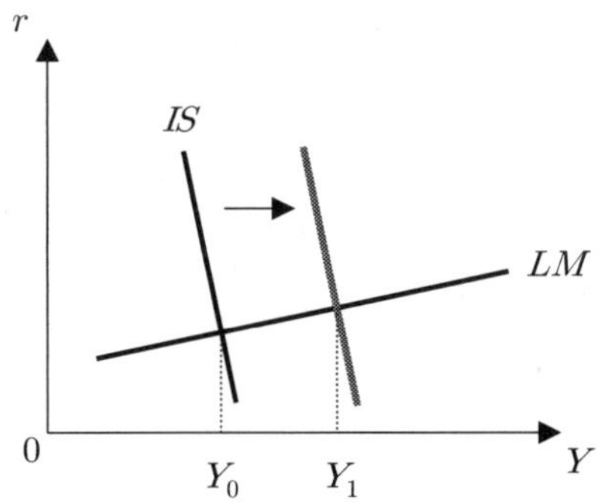

금융정책의 효과가 큰 경우

이와는 반대로 *LM*곡선의 기울기가 매우 가파르고 (즉, 화폐수요의 소득에 대한 민감도가 이자율에 대한 민감도보다 훨씬 클 때), *IS*곡선의 기울기가 매우 완만하다면 (즉, 투자수요의 이자율에 대한 민감도가 매우 크다면), 금융정책이 보다 효과적이다. 통화량을 증가시켜 *LM*곡선을 우측으로 이동시키면, 아래 그림에서처럼 국민소득의 증가폭이 크지만, 정부지출을 증가시켜 *IS*곡선을 우측으로 웬만큼 이동시켜도 국민소득의 증가폭이 별로 크지 않음을 쉽게 확인할 수 있다.

재정정책으로 국민소득이 증가하면, 화폐수요가 크게 증가하여 화폐시장에서 이자율이 크게 상승한다. 이때 투자수요가 크게 감소하기 때문에 정책의 효과가 크게 줄어든다. 반면 통화량을 증가시키는 금융정책은 이자율을 크게 떨어뜨린다. 이때 투자수요가 이자율에 대해 탄력적이기 때문에 투자수요가 크게 증가한다. 즉, 국민소득이 큰 폭으로 증가한다.

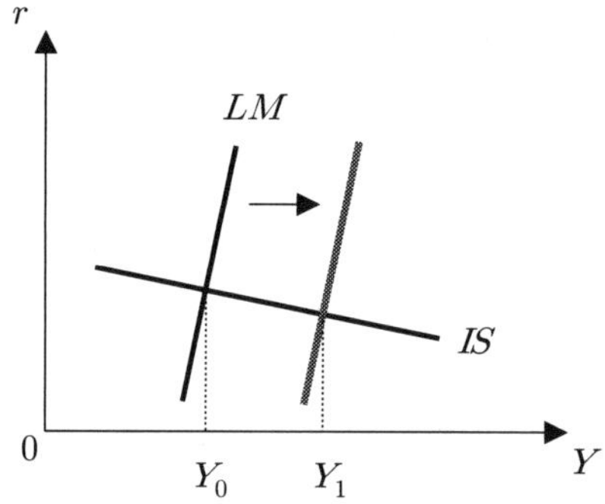

주 확대재정정책은 이자율을 상승시키고, 확대금융정책은 이자율을 감소시킨다. 이때 투자수요가 이자율의 변화에 둔감할수록 재정정책에서 구축효과가 작아진다. 반대로 투자수요가 이자율에 대해 민감하다면, 금융정책으로 이자율이 하락할 때, 투자수요의 증가폭이 매우 커진다. 한편, 화폐수요가 이자율에 매우 민감하다면, 금융정책으로 이자가 조금만 하락해도, 화폐에 대한 수요를 크게 늘려버리기 때문에 더 이상 이자율이 하락하기가 힘들어진다. 따라서 투자수요가 크게 증가하지 않는다. 반면에 재정정책으로 인해 소득이 증가하여 화폐수요가 증가할 때 이자율의 상승폭은 크지 않다. 따라서 투자수요가 크게 감소하지 않는다.

자산효과

케인즈의 승수모형에서 경제 전체의 소비가 국민소득의 함수라는 것을 앞서 살펴보았다. 하지만 소득 외에 자산이 증가할수록 소비가 증가하는 경향이 있다. 소득이 작더라도 재산이 많은 사람은 소비규모가 클 수 있는 것과 마찬가지이다. 이를 고려한 소비함수는 다음과 같이 표현할 수 있다.

$$C(Y, \frac{W}{P})$$

여기서 W는 화폐, 금융자산, 부동산, 귀금속 등 모든 형태의 자산을 포함한 경제 전체의 명목자산이며, 이를 물가수준으로 나눈 W/P는 실질자산이라고 할 수 있다. (예를 들어, 집값과 물가가 똑같은 비율로 오르면 실제로 소비에 영향을 주지 않는다. 따라서 소비에 영향을 미치는 것은 명목자산이 아닌 실질자산의 크기이다.) 즉, 소비는 소득뿐만 아니라 실질자산의 함수라는 것이다. 이와 같이 실질자산이 소비에 영향을 미치는 효과를 **자산효과**(Wealth Effect) 또는 **실질잔고효과**(Real Balance Effect) 또는 경제학자 피구(Pigou)의 이름을 따서 **피구효과**라 한다.

자산효과가 존재하면 AD곡선의 기울기가 더 완만해진다. 왜냐하면 물가가 하락하면 실질자산이 늘어나 소비가 더욱 증가면서 총수요의 증가폭이 그만큼 더 커지기 때문이다. 아래 그림에서 물가가 P_0에서 P_1으로 하락할 때, 자산효과가 없으면 총수요가 Y_1까지 증가하지만, 자산효과가 있으면 총수요가 Y_W까지 증가한다. 따라서 총수요곡선의 기울기는 AD'곡선처럼 더 완만해진다.

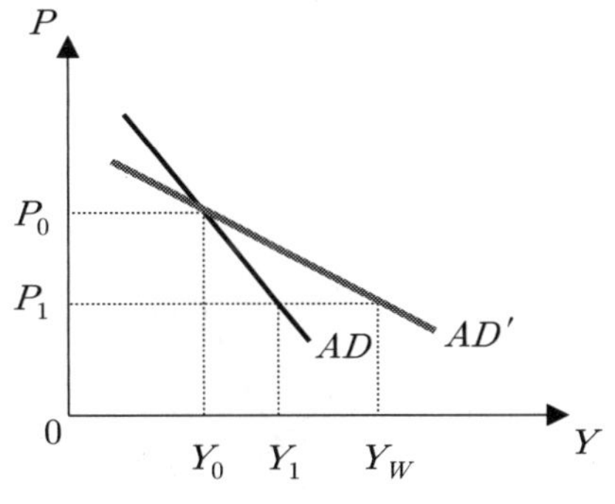

총수요정책의 결과 AD곡선은 단순 케인즈 모형이 암시하듯이 다음 그림에서처럼 승수효과에 의한 총수요 증가량인 $(Y_K - Y_0)$만큼 이동한다. 이때 AD-AS 모형에 의하면, 새로운 국민소득은 Y_1이 될 것이다. 하지만 자산효과가 존재하면 AD'곡선이 똑같은 거리만큼 오른쪽으로 이동해도 국민소득은 Y_W에 그치며 Y_1보다 작아지게 된다.

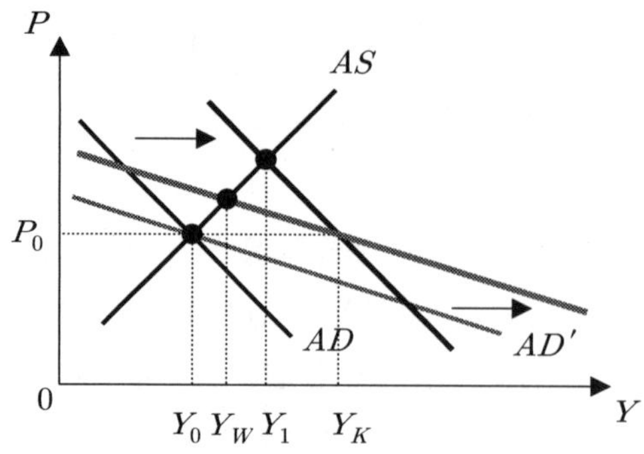

이에 대한 보다 직관적인 설명도 가능하다. 총수요정책의 결과 총수요가 증가하면 물가가 상승한다. 그에 따라 실질자산이 감소하므로 그만큼 소비가 감소한다. 따라서 총수요증가의 효과가 자산효과가 없을 때에 비해 작게 된다.

장단기에 있어서 정책의 유효성

단기적으로 케인즈의 모형에서와 같이 총공급곡선이 우상향한다는 가정 아래 재정정책 또는 금융정책이 국민소득을 증가시키는 효과가 있다.

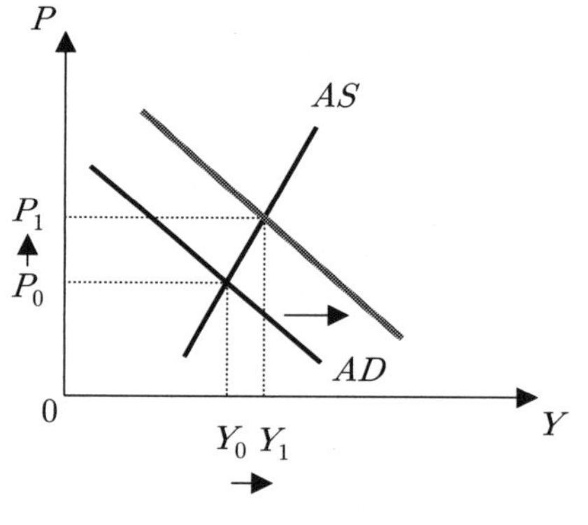

하지만 장기적으로는 총수요증가가 모두 물가상승에 반영되어버리기 때문에 총수요확대정책은 국민소득은 증가시키지 않고, 물가만 상승시키기 쉽다. 즉, 고전학파에서처럼 총공급곡선이 수직선이라면, 총수요관리정책의 실효성이 없다. 또한 경제가 완전고용 상태에 있어도, 재정정책이나 금융정책 같은 총수요확대정책은 국민소득은 증가시키지 못하고, 물가만을 상승시킬 것이다.

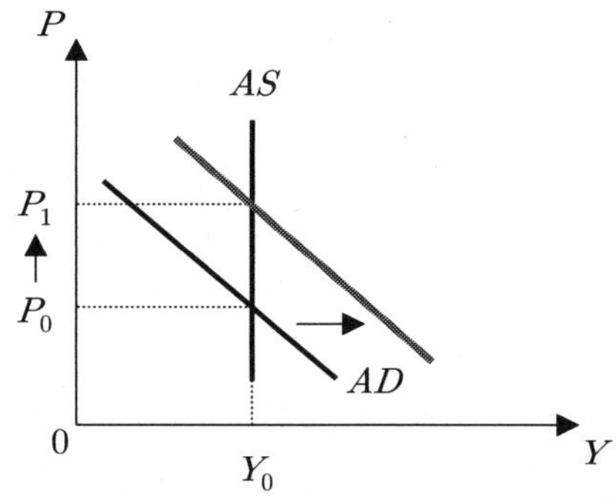

주 1 총수요 확대정책의 효과는 근로자들이 물가상승을 눈치 채지 못하고 물가상승에 의한 명목임금 상승을 실질임금의 상승으로 착각하여 노동공급을 증가시키는데 기인한다. 장기적으로는 누구나 물가상승을 알아차릴 수 있기 때문에, 자신의 실질임금이 상승하지 않았다는 것을 알아차리게 된다. 이에 따라 노동공급도 옛날 수준으로 복귀시켜 버리고, 국민소득도 옛날 수준으로 돌아와 버린다. 즉, 총수요확대 정책은 장기적으로 물가나 명목임금 등 명목변수(Nominal Variable)만 상승시킬 뿐, 실질임금이나 국민소득 같은 실질변수(Real Variable)는 전혀 변화시키지 못한다. 그러므로 장기적으로 보면, 고전학파의 수직선 형태의 AS곡선이 더 설득력을 얻는다.

주 2 불황기 때 총수요정책의 단기간 동안의 유효성에 대해서는 학자들이나 정책당국자들 사이에서도 고전학파적인 견해를 갖고 있는 사람들과 케인즈적 견해를 갖고 있는 사람들로 나누어진다. 이 둘 중 어느 것이 더 옳으냐는 각국의 상황이나 불황의 성격 등에 따라 달라질 수 있으며, 아직도 누구나 인정할만한 뚜렷한 결론에 도달하지 못하였다. 다만 장기적으로 보면 공급부문의 근본적인 개선 없이 총수요확대정책만으로는 국민소득 증가나 실업률감소에 대한 효과를 얻기가 힘들며 물가와 명목변수만 상승시킨다는 것에 더 무게감이 실린다. 특히 1980년대 무렵부터 등장한 새고전학파에 의하면 이미 예견된 총수요정책은 단기에서마저도 국민소득이나 실업률 같은 실질변수에 아무런 영향을 주지 못한다고 한다.

베이비시팅 회원들이 보여준 경기침체

1950년대 말 미국의 수도 워싱턴(Washington D.C.)에서 저녁에 부모가 외출할 경우 자녀를 돌봐주기 위해 베이비시팅 조합(Capitol Hill Baby-Sitting Co-op)이 생겨나 한 때는 수백 명의 회원들이 있었으며, 회원규모가 줄었지만 현재까지 존속하고 있다. 당시 두꺼운 종이로 표(Scrip)를 만들어 표 1장당 30분의 베이비시팅 서비스를 받을 수 있도록 하였다. 반대로 베이비시팅 서비스를 제공하는 부모는 30분당 1장의 표를 해당자녀의 부모로부터 받도록 하였다. 이 조합에 처음 가입하는 부모는 조합으로부터 20장의 표를 받았으며, 탈퇴할 때 20장을 반납해야 했다. 그런데 대부분의 부모들이 수일간 계속 외출하는 것과 같은 만일의 경우에 대비해 20장보다 많은 표를 가지고 있기를 원하였다. 그 결과 베이비시팅 서비스를 받으려는 부모들보다 베이비시팅 서비스를 제공하여 표를 모으려는 부모들이 훨씬 많게 되었다. 표를 벌기 위해 베이비시팅 일자리를 원하지만 일자리를 구하지 못하는 부모들은 많아지고, 베이비시팅 서비스를 소비하려는 부모들은 적어졌다. 즉, 수요부족이 실업을 창출하는 케인즈적 경기침체가 발생하였다.

이 일화는 스위니 부부(Joan Sweeney와 Richard James Sweeney)가 JMCB(Journal of Money, Credit and Banking) 1977년 2월호에 발표한 "Monetary Theory and the Great Capitol Hill Baby Sitting Co-op Crisis: Comment"의 내용을 간추린 것이며, 크루그먼(Paul Krugman)이 1994년 발간된 그의 저서 'Peddling Prosperity'에서 소개한 후 유명해졌다.

주 위의 경우는 케인즈의 가정인 가격경직성을 전제로 함을 유의할 필요가 있다. 베이비시팅의 공급이 수요를 초과할 때 베이비시팅의 시간당 가격이 하락한다면 (예를 들어, 원래 2시간당 표 4장이었지만, 2시간당 표 3장, 즉, 표 1장당 40분으로 변하면), 수요는 증가하고 공급은 줄어들어 균형을 회복할 수도 있었을 것이다.

연습문제

1. IS곡선과 LM곡선에 관한 다음의 물음에 답하라.

 (1) 조세가 증가하면, IS곡선은 어떻게 이동하는가?

 (2) 법정지급준비율을 낮추면, LM곡선은 어떻게 이동하는가?

 (3) 투자수요가 이자율에 대해 민감할수록 IS곡선의 기울기는 어떻게 변하는가?

 (4) 화폐수요의 이자율 탄력성이 클수록 LM곡선의 기울기는 어떻게 변하는가?

2. 국민소득이 증가하면, 이자율은 어떻게 변하는지 화폐시장에서 화폐수요곡선을 써서 알아보아라.

3. $IS-LM$ 모형을 써서 다음을 분석하라.

 (1) 조세가 증가하면, 국민소득과 이자율을 어떻게 변하는가?

 (2) 민간의 예금에 대한 현금보유비율이 증가하면, 국민소득과 이자율은 어떻게 변하는가?

4. 해외수요를 추가하면, 폐쇄경제모형에 비해 총수요곡선은 어떻게 변하겠는가?

5. $AD-AS$ 모형을 써서 다음을 분석하라. (단, 케인즈와 고전학파로 구분하여 분석할 것.)

 (1) 조세가 증가하면, 국민소득과 물가는 어떻게 변하는가?

 (2) 법정지급준비율을 올리면, 국민소득과 물가는 어떻게 변하는가?

 (3) 재할인율을 낮추면, 국민소득과 물가는 어떻게 변하는가?

6. 물가가 10% 상승했을 때, 3개월 동안 근로자들이 전혀 눈치 채지 못한다고 한다. 6개월이 지나면, 물가가 5% 정도 상승했다고 인식하다가, 1년이 지나면 10% 상승했다는 것을 완전히 인식한다고 한다.

 (1) 이때 3개월 내의 단기총공급(AS)곡선, 6개월 기간의 중기 총공급곡선, 1년 후의 장기 총공급곡선을 각각 그리고 기울기를 서로 비교하여 보아라.

 (2) 정부가 총수요확대정책을 실시할 때, 단기, 중기, 장기에서의 효과는 각각 어떠한가?

객관식문제

9-1 총수요곡선

[문제 1-4] IS-LM 모형을 이용해 다음 물음에 답하라.

1. 정부지출이 증가할 때, 균형국민소득과 이자율의 변화는 어떠한가?

① 균형국민소득은 증가하고, 이자율은 상승한다.
② 균형국민소득은 증가하고, 이자율은 하락한다.
③ 균형국민소득은 감소하고, 이자율은 상승한다.
④ 균형국민소득은 감소하고, 이자율은 하락한다.
⑤ 균형국민소득과 이자율에 아무런 변화가 없다.

2. 정부지출과 조세가 똑같은 양만큼 증가하면, 국민소득과 이자율은 어떻게 변하는가?

① 국민소득은 증가하고, 이자율은 상승한다.
② 국민소득은 증가하고, 이자율은 하락한다.
③ 국민소득은 변화가 없고, 이자율은 상승한다.
④ 국민소득은 감소하고, 이자율은 상승한다.
⑤ 국민소득은 감소하고, 이자율은 하락한다.

3. 정부가 통화량을 증가시킬 때, 균형국민소득과 이자율의 변화는 어떠한가?

① 균형국민소득은 증가하고, 이자율은 상승한다.
② 균형국민소득은 증가하고, 이자율은 하락한다.
③ 균형국민소득은 감소하고, 이자율은 상승한다.
④ 균형국민소득은 감소하고, 이자율은 하락한다.
⑤ 균형국민소득과 이자율에 아무런 변화가 없다.

4. 정부가 재할인율은 낮추면, 국민소득과 이자율은 어떻게 변하는가?

① 국민소득은 증가하고, 이자율은 상승한다.
② 국민소득은 증가하고, 이자율은 하락한다.
③ 국민소득은 변화가 없고, 이자율은 상승한다.
④ 국민소득은 감소하고, 이자율은 상승한다.
⑤ 국민소득은 감소하고, 이자율은 하락한다.

5. 이자율에 대한 화폐수요 탄력성이 무한히 크다고 한다. 이때 정부가 재정지출을 늘리면 국민소득과 이자율은 $IS-LM$ 모형에 의하면 어떻게 변하는가?

① 국민소득과 이자율 모두 변화가 없다.
② 국민소득은 증가하고, 이자율은 상승한다.
③ 국민소득은 증가하고, 이자율은 변화가 없다.
④ 국민소득은 증가하고, 이자율은 감소한다.
⑤ 국민소득은 변화가 없고, 이자율은 상승한다.

9-2 총공급곡선

6. 다음 중 고전학파와 케인즈학파의 총공급곡선은?

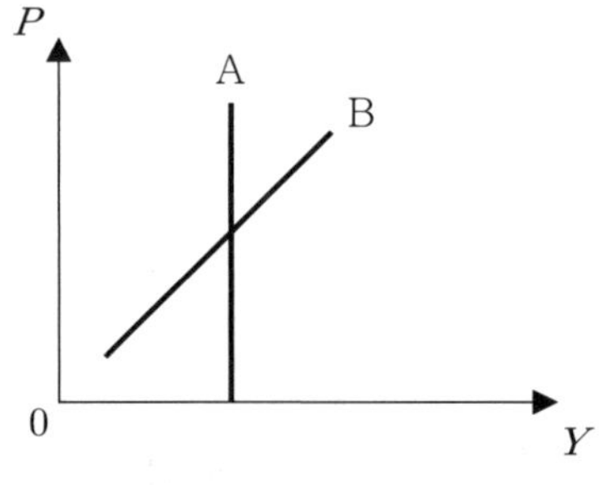

① 고전학파의 총공급곡선은 A이고, 케인즈학파의 총공급곡선은 B이다.
② 고전학파의 총공급곡선은 B이고, 케인즈학파의 총공급곡선은 A이다.
③ 고전학파와 케인즈학파 모두 총공급곡선은 단기에 있어서 A이며, 장기에 있어서 B이다.
④ 고전학파와 케인즈학파 모두 총공급곡선은 단기에 있어서 B이며, 장기에 있어서 A이다.
⑤ 고전학파와 케인즈학파 모두 총공급곡선은 B이다.

9-3 총수요 관리정책 ($AD-AS$ 분석)

[문제 7-8] 총수요-총공급 모형을 이용해 다음의 물음에 답하라. (단, 근로자들의 물가에 대한 예상은 완전치 않다고 한다.)

7. 확대재정정책의 결과, 국민소득과 물가는 어떻게 되는가?

① 국민소득은 증가하고, 물가는 상승한다.
② 국민소득은 증가하고, 물가는 하락한다.
③ 국민소득은 변화가 없고, 물가는 상승한다.
④ 국민소득은 감소하고, 물가는 상승한다.
⑤ 국민소득은 감소하고, 물가는 하락한다.

8. 확대금융정책의 결과, 국민소득과 물가는 어떻게 되는가?

① 국민소득은 증가하고, 물가는 상승한다.
② 국민소득은 증가하고, 물가는 하락한다.
③ 국민소득은 변화가 없고, 물가는 상승한다.
④ 국민소득은 감소하고, 물가는 상승한다.
⑤ 국민소득은 감소하고, 물가는 하락한다.

9. 실질자산이 늘어날 때 소비가 늘어나는 자산효과를 고려할 때, 총수요확대정책은 자산효과가 없을 경우에 비해 국민소득과 물가에 어떤 영향을 주게 되는가?

① 국민소득은 더 증가하고, 물가는 더 상승한다.
② 국민소득은 더 증가하고, 물가는 덜 상승한다.
③ 국민소득은 덜 증가하고, 물가는 더 상승한다.
④ 국민소득은 덜 증가하고, 물가는 덜 상승한다.
⑤ 국민소득의 증가와 물가의 상승 분량은 자산효과가 없을 때와 마찬가지이다.

10. 단기에 있어서 총수요확대정책으로 국민소득이 증가하였다고 한다. 이러한 총수요정책의 단기적 효과가 장기적으로 보면 어떻게 되는가?

① 모든 경제주체들이 물가상승에 대해 올바르게 인식할 것이므로, 물가만 상승하고 국민소득은 총수요확대정책 전의 수준으로 복귀한다.

② 모든 경제주체들이 물가상승을 알아차리게 되므로, 물가가 더 오르겠지만, 단기적으로 증가된 국민소득은 다시 감소하지 않는다.
③ 가격의 경직성으로 말미암아 물가가 크게 상승하지는 않으나, 단기적으로 늘어난 국민소득은 원래의 수준으로 복귀해 버린다.
④ 가격의 경직성으로 말미암아 물가가 크게 상승하지는 않으며, 단기적으로 늘어난 국민소득도 다시 줄어들지 않는다.
⑤ 물가는 더 크게 상승하겠지만, 단기적으로 늘어난 국민소득이 어떻게 될지는 불확실하다.

10장 인플레이션과 실업

경제가 목표로 삼는 변수들 중에서 인플레이션과 실업은 가장 중요한 변수에 속한다. 높은 물가상승률이나 실업률은 둘 다 경제의 구성원들에게 고통스런 것이다. 따라서 경제정책의 가장 중요한 과제는 이러한 인플레이션과 실업을 치유하고 예방하는 것이다.

10-1 인플레이션

인플레이션(Inflation)은 물가가 상승하는 현상이며, 물가지수로 측정할 수 있다.

10-1A 물가지수

물가지수 중 가장 빈번하게 쓰이는 것은 소비자물가지수, 생산자물가지수, GDP디플레이터이다. **소비자물가지수**(CPI: Consumer's Price Index)는 소비자들에 의해 구매되는 최종 재화 및 용역에 대한 물가지수이며, 소비자들의 구매력을 측정하는 지표이다. 소비자물가지수는 가계소비에서 차지하는 비중이 0.01% 이상인 품목을 측정대상으로 한다. **생산자물가지수**(PPI: Producer's Price Index)는 국내에서 생산되어 기업 간에 거래되는 생산품목들을 측정대상으로 한다. **GDP디플레이터**(GDP Deflator)는 다음과 같이 명목GDP를 실질GDP로 나눈 값이다.

$$\text{GDP디플레이터} = \frac{\text{명목GDP}}{\text{실질GDP}} \times 100$$

실질 GDP란 비교년도의 GDP를 구성하는 모든 품목의 가치를 비교년도의 가격 대신 기준년도의 가격을 써서 나타낸 것이다. GDP디플레이터는 소비재와 생산재를 모두 포함한 총물가지수라 할 수 있다.

소비자물가지수와 생산자물가지수는 라스파이레스(Laspeyres) 방식을 쓰며, GDP디플레이터는 파셰(Paasche) 방식을 쓴다. 물가상승률이라 함은 이와 같은 물가지수들의 상승률을 말한다. 경제뉴스 등을 통해 발표되는 물가상승률은 주로 소비자물가상승률이다. 그 이유는 소비자물가상승률이 일반 국민들의 구매력에 가장 밀접한 영향을 주기 때문이다. 반면에 생산자물가상승률은 산업현장에서 실질원가 등을 계산할 때 쓰인다. 국가 간에 구매력을 고려한 GDP를 비교할 때는 GDP디플레이터상승률을 쓰는 것이 더 적합할 것이다. 각종 물가지수를 계산할 때 기준년도는 매 5년마다 갱신하며, 한국의 경우 2005년, 2010년 등이 기준년도가 된다.

주 기준년도의 가격과 거래량 벡터를 P_0와 Q_0, 비교년도의 가격과 거래량 벡터를 P_1과 Q_1이라 하면, 라스파이레스지수(L)와 파셰지수(P)는 2장에서 본 바와 같다.

$$L \text{ 지수} = \frac{P_1 Q_0}{P_0 Q_0} \times 100, \quad P \text{ 지수} = \frac{P_1 Q_1}{P_0 Q_1} \times 100$$

예 1 2020년의 소비자물가지수가 100, 2021년의 소비자물가지수가 103이면, 2021년의 소비자물가상승률은 3%가 된다.

예 2 2021년의 생산자물가지수가 103, 2022년의 생산자물가지수가 106이면, 2022년의 생산자물가상승률은 2.9%가 된다.

$$\frac{106 - 103}{103} \times 100 = 2.9\%$$

예 3 2020년의 GDP디플레이터가 100, 2022년의 GDP디플레이터가 108이면, 2년 동안 경제 전체의 물가가 8% 상승하였으며, 연평균 물가상승률은 3.9%가 된다.

$$(1 + \pi)^2 = 1 + 0.08 \quad \Rightarrow \quad \pi = 0.039$$

10-1B 인플레이션의 원인

수요견인

수요견인 인플레이션(Demand-Pull Inflation)이란 그 원인이 수요 쪽에 있는 것을 말한다. 확대재정정책이나 확대금융정책 또는 소비자들의 기호변화 등으로 총수요가 증가하면, 아래 그림에서 보듯이 물가가 상승한다. 만일 총생산곡선이 고전학파의 경우와 같이 수직선이면, 물가상승폭이 더욱 커질 것이다.

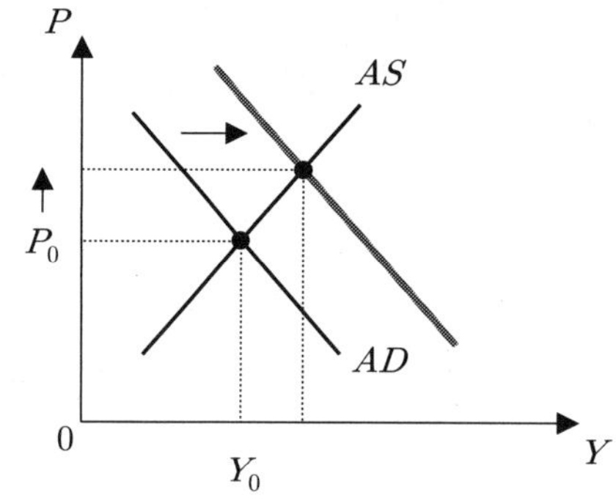

비용인상

비용인상 인플레이션(Cost-Push Inflation)이란 그 원인이 공급 쪽에 있는 것을 말한다. 유가인상 등으로 생산비용이 상승하면 고용량과 생산량이 줄어들므로, 총공급곡선은 왼쪽으로 이동하며 물가가 상승한다. 특히 이때는 국민소득이 감소하므로 실업이 증가한다. 이와 같이 물가상승과 경기불황이 동시에 발생하는 것을 **스태그플레이션**(Stagflation)이라 한다. 이는 정체를 의미하는 Stagnation과 Inflation의 합성어이다.

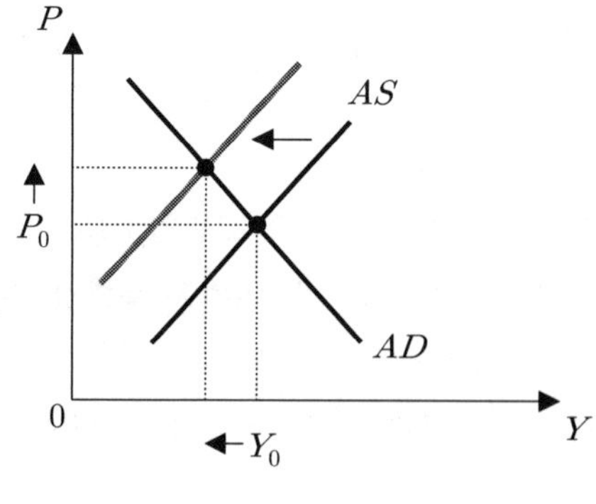

비용인상으로 인한 인플레이션이 발생할 때, 물가상승을 진정시키기 위해 수요억제정책을 쓰는 것은 매우 위험하다. 아래와 같이 총수요곡선을 왼쪽으로 이동시켜, 국민소득을 더욱 감소시키는 등 불황의 골을 더욱 깊게 할 수 있기 때문이다.

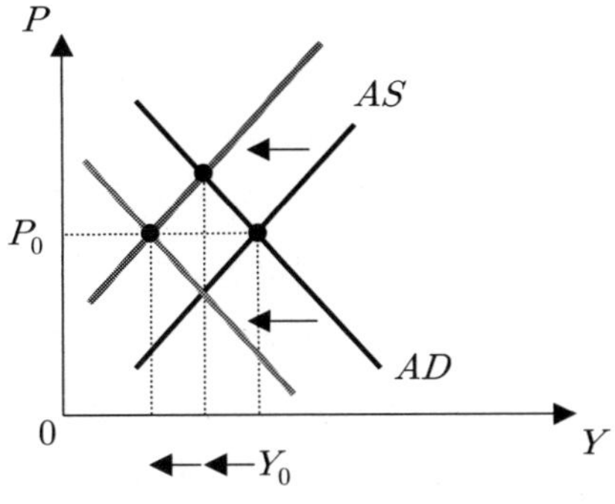

또한 이처럼 스태그플레이션이 발생했을 때, 경기를 살리려고 총수요확대정책을 쓰는 것도 상황을 더욱 악화시킬 수 있다. 아래의 그림에서처럼 비용인상으로 인하여 총공급곡선이 AS_1으로 이동하여 물가가 상승하고, 국민소득이 감소하면서 실업이 증가하였다. 이때 경기를 살리려고 정부가 수요확대정책에 의존하면, 총수요곡선이 AD_1으로 이동하여 물가가 더욱 상승한다. 이때 근로자들이 이에 비례하여 임금인상을 요구한 결과 총공급곡이 AS_2로 이동하여 물가가 또 다시 상승하고, 국민소득은 다시 감소한다. 이와 같이 정부가 잘못된 수요확대정책을 계속 쓰면, 실업과 물가상승의 악순환이 되풀이될 수 있다.

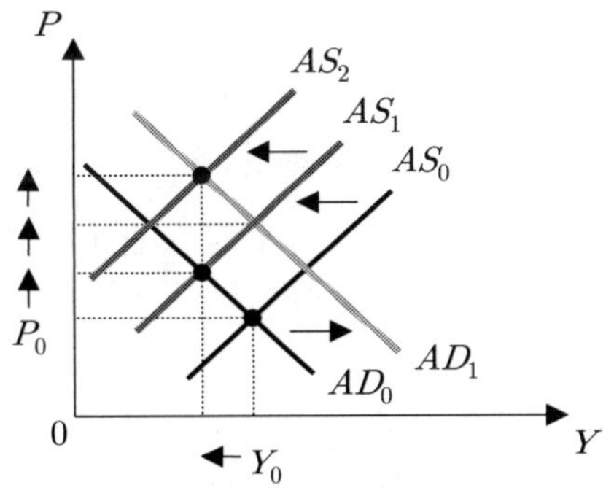

10-1C 인플레이션의 폐해

인플레이션은 여러 가지 면에서 경제적인 폐해를 발생시킨다. 첫째, 화폐의 가치가 떨어지기 때문에 채권자나 화폐자산의 보유자로부터 채무자 등으로 부의 재분배가 이루어지는 등 불공정한 결과를 초래한다. 둘째, 실물자산의 명목가치가 상승하기 때문에 실물자산 투자수익이 증가하는 것 같은 착시를 불러일으킬 수가 있다. 그 결과 실물자산에 대한 가수요까지 몰리므로 부동산 등의 실물자산의 가격이 더욱 오를 수 있다. 이에 따라 자금이 생산적인 부문에서 이탈하여 부동산 등으로 흘러들어갈 수 있다. 또한 자산의 가치보존을 위해 자산을 되도록 실물자산의 형태로 보유하려는 경향을 부추기고 이는 실물자산에 대한 수요를 원래의 포트폴리오 상의 최적 수준보다 더욱 증가시킨다. 이 과정에서 인플레이션 헤지비용(Hedge Cost)을 발생시킨다.[1] 셋째, 자주 가격이 바뀌어 메뉴판을 교체해야 하거나 화폐개혁의 비용을 초래한다. 넷째, 물가상승률을 정확하게 예측하기란 매우 어려우므로 정부예산, 기업재무, 투자 등에서 불확실성을 증가시키고, 경제적 최적결과를 얻기 위한 결정이 더욱 힘들어진다. 다섯째, 누진세율이 적용되는 소득범위가 고정되어 있거나, 부동산 매각 시 매매차익에 대한 과세를 할 때 매입비용을 물가상승률에 따라 재조정해주지 않으면, 실질소득이나 부동산의 실질매매차익에 비해 과도한 세금을 내야하므로 불공정하다. 이와 같이 실질소득의 증가나 실질매매차익의 증가와 관계없이 더 많이 내는 세금을 **인플레이션 세금**(Inflation Tax)이라 한다. 인플레이션 세금은 고소득을 위한 근로의욕, 포트폴리오 상의 자산구성비율 등을 왜곡시켜 경제 내 생산성을 떨어뜨리고 자원배분의 비효율을 초래한다.

피셔식

인플레이션이 발생하면 경제주체들은 명목이자율을 예상물가상승률(π^e)만큼 올려버린다. 그래야 실질이자율이 변하지 않기 때문이다. 이와 같은 관계를 보여주는 아래의 식을 **피셔식**(Fisher Equation)이라 한다.

$$\text{명목이자율} = \text{실질이자율} + \pi^e$$

1) 부동산 등과 같은 헤지수단을 이용하려면 발품을 팔아야 한다. 따라서 인플레이션 헤지비용을 **구두창비용**(Shoe Leather Cost)이라 부르기도 한다.

예를 들어, 100만큼의 돈을 빌려주고 연 5%만큼 이자를 받으면, 1년 후 받는 돈의 구매력은 5% 증가한다. 하지만 물가상승률이 3%이면, 명목이자율이 8%가 되어야 실질이자율이 5%가 된다.

10-2 실업

실업은 당사자에게 큰 고통을 주는 동시에, 국가적으로 인적 자원의 낭비를 초래하는 심각한 경제문제이다. 실제로 많은 나라에서 실업률을 낮게 유지하는데 정책의 초점을 맞추고 있다.

10-2A 실업률의 측정

만 15세 이상의 인구를 생산가능인구라 하며, 생산가능인구 중 취업할 의사가 있는 자들을 **경제활동인구**라 한다. **실업자**란 경제활동인구 중 주당 1시간도 일하지 못하는 자로 정의된다. **실업률**은 경제활동인구 중 실업자의 비율을 나타낸다.

$$\text{실업률} = \frac{\text{실업자}}{\text{경제활동인구}} \times 100$$

학생, 주부, 군인 등과 구직활동 포기자는 경제활동인구에 속하지 않으므로 실업자로 분류하지 않는다. 실업자는 반드시 일할 의사를 가진 구직자라야 한다. 즉, 비자발적 실업자만이 실업자로 간주된다.

10-2B 실업의 종류

직장을 옮기려는 자가 새로운 직장을 찾을 때까지 노동활동에 참여하지 않을 때와 같은 경우를 **마찰적 실업**(Frictional Unemployment)이라고 한다. 즉, 마찰적 실업자는 근본적으로 취업할 의사는 있으나, 새 직장의 탐색과정에서 잠시 실업상태에 있는 것이다. 마찰적 실업의 기간은 보통 몇 주에서 수개월 정도이며, 아무리 길어도 반년은 넘기지 않는 것이 보통이다. 마찰적 실업은 통계상으로는 잡히지만, 일정수준의 마찰적 실업은 어느 국가에서나 항상 존재하며 경제적으로 그다지 큰 문제가 되지 않는다. 마찰적 실업자만을 계상한 실업률을 **자연실업률**(Natural Rate of Unemployment)이라 한다. 실업률이 자연실업률과 같은 경우를 **완전고용**(Full Employment)이라 한다. 경제구조나 시기에 따라 차이가 있지만, 자연실업률은 최근 대부분의 국가에서 3~7%대를 유지하고 있다. 따라서 완전고용이란 전체 경제활동인구 중 93~97% 정도가 주 1시간 이상 일할 수 있는 직장에 취업이 된 것으로 정의된다고 할 수 있다.[2)]

주 통계상으로 잡히지 않는 **위장실업**(또는 **잠재실업**)이라는 것이 있다. 예를 들어, 일정 면적의 논을 경작하는 데 두 사람이면 충분한데 다섯 사람이 경작하고 있다면, 나머지 세 사람은 통계상으로는 실업자가 아니지만 실질적으로 실업자나 마찬가지이다. 위장실업은 통계상으로는 문제가 없어 보이지만 실질적으로는 큰 문제가 될 수 있다. 위장실업 문제는 기술력이 뒤처지는 후진국일수록 심각한 경우가 많다.

예 4 현재 경제활동인구가 100명이며, 그중 실업자가 10명이라 해보자. 이때 실업률은 10%이다. 만일 실업자 중 5명이 군입대하거나 구직을 포기하면, 실업률은 5.3% [= (5/95)×100]로 감소한다. 만일 취업자 중 10명이 전업주부가 되어버리면 실업률은 11.1% [= (10/90)×100]로 증가한다.

10-2C 실업의 원인

실업이 발생하는 이유는 사양산업에서 볼 수 있는 **구조적 실업**, 기술진보에 낙후된 계층의 **기술적 실업**, 불황 시 총수요부족으로 말미암은 **경기적 실업**, 동절기 동안의 농민과 같은 **계절적 실업** 등이 있다. 케인즈 이론에서 가장 중요한 실업은 바로 경기적 실업이다. 케인즈에 의하면 경기적

2) 현재 우리나라는 3%대의 실업률을 기록하고 있으므로 비교적 양호해 보인다. 통계상으로는 주 1시간만 편의점에서 일해도 취업자로 분류된다. 하지만 아무도 그렇게 일하는 사람을 진정한 취업자로 보지 않을 것이다. 또한 취업이 안 되어 구직을 단념한 자, 군입대한 자, 결혼과 동시에 가정에 들어앉은 자, 취업의 대안으로 학업을 계속하는 자 등 통계에 잡히지 않지만 실질적으로 실업자라 할 만한 자들의 수는 상당히 많을 것이다. 실제로 이 같은 유사실업자들까지 포함하면, 우리나라의 전체실업률이 10%대 중반을 넘어선다는 연구결과도 있다. 따라서 유사실업자까지 포함한 우리나라의 최근 청년실업률은 이보다 훨씬 심각하리라는 것은 짐작하고도 남을 것이다.

실업은 총수요 부족 때문에 발생하므로, 경기적 실업은 총수요정책으로 해결이 가능하다는 것이다.

참고 1960년대에 미국의 경제학자 오쿤(Okun)은 실질GDP의 장기추세성장률(g_T)을 초과하는 실질GDP 성장률(g)과 실업률(u) 사이에 다음과 같은 관계를 발견하였다.

$$\triangle u = -0.5(g - g_T)$$

즉, 경제성장률이 추세성장률을 1% 포인트 초과할 때마다 실업률이 0.5% 포인트 감소한다는 것이다. (바꾸어 말하면, 실업률이 자연실업률을 초과한 후 1% 포인트 증가할 때마다 경제성장률은 2% 포인트 감소한다.) 이를 **오쿤의 법칙**(Okun' s Law)이라 한다. 당시 미국의 추세성장률이 2.3%정도였으므로, 만일 경제성장률이 4.3%이었다면 실업률이 1% 포인트 정도 하락하였을 것이다. 물론 이러한 관계는 아주 정확한 것은 아니고 실증분석의 결과로 나온 대략적인 것이지만, 목표실업률에 도달하기 위해 경제성장률을 대략 어느 정도 끌어올려야 될지 정책입안자들에게 힌트를 준다.

10-3 필립스곡선

10-3A 필립스곡선의 정의

필립스곡선(Phillips curve)은 물가상승률과 실업률간의 관계를 보여주는 선이다. 필립스가 1861~1957년 사이의 영국의 자료에서 명목임금상승률과 실업률 사이에 역의 관계가 있음을 밝힌 것이 필립스곡선의 시초이다. 현대경제학에서 필립스곡선은 물가상승률(π)과 실업률(u) 사이의 역의 관계를 보여주는 선을 말한다.

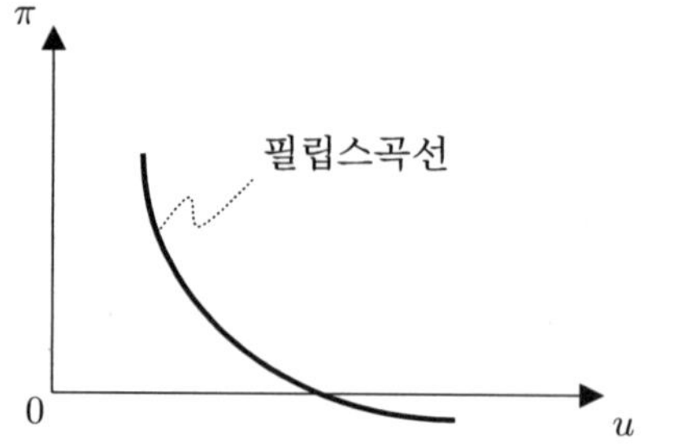

단, 위 그림에서 필립스곡선 위와 우상방 쪽은 도달이 가능하지만, 필립스곡선과 원점 사이의 영역은 단기적으로는 도달할 수 없다. 물론 경제에서 가장 효율적인 상태는 필립스곡선 상의 점들이다.

참고 물가상승률과 실업률 모두 비재화(Bads)의 역할을 하므로, 무차별곡선은 아래 그림에서처럼 원점에 대해 오목한 모양을 가지며, 원점에 가까울수록 후생수준이 높아진다. 또한 필립스곡선은 소비자이론의 예산선과 같은 역할을 한다. 어느 경제지도자의 무차별곡선이 아래 그림의 굵은 선과 같다면, 이 지도자는 물가상승률과 실업률이 E점에서와 같게 되도록 경제를 운용할 것이다. 만일 불행히도 무능한 지도자를 만난다면 경제상태가 F와 같은 점이 될 수도 있다.

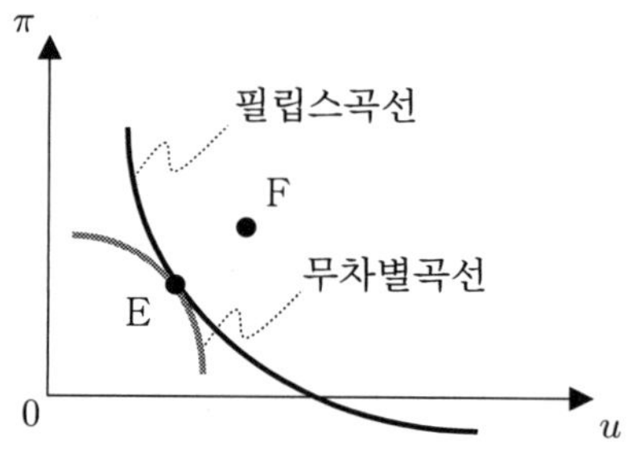

10-3B 총수요정책과 필립스곡선

케인즈 모형에서처럼 총공급곡선이 우상향한다고 하자. 만일 인플레이션이 문제가 되어 총수요를 억제할 경우, 물가상승률은 낮출 수 있지만 국민소득이 감소하여 실업률이 늘어난다. 즉 균형점이 E_0에서 E_1으로 이동한다.

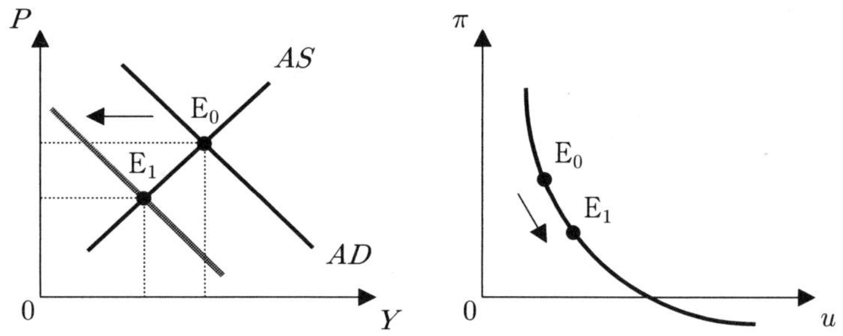

반면에 실업이 문제가 되어 총수요확대정책을 쓸 경우, 국민소득이 증가하여 실업률이 줄어들지만 물가상승률이 높아진다.

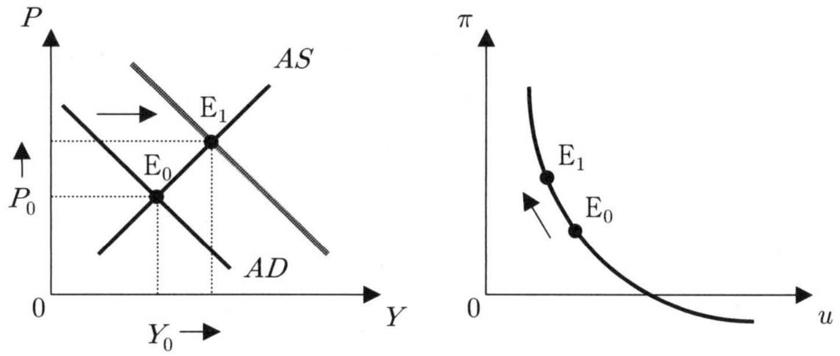

물가상승률과 실업률 사이에 역의 관계가 있음을 보여주는 우하향하는 필립스곡선은 케인즈의 총수요관리정책이 유효하다는 것을 보여준다. 우상향하는 단기총공급곡선과 우하향하는 필립스곡선은 케인즈 모형의 특징이라고 할 수 있다.

10-3C 스태그플레이션과 필립스곡선

유가상승과 같은 비용인상요인이 발생할 때는 물가상승률과 실업률이 함께 증가하는 스태그플레이션이 나타난다. 아래 그림에서처럼 유가상승으로 총공급곡선이 왼쪽으로 이동하면, 물가가 상승함과 동시에 총생산이 줄어든다. 총생산이 줄면, 실업률도 자연히 늘어난다. 그러므로 필립스곡선 상의 물가상승률과 실업률간의 역의 관계가 깨져버린다. 즉 균형점이 필립스곡선 상에서 움직이지 않고 필립스 곡선의 우상방으로 이동한다. 즉, 균형점이 그림에서처럼 E_0에서 E_1로 이동한다.

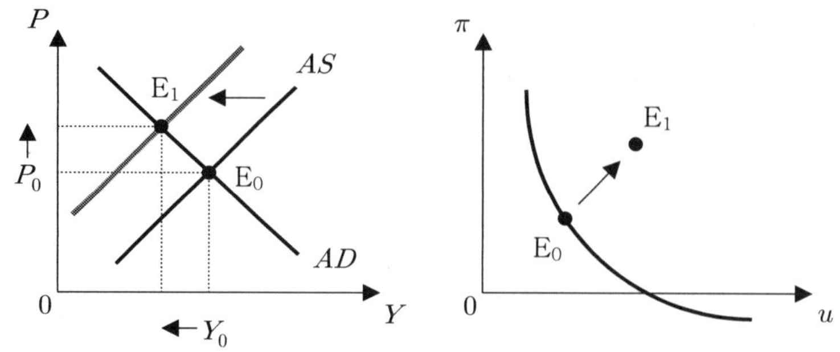

10-3D 기대가 부가된 필립스곡선

기대가 부가된 필립스곡선(Expectations-Augmented Phillips Curve)이란 물가상승률이 높아질 때 경제주체들이 이를 물가상승률 기대치에 반영한다는 사실을 가미한 것이다. 예를 들어, 총수요확대정책의 결과 물가상승률이 높아지면, 근로자들이 이를 자신의 기대에 반영하므로, 명목임금을 상향조정할 것을 요구한다. 이 결과 필립스곡선은 위로 이동하게 된다. 앞서 케인즈의 총공급곡선이 우상향하는 것은 근로자들의 물가상승률에 대한 기대치가 실제 물가상승률보다 낮아 실질임금이 증가한 것으로 착각하여 노동공급을 늘리기 때문이라는 것을 보았다. 하지만 장기적으로 모든 경제주체가 물가상승을 완전히 인식하고 이를 자신의 기대에 반영한다면, 총공급곡선은 고전학파의 경우와 마찬가지로 수직선이 된다. 따라서 장기적으로 필립스곡선도 수직선이 된다. 즉 총수요확대정책은 장기적으로 물가만 상승시킬 뿐 국민소득이나 실업률에 아무런 변화를 주지 못한다. 아래 그림에서 u_N은 자연실업률을 나타낸다. 즉, 장기적으로는 실업률이 자연실업률이 되며, 수요확대정책은 물가만을 상승시키는 고전학파 모형과 일치한다.

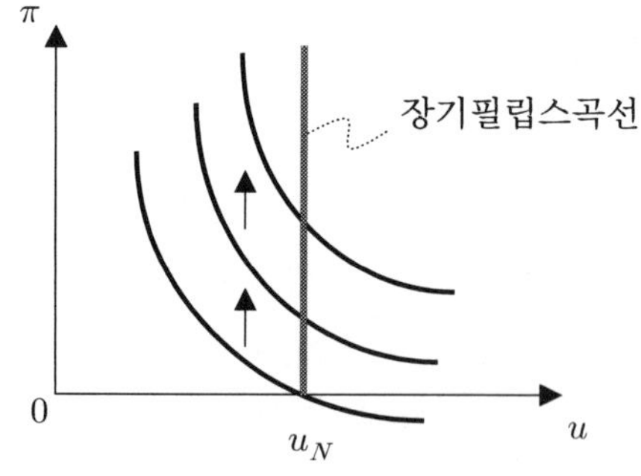

기대가 부가된 필립스곡선은 다음과 같은 수식으로 표현할 수 있다.

$$\pi = \pi^e - \beta(u - u_N) \qquad (\beta > 0)$$

(단, π: 물가상승률, π^e: 예상물가상승률, u: 실업률, u_N: 자연실업률)

자연실업률에서 물가상승률이 0인 이상적인 경제상태를 가정하면, 필립스곡선은 위의 그림에서처럼 u_N을 지나는 곡선이 되며, $\pi = -\beta(u - u_N)$와 같이 물가상승률과 실업률간의 역의 관계를 나타내는 식으로 표현해 볼 수 있다.[3] 이때 실업률이 자연실업률 아래로 떨어지려면, 물가상승률이 0보다 커야 한다. 그런데 만일 물가상승률이 0보다 큰 상태를 계속 유지하면, 경제주체들은 그것을 알아차리므로 예상물가상승률(π^e)도 0보다 큰 값을 가질 것이다. 또한 기대되는 물가상승률만큼 모든 가격을 상향조정할 것이다. 따라서 필립스곡선은 예상물가상승률만큼 위로 이동한다. 위의 그림은 예상물가상승률이 커질수록, 필립스곡선도 점점 더 위로 이동하는 것을 보여준다. 처음에 자연실업률 상태에서 물가상승률이 0이었다 하더라도, 통화량증가로 물가상승률을 0보다 크게 유지하면 경제주체들의 예상물가상승률도 0보다 커지므로 필립스곡선은 위로 이동하고 자연실업률에서도 물가상승률이 0보다 커지게 된다.

기대의 종류

경제적 기대는 크게 적응적 기대(Adaptive Expectations)와 합리적 기대(Rational Expectations)로 나누어 볼 수 있다.

▶ 적응적 기대

적응적 기대에 의하면, 내년의 예상물가수준은 금년의 물가에 대한 작년의 기대치에 기대오차의 일정부분을 더한 값이다.

$$P_{t+1}^e = P_t^e + a(P_t - P_t^e) \qquad (0 < a \leq 1)$$

---

3) 이 식은 기대가 부가되지 않은 원래의 필립스곡선식이다.

즉, 내년의 물가에 대한 기대치(P^e_{t+1})는 작년에 예상했던 금년의 물가(P^e_t)에다 예상오차($P_t - P^e_t$)를 a의 비율만큼 반영한 것으로 결정된다. 이때 a의 값이 커질수록 예상오차의 반영 비율이 커진다. 특히 $a=1$인 경우에는 $P^e_{t+1} = P_t$가 되는데, 이를 **정태적 기대**(Static Expectations)라 한다. 즉. 금년에 관측된 물가가 그대로 내년의 물가예상치가 되는 것이다. 적응적 기대의 특징은 과거의 예상오차가 규칙적으로 다음 기의 물가예상에 반영된다는 것이다.

주 1 적응적 기대에 관한 식은 다음과 같이 풀어 쓸 수 있다.

$$\begin{aligned} P^e_{t+1} &= P^e_t + a(P_t - P^e_t) = (1-a)P^e_t + aP_t \\ &= (1-a)[(1-a)P^e_{t-1} + aP_{t-1}] + aP_t \\ &= (1-a)^2 P^e_{t-1} + (1-a)aP_{t-1} + aP_t \\ &\quad \cdots\cdots\cdots\cdots \\ &= a[P_t + (1-a)P_{t-1} + (1-a)^2 P_{t-2} + \ \cdots \ ] \end{aligned}$$

즉, 적응적 기대에 의하면, 내년의 물가 예상은 과거에 관측된 모든 물가의 가중평균값이며, 더 먼 과거일수록 가중치가 작아진다. 다시 말해, 미래의 물가예상은 과거의 물가에 관한 역사를 종합하여 옮겨놓은 것이라 할 수 있다. 따라서 금년의 새로운 정보를 반영하지 못한다는 단점을 가진다. 또한 적응적 기대는 **구조적 오차**(Structural Error)를 범한다. 예를 들어, 금년의 물가지수가 100이며, 최근 물가가 매년 지속적으로 3% 씩 상승하고 있다면, 내년의 물가지수는 당연히 103(= 100×1.03)이 될 것이다. 하지만 적응적 기대에 의하면 내년의 물가지수에 대한 기대치는 이미 관측된 과거의 모든 물가지수들을 가중평균한 것이므로 103과 일치하지 않을 수 있다.

주 2 만일 물가지수 대신 물가상승률(π)에 대한 적응적 기대를 한다고 가정하면, 적응적 기대에 관한 위의 식은

$$\pi^e_{t+1} = \pi^e_t + a(\pi_t - \pi^e_t) \qquad (0 < a \le 1)$$

와 같이 바뀔 것이다. 물가상승률이 지속적으로 0보다 큰 상태가 일반적이라면, 경제주체들은 물가지수 자체보다 물가상승률에 대한 예상을 하려할 것이다.

▶ 합리적 기대

합리적 기대는 현재 가능한 모든 변수와 자료를 활용하여 합리적으로 예측하는 것을 말한다. 합리적 기대하에서도 오차가 발생할 수 있으나, 적응적 기대와는 달리 구조적 오차는 발생하지 않는다.

합리적 기대하에 내년의 물가수준에 대한 기대치(P^e_{t+1})는 현재 가능한 모든 정보(Ω_t)를 이용한다는 뜻에서 다음과 같은 기대값의 형태로 표현된다.

$$P^e_{t+1} = E(P_{t+1} \mid \Omega_t)$$

예 적응적 기대하에 작년에 금년물가수준을 100으로 예측했으나 실제로는 108이었다고 한다. 이때 적응에 대한 파라미터 값이 $a = 0.5$ 라면, 내년의 물가 예측치는 다음과 같다.

$$\begin{aligned} P^e_{t+1} &= P^e_t + a(P_t - P^e_t) \\ &= 100 + 0.5 \times (108 - 100) = 104 \end{aligned}$$

즉, 그런데 정부가 내년의 물가상승률 목표를 3%로 한다고 금년에 발표한 후 이를 정확하게 실천하였다고 하자. 이때 내년의 실제 물가수준은 111.2($= 108 \times 1.03$)가 될 것이다. 따라서 내년이 되었을 때 적응적 기대에 의하면 7.2만큼의 예측오차가 발생한다. 하지만 합리적 기대에 의하면, 정부의 발표가 신뢰성이 있을 경우 그대로 111.2로 하면 된다. 즉, 정부정책에 관한 정보를 이용한다.

자연실업률 가설

고전학파의 경우 장기적으로 총공급곡선이 수직선이며, 총수요관리정책은 물가만 상승시키고 전혀 효과가 없다고 하였다. 총수요확대정책은 총수요곡선을 우측으로 이동시킨다. 이때 케인즈의 경우처럼 총공급곡선이 우상향하여 일시적으로 국민소득이 증가했다고 하자. 이때 근로자들이 총수요증가에 따른 물가상승률과 비례하여 임금인상을 요구한다면, 총공급곡선이 위로 (또는 좌측으로) 이동한다. 따라서 수요확대정책의 결과 물가만 상승할 뿐 국민소득에는 전혀 변화가 없다. 즉, 장기적으로 생산성 향상이나 기술발전과 같은 생산 부문의 변화가 없는 한, 국민소득은 총수요정책에 관계없이 자연실업률 수준인 Y_N에 머물러 있을 것이다. 즉, 장기총공급곡선(LAS)이 수직선이 된다는 것이다. (다시 말해 장기필립스곡선이 Y_N 수준에서 수직선이 된다는 것이다.) 이를 **자연실업률 가설**이라 한다.

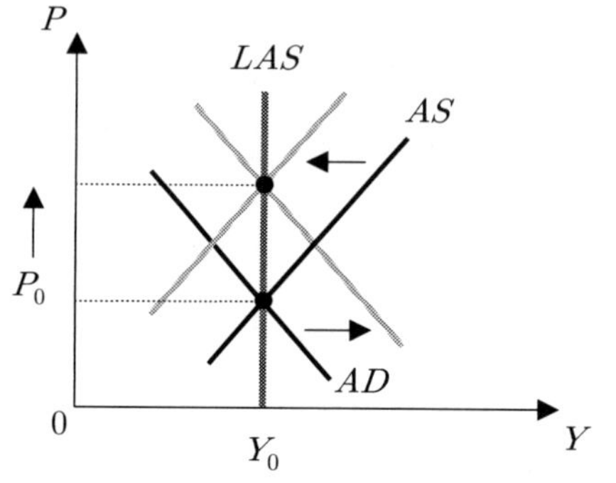

연습문제

1. 어떤 경제에서 여태까지 전혀 물가가 상승하지 않았다고 한다. 이때 경기에 대한 전망이 좋아져 투자가 증가하였을 때, 국민소득과 물가는 단기와 장기에 있어서 어떻게 변하겠는가? 단, 근로자들은 단기적으로는 정태적 기대를 하지만, 장기적으로는 합리적 기대를 한다고 한다.

2. 국제원자재 가격이 상승하였다. 이때 국민소득과 물가는 다음의 경우 각각 어떻게 변하겠는가?

   (1) 총공급곡선이 케인즈 모형에서와 같을 때

   (2) 총공급곡선이 고전학파 모형에서와 같을 때

3. 작년에 금년 물가가 110이 될 것이라고 예측하였으나, 금년의 실제 물가는 115를 기록하였다. 금년에 정부는 내년의 물가상승률이 2%가 되도록 통화량을 조절하겠다고 발표하였다. 이때 다음의 경우 각각 내년의 물가수준 예측치를 구하라.

   (1) 경제주체가 정태적 기대를 한다고 한다.

   (2) 경제주체가 적응적 기대를 한다고 한다. (단, $a=0.9$)

   (3) 경제주체가 합리적 기대를 한다고 한다.

4. 물가수준이 다음과 같은 패턴을 보인다고 한다. 이때 다음의 물음에 답하라.

연도	−3	−2	−1	0	1
P_t	90	100	90	100	90
P_t^e	−	90			
예측오차	−	10			

   (1) 정태적 기대하에서 제1년에 대한 물가예상치(P_1^e)를 구하라.

   (2) 적응적 기대하에서 위의 표의 빈칸을 채우고, 제1년에 대한 물가예상치를 구하라. (단, $a=0.5$)

   (3) 적응적 기대하에서 위의 표의 빈칸을 채우고, 제1년에 대한 물가예상치를 구하라. (단, $a=0.9$)

   (4) 합리적 기대하에서 제1년에 대한 물가예상치를 구하라.

객관식문제

10-1 인플레이션

1. 물가지수에 관한 다음의 기술 중 옳지 **않은** 것은?

① 소비자물가지수는 물가를 실제보다 과장하는 경향이 있다.
② 생산자물가지수는 라스파이레스지수이다.
③ GDP 디플레이터는 파셰지수이다.
④ 소비자물가지수는 물가에 변화에 따른 소비자선택의 변화를 잘 반영한다.
⑤ 소비자물가지수는 기준년도의 생산품목 품목구성을 사용한다.

2. 두 가지 제품을 생산하는 어떤 국가의 아래 통계를 보고 기준년도 1년 후인 비교년도의 전체 물가상승률을 구하라. (힌트: GDP 디플레이터를 구할 것.)

	생산량		가격	
	x재	y재	x재	y재
기준년도	900	300	100	180
비교년도	1,000	400	105	200

① 4.5% ② 5.4% ③ 6.5% ④ 7.6% ⑤ 8.4%

3. 다음의 인플레이션의 폐해 중 옳지 **않은** 것은?

① 자산구성에서 원래 의도된 최적자산구성에 비해 실물자산의 비중을 높이므로 자산구성을 왜곡시킨다.
② 물가상승에 대해 자산의 가치를 보존하기 위한 헤지(hedge)비용이 든다.
③ 실질소득이나 실질자산가치의 상승이 없어도, 세금부담률이 늘어나는 등 인플레이션 조세(Inflation Tax)가 발생한다.
④ 기업 등에서 재무예산을 짜거나 프로젝트의 현금흐름을 예측할 때 불확실성이 커진다.
⑤ 우리나라 수출품의 가격을 높이므로, 국제수지개선 면에서는 유리하다.

10-2 실업

4. 다음 중 서술 중 옳지 **않은** 것은?

① 공공기관의 정규직원들이 업무에서 시간적 여유를 갖는 대신 사무보조 등을 위해 많은 청년실업자를 채용하면, 우리나라의 잠재실업을 줄일 수 있다.
② 구직활동을 완전히 포기한 백수나 백조는 실업자에 포함되지 않는다.
③ 대학생은 실업자에 포함되지 않는다.
④ 전업주부는 실업자에 포함되지 않는다.
⑤ 직장을 옮기기 위해 일정기간 동안 발생하는 실업은 항상 존재하며 크게 문제가 되지 않는다.

5. 총 100명의 경제활동인구 중 20명이 무직자이었으나, 최근에 무직자 중 9명이 병역의무 때문에 입대하고, 7명은 구직활동을 그만두었다. 또한 취업주부 4명이 결혼과 함께 전업주부가 되었다. 현재 이 나라의 실업률은 몇 퍼센트인가?

① 4% ② 5% ③ 8% ④ 13% ⑤ 24%

10-3 필립스곡선

6. 필립스곡선에 관한 다음의 서술 중 옳지 **않은** 것은?

① 임금이 잘 변화하지 않으면, 물가상승률과 실업률이 단기필립스곡선 상을 따라 움직인다.
② 유가가 상승하면 물가상승률과 실업률간의 역의 상관관계가 무너진다.
③ 경제가 합리적인 기대하에 있으면, 물가상승률과 실업률은 단기필립스곡선 상을 따라 이동한다.
④ 장기적으로 필립스곡선은 수직선이 되어 고전학파의 경제관과 일치하게 된다.
⑤ 총수요확대정책이 경기를 부양할 수 있으면, 경제는 단기필립스곡선과 부합한다.

7. 다음은 실업률(u)과 물가상승률(π) 간의 관계를 나타내는 필립스곡선들이다. 현재 경제는 A 점의 상태에 있다고 한다. 아래의 각 점들에 대한 서술 중 옳지 **않은** 것은?

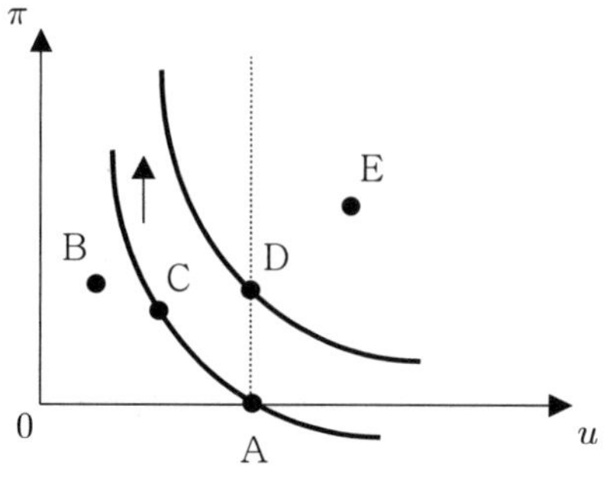

① A 점은 자연실업률을 나타낸다.
② B 점은 경제 전체에서 공급부문의 근본적인 구조변화가 없는 한 도달하기가 불가능할 것이다.
③ C 점은 예기치 못한 총수요관리정책에 의해 단기적으로 도달할 수 있는 점이다.
④ D 점은 경제주체들의 경제변수에 대한 기대가 적응적일 때, 새로운 수요정책에 의해 단기적으로 도달하는 점이다.
⑤ E 점은 공급부문에서의 비용인상의 결과 도달할 수 있는 점이다.

8. 전통적으로 필립스곡선은 물가상승률과 실업률이 역의 관계에 있음을 보여준다. 이와 같은 물가상승률과 실업률 간의 역의 관계가 성립되지 않는 이유로 옳지 **않은** 것은?

① 모든 정책이 예상가능하며, 경제주체는 합리적 기대를 한다.
② 총공급곡선이 수직선의 형태를 가진다.
③ 국제원자재 가격이 상승하였다.
④ 경제주체가 완전한 적응적 기대를 한다.
⑤ 현재 경제는 잠재생산능력에서 생산을 하고 있다.

9. 다음 사실 중 옳지 **않은** 것은?

① 적응적 기대하에서는 구조적 기대오차가 발생한다.
② 적응적 기대하에서 다음 기 물가에 대한 예상치는 과거의 물가수준들을 가중평균한 값이다.
③ 적응적 기대하에서는 최근의 정책에 대한 정보를 반영하지 못하기도 한다.
④ 합리적 기대하에서는 예측오차가 발생하지 않는다.
⑤ 합리적 기대하에서는 먼 과거의 물가예상 오차가 미래의 물가예상치에 별로 영향을 주지 못한다.

11장 경제학파와 최근의 경제학

경제학은 전통적으로 고전학파(Classical)와 케인즈학파(Keynesian)로 크게 구분되어 왔다. 1776년 발간된 아담 스미스(Adam Smith)의 국부론(The Wealth of Nations)[1] 이후 계승되어온 **고전학파**는 가격의 신축성과 시장균형을 중시하였다. 특히 1800년대 말에는 왈라스(Walras)나 마샬(Marshall)과 같이 한계(Marginality)의 개념을 이용한 분석으로 고전학파 이론을 더욱 발전시킨 학자들이 많이 등장하였는데, 이들을 **신고전학파**(Neoclassical)라 하였다. 고전학파 및 신고전학파의 이론은 1920~30년대 대공황기의 대규모 실업사태를 맞아 **케인즈**(Keynes)의 도전을 받게 되었다. 케인즈는 유효수요의 부족과 경직적인 임금 때문에 노동시장이 장기간 비자발적 실업과 같은 불균형 상태에 놓여있을 수 있다고 하였다.[2] 그 후 경제이론과 경제정책을 놓고 고전학파와 케인즈의 이론을 계승한 케인즈학파는 서로 뚜렷한 차이를 보여 왔다. 그러다가 1950 ~ 60년대 무렵에는 새뮤얼슨(Samuelson), 힉스(Hicks) 등의 주도 아래 이 두 학파를 IS-LM 등과 같은 분석의 틀로 종합한 **신고전학파종합**(Neoclassical Synthesis)이 생겨나 주류경제학을 형성하였다. 이때까지만 해도 케인즈의 경제학은 큰 영향력을 행사하고 있었다. 하지만 1970년대에 들어 두 차례의 오일쇼크 후 스태그플레이션이 발생하자 경제학은 새로운 전환기를 맞게 되었다. 유가상승으로 경제가 물가상승률과 실업률 사이의 역의 관계를 나타내는 단기필립스곡선을 벗어나버려, 전통적인 케인즈 이론으로 이를 설명하는데 한계를 느끼게 되었다. 이러한 경험을 바탕으로 총수요정책이 야기하는 인플레이션의 폐해를 강조하고, 생산성향상과 생산능력의 확대를 강조하는 **공급측 경제학**(Supply-Side Economics)이 1980년대 초에 등장하기도 하였다. 1980년대 무렵부터는 고전학파의 전통을 이어받아 가격신축성과 시장균형을 강조하는 동시에 불확실한 경제상황 아래 경제주체의 합리적 기대를 도입한 **새고전학파**(New Classical)가 등장하였다. 또한 같은 시기에 케인즈의 전통을 이어 받아 경직적 가격(Sticky Prices)에 대한 새로운 연구결과를 토대로 **새케인즈학파**(New Keynesian)도 함께 등장하였다. 최근의 경제학은 이론과 정책을 놓고 이와 같이 새고전학파와 새케인즈학파로 구분되어진다.

---

1) 원제목은 "An Inquiry into the Nature and Causes of the Wealth of Nations" 이다.

2) 케인즈의 가장 중요한 저서는 1935년 발간된 "고용, 이자, 화폐의 일반이론(The General Theory of Employment, Interest and Money)" 이다.

11-1 고전학파와 케인즈학파

11-1A 고전학파

고전학파는 임금을 비롯한 모든 가격이 신축적으로 움직이므로, 비자발적인 실업, 제품의 초과수요나 초과공급이 장기간 존재할 수 없다고 하였다. 고용시장이나 제품시장에서 초과공급 등이 발생하면 임금이나 가격이 신속하게 움직여, 그러한 초과공급을 금방 해소시킨다고 하였다. 이러한 가격기능을 "보이지 않는 손"이라 불렀다. 또한 화폐는 실물부문에 영향을 주지 못하는 베일(Veil)에 불과하다고 하여, 실물시장과 화폐시장을 분리하는 2분법(Dichotomy)적 분석을 하였다. 즉, 화폐는 중립적(Neutral)이라는 것이다.

정부의 총수요관리정책은 국민소득이나 고용을 변화시키는데 효과가 없다고 하였다. 확대재정정책은 이자율을 상승시켜 민간투자를 감소시키는 구축효과 때문에 효과가 없고, 확대금융정책은 화폐수량설에서 보았듯이 물가만을 상승시킬 뿐 효과가 없다고 하였다. 총수요가 변화하여 물가가 상승할 경우, 이에 대한 적응이 충분히 이루어지면 국민소득 등이 원래의 수준보다 늘어나지 않는다. 즉, 장기적으로 총공급곡선은 수직선이라고 하였다. 따라서 장기 필립스곡선도 수직선이 됨을 암시한다. 즉, 궁극적으로 국민소득이나 고용량 등 실물변수에 변화를 주는 것은 생산성이나 기술발전 같은 공급부문의 변화이지 수요부문의 변화가 아니라는 것이다.

고전학파의 전통을 이어받은 통화주의자(Monetarist)들은 인플레이션의 폐해를 중시하였다. 재정정책은 구축효과 때문에 효과가 없지만, 확대금융정책은 물가를 상승시키고 명목국민소득을 증가시킨다고 하였다. 따라서 명목소득의 변화에 있어서 재정정책을 배제하고, "화폐만이 중요하다.(Money only matters.)"라는 구호까지 만들었다. 통화량의 증가가 실질국민소득을 변화시키지는 않지만, 물가를 상승시키기 때문에 정부의 재량적인 통화정책에는 반대하였다. 이들은 매년 통화량의 증가율을 경제성장률 감안하여 $k\%$로 정도로 일정하게 유지할 것을 주장하였다. 즉, 정부는 $k\%$-준칙($k\%$-Rule)을 지키는 것이 최상이라고 하였다. 통화주의자의 대표적인 학자로는 프리드먼(Milton Friedman)을 들 수 있다.

참고 통화량의 변화가 실물변수에 영향을 주지 않으면, **화폐의 중립성**(Neutrality)이 성립한다고 한다. 또한 통화량증가율의 변화가 실물변수에 영향을 주지 않으면, **화폐의 초중립성**(Super Neutrality)이 성립한다고 한다. 화폐의 중립성이나 초중립성의 성립여부를 놓고 아직도 학자들 사이에서는 의견이 엇갈리고 있다. 다만 갑작스런 통화량긴축은 단기적으로 경기침체를 초래할 위험이 있다는 의견들이 최근 들어 더 주목을 받고 있다.

11-1B 케인즈학파

케인즈학파는 1920~30년대의 대공황을 계기로 탄생된 케인즈 경제학을 이어온 학파이다. 케인즈학파는 가격이 임금의 하방경직성에서 보듯이 신축적으로 움직이지 않고 경직적이라고 하였다. 그래서 경제 내의 총수요가 부족하여[3] 실업이 발생하면, 임금이 하락하여 실업이 해소되는 것과 같은 일은 기대할 수 없다는 것이다. 따라서 비자발적 실업이 장기간 계속될 수 있다고 하였다. 케인즈 자신은 대규모 실업과 유휴시설이 존재한 대공황 당시의 시대적 배경 때문인지, 정부가 총수요를 증가시키면 물가가 상승함이 없이 국민소득만 증가시킬 수 있다고까지 하였다. 그의 학설을 이어 받은 케인즈학파는 총수요를 증가시키면, 국민소득의 증가와 함께 어느 정도 물가도 상승하겠지만, 물가상승의 정도는 고전학파의 경우보다 더 작다고 하였다.

케인즈는 재정정책을 매우 유효하다고 하였다. 대규모실업과 유휴시설이 존재하는 당시의 상황에서 재정정책은 직접적으로 유효수요를 창출할 수 있었기 때문이다. 재정정책의 가장 성공적인 예로 미국의 뉴딜(New Deal)정책에 의한 테네시(Tennessee)계곡의 댐건설 등 사회간접자본의 확충을 위한 대규모 공공공사를 들 수 있다. 또한 케인즈는 금융정책은 효과가 없다고 하였다. 물론 통화량을 증가시키면, 이자율이 하락하여 투자가 증가하므로 총수요를 증가시킨다는 화폐와 실물부문의 이론적인 연결고리는 인정하였다. 하지만 대공황 당시 이자율이 지나치게 낮아 화폐에 대한 수요가 무한한 유동성함정 상태에 있었기 때문에, 통화량이 증가해도 이자율이 하락하지 않으므로 실질적으로 금융정책은 효과가 없다고 하였다.

---

3) 케인즈는 특히 구매력이 뒷받침된 수요인 **유효수요**(Effective Demand)란 말을 사용하였다.

주 1 물가상승률(π)과 경제주체의 물가상승률에 대한 기대치(π^e)간의 관계는 학파별로 다음과 같이 표현할 수 있다.

$$\text{고전학파: } \frac{\pi^e}{\pi} = 1$$

$$\text{케인즈: } \frac{\pi^e}{\pi} = 0$$

$$\text{케인즈학파: } 0 < \frac{\pi^e}{\pi} < 1$$

주 2 케인즈나 케인즈학파에 의하면, 총수요가 증가하여 물가가 상승해도, 정부나 기업에 비해 정보가 부족한 근로자들은 물가상승을 신속하게 알아차리지 못한다는 것이다. 단기에서는 근로자들의 물가상승률에 대한 예상치가 실제 물가상승률보다 낮기 때문에, 명목임금은 물가가 상승한 만큼 오르지 않는다. 따라서 실질임금은 감소하고, 노동의 고용량은 증가한다. 즉, 총수요확대정책의 결과 실업은 줄어들고, 국민소득은 증가한다는 것이다. 즉, 근로자 등과 같은 경제주체들이 **화폐환상**(Money Illusion)을 가진다. 따라서 경제의 2분법은 성립하지 않으며, 화폐는 중립적이 아니라는 것이다.

오늘날에도 경기를 안정시키기 위해 총수요정책을 쓰느냐 여부를 놓고 학자들이나 정책당국자들 사이에 의견이 엇갈리는 경우가 있다. 고전학파의 견해를 가지고 있는 쪽에서는 정부의 재량적인 총수요정책은 물가만 교란시킬 뿐 실물변수에 영향을 주지 못하므로 총수요정책에 반대하는 반면, 케인즈학파의 견해를 가지고 있는 쪽에서는 특히 불황기에 실업구제를 위한 총수요정책을 지지한다.

고전학파와 케인즈학파의 주요쟁점

쟁점	고전학파	케인즈학파
가격	신축적	경직적
시장균형	균형	불균형이 더 일반적
비자발적 실업	(장기적으로) 존재 않음	장기적으로도 존재
근로자들의 물가예상	완전함	불완전함
화폐	중립성	비중립성
화폐와 실물부문	2분법 성립	화폐는 실물부문에 영향
화폐환상	없음	존재함.
총공급곡선	수직선 (특히 장기에서는)	우상향
필립스곡선	수직선 (특히 장기에서는)	우하향
공급부문과 수요부문	공급이 수요를 창출	수요가 공급을 창출
총수요정책	실물변수를 변화시키지 못하고 물가상승만 유발	실물변수에 영향을 주며 불황기에 실업을 해소

11-2 새고전학파와 새케인즈학파

11-2A 새고전학파

새고전학파(New Classical)는 고전학파의 학설을 계승 발전시켜오고 있다. 다만 고전학파가 완전정보를 가정하였지만, 새고전학파는 보다 현실적으로 불완전정보 아래 경제주체들이 합리적 기대를 한다고 가정한다. 고전학파와 마찬가지로 신축적인 가격의 움직임에 의해 시장의 초과수요나 초과공급이 신속하게 청산되어 항상 시장균형이 유지되므로, 비자발적 실업은 존재하지 않는다고 한다. 또한 고전학파와 마찬가지로 화폐의 중립성과 경제의 2분법(Dichotomy)을 강조한다.

새고전학파는 경제주체의 효용극대화라는 **미시적 기초**(Microfoundations)에서부터 출발하여 거시이론을 도출하는 방법을 주로 분석의 도구로 삼는다. 새고전학파는 루카스(Lucas), 프레스콧(Prescott) 등에 의해 발전되었다. 특히 루카스는 소비함수와 같은 행태방정식에서 소비성향과 같은 계수가 정부지출 등이 변하면 함께 변하기 때문에, 일정한 계수를 가진 몇 개의 행태방정식에 의존하는 이전의 거시경제 모형은 오류가 있다고 밝혔다. 이를 **루카스 비판**(Lucas Critique)이라 한다.

경제주체는 합리적 기대를 하므로, 예상된 총수요확대정책은 국민소득을 증가시키거나 실업률을 줄이지 못한다. 이를 새고전학파의 **정책무력성 명제**(Policy Ineffectiveness Proposition)라고 한다. 정부의 총수요관리정책은 예견되지 않았을 때만 단기에서 실물변수를 변화시킨다는 것이다. 예를 들어, 그 동안 쓰지 않았던 수요확대 정책을 예고 없이 갑자기 시행했을 경우, 합리적 기대를 하는 경제주체들일지라도 단기에는 미처 예상하지 못했기 때문에 임금 등을 물가상승에 맞추어 조정하지 못할 수 있다. 즉, 예견되지 못한 정책으로 말미암아 단기간에 있어 총공급곡선이 우상향하고 필립스곡선이 우하향할 수 있다. 하지만 시간이 흐르면, 경제주체들은 새 정책에 모든 변수들을 합리적으로 조정해버리므로, 총공급곡선과 필립스곡선은 다시 수직선으로 돌아가 버린다. 물론 예상치 못했던 경제정책도 반복해서 시행하면 경제주체들이 이미 예상할 수 있게 되어 버리므로, 단기에서도 아무런 효과가 없다는 것이다. 즉, 단기적으로도 총공급곡선과 필립스곡선이 수직선이 되어버린다.

주 1 대개의 고전학파 경제학자들은 시장균형이나 화폐의 중립성이 장기에서는 확실하게 성립한다고 하였지만, 단기에서도 성립한다고 강조하지는 않았다. 이에 반해 새고전학파는 시장균형이나 화폐의 중립성이 장기는 물론 일반적으로 단기에서도 성립한다고 한다.

주 2 새고전학파의 정책무력성 명제가 성립하는 원인은 합리적 기대와 정책에 대한 예견이다. 정책에 대한 예견은 정책을 시행 전 미리 발표(Announcement)하거나 미리 발표하지 않더라도 비슷한 정책을 반복적으로 시행할 때 가능하다.

루카스 공급함수

루카스는 경제 전체의 산출량(Y), 즉, 총공급과 물가(P)간에 다음과 같은 관계가 성립한다고 하였다. 이를 루카스의 공급함수라 한다.

$$Y = Y_N + a(P - P^e) \qquad (a > 0)$$

위의 식에서 Y_N은 자연실업률 하의 산출량이며, P^e는 예상물가수준이다. 만일 실제물가수준을 이미 예측하고 있다면, 즉, $P^e = P$라면, 총공급은 Y_N으로 고정된다. 즉, 수요확대 정책으로 물가가 상승할 때, 그것이 이미 예상된 것이라면 생산량과 공급량에 아무런 영향을 미치지 못한다. 예상치 못한 물가상승이 발생하면, 단기에 있어서 개별생산자들은 자신의 제품가격만 상승하였다고 착각하여 공급량을 늘릴 수 있다. 따라서 경제의 총공급은 증가한다. 하지만 시간이 지나, 전체 물가가 상승하였다고 깨닫는 순간 개별생산자들은 원래의 수준으로 공급량을 복귀시켜 버린다. 이때 국민소득과 실업률도 정책 전 원래의 수준으로 복귀해 버린다.

결론적으로, 새고전학파에 의하면 예상된 수요확대정책은 국민소득이나 실업 등에 아무런 영향을 주지 못하고 물가만 상승시킬 뿐이다. 예상치 못한 수요확대정책은 단기간에만 실업을 감소시킬 수 있으며, 시간이 지나면 실업률이 원래의 수준으로 돌아가 버린다. 또한 수요확대정책을 반복해서 쓰게 되면, 합리적 기대를 하는 경제주체들은 그러한 정책을 이미 예상해 버리기 때문에, 그러한 정책은 단기에서마저 아무런 효과가 없고 물가만 상승시키는 부작용을 초래한다는 것이다.

실물경기변동이론

새고전학파에 속하는 프레스콧 등에 의해 주창된 **실물경기변동이론**(Real Business Cycle Theory)은 경기변동을 초래하는 주원인이 화폐부문에 있는 것이 아니라 생산성변화와 같이 실물부문에 있다고 함으로써, 고전학파의 계보를 이어받고 있다. 실물경기변동이론에 대한 보다 자세한 내용은 제12장에 수록되어 있다.

시간 비일관성

프레스콧(Prescott)과 키들랜드(Kydland)는 경제정책에 있어서 **시간 비일관성**(Time Inconsistency) [또는 **동태적 비일관성**(Dynamic Inconsistency)] 문제를 제기하였다. 시간 비일관성이란 어떤 정책이 한 시점에서는 최선이라고 여겨졌으나, 시점이 바뀌면 최선이 되지 않는 것을 말한다.[4)] 이는 경제정책의 단기목표와 장기목표가 일치하지 않아 발생한다. 예를 들어, 현재 물가상승률이 0%, 실업률이 9%라 가정해보자. 이때 정부가 가장 이상적이라 할 수 있는 0% 물가상승률을 계속 지켜나갈 것을 약속했다고 하자. 또한 경제주체들이 이 말을 믿고 가격과 명목임금을 올리지 않아 0% 물가상승률이 계속 유지되고 있다고 하자. 일단 물가가 안정되면, 정부는 총수요정책을 써서 실업률을 줄이려는 유혹에 빠질 수 있다. 예를 들어, 다음 그림에서처럼 경제를 E_0점에서 E_1점으로 이동시켜, 실업률을 7% 수준으로 떨어뜨리고자 한다고 해보자. 총수요 확대의 일부분은 고용과 생산량의 증가로 흡수되고 일부분은 물가에 영향을 주어 순수 물가상승률의 증가가 3%에 그친다면, 이 정도의 물가상승률은 충분히 감내할 수 있다는 것이다. 하지만 시간이 지나면서 경제주체들이 높아진 물가상승률에 적응해나가면서 총수요정책의 효력은 떨어지고 물가상승률이 6%에 접근해간다면, 경제주체들은 예상물가상승률을 원래의 6%로 변화시킬 것이다. 물론 명목임금과 재화의 가격도 똑같이 6%씩 인상시킬 것이다. 이때 단기필립스곡선은 기대가 부가된 필립스곡선에서 보았듯이 6%만큼 위로 이동하게 되고, 실업률도 다시 원래 수준인 9%가 되어버릴 것이다. 즉, 경제는 E_2점으로 이동해버릴 것이다. 총수요정책 전의 E_0점과 비교하면,

---

4) 시간 비일관성에 대해 가장 많이 드는 예들 중의 하나는 테러리스트에 관한 것이다. 장기적으로 테러를 예방하기 위해 가장 좋은 방법은 테러리스트와의 협상 절대불가라는 원칙을 지키는 것이다. 하지만 막상 납치사건 등이 발생할 때 인질의 석방이라는 단기목표에만 집착하여 테러리스트와 협상하여 그들의 요구조건을 들어주면, 장기적으로는 오히려 테러를 부추기는 셈이 되어버릴 것이다. 또 하나의 예는 신약개발에 대한 특허권을 들 수 있다. 신약개발을 촉진시키기 위해 신약에 대해 특허권을 부여한다고 정부가 약속하였으나, 막상 신약이 개발되고 난 후에는 특허로 인한 높은 독점가격이 부담스러워 특허권을 주지 않으면 어떻게 될까? 단기적으로 보면 보다 많은 사람들이 저렴한 가격에 신약을 구입할 수 있게 되어 정부의 결정이 괜찮은 것처럼 보이지만, 이럴 경우 향후에는 신약개발이 상당히 위축될 것이다. 즉, 장기적으로 보면 오히려 이러한 정책의 비일관성이 더 안 좋은 결과를 초래한다.

E_2점에서는 실업률은 동일하지만 물가상승률은 더 높아져버렸다. 정부가 이처럼 단기목표에 집착한 나머지 처음에 지키기로 한 정책이나 약속을 일관성 있게 고수하지 못하면, 비효율적이고 나쁜 결과를 초래한다.

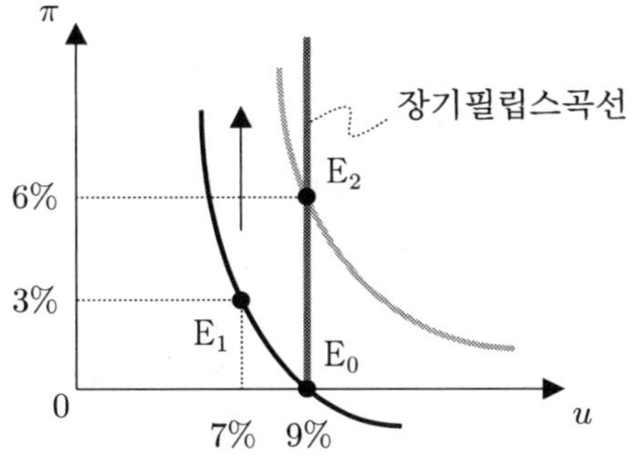

이러한 시간 비일관성 문제를 해결하기 위해서 몇 가지 방법이 제안되었다. 우선 통화량 증가율 등을 정할 수 있는 권한을 총수요정책의 시행기관으로부터 독립시키는 것이다. 즉, 통화정책에 대해서는 일절 외부간섭 없이 중앙은행이 다른 경제부처로부터 독립되어 독자적으로 일관성 있게 시행하는 것이다. 또한 재정지출의 자의적 확대를 방지하기 위해 시행규정을 명확하게 하거나 여러 가지 검증을 거치게 함으로써 허가절차를 까다롭게 하는 것이다. 따라서 이와 같은 시간 비일관성 문제는 재량적인 정부정책에 반대하는 새고전학파의 주장에 더 무게를 실어준다. 재정정책이나 금융정책 등에 대한 시간 비일관성 문제는 최근 들어 선진 각국에서 실제 정부정책에 반영되는 등 많은 주목을 받고 있다.

주 정부가 확대총수요정책을 지속적으로 쓰지 않고 한시적으로만 시행하면, 물가상승률이 일시적으로 0% 이상이 되더라도 다시 0% 수준을 회복하기 때문에 괜찮을 것이라고 생각할지도 모른다. 하지만 한시적인 확대총수요정책의 효과도 한시적인 것일 뿐이다. 제10장에서 본 오쿤(Okun)의 법칙은 현재보다 하락한 실업률 수준이 지속되려면 현재보다 높은 수준의 경제성장률이 지속되어야 한다는 것을 말해주고 있다. 또한 현재보다 높은 수준의 경제성장률을 인위적으로 지속시킨다는 것은 확대총수요정책이 단발성이 아니라 지속적이어야 가능하다. 즉, 실업률 하락에 대한 효과가 지속적이려면, 총수요정책도 지속적이어야 한다. 따라서 일단 총수요정책으로 현재보다 낮은 실업률을 지속시키려면, 물가상승률도 지속적으로 0% 수준을 초과할 수밖에 없다. 이때 시간 비일관성 문제에 의하면 경제주체들이 상승한 물가수준에 적응하기 때문에 정부가 목표로 한 실업률을 총수요정책과 같은 인위적인 수단으로는 지속적으로 달성하지 못한다는 것이다.

11-2B 새케인즈학파

블랜차드(Blanchard), 맨큐(Mankiw) 등이 속한 새케인즈학파(New Keynesian)는 케인즈학파의 전통을 살려, 총수요확대정책이 유효하다고 주장한다. 그 이유는 가격과 임금 등이 고전학파나 새고전학파의 주장처럼 신축적이지 못하고, 경직적이기 때문이라는 것이다. 다만 새케인즈학파도 새고전학파처럼 불확실한 정보에 대해 경제주체가 합리적 결정을 내린다는 사실을 받아들인다. 또한 미시적 기초에서 출발하여 거시경제이론을 펴는 점도 새고전학파와 같다. 새케인즈학파에 의하면, **가격경직성**은 다음과 같은 이유들 때문에 발생한다고 한다.

메뉴비용

맨큐의 **메뉴비용이론**에 의하면, 수요변화로 가격변동의 요인이 발생해도 메뉴판을 교체하거나 상품진열대의 가격표를 교체하는데 드는 비용이 가격인상으로 인한 추가수입보다 더 크면, 가격을 올리지 않는다는 것이다. 그러므로 큰 수요변동이 없는 단기간에 있어서는 제품의 가격이 잘 변하지 않고 경직적이라는 것이다.

일반적으로 메뉴판 교체비용은 그리 크지 않을 것이므로, 메뉴비용은 소폭의 가격변화요인이 발생한 경우에만 영향력을 행사할 것이다. 그러나 기업이 소폭으로 가격조정을 하더라도, 그 기업 제품을 구입하는 다른 관련 기업들의 비용과 제품가격에 영향을 미치는 등 파급효과를 고려하면, 소폭의 가격조정도 경제에 미치는 영향이 클 수 있다고 한다. 따라서 메뉴비용 때문에 소폭의 가격조정이 안 되면, 작은 메뉴비용이 고용 등 경제 전체에 주는 영향이 클 수 있다는 것이다.

효율임금가설

효율임금가설(Efficiency Wage Hypothesis)에 의하면, 높은 임금은 근로자들의 사기를 높이고 근무태도를 향상시키며 회사에 대한 충성심을 높이거나 근로자들의 영양상태나 생활환경을 개선시키는 동시에 생산성을 높인다. 또한 **근무태만이론**(Shirking Theory)에 의하면, 높은 임금은 해고로 인한 기회비용을 높이기 때문에, 높은 임금을 받는 근로자들은 근무태만을 줄이고 업무성과를 내기 위해 더욱 열심히 일한다는 것이다. 따라서 기업은 일반적으로 시장균형임금보다 높은 임금을 지불하며, 수요 감소로 인해 임금하락 요인이 발생해도 임금수준을 하락시키지 않는 경우가 많다는 것이다. 또한 경기침체 시 임금을 삭감하면, 임금수준보다 생산성이 높은 근로자들은 떠나고 생산성이 낮은 근로자들만 남을 수 있으므로, 되도록 임금을 삭감하지 않는다는 것이다. 이러한 이론들은 임금이 왜 하방경직적인지에 대해 설명해준다.

장기계약과 중첩임금계약

경제정책이나 경제상황의 변동에 따라 임금을 조정해야 하지만, **장기계약**(Long-Term Contract)으로 말미암아 곧바로 임금을 조정할 수가 없다. 또한 **근로자나 노동조합마다 임금의 계약 시기가 달라 그 계약 기간이 서로 일치하지 않고, 중첩이 된다. 이러한 중첩계약**(Staggered Contract; Overlapping Contract)[5]으로 말미암아, 경제정책이나 경제상황의 변동에 따라 임금을 조정하는 것이 일부 근로자들에게는 가능하지만, 모두에게 가능하지는 않게 된다.

장기계약을 하므로 일정기간 동안 임금을 조정할 수 없고, 계약시기가 서로 달라 어떤 시기든지 모든 경제주체들이 임금을 조정하기가 어려우므로, 임금은 매우 경직적이라는 것이다. 이 때문에 모든 가격이 항상 신축적이라는 고전학파 또는 새고전학파의 전제를 벗어난다는 것이다.

암묵적 계약이론

암묵적 계약이론(Implicit Contract Theory)은 근로자들이 위험기피자이기 때문에 임금의 기대가치 효용이 기대효용보다 크다는 것이다.[6] 즉, 경기불황의 낮은 임금과 호황의 높은 임금에 따른 효용의 기대치보다는 경기변동에 상관없이 호황과 불황의 확률에 부합하는 확정임금의 효용이 더 크다는 것이다. 예를 들어, 호황과 불황의 확률이 반반씩일 때, 근로자들은 불황기에 월 250만원의 급료를 받고 호황기에 월 350만원의 급료를 받기보다는 꾸준하게 월 300만원의 급료를 받기를 원한하다는 것이다. 기업들은 기왕이면 이와 같은 소비자들의 선호에 맞추어 호황과 불황에 상관없이 일정기간 고정임금을 지불하기 때문에 임금이 경직적이라는 것이다.

5) 여기서 Stagger는 "비틀거리다."라는 뜻이 아니라, "계약시점들이 들쭉날쭉 서로 틀리다."라는 뜻이다.

6) 위험기피자의 경우 (리스크가 없는) 기대가치효용이 (리스크가 있는) 기대효용보다 크다. 자세한 내용은 제6장에 나오는 정보경제학을 참조하기 바란다.

신용할당

경기가 좋아져 자금시장에서 초과수요가 있더라도, 은행들은 초과수요를 해소시킬 만큼 이자율을 상승시키지 않는다는 것이다. 왜냐하면 높은 이자율을 감수하면서 대출을 해가는 기업들은 그 만큼 수익률도 높을 것으로 기대하는 기업들인데, 고수익(High Yield)은 대개 고위험(High Risk)을 동반하기 때문이다. 만일 대출기업들 중 몇 개만 도산해도, 원금을 돌려받지 못하기 때문에 은행들은 생존을 심각하게 위협받을 수 있을 것이다. 그래서 은행들은 이자율을 올리는 대신 기업들이 서로 대출하려고 줄을 서게 만든 다음, 도산위험이 없는 안정적인 기업들을 선별하여 **신용할당**(Credit Rationing)을 해준다는 것이다. 따라서 자금의 가격이라 할 수 있는 이자율이 단기적으로 많이 변하지 않는다는 것이다.

새케인즈학파는 비자발적 실업이 발생하는 가장 중요한 이유로 위와 같은 가격경직성을 내세우고 있다. 또한 장기실업의 발생 원인으로 가격경직성 외에 다음과 같이 이력현상이나 내부자-외부자론을 제시하기도 한다.

이력현상

이력현상(Hysteresis)은[7] 장기불황 후에 호황기가 와도 실업률이 예전의 자연실업률로 복귀하지 않음을 설명하고 있다. 특히 영국의 경우, 1970년대에는 자연실업률이라 할 수 있는 3%대의 실업률을 기록하였으나, 장기간의 불황으로 실업률이 치솟은 후 1980년대에 경기가 회복되었어도 9%대의 높은 실업률을 기록하였다. 이는 장기실업의 여파로 근로자들의 생산에 대한 적응력이 떨어졌기 때문이다. 이에 대해 자연실업률 자체가 상승해버린 것으로 보기도 한다.

내부자-외부자론

경기침체기에 실직한 자는 기업의 **외부자**(Outsider)가 되어, 이후 경기가 회복되어도 기업의 임금협상에 참여할 수 없게 되어버린다. 경기호황기에는 기업의 **내부자**(Insider)들이 임금상승을 관철시키므로, 고용이 예전수준만큼 회복되지 못한다. 즉, 비자발적 실업이 발생하게 된다는 것이다.

---

7) 이력현상(Hysteresis)은 외부요인에 의해 상태가 변한 후, 외부요인이 제거되어도 원래의 상태로 복귀하지 않는다는 뜻이다. (마치 너무 늘어뜨린 스프링처럼) 그 어원은 역사(History)나 히스테리(Hysteria)와는 관련이 없고, '늦은' 또는 '지연된(Late)' 이라는 뜻을 가진 그리스어이다.

새케인즈학파 중 일부는 불균형이론 대신 균형의 개념을 쓰되, 경제 내에 여러 개의 균형이 존재할 수 있다는 **복수균형**(Multiple Equilibria)의 개념을 도입하기도 한다.

복수균형

복수균형의 존재는 어떤 한 경제주체의 의사결정이 다른 경제주체의 득실에 영향을 준다는 외부성(Externality)에 근거한다. 예를 들어, 경제에 두 기업이 존재하며 각각 100씩의 이윤을 올리고 있다고 해보자. 만일 정부가 통화량을 감축시키는 긴축금융정책을 시행한다면 어떤 결과가 벌어질까? 이때 두 기업 모두 제품가격을 그대로 유지하면, 실질통화량 감소로 인해 불황이 발생하여 각 기업의 이윤이 50으로 줄어든다고 하자. 하지만 두 기업 모두 가격을 낮추면, 실질통화량이 변하지 않고 불황도 발생하지 않을 것이므로 100의 이윤이 그대로 유지된다. 그러나 어느 한 기업만 가격을 낮추면, 두 기업 모두 가격을 낮추지 않을 때보다 강도는 약하겠지만 여전히 불황을 피할 수 없다. 이때 가격을 낮추지 않은 기업의 이윤은 70으로 떨어지는데 반해, 가격을 낮춘 기업의 이윤은 지나친 마진축소로 말미암아 20으로 떨어진다고 하자. 즉, 한 기업의 행동이 다른 기업의 이윤에 영향을 미치게 된다. 이러한 상황에서 각 기업의 의사결정은 다른 기업이 어떻게 행동하느냐에 따라 달라질 것이다. 만일 다른 기업이 가격을 낮출 것으로 기대하면, 자신도 가격을 낮출 것이다. (이때 이 기업의 이윤은 100을 그대로 유지할 수 있다. 만일 가격을 낮추지 않았다면, 이윤이 70이 되었을 것이다.) 하지만 다른 기업이 가격을 낮추지 않을 것이라고 기대하면, 자신도 낮추지 않을 것이다. (이때 이 기업의 이윤은 50이 된다. 만일 가격을 낮추었다면, 이윤이 20이 되었을 것이다.) 즉, 다른 기업이 가격을 낮출 것인가에 대해 어떻게 기대하느냐에 따라 두 기업의 이윤이 달라진다. 만일 두 기업 모두 다른 기업이 가격을 낮출 것이라고 기대하면 두 기업 이윤의 균형점이 바람직한 $(100, 100)$이 되지만, 가격을 낮추지 않을 것이라고 기대하면 이윤의 균형점이 바람직하지 못한 $(50, 50)$이 될 수도 있다. 후자의 경우는 두 기업 모두 이윤의 크기가 줄어들었으며, **조정실패**(Failure of Coordination)의 사례라 할 수 있다. 실제 경제에는 많은 수의 기업들이 존재하므로, 관련된 모든 기업들의 가격정책 등에 대한 예상이 쉽지가 않다. 따라서 이와 같은 조정실패와 바람직하지 못한 균형이 발생할 수 있다는 것이다.

특히 불황기에는 미래에 대한 비관적인 전망으로 인해 대부분의 기업들이 새로운 투자를 꺼리므로, 수요회복속도가 느리게 되고 호황기와 비교해 낮은 수준의 균형국민소득이라는 바람직하지 못한 균형이 상당히 오래 지속될 수 있다는 것이다. 만일 모든 기업들이 다 같이 투자를 증가시키면, 수요가 증가하고 경기가 회복되어 모든 투자기업들이 수혜를 입을 것이다. 하지만 경기가 회복되지 않은 상황에서 어느 한 기업만 투자하게 되면, 그 기업만 손실을 입을 것이다. 따라서 타 기업 투자에 대한 예상이 불확실할 때는 호황의 바람직한 균형보다 불황이라는 바람직하지 못한 균형이 지속될 수 있다는 것이다. 이와 같은 조정실패가 발생할 경우, 정부는 총수요확대정책으로 경기회복에 대한 자신감을 심어줌으로써 투자를 촉진시키고 바람직한 균형을 회복시킬 수 있다는 것이다. 이 역시 경기상황에 따른 재량적인 총수요정책을 옹호하는 새케인즈학파의 생각과 부합한다.

새고전학파와 새케인즈학파의 주요쟁점

쟁점	새고전학파	새케인즈학파
불확실성	불확실성과 불완전정보	불확실성과 불완전정보
경제적 기대	합리적 기대	합리적 기대
거시경제학의 미시적 기초	강조함	강조함
물가	신축적	경직적
화폐	중립성	비중립성
총공급곡선	수직선 (단기에서도)	우상향
필립스곡선	수직선 (단기에서도)	우하향
공급부문과 수요부문	공급부문 중시	수요부문 중시
총수요정책	실물변수를 변화시키지 못하고 물가상승만 유발	실물변수에 영향을 주며 불황기에 실업을 해소

참고 미국에서 내륙지방인 중서부에 위치한 시카고(Chicago), 미네소타(Minnesota), 로체스터(Rochester)대학 등에는 새고전학파에 속하는 학자들이 많이 있다. 그래서 새고전학파의 경제학을 미국의 5대호에 빗대어 **민물경제학**(Freshwater Economics)이라 부른다. 반면에 하버드(Harvard), MIT, 예일(Yale), 프린스턴(Princeton)대학 등 동부해안지역 대학들과 UC 버클리(Berkeley), 스탠포드(Stanford)대학 등 서부해안지역의 대학에는 새케인즈학파에 속하는 학자들이 많이 있다. 그래서 새케인즈학파의 경제학을 **짠물경제학**(Saltwater Economics)이라 부른다.

11-2C 필립스곡선으로 비교한 학파간의 차이

확대총수요정책이 가지는 효과는 학파에 따라 달라진다. 이를 필립스곡선 상에서 비교해보자. 총수요정책[8] 후 케인즈학파 또는 새케인즈학파라면 경제가 처음의 E0점에서 E1점으로 이동한다고 말할 것이다. 즉, 물가상승률이 다소 높아지지만, 실업률을 줄일 수 있다는 것이다. (케인즈 자신은 확대총수요정책이 물가를 거의 상승시키지 않는다고 생각하였다.) 만일 고전학파라면, 경제는 궁극적으로 E2점으로 이동한다고 생각할 것이다. 즉, 물가상승률만 높일 뿐 (특히 장기에 있어서는) 실업률을 전혀 줄이지 못한다는 것이다. 그리고 새고전학파에 따르면, 예견된 총수요정책은 경제를 단기적으로도 E2점으로 이동시킨다는 것이다. 단, 예견되지 않은 총수요정책은 단기적으로는 경제를 E1점으로 이동시키겠지만, 시간이 지나면서 경제주체들이 정책에 대해 잘 파악하게 되면 물가에 대한 기대값이 높아져 경제는 E2점으로 이동한다는 것이다. 즉, 이때는 기대가 부가된 필립스곡선의 예에서처럼 단기필립스곡선이 위로 이동한 것으로 볼 수 있다.

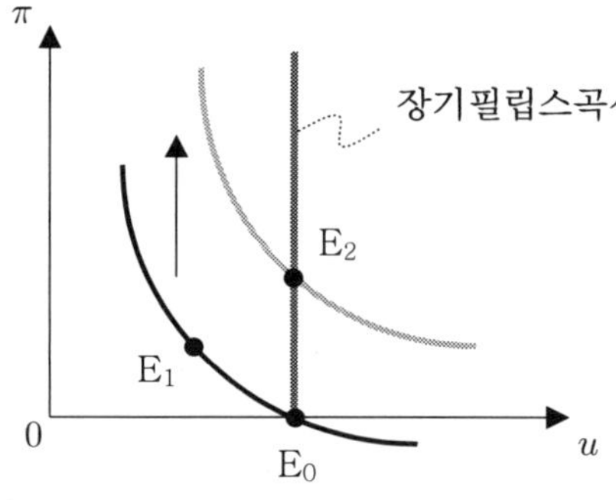

주 케인즈학파는 물가예상이 불완전한 적응적 기대를 적용하였으나, 새케인즈학파는 새고전학파와 마찬가지로 합리적 기대를 적용하였다. 다만 가격경직성 때문에 케인즈학파나 새케인즈학파의 경우 모두 경제는 전통적인 단기필립스곡선을 따라 이동한다.

---

8) 총수요정책이라 함은 대개 확대총수요정책을 말한다. 축소총수요정책은 불황을 유발할 위험이 있고 인기도 없기 때문에 자주 쓰지 않는다.

[도움말]

가격이 신축적이냐 경직적이냐의 여부는 고전학파와 케인즈학파 또는 새고전학파와 새케인즈학파를 구분 짓는 가장 중요한 기준이 된다.

고전학파나 새고전학파의 주장처럼 가격이 신축적이면, 총수요가 변하여 재화나 노동에 대한 수요곡선이 변하더라도 시장은 다시 균형상태를 회복한다. 따라서 비자발적 실업과 같은 문제는 발생하지 않는다. 특히 근로자들의 물가예상이 완전하고 임금이 신축적이면 총공급곡선이 수직선이 되어, 총수요정책은 재화의 가격이나 명목임금 등 명목변수만 변화시킬 뿐 실질국민소득이나 고용수준 같은 실물변수를 변화시키지 못한다.

반면에 케인즈학파나 새케인즈학파의 주장처럼 가격이 경직적이면, 고용수준이나 실질국민소득이 공급보다 수요에 의해 결정된다. 따라서 경기침체로 인해 총수요가 부족할 때, 총수요확대정책을 써서 실업률을 줄이고 경기를 회복시킬 수 있다.

불경기가 되면 총수요곡선이 아래 그림에서처럼 왼쪽으로 이동한다. 이때 가격이 신축적이면, 물가가 P_0에서 P_1으로 하락하고 경제의 균형점은 E_0에서 E_1으로 이동하므로 시장은 균형상태를 유지한다. 반면에 가격이 P_0에서 경직적이면, 경제상태는 E_2가 되며 국민소득의 감소폭이 더욱 커진다. 이와 같이 가격이 경직적이면, 총공급이 아무리 크더라도 재고만 증가할 뿐 국민소득은 총수요에 의해 결정된다.

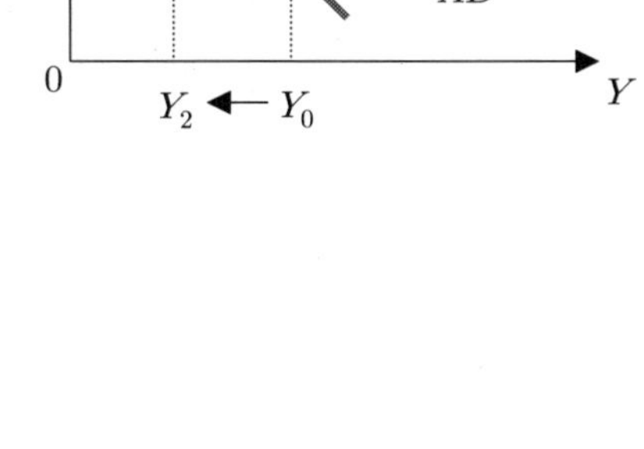

노동시장의 경우 경기침체 시 총수요가 감소하여 노동수요곡선(D_L)이 왼쪽으로 이동할 때, 임금이 신축적이면 임금이 w_0에서 w_1으로 하락함에 따라 균형점이 E_0에서 E_1으로 이동하며, 비자발적 실업은 발생하지 않는다. 반면에 임금이 w_0 수준에서 경직적이면, "$L_0 - L_2$"만큼 비자발적 실업이 발생한다.

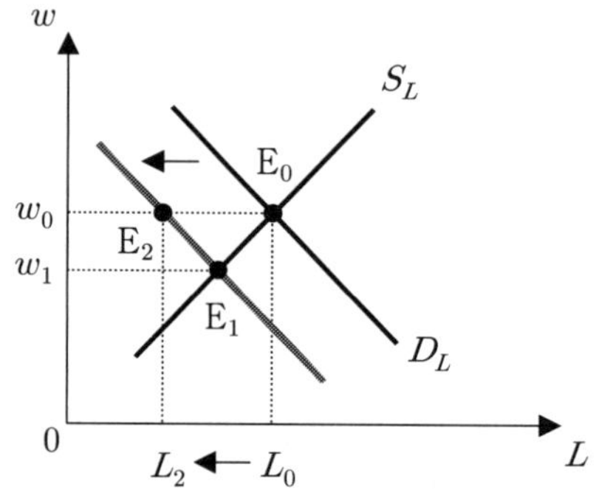

<요약> 경제학파의 계보

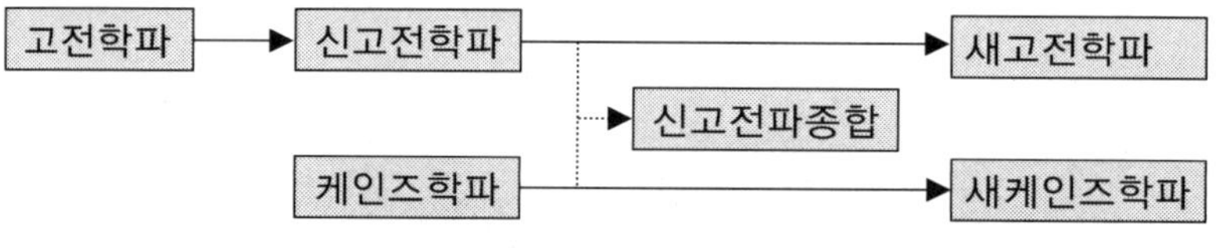

주 이밖에 제도(Institution)학파, 마르크스(Marx)경제학 등 비주류경제학도 있었다.

연습문제

1. 임금의 경직성에 관한 고전학파와 케인즈학파의 차이에 대한 다음 물음에 답하라.

   (1) 두 학파는 임금의 경직성에 대해 어떻게 받아들이는가?

   (2) 장기간의 비자발적 실업에 대한 두 학파의 견해는?

2. 다음 중 고전학파 및 케인즈학파에 해당하는 것을 모두 골라보라.

가. 신축적 가격

나. 가격경직성

다. 화폐의 중립성

라. 화폐환상

마. 화폐는 베일에 불과

바. 경제의 2분법 성립

사. 불황의 원인으로서 수요부족 및 총수요정책의 유효성

아. 불완전한 물가예상 및 적응적 기대

자. 우상향하는 총공급곡선과 우하향하는 필립스곡선

차. 수직선 모양의 장기총공급곡선과 장기필립스곡선

---

3. 다음 중 새고전학파, 새케인즈학파에 해당하는 것을 모두 골라보라.

가. 시장균형 중심의 분석
나. 가격경직성
다. 화폐의 중립성
라. 합리적 기대
마. 거시경제학의 미시적 기초
바. 총수요정책의 무력성
사. 실물경기변동이론

---

4. 연인관계에 있는 두 남녀가 있는데, 데이트 약속 때마다 여자 친구가 30분씩 늦게 나타나고 있다. 이때 남자의 입장에서 다음의 각 이론에 의하면, 어떻게 행동하겠는가?

(1) 새고전학파의 합리적 기대론

(2) 새고전학파의 시간 비일관성 (약속시간에 늦으면 그 날 데이트는 취소할 것이라고 여자 친구에게 미리 말해두었다.)

(3) 새케인즈학파의 복수균형

객관식문제

11-1 고전학파와 케인즈학파

1. 고전학파의 이론에 대한 다음 내용 중 옳지 **않은** 것은?

① 화폐는 베일에 지나지 않는다.
② 경제의 2분법이 성립한다.
③ 물가는 빠르고 신축적으로 적응한다.
④ 경제주체들은 화폐환상을 가지고 있다.
⑤ 완전정보를 가정한다.

2. 케인즈 또는 케인즈학파에 대한 다음 설명 중 옳지 **않은** 것은?

① 유효수요의 부족 때문에 비자발적 실업이 장기간 동안 존재한다.
② 금융정책은 경제상황과 관계없이 전혀 효과가 없다.
③ 이자율이 투자의 한계효율보다 낮다면, 투자를 늘리는 것이 낫다.
④ 임금의 경직성으로 말미암아, 총공급곡선은 우상향한다.
⑤ 확대 재정정책은 국민소득을 증가시키고 실업을 줄이지만, 물가는 변화가 없거나 변화하더라도 그 폭이 크지 않다.

3. 재정정책이나 통화금융정책 같은 수요관리정책보다는 정부규제의 축소, 근로의욕이나 민간의 창의력 고취를 통한 혁신 등 공급측면의 생산능력 확대가 더 바람직하다고 시사하는 학파는?

가. 고전학파 나. 케인즈학파 다. 공급측 경제학 라. 새고전학파 마. 새케인즈학파

① 가, 나 ② 가, 다, 라 ③ 나, 마 ④ 다, 라 ⑤ 다, 라, 마

11-2 새고전학파와 새케인즈학파

4. 새고전학파의 이론에 대한 다음 내용 중 옳지 **않은** 것은?

① 완전정보를 가정한다.
② 물가는 매우 신축적이어서, 시장은 대개의 경우 청산된다.
③ 경제주체들이 합리적 기대를 하기 때문에, 예견된 정책은 단기적으로도 전혀 국민소득이나 실업률을 변화시키지 못한다.
④ 미시적 기초를 바탕으로 거시경제이론을 정립하고 있다.
⑤ 필립스곡선의 형태를 수직선으로 파악하고 있다.

5. 현재 경제는 장기불황에 빠져있다. 정부는 실업률을 줄이기 위해 다음 달부터 재정지출을 늘리겠다고 발표하였다. 모든 경제주체들이 합리적 기대를 한다고 한다. 이때 새고전학파에 따르면, 재정지출의 효과는 어떠한가?

① 단기적으로는 실업률을 줄일 수 있으나, 장기적으로는 효과가 없다.
② 증가된 재정지출 수준이 계속 유지된다면, 장기적으로 실업률을 줄일 수 있다.
③ 물가수준만 상승시킬 뿐, 단기적으로도 실업률을 줄일 수 없다.
④ 단기적으로 실업률을 줄일 수 있으며, 장기적으로도 단기만큼은 아니지만 어느 정도 실업률을 줄일 수 있다.
⑤ 단기적으로는 효과가 없으나, 장기적으로는 실업률을 줄일 수 있다.

6. 루카스의 총공급함수가 아래와 같이 주어져 있을 때, 옳은 사실은?

$$Y = Y_N + a \cdot (P - P^e) \qquad (a > 0)$$

(Y: 총생산량, Y_N: 자연실업률 하의 총생산량, P: 물가, P^e: 물가에 대한 경제주체의 예상치)

가. 예상치 못한 물가상승만이 실업률을 줄일 수 있다.
나. 경제주체가 완전한 예상을 한다면 단기에서도 필립스곡선은 수직선이다.
다. 예상치 못한 새로운 경제변수가 등장했을 때, 일시적으로 생산량이 Y_N을 초과할 수는 있으나, 장기적으로 합리적 기대 때문에 Y_N을 초과할 수 없다.

① 가 ② 나 ③ 가, 나 ④ 나, 다 ⑤ 가, 나, 다

7. 국제유가의 급등으로 경기가 침체하고 실업률이 늘어나 정부가 총수요확대 정책을 쓰고자 한다. 물가를 직접적으로 상승시킬 것으로 기대되는 통화량 확대대신 정부지출을 늘리기로 결정하고, 정책실시 3개월 전에 상세한 내용을 발표하였다. 이 정책의 효과가 가장 적절하게 기술된 것은?

① 늘어난 실업률을 단기에서도 줄이지 못하고, 인플레이션만 더욱 심해질 것이다.
② 단기적으로 실업률을 줄일 수 있으나, 장기적으로는 줄일 수 없고 인플레이션이 더욱 심해질 것이다.
③ 유가상승으로 인한 총수요가 위축되는 상황이므로, 실업을 줄일 수 있으며 인플레이션의 정도는 크지 않을 것이다.
④ 장기나 단기에서 실업을 줄일 수 있으나, 인플레이션이 심각한 문제가 될 수 있다.
⑤ 장기나 단기에서 실업이나 인플레이션 모두 변화가 없는 정책무력성에 빠질 것이다.

8. 새케인즈학파가 가격 경직성의 근거로 제시하는 것과 가장 거리가 **먼** 것은?

① 근로자들은 임금계약을 주로 1년 단위로 연봉계약을 한다.
② 불황이나 호황에 따라 임금을 낮추거나 올리는 것보다, 일정한 수준의 임금을 주는 것을 근로자들이 더 선호한다.
③ 물가가 조금 상승할 경우 판매자들이 그것 때문에, 가격표를 바꾸는 것을 더 번거로워 한다.
④ 기업들은 근로자들의 사기와 생산성을 고려하여, 불황이 오더라도 기존 임금을 크게 줄이지 않는다.
⑤ 불황이 왔을 때 해고된 근로자들은 경기가 회복되었을 때 곧바로 옛날만큼 생산성을 회복하지 못한다.

9. 경제학파에 관한 다음 서술 중 옳지 **않은** 것은?

① 고전학파는 가격의 신축성으로 인해 완전고용이 항상 달성된다고 하였다.
② 케인즈는 임금이 경직적이며, 불완전고용이 일반적 현상이라고 하였다.
③ 통화주의자는 인플레이션의 폐해에 초점을 맞추고, 정부의 자의적인 통화정책에 반대하였다.
④ 새고전학파는 경제주체들이 합리적 기대를 하므로, 단기적으로 우상향하는 총공급곡선이 장기적으로는 수직선이 된다고 하였다.
⑤ 새케인즈학파는 임금이 경직적이므로, 단기필립스곡선이 유효하다고 하였다.

12장 경기변동과 경제성장

경제는 시간이 지남에 따라 성장을 하며, 그 과정에서 불황과 호황을 반복한다. GDP가 아래 그림에서와 같이 변해갈 때, 경제성장을 나타내는 **추세선**(Trend Line)을 그려볼 수 있다. 경기변동이란 이러한 추세선의 위 아래로 GDP가 반복적으로 움직이는 현상을 말한다.

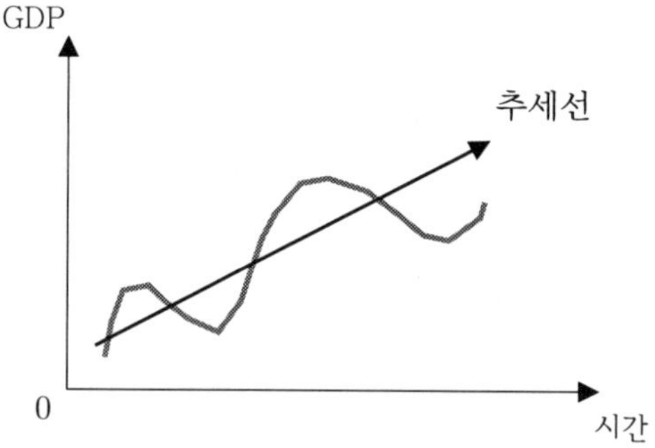

12-1 경기변동

시간에 따른 GDP의 경로에서 추세를 제외한 순수 경기변동만 살펴보면 아래의 그림과 같이 나타난다. 경기변동은 아래의 그림처럼 경기의 정점(Peak)과 저점(Trough)을 반복하는 것을 말하며, 정점과 정점 또는 저점과 저점 사이를 경기변동의 **주기**(Cycle)라 한다. 경기는 정점에 이르면 **후퇴기**(Recession)에 접어들었다가 추세선 이하로 떨어지는 **불황기**(Depression)에 빠진다. 시간이 지남에 따라 다시 **회복기**(Recovery)를 거쳐 추세선 위로 상승하는 **호황기**(Prosperity)에 접어든다. 경제는 일반적으로 이러한 주기를 반복하게 된다.

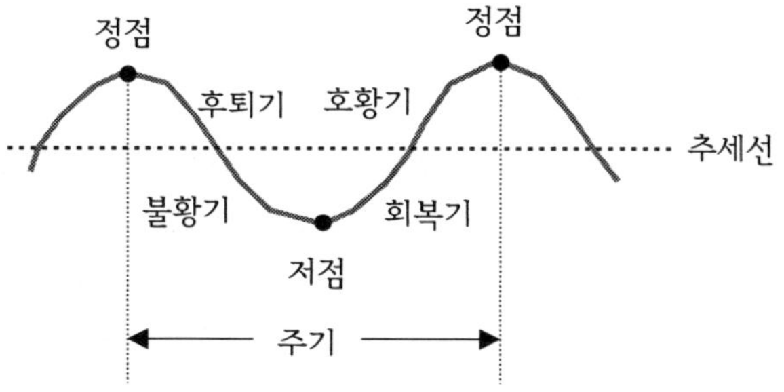

12-1A 경기변동의 유형

경기변동은 순환주기의 길이에 따라 단기에서 장기순환으로 구분할 수 있다. 3~4년 정도 주기의 단기순환인 키친순환(Kitchin Cycle)은 수요의 증감과 기업이 그런 정보를 파악하는 데 걸리는 시차 때문에 발생하며, 재고의 증감으로 나타난다. 10년 정도 주기의 중기순환인 쥬글러순환(Juglar Cycle)은 설비투자의 변동으로 발생한다. 50년 정도 주기의 장기순환인 콘드라티에프순환(Kondratiev Waves)은 사회적 변동, 대발명 또는 혁신이 야기한 특정 산업의 부침으로 나타난다. 한편 20년 정도 주기의 또 다른 중기순환인 쿠즈네츠순환(Kuznets Swing)은 미국 내 이민자의 증감에 따른 인구변화가 초래하는 건축경기에 의해 발생한다고 한다. 이러한 경기변동의 구분은 순환주기나 원인 등에서 절대적인 것은 아니며, 오늘날 여러 학자들 사이에서도 이견들이 많다. 이러한 구분은 경기변동의 주기별로 대략적인 이해를 하는 데에 도움을 줄 뿐이다.

12-1B 경기지수

제조업가동률 등과 같이 경기변동, 즉, GDP의 증감과 같은 방향으로 움직이는 것을 **경기순행적**(Pro-Cyclical)이라 하고, 재고증가율이나 실업률과 같이 경기변동과 반대 방향으로 움직이는 것을 **경기역행적**(Counter-Cyclical)이라 한다. 또한 경제활동을 나타내는 지수들 중 경기변동과 시간적으로 함께 움직이는 것을 **동행지수**라 하며, 이에는 제조업가동률, 산업생산지수 등이 있다. 경기변동에 앞서 변하는 것을 **선행지수**라 하며, 이에는 건축허가면적, 중간재출하지수, 신용장내도액 등이 있다. 경기변동 뒤에 따라 오는 것을 **후행지수**라 하며, 이에는 비농가실업률, 도시가계소비지출 등이 있다.

12-1C 경기변동의 원인

경기변동의 원인으로 태양흑점주기에 따른 수확의 변동을 주장한 태양흑점설 등 여러 가지 학설들이 오래 전부터 제기되어 왔었으나, 그러한 이론들은 오늘날에는 현실에 대한 설명이나 예측력이 떨어져 잘 쓰이지 않는다. 한편 1950년대 무렵에 새뮤얼슨(Samuelson)은 케인즈의 이론을 이용한 동태적 모형을 써서 경기변동이 발생할 수 있음을 보여주었다. 최근에는 새고전학파와 새케인즈학파의 경기변동이론이 주류를 이루고 있다.

새뮤얼슨의 경기변동이론

새뮤얼슨은 다음과 같이 케인즈 경제학을 동태적 모형으로 바꾼 다음 거시경제모형 자체만으로도 경기변동이 발생할 수 있음을 보여주었다.

$$Y_t = C_t + I_t$$

$$C_t = bY_{t-1} \qquad (0 < b < 1)$$

$$I_t = I_0 + \nu(Y_{t-1} - Y_{t-2}) \qquad (\nu > 0)$$

첫 번째와 두 번째 식은 케인즈의 이론에서와 같이 소득창출식과 소비함수를 나타낸다. 세 번째 식은 지난 기 국민소득의 증감이 이번 기 투자의 증감에 연결되는 가속도원리를 나타낸다. 위의 식들을 종합하면, 다음과 같이 쓸 수 있다.

$$Y_t - (b+\nu)Y_{t-1} + \nu Y_{t-2} = I_0$$

위의 식은 2차 차분방정식(Difference Equation)의 형태이다. 이때 아래의 식이 허수근을 가지면, 국민소득(Y_t)이 Sine함수 등과 같이 파동의 모양을 따라 순환하게 된다고 알려져 있다.[1)]

$$x^2 - (b+\nu)x + \nu = 0$$

---

1) $(2-b)-2\sqrt{1-b} < \nu < (2-b)+2\sqrt{1-b}$ 이면, 위의 식이 허수근을 가진다. 따라서 소득의 변화에 따른 투자의 변화율이 일정범위 안에 들어오면(예를 들어, $b=0.8$ 일 때, $0.3 < \nu < 2.1$ 이면), Y_t가 주기적으로 순환하게 된다.

새고전학파의 경기변동이론

케인즈나 새케인즈학파의 경기변동이론이 총수요의 변동으로 말미암아 발생한다고 한 것과 대조적으로 새고전학파의 경기변동이론은 주로 공급부문의 변화가 경기변동을 초래한다고 한다. 새고전학파의 경기변동이론은 1980년대부터 등장한 **실물경기변동이론**(Real Business Cycle Theory) 등에 의해 주도되어 왔다.

▶ 실물경기변동이론

프레스콧(Prescott) 등에 의해 주도된 실물경기변동이론은 화폐의 중립성을 강조하며, 경기변동은 기술발전이나 생산성의 변화와 같은 실물요인에 의해 발생한다고 한다. 기술이 진보하거나 생산성이 향상되면, 투입요소당 생산량이 많아질 뿐만 아니라 노동에 대한 수요가 증가하여 고용량이 늘어나기 때문에 국민소득이 증가하는 등 경기가 상승한다. 반대로 생산성이 떨어지거나 유가가 상승하는 등 생산에 불리한 충격이 발생하면 경기가 하강한다. 즉, 경기변동은 총수요나 화폐부문에서의 요인이 아니라 실물부문의 요인들이 변하기 때문에 발생한다는 것이다.

생산성 등이 변화하면, 자연실업률과 자연실업률 국민소득수준 자체가 변한다. 즉, 생산성이나 기술의 변화는 국민소득을 일시적으로 변화시키는 것이 아니라, 영원히 변화시켜버린다는 것이다. 따라서 경기변동을 균형으로부터의 이탈현상으로 보지 않고, 국민소득 등의 균형값 자체가 이동하는 현상으로 본다.[2)] 그렇기 때문에 현재의 국민소득에는 과거 실물변수들의 변화가 가한 충격의 자취들이 남아있다는 것이다.

실물경기변동이론에 대한 비판자들은 기술발전이나 생산성향상 등의 충격이 발생할 수 있으나, 경기불황을 설명하기 위한 기술퇴보나 생산성하락과 같은 충격은 발생하기 힘들다는 점을 지적한다. 이에 대해 실물경기변동론자들은 실물부문의 충격에는 기술이나 생산성 외에 원자재가격의 변화, 재정정책의 변화, 환경정책, 기후변화, 노동시장의 변화 등과 같이 다양한 것들이 존재하기 때문에 부정적인 충격이 발생할 수 있다고 한다.

---

2) 이는 경기변동을 총수요부족에 의한 불균형현상으로 본 케인즈학파나 새케인즈학파와 대조를 이룬다.

참고 실물경기변동이론은 생산성 등의 변화가 시간이 지남에 따라 경기변동을 일으킬 수 있음을 종종 **충격반응함수**(Impulse Response Function)를 이용한 컴퓨터 시뮬레이션으로 보여주기도 한다. 아래 그림은 생산성 향상이라는 새로운 충격이 가해졌을 때 추세선을 중심으로 본 GDP의 변화량(ΔY)을 시간(t)의 흐름에 따라 보여주는 시뮬레이션의 예라 할 수 있다. 실제로 경기변동은 생산성의 변화, 노동시장의 변화, 원자재가격의 변화 등 몇 개의 실물요인들이 겹쳐 발생할 수 있다는 것이다.

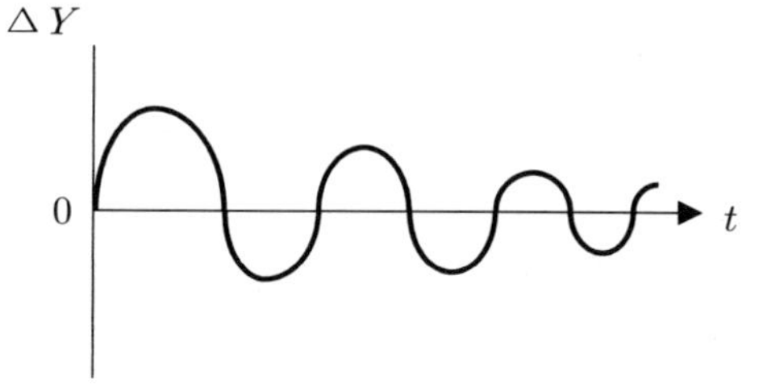

▶ 화폐적 경기변동이론

루카스(Lucas) 등에 의해 주도된 **화폐적 경기변동이론**에 따르면, 예상치 못한 통화량의 증가 때문에 나타나는 제품가격이나 명목임금의 상승에 대해 경제주체들은 그것이 자신에게만 해당되는 줄 착각하여, 제품과 노동의 공급을 늘리게 된다. 이에 따라 국민소득이 자연실업률 국민소득수준을 초과해 증가하며, 호황을 맞게 된다. (이는 루카스 공급함수에서 살펴본 바와 같다.) 시간이 지나면 경제주체들이 물가상승을 충분히 예상하게 되므로, 제품과 노동의 공급이 원래수준으로 복귀하게 된다. 이때 총생산량도 자연실업률 생산량수준으로 복귀하면서 경기는 후퇴하게 된다. 새고전학파의 화폐적 경기변동이론은 이와 같이 화폐부문의 교란에 의해 경기변동이 발생한다고 설명한다. 같은 새고전학파 학자이면서도 루카스의 경기변동이론은 실물경기변동이론과 차이를 보인다.

새케인즈학파의 경기변동이론

새케인즈학파는 케인즈의 전통을 이어 받아 가격의 경직성을 강조하며, 경기변동의 근본적인 원인은 총수요의 변동에 유연하게 대처하지 못하는 노동시장이나 제품시장에서의 경직적인 가격에 있다는 것이다. 총수요가 감소하면, 경직적인 가격으로 말미암아 실업이 늘어나 총생산이 감소하고 경기불황이 발생할 수 있다.[3] (아래 그림에서 임금이 w_0 수준에서 경직되어 있으면, 총수요가 감소함에 따라 노동시장에 "$L_0 - L_1$"만큼 노동의 초과공급, 즉 비자발적

3) 물론 임금 등 가격이 신축적으로 움직이면, 총수요감소에 의해 노동수요곡선이 왼쪽으로 이동할 때 임금이 하락하여 노동시장의 균형을 유지할 것이다. 따라서 비자발적 실업은 발생하지 않는다.

실업이 발생한다.) 총수요가 다시 늘게 되면, 경기가 회복되고 호황이 발생하게 된다. 이와 같이 경제 내의 총수요가 증감을 반복함에 따라, 경기변동이 일어나게 된다. 따라서 경기변동과정에서 경제는 자주 균형을 벗어나게 된다.

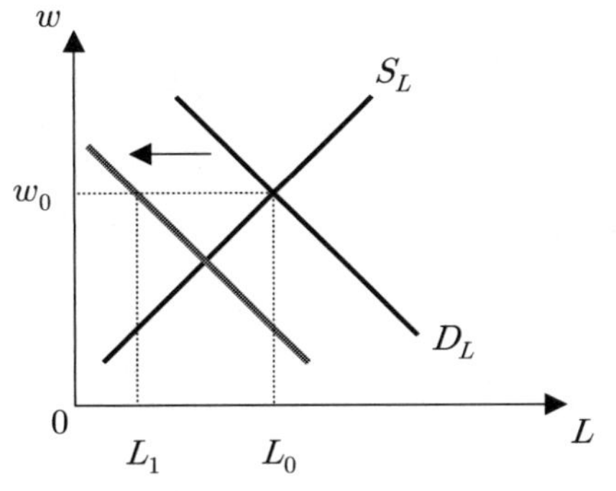

연습문제

1. 실물경기변동이론에 의하면 다음의 각 경우가 경기호황 또는 경기침체를 유발하는지 여부에 대해 논해보라.

   (1) 보다 향상된 성능의 반도체 개발

   (2) 기후협약과 이산화탄소 배출규제

   (3) 노동조합세력의 확대

2. 다음의 루카스 공급함수를 보고 단기적으로 예측이 안 된 갑작스런 통화량증가 정책이 어떻게 경기변동을 일으키는지를 새고전학파의 화폐적 경기변동이론으로 설명해보라.

$$Y = Y_N + a(P - P^e) \qquad (a > 0)$$

   (단, Y_N: 자연실업률하의 산출량, P: 물가, P^e: 예상물가)

3. 새케인즈학파의 경기변동이론에 의하면 임금경직성이 경기변동이 발생하는데 어떻게 영향을 주는지 논해보라.

4. [도전문제] 경제성장률 가운데 노동 및 자본투입량의 증가에 의한 부분을 뺀 나머지 부분을 솔로우 잔차(Solow Residual)라 한다. 즉, 솔로우 잔차는 기술발전, 혁신, 지식증가 등에 기인한 생산성의 증가를 나타낸다고 할 수 있다. 어떤 경제를 실증분석한 결과, 경제성장률과 솔로우 잔차가 매우 높은 양(+)의 상관관계를 보였다고 한다. 즉, 솔로우 잔차는 경제성장률과 같은 방향으로 움직이면서 심한 변동을 보였다.

   (1) 위의 실증분석 결과는 실물경기변동이론을 지지하는가?

   (2) 만일 기업들의 노동비축(Labor Hoarding)을 가정하면 위의 결과는 실물경기변동이론을 지지하는가? (단, 노동비축이란 불경기 때에도 기업들은 향후 경기회복에 대비하기 위하여 당장 꼭 필요하지 않는 근로자들을 해고하지 않고, 계속 데리고 있는 것을 말한다.)

   (3) 불경기 때에 기업들이 시간이 남는 근로자들을 재고정리나 환경미화 같이 생산량을 직접적으로 늘리지 않는 작업에 투입한다면 (즉, 노동투입량 계측상의 문제를 고려하면), 위의 결과는 실물경기변동이론을 지지하는가?

12-2 경제성장

경제가 성장한다는 것은 실질GDP가 증가하는 현상을 말한다. 이와 같이 **경제성장**(Economic Growth)이 양적 성장의 개념인데 반해, **경제발전**(Economic Development)은 문화, 삶의 질, 의식이나 태도 등을 모두 포괄하는 질적 개선의 개념이다. 여기서는 경제성장에 관한 이론들을 살펴보기로 한다.

12-2A 해로드-도마 모형

해로드(Harrod)와 도마(Domar)에 의해 개발된 해로드-도마 모형은 비교적 오래된 성장이론으로서 분석상의 제약점이 많다. 다만 솔로우(Solow)에 앞서 자본과 노동을 이용한 균형성장률을 고찰했다는 점에 주목하면 된다.

생산함수는 레온티에프(Leontief) 생산함수라고 가정한다. 즉,

$$Y = \min\left\{\frac{L}{\alpha}, \frac{K}{v}\right\}$$

이때 α와 v는 각각 노동과 자본의 생산계수를 나타낸다. 즉, 생산량이 1단위 증가하기 위해서는 노동과 자본의 투입이 각각 α와 v만큼 증가해야 된다는 것이다. 이 함수의 특성은 생산에서 노동과 자본을 항상 일정한 비율로 사용해야하기 때문에 서로 대체불가능하다는 것이다.

국민소득(Y) 중 저축성향(s)만큼 저축(S)하며, 저축은 전부 투자(I)로 전환된다고 가정한다. 투자는 그만큼 자본(K)을 증가시킨다. 또한 경제성장률($\triangle Y/Y$)은 자본의 증가율($\triangle K/K$)과 같다고 가정한다. 즉,

$$\frac{\triangle Y}{Y} = \frac{\triangle K}{K} = \frac{I}{K} = \frac{S}{K} = \frac{sY}{K} = \frac{s}{K/Y} = \frac{s}{v}$$

이 모형에서 균형성장률이란 노동의 완전고용을 유지하는 성장률이며, 이를 위해서는 노동증가

율($\triangle L/L$)이 경제성장률($\triangle Y/Y$)과 같아야한다. 노동증가율을 n이라 하면, 균형성장률은 $n=\frac{s}{v}$일 때 달성된다. 만일 $n>\frac{s}{v}$이면 노동증가율이 자본증가율보다 크며, $n<\frac{s}{v}$이면 노종증가율이 자본증가율보다 작다는 것을 쉽게 알 수 있다. 이 이론에 의하면, 경제성장 과정에서 노동공급의 과부족이 없는 균형성장조건이 만족되는 것은 우연에 불과하다. 또한 불균형상태에서 균형상태로 복귀하는 메커니즘도 없다. 그래서 이와 같은 해로드-도마의 성장모형에서의 균형을 **칼날균형**(Knife-Edge Equilibrium)이라 부르기도 한다. 그러므로 일단 균형상태를 벗어나E , 불균형이 영원히 지속된다. 따라서 해로드-도마의 모형은 현실성이 떨어진다.

12-2B 솔로우 모형

신고전학파에 속한 솔로우(Solow)의 경제성장모형은 최근의 내생적 성장이론이 등장하기 전까지 가장 지배적인 성장모형이었다고 할 수 있다. 솔로우의 경제성장모형은 몇 가지 제약점을 가지고 있음에도 불구하고, 성장모형들 중 가장 깔끔하게 잘 정리된 이론이며 여러 가지 면에서 유용한 시사점들을 던져준다.

솔로우 모형에서 경제의 총생산함수는 다음과 같이 보다 일반적인 형태를 취한다. 단, 이때 생산함수는 생산량에서 자본의 감가상각을 제한 순생산(Net Production)을 취한다.

$$Y=F(L,K)$$

생산함수는 규모수익 불변인 1차 동차함수라고 가정한다. 또한 노동과 자본의 한계생산은 양수이며, 체감한다고 가정한다.[4] 즉,

$$F_L, F_K>0;\ F_{LL}, F_{KK}<0$$

(단, $Y_L=F_L\equiv\partial F/\partial L$, $Y_{LL}=F_{LL}\equiv\partial^2 F/\partial L^2$ 등. 즉, F_L은 노동의 한계생산을 나타내며, F_{LL}은 노동의 한계생산의 변화율을 나타냄.)

---

4) 이런 생산함수를 신고전파 생산함수라 부른다. 위의 조건들에 $\lim_{K\to\infty}F(L,K)=\infty$, $\lim_{K\to 0}F_K(L,K)=\infty$, $\lim_{K\to\infty}F_K(L,K)=0$ 등 명백해 보이는 몇 가지 조건들을 더한 것을 경제학자의 이름을 따서 이나다 조건(Inada Condition)이라 한다.

총생산함수의 1차동차성을 이용하여 1인당 생산함수를 다음과 같이 구할 수 있다. (전체인구와 노동자수가 같다고 가정한다.)

$$y = \frac{Y}{L} = \frac{1}{L}F(L, K) = F\left(1, \frac{K}{L}\right)$$
$$= F(1, k) \equiv f(k) \qquad (\text{단, } k \equiv K/L)$$

즉, 1인당 생산(y)은 1인당 자본(k)의 함수로 표시할 수 있다. 이 함수가 증가함수이며, 오목함수임을 쉽게 보일 수 있다.

참고 $f(k)$가 증가함수이며, 오목함수임은 다음과 같이 보일 수 있다.

$Y = Lf(k)$ 라는 사실로부터

$Y_K = Lf'(k)\frac{1}{L} = f'(k) > 0$ 이므로, $f'(k) > 0$.

$Y_{KK} = f''(k)\frac{1}{L} < 0$ 이므로, $f''(k) < 0$.

또한 해로드-도마 모형에서처럼 저축(S)이 투자(I)로 전환되어 자본의 증가($\dot{K}$)로 이어진다고 가정한다. [단, $\dot{K} = dK/dt$. 즉, $\dot{K}$는 일정한 시간(t) 동안 자본의 변화량임.]
이때 $sY = S = I = \dot{K}$. 이를 이용하여 다음과 같은 식을 얻을 수 있다.[5)]

$$\dot{k} = sf(k) - nk \qquad (0 < s < 1)$$

(단, s: 저축성향, n: 인구증가율)

위의 식에서 $sf(k)$는 새로 추가되는 1인당 자본량이며, nk는 일정한 1인당 자본량을 유지하기 위해 새로 추가되어야할 1인당 자본량이라 할 수 있다. 새로 추가되는 1인당 자본량이 추가적으로 소요되는 1인당 자본량보다 많으면, 당연히 1인당 자본량이 증가될 것이다. (즉, $\dot{k} > 0$)

---

5) 솔로우의 원 논문에서와 달리 생산함수가 감가상각을 포함하지 않는 통상적인 경우라면, 자본의 감가상각률(δ)에 비례한 만큼 자본이 더 소요되기 때문에 $\dot{k} = sf(k) - (n+\delta)k$가 된다.

증명 자본량 변화를 나타내는 식의 유도과정은 다음과 같다.

$$k=\frac{K}{L} \quad \Rightarrow \quad \frac{\dot{k}}{k}=\frac{\dot{K}}{K}-\frac{\dot{L}}{L}=\frac{\dot{K}}{K}-n$$

$$\Rightarrow \dot{k}=\frac{\dot{K}}{K}\frac{K}{L}-nk=\frac{\dot{K}}{L}-nk=\frac{sF(L,K)}{L}-nk$$

$$\therefore \ \dot{k}=sf(k)-nk$$

위의 식에서 $\dot{k}=0$일 때, 경제는 1인당 자본량(k)과 생산량(y)이 일정한 **균제상태**(Steady State)에 있게 된다. 만일 $sf(k)>nk$이면, $\dot{k}>0$이 되어 1인당 자본량이 늘어나므로, 1인당 생산량이 증가한다.[6] 또한 $sf(k)<nk$이면, $\dot{k}<0$이 되어 1인당 자본량이 줄어들므로, 1인당 생산량이 감소한다.

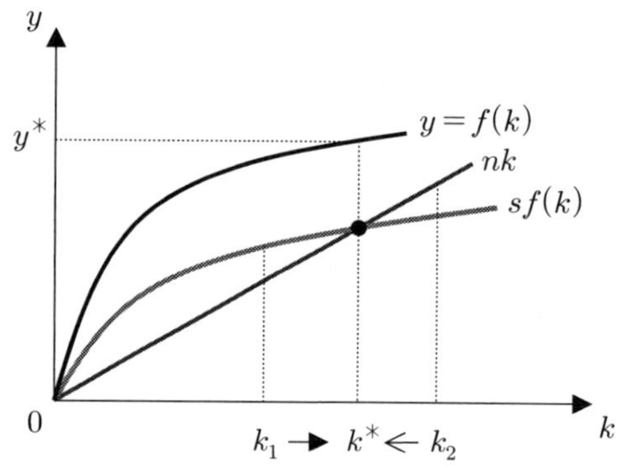

위의 그림에서 1인당 자본이 k^*일 때, $\dot{k}=0$이 되어 경제는 균제상태에 있게 된다. 이때 1인당 산출량, 즉, 1인당 소득은 y^*의 수준을 유지한다. 만일 현재의 1인당 자본이 k_1이라면, $\dot{k}>0$이 되어 1인당 자본이 증가한다. 또한 현재의 1인당 자본이 k_2라면, $\dot{k}<0$이 되어 1인당 자본이

6) $sf(k)>nk$는 $s\frac{Y}{L}>n\frac{K}{L}$로 다시 적을 수 있으며, $\frac{sY}{K}>n$과 같다. 또한 $sY=I=\dot{K}$이므로, 다시 $\frac{\dot{K}}{K}>n$로 적을 수 있다. 이는 전체 자본증가율이 인구증가율을 초과한다는 것을 뜻한다. 예를 들어, 전체 자본이 1,000단위이며, 인구가 100명이라 해보자. 이때 1인당 자본은 10단위이다. 전체 자본증가율이 10%, 인구증가율이 5%이면, 자본은 1,100단위가 되고 인구는 105명이 된다. 이때 1인당 자본은 10.5단위로 늘어난다. 또한 $sf(k)$는 1인당 저축(이는 1인당 자본증가로 전환된다.)이며, nk는 인구가 증가할 때 현재의 1인당 자본량을 유지하기 위해 새로 추가되어야 하는 1인당 자본소요량이라고 해석할 수 있다.

감소한다. 따라서 처음의 경제상태가 어떠하든지 경제는 k^* 의 균제상태로 복귀한다. 즉, 균제상태는 안정적이라는 것이다. 따라서 솔로우의 이론은 해로드-도마 모형의 칼날균형이론보다 더 현실적이고 발전된 것이라 할 수 있다.

주 균제상태(Steady State)란 균형(Equilibrium)과 거의 같은 의미이다. 단, 균형상태에서는 모든 변수의 값이 변하지 않지만, 위의 균제상태에서는 소득(Y)이나 자본(K) 같은 총량변수가 증가하더라도 1인당 소득(y)이나 1인당 자본(k)은 변하지 않는다.

참고 솔로우 모형에서의 균제점 자체는 해로드-도마 모형의 균형점과 일치함을 보일 수 있다. 솔로우 모형의 균제점에서는 $sf(k)=nk$ 즉, $n=\frac{sf(k)}{k}$가 성립한다. 이 조건은 해로드-도마 모형의 균형조건과 다르지 않음을 아래와 같이 보일 수 있다.

$$n=\frac{sf(k)}{k}=\frac{sY/L}{K/L}=\frac{s}{K/Y}=\frac{s}{v}$$

즉, 솔로우 모형은 해로드-도마 모형과 완전히 다른 모형이 아니라 그것을 한층 더 개량시킨 모형이다.

솔로우 모형에 따르면, 각국의 1인당 초기자본량이 다르더라도, 궁극적으로 같은 수준의 1인당 자본량으로 수렴하게 된다. 즉, 선후진국간의 소득격차가 1인당 자본의 격차에 기인한다고 하면, 후진국들은 시간이 지남에 따라 선진국들을 따라 잡는다는 것이다.

만일 저축률이 증가하면, 위의 그림에서 1인당 저축을 나타내는 $sf(k)$ 곡선이 위로 이동하므로, 1인당 자본량과 1인당 생산량이 모두 증가한다. 또한 생산성향상이나 기술발전은 1인당 생산함수 자체를 위로 이동시키므로, 1인당 자본량과 1인당 생산량을 모두 증가시킨다. 균제상태에서는 1인당 생산량이 고정되어 있으므로, 경제성장률은 0이다. 만일 저축률이 증가하거나 생산성이 향상되면, 경제성장률은 일시적으로 0보다 크게 된다. 만일 생산성향상이나 기술발전이 1회성이 아니라 지속적으로 이루어지면, 1인당 생산함수가 지속적으로 위로 이동하므로, 경제성장률도 지속적으로 0보다 클 것이다. 만일 인구증가율만 커지면, 위의 그림에서 nk-선이 위로 이동하므로, 1인당 균제자본량과 1인당 균제생산량이 줄어든다.

솔로우의 성장모형은 여러 성장이론들 중에서 가장 함축적으로 정리가 잘되었고, 경제성장을 이해하는 데 매우 유용하다. 하지만 솔로우의 성장모형은 경제성장의 요인들을 외생변수로 취급할 뿐, 어떻게 지속적인 경제성장이 가능한지 구체적으로 설명해주지는 않는다.

황금률 성장경로

솔로우의 성장모형은 식 $\dot{k} = sf(k) - nk$로 요약됨을 앞서 보았다. 그리고 저축률(s)이 커질 때마다, 1인당 소득(y)이 커짐을 보았다. 따라서 저축률을 크게 할수록 1인당 효용이 커지는 것처럼 보일 수도 있다. 하지만 효용과 직접 관계가 있는 것은 소득이 아니라 소비이다. 또한 현재의 소득에서 저축한 만큼 소비를 못하게 되므로, 저축률이 크다고 무조건 1인당 소비가 증가하는 것도 아니다. 효용을 최대로 하기 위해서는 균제상태에서의 1인당 소비가 최대가 되어야 한다. 1인당 균제소비(c^*)수준을 최대로 하는 저축률은 얼마인지 알아보자. 1인당 균제소비는 1인당 균제소득에서 1인당 저축을 뺀 값이므로 $c(k^*) = f(k^*) - sf(k^*)$와 같이 표현할 수 있다. 또한 균제상태에서는 $sf(k^*) = nk^*$이므로, 균제상태에서 1인당 소비는 다음과 같이 표현할 수 있다.

$$c(k^*) = f(k^*) - nk^*$$

이때 1인당 균제소비를 최대로 하기 위해서는 다음의 두 조건을 만족시켜야 한다.

$$c'(k^*) = f'(k^*) - n = 0 \qquad \text{(1계조건)}$$

$$c''(k^*) = f''(k^*) < 0 \qquad \text{(2계조건)}$$

위의 1계조건은 $f'(k^*) = n$과 같다. 즉, 1인당 생산함수의 기울기, 즉, 1인당 한계생산이 노동증가율과 같아야 한다는 것이다. 또한 2계조건은 앞서 보았듯이 1인당 한계생산이 체감한다는 결과로 인해 성립한다. 이와 같이 1인당 소비가 최대가 되는 균제상태를 **황금률 성장경로**(Golden-Rule Growth Path)라 한다. 그때의 균제점을 **축복점**(Bliss Point)이라 부른다. 이점에서의 저축률이 황금률 성장경로에 도달하게 하는 최적수준이 된다.

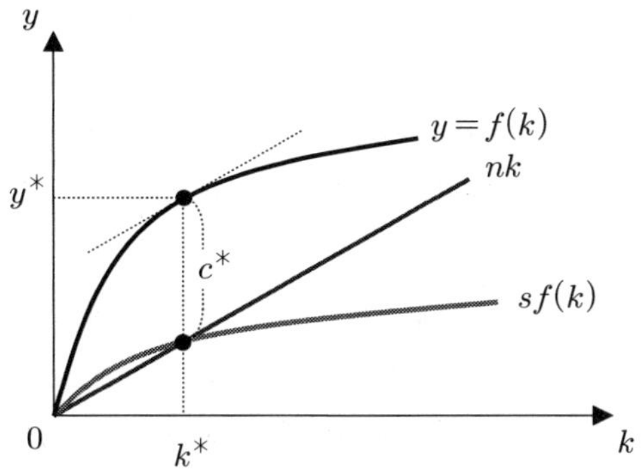

위의 그림에서 $f'(k^*) = n$일 때 경제는 황금률 성장경로에 있게 되며, 1인당 균제소비량은 c^*로서 최대가 된다. 이를 위해서는 저축률을 s^* 수준으로 유지해야 한다.

예 1 1인당 생산함수가 $f(x) = k^{1/5}$ 이며, 인구증가율이 n이라 한다. 이때 황금률 성장경로를 보장하는 저축률을 다음과 같이 구할 수 있다.

균제성장의 조건 $sf(k) = nk$은 다시 $\frac{sf(k)}{k} = n$와 같이 적을 수 있다. 또한 황금률 경로의 조건은 $f'(k) = n$이므로, 최적 균제소비점에서는 $f'(k) = \frac{sf(k)}{k}$을 만족시킨다. 즉,

$$\frac{1}{5}k^{-4/5} = \frac{sk^{1/5}}{k} \quad \Rightarrow \quad s = \frac{1}{5}$$

따라서 최적저축률은 20%이다.

참고 1 경제 전체의 생산함수를 $Y = AL^{\alpha}K^{1-\alpha}$라 하면, 다음과 같은 관계가 성립한다.[7)]

$$\hat{Y} = \hat{A} + \alpha\hat{L} + (1-\alpha)\hat{K} \qquad (\text{단, } \hat{Y} \equiv \dot{Y}/Y)$$

---

7) 생산함수에 자연로그를 취하면 $\ln Y = \ln A + \alpha \ln L + (1-\alpha)\ln K$ 가 된다. 각 변수를 시간(t)의 함수로 보고 시간에 대해 미분하면, $\frac{\dot{Y}}{Y} = \frac{\dot{A}}{A} + \alpha\frac{\dot{L}}{L} + (1-\alpha)\frac{\dot{K}}{K}$가 된다. 또는 로그를 취하지 않고 그냥 생산함수를 미분한 후 양변을 각각 Y와 $AL^{\alpha}K^{1-\alpha}$로 나누어도, 같은 결과를 얻는다.

즉, 경제성장률($\widehat{Y}$)은 노동증가율($\widehat{L}$)에 GDP 중 노동의 몫(α)을 곱한 것, 자본증가율($\widehat{K}$)에 GDP 중 자본의 몫($1-\alpha$)을 곱한 것, 그리고 기술진보 및 생산성 향상($\widehat{A}$)에 기인한다. 이때 $\widehat{A}$ 를 **솔로우 잔차**(Solow Residual)라 한다. 솔로우 잔차는 단순히 투입요소의 증가가 아닌 크고 작은 혁신(Innovation)들을 대표한다.

참고 2 해로드-도마 모형과 솔로우 모형의 근본적인 차이는 바로 생산함수에 기인한다. 해로드-도마 모형에서 사용한 레온티에프 생산함수는 L자 모양의 등량선을 가지며, 최적생산점에서는 노동과 자본의 결합비율(K/L)이 고정되어 있다. 만일 생산요소의 결합비율이 다른 A와 B라는 두 개의 생산공정이 존재하면, 이 두 공정 사이에 생산량을 적절히 배분함으로써 아래 그림에서처럼 A점과 B점을 잇는 직선에서 생산이 가능해진다. (공정 A에 더 많은 생산량을 배분할수록 생산점은 A점에 더 가까워질 것이다.) 따라서 이때는 선분 AB 상의 모든 점에 해당하는 요소결합비율을 선택할 수 있다. 만일 공정 C가 추가로 도입되면, 등량선은 A점과 B점과 C점을 연결하는 직선을 포함하게 된다. 이런 식으로 무수히 많은 생산공정이 도입되면, 등량선은 원점에 대해 볼록한 부드러운 곡선인 솔로우 모형의 등량선과 같은 모양이 된다. (오목한 모양의 등량선을 만드는 생산공정은 같은 조건에서 생산요소를 더 많이 투입하여 비효율적이므로, 선택하지 않는다.) 따라서 솔로우 모형의 생산함수는 해로드-도마 모형의 생산함수에 비해 생산공정의 수가 무한히 많아서 요소결합비율 선택에 제한이 없는 생산함수라 할 수 있다.

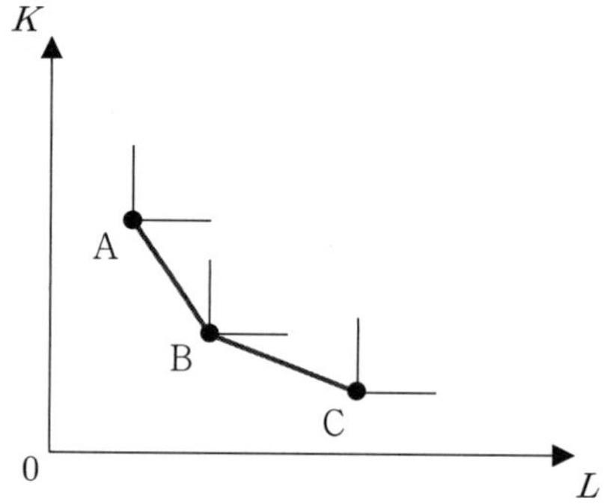

12-2C 내생적 성장이론

솔로우의 성장모형은 선후진국간의 소득격차가 시간이 지남에 따라 줄어든다는 결과를 암시하고 있다. 하지만 실제로는 선후진국간의 소득격차가 점점 벌어지고 있는 것이 일반적이다. 물론 그동안 고성장을 한 몇몇 개발도상국들의 1인당 소득수준이 어느 정도 선진국을 쫓아가고는 있으나, 선진국 수준을 완전히 따라 잡기에는 아직도 많은 거리가 있어 보인다. 또한 거의 대부분의 후진국들에서는 많은 세월이 흘러도 1인당 소득이 선진국을 따라잡을 만큼 1인당 자본량의 증가가 잘 이루어지지 않고 있다. 또한 1인당 소득은 1인당 자본량뿐만 아니라 인적자본이나 지식 등 다른 요인에 의해서도 큰 영향을 받는다는 사실도 최근에 많이 제기되고 있다.

로머(Romer) 등은 성장의 요인을 설명하지 않은 솔로우 모형의 한계를 극복한 **내생적 성장이론**(Endogenous Growth Model)을 1980년대에 제시하였다. 솔로우의 성장모형은 경제성장의 원인을 포함하지 않았으나, 내생적 성장이론은 어떻게 경제성장이 지속적으로 일어나는지 설명해준다. 내생적 성장이론에 따르면, 인적자본(또는 지식자본)의 경우 파급효과(Spillover Effect)로 말미암아 실물자본과는 달리 오히려 한계생산이 체증하는 성질을 가진다. 즉, 인적자본은 실물자본의 한계생산 체감을 완화시켜준다. 만일 실물자본과 인적자본을 모두 아우르는 전체 자본(K)의 한계생산이 체감하지 않고 일정하다면, 생산함수는 $Y = AK$가 된다. 이 생산함수의 양변을 노동(L)으로 나누어 1인당 생산함수인 $y = Ak$로 바꾼 후, 솔로우 모형의 자본량 변화를 나타내는 식에 대입하면,

$$\dot{k} = (sA - n)k$$

가 된다. 이때 $sA > n$이면, $\dot{k} > 0$이 되므로 지속적인 성장이 가능하다는 것이다. 즉, 저축률(s)이 큰 변화 없이 일정한 수준에 머물더라도 생산성을 나타내는 생산계수(A)가 충분히 커서 sA의 값이 인구증가율(n)보다 크면, 성장이 지속적으로 가능하다는 것이다.

인적자본(Human Capital)의 축적은 솔로우 모형에서 본 1인당 생산함수를 위로 이동시키는 역할을 한다. 교육은 인적자본을 증가시키므로, 교육투자는 연구개발(R&D) 투자와 함께 경제성장에 매우 중요한 역할을 한다. 또한 근로자들은 생산현장에서의 학습효과(Learning by Doing)로 인해 인적자본을 증가시키기도 한다. 그밖에 정부의 규제축소나 조세감면 등은 민간의 창의성과 연구개발에 대한 의욕을 고취시켜 경제성장을 촉진시키기도 한다. 내생적

성장이론은 총수요확대와 같은 단기적인 처방보다 혁신이나 경제 전체의 잠재생산능력 확대와 같은 공급부문의 성장을 위한 요인들에 더 큰 비중을 둔다.

12-2D 경제성장에 있어서 인적자본 또는 지식자본의 중요성

총생산함수에 노동(L)과 실물자본(K)뿐만 아니라 인적자본(H)과 천연자원(R)까지 포함시키면, 총생산함수는

$$Y = A\,F(L, K, H, R)$$

이 된다. 규모수익이 일정하다고 가정하면, 생산함수는

$$\frac{Y}{L} = A\left(1, \frac{K}{L}, \frac{H}{L}, \frac{R}{L}\right)$$

이 되므로, 1인당 생산량(y)은 다음과 같이 1인당 생산함수로 나타낼 수 있다.

$$y = Af(k, h, r)$$

최근의 연구결과에 의하면, 1인당 천연자원량(r)이 1인당 생산량(1인당 GDP) 수준에 미치는 영향은 미미한 반변, 1인당 인적자본량(h)은 1인당 GDP 수준에 매우 큰 영향을 미친다. 1인당 실물자본량(k)도 1인당 GDP 수준에 어느 정도 영향을 미치지만, 인적자본의 효과는 실물자본의 효과를 압도해버릴 만큼 크다. 또한 생산계수(A)가 커지면, 생산요소 투입량이 같더라도 더 많은 생산을 가능케 해준다. 생산계수는 사회 전체의 지식이나 생산성 등에 의해 결정된다. 단, 사회 전체에 존재하는 지식을 각 사람이 교육 또는 생산현장에서의 경험 등을 통해 학습하면, 인적자본이 증가한다. 예를 들어, 특정 화합물에 대한 제조이론을 어떤 사람이 발견하여 도서관의 책이나 공장의 생산매뉴얼에 수록되어 있는 것은 생산계수를 결정짓지만, 이를 사람이 학습하여 자신의 지식으로 만들면 인적자본을 증가시킨다. 결국 각국에서 삶의 질을 결정하는 가장 중요한 것이 1인당 생산량과 소득이라고 할 때, 1인당 실물자본의 수준이 어느 정도 확보되어 있다는 전제하에 각국에서 삶의 질을 결정하는 데 있어서 가장 영향력이 크고 중요한 변수는 생산계수(A)와 1인당 인적자본량(h)이라 할 수 있다. 그중에서도 1인당 인적자본이 가장 큰 역할을 한다.

12-2E 기타 성장이론들

허쉬먼(Hirschman)은 불균형성장이론을 제시하였다. 경제의 모든 분야를 한꺼번에 성장시키기는 어렵기 때문에, 어느 한 분야부터 성장시켜야 한다는 것이다. 이때 성장하는 부문은 다른 부문에 연관효과를 가진다. 즉, 생산으로부터 유통과 도소매업에 영향을 미치는 전방연관효과와 소재산업에 영향을 미치는 후방연관효과를 가지므로, 다른 부문의 성장도 촉진시키게 된다는 것이다.

루이스(Lewis)는 도시와 농촌간의 2부문 성장이론을 제시하였다. 후진국의 경우 농촌의 잠재실업을 도시의 공업부문의 성장을 위한 노동력으로 전환함으로써 경제성장을 촉발시킬 수 있다는 것이다.

쿠즈네츠(Kuznets)는 U자형 가설을 제시하였다. 경제성장 초기에는 지역이나 부문 간의 소득격차가 심화된다. 성장이 성숙단계에 접어들면서 먼저 성장한 부문의 증가된 소득으로 인하여 다른 부문의 제품에 대한 수요를 확대시키고, 기술이전 등이 이루어지므로 나머지 부문이나 지역의 생산과 소득도 증가한다. 따라서 경제성장 말기에는 지역이나 부문 간의 격차가 줄어든다는 것이다.

경제성장에 관한 크루그먼의 논평

1980년대까지만 하더라도, 일본은 경제적인 면에서 다른 국가들을 앞서가며 모범을 보이고 있었다. 서구각국에서는 "일본주식회사를 배우자."라는 말까지 나오고 있었다. 또한 아시아의 네 마리 용이라 불렸던 한국, 대만, 홍콩, 싱가포르는 모두 고성장을 보이고 있었다. 이러한 분위기 속에서 크루그먼(Paul Krugman)은 Economist지에의 기고를 통해 "동아시아의 성장신화는 끝났다."고 선언하였다. 크루그먼은 경제성장요인을 노동이나 자본 등 생산자원투입량의 증가와 지식의 증가로 나누었다. 예를 들어, 밭을 경작하는데 투입인력을 증가시키는 것은 노동의 증가이고, 트랙터를 투입시키는 것은 자본의 증가이다. 반면에 품종개량이나 농작법의 개량은 지식의 증가에 속한다. 지식이 증가하면 생산요소의 동일한 투입량으로도 생산량이 더 많아진다. 경제개발과 산업화 초기에는 공장신설과 사회간접자본의 갑작스런 증가로 자본이 급격히 증가한다. 또한 중등학교와 대학의 진학률이 높아지면서 인적자본도 크게 증가하며, 이를 유효노동(Effective Labor)의 개념으로 환산하면 노동이 증가한 것과 같다. 실제로 1960년대까지만 하더라도 공산주의 체제인 구소련이나 동구권의 경제성장률이 미국 등 서방국가의 경제성장률을 앞서고 있었다. 이는 여성인력의 생산현장투입을 포함해 자본과 인력의 국가적 동원체제를 유지할 수 있었기 때문이다. 하지만 자본이나 노동의 투입량은 무한정 증가시킬 수 있는 것이 아니다. 산업화에 따른 공장신설, 진학률, 노동투입시간 등은 결국 더 이상 증가시킬 수 없는 한계에 다다르게 된다. 경제가 성장하여 일정한 궤도에 오른 후에는 경제성장요인으로 이와 같이 생산자원투입량의 물적 증가가 아닌 지식의 증가가 더 중요해진다. 이러한 지식의 증가는 솔로우 잔차(Solow Residual)로 측정된다. 지식의 증가는 혁신(Innovation)과 생산성향상으로 연결되기 때문이다. 크루그먼이 주요각국의 경제성장요인을 실증분석해본 결과 과거의 구소련이나 동구권은 물론 동아시아의 네 나라에서도 솔로우 잔차는 거의 0에 가까웠고, 아시아에서는 그나마 유일하게 일본만 약간의 솔로우 잔차를 보였다. 반면에 미국의 경우에는 경제성장률에서 솔로우 잔차가 차지하는 비중이 매우 크게 나타났다. 이는 어느 나라보다 연구개발이나 지식의 증가가 활발하게 이루어진다는 뜻이다. 크루그먼의 예측은 1990년대에 들어와 동아시아 4국의 경제성장률 하락과 일본의 잃어버린 10년 등으로 현실화되어버렸다.

이러한 크루그먼의 분석은 많은 시사점을 던져주고 있다. 예를 들어, 중국의 경우 현재 고성장을 보이고 있으나, 지식의 증가 없이는 언젠가 성장엔진이 멈출 것이라는 예측이 가능하다. 물론 경제성장초기에 외국으로부터 산업기계를 도입하거나 공장을 건설할 때 단순히 자본만 들여오는 것이 아니고, 지식도 함께 묻어오는 경우가 많기 때문에 어느 정도 지식이 증가하는 것이 사실이다. 하지만 일정한 수준의 성장을 이룬 후에도 경제성장을 지속하기 위해서는 지식의 증가가 필수적이라 할 수 있다. 이를 위해서는 교육투자, 창의성, 지적호기심, 모험심, 프론티어 정신 등이 크게 고양되어야 한다. 즉, 사람들의 육체적 부지런함도 중요하지만, 정신적, 지적 부지런함은 더욱 강조될 필요가 있다.

연습문제

1. 솔로우 성장모형을 이용하여 다음의 물음에 답하라.

   (1) 인구증가율이 감소하면, 1인당 균제소득은 어떻게 변하는가?

   (2) 저축률이 감소하면, 1인당 균제소득은 어떻게 변하는가?

2. 솔로우 성장모형에서 1인당 자본(k)에 대한 1인당 생산함수가 $y = k^{0.25}$로 주어졌을 때, 1인당 균제소비를 최대로 하는 저축률을 구하라.

3. 1인당 자본(k)에 대한 1인당 생산함수가 $y = 4\sqrt{k}$, 인구증가율이 1%일 때 솔로우 모형을 이용하여 다음 물음에 답하라.

   (1) 저축률이 25%일 때 1인당 균제소비량은 얼마인가?

   (2) 최대 가능한 1인당 균제소비량은 얼마인가?

   (3) 만일 인구증가율이 10%이면, 최대 가능한 1인당 균제소비량은 얼마인가?

4. 현재 균제자본량이 아래 그림에서처럼 k^* 일 때, 1인당 균제소비량이 최대가 되기 위해서는 저축률을 어떻게 하여야 하는가?

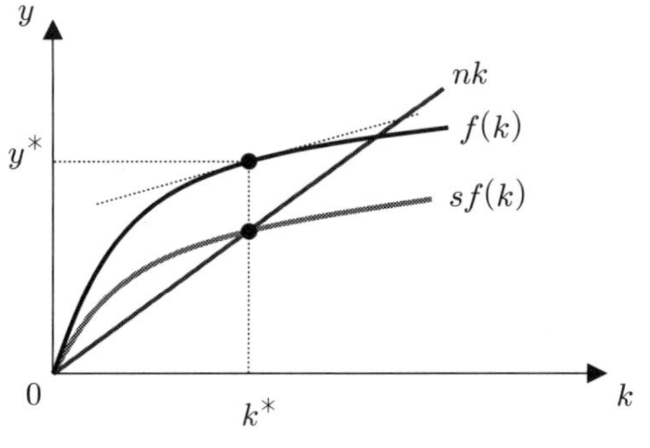

5. 1인당 생산함수 $y=f(k)$가 감가상각을 포함하고 있지 않으며, 자본(K)의 감가상각률이 δ로 주어져 있을 때 솔로우 모형에 따라 1인당 자본(k)의 변화량을 나타내는 아래의 식을 유도하라.
(단, s: 저축률, n: 인구증가율)

$$\dot{k}=sf(k)-(n+\delta)k$$

객관식문제

12-1 경기변동

1. 다음의 경기변동에 대한 내용 중 가장 옳지 **않은** 것은?

① 건축허가면적이 늘어나면, 조만간에 경기가 살아날 거라고 기대해 볼 수 있다.
② 경기불황기에는 제조업가동률이 떨어진다.
③ GDP 수준이 추세선 아래로 떨어지기 시작하면, 불황기가 시작된 것으로 볼 수 있다.
④ 추세선이 가파르게 상승할수록 불황의 정도나 기간이 단축된다.
⑤ 경기변동을 보면 수십년 이상의 주기를 가지는 장기변동 속에 수년 정도의 주기를 가진 단기변동들이 함께 존재한다.

2. 최근의 경제상황이 다음과 같을 때, 예상되는 것은?

가. 건축허가면적이 많이 늘어났다. 나. 수출신용장 내도액이 급증하였다. 다. 중간재의 출하량이 급증하였다.

① 향후 경기가 상승 국면을 탈 것이다.
② 향후 경기가 하강국면을 그릴 것이다.
③ 경기가 이미 정점에 이르렀으므로, 향후 하강국면에 돌입할 것이다.
④ 경기가 이미 저점에 이르렀으며, 향후 상당기간 동안 불황을 겪을 것이다.
⑤ 경기가 상당기간 동안 현재의 상태를 그대로 유지할 것이다.

3. 다음 중 실물경기변동(real business cycle)이론에 해당하는 것은?

① 경기변동의 원인으로 화폐가 아닌 실물부문을 강조하므로, 다른 이론과는 달리 경제에 대한 불확실성을 배제한다.
② 생산성의 변화와 같은 실물부문의 충격은 당장 국민소득과 실업률 등에 변화를 주지만, 장기적으로는 충격의 흔적이 사라진다.
③ 경기변동이란 화폐가 아닌 총수요부문에서의 실물변수의 변화에 의해 발생하며, 자연실업률상태

를 벗어나게 되는 불균형 상태의 연속이라고 말할 수 있다.

④ 경기변동이란 예상치 못한 정부정책에 대해 생산량을 변화시킴으로써 발생한다.

⑤ 생산성 등의 충격은 불균형을 발생시키는 것이 아니라 자연실업률 자체를 영원히 변화시켜버린다.

12-2 경제성장

4. 솔로우의 경제성장 모형에 관한 서술 중 옳지 **않은** 것은?

① 성장과정에서 경제가 균제소득을 벗어나도 다시 그것을 회복하려는 힘이 작용한다.

② 균제상태에서는 동일한 성장률로 지속적인 경제성장이 가능하다.

③ 저축률이 상승하면 경제성장률이 일시적으로 높아진다.

④ 인구증가율이 감소하면, 1인당 소득은 늘어난다.

⑤ 균제상태에서의 소비수준이라고 최대의 소비수준이라는 보장은 없다.

5. 1인당 자본량이 k일 때, 1인당 생산함수가 $y = k^{0.1}$이라고 한다. 또한 인구증가율은 0.5%라 한다. 이때 한계소비성향이 얼마일 때, 각 소비자들은 균제상태에서 최대의 소비를 누릴 수 있겠는가?

① 0　② 0.1　③ 0.5　④ 0.9　⑤ 1

6. 내생적 성장이론에 관한 다음 설명 중 옳지 **않은** 것은?

① 세계경제에서 남북문제가 발생하는 원인을 제시해 준다.

② 유효수요를 증가시키면, 자본량이 늘어나 경제성장에 유리하다.

③ 경제성장요인을 내생변수로 취급한다.

④ 근로자들의 학습효과가 경제성장에 중요한 역할을 하기도 한다.

⑤ 인적자본과 지식자본을 증대시키기 위한 교육투자를 매우 중요시한다.

7. 내생적 성장이론이 솔로우 성장이론과 근본적으로 다른 점은 무엇인가?

① 솔로우 모형과는 달리 균제점이 칼날(knife-edge)의 성질을 지닌다.

② 선후진국간의 1인당 자본량이나 소득의 격차가 점차 줄어든다는 수렴가설이 성립한다.

③ 생산성향상이나 기술발전을 주어진 것이 아니라, 다른 변수에 의해 변할 수 있다고 본다.

④ 경제성장 초기에 비해 후기로 갈수록 경제부문간의 소득격차가 줄어든다는 결과를 보여준다.

⑤ 경제의 한 부문이 먼저 성장하여 다른 부문으로 성장이 파급되는 불균형성장에 기초한 이론이다.

13장 국제경제

13-1 국제무역

13-1A 비교우위론

리카도의 비교우위론

리카도(Ricardo)의 비교우위론은 무역으로 인해 어떻게 두 나라가 모두 이익을 볼 수 있는지 잘 보여준다. 영국과 포르투갈이 옷과 와인을 생산하며, 각 상품을 1단위씩 생산하는데 드는 노동의 양이 아래와 같다고 한다.

	옷	와인
영국	1	2
포르투갈	6	3

즉, 영국은 옷과 와인 모두 포르투갈보다 생산성이 더 높다. 이러한 경우에도 무역은 두 국가 모두에게 이익을 가져다준다. 영국의 경우 와인 1단위를 생산하는데 드는 노동으로 옷을 2단위를 생산할 수 있다. 즉, 영국에서는 와인 1단위의 기회비용이 옷 2단위이다. 포르투갈에서는 와인 1단위의 기회비용이 옷 1/2단위이다. 따라서 와인생산의 기회비용은 포르투갈이 영국에 비해 더 싸다. 즉, 포르투갈이 와인생산에서 영국과 비교할 때 **비교우위**(Comparative Advantage)를 가진다. 반대로 영국은 옷의 생산에서 비교우위를 가진다. 이때 포르투갈이 와인생산에 모든 노동을 투입하고, 영국이 옷 생산에 모든 노동을 투입하여 무역을 한다면, 양국이 다 이익을 볼 수 있다. 예를 들어, 영국의 경우 3단위의 노동을 옷과 와인을 1단위씩 생산하는데 투입하는 대신, 모두 옷의 생산에 투입하면 옷 3단위를 생산할 수 있다. 포르투갈은 9단위의 노

동을 옷과 와인을 1단위씩 생산하는데 투입하는 대신, 모두 와인의 생산에 투입하면 와인 3단위를 생산할 수 있다. 영국과 포르투갈이 옷과 와인을 1:1로 교환한다고 하자. (옷의 단위로 표시한 와인의 가격은 포르투갈에서 1/2, 영국에서 2였으므로, 와인의 국제가격은 1/2~2 사이가 된다.) 이때 영국은 옷을 2단위, 와인을 1단위 소비하게 되어, 이 전에 비해 옷을 1단위를 더 소비할 수 있다. 마찬가지로 포르투갈은 옷을 1단위 와인을 2단위 소비하게 되어, 이 전에 비해 와인을 1단위 더 소비할 수 있다. 이와 같이 비교우위가 있는 제품의 생산에 **완전특화**(Complete Specialization)하여 수출을 하면, 양국이 모두 무역으로 인해 이익을 볼 수 있다. 이러한 이론을 **비교우위론**이라 한다.

주 1 옷 생산의 기회비용은 영국에서는 와인 1/2단위이며, 포르투갈에서는 와인 2단위이므로, 옷 생산에서는 영국이 비교우위를 가진다. 2국 2제품 모형에서 어느 한 나라가 한 제품에 비교우위를 가지면, 다른 나라는 나머지 제품에 비교우위를 가지게 된다. 물론 위의 경우 영국은 두 제품 모두 노동이 적게 소요되므로 포르투갈과 비교하여 두 제품 모두에서 **절대우위**를 가지고 있다.

주 2 리카도의 비교우위론은 노동가치설이 적용되는 이론이다. 즉, 제품의 가격은 투입된 노동량에 비례한다는 것이다. 또한 양국의 각 생산부문에서의 기술의 차이가 노동생산성의 차이로 나타나 무역의 패턴을 결정한다.

▶ 리카도의 비교우위론과 생산가능곡선

리카도의 비교우위론에서는 앞에서 본 예에서처럼 두 재화 간의 대체비율이 고정되어 있다. 예를 들어, 영국의 경우 와인 1단위당 옷 2단위였다. 즉, 한계전환율(MRT: Marginal Rate of Transformation)이 일정하며, 생산가능곡선이 직선인 경우이다. 영국은 옷이 국제시세보다 저렴하며, 포르투갈은 와인이 국제시세보다 저렴하다. 따라서 영국은 옷의 생산에 완전히 특화하며, 포르투갈은 와인의 생산에 완전히 특화하였다. 아래의 그림은 편의상 영국은 2단위의 노동을, 포르투갈은 6단위의 노동을 보유하고 있다고 가정한 후 각국의 생산가능곡선을 보여준다. 각국은 완전특화된 생산점에서 비교우위 제품을 생산한 후, 국제가격에서 서로 필요한 제품을 교환할 수 있다. 무역을 함으로써 소비가능역역이 생산가능곡선 이내에서 국제가격선 이내로 확대된다. 즉, 각국은 무역으로 효용을 증가시킬 수 있다. 리카도의 비교우위론은 앞에서처럼 표를 이용해 설명하지만, 이처럼 그림을 가지고 설명하는 것도 가능하다.

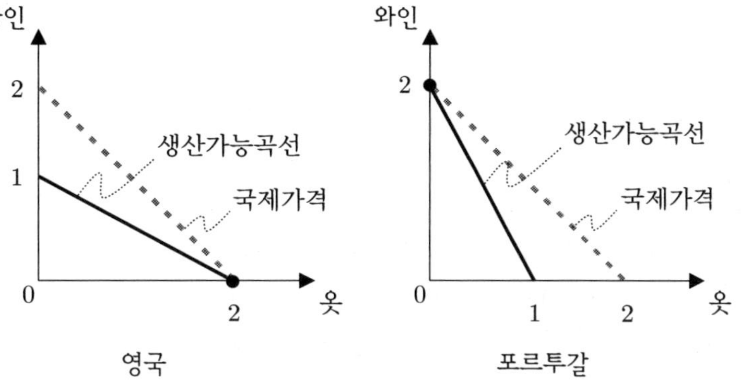

무역과 부분특화

재화 사이의 한계전환율(MRT)이 고정되어 있지 않고, 아래 그림에서처럼 x재의 생산이 증가할수록 체증하는 것이 일반적이다. 이때 각국은 두 재화를 모두 생산하되, 어느 한 재화의 생산에 더 치중하는 **부분특화**(Partial Specialization)를 하게 된다. 생산은 아래 그림에서처럼 국제가격과 생산가능곡선이 만나는 E_0점에서 이루어진다. 또한 국제가격으로 재화를 교환할 수 있으므로, 국제가격선이 새로운 예산선의 역할을 하게 된다. 생산점인 E_0점을 지나는 국제가격선과 무차별곡선이 접하는 점에서 효용이 최대가 되므로, 소비는 E_1점에서 이루어진다. 이때 "$x_0 - x_1$"만큼 x재를 수출하고, "$y_1 - y_0$"만큼 y재를 수입하게 된다.

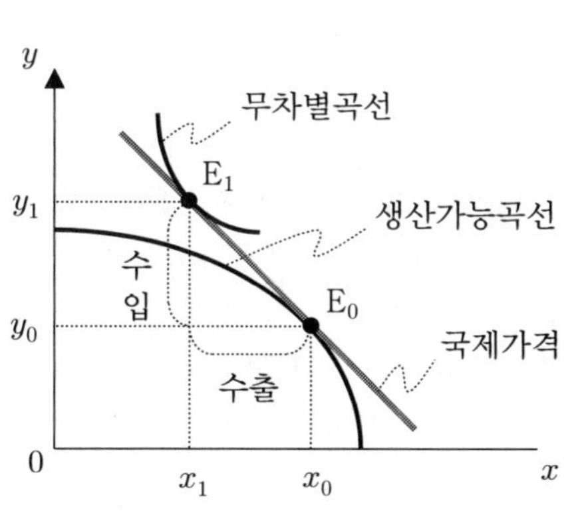

위의 그림에서도 무역으로 인해 소비가능영역이 생산가능곡선 이내에서 국제가격선 이내로 확대되고, 그 결과 효용이 증가됨을 알 수 있다.

13-1B 비교우위의 원천

헥셔-올린 정리

헥셔-올린 정리(Heckscher-Ohlin Theorem)는 비교우위와 무역의 패턴이 생산요소의 부존량(Factor Endowments)에 의해 결정된다고 한다. 자본이 상대적으로 풍부한 나라는 자본집약적 제품에 대해 비교우위를 가지고 수출하며, 노동이 상대적으로 풍부한 나라는 노동집약적 제품에 대해 비교우위를 가지고 수출하게 된다는 것이다. 예를 들어, 자본과 노동의 비율을 k라 하자. (즉, $k = K/L$) 또한 x재가 자본집약재이고, y재가 노동집약재라 하자. (즉, $k_x > k_y$) 그리고 A국은 자본이 더 풍부하고, B국은 노동이 더 풍부하다고 하자. 이때 A국은 x재에 비교우위를 가지게 되어, x재를 수출하고 y재를 수입하게 된다. 반대로 B국은 y재를 수출하고, x재를 수입한다.

주 헥셔-올린 정리에 의하면 자본이 풍부한 나라는 자본집약재를 수출하고 노동집약재를 수입한다. 하지만 레온티에프(Leontief)는 1947년의 자료에서 미국의 수출재와 수입대체재의 1인당 평균자본량이 각각 \$14,015와 \$18,184로 자본풍부국인 미국의 수출재가 수입재보다 자본집약도가 더 낮다는 것을 발견하였다. 이를 **레온티에프 역설**(Leontief Paradox)이라 한다. 이러한 역설을 설명하기 위해 몇 가지 이유들이 거론되었다. 첫째, 미국의 수요가 자본집약재에 지나치게 편향되어 있어서, 국내생산만으로 부족한 자본집약재를 수입한다는 것이다. 둘째, 미국의 주요 수입품인 철광석이나 석유 등과 같은 1차생산품의 생산시설에 자본이 많이 투입되었기 때문에 수입재의 자본집약도가 상승하였다는 것이다. 셋째, 미국의 주요수출품인 농산물에는 인적자본(Human Capital)이 많이 체화되어 있어, 이를 포함시킬 경우 오히려 자본집약재라는 것이다. 미국의 농민들은 후진국의 농민에 비해 훨씬 많은 농업교육을 받았고, 보다 많은 농업지식을 가지고 있다는 것이다. 넷째, 제품의 요소집약도가 변했다는 것이다. 즉, 요소집약도의 역전이 발생했다는 것이다. 예를 들어, 처음에는 노동집약적이었던 제품이 시간이 지나면서 자본집약적으로 바뀌었다는 것이다. 미국이 자동차를 처음 수입할 때 자동차는 노동집약재였으나, 이후 자본집약재로 변했다는 것이다. 다섯째, 노동집약재에 대한 지나친 관세로 말미암아 자본집약재가 상대적으로 더 싸지므로, 자본집약재를 수입하게 된다는 것이다. 이상 여러 요인들은 경우에 따라 설득력을 가질 수도 있으나, 오늘날의 무역패턴을 설명하기에는 현실성이 떨어지는 경우가 많다.

스톨퍼-새뮤얼슨 정리

헥셔-올린 정리를 응용한 스톨퍼-새뮤얼슨 정리(Stolper-Samuelson Theorem)에 의하면 무역은 상대적으로 풍부한 생산요소의 가격을 상승시키게 된다. 노동이 풍부한 나라는 자본이 풍부한 나라에 비해 자본가격보다 임금이 더 싸다. 이 나라가 무역을 하면, 노동집약적인 제품을 수출하게 된다. 따라서 노동집약재의 생산이 늘어나고 노동에 대한 수요가 증가하므로, 임금이 상승하게 된다. 반대로 보호무역은 상대적으로 희소한 생산요소의 가격을 상승시킬 것이다.

요소가격 균등화 정리

무역을 하게 되면 스톨퍼-새뮤얼슨 정리가 암시하듯이 상대적으로 풍부한 생산요소의 가격이 상승한다. 또한 궁극적으로 양국의 노동과 자본의 상대가격뿐만 아니라, 각 생산요소의 절대가격도 각국 간에 같아진다는 것이다. 이를 **요소가격균등화 정리**(Factor-Price Equalization Theorem)라 한다. 즉, 양국 사이에서 생산요소가 실제로 교환되지는 않지만, 상품의 무역을 통해 상대적으로 풍부한 생산요소를 수출하는 것과 같은 효과를 가지게 된다. 즉, 노동집약제품을 수출하면, 그 제품에 노동이 체화되어 수출되는 것과 마찬가지라는 것이다.

주 실제로 교역국간에 생산요소의 상대가격이 아닌 절대가격이 수렴하기는 어려워 보인다. 이는 국제무역이 활발하게 이루어지는 오늘날 선후진국간의 임금격차가 여전히 큰 것을 보면 알 수 있다.

립친스키 정리

한 생산요소의 부존량이 증가하면, 그 생산요소를 집약적으로 사용하는 재화의 생산량이 증가하고, 비교우위가 더 높아진다. 이를 **립친스키 정리**(Rybczynski Theorem)라 한다. 예를 들어, 자본이 늘어나면, 자본의 가격이 상대적으로 더 싸져서 자본의 투입을 늘리려 하므로, 자본집약재의 생산량이 더 늘어난다. 그 결과 자본집약재의 국내가격이 하락하므로 자본집약재의 국제가격경쟁력은 향상된다. 즉, 비교우위가 증가하게 된다. 그 결과 노동집약재의 생산은 줄어든다.

참고 영국의 북해에서 유전이 발견된 후 1970~80년대를 통해 영국의 제조업과 수출산업이 침체되었다. 유전부문이 붐을 이루자 생산자원이 유전 쪽으로 흘러들어 다른 제조업이 침체하게 되었다. 또한 석유수출로 인한 외환의 유입으로 파운드화의 가치가 올라, 다른 제조업 제품의 국제가격경쟁력이 떨어져 제조업이 위축되고 경상수지가 더 악화되었다. 이와 같은 현상을 **네덜란드병**(Dutch Disease)라고 한다. 원래 이 말은 1960년대 천연 가스유전을 개발한 네덜란드의 비슷한 경험에서 유래되었다.

13-1C 산업내 무역

헥셔-올린 정리에서 보았듯이 그 동안 무역이론은 주로 **산업간 무역**(Inter-Industry Trade)을 설명하여 왔다. 자본이 풍부한 선진국의 자본집약재와 노동이 풍부한 후진국의 노동집약재 사이의 무역이 주된 관심사였다. 하지만 실제로는 선진국 간 무역의 규모가 선후진국 간 무역의 규모보다 압도적으로 크다. 크루그먼(Krugman) 등은 이에 착안하여, **산업내 무역**(Intra-Industry Trade) 이론을 제시하였다. 동일한 산업내의 제품들일지라도 나름대로의 특성과 차별성을 가지고 있어, 무역으로 인해 다양한 소비자의 욕구를 충족시킬 수 있다. 산업내 무역이론은 독점적경쟁이론을 이용하여 동일한 산업내의 무역으로 인해 후생이 증가한다는 것을 보여주고 있다. 따라서 산업내 무역의 경우 비교우위보다는 제품의 다양성 때문에 무역이 이루어진다고 할 수 있다. 예를 들어, 자동차 산업의 경우 승용차 차종별로 다른 특성을 지니고 있기 때문에 한 국가에서 자동차의 수출과 수입을 동시에 하기도 한다. 또한 치즈의 경우 유럽의 각국끼리 수많은 종류의 제품들을 서로 교역하고 있다.

13-1D 오퍼곡선과 국제가격의 결정

한 제품에 대해 국가 간에 서로 다른 국내가격들은 무역으로 인해 하나의 가격으로 통일된다. 국제가격의 결정은 **오퍼곡선**(Offer Curve)을 사용하여 설명할 수 있다. 오퍼곡선은 제품가격의 변화에 따른 수출량과 수입량의 변화를 보여준다. 아래 그림에서 A국은 x재에 완전특화하고 있다. 국제가격(P_x/P_y)이 주어지면, 무차별곡선과 예산선의 역할을 하는 국제가격선이 접하는 점에서 소비가 결정된다. 이때 A국의 x재 수출량과 y재 수입량도 함께 결정된다. 마찬가지로 B국의 경우 x재 수입량과 y재 수출량이 결정된다. 이와 같이 국제가격이 변함에 따라 수출량과 수입량을 나타내는 균형점들을 이어놓은 선을 오퍼곡선이라 한다.

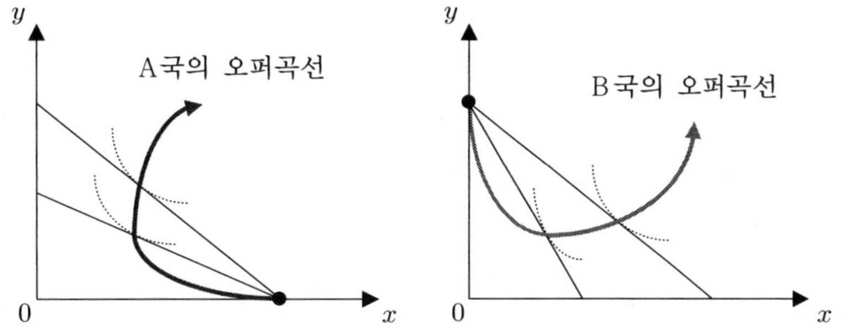

A국 (x재 생산, 수출) B국 (y재 생산, 수출)

아래 그림과 같이 양국의 생산특화점을 원점으로 하여 오퍼곡선을 그려놓으면, 국제가격은 양국의 오퍼곡선이 교차하는 E 점에서 결정된다. 만일 x재의 국제가격이 균형가격보다 더 싸면 (즉, 국제가격선의 기울기가 더 완만하면), x재에 대한 초과수요가 발생하여 x재의 가격이 상승함을 쉽게 확인할 수 있다. 따라서 균형은 안정적이다.

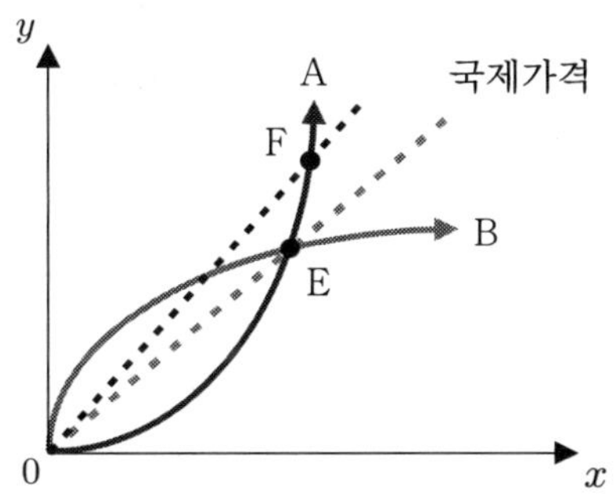

주 F점에서 x재에 대한 초과수요가 발생하는 사실은 A국이 x재를 수출하고 B국이 y재를 수출한다는 사실을 염두에 두고 F점을 지나는 가격선과 각국의 오퍼곡선이 만나는 점에서 수출량과 수입량을 따져보면 쉽게 확인할 수 있다.

A국의 경우 국제가격(P_x/P_y)은 수출재/수입재의 가격비율을 나타내며, 이를 **교역조건**(Terms of Trade)이라고 한다. 수출재의 가격이 더 상승하면, 수출품 1단위와 교환되는 수입재의 단위수가 늘어나므로, 교역조건이 호전되었다고 한다. 반대로 수입재의 가격이 더 상승하면, 교역조건이 악화되었다고 한다.

13-1E 궁핍화 성장

대국의 경우 수출품이 국제시장에서 차지하는 비중이 크므로, 수출량의 변화가 국제가격을 변화시킨다. 대국에서 경제성장의 결과 수출량이 늘어나서 수출재 가격이 하락하면, 대국의 교역조건이 악화된다. 이때 경우에 따라서는 대국의 후생수준이 이전보다 감소할 수도 있다. 이런 경우를 **궁핍화 성장**(Immiserizing Growth)이라 한다. 아래 그림에서 x재를 수출하는 대국의 소비점이 E_0이었으나, 성장 후에는 교역조건이 P_0에서 P_1으로 악화되었고, 소비점은 E_1이 되어 효용수준이 오히려 떨어졌음을 알 수 있다.

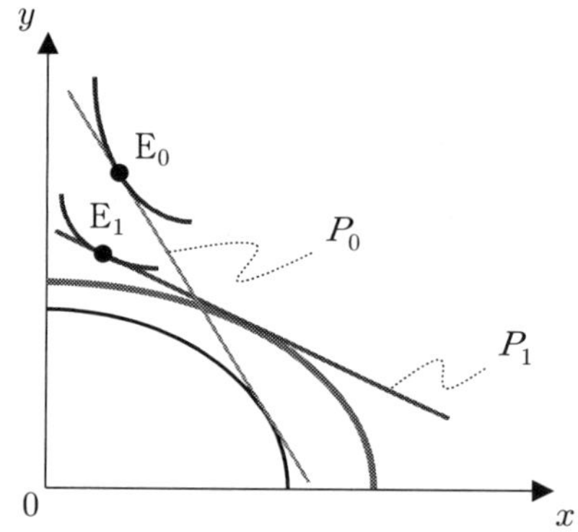

주 소국을 대상으로 하는 다른 이론들과는 달리 궁핍화 성장의 경우는 대국을 대상으로 한다.

13-1F 자유무역과 후생

무역은 소비자와 생산자의 잉여를 변화시킨다. 수입재의 경우는 국제가격(P_w)이 무역 전 국내가격(P_0)보다 더 싸며, 수출재의 경우는 국제가격(P_w')이 무역 전 국내가격(P_0')보다 더 비싸다. 무역이 이루어지면, 수출재나 수입재 모두 국제가격이 국내가격이 된다. 아래 그림에서 수입재의 경우 국내에서의 초과수요만큼 수입하게 된다. 이때 소비자잉여는 사다리꼴의 면적 α와 삼각형 면적 β만큼 증가하고, 생산자잉여는 α만큼 감소한다. 따라서 무역으로 말미암아 사회전체의 잉여는 β만큼 증가한다. 수출재의 경우는 국내에서의 초과공급만큼 수출하게 된다. 이때 국내의 소비자잉여는 사다리꼴의 면적 α'만큼 감소하고, 생산자잉여는 α'와 삼각형 면적 β'를 더한 것만큼 증가한다. 따라서 무역으로 말미암아 사회전체의 잉여는 β'만큼 증가한다.

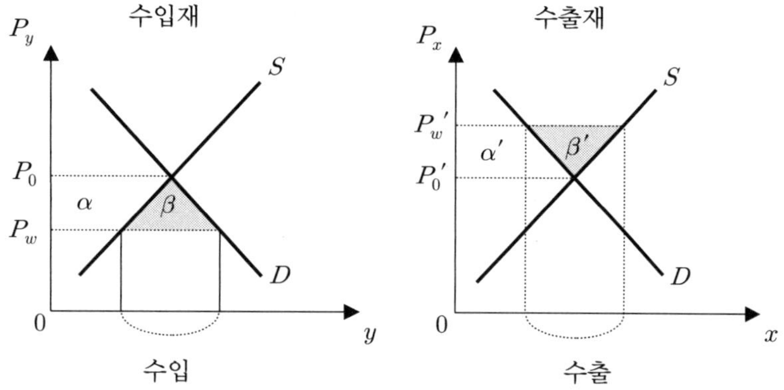

13-1G 보호무역과 후생

보호무역은 국내의 유치산업(Infant Industry)을 보호하거나, 경쟁국의 보호무역에 대항하거나, 식량무기화에 대비하는 등 여러 가지 이유로 시행된다. 보호무역의 대표적인 수단으로는 수입품에 대한 **관세**(Tariffs)와 **수입할당**(Quota)이 있다. 그밖에 까다로운 수입절차나 검역, 원산지 규정, 배타적인 판매망 등 여러 가지 **비관세장벽**(Non-Tariff Barriers)이 있을 수 있다. 관세와 수입할당제의 후생에 대한 효과는 아래와 같다.

관세

자유롭게 무역을 하는 소국은 국내가격이 국제가격과 같아지는 가격수용자이다. 아래그림에서 관세부과 전 국내시장을 보면, 국제가격(P_w)에서 국내기업의 공급량(Q_0)과 외국으로부터의 공급량인 수입($Q_3 - Q_0$)을 합친 공급량이 수요량(Q_3)과 같다. 이때 수입품 단위당 t원씩 관세를 부과하면, 수입량은 "$Q_2 - Q_1$"으로 줄어든다. 관세부과 후 국내가격인 "$P_w + t$"에서 국내기업의 공급량(Q_1)과 수입($Q_2 - Q_1$)을 합친 공급량이 수요량(Q_2)과 같아진다. 관세로 말미암아 줄어드는 소비자잉여는 사다리꼴 면적 α, 삼각형 면적 a와 b, 사각형 면적 β를 모두 더한 것과 같다. 한편 생산자잉여는 α만큼 증가한다. 그리고 β는 관세수입으로 정부로 귀속되는 정부잉여인 셈이다. 따라서 사회전체로서는 관세부과 전에 비해 "$a + b$"만큼의 잉여가 사라지게 된다. 관세부과는 이와 같이 사중손실(Deadweight Loss)을 발생시켜 사회전체의 후생을 감소시킨다.

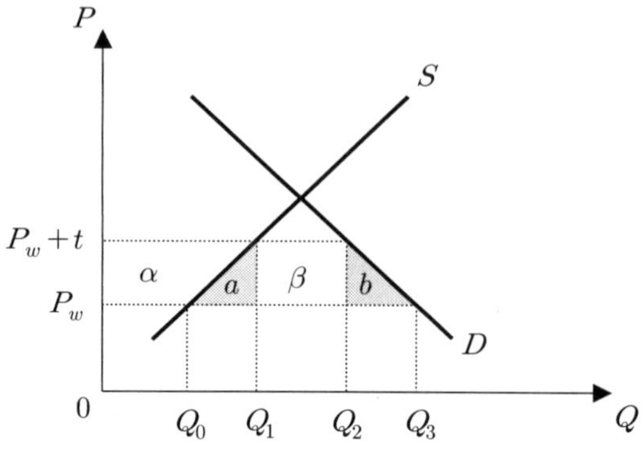

수입할당제

아래 그림에서 수입량이 "$Q_3 - Q_0$"인 수입품에 대해 "$Q_2 - Q_1$"만큼의 수입할당(Quota)을 부과하면, 수입국 국내시장에서 공급량이 감소한다. 이때 국내시장에서 제품가격이 국제시장가격에 머물러 있으면 초과수요가 발생하므로, 국내시장에서 제품가격이 상승한다. 이에 따라 국내수요량은 Q_2로 줄어드는 반면 국내기업의 공급량은 Q_1으로 늘어난다. 그 결과 수입국의 생산자잉여는 α만큼 증가하며, 소비자잉여는 "$\alpha + a + \beta + b$"만큼 감소한다. 또한 제품 1개마다 국내가격과 수입가격의 차이만큼 이윤이 발생하므로, 수입업자들은 β만큼의 이윤(즉, 잉여)을 챙기게 된다. (만일 정부가 β만큼의 대가를 받고 수입허가권을 판매하면, 그만큼의 잉여는 정부로 귀속된다.) 따라서 "$a + b$"만큼 사중손실이 발생한다. 수출국의 경우 수출량이 "$Q_3{}' - Q_0{}'$"에서 수입할당량인 "$Q_2{}' - Q_1{}'$"으로 감소하면, 국내제품에 대한 수요량이 감소하여 국내시장에서 가격이 하락한다. 이때 소비자잉여는 사다리꼴 모양 α'만큼 증가하며, 생산자 잉여는 "$\alpha' + a' + \beta' + b'$"만큼 감소한다. 수출업자는 보다 저렴해진 국내가격으로 제품을 구입하여 보다 높은 국제시장가격으로 판매할 수 있으므로 수출만으로 β'만큼 잉여를 챙길 수 있다. (만일 정부가 β'만큼의 대가를 받고 수출허가권을 판매하면, 그만큼의 잉여는 정부로 귀속된다.) 따라서 "$a' + b'$"만큼 사중손실이 발생한다. 수입쿼터는 이와 같이 수입국이나 수출국 모두 전체후생을 감소시킨다.

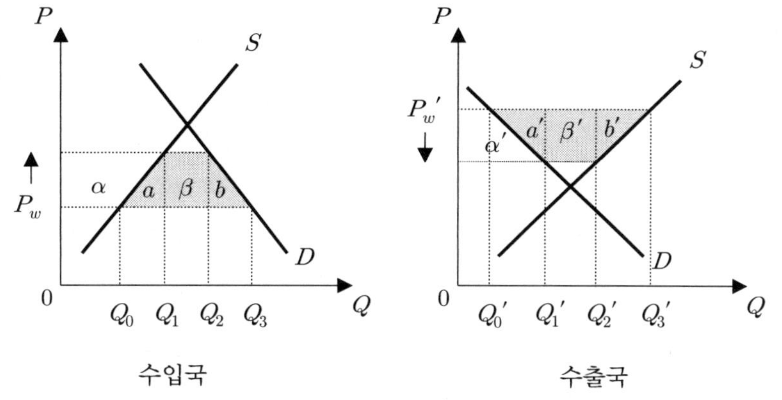

주 위의 분석들은 소국을 가정하므로, 관세나 수입할당제는 국제가격에 영향을 주지 않는다. 하지만 2국 모형과 같은 대국모형이라면, 수입할당제에 따라 국제시장에서 수요량이나 공급량이 변하므로 국제가격도 함께 변한다.

13-1H 세계경제의 블록화

오늘날 세계는 몇몇 국가들끼리 블록화 되어가고 있다. 블록화는 그 성격에 따라 다음과 같이 구분해볼 수 있다. 첫째, 회원국 간의 상품교역에 대한 관세를 철폐하는 자유무역협정(FTA: Free Trade Agreement)이며, 대표적인 예로 미국, 캐나다, 멕시코의 북미자유무역협정(NAFTA: North American Free Trade Agreement), 한미자유무역협정 등을 들 수 있다. 둘째, 회원국 의 관세면제는 물론, 비회원국에 대한 대외공동관세를 부과하는 관세동맹(Customs Union)을 들 수 있으며, 대표적인 예로 브라질, 아르헨티나, 우루과이, 파라과이의 남미공동시장(MERCOSUR: Mercado Común del Sur)을 들 수 있다. 셋째, 회원국 간에 상품은 물론 노동이나 자본 같은 생산요소까지 자유로운 이동을 허용하는 공동시장(Common Market)이며, 대표적인 예로 유럽연합(EU) 이전의 유럽공동체(EC: European Community)를 들 수 있다. 넷째, 회원국 간 상품 및 생산요소의 자유로운 이동은 물론, 마치 한 나라가 된 것처럼 화폐통합과 함께 경제정책까지 공동으로 시행하는 경제동맹(Economic Union)의 단계이며, 현재의 유럽연합(EU: European Union)을 들 수 있다.

주 1991년에 출범한 MERCOSUR의 경우, 원래 목표인 공동시장의 단계에는 아직 이르지 못하고 있다.

연습문제

1. 아래의 표를 보고 물음에 답하라. (단, 괄호 안의 숫자는 제품 1단위를 만드는데 필요한 노동의 단위를 나타냄.)

	치즈	쌀
A국	6	2
B국	10	5

(1) 치즈생산에 비교우위가 있는 나라는 어느 나라인가?

(2) 이때 무역의 패턴은 어떠한가?

(3) 쌀의 단위로 표시한 치즈의 국제가격 범위를 구하라.

2. 아래의 표를 보고 물음에 답하라. A국과 B국은 각각 노동 40단위와 120단위를 보유하고 있다. 그리고 A국과 B국 모두 무역 전 두 제품에 대한 소비량이 동일하다고 한다. (단, 괄호 안의 숫자는 제품 1단위를 만드는데 필요한 노동의 단위를 나타냄.)

	컴퓨터	소고기
A국	1	3
B국	8	4

(1) 무역 전 양국의 두 제품에 대한 생산량과 소비량은 어떠한가?

(2) 양국이 무역을 한다면 무역의 패턴은 어떠한가?

(3) 양국이 비교우위에 따라 완전특화할 경우 각국의 생산량을 구하라.

(4) 소고기의 단위로 나타낸 컴퓨터의 국제가격 범위를 구하라.

(5) 컴퓨터의 국제상대가격이 1이라 한다. 또한 각국은 수입품을 15단위씩 소비하기로 하였다. 이때 각국의 컴퓨터와 소고기의 소비량을 구하라.

13-2 국제수지

13-2A 국제수지의 정의

국제수지(Balance of Payments)는 **경상수지**(Current Account)와 **자본수지**(Capital Account)로 나누어진다. 경상수지는 다시 상품수지(Goods Balance), 서비스수지(Services Balance), 소득수지(Income Balance), 이전수지(Transfers Balance)로 나누어진다. **상품수지**는 재화의 수출입에 따른 수지이다. 재화의 수출액이 수입액을 초과하면 상품수지는 흑자를 기록하며, 수입액보다 작으면 적자를 기록하게 된다. **서비스수지**는 해외여행, 통신비, 운임, 보험료, 로열티 같은 서비스의 교역에 따른 수지를 나타낸다.[1)] **소득수지**는 국제간에 발생하는 요소소득에 따른 수지이다. 소득수지에는 국제간 임금지급과 대외자산이나 부채에 따른 배당, 이자, 집세 등과 같이 이미 투자된 금융 및 실물자산으로부터 발생하는 소득을 포함한다. **이전수지**는 해외송금과 같이 국내거주자와 해외거주자 간에 무상으로 주고받는 거래와 국제간 기부금, 구호물자, 국제기구 출연금 등에 따른 수지를 나타낸다.

국제수지 = 경상수지 + 자본수지

경상수지 = 상품수지 + 서비스수지 + 소득수지 + 이전수지

자본수지는 해외에 대한 직접투자[2)], 부동산이나 증권투자, 차입, 무역신용 등 자본이나 금융거래와 관련된 수지이다. 만일 일정기간동안 우리나라에 유입된 외국자본량보다 우리나라가 외국에 투자한 자본량이 더 크면, 그만큼 자본수지의 적자가 발생한다. 경상수지와 자본수지를 합한 국제수지가 불균형이면, 외환이나 단기자본이 이동하는데 이를 **보정적 거래**(Accommodating Transactions)라 한다. 즉, 보정적 거래는 국제수지의 흑자나 적자에 대한 결제라는 부수적인 성격을 가진다. 예를 들어, 국제수지가 흑자이면, 외환이나 대외채권이 증가한다. 즉, 대외지불용 준비자산이 증가하는 것이다. 이때 보정적 자본거래는 적자를 기록하게 된다.[3)] 즉, 보정적 거래

---

1) 상품수지와 서비스수지를 합해 **무역수지**(Trade Balance)라 한다.

2) 외국인직접투자(FDI: Foreign Direct Investment)는 장기적으로 기업에 대한 지배력을 가지기 위해 투자하는 것이며, 투자기간이 1년 미만인 단기자본거래와 구분된다. 통상적으로 외국인직접투자는 기업의사결정에 관한 투표권의 10%이상을 목표로 하는 투자를 말한다.

3) 협의의 국제수지가 흑자이면, 보정적 거래는 적자가 된다. 보정적 거래에서 대외채권의 증가는 외국에 대한

는 (오차 및 누락을 무시하면) 국제수지와 절대값은 같고 부호는 반대이다. 따라서 경상수지, 자본수지, 보정적 거래를 모두 합하면 자동적으로 0이 된다.

$$\text{경상수지} + \text{자본수지} + \text{보정적 거래} + \text{오차 및 누락} = 0$$

자본수지는 투자나 금융거래 등을 목적으로 한 자본의 자율적 거래(Autonomous Transactions)를 나타내는 **협의의 자본수지**와 보정적 거래(Accommodating Transactions)까지 포함하는 **광의의 자본수지**로 구별된다. 만일 자본수지를 위에서와 달리 광의의 자본수지로 정의하면, 경상수지와 자본수지의 합은 항등적으로 0이 된다.

$$\text{경상수지} + \text{광의의 자본수지} \equiv 0$$

참고 국제수지흑자로 증가한 외환을 국내화폐로 교환하면, 국내통화량이 증가한다. 이때 그러한 교란을 막으려면, 중앙은행이 국채매각과 같은 공개시장조작을 통해 국내통화량을 흡수해야 한다. 이와 반대로 국제수지적자의 경우에는 국채를 매입해야 한다. 이와 같이 국제수지의 변화에 따른 국내통화량의 교란을 막는 것을 **불태화정책**(Sterilization Policy)이라 한다.

13-2B 환율

원화/달러화의 교환비율인 환율(Exchange Rate)은 1달러의 가격을 나타낸다. 예를 들어 원/달러 환율이 1,000이라는 것은 1달러의 가격이 1,000원이라는 것이다. 환율이 상승하면, 달러의 가치가 상승하고, 원화의 가치가 하락한 것이다. 반대로 환율이 하락하면 달러의 가치가 하락하고, 원화의 가치가 상승한 것이다. 예를 들어 원/달러 환율이 1,000에서 1,200으로 변하면, 원화의 가치가 하락한 것이다. 반대로 환율이 1,000에서 800으로 변하면, 원화의 가치가 상승한 것이다.

자본투자와 같으며, 외환의 증가는 외국으로부터 외환이라는 금융자산을 수입한 것으로 간주하면 된다.

주 고정환율제하에서 정부가 환율을 올리면, 자국통화를 **평가절하**(Devaluation)시킨다고 한다. 반대로 환율을 내리면, 자국통화를 **평가절상**(Revaluation)시킨다고 한다. 변동환율제하에서 외환시장에서 환율이 올라가면, 자국통화가 **평가하락**(Depreciation)되었다고 한다. 반대로 환율이 내려가면, 자국통화가 **평가상승**(Appreciation)되었다고 한다. 지금은 평가절하와 평가하락 등의 용어들을 따로 구분하지 않고, 변동환율제 아래서도 평가절하 등의 용어들이 관행처럼 쓰이고 있다. 따라서 원/달러 환율이 상승하면, 원화의 가치가 하락하였으며, "원화가 평가절하되었다."라는 표현을 쓴다. 또한 원/달러 환율이 상승하면, "환율이 평가절하되었다."라는 표현도 관행처럼 쓰곤 한다.

외환시장

원/달러 환율(e)은 달러화의 가격이다. 환율이 상승하면, 외환시장에서 달러화의 공급곡선을 따라 공급량이 증가하고, 달러화의 수요곡선을 따라 수요량이 감소한다. 이는 상품시장에서의 수요나 공급의 경우와 마찬가지이다. 반대로 환율이 하락하면, 달러화의 공급량이 감소하고, 수요량이 증가한다. 따라서 아래 그림에서 보듯이 달러화의 공급량과 수요량이 같은 점에서 외환시장은 균형을 이루며, 이때의 환율을 **균형환율**이라 한다. 만일 환율이 균형환율(e_0)보다 크면 달러화의 초과공급이 생기므로 환율이 하락하고, 균형환율보다 작으면 달러화에 대한 초과수요가 생기므로 환율이 상승한다.

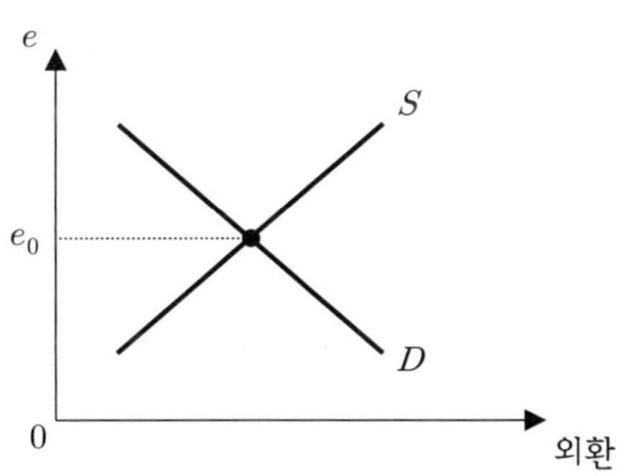

환율과 경상수지

만일 환율(e)이 1,000이면, 1,000만원 하는 우리나라의 승용차가 1만 달러에 수출된다. 이때 환율이 1,200원으로 상승하면, 승용차의 수출 가격은 8,333 달러로 낮아진다. 따라서 수출물량(X)이 늘어날 것이다. 1,000 달러짜리 수입 TV의 경우 환율이 1,000에서 1,200으로 상승하면, 국내 판매가격이 100만원에서 120만원으로 상승한다. 따라서 수입물량(M)이 줄어들 것이다. 수출액

에서 수입액을 뺀 경상수지는 환율이 상승하면 일반적으로 개선된다. (아래 마샬-러너 조건 참조)

주 수출량(X)은 환율과 외국소득(Y_f)의 증가함수이며, 수입량(M)은 환율의 감소함수이고 국내소득(Y)의 증가함수이다. 변동환율제 하에서 환율은 수출량과 수입량을 결정하는데 있어서 내생변수의 역할을 한다.

$$X(e, Y_f) \qquad \text{단, } \frac{\partial X}{\partial e} > 0, \ \frac{\partial X}{\partial Y_f} > 0$$

$$M(e, Y) \qquad \text{단, } \frac{\partial M}{\partial e} < 0, \ \frac{\partial M}{\partial Y} > 0$$

마샬-러너 조건과 J-곡선

환율에 대한 수출탄력성(ϵ_X)과 수입탄력성(ϵ_M)의 합이 1보다 크면 환율이 상승할 때 경상수지가 개선된다. 이때 "$\epsilon_X + \epsilon_M > 1$"을 **마샬-러너 조건**(Marshall-Lerner Condition)이라 한다.

참고 마샬-러너 조건의 증명과정은 아래와 같다. 국내소득과 외국소득이 고정되어 있다고 가정하면, 달러와 원화의 단위로 나타낸 경상수지(CA)는 각각 아래와 같이 환율의 함수로 표시할 수 있다. (단, P와 P_f는 각각 수출품과 수입품의 가격을 나타낸다.)

$$\$ \quad CA(e) = \frac{PX(e)}{e} - P_f M(e)$$

$$₩ \quad CA(e) = PX(e) - eP_f M(e)$$

현재 경상수지가 균형, 즉, 0이라고 가정하고, 환율이 상승할 때 경상수지가 개선되는지 살펴보자. 이때 달러로 나타낸 경상수지가 0보다 커지면, 원화로 나타낸 경상수지도 0보다 커짐을 쉽게 알 수 있다. 왜냐하면 경상수지를 나타내는 위의 두 식에서 ₩$CA = e \times \$CA$가 성립하므로, $\$CA$가 0보다 크면, ₩$CA$도 0보다 크기 때문이다. 따라서 달러로 나타낸 경상수지의 경우만 살펴보기로 한다.

$$\frac{dCA}{de} = \frac{PX' \cdot e - PX}{e^2} - P_f M'$$

$$= \frac{PX}{e^2}\left(X'\frac{e}{X} - 1 - \frac{e^2}{PX}P_f M'\right)$$

$$= \frac{PX}{e^2}\left[X'\frac{e}{X} - M'\frac{e}{M}\left(\frac{eP_f M}{PX}\right) - 1\right]$$

$$= \frac{PX}{e^2}(\epsilon_X + \epsilon_M - 1) > 0$$

$$\Leftrightarrow \quad \epsilon_X + \epsilon_M > 1$$

위의 식에서 환율에 대한 수출탄력성과 수입탄력성은 각각 $\epsilon_X = X'\frac{e}{X}$와 $\epsilon_M = -M'\frac{e}{M}$으로 정의된다. 또한 환율이 변하기 전의 경상수지가 균형이었다는 가정 아래 $PX = eP_f M$, 즉, $\frac{eP_f M}{PX} = 1$이 된다.

실제로 각국의 경우 수출탄력성과 수입탄력성을 합한 값이 1을 넘는 것이 일반적이므로, 마샬-러너 조건은 대개 성립한다고 봐도 무방하다. 따라서 환율이 상승하면, 궁극적으로 경상수지가 개선된다. 반대로 환율이 하락하면, 경상수지가 악화된다. 그런데 환율이 상승한 후 수개월정도의 단기간 동안에는 경상수지가 오히려 악화되었다가, 그 후 점차 개선되는 현상을 볼 수 있다. 환율의 변화에 따라 수출량(X)과 수입량(M)이 변하려면 보통 6개월 이상의 시간이 필요하다. 왜냐하면 새로 조정된 수출입물량에 대해 생산, 선적, 운송 등을 위한 시간이 필요하기 때문이다. 하지만 환율의 상승은 곧바로 달러로 표시한 수출액$\left(\frac{PX}{e}\right)$을 감소시키거나, 원화로 표시한 수입액($eP_f M$)을 증가시키기 때문에 단기간에는 경상수지를 악화시키게 된다. 이와 같이 환율의 상승이 단기간에는 경상수지를 악화시켰다가 시간이 지나면서 경상수지를 개선시키는 것을 가리켜 **J-곡선 현상**(J-Curve Phenomenon)이라 한다. (아래 그림에서 시간에 따라 경상수지가 움직이는 모양이 J자와 같음을 알 수 있다.)

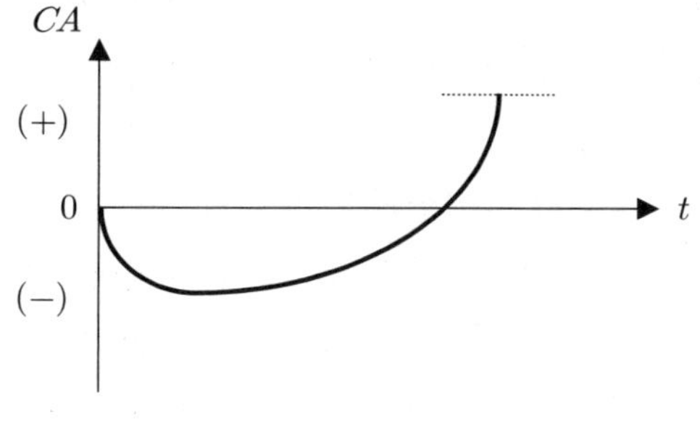

13-2C 환율의 결정

균형환율은 외환시장에서 외환의 수요와 공급에 의해 결정됨을 이미 보았다. 이와는 다른 각도에서 환율이 결정되는 과정을 살펴보는 것도 유용할 때가 있다. 이를 위해 구매력평가설과 이자율평형에 대해 살펴보기로 하자.

구매력평가설

무역에 의해 하나의 상품은 양국 간에 동일한 가격을 가지게 된다. 이러한 일물일가의 법칙을 모든 상품에 적용하여, 국내물가(P)는 외국물가(P_f)에 환율(e)을 곱한 것과 같다는 것이 **구매력평가설**(PPP: Purchasing Power Parity)이다. 즉, 구매력평가설에 의하면 다음의 식이 성립해야 한다.

$$P = eP_f$$

이를 **절대적 구매력평가설**(Absolute PPP)이라 한다. 이때 양국의 물가가 주어지면, 환율이 결정된다. 만일 환율이 너무 높으면, 국내물가가 더 싸지므로 수출량이 늘어나고 수입량이 줄어든다. 그 결과 외환시장에서 달러화의 초과공급이 발생하여 환율이 하락하므로, 위의 구매력 평가식이 다시 성립하게 된다. 즉, 국제간의 차익거래 또는 재정거래(Arbitrage)가 활발할수록, 위의 관계식이 보다 잘 성립한다.

하지만 현실에서는 구매력평가설이 잘 성립되지 않는다. 그 이유는 비교역재가 존재하기 때문이다. 비교역재의 경우는 양국 간에 가격의 괴리가 생겨도 차익거래가 가능하지 않으므로, 일물일가의 법칙이 적용되지 않는다. 또한 무역장벽 등이 존재할 때도 차익거래가 어려워지므로, 구매력평가설이 잘 성립되지 않는다. 또 다른 중요한 이유로 자본거래를 들 수 있다. 외국의 자본이 우리나라에 유입되면, 달러의 공급이 늘어나므로 교역재의 구매력 평가와는 상관없이 환율이 하락하게 된다. 그 결과 구매력평가설이 잘 성립하지 않게 된다. 구매력평가설에 의해 정해지는 환율은 단기적으로 실제의 환율과 잘 일치하지 않지만, 수십 년 이상의 장기간을 놓고 보면 국가 간 물가의 차이가 보다 중요해지므로 환율의 변화를 보다 잘 설명해준다는 것이 정설이다.

주 1 위의 식으로부터 양국의 물가변화율의 차이는 환율의 변화율($\hat{e}$)이 됨을 알 수 있다. 즉, $\hat{e} = \hat{P} - \hat{P}_f$가 성립한다. 이를 **상대적 구매력평가설**(Relative PPP)이라 한다.

주 2 양국물가의 비율인 $\frac{eP_f}{P}$를 **실질환율**(Real Exchange Rate)이라 한다. 실제로 국제간 가격경쟁력은 명목환율이 아닌 실질환율로 나타내는 것이 옳다. 따라서 수출이나 수입함수도 실질환율의 함수가 된다. 앞서 수출이나 수입함수를 명목환율의 함수로 나타낸 것은 양국의 물가를 고정된 것으로 가정했기 때문이다. 구매력평가설이 성립한다는 것은 실질환율의 값이 1이라는 것과 마찬가지이다. 또한 세계 주요통화에 대한 실질환율의 가중평균치를 **실질실효환율**(Real Effective Exchange Rate)이라 한다.

참고 맥도널드의 빅맥(Big Mac) 햄버거가 미국에서 3달러이고, 한국에서 3,000원이라면, 원/달러 환율이 1,000원일 때 두 화폐의 구매력이 같아진다. 즉, "3,000원=1,000×3달러"이므로, 3,000원과 3달러로 살 수 있는 빅맥의 숫자가 똑 같다. 원/달러 환율이 1,000일 때 한국에서 빅맥 가격이 3,500원이라면 원화의 구매력이 달러화에 비해 떨어지며, 2,500원이라면 달러화의 구매력이 원화에 비해 떨어진다고 할 수 있다. 각국의 빅맥 가격을 비교하여 구한 환율을 **빅맥지수**(Big Mac index)라 한다. 예를 들어, 일본의 빅맥 가격이 300엔이라면, 빅맥지수에 의한 엔/달러 환율은 100(=300/3)이 된다. 빅맥의 크기와 질은 세계 어느 나라를 가든 똑같이 통일되어 있다. 따라서 빅맥지수는 각 나라의 적정환율을 대략적으로나마 매우 간편하게 짐작케 해준다.

이자율평형

이자율평형(IRP: Interest Rate Parity)에 의하면 국내이자율(r), 외국이자율(r_f), 환율(e), 선물환율(F)간에는 다음의 관계식이 성립한다.

$$1 + r = (1 + r_f)\frac{F}{e}$$

주 **선물환율**(Forward Exchange Rate)이란 미래의 정해진 시점에서의 양국화폐의 교환 비율을 미리 정해 놓은 것으로, 주로 환위험을 방어하기 위해 이용한다. 이에 대해 보통의 환율은 **현물환율**(Spot Exchange Rate)이라 부른다.

증명 만일 M원을 한국에 예금하면 1년 후의 잔액이 $M(1+r)$이 될 것이다. 대신 미국에 예금할 경우, 달러로 교환한 금액은 $\frac{M}{e}$이 되므로, 1년 후의 미국예금 잔액은 $\frac{M}{e}(1+r_f)$가 될 것이다. 이때 1년 후의 예상환율이 $E(e)$라면, 미국예금 잔액을 원화로 교환하였을 때 $\frac{M}{e}(1+r_f)E(e)$가 될 것으로 기대할 수 있다. 이때 어느 나라에 예금하든지 동일한 결과를 얻기 위해서는 $M(1+r)=\frac{M}{e}(1+r_f)E(e)$가 되어야 한다. 즉, 아래의 식이 성립해야 한다.

$$1+r=(1+r_f)\frac{E(e)}{e}$$

위의 식은 **위험이 커버되지 않은 이자율평형**(Uncovered IRP)을 표현하고 있으며, 처음 나온 이자율평형식은 **위험이 커버된 이자율평형**(Covered IRP)을 나타낸다. 무역이나 해외투자 시 선물환(F)을 이용하면, 환율위험(Exchange Rate Risk)을 회피(Hedge)할 수 있다. 선물환시장이 잘 발달되어 있어서 편리하게 외환선물을 구입할 수 있으면, 미래 환율에 대한 위험을 미리 제거할 수 있다.

만일 두 나라에 예금 또는 투자 결과 예상되는 수입이 일치하지 않으면, 차익거래(Arbitrage)가 발생한다. 예를 들어, 국내예금의 수입이 더 크다면, 다음과 같은 식이 성립할 것이다.

$$1+r>(1+r_f)\frac{F}{e}$$

이때 원화예금을 하기 위해 달러가 유입되어 외환시장에서 달러의 공급량이 증가하므로, 환율이 하락하게 된다. 만일 미래 환율에 대한 예상치가 변하지 않으면, 선물환율도 변함이 없을 것이다. 그 결과 부등식의 우측이 더 커져 다시 이자율평형식이 성립하게 된다. 차익거래는 이자율평형이 성립되면 멈추게 된다. 단, 어떤 나라의 정치적, 사회적 변동이나 위험이 클 경우에는 투자자본의 수익률에 국가위험(Country Risk)의 프리미엄이 추가되므로, 위의 이자율평형식은 그러한 프리미엄까지 포함하게 된다.

이자율평형식은 다음과 같은 근사식으로도 표현할 수 있다.

$$r = r_f + \frac{F-e}{e}$$

증명 원래의 이자율평형식을 다시 쓰면, 다음과 같다.

$$1 + r = (1 + r_f)\frac{F-e+e}{e}$$

$$\Rightarrow \quad 1 + r = \frac{F-e}{e} + r_f\frac{F-e}{e} + 1 + r_f$$

$$\Rightarrow \quad r = r_f + \frac{F-e}{e} + r_f\frac{F-e}{e}$$

그런데 위의 표현에서 이자율과 환율의 변화율을 곱한 마지막 항은 매우 작은 값이 되므로, 근사적으로 생략할 수 있다. 따라서 이자율평형은 위의 근사식으로 표현할 수 있다.

예 국내 이자율이 연 10%, 미국이자율이 연 5%, 환율이 1,000 일 때, 1년물 선물환율은 다음과 같이 근사식을 이용해 구할 수 있다.

$$0.1 = 0.05 + \frac{F-1{,}000}{1{,}000}$$

$$F = 1{,}000 + 1{,}000 \times (0.1 - 0.05) = 1{,}050$$

참고 국내화폐공급량이 증가하면, 원화의 가치가 떨어지므로 환율이 상승할 것이다. 환율의 상승은 외환시장에서 순식간에 이루어진다. 환율의 상승에 따라 경상수지가 개선되면, 외환공급량이 늘어나면서 환율이 하락하기 시작한다. 이때 경상수지의 개선은 시간을 두고 서서히 이루어진다. 따라서 환율도 시간이 지남에 서서히 균형점을 향해 하락하게 된다. 즉, 국내화폐공급량의 증가라는 최초의 충격이 왔을 때, 환율은 새로운 균형값을 초과하여 상승해 버린다. 이와 같이 화폐부문에 비해 실물부문의 적응속도가 느려, 최초의 충격에 대해 가격 (즉, 여기서는 환율)이 새로운 균형값 이상으로 변하는 현상을 과잉반응(Overshooting)이라 한다. 아래의 그림에서처럼 0의 시점에서 국내화폐의 공급량이 증가하면, 환율은 새로운 장기균형값(e^*)을 초과하였다가 서서히 균형값으로 복귀하게 된다.

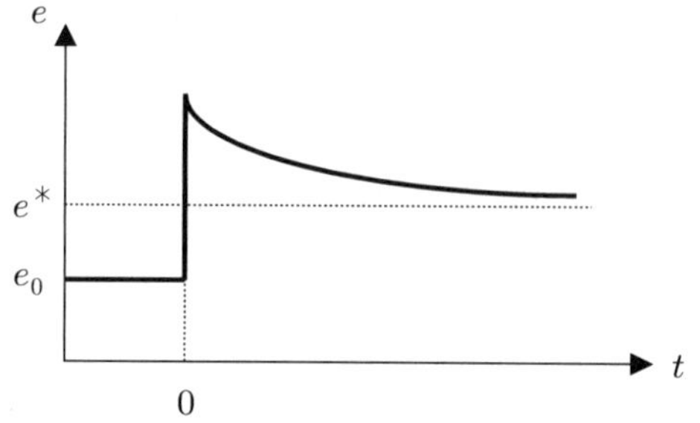

13-2D 환율제도

환율제도는 크게 **고정환율제**(Fixed Exchange-Rate Regime)와 **변동환율제**(Floating Exchange-Rate Regime)로 나눌 수 있다. 고정환율제하에서는 환위험이 없고 환율에 대한 예측이 가능하므로, 무역과 국제투자의 증대를 기대할 수 있다. 하지만 경상수지가 적자일 경우, 환율의 상승을 막기 위해 정부는 외환을 공급하는 등 외환시장에 개입하여야 한다. 고정환율제하에서는 경상수지가 자동으로 균형으로 복귀하려는 힘이 없으므로, 경상수지의 적자가 지속될 경우 외환보유고가 고갈되어 외환위기가 초래될 수 있다. 또한 고정환율제하에서는 경상수지의 흑자나 적자에 따라, 정부는 환율을 방어하기 위해 외환시장에 개입하여 달러화를 매입하거나 매각하여야 하므로, 국내통화가 늘어나거나 줄어들게 된다. 따라서 국내의 통화정책이 대외여건으로부터 독립되지 못하다는 부작용도 있다.

한편 **변동환율제**에서는 환율의 예측이 어렵고, 환투기를 막을 수가 없다. 하지만 경상수지가 적자일 경우 외환에 대한 초과수요가 발생하므로, 환율이 상승한다. 이때 순수출이 증가하여 경상수지가 개선된다. 이와 같이 변동환율제 하에서는 경상수지가 스스로 균형으로 복귀하려는 힘이 존재한다. 오늘날 대부분의 선진국들은 변동환율제를 채택하되, 환율의 지나친 변동을 막고자 때때로 외환시장에 개입하는 **관리변동환율제**(Managed Floating Exchange-Rate Regime)를 실시하고 있다.

주 1 일본은 최근까지 수십 년 동안 막대한 대미 경상수지흑자를 기록하고 있다. 이것이 가능했던 이유는 크게 두 가지로 볼 수 있다. 첫째, 미국정부와 일본정부의 외환시장 개입이다. 현재와 같은 규모의 미국의 경상수지적자 아래서는 엔/달러 환율이 크게 하락하여야 한다. 하지만 미국의 입장에서는 수입품의 가격이 오르는 등 유권자인 소비자들에게 피해를 주므로 정치적으로 이를 받아들이려 하지 않는다. 일본 또한 갑자기 엔화가치가 상승한다면, 대미수출에 의존하는 많은 기업들이 수출부진으로 말미암아 도산할 것을 염려하고 있다. 그 때문에 양국 정부는 엔/달러 환율이 크게 변하는 것을 막고 있다. 둘째, 미국은 일본으로부터 막대한 자본수지 흑자를 시현하고 있다. 일본은 미국의 재무부채권(Treasury Bond) 등의 구입을 통해 미국에 달러를 공급함으로써, 엔/달러 환율의 하락을 막고 대미 경상수지흑자를 유지해오고 있다. 이 같은 논의는 최근 커진 중국의 대미 경상수지흑자에도 적용된다.

주 2 미국에서 경상수지적자와 정부재정적자가 동시에 나타나는 현상을 **쌍둥이적자**(Twin Deficits)라 한다. 과거 어떤 학자들은 미국의 재정적자가 경상수지적자의 원인이라고까지 지적한 바 있으나, 반드시 그렇다고는 할 수 없다. 그 이유는 다음과 같다. 국민소득 균형조건 $I+G+X=S+T+M$을 다시 표현하면 $X-M=(S-I)+(T-G)$와 같다. 즉, 경상수지흑자는 민간부문의 흑자$(S-I)$와 정부의 재정흑자$(T-G)$를 합친 것이다. 따라서 재정적자의 경우에도 민간부문의 흑자가 크면, 경상수지흑자가 유지될 수 있다.

세계 주요국들은 1944년 브레튼우즈(Bretton Woods)에서 달러화를 기축통화로 정하고 미국에게 달러화에 대한 금태환 의무를 부과하였다. 그리고 각국 통화의 환율을 달러화를 기준으로 고정시킴으로써, 고정환율제를 실시하였다. 하지만 이후 미국의 경상수지적자와 인플레이션에 따른 달러화 가치에 대한 불안감이 고조되어, 각국이 다투어 달러화를 금으로 태환하자, 미국의 금보유고가 급격히 줄어들기 시작하였다. 이에 따라 미국은 1971년 달러화에 대한 금태환 불가를 선포하였다. 즉, 고정환율제를 포기한 것이다. 이 시점을 기점으로 대부분의 선진국들은 기본적으로 변동환율제를 채택해오고 있다.

연습문제

1. 현재 A국의 모든 상품의 평균가격은 1,000이며, 기축통화국인 B국의 모든 상품의 평균가격은 20이라 한다.

   (1) 환율이 구매력평가에 의해 정해진다면, A국의 환율은 얼마인가?

   (2) 1년 동안 A국의 물가상승률이 7%이고, B국의 물가상승률이 2%일 때, 1년 후의 환율은 얼마인가?

2. 한국의 국내이자율이 6%, 미국의 이자율이 3%라 한다. 또한 현재 환율은 1,000이라 한다.

   (1) 이때 1년 후 환율에 대한 기대치는 얼마이겠는가? (근사식이 아닌 정확한 식을 이용하여 소수점 1자리까지 구할 것.)

   (2) 근사식을 이용하여 1년물 선물환율을 구하라.

3. [도전문제] 한국의 국내이자율이 5%, 미국의 이자율이 3%라 한다. 또한 현재 환율은 1,000이라 한다. 이때 이자율평형의 근사식을 이용해 아래의 물음에 답하라. (단, 거래비용은 무시하기로 한다.)

   (1) 현재 선물시장에서 1년물 선물환율이 1,050이라 한다. 이때 100만원을 가지고 재정거래를 한번 하면 당장 얼마의 이익을 얻을 수 있는가?
   (힌트: 원화 또는 달러화를 차입하여 투자하면 된다.)

   (2) 현재 시장에서 1년물 선물환율이 960이라한다. 이때 100만원을 가지고 재정거래를 한번 하면, 당장 얼마의 이익을 얻을 수 있는가?
   (힌트: 원화 또는 달러화를 차입하여 투자하면 된다.)

   (3) 현재 1년물 선물환율이 960원으로 고정되어 있을 때, 차익거래가 계속 생겨나면, 현물환율은 어떻게 변하겠는가?

13-3 개방경제에서의 경제정책

개방경제하에서 경제정책의 효과는 환율제도에 따라 차이가 난다. 고정환율제와 변동환율도 아래에서 재정정책과 금융정책의 효과는 먼델(Mundell)과 플레밍(Fleming)이 *IS*-*LM* 모형을 가지고 분석하였다.

13-3A 개방경제의 균형

*BP*곡선

***BP*곡선**은 국제수지가 균형이 되는 이자율(r)과 국민소득(Y)의 조합을 나타내는 선이다. 국제수지는 앞서 살펴본 바와 같이 경상수지와 자본수지로 나누어진다. 경상수지는 국민소득이 증가할수록 수입이 늘어나기 때문에 악화된다. 자본수지는 이자율이 높을수록 외국으로부터의 자본유입이 늘어나기 때문에 개선된다. 따라서 *BP*곡선의 기울기는 양의 값을 가진다.

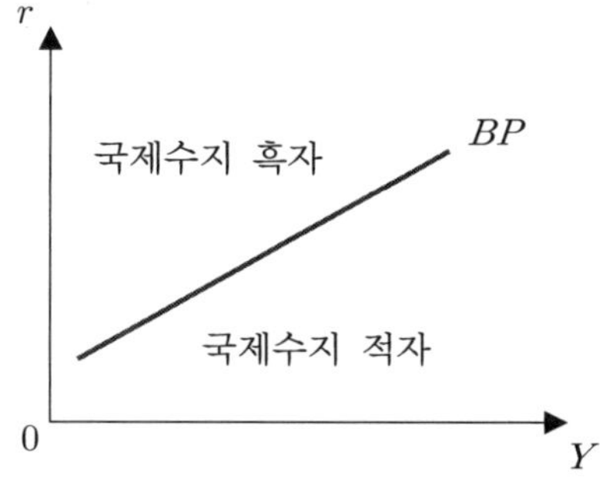

또한 외국자본의 유입이 이자율에 대해 민감할수록 *BP*곡선의 기울기는 완만하게 된다. 왜냐하면 소득의 증가로 경상수지가 악화되었을 때, 이자율이 조금만 변해도 국제수지의 균형을 회복하는데 필요한 만큼 자본수지의 개선이 이루어지기 때문이다. 또한 *BP*곡선 위쪽의 영역에서는 소득이 일정할 때 *BP*곡선상의 점보다 이자율이 높으므로 자본수지가 흑자가 되며, 따라서 국제수지가 흑자가 된다. 반대로 *BP*곡선보다 아래쪽의 영역에서는 국제수지가 적자가 된다.

13-3B 고정환율제하에서의 경제정책

재정정책

아래의 그림은 *BP*곡선을 *IS*-*LM*곡선과 함께 그려놓은 것이다. 외국자본의 유입이 이자율에 대해 민감하다고 가정하면, BP곡선의 기울기가 *LM*곡선의 기울기보다 완만해진다. 현재 대내외 부문이 모두 균형 아래 있다고 가정하자. 확대재정정책을 쓰면, *IS*곡선이 우측으로 이동한다. 폐쇄경제 모형에서라면 균형점은 E_0에서 E_1으로 이동했을 것이다. 하지만 E_1점은 *BP*곡선보다 위쪽에 있으므로, 국제수지가 흑자가 된다. 즉, 재정정책으로 말미암아 이자율이 상승하면, 외국자본이 유입된다. 이때 외환시장에서 환율을 일정하게 유지하려면, 늘어난 외환을 정부가 흡수해야 한다. 이 과정에서 국내통화량이 늘어나고, *LM*곡선은 우측으로 이동한다. 새로운 균형점은 E_2가 되어 국민소득이 원래의 Y_0는 물론 폐쇄경제모형에서보다 더 증가한다. 그러므로 재정정책은 효과가 크다.

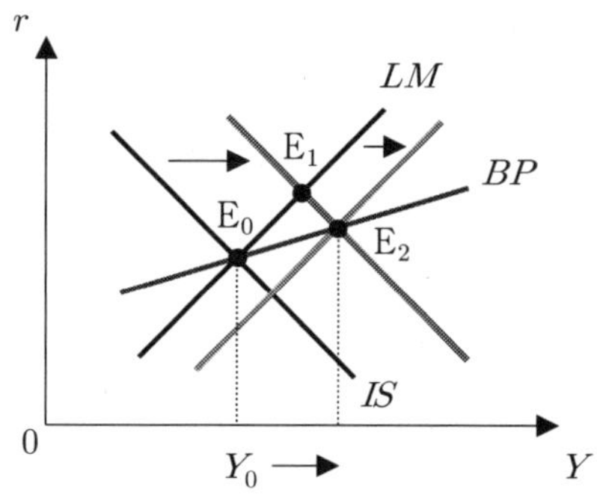

금융정책

확대금융정책은 *LM*곡선을 우측으로 이동시킨다. 이때 낮아진 이자율 때문에 외국자본이 유출되고, 자본수지적자가 발생하므로 외환공급이 줄어든다. 환율을 고정시키기 위해 정부는 외환시장에서 외환을 매각하여야 하며, 그 결과 국내 통화량이 줄어든다. 이에 따라 *LM*곡선이 다시 좌측으로 이동한다. 통화량의 감소는 경제가 원래의 균형점에 이를 때까지 계속된다. 금융정책 후의 균형점은 다시 원래의 균형점인 E0로 복귀하기 때문에 금융정책은 효과가 없다.

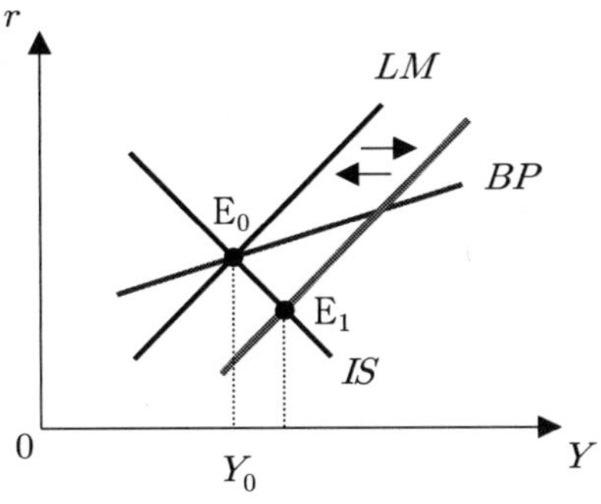

13-3C 변동환율제하에서의 경제정책

재정정책

외국자본의 유입이 이자율에 대해 민감하다고 가정하자. 확대재정정책의 결과 *IS*곡선이 우측으로 이동하면, 국제수지흑자가 발생한다. 왜냐하면 재정정책으로 상승한 이자율로 인해 외국자본이 유입되어 자본수지흑자가 발생하기 때문이다. 이때 외환공급이 증가하므로, 환율이 하락한다. 따라서 시간이 지남에 따라 순수출이 감소하며, *IS*곡선은 국제수지의 불균형이 없어질 때까지 좌측으로 이동한다. 그러므로 재정정책은 효과가 없다.

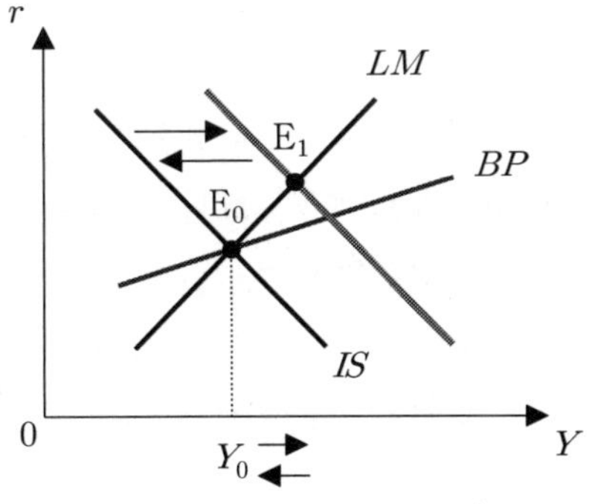

주 *BP*곡선에서 외생변수의 역할을 하는 환율이 하락하면, 순수출이 감소하고 경상수지가 악화된다. 이때 소득이 줄어 경상수지가 호전되거나, 이자율이 상승하여 자본수지

가 호전되어야 다시 국제수지의 균형이 유지된다. 즉, 환율이 하락하면, *BP*곡선이 왼쪽 또는 위쪽으로 이동하여야 한다. 하지만 외국자본유입이 이자율에 대해 민감할 때는, 이자율이 약간만 상승해도 자본수지의 개선 폭이 크기 때문에 환율의 하락으로 인한 *BP*곡선의 이동 폭은 그리 크지 않을 것이다. 위의 그림에서는 편의상 *BP*곡선의 이동은 고려하지 않았다.

금융정책

확대금융정책의 결과 *LM*곡선이 우측으로 이동하면, 국제수지적자가 발생한다. 왜냐하면 금융정책으로 감소한 이자율로 인해 자본이 유출되어 자본수지적자가 발생하기 때문이다. 이때 외환공급이 감소하므로, 환율이 상승한다. 그 결과 시간이 지남에 따라 순수출이 늘어나고, *IS*곡선은 국제수지의 균형을 회복할 때까지 우측으로 이동하기 때문에 국민소득은 더욱 늘어난다. 그러므로 금융정책은 효과가 크다는 것을 알 수 있다.

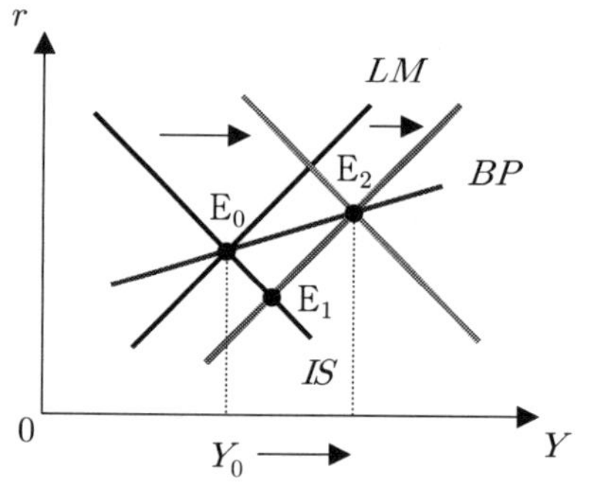

이상 고정환율제와 변동환율제 아래에서 재정정책과 금융정책의 효과를 살펴보았다. 요약하면, 고정환율제 아래에서는 재정정책의 효과가 크고, 변동환율제 아래에서는 금융정책의 효과가 크다. 이때 외국자본의 유출입이 이자율에 대해 매우 민감하다는 가정을 하였다. 만일 국제간 자본이동이 금지되면, 개방경제에서의 재정정책과 금융정책은 효과가 없어져버린다. (외국자본의 유출입이 제한될 때의 결과에 대해서는 연습문제를 참조할 것.)

주 **먼델-플레밍 모형**은 *IS*−*LM* 모형을 이용한 총수요분석임을 유념할 필요가 있다. 고정환율제 아래서의 재정정책이나 변동환율제 아래서의 금융정책은 아래 그림에서처럼 총수요(AD)곡선을 오른쪽으로 이동시킨다. 이때 케인즈나 새케인즈학파 모형에서처럼 총공급(AS)곡선이 우상향하면, 총생산량과 국민소득이 증가하고 실업률이 줄어든다.

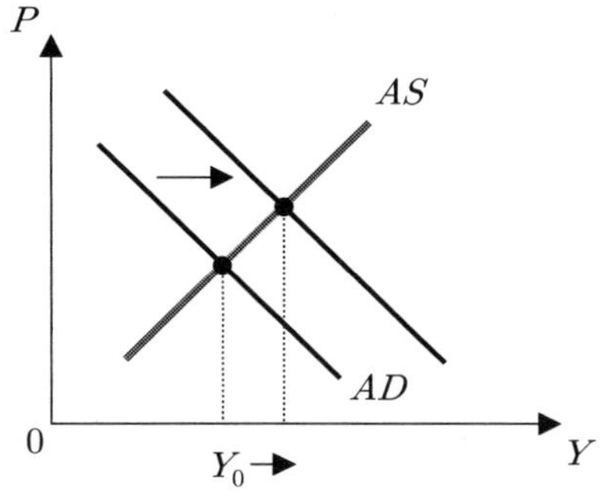

하지만 고전학파나 새고전학파 모형에서처럼 총공급곡선이 수직선이면, 총수요곡선을 오른쪽으로 이동시켜도 물가와 명목변수만 상승시킬 뿐 국민소득을 증가시키거나 실업률을 줄이지 못한다. 따라서 고전학파라면 먼델-플레밍 모형에서의 총수요정책은 장기적으로 아무런 효과가 없다고 할 것이다. 또한 새고전학파라면 경제주체들이 합리적 기대를 하므로 정책이 미리 예견되는 상황에서는 먼델-플레밍 모형에서의 총수요정책이 단기적으로도 아무런 효과가 없게 된다.

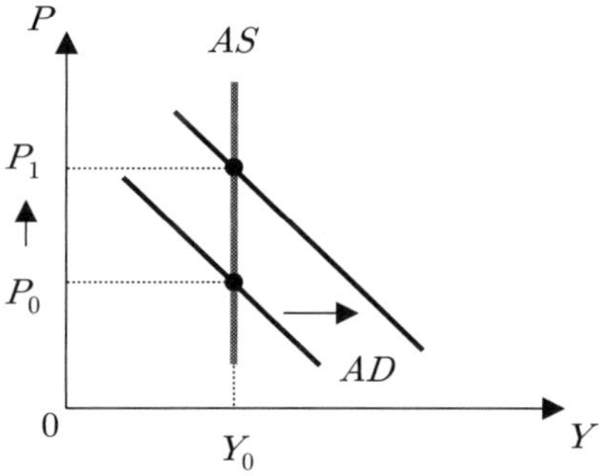

연습문제

1. 개방경제에서 $IS-LM$ 모형을 써서 다음에 답하라.

(1) 외국자본의 유출입이 완전히 차단된 경우, 고정환율제하에서의 확대재정정책의 효과를 분석하라.

힌트: 이 경우 BP곡선은 수직선이 될 것이다.

(2) 외국자본의 유출입이 완전히 차단된 경우, 변동환율제하에서의 확대금융정책의 효과를 분석하라.

(3) 국제간 자본이동이 이자율에 대해 무한히 탄력적일 경우 변동환율제하에서의 확대금융정책의 효과를 분석하라.

힌트: 이 경우 BP곡선은 수평선이 될 것이다.

객관식문제

13-1 국제무역

1. 무역에 관한 다음 사실 중 옳지 **<u>않은</u>** 것은?

① 어떤 국가의 모든 생산부문의 생산성이 상대국에 비해 떨어져도 무역이 가능하며, 무역당사국 모두 이익을 볼 수 있다.

② 무역을 할 때 한 상품에 대한 국제가격은 모든 국가의 수출과 수입의 합이 각각 공급과 수요의 역할을 하여 결정된다.

③ 한계전환율(MRT)이 체증할 때는 부분특화를 하게 된다.

④ 한 나라의 모든 생산부문의 생산성이 다른 나라에 비해 월등히 높을 때는 모든 부문에서 수출을 하는 것이 효율적이다.

⑤ 한계전환율(MRT)이 체증하는 일반적인 경우에는 재화에 대한 선호와 국제가격이 수출량과 수입량을 결정하는 주요 요인이 된다.

2. 폐쇄경제인 소국 A국의 x재의 현재 국내가격이 150이며, x재의 국제가격은 100이라 한다. A국이 문호를 개방하고 무역에 참여할 때의 효과 중 옳지 **<u>않은</u>** 것은?

① x재의 국내가격이 하락할 것이다.

② A국이 무역에 참여하더라도 x제의 국제가격에는 별 변화가 없을 것이다.

③ A국 소비자의 후생은 증가할 것이다.

④ A국 생산자의 후생은 감소할 것이다.

⑤ A국의 후생은 소비자와 생산자의 후생변화의 상대적인 크기에 따라 증가 또는 감소하게 된다.

[문제 3-5] A국과 B국에서 각 제품 1단위를 만드는데 드는 노동량이 다음과 같다고 한다. (단, 노동이 유일한 생산요소이다.)

	치즈	쌀
A국	10	5
B국	6	2

3. 다음 중 옳지 **않은** 것은?

① 무역전 A국에서 치즈의 상대가격은 2이다.
② B국은 치즈를 수출할 것이다.
③ A국의 총노동량이 15단위라면, 치즈와 쌀을 각각 1단위씩 생산하는 것이 가능하다.
④ A국은 치즈에서 비교우위를 가진다.
⑤ 양국 모두 무역으로부터 이익을 얻을 수 있다.

4. 다음 중 치즈의 국제가격이 될 수 있는 범위를 가장 정확하게 나타낸 것은?

① $\frac{1}{3} \sim 3$ ② $\frac{1}{2} \sim 3$ ③ $1 \sim 5$ ④ $\frac{6}{5} \sim 5$ ⑤ $2 \sim 3$

5. 무역 전 A국은 30단위의 노동으로 치즈와 쌀을 각각 2단위씩 생산하여 소비하고 있었고, B국은 8단위의 노동으로 치즈와 쌀을 각각 1단위씩 소비하고 있었다. 무역 개시 후 치즈의 국제상대가격 2.5에서 A국은 치즈 1단위를 수출하게 되었다. 이때, A국과 B국의 소비증가량은 각각 얼마씩인가?

① A국은 치즈를 0.5단위, B국은 쌀을 0.5단위 더 소비할 수 있다.
② A국은 쌀을 0.5단위, B국은 치즈를 0.5단위 더 소비할 수 있다.
③ A국은 치즈를 1단위, B국은 쌀을 0.5단위 더 소비할 수 있다.
④ A국은 쌀을 0.5단위, B국은 치즈를 0.5 단위 더 소비할 수 있다.
⑤ A국과 B국 모두 쌀을 0.5단위씩 더 소비할 수 있다.

6. 각 나라에서 제품의 생산에 소요되는 노동의 양이 아래의 표와 같을 때, 다음 서술 중 옳은 것은?

	컴퓨터	소고기
A국	12	3
B국	15	5

① A국은 컴퓨터의 생산에 비교우위가 있다.
② A국에서 무역전 소고기의 상대가격은 4이다.
③ 국제무역을 하면 컴퓨터의 상대가격이 3과 4 사이가 된다.
④ B국은 소고기를 수출할 것이다.
⑤ 무역을 하면 한 나라만 이익을 본다.

7. 생산부문에서 부분특화를 한 후 무역을 하는 A국의 아래의 그림에 대한 설명 중 옳지 **않은** 것은? (단, E_0점은 무역을 하기 전의 소비점이다.)

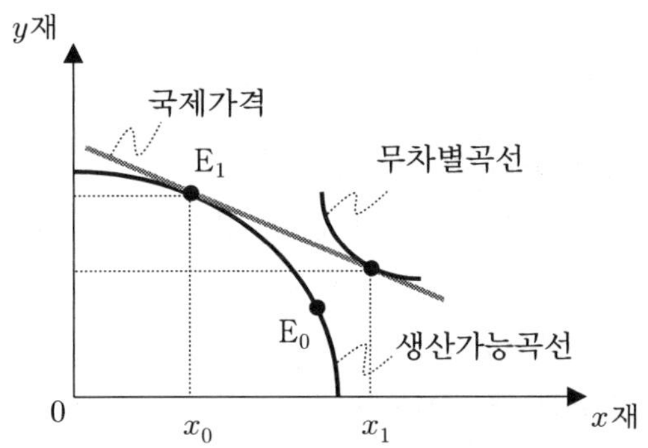

① A국은 무역으로 인해 후생수준이 반드시 증가한다고 말할 수 없다.
② E_1점에서 생산을 할 것이다.
③ x재를 “$x_1 - x_0$” 만큼 수입할 것이다.
④ 무역 이전과 비교할 때 x재의 상대가격은 하락하였다.
⑤ A국은 무역으로 인해 y재 산업에서의 고용을 더 늘릴 것이다.

8. 다음 중 풍부한 자원에 따라 무역패턴이 결정된다는 헥셔-올린 정리에 위배되거나 다른 입장을 취하는 것들은?

가. 레온티에프의 역설 나. 산업내 무역 다. 산업간 무역 라. 선후진국 간 무역

① 가 ② 가, 나 ③ 다, 라
④ 나, 다, 라 ⑤ 가, 나, 다, 라

9. 다음 서술 중 옳지 **<u>않은</u>** 것은?

① 요소가격 균등화 정리는 생산요소가 교역제품에 체화되어 국가 간에 이동하는 것과 같은 효과를 가진다고 한다.
② 립친스키 정리에 의하면, 갑자기 노동량이 늘어나면, 자본재의 생산량이 줄어든다.
③ 스톨퍼–새뮤얼슨 정리에 의하면, 노동풍부국에서 수입관세를 부과하면 임금을 하락시키게 된다.
④ 궁핍화 성장은 개방경제에서 소국의 경제성장이 그 나라에 항상 좋은 것만은 아니라는 것을 말해주고 있다.
⑤ 헥셔–올린의 정리에 의하면, 자본풍부국은 자본재를 수출한다.

10. 헥셔–올린의 정리와 그것에 관련된 정리들에 관한 다음의 설명 중 옳지 **<u>않은</u>** 것은?

① 선후진국간의 무역인 남북무역을 설명할 때 적합하다.
② 상대적으로 풍부한 생산요소를 상품이라는 형태로 간접적으로 수출하는 셈이 된다.
③ 보호무역을 하면 상대적으로 희소한 생산요소의 소득을 상승시킨다.
④ 비교우위의 원천을 생산요소부존량보다는 생산성과 생산기술에서 찾으려 하고 있다.
⑤ 곡물과 컴퓨터의 교역을 설명하는데 적합하다.

11. 자본/노동의 투입비율이 제품 x가 제품 y보다 크다고 한다. 또한 A국은 자본/노동의 부존비율이 B국보다 작다고 한다. 이때 다음 중 옳은 것은?

가. A국은 y재를 수출하고, B국은 x재를 수출할 것이다. 나. 무역 후 A국에서 임금/자본비용 비율이 하락할 것이다. 다. B국은 y재에서 비교우위를 가진다.

① 가 ② 다 ③ 가, 나
④ 나, 다 ⑤ 가, 나, 다

12. 레온티에프 역설은 무엇을 말하는가?

① 미국에서 실증분석 결과, 부존자원이 비교우위를 결정한다는 이론에 위배되는 현상이 발견된 것을 말한다.
② 미국에서 실증분석에 따르면 무역의 패턴이 비교우위가 아닌 절대우위에 따라 결정됨을 보여주는 것을 말한다.

③ 미국에서의 경제성장이 교역조건을 악화시켜, 오히려 미국의 후생이 감소한 사례를 말한다.
④ 무역량이 증가함에 따라 미국과 후진국의 임금격차가 같아지지 않고, 더욱 벌어진 현상을 말한다.
⑤ 미국에서 대규모 유전이 개발되자, 미국의 경공업이 침체된 현상을 말한다.

13. 다음 서술 중 옳은 것은?

> 가. 리카도의 비교우위론은 노동의 생산성에 근거하고 있다.
> 나. 립친스키 정리에 의하면, 자본이 증가하면 자본집약재의 국제가격경쟁력은 하락한다.
> 다. 네덜란드병(Dutch disease)을 고려하면, 대규모 천연자원의 발견이 반드시 경제에 긍정적으로 작용하지는 않는다.

① 가 ② 가, 나 ③ 가, 다
④ 나, 다 ⑤ 가, 나, 다

14. x재의 생산에 완전특화하는 A국과 y재의 생산에 완전특화하는 B국의 오퍼(Offer)곡선과 국제가격이 아래 그림에서처럼 주어졌을 때, 이에 대한 서술 중 옳은 것은?

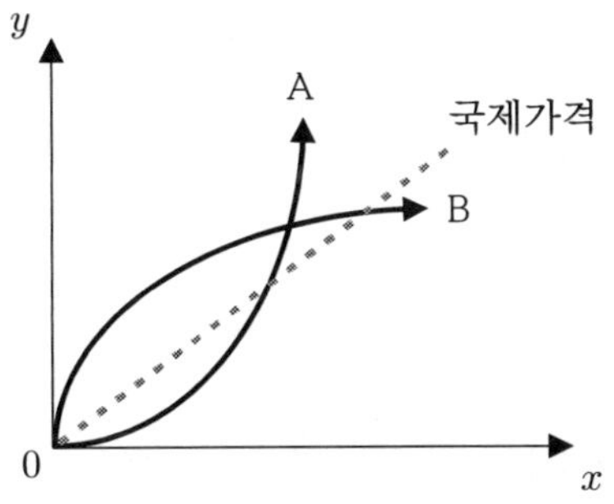

① 국제시장에서 x재와 y재에 대한 초과공급이 발생한다.
② 국제시장에서 x재와 y재에 대한 초과공급이 발생한다.
③ 국제시장에서 x재에 대한 초과수요, y재에 대한 초과공급이 발생한다.
④ 국제시장에서 x재에 대한 초과공급, y재에 대한 초과수요가 발생한다.
⑤ 국제시장은 균형상태를 유지하고 있다.

15. 다음 중 가장 옳지 **않은** 것은?

① 대국의 경우 경제가 성장하더라도 교역조건의 변화에 따라 그 나라의 총효용수준이 감소할 수도 있다.
② 어떤 제품에 대해 두 나라만이 거래를 할 때, 그 제품의 가격은 양국의 오퍼곡선에 의해 결정된다.
③ 자본이 풍부한 나라는 자본집약재에 비교우위를 가지고 수출을 한다.
④ 관세를 철폐하면, 상대적으로 풍부한 생산요소의 가격이 하락하는 경향이 있다.
⑤ 어떤 생산요소가 증가하면, 그 생산요소를 덜 집약적으로 사용하는 산업이 쇠퇴할 가능성이 있다.

16. 수입관세를 부과할 때의 효과로 옳지 **않은** 것은?

① 국내의 초기산업을 보호해주는 역할을 한다.
② 경제전체로 볼 때 사중손실이라는 비효율을 발생시킨다.
③ 국내 소비자의 잉여가 감소한다.
④ 국내 생산자의 잉여가 감소한다.
⑤ 정부의 잉여가 늘어난다.

17. 다음 중 소국인 A국의 수입할당제(Quota)에 대한 효과로서 옳지 **않은** 것은?

① 수입국의 후생은 증가한다.
② 수출국의 후생은 증가할 수 없다.
③ 수입국과 수출국의 잉여의 합은 감소한다.
④ 수출국의 수출량이 감소한다.
⑤ 수입할당제 대상이 된 제품의 국제가격에는 아무런 변화가 없다.

18. 다음 중 세계경제의 블록화는 일반적으로 어떤 순서로 진행되는가?

① 자유무역협정 ⇒ 공동시장 ⇒ 관세동맹 ⇒ 경제연합
② 관세동맹 ⇒ 자유무역협정 ⇒ 공동시장 ⇒ 경제연합
③ 공동시장 ⇒ 경제연합 ⇒ 관세동맹 ⇒ 자유무역협정
④ 자유무역협정 ⇒ 경제연합 ⇒ 관세동맹 ⇒ 공동시장
⑤ 자유무역협정 ⇒ 관세동맹 ⇒ 공동시장 ⇒ 경제연합

13-2 국제수지

19. 국제수지에 대한 다음 설명 중 옳지 **않은** 것은?

① 자본수지가 자율적 금융거래와 보정적 금융거래를 모두 포함하면, 국제수지는 항등적으로 균형이 된다.
② 해외이자율보다 국내이자율이 더 증가하면, 자본수지가 개선이 된다.
③ 달러화에 비해 국내화폐의 가치가 상승하면, 경상수지는 궁극적으로 개선이 된다.
④ 경상수지는 무역수지, 소득수지, 이전수지를 모두 합한 것이다.
⑤ 경상수지와 협의의 자본수지를 합해 균형이 되지 않으면, 보정적 금융거래가 발생하게 된다.

20. 국제수지에 대한 다음 서술 중 옳지 **않은** 것은?

① 보정적 거래까지 포함한 광의의 자본수지와 경상수지의 합은 항상 0이다.
② 한국인이 외국의 투자증권이나 자산을 매입하면 한국의 자본수지가 개선된다.
③ 매입한 외국자산으로부터 발생하는 소득은 경상수지에 포함된다.
④ 경상수지와 보정적 거래를 제외한 자본수지는 자율적 거래의 결과이다.
⑤ 보정적 거래를 제외한 협의의 자본수지와 경상수지의 합으로 나타나는 국제수지가 적자이면, 외국에 단기금융상품을 수출한 것과 같다.

21. 환율에 대한 다음 설명 중 옳지 **않은** 것은?

① 변동환율제하에서 원/달러 환율이 950에서 900으로 변하면, 원화가 평가하락한 것이다.
② 외환시장에서 달러화에 대해 초과수요가 발생하면, 원화의 가치가 하락할 것이다.
③ 외환시장에서 달러화의 초과공급이 발생하면, 환율이 하락할 것이다.
④ 고정환율제하에서 환율을 상승시키면, 자국화폐를 평가절하시킨 것이다.
⑤ 원/달러 환율이 950에서 1,000으로 변하면, 한국제품의 국제가격경쟁력이 향상된 것이다.

22. 원/달러 환율이 990, 페소/달러 환율이 11일 때, 차익거래(arbitrage)가 발생하지 않으려면, 원/페소 환율이 얼마가 되어야 하는가?

① 66　② 77　③ 90　④ 9　⑤ 10,890

23. J-곡선 현상에 대해 옳게 설명한 것은?

> 가. 환율이 상승할 때, 단기에서는 경상수지가 악화될 수 있다.
> 나. 환율의 변화에 대해 수출입 물량이 적응하는 데는 상당한 시일이 걸리기 때문에 발생하는 현상이다.
> 다. 한 나라에서 환율에 대해 수출탄력성과 수입탄력성의 합이 궁극적으로 1을 초과하는 경우에도 발생한다.

① 가 ② 나 ③ 가, 나
④ 나, 다 ⑤ 가, 나, 다

24. 절대적 구매력평가설이 현실에 잘 적용이 안 되는 이유는?

> 가. 경제 내에서 비교역재의 비중이 크다.
> 나. 비교대상국과의 물가지수 가중치가 많이 다르다.
> 다. 일물일가의 법칙이 성립되기 때문이다.
> 라. 차익거래가 너무 빈번하다.

① 가, 나 ② 가, 나, 다 ③ 가, 다, 라
④ 나, 다 ⑤ 다, 라

25. 빅맥(Big Mac) 값이 미국에서 2.5달러인데, 한국에서는 3,000원이라 한다. 현재의 원/달러 환율은 1,000이다. 빅맥에 대한 구매력을 기준으로 할 때, 가장 옳은 설명은?

① 환율이 지나치게 높다.
② 궁극적으로 환율이 상승할 것이다.
③ 일물일가의 법칙이 성립되고 있다.
④ 달러화가 고평가되어 있다.
⑤ 실질환율이 1보다 크다.

26. 원/달러의 현물환율이 950, 한국의 이자율이 연 6%, 미국의 이자율이 연 4%일 때, 1년물 선물환율은 얼마가 되는가?

① 920 ② 932 ③ 950 ④ 968 ⑤ 1,000

27. 국내화폐공급량이 갑자기 증가하면, 외환시장에서 순식간에 환율이 최종균형값보다 더 상승하는 과잉 반응(Overshooting)이 일어나는 가장 주된 원인은 무엇인가?

① 경제주체들이 주로 적응적 기대를 하기 때문이다.
② 경제주체들이 합리적 기대를 하지만, 통화량의 공급이 미리 예고되지 않았기 때문이다.
③ 단기에 있어서는 환율이 한국과 미국 간의 구매력을 정확하게 평가해주지 못하기 때문이다.
④ 통화량의 교란이 발생했을 때, 환율과 같은 화폐부문의 적응속도는 매우 빠르나 수출입의 적응속도는 느리기 때문이다.
⑤ 국제간 활발한 자본거래로 말미암아 자본수지의 흑자폭이 순식간에 커지기 때문이다.

28. 다음 중 고정환율제도의 특성에 해당하는 것은?

가. 재정정책의 효과가 금융정책의 효과보다 크다. 나. 통화정책을 대외여건과 관계없이 독립적으로 시행할 수 있다. 다. 국제간의 자본이동이 제약될수록 총수요정책의 효과가 더 커진다.

① 가 ② 다 ③ 가, 다
④ 나, 다 ⑤ 가, 나, 다

29. 다음 중 변동환율제의 특성에 해당하는 것은?

가. 환위험이 매우 작다. 나. 국내 금융정책이 대외여건으로부터 자유로울 수 있다. 다. 국제수지가 오랜 기간 동안 불안정해질 위험이 있다.

① 가 ② 나 ③ 다
④ 나, 다 ⑤ 가, 나, 다

13-3 개방경제 하의 경제정책

30. 고정환율제하에서 확대금융정책을 쓸 경우, 국제수지는 어떻게 변하는가? (단, 정책전의 국제수지는 균형이다.)

① 처음에는 경상수지적자를 기록하였다가, 시간이 지나면서 경상수지가 점차 개선되어 균형을 회복한다.
② 처음에는 경상수지흑자를 기록하였다가, 시간이 지나면서 점차 악화되어 균형을 회복한다.
③ 처음에는 자본수지적자를 기록하지만, 얼마 후에 자본수지가 개선되면서 균형을 회복한다.
④ 처음에는 자본수지흑자를 기록하지만, 얼마 후에 자본수지가 적자로 변해 균형을 회복한다.
⑤ 처음에는 자본수지적자를 기록하였다가, 시간이 지나면서 점차 경상수지가 개선되면서 균형을 회복한다.

31. 변동환율제하에서 확대금융정책을 쓸 경우, 국제수지는 어떻게 변하는가? (단, 정책 전의 국제수지는 균형이다.)

① 처음에는 적자를 기록하였다가, 시간이 지나면서 점차 개선되어 균형을 회복한다.
② 처음에는 흑자를 기록하였다가, 시간이 지나면서 점차 악화되어 균형을 회복한다.
③ 처음에는 적자를 기록하지만, 다시 금방 균형을 회복한다.
④ 처음에는 흑자를 기록하지만, 다시 금방 균형을 회복한다.
⑤ 시간이 지나면서 흑자와 적자를 계속 반복하게 된다.

주관식문제 정답

1장 수요와 공급

1-1 수요와 공급이론

1. (1) 수요곡선(D)이 우측으로 이동. 따라서 균형가격(P) 상승, 균형거래량(Q) 증가.

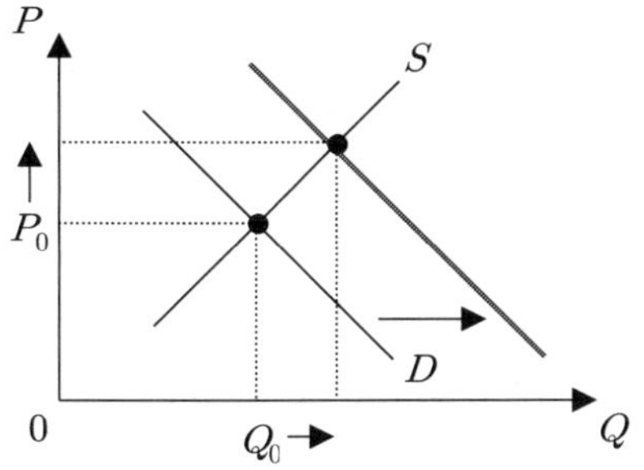

(2) 공급곡선(S)이 좌측으로 이동. 따라서 P 상승, Q 감소.

(3) 수요곡선(D)이 좌측으로 이동. 따라서 P 하락, Q 감소.

(4) 공급곡선(S)이 우측으로 이동. 따라서 P 하락, Q 증가.

2. (1) 수요곡선(D)과 공급곡선(S) 모두 우측으로 이동. 따라서 균형가격(P)의 변화는 확실치 않으며, 균형거래량(Q)은 증가.

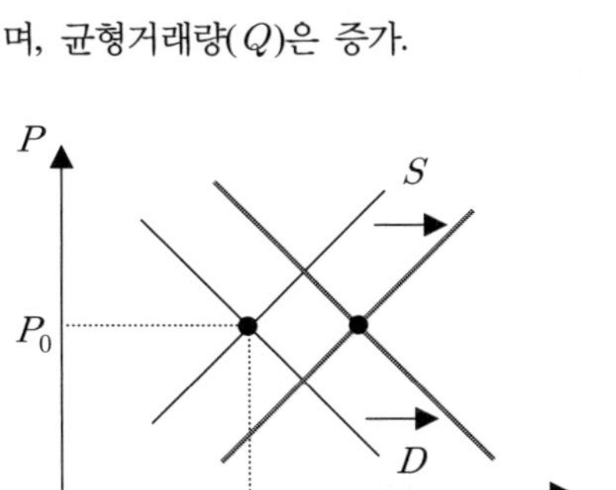

(2) 수요곡선(D)은 우측으로 이동, 공급곡선(S)은 좌측으로 이동. 따라서 P 상승, Q의 변화는 확실치 않음.

(3) 수요곡선(D)은 좌측으로 이동, 공급곡선(S)은 우측으로 이동. 따라서 P 하락, Q의 변화는 확실치 않음.

(4) 수요곡선(D)과 공급곡선(S) 모두 좌측으로 이동. 따라서 P의 변화는 확실치 않으며, Q는 감소.

3. (1) 균형점에서 $200-2Q=3Q$이므로, $Q=40$. 이를 수요함수 또는 공급함수에 대입하면, $P=120$. $\therefore\ P=120,\ Q=40$

(2) 새로운 수요함수 $P=250-2Q$에 $P=120$을 대입하면, $Q=65$.

$\therefore$ 초과수요$=65-40=25$

새로운 수요함수와 원래의 공급함수로부터 새로운 균형값을 구하면, $P=150,\ Q=50$.

(3) $250-2Q=3Q+50$로부터 새로운 균형값은 $P=170,\ Q=40$. 원래의 균형값과 비교하면 균형가격은 50만큼 상승하고, 균형거래량은 변화가 없다.

4. 개별수요함수와 개별공급함수를 다시 적으면, 각각 $q=7-\frac{1}{2}P$와 $q=2P$이다.

시장수요함수:

$$Q=\sum_{i=1}^{100} q_i=100\times q=100\times(7-\frac{1}{2}P)$$
$$=700-50P$$

시장공급함수:

$$Q=\sum_{i=1}^{10} q_i=10\times q=10\times 2P=20P$$

따라서 균형점에서 $P=10,\ Q=200$.

5. $P > P_0$이면 초과공급이 발생하므로 가격이 하락하고, $P < P_0$이면 초과수요가 발생하므로 가격이 상승한다. 따라서 왈라스 적응에 의하면 균형은 안정적이다.

$Q > Q_0$이면 "수요가격 > 공급가격" 이므로 공급량이 늘고, $Q < Q_0$이면 "수요가격 < 공급가격" 이므로 공급량이 준다. 따라서 마샬 적응에 의하면 균형은 불안정적이다.

6. (1) 아래 그림에서 가격이 P_0에서 P_1으로 하락할 때, 보통의 경우라면 수요량이 Q_0에서 Q_1으로 증가하겠지만, 추종효과로 인해 수요량이 Q_2까지 증가한다. 따라서 시장수요곡선의 기울기는 보다 완만해진다.

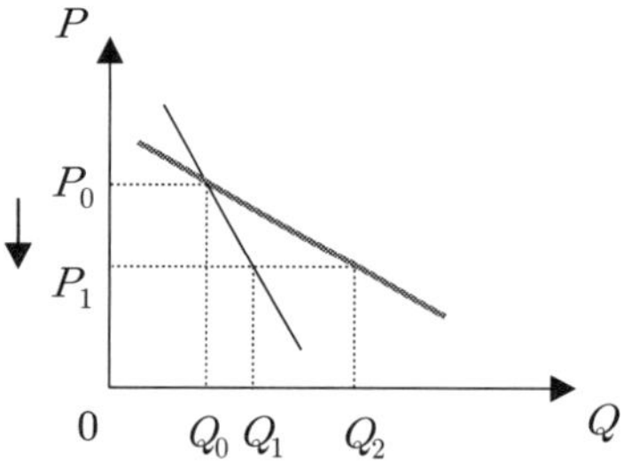

(2) 아래 그림에서 가격이 P_0에서 P_1으로 하락할 때, 보통의 경우라면 수요량이 Q_0에서 Q_2로 증가하겠지만, 속물효과로 인해 수요량이 Q_1까지만 증가한다. 따라서 시장수요곡선의 기울기는 보다 급해진다.

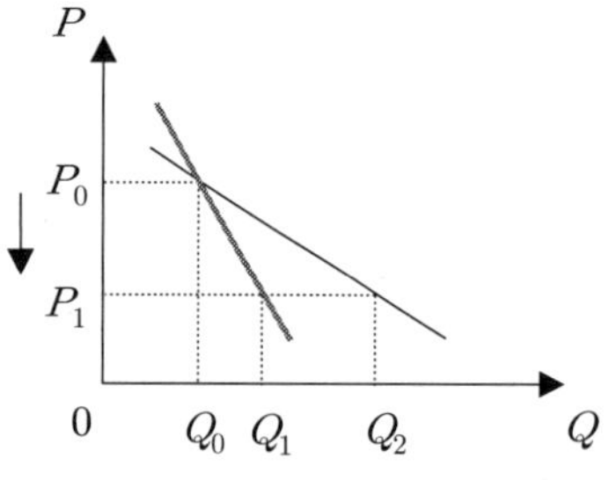

1-2 탄력성

1. $\epsilon = -\frac{dQ}{dP}\frac{P}{Q} = -\left(-\frac{1}{2}\right)\left(\frac{120}{40}\right) = 1.5$

2. 균형점은 $(P, Q) = (100, 50)$이다. 따라서

$$\epsilon = -\frac{dQ}{dP}\frac{P}{Q} = -\left(-\frac{1}{3}\right)\left(\frac{100}{50}\right) = \frac{2}{3}$$

수요곡선이 변한 후에 새로운 균형점은 $(P, Q) = (200, 100)$이므로,

$$\epsilon = -\frac{dQ}{dP}\frac{P}{Q} = -(-\frac{1}{3})(\frac{200}{100}) = \frac{2}{3}$$

∴ 변화가 없다.

3. (1) $\epsilon = -\frac{\Delta Q}{\Delta P}\frac{P_1}{Q_1} = -\left(\frac{-200}{20}\right)\left(\frac{100}{1{,}000}\right) = 1$

(2) $\epsilon = -\frac{\Delta Q}{\Delta P}\frac{(P_1+P_2)/2}{(Q_1+Q_2)/2}$

$= -\left(\frac{-200}{20}\right)\left(\frac{110}{900}\right) = 1.2$

4. $\epsilon_{xy} = \frac{dQ_y}{dP_x}\frac{P_x}{Q_y} = \left(\frac{3{,}000}{400}\right)\left(\frac{1{,}000}{10{,}000}\right) = 0.75 > 0$

∴ 대체재

5. $\epsilon_{xy} = \frac{dQ_y}{dP_x}\frac{P_x}{Q_y} = \left(\frac{200}{-10}\right)\left(\frac{100}{500}\right) = -4 < 0$

∴ 보완재

6. $\epsilon_I = \frac{dQ}{dI}\frac{I}{Q} = \left(\frac{5}{50}\right)\left(\frac{200}{10}\right) = 2 > 1$

∴ 정상재이며 사치재이다.

7. $\epsilon_I = \frac{dQ}{dI}\frac{I}{Q} = \left(\frac{10^7}{2{,}000}\right)\left(\frac{10{,}000}{10^8}\right) = \frac{1}{2} < 1$

∴ 필수재

8. (1) $\epsilon = \frac{300}{100} = 3$

(2) $\epsilon_S = \frac{200}{300} = \frac{2}{3}$

(3) $\epsilon_S = \frac{300}{200} = 1.5$

9. $PQ = c$

[방법 1]

$Q = \frac{c}{P}$이므로, $\frac{dQ}{dP} = -\frac{c}{P^2}$.

$\therefore\ \epsilon = -\frac{dQ}{dP}\frac{P}{Q} = \left(\frac{c}{P^2}\right)\left(\frac{P}{Q}\right) = \frac{c}{PQ} = 1$

[방법 2]

$PQ = c$를 전미분하면,

$QdP + PdQ = 0$

다시 정리하면, $-\frac{dQ}{dP}\frac{P}{Q} = 1$. 즉, $\epsilon = 1$

10. $PQ = I$ (일정) $\therefore\ \epsilon = 1$.

가격이 변하지 않고($dP = 0$) 소득만 변할 때, 수요량의 변화를 살펴보자. 위의 식을 전미분하면, $QdP + PdQ = dI$가 된다. 또한 $dP = 0$이므로, $PdQ = dI$가 성립한다. 따라서 $\frac{dQ}{dI} = \frac{1}{P}$.

$\therefore\ \epsilon_I = \frac{dQ}{dI}\frac{I}{Q} = \frac{1}{P}\frac{I}{Q} = \frac{I}{PQ} = 1$

1-3 수요와 공급이론의 응용

1. 소비자잉여 $= (200 - 100) + (150 - 100) = 150$

2. 생산자잉여 $= (100 - 50) + (100 - 80) = 70$

3. (1) 소비자잉여 $= 0.5 \times 50 \times 150 = 3{,}750$

생산자잉여 $= \frac{1}{2} \times 50 \times 100 = 2{,}500$

(2) 소비자잉여 $= \frac{1}{2} \times 40 \times (170 + 50) = 4{,}400$

생산자잉여 $= \frac{1}{2} \times 40 \times 80 = 1{,}600$

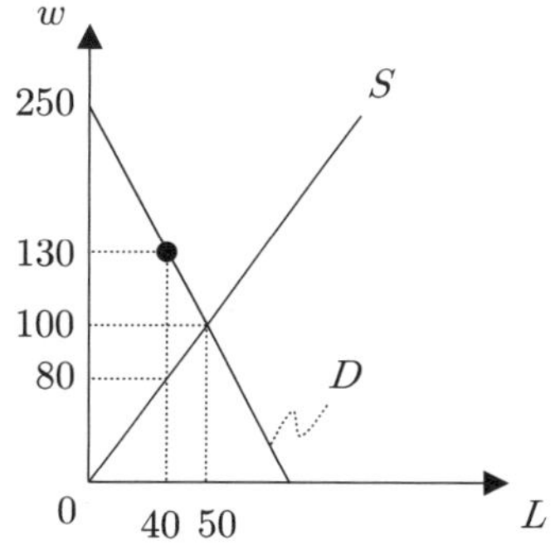

(3) 사중손실 $= \frac{1}{2} \times 10 \times 50 = 250$

4. (1) 고용의 감소 $= 50 - 40 = 10$

(2) △기업잉여 $= \frac{1}{2} \times 40 \times 120 - \frac{1}{2} \times 50 \times 150$

$= 2{,}400 - 3{,}750 = -1{,}350$

△노동자잉여 $= \frac{1}{2} \times 40 \times (130 + 50)$

$- \frac{1}{2} \times 50 \times 100$

$= 3{,}600 - 2{,}500 = 1{,}100$

(3) 사중손실 $= \frac{1}{2} \times 10 \times 50 = 250$

원래의 총잉여$=\frac{1}{2}\times 50\times 250=6{,}250$

사중손실률$=\frac{250}{6{,}250}=0.04$ 즉, 4%

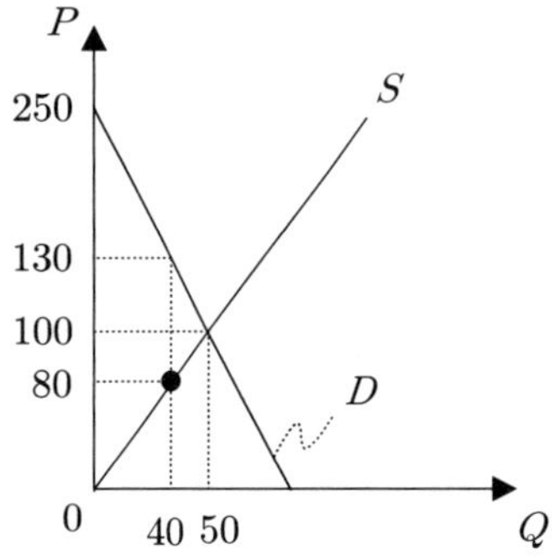

5. (1) 공급함수를 $P=2Q+10$으로 바꾸면, 새로운 시장 균형점은 $(P, Q)=(106, 48)$이 된다.

$\therefore\ \Delta P=6,\ \Delta Q=-2$

(2) Δ소비자잉여$=\frac{1}{2}\times 48\times 144-\frac{1}{2}\times 50\times 150=3{,}456-3{,}750=-294$

Δ생산자잉여$=\frac{1}{2}\times 48\times 96-\frac{1}{2}\times 50\times 100=2{,}304-2{,}500=-196$

(3) 사중손실$=\frac{1}{2}\times 2\times 10=10$

(4) 소비자부담$=106-100=6$

생산자부담$=100-96=4$

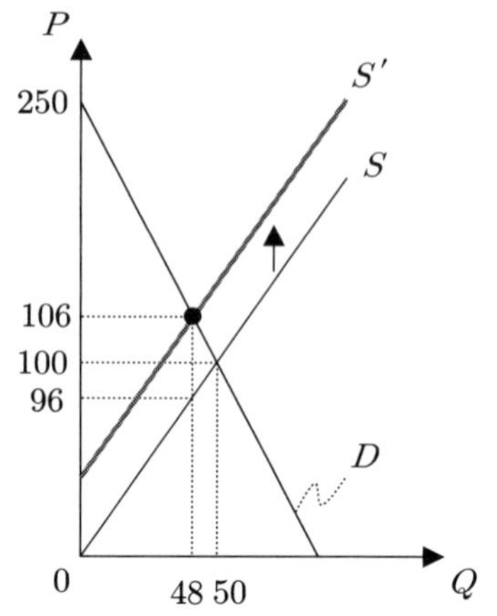

6. $\frac{\text{소비자부담}}{\text{생산자부담}}=\frac{1/2}{3/2}=\frac{1}{3}$

즉, 소비자부담 : 생산자부담$=1:3$

$\therefore$ 소비자부담$=25\%$, 생산자부담$=75\%$

2장 소비자이론

2-1 한계효용과 무차별곡선

1.

소비량	1	2	3	4	5
총효용	20	28	32	33	32
한계효용(MU)	20	8	4	1	−1

2. $U=30+20+7+2=59$

3. $U=3x^{1/3}y^{2/3}$

$$MU_x=\frac{\partial U}{\partial x}=x^{-2/3}y^{2/3}=(27)^{-2/3}(8)^{2/3}=\frac{4}{9}$$

$$MU_y=\frac{\partial U}{\partial y}=2x^{1/3}y^{-1/3}=2(27)^{1/3}(8)^{-1/3}=3$$

4. $MRS_{xy} = -\dfrac{\triangle y}{\triangle x} = -\dfrac{-3}{2} = 1.5$

5. (1) $MRS_{xy} = \dfrac{MU_x}{MU_y} = \dfrac{2}{5}$

(2) $MRS_{xy} = \dfrac{MU_x}{MU_y} = \dfrac{0.8}{0.2} = 4$

(오렌지주스를 0.1단위 덜 소비하면, 효용이 0.2단위만큼 감소한다.)

6. $U = 3x^{1/3}y^{2/3}$

$$MRS_{xy} = \frac{MU_x}{MU_y} = \frac{\partial U/\partial x}{\partial U/\partial y} = \frac{x^{-2/3}y^{2/3}}{2x^{1/3}y^{-1/3}} = \frac{y}{2x}$$

$$MRS_{xy} = \frac{2}{2\times 5} = \frac{1}{5}$$

7.

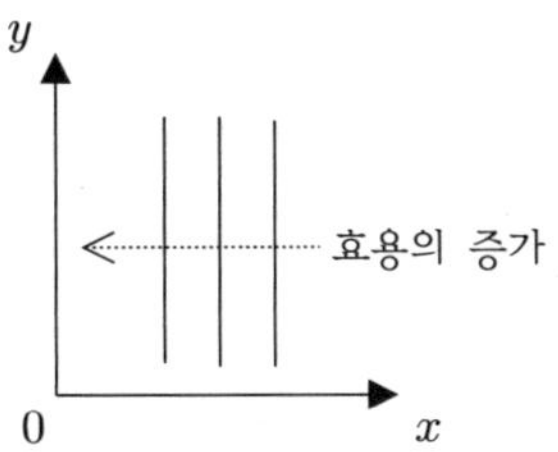

8. (1) x-y 평면의 1사분면 전체가 효용수준이 0인 무차별면이 된다.

(2) 아래 그림에서처럼 임의의 A점이 주어져있다고 하자. 이때 B점처럼 A점 오른쪽의 점들은 A점보다 x재의 양이 더 많으므로 y재의 양에 상관없이 A점보다 더 선호된다. (반대로 A점 왼쪽의 점들은 A점보다 덜 선호된다.) 또한 A점을 지나는 수직선 위의 점들 중 C점처럼 A점 위의 점들은 y재의 양이 더 많으므로 A점보다 더 선호된다. (반대로 A점 아래의 점들은 A점보다 덜 선호된다.) 따라서 A점과 선호가 동일한 다른 점은 찾을 수 없다. 즉, 각 점의 효용이 모두 다르다. 그러므로 무차별점만 존재하게 된다.

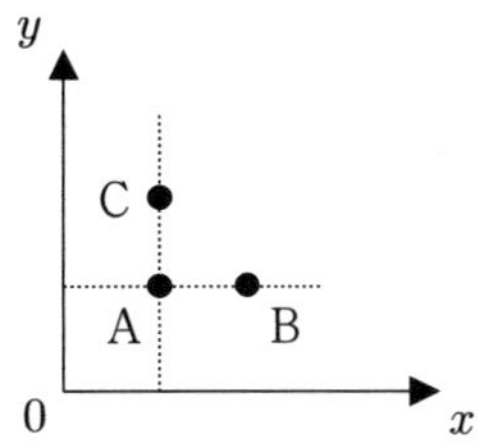

9. 무차별곡선: $20 = 4x + y \quad \Rightarrow \quad y = -4x + 20$

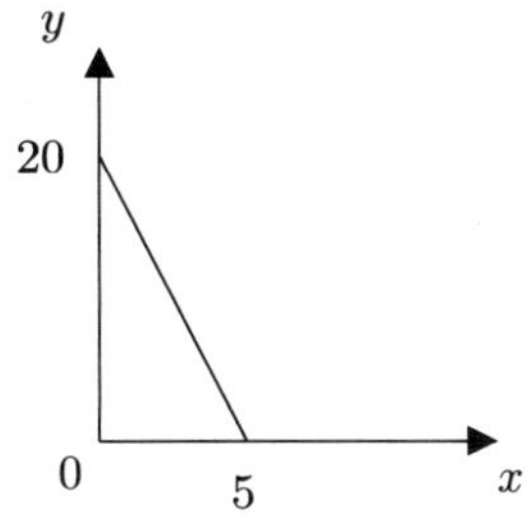

10. 무차별곡선: $20 = \min\{x, 10y\}$

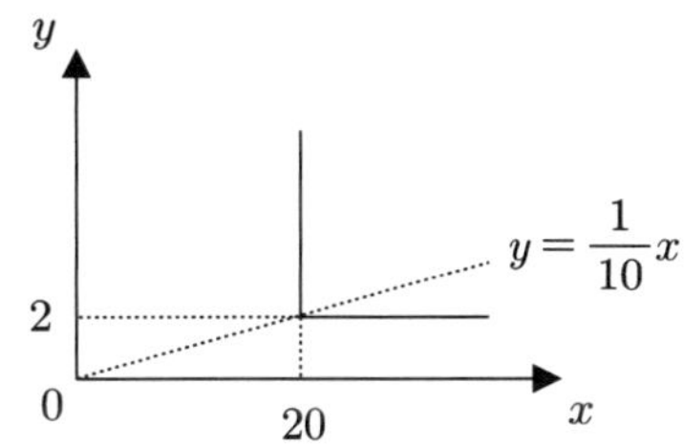

(효율적인 소비점은 $x = 10y$ 직선상이 된다.)

11. 예산선: $15x + 10y = 300 \quad \Rightarrow \quad y = -\dfrac{3}{2}x + 30$

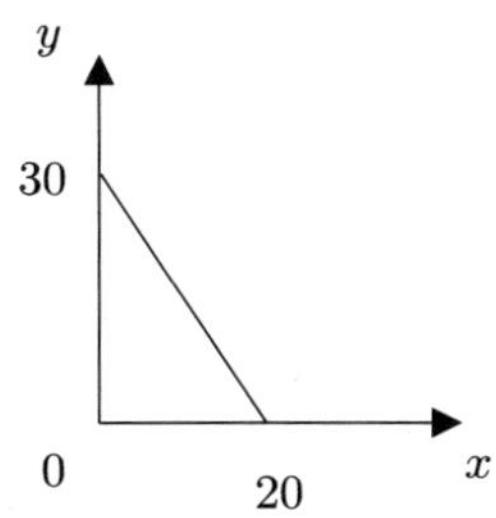

12. 원래 주어진 예산선:

$$10x + 20y = 400 \Rightarrow \quad y = -\frac{1}{2}x + 20$$

(1) 새로운 예산선:

$$5x + 20y = 400 \Rightarrow \quad y = -\frac{1}{4}x + 20$$

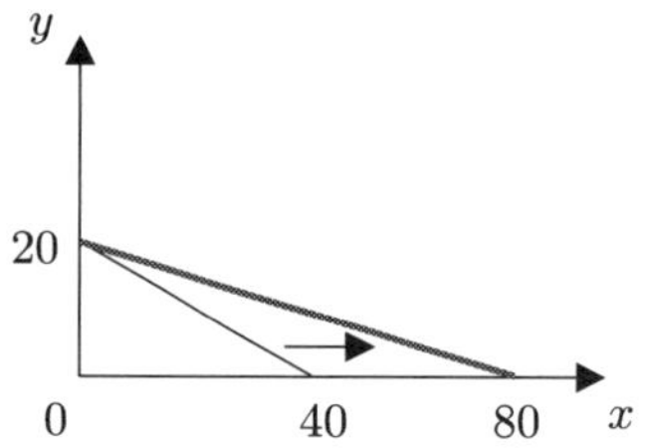

(2) 새로운 예산선:

$$20x + 20y = 400 \Rightarrow \quad y = -x + 20$$

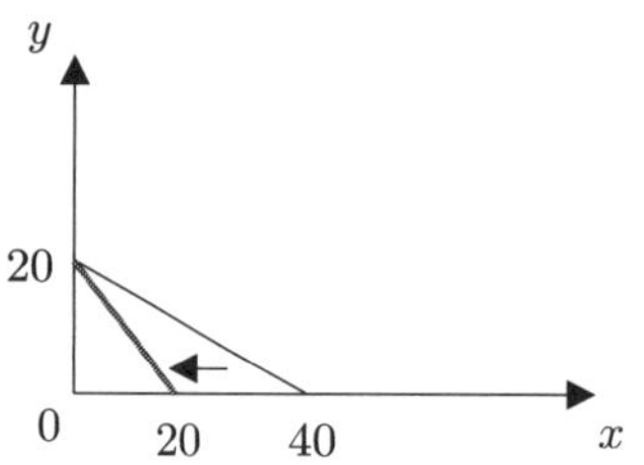

(3) 새로운 예산선:

$$10x + 10y = 400 \Rightarrow \quad y = -x + 40$$

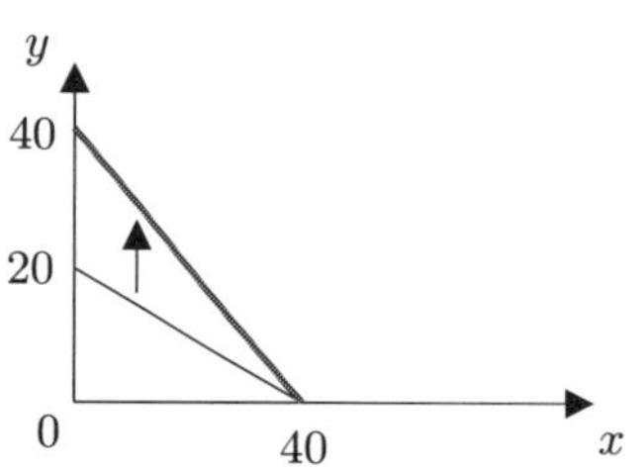

(4) 새로운 예산선:

$$10x + 20y = 600 \Rightarrow \quad y = -\frac{1}{2}x + 30$$

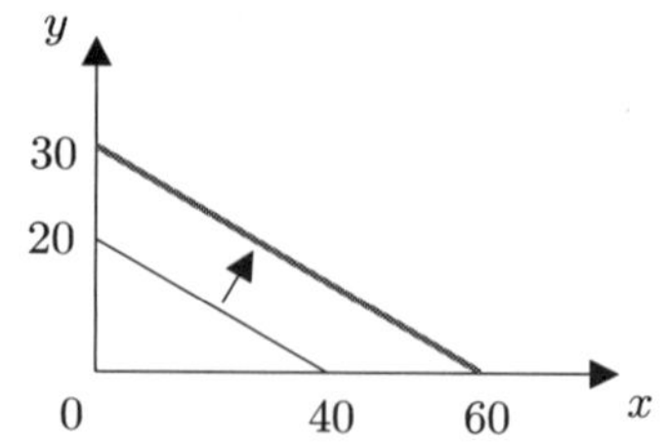

2-2 소비자선택

1. $MRS = \dfrac{MU_x}{MU_y} = \dfrac{\frac{1}{2}x^{-1/2}y^{1/2}}{\frac{1}{2}x^{1/2}y^{-1/2}} = \dfrac{y}{x}$,

$$\frac{P_x}{P_y} = \frac{20}{30} = \frac{2}{3}$$

$\left(MRS = \dfrac{P_x}{P_y}\right.$ 로부터$\left.\right)$ $\dfrac{y}{x} = \dfrac{2}{3} \quad \Rightarrow \quad y = \dfrac{2}{3}x$

이를 예산선 $20x + 30y = 1{,}200$에 대입하여 풀면, $(x, y) = (30, 20)$.

$$\therefore \quad U_{\max} = \sqrt{30 \times 20} = 10\sqrt{6}$$

2. (1) $MRS = \dfrac{\frac{2}{3}x^{-1/3}y^{1/3}}{\frac{1}{3}x^{2/3}y^{-2/3}} = \dfrac{2y}{x} = 2 = \dfrac{P_x}{P_y}$

$$\Rightarrow \quad y = x$$

예산선에 대입하여 풀면, $(x, y) = (20, 20)$

$$\therefore \quad U_{\max} = 20^{\frac{2}{3}} 20^{\frac{1}{3}} = 20$$

(2) $MRS = \dfrac{MU_x}{MU_y} = 3 > 2 = \dfrac{P_x}{P_y}$ 이므로,

전부 x만 소비. 예산선으로부터 $20x = 300$. 따라서 $(x, y) = (15, 0)$. 또는 아래 그림으로부터 $(x, y) = (15, 0)$. (실선은 예산선, 점선은

무차별곡선임.)

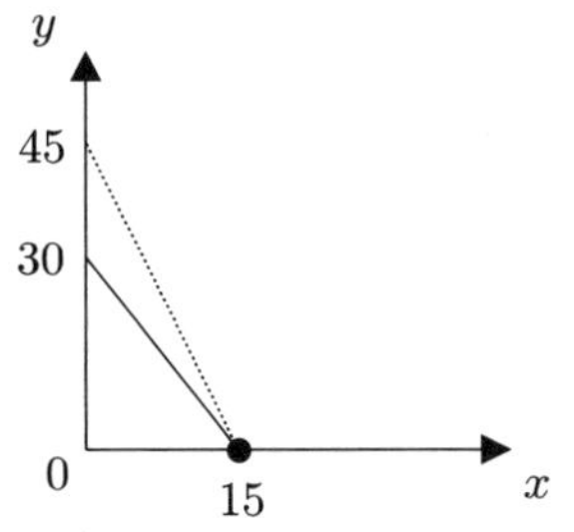

$\therefore\ U_{\max} = 3 \times 15 + 0 = 45$

(3) $U = \min\{3x, y\}$이므로 최적소비점에서는 $3x = y$가 되어야 한다. 이 식과 예산선으로부터 $(x, y) = (20, 60)$.

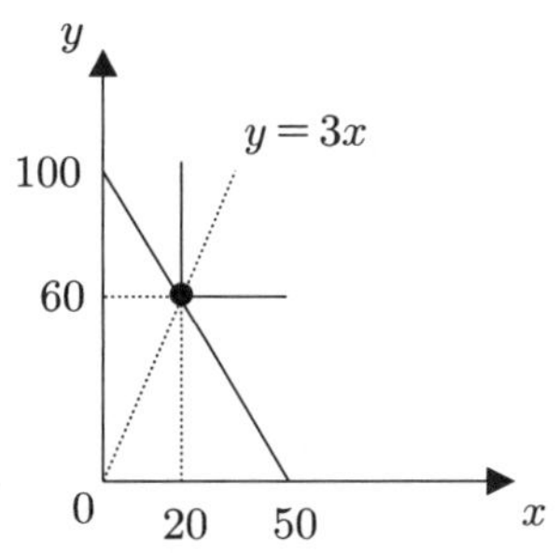

$\therefore\ U_{\max} = \min\{3 \times 20, 60\} = 60$

3. 예산선의 변화:

$$40x + 10y = 800 \quad \Rightarrow \quad 10x + 10y = 800$$

(1) 가격변화 전: $MRS = \dfrac{P_x}{P_y}$로부터 $y = 4x$.

이것을 예산선에 대입하면,

$(x, y) = (10, 40)$. $\Rightarrow$ $U = \sqrt{10 \times 40} = 20$

가격변화 후: $MRS = \dfrac{P_x}{P_y}$로부터 $y = x$.

이것을 새로운 예산선에 대입하면,

$(x, y) = (40, 40)$.

새로운 가격 아래 이전과 동일한 효용을 누리게 하는 x의 값은 $\sqrt{xy} = \sqrt{x \times x} = 20$(원래의 효용수준)으로부터 $x = 20$임을 알 수 있다. 이 값과 원래의 $x = 10$과의 차이가 대체효과이다.

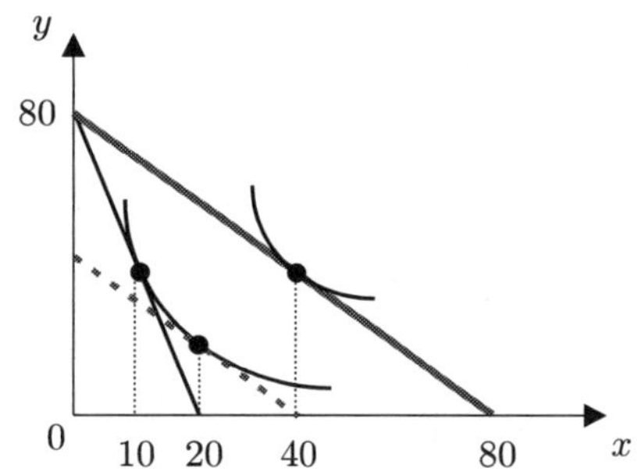

$\therefore$ 대체효과$= 20 - 10 = 10$

소득효과$= 40 - 20 = 20$

(2) 가격변화 전: $MRS = 2 < 4 = \dfrac{P_x}{P_y}$.

따라서 $(x, y) = (0, 80)$.

가격변화 후: $MRS = 2 > 1 = \dfrac{P_x}{P_y}$.

따라서 $(x, y) = (80, 0)$.

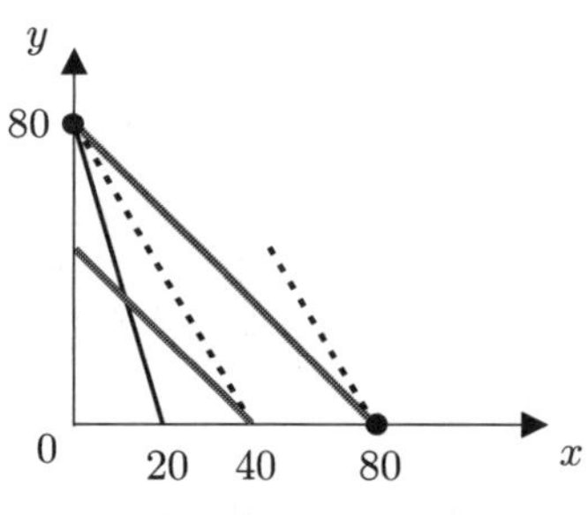

$\therefore$ 대체효과$= 40 - 0 = 40$

소득효과$= 80 - 49 = 40$

주 $(x, y) = (40, 0)$에서 효용수준이 이전과 같다.

(3) 최적소비점에서는 항상 $y = 4x$이므로, 이것을 원

래의 예산선에 대입하면 $(x, y) = (10, 40)$이 되고, 새로운 예산선에 대입하면, $(x, y) = (16, 64)$가 된다.

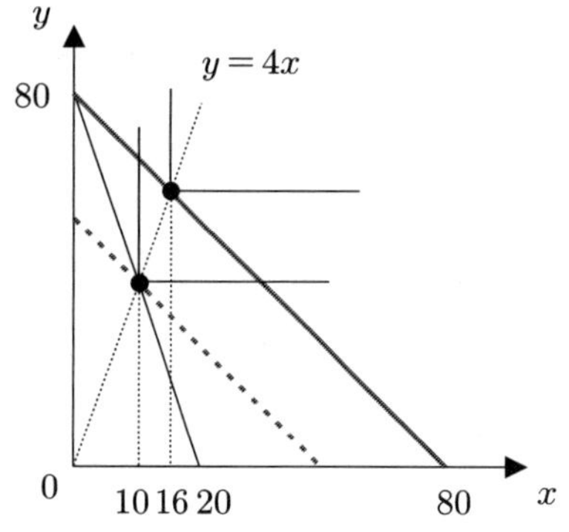

∴ 대체효과 = 0

소득효과 = 16 − 10 = 6

주 완전보완재는 100% 소득효과만 발생한다.

4. $MRS = \dfrac{MU_x}{MU_y} = \dfrac{20}{50} = \dfrac{2}{5} < \dfrac{1}{2} = \dfrac{P_x}{P_y}$

또는 $\dfrac{MU_x}{P_x} = \dfrac{20}{1{,}000} < \dfrac{50}{2{,}000} = \dfrac{MU_y}{P_y}$

즉, y재 소비에 대한 화폐 1단위의 한계효용이 더 크다.

따라서 x재 소비를 줄이고, y재 소비를 늘려야 한다.

5. (1) $P_0Q_0 = 30 \times 500 + 50 \times 900 = 60{,}000$

$P_0Q_1 = 30 \times 600 + 50 \times 800 = 58{,}000$

$P_1Q_0 = 20 \times 500 + 60 \times 900 = 64{,}000$

$P_1Q_1 = 20 \times 600 + 60 \times 800 = 60{,}000$

$$\text{L} = \frac{P_1Q_0}{P_0Q_0} \times 100 = \frac{64{,}000}{60{,}000} \times 100 = 106.7$$

$$\text{P} = \frac{P_1Q_1}{P_0Q_1} \times 100 = \frac{60{,}000}{58{,}000} \times 100 = 103.4$$

∴ L지수에 의한 물가상승률 = 6.7%

P지수에 의한 물가상승률 = 3.4%

(2) $P_0Q_0 > P_0Q_1$이므로 $Q_0 > Q_1$.

$P_1Q_1 < P_1Q_0$이므로 $Q_1 > Q_0$는 성립되지 않는다.

즉, 현시선호의 약공리를 위반하지 않는다.

∴ 일관성을 보이고 있다.

(3) $P_0Q_0 > P_0Q_1$이므로 $Q_0 > Q_1$.

$P_1Q_1 < P_1Q_0$이므로 $Q_1 > Q_0$는 성립되지 않는다.

∴ 후생수준이 더 악화되었다.

M지수, L지수, P지수를 이용하는 방법:

$$\text{M} = \frac{P_1Q_1}{P_0Q_0} \times 100 = \frac{60{,}000}{60{,}000} \times 100 = 100,$$

L = 106.7

M < L이므로, 후생이 증가했다고 말할 수 없다.

M < P이므로, 후생이 감소하였다.

∴ 후생수준이 더 악화되었다.

6. $P_x x + P_y y = I$. P_x만 하락하고, P_y는 변함이 없다고 하자.

만일 x재의 수요탄력성(ϵ)이 1이라면, x재에 대한 총지출이 변하지 않는다. ($P_x x = c$의 경우를 떠올려보라.)

만일 $\epsilon > 1$이라면, x재에 대한 총지출이 늘고, y재에 대한 총지출이 준다. 따라서 y재의 소비는 감소하며, PCC는 우하향한다.

만일 $\epsilon < 1$이라면, x재에 대한 총지출이 줄고, y재에 대한 총지출이 는다. 따라서 x재와 y재의 소비가 모두 증가하며, PCC는 우상향한다. (미분을 써서 증명해도 됨.)

7. $P_x x + P_y y = I$에서 소득이 변할 때, 소비량의 변화를 살펴보자.

$P_x dx + P_y dy = dI$

(가격은 변하지 않는다고 가정함.)

$$P_x \frac{dx}{dI} + P_y \frac{dy}{dI} = 1$$

$$\Rightarrow \quad \frac{P_x x}{I} \left(\frac{dx}{dI}\frac{I}{x}\right) + \frac{P_y y}{I}\left(\frac{dy}{dI}\frac{I}{y}\right) = 1$$

$$\Rightarrow \quad \alpha\epsilon_I^x + (1-\alpha)\epsilon_I^y = 1 \quad (\text{단, } \alpha = \frac{P_x x}{I})$$

즉, ϵ_I^x와 ϵ_I^y의 가중평균값이 1이다. 따라서 x재의 소득탄력성(ϵ_I^x) 또는 y재의 소득탄력성(ϵ_I^y) 중 하나는 반드시 1보다 커야한다. 즉, 사치재여야 한다. 그러므로 주어진 소득을 가지고 소비할 때, 사치재를 쓰지 않는 것은 불가능하다.

2-3 소비자선택이론의 응용

1. 하루 여가시간이 x, 노동시간이 L인 사람은 $x + L = 24$의 시간제약을 받는다. 여기에 시간당 임금(w)을 곱하면, 예산선은 $wx + y = 24w$가 된다. ($\because$ 소득 $y = wL$)

(1) 예산선은 $2x + y = 48$이 된다.

$$MRS = \frac{\frac{2}{3}x^{-1/3}y^{1/3}}{\frac{1}{3}x^{2/3}y^{-2/3}} = \frac{2y}{x} = 2 \quad \Rightarrow \quad y = x$$

예산선에 대입하여 풀면, $x = 16$.

$\therefore \ L = 24 - 16 = 8$

(2) 예산선은 $3x + y = 72$가 된다.

$$MRS = \frac{2y}{x} = 3 \quad \Rightarrow \quad y = \frac{3}{2}x$$

예산선에 대입하여 풀면, $x = 16$.

$\therefore \ L = 24 - 16 = 8$

2. 예산선 $C_0 + \frac{C_1}{1+i} = I_0 + \frac{I_1}{1+i}$ 으로부터

$$C_0 + \frac{C_1}{1.1} = 120 + \frac{198}{1.1} = 300.$$

즉, $C_1 = -1.1C_0 + 330$

$$MRS = \frac{\frac{1}{3}C_0^{-2/3}C_1^{2/3}}{\frac{2}{3}C_0^{1/3}C_1^{-1/3}} = \frac{C_1}{2C_0} = 1.1$$

$$\Rightarrow \quad C_1 = 2.2C_0$$

예산선에 대입하여 풀면, $(C_0, C_1) = (100, 220)$

$\therefore$ 저축액$= 120 - 100 = 20$

3. 이자율이 상승하면, 예산선이 A점을 중심으로 회전하여 기울기가 더 가파르게 변한다. 이때 소비점이 E에서 E′으로 이동하면서 현재소비량은 C_0^*에서 C_0'으로 감소한다. 즉, 차입액이 $(C_0^* - I_0)$에서 $(C_0' - I_0)$로 감소한다. 이때 대체효과에 의하면 현재소비량이 C_0''으로 감소한다. 이자율이 상승하면, 차입자의 소득은 감소한다. 따라서 소득효과에 의하면 현재소비량은 C_0''에서 C_0'으로 더욱 감소한다.

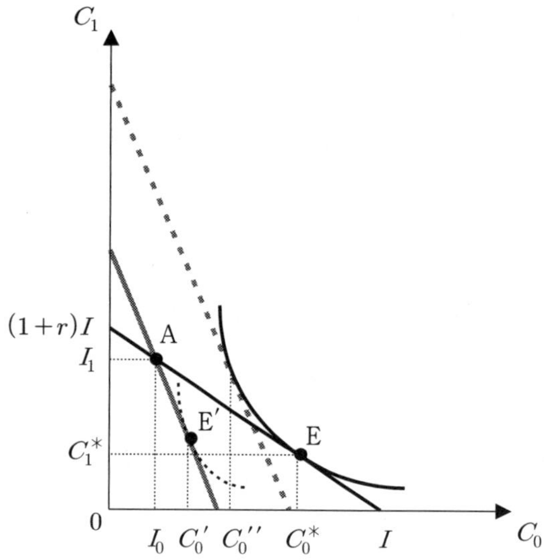

4. $U=\sqrt{xy}$, $10x+10y=400$

$MRS=\dfrac{y}{x}=1=\dfrac{P_x}{P_y}$ 이므로, $y=x$. 이를 예산제약식과 함께 풀면, $(x,y)=(20,20)$.

$U=\sqrt{20\times 20}=20$

(1) 물품세 부과로 예산선은 $20x+10y=400$으로 변한다.

$MRS=\dfrac{y}{x}=2=\dfrac{P_x}{P_y}$ 이므로, $y=2x$.

이를 예산제약식과 함께 풀면,

$(x,y)=(10,20)$.

이때 $U=\sqrt{10\times 20}=10\sqrt{2}$

효용의 손실$=20-10\sqrt{2}$

$\therefore$ 손실률$=\dfrac{20-10\sqrt{2}}{20}\times 100=29.3\%$

(2) 물품세 전에는 $(x,y)=(10,30)$도 소비가 가능한 점이었겠지만, 물품세로 인해 $(x,y)=(10,20)$에서 소비하게 되었으므로, 총세액은 y재 10단위에 해당한다. y재의 가격은 10원이므로, 총물품세액은 100원이 된다. 따라서 물품세 대신 총세액이 물품세와 동일하도록 소득세 100원을 부과하면, 예산선은 $10x+10y=300$이 된다. 이를 이용해 소비점을 구해보자.

$MRS=\dfrac{y}{x}=1=\dfrac{P_x}{P_y}$ 이므로, $y=x$. 이를 예산제약식과 함께 풀면, $(x,y)=(15,15)$.

이때 $U=\sqrt{15\times 15}=15$

효용의 손실$=20-15$

$\therefore$ 손실률$=\dfrac{20-15}{20}\times 100=25\%$

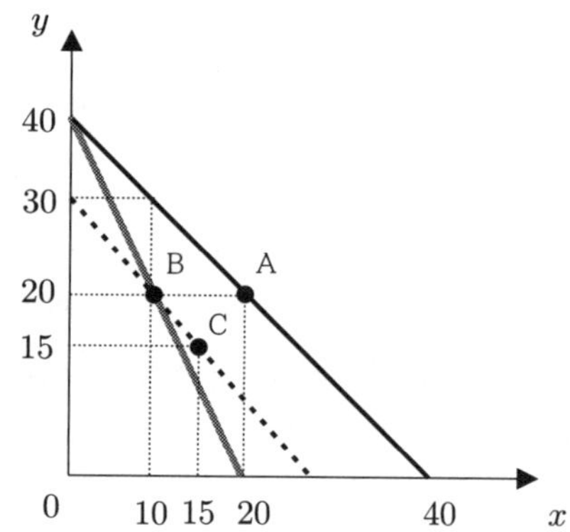

(3) 소득세의 경우 소비자의 효용이 덜 감소하므로, 소득세가 물품세보다 더 낫다.

5. $U=\sqrt{xy}$, $20x+20y=400$

$MRS=\dfrac{y}{x}=1=\dfrac{P_x}{P_y}$ 이므로, $y=x$. 이를 예산제약식과 함께 풀면, $(x,y)=(10,10)$.

$U=\sqrt{10\times 10}=10$

(1) 가격보조로 인해 예산선은 $10x+20y=400$으로 변한다.

$MRS=\dfrac{y}{x}=\dfrac{1}{2}=\dfrac{P_x}{P_y}$ 이므로, $y=\dfrac{1}{2}x$. 이를

예산선에 대입하면, $(x, y) = (20, 10)$

이때 $U = \sqrt{20 \times 10} = 10\sqrt{2}$

효용의 증가$= 10\sqrt{2} - 10$

$\therefore$ 증가율$= \dfrac{10\sqrt{2} - 10}{10} \times 100 = 41.4\%$

(2) 원래의 가격에서 $(x, y) = (20, 10)$만큼 구입하려면, 예산이 600이어야 한다. 하지만 가격보조 후 그만큼 구입하는데 400만큼 소요되었으므로, 가격보조 총액은 200이다.
가격보조 대신 200만큼 현금보조를 할 때, 예산선은 $20x + 20y = 600$으로 변한다.

$MRS = \dfrac{y}{x} = 1 = \dfrac{P_x}{P_y}$이므로, $y = x$.

이를 예산선에 대입하면, $(x, y) = (15, 15)$.

이때 $U = \sqrt{15 \times 15} = 15$

효용의 증가$= 15 - 10 = 5$

$\therefore$ 증가율$= \dfrac{5}{10} \times 100 = 50\%$

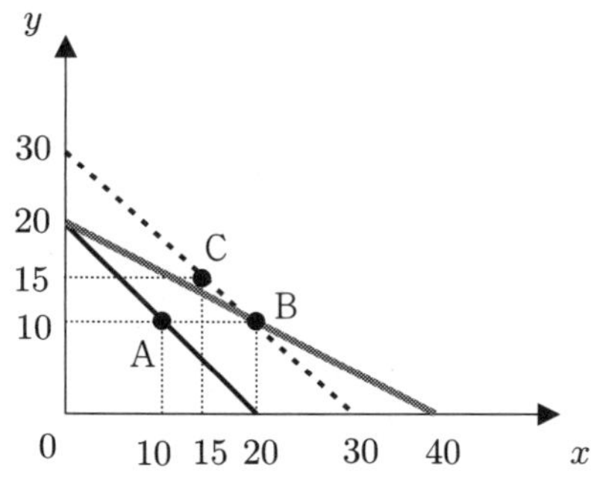

(3) 현금보조의 경우 소비자의 효용이 더 증가하므로, 현금보조가 가격보조보다 더 낫다.

3장 생산이론

3-1 생산함수

1. $AP_L = \dfrac{Q}{L} = 2L^{1/2}\dfrac{K^{1/2}}{L} = 2\left(\dfrac{K}{L}\right)^{1/2}$

$MP_L = \dfrac{\partial Q}{\partial L} = L^{-1/2}K^{1/2} = \left(\dfrac{K}{L}\right)^{1/2}$

(1) $AP_L = 2\left(\dfrac{16}{4}\right)^{1/2} = 4,\ MP_L = \left(\dfrac{16}{4}\right)^{1/2} = 2$

(2) $AP_L = 2\left(\dfrac{25}{4}\right)^{1/2} = 5,\ MP_L = \left(\dfrac{25}{4}\right)^{1/2} = 2.5$

2. $MRTS_{LK} = \dfrac{MP_L}{MP_K} = \dfrac{\frac{1}{4}L^{-3/4}K^{3/4}}{\frac{3}{4}L^{1/4}K^{-1/4}} = \dfrac{K}{3L}$

3. (1) $f(2L, 2K) = 220 > 2 \times 100 = 2Q \quad \therefore\ IRS$

(2) $f(0.5L, 0.5K) = 40 < 0.5 \times 100 = 0.5Q$

$\therefore\ IRS$

4. (1) $f(\lambda L, \lambda K) = 10(\lambda L)^{1/4}(\lambda K)^{1/2}$
$= \lambda^{3/4} 10 L^{1/4}K^{1/2}$
$= \lambda^{3/4} 10 L^{1/4}K^{1/2} = \lambda^{3/4}Q$

$\therefore\ DRS$

(2) $f(\lambda L, \lambda K) = (\lambda L)^{1/4}(\lambda K)^{3/4}$
$= \lambda L^{1/4}K^{3/4} = \lambda Q$

$\therefore\ CRS$

(3) $f(\lambda L, \lambda K) = (\lambda L)^{2/5}(\lambda K)^{4/5}$
$= \lambda^{6/5} L^{2/5}K^{4/5} = \lambda^{6/5}Q$

$\therefore\ IRS$

(4) $f(\lambda L, \lambda K) = \min\left\{\frac{\lambda L}{5}, \frac{\lambda K}{2}\right\}$

$$= \lambda \min\left\{\frac{L}{5}, \frac{K}{2}\right\} = \lambda Q$$

$\therefore$ CRS

(5) $f(\lambda L, \lambda K) = 2(\lambda L) + 3(\lambda K)$

$$= \lambda(2L + 3K) = \lambda Q$$

$\therefore$ CRS

(6) $f(\lambda L, \lambda K)$

$$= A[\alpha(\lambda L)^{-\rho} + (1-\alpha)(\lambda K)^{-\rho}]^{-\frac{1}{\rho}}$$

$$= A[\lambda^{-\rho}\alpha L^{-\rho} + (1-\alpha)K^{-\rho}]^{-\frac{1}{\rho}}$$

$$= \lambda A[\alpha L^{-\rho} + (1-\alpha)K^{-\rho}]^{-\frac{1}{\rho}} = \lambda Q$$

$\therefore$ CRS

5. $Q = L^{0.3}K^{0.7}$에서 $\alpha = 0.3$, $\beta = 0.7$. 따라서 노동에 대한 보수는 전체 생산량의 30%, 자본에 대한 보수는 전체 생산량의 70%이다.

3-2 생산비용

1. 회계적비용 $= 300 + 30 = 330$ (만원)

경제적비용 $= 300 + 30 + 1{,}000 = 1{,}330$ (만원)

2. $C = 4Q^2 + 10Q + 400$

(1) $AC = 4Q + 10 + \frac{400}{Q}$

$AFC = \frac{400}{Q}$, $AVC = 4Q + 10$

$MC = 8Q + 10$

(2) $\frac{d(AC)}{dQ} = 4 - \frac{400}{Q^2} = 0 \Rightarrow Q = 10$

$AC = 4 \times 10 + 10 + \frac{400}{10} = 90$

$AFC = \frac{400}{10} = 40$, $AVC = 4 \times 10 + 10 = 50$

$MC = 8 \times 10 + 10 = 90$

3. $Q = 2L^{1/2}K^{1/2}$

(1) $AP_L = \frac{Q}{L} = \frac{2L^{1/2}K^{1/2}}{L} = 2\left(\frac{K}{L}\right)^{1/2}$

$$= \frac{2\sqrt{10{,}000}}{\sqrt{100}} = 20$$

$MP_L = \frac{\partial Q}{\partial L} = L^{-1/2}K^{1/2}$

$$= \frac{\sqrt{K}}{\sqrt{L}} = \frac{\sqrt{10{,}000}}{\sqrt{100}} = 10$$

$AVC = \frac{w}{AP_L} = \frac{600}{20} = 30$

$MC = \frac{w}{MP_L} = \frac{600}{10} = 60$

(2) $AC = AVC + AFC$이므로, AFC를 구해보자. 고정비용이 주어져 있으므로, 생산량을 구해 나누면 AFC가 된다.

$Q = 2\sqrt{100 \times 10{,}000} = 2{,}000$

$AFC = \frac{40{,}000}{2{,}000} = 20$

$\therefore$ $AC = AVC + AFC = 30 + 20 = 50$

(3) $MC > AC$이므로, AC는 증가하고 있다.

4. 규모의 경제가 나타나는 구간: $Q < Q_2$

규모의 비경제가 나타나는 구간: $Q > Q_2$

3-3 생산자선택

1. $\frac{MP_L}{MP_K}=\frac{1}{5}>\frac{1}{10}=\frac{w}{r}$ 이므로 $\frac{MP_L}{w}>\frac{MP_K}{r}$가 된다. 즉, 화폐 1단위당 한계생산은 노동이 자본보다 더 크다. 따라서 노동투입을 늘리고, 자본투입을 줄인다.

2. $\frac{MP_L}{MP_K}=MRTS=2<3=\frac{w}{r}$ 이므로 $\frac{MP_L}{w}<\frac{MP_K}{r}$가 된다. 즉, 화폐 1단위당 한계생산은 노동보다 자본이 더 크다. 따라서 자본투입을 늘리고, 노동투입을 줄인다.

3. $MRTS=\frac{MP_L}{MP_K}=\frac{100L^{-1/2}K^{1/2}}{100L^{1/2}K^{-1/2}}$
$=\frac{K}{L}=\frac{1}{4}=\frac{w}{r}$

$\Rightarrow \quad L=4K$

이를 등비용선 $10L+40K=8{,}000$에 대입하여 풀면, 생산자균형점은 $(L, K)=(400, 100)$이 된다.

$\therefore \quad Q=200\sqrt{400\times100}=40{,}000$

4. (1) $\sigma=\frac{-2}{-1}=2$

(2) $\sigma=\frac{5}{2}=2.5$

(3) $\sigma=\infty$ (완전대체 생산요소)

(4) $\sigma=0$ (완전보완 생산요소)

(5) $\sigma=1$ (콥-더글러스 생산함수)

(6) $\sigma=\frac{1}{1+0.5}=\frac{2}{3}$ (CES 생산함수)

5. $Q=A[\alpha L^{-\rho}+(1-\alpha)K^{-\rho}]^{-\frac{1}{\rho}}$

$$MRTS=\frac{MP_L}{MP_K}$$

$$=\frac{-\frac{1}{\rho}A[\cdots]^{-\frac{1}{\rho}-1}(-\rho)\alpha L^{-\rho-1}}{-\frac{1}{\rho}A[\cdots]^{-\frac{1}{\rho}-1}(-\rho)(1-\alpha)K^{-\rho-1}}$$

$$=\frac{\alpha}{1-\alpha}\left(\frac{K}{L}\right)^{1+\rho}$$

따라서 $\frac{d(MRTS)}{d(K/L)}=(1+\rho)\left(\frac{\alpha}{1-\alpha}\right)\left(\frac{K}{L}\right)^{\rho}$.

또한 $\frac{MRTS}{(K/L)}=\frac{\alpha}{1-\alpha}\left(\frac{K}{L}\right)^{\rho}$.

$$\sigma=\frac{d(K/L)}{d(MRTS)}\frac{MRTS}{(K/L)}$$

$$=\frac{1}{d(MRTS)/d(K/L)}\frac{MRTS}{(K/L)}$$

$$=\frac{1}{(1+\rho)\left(\frac{\alpha}{1-\alpha}\right)\left(\frac{K}{L}\right)^{\rho}}\left(\frac{\alpha}{1-\alpha}\right)\left(\frac{K}{L}\right)^{\rho}$$

$$=\frac{1}{1+\rho}$$

4장 시장형태론

4-1 완전경쟁

1. $MC=2Q+4=24=P \quad \Rightarrow \quad Q=10$

$\pi=PQ-C$
$=24\times10-(10^2+4\times10+80)=20$

2. (1) 개별기업의 공급곡선은 한계비용곡선 중 평균가변비용을 초과하는 부분이다.

$MC=2q>q=AVC$ ($q>0$ 인 모든 생산점

에서)이므로 개별기업의 공급곡선은 한계비용곡선 전체가 된다.

또한 완전경쟁기업에서는 $P=MC$이므로,

$P=2q=MC$

$\Rightarrow \quad q=\frac{P}{2}$ (개별기업의 공급곡선)

시장공급곡선:

$$Q=\sum_{i=1}^{10,000} q=\sum_{i=1}^{10,000}\left(\frac{P}{2}\right)=5,000P$$

시장수요곡선: $Q=10^6-5,000P$

시장균형: $5,000P=10^6-5,000P$

$\therefore \quad P=100$

(2) $q=\frac{P}{2}=\frac{100}{2}=50$

$\pi=100\times 50-(50^2+1,000)=1,500$

(3) 장기적으로 이윤이 0이 되면, 신규진입이 멈추게 된다. 이때 산업 내 모든 기업의 수를 n이라 하면, 시장공급곡선은 $Q=\left(\frac{P}{2}\right)n$이 된다. 또한 시장균형점에서 다음이 성립한다.

$\left(\frac{P}{2}\right)n=10^6-5,000P$

$\Rightarrow \quad n=\frac{2\times 10^6}{P}-10,000$

또한 기업의 이윤이 0이므로,

$\pi=P\times q-C$

$=P\times\left(\frac{P}{2}\right)-\left(\frac{P}{2}\right)^2+1,000=0$

$\Rightarrow P=63.2456$

이를 위의 식에 대입하면, $n=21,623$

원래 기업의 수가 10,000개였으므로, 신규진입기업의 수는 모두 11,623개이다.

4-2 독점

1. (1) $R=PQ=(100-2Q)Q=100Q-2Q^2$

$MR=100-4Q,\ MC=Q$

$(MR=MC)\quad 100-4Q=Q \quad\Rightarrow\quad Q=20$

$P=100-2\times 20=60$

$\pi=PQ-C$

$=60\times 20-\left(\frac{1}{2}\times 20^2+700\right)=300$

(2) 한계비용 등은 위와 동일하다.

$\pi=60\times 20-\left(\frac{1}{2}\times 20^2+1,300\right)=-300$

2. (1) $350-2Q=3Q \quad\Rightarrow\quad Q=70$

$\therefore \quad P=350-2\times 70=210$

(2) $MR=350-4Q=3Q=MC \quad\Rightarrow\quad Q=50$

$\therefore \quad P=350-2\times 50=250$

(3) 완전경쟁의 총잉여$=\frac{1}{2}\times 350\times 70=12,250$

독점의 사중손실$=\frac{1}{2}\times 100\times 20=1,000$

$\therefore$ 사중손실률$=\frac{1,000}{12,250}\times 100=8.2$ (%)

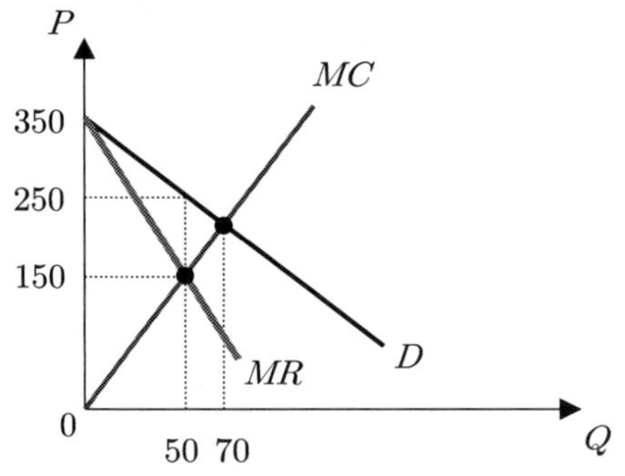

3. $MR=120-2Q,\ MC=AC=20$

단일가격을 부과하는 독점기업:

$(MR=MC)\quad 120-2Q=20 \quad\Rightarrow\quad Q=50,\ P=70$

$\pi=70\times50-20\times50=2{,}500$

2급 가격차별을 하는 독점기업:

두 그룹에 대해 $P_1=100,\ Q_1=20;\ P_2=60,\ Q_2=40$이 됨을 수요곡선 상에서 알 수 있다. (단, 두 그룹의 수요량 20과 40을 합쳐 60이 되면, 가격도 60이 된다.)

$\pi=100\times20+60\times40-60\times20=3{,}200$

∴ 이윤은 700만큼 증가한다.

4. (1) $P_A(1-\frac{1}{\epsilon_A})=P_B(1-\frac{1}{\epsilon_B})$

$P_A(1-\frac{1}{2})=P_B(1-\frac{1}{3}) \quad\Rightarrow\quad \frac{P_A}{P_B}=\frac{4}{3}$

(2) $P_A(1-\frac{1}{2})=P_B(1-\frac{1}{3})=600=MC$

$\therefore\ P_A=1{,}200,\ P_B=900$

5. (1) 시장 1에서의 수입을 $R_1\ [=P_1(Q_1)\times Q_1]$, 시장 2에서의 수입을 $R_2\ [=P_2(Q_2)\times Q_2]$라 하자. 그리고 비용함수를 $C(Q)$라 하자. (단, $Q=Q_1+Q_2$)

$\pi=R_1(Q_1)+R_2(Q_2)-C(Q)$

이윤극대화의 1계조건: $\frac{\partial\pi}{\partial Q_1}=\frac{\partial\pi}{\partial Q_2}=0$

$\frac{\partial\pi}{\partial Q_1}=R_1'-C'\frac{\partial Q}{\partial Q_1}=R_1'-C'=0$

$\Rightarrow\ MR_1=MC$

$\frac{\partial\pi}{\partial Q_2}=R_2'-C'\frac{\partial Q}{\partial Q_2}=R_2'-C'=0$

$\Rightarrow\ MR_2=MC$

$\therefore\ MR_1=MR_2=MC$

(2) $MR_1=100-Q_1,\ MR_2=200-2Q_2,$

$MC=Q$

$100-Q_1=200-2Q_2=Q\ (=Q_1+Q_2)$

$\Rightarrow\ \begin{cases}2Q_1+Q_2=100\\ Q_1+3Q_2=200\end{cases}$

$\Rightarrow\ Q_1=20,\ Q_2=60$

$\Rightarrow\ P_1=100-\frac{1}{2}\times20=90,$

$P_2=200-60=140$

$\pi=R_1+R_2-C=P_1Q_1+P_2Q_2-C(Q)$

$=90\times20+140\times60-(\frac{1}{2}\times80^2+2{,}000)$

$=5{,}000$

6. (1) 수입을 R이라 하고, 공장 1의 비용함수를 C_1, 공장 2의 비용함수를 C_2라 하자.

$\pi=R(Q)-C_1(Q_1)-C_2(Q_2)$

(단, $Q=Q_1+Q_2$)

이윤극대화의 1계조건: $\frac{\partial\pi}{\partial Q_1}=\frac{\partial\pi}{\partial Q_2}=0$

$$\frac{\partial \pi}{\partial Q_1} = R' \frac{\partial Q}{\partial Q_1} - C_1' = R' - C_1' = 0$$

$$\Rightarrow \quad MR = MC_1$$

$$\frac{\partial \pi}{\partial Q_2} = R' \frac{\partial Q}{\partial Q_2} - C_2' = R' - C_2' = 0$$

$$\Rightarrow \quad MR = MC_2$$

$$\therefore \ MR = MC_1 = MC_2$$

(2) $MR = 800 - 4Q = 800 - 4(Q_1 + Q_2)$

$MC_1 = 4Q_1$, $MC_2 = 2Q_2$

따라서 $800 - 4(Q_1 + Q_2) = 4Q_1 = 2Q_2$

$$\Rightarrow \begin{cases} 8Q_1 + 4Q_2 = 800 \\ 4Q_1 + 6Q_2 = 800 \end{cases}$$

$$\Rightarrow \quad Q_1 = 50, \ Q_2 = 100$$

$$Q = Q_1 + Q_2 = 50 + 100 = 150$$

$$P = 800 - 2 \times 150 = 500$$

$$\begin{aligned} \pi &= R - C_1 - C_2 = PQ - C_1(Q_1) - C_2(Q_2) \\ &= 500 \times 150 - (2 \times 50^2 + 10{,}000) \\ &\quad - (100^2 + 20{,}000) = 30{,}000 \end{aligned}$$

4-3 독점적경쟁

1. $\dfrac{dAC}{dQ} = \dfrac{1}{20}Q - 2 = -\dfrac{1}{2}$=수요곡선의 기울기

$$\Rightarrow \quad Q = 30$$

$$P = AC = \frac{1}{40} \times 30^2 - 2 \times 30 + 60 = 22.5$$

4-4 과점

1. $P = 200 - Q$, $C_i = 20Q_i + 1{,}000 \quad (i = 1,2)$

(1) 기업 1의 이윤극대화조건 $MR_1 = MC_1$을 이용한다.

$$\begin{aligned} R_1 &= PQ_1 = (200 - Q)Q_1 \\ &= (200 - Q_1 - Q_2)Q_1 \\ &= 200Q_1 - Q_1^2 - Q_2Q_1 \end{aligned}$$

$$MR_1 = 200 - 2Q_1 - Q_2 = 20 = MC_1$$

마찬가지로 기업 2의 이윤극대화조건은

$MR_2 = MC_2$이다.

$$\begin{aligned} R_2 &= (200 - Q_1 - Q_2)Q_2 \\ &= 200Q_2 - Q_1Q_2 - Q_2^2 \end{aligned}$$

$$MR_2 = 200 - Q_1 - 2Q_2 = 20 = MC_2$$

기업 1과 2에서 나온 두 식을 정리하면,

$$\begin{cases} 2Q_1 + Q_2 = 180 \\ Q_1 + 2Q_2 = 180 \end{cases}$$

$$\therefore \ Q_1 = Q_2 = 60$$

$$Q = Q_1 + Q_2 = 60 + 60 = 120$$

$$P = 200 - Q = 200 - 120 = 80$$

$$\begin{aligned} \pi_1 &= PQ_1 - C_1 = 80 \times 60 - (20 \times 60 + 1{,}000) \\ &= 2{,}600 \end{aligned}$$

마찬가지로 $\pi_2 = 2{,}600$

(2) 문제 (1)의 $MR_1 = MC_1$으로부터 기업 1의 반응곡선을, $MR_2 = C_2$ 로부터 기업 2의 반응곡선을 구할 수 있다.

기업 1의 반응곡선: $Q_1 = 90 - \frac{Q_2}{2}$

기업 2의 반응곡선: $Q_2 = 90 - \frac{Q_1}{2}$

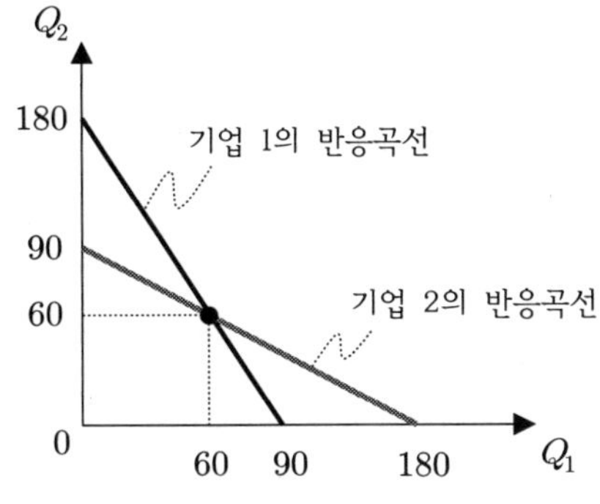

(3) $R_1 = PQ_1 = (200 - Q)Q_1$

$= (200 - Q_1 - Q_2)Q_1$

$= \left[200 - Q_1 - \left(90 - \frac{Q_1}{2}\right)\right]Q_1$

$= 110Q_1 - \frac{1}{2}Q_1^2$

$MR_1 = 110 - Q_1 = 20 = MC_1$

$\therefore\ Q_1 = 90,\ Q_2 = 90 - \frac{Q_1}{2} = 90 - \frac{90}{2} = 45$

$Q = Q_1 + Q_2 = 90 + 45 = 135$

$P = 200 - Q = 200 - 135 = 65$

$\pi_1 = PQ_1 - C_1$
$= 65 \times 90 - (20 \times 90 + 1{,}000) = 3{,}050$

$\pi_2 = PQ_2 - C_2$
$= 65 \times 45 - (20 \times 45 + 1{,}000) = 1{,}025$

(4) 결합이윤의 극대화조건 $MR = MC_1 = MC_2$를 이용한다.

$R = PQ = (200 - Q)Q$

$MR = 200 - 2Q = 20 = MC_1 = MC_2$

$\therefore\ Q = 90$

또한 기업 1과 기업 2의 한계비용곡선이 $MC = 20$인 수평선이므로 생산량 90을 Q_1과 Q_2 사이에서 어떤 비율로 분배하더라도 전체결합이윤극대화에는 상관이 없다. 하지만 양쪽 기업의 비용곡선이 동일하므로, 두 기업에 똑같은 생산량을 분배해주는 것이 공정할 것이다.

따라서 $Q_1 = Q_2 = 45$로 하면 된다.

$P = 200 - Q = 200 - 90 = 110$

$\pi_1 = PQ_1 - C_1$
$= 110 \times 45 - (20 \times 45 + 1{,}000) = 3{,}050$

마찬가지로, $\pi_2 = 3{,}050$

(5) 담합을 준수하는 기업 2의 생산량은 $Q_2 = 45$이므로, 전체시장수요에서 이만큼만 제하면 나머지는 기업 1만 수요가 된다. 따라서

$R_1 = PQ_1 = (200 - Q_1 - Q_2)Q_1$
$= (200 - Q_1 - 45)Q_1$
$= 155Q_1 - Q_1^2$

$MR_1 = 155 - 2Q_1 = 20 = MC_1$

$\therefore\ Q_1 = 67.5,\ Q_2 = 45$

$Q = Q_1 + Q_2 = 67.5 + 45 = 112.5$

$P = 200 - 112.5 = 87.5$

$\pi_1 = PQ_1 - C_1$
$= 87.5 \times 67.5 - (20 \times 67.5 + 1{,}000)$
$= 3{,}556.3$

$\pi_2 = PQ_2 - C_2$
$= 87.5 \times 45 - (20 \times 45 + 1{,}000)$
$= 2{,}037.5$

(6) 각 기업은 문제 (5)의 담합위반자만큼 생산할

것이다.

$\therefore\ Q_1 = Q_2 = 67.5$

$Q = Q_1 + Q_2 = 67.5 + 67.5 = 135$

$P = 200 - 135 = 65$

$$\begin{aligned}\pi_1 &= PQ_1 - C_1 \\ &= 65 \times 67.5 - (20 \times 67.5 + 1{,}000) \\ &= 2{,}037.5\end{aligned}$$

마찬가지로 $\pi_2 = 2{,}037.5$

(7) 각 기업은 문제 (3)의 수량선도자만큼 생산할 것이다. 따라서 $Q_1 = Q_2 = 90$.

$Q = Q_1 + Q_2 = 90 + 90 = 180$

$P = 200 - 180 = 20$

$$\begin{aligned}\pi_1 &= PQ_1 - C_1 \\ &= 20 \times 90 - (20 \times 90 + 1{,}000) \\ &= -1{,}000\end{aligned}$$

마찬가지로 $\pi_2 = -1{,}000$
즉, 두 기업 다 1,000만큼 손실을 본다.

2. 기업 2: $(P = MC_2)$ $P = 2Q_2 \Rightarrow Q_2 = \dfrac{P}{2}$

기업 1: $Q_1 = Q - Q_2 = (240 - P) - \dfrac{P}{2}$

$= 240 - \dfrac{3}{2}P$

$\Rightarrow P = 160 - \dfrac{2}{3}Q_1$ (기업 1만의 수요함수)

$(MR_1 = MC_1)$ $160 - \dfrac{4}{3}Q_1 = 2Q_1$

$\therefore\ Q_1 = 48,\ Q_2 = 64,\ P = 128$

$\pi_1 = 840, \pi_2 = 1{,}096$

3. (1) 기업 2: 광고 ⇒ 기업 1: 광고

기업 2: 비광고 ⇒ 기업 1: 광고

∴ 기업 1은 광고하는 전략이 우월전략이다.

기업 1: 광고 ⇒ 기업 2: 광고

기업 1: 비광고 ⇒ 기업 2: 광고

∴ 기업 2는 광고하는 전략이 우월전략이다.

(2) 두 기업 다 우월전략인 광고를 선택한다.

∴ 보수가 (50,30이 되는 (광고, 광고)가 균형점이다.

(3) 균형점에서의 보수 (50,30은 두 기업 다 비광고 전략을 택할 때의 보수 (70,40)보다 열등하다. 따라서 두 기업 모두 광고를 하지 않기로 담합할 수 있다.

(4) 만일 두 기업 다 광고를 하지 않기로 담합하여 현재 (70, 40)에 머물러 있다고 하자. 이때 기업 2가 계속 담합을 준수할 것으로 기대되면, 기업 1은 자신의 보수가 더 큰 점인 (80, 20)으로 옮겨가고 싶어 할 것이다. 즉, 기업 1은 다시 광고전략을 선택하려 할 것이다. 마찬가지로, 기업 1이 계속 담합을 준수할 것으로 기대되면, 기업 2는 자신의 보수가 더 큰 점인 (30, 60)으로 옮겨가고 싶어 할 것이다. 즉, 기업 2는 다시 광고 전략을 선택하려 할 것이다.

4. (1) 기업 1이 진입을 택했다고 하자. 이때 기업 2도 진입하면 보수가 -10이지만, 포기하면 0이므로 포기 전략을 선택한다.

(2) 기업 1이 진입하면 기업 2가 포기하고, 기업 1이 포기하면 기업 2가 진입할 것이다. 마찬가지로, 기업 2가 포기하면 기업 1이 진입하고, 기업 2가 진입하면 기업 2이 포기할 것이다. 따라서 균형점은 (기업 1, 기업 2)=(진입, 포기) 또는 (포기, 진입)이 된다. [이때 보수는

(30, 0) 또는 (0, 30)이다.]

(3) 게임나무는 다음과 같이 그릴 수 있다.

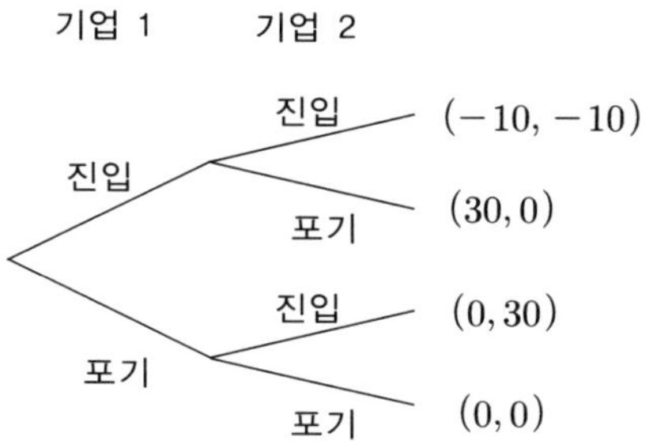

기업 1이 진입하면, 기업 2는 포기할 것이다. 기업 1이 포기하면 기업 2는 진입할 것이다. 즉 (진입, 포기) 또는 (포기, 진입)이 균형점이 되며, 이때 보수는 (30, 0) 또는 (0, 30)이 될 것이다. 즉, 이 점에서 (상대방 기업이 전략을 바꾸지 않는 한) 어느 기업도 다른 전략을 선택하고자 하는 유인이 없다. 하지만 이 두 균형 중 기업 2는 자신의 보수가 30이 되는 (0, 30)의 결과를 원할 것이다. 즉, 기업 1은 포기하고, 기업 2가 진입하는 결과를 원할 것이다. 만일 기업 2가 진입할 것이 확실하다면, 기업 1은 -10의 손해를 무릅쓰고 진입하려고 하지 않을 것이다. 따라서 기업 2는 신제품 시장에 꼭 진입할 것이라는 강한 의지를 기업 1에게 보이고자 할 것이다.

5장 생산요소시장과 소득분배

5-1 생산요소시장

1. $R = PQ = (1{,}000 - Q)Q$

$MR = 1{,}000 - 2Q$

$$MP_L = \frac{\partial Q}{\partial L} = L^{-1/2}K^{1/2} = \sqrt{\frac{K}{L}}$$

$$MRP = MR \times MP_L = (1{,}000 - 2Q)\sqrt{\frac{K}{L}}$$

$$= \sqrt{\frac{K}{L}}$$

$$VMP = P \times MP_L = (1{,}000 - Q)\sqrt{\frac{K}{L}}$$

$$= (1{,}000 - 2\sqrt{LK})\sqrt{\frac{K}{L}}$$

$$MRP(25, 100) = (1{,}000 - 4\sqrt{25 \times 100})\sqrt{\frac{100}{25}}$$

$$= 1{,}600$$

$$VMP(25, 100) = (1{,}000 - 2\sqrt{25 \times 100})\sqrt{\frac{100}{25}}$$

$$= 1{,}800$$

2. (1) “시장수요=시장공급”으로부터 $P = 150$.

$$Q = 2\sqrt{LK} = 2\sqrt{L \times 100} = 20\sqrt{L}$$

$$MP_L = \frac{dQ}{dL} = \frac{10}{\sqrt{L}}$$

$$MC = \frac{w}{MP_L} = \frac{300}{10/\sqrt{L}} = 30\sqrt{L}$$

(3장 생산이론으로부터)

$(P = MC)\quad 150 = 30\sqrt{L} \qquad \therefore\ L = 25$

(2) $VMP = P \times MP_L = 150 \times \dfrac{10}{\sqrt{L}} = 300 = w$

$\therefore\ L = 25$

3. (1) $P = 200 - \dfrac{1}{2}Q \ \Rightarrow\ MR = 200 - Q$

$$Q = 2\sqrt{L \times 100} = 20\sqrt{L}$$

$$\Rightarrow\ MP_L = \frac{dQ}{dL} = \frac{10}{\sqrt{L}}$$

$$MC = \frac{w}{MP_L} = \frac{200}{10/\sqrt{L}} = 20\sqrt{L}$$

$(MR = MC)$ $200 - 20\sqrt{L} = 20\sqrt{L}$

$\therefore$ $L = 25$

($Q = 20\sqrt{L}$ 을 이용해, Q를 먼저 구한 다음 L을 구해도 상관없다.)

(2) $MRP = MR \times MP_L = (200 - Q) \times \dfrac{10}{\sqrt{L}}$

$= (200 - Q) \times \dfrac{10}{Q/20}$

$= (200 - Q) \times \dfrac{200}{Q} = 200 = w$

$\Rightarrow$ $Q = 100$

$100 = 20\sqrt{L}$ $\therefore$ $L = 25$

(위의 MR의 표현에서 Q대신 $20\sqrt{L}$ 을 대입하여 풀어도 상관없다.)

(3) $MRP = MR \times MP_L = (200 - Q) \times \dfrac{10}{\sqrt{L}}$

$= (200 - 100) \times \dfrac{10}{\sqrt{25}} = 200$

$VMP = P \times MP_L = (200 - \dfrac{1}{2}Q) \times \dfrac{10}{\sqrt{L}}$

$= (200 - \dfrac{1}{2} \times 100) \times \dfrac{10}{\sqrt{25}} = 300$

(4) 공급독점적 착취$= VMP - MRP$
$= 300 - 200 = 100$

4. 노동의 요소비용$(FC) = wL = (2L + 20)L$
$= 2L^2 + 20L$

$$MFC = \frac{d(FC)}{dL} = 4L + 20$$

$(MRP = MFC)$ $500 - 4L = 4L + 20$

$\Rightarrow$ $L = 60$

$MRP = MFC = 4 \times 60 + 20 = 260$

$VMP = 500 - 3 \times 60 = 320$

노동공급함수로부터 $w = 2 \times 60 + 20 = 140$

$\therefore$ 공급독점적 착취

$= VMP - MRP = 320 - 260 = 60$

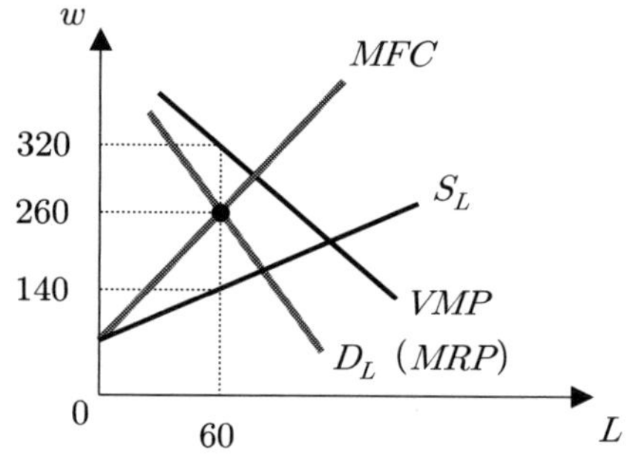

수요독점적 착취$= MFC - w = 260 - 140 = 120$

5. 기업이 지불하려는 임금:

요소비용$(FC) = wL = (2L + 20)L = 2L^2 + 20L$

$MFC = 4L + 20$

$(MRP = MFC)$ $500 - 4L = 4L + 20$

$\Rightarrow$ $L = 60$

S_L상에서 $w = 2 \times 60 + 20 = 140$

노동자들이 받으려는 임금:

$R = wL = (500 - 4L)L = 500L - 4L^2$

$MR = 500 - 8L$

$(MR = MC)$ $500 - 8L = 2L + 20$ $\Rightarrow$ $L = 48$

D_L상에서 $w = 500 - 4 \times 48 = 308$

$\therefore$ $140 \leq w \leq 308$

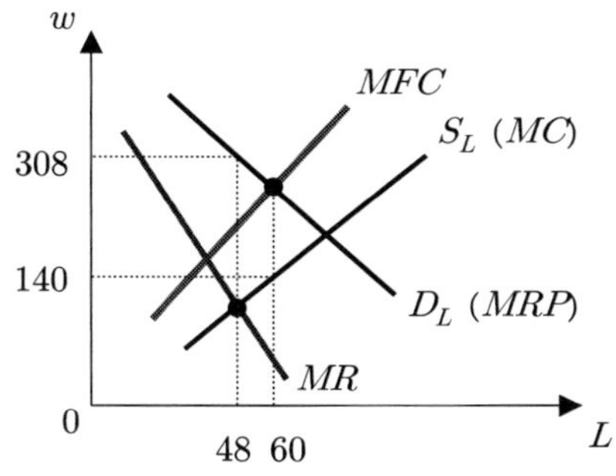

6. $(P=MC) \quad 40=2Q \quad \Rightarrow \quad Q=20$

$$AC=\frac{C}{Q}=Q+\frac{100}{Q}=20+\frac{100}{20}=25$$

$$AVC=\frac{Q^2}{Q}=Q=20$$

$\therefore$ 준지대$=(P-AVC)\times Q=(40-20)\times 20$
$=400$

또는

준지대=초과이윤$+FC=(P-AC)\times Q+FC$
$=(40-25)\times 20+100=400$

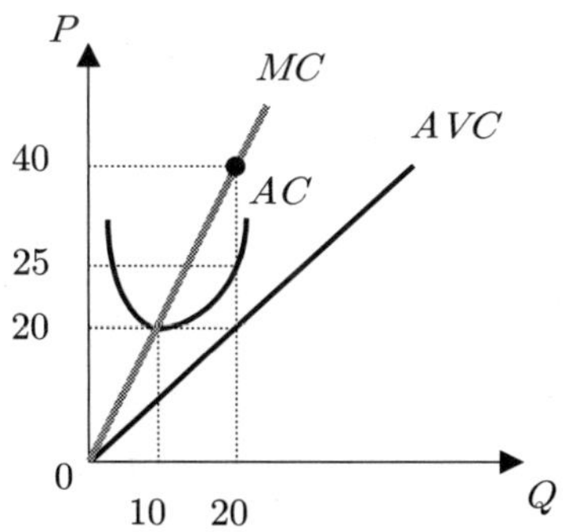

5-2 소득분배

1. 완전균등소득분배의 경우 로렌츠곡선 아래의 면적을 6,250으로 하여야 한다.

(1) 로렌츠곡선은 아래 그림에서 계단식으로 나타난다.

따라서

$$G=\frac{\alpha}{\alpha+\beta}$$
$$=\frac{25\times[(25-10)+(50-30)+(75-60)]}{6{,}250}$$
$$=0.2$$

또는

$$\frac{\beta}{\alpha+\beta}=\frac{25\times(10+30+60+100)}{6{,}250}=0.8$$이

므로,

$$G=1-\frac{\beta}{\alpha+\beta}=1-0.8=0.2$$

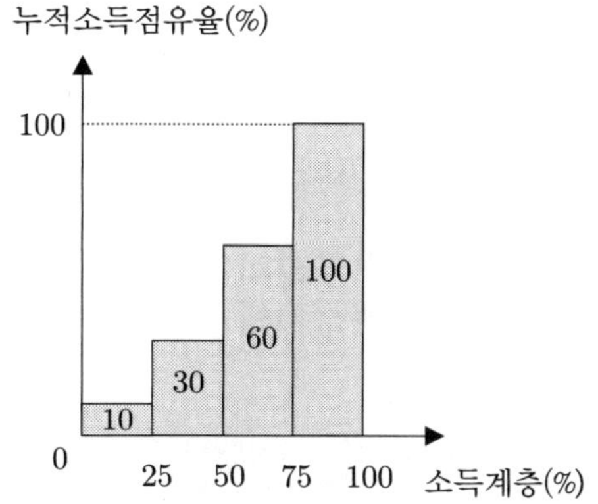

(2) 소득분포를 누적소득점유율로 고치면 다음과 같다.

소득계층	1/4	2/4	3/4	4/4
누적소득점유율(%)	5	25	55	100

$$G=\frac{25\times[(25-5)+(50-25)+(75-55)]}{6{,}250}$$
$$=0.26$$

2. 10분위분배율$=\dfrac{1+2+4+5}{18+22}=0.3$

3. 공리주의:

Max $U_S(=U_A+U_B)$가 되려면, $M_A=M_B$.

$$MU_A=(\sqrt{y_A})'=\frac{1}{2\sqrt{y_A}}$$

$$MU_B=(2\sqrt{y_B})'=\frac{1}{\sqrt{y_B}}$$

$$(MU_A=MU_B)\quad \frac{1}{2\sqrt{y_A}}=\frac{1}{\sqrt{y_B}} \Rightarrow \frac{y_A}{y_B}=\frac{1}{4}$$

$\therefore\ y_A:y_B=1:4$

평등주의:

Max U_S가 되려면, $U_A=U_B$.

즉, $\sqrt{y_A}=2\sqrt{y_B} \Rightarrow \frac{y_A}{y_B}=4$

$\therefore\ y_A:y_B=4:1$

6장 일반균형과 후생경제학

6-1 일반균형과 효율성

1.

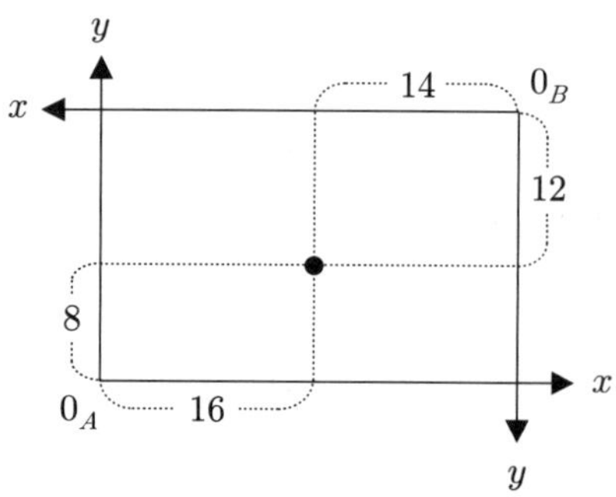

2. (1) $MRS=\frac{MU_x}{MU_y}=\frac{\frac{1}{2}x^{-1/2}y^{1/2}}{\frac{1}{2}x^{1/2}y^{-1/2}}=\frac{y}{x}$

$(x_A,y_A)=(x,y)$,

$(x_B,y_B)=(x_0-x,y_0-y)$라 하자.

$MRS_A=MRS_B$ 로부터, $\frac{y}{x}=\frac{y_0-y}{x_0-x}$.

$\Rightarrow\ y=\frac{y_0}{x_0}x\quad$ (즉, $y=\frac{1}{2}x$)

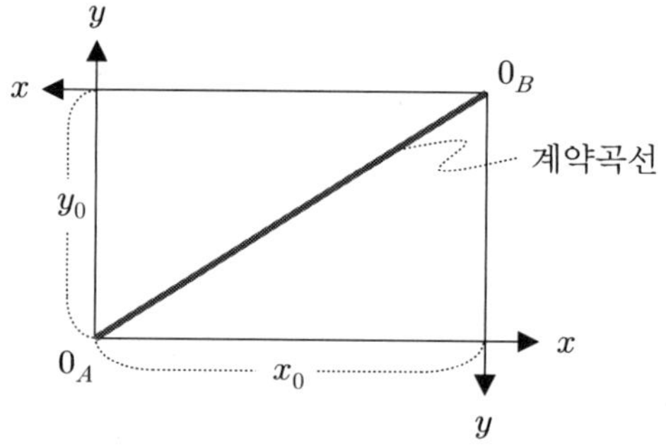

(2) 계약곡선은 아래의 굵은 선 부분이다.

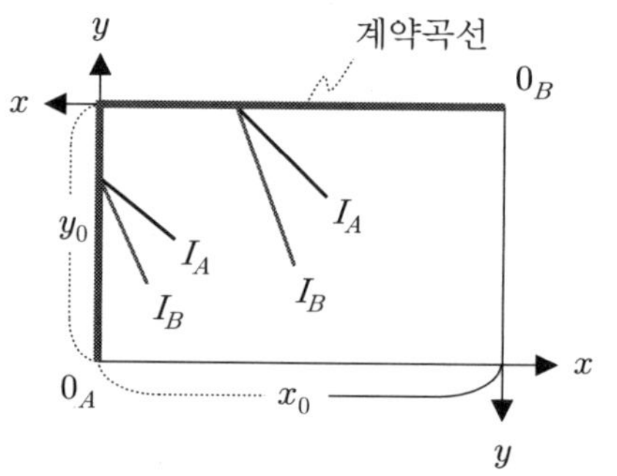

(3) 아래의 빗금 친 부분과 같이 계약면이 된다.

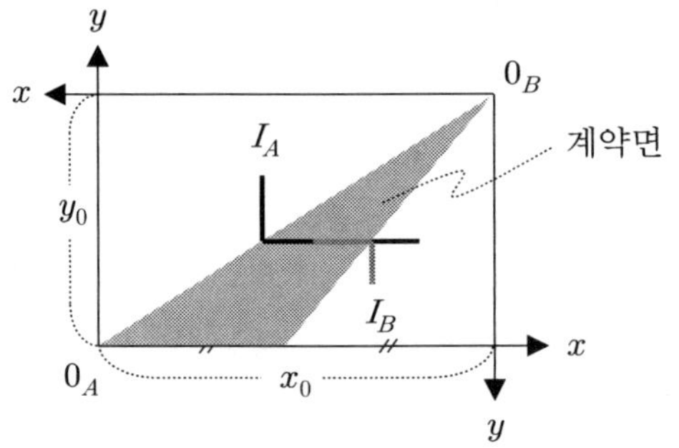

3. 효율적 분배가 되기 위해서는 $MRS^A = MRS^B = MRT$가 되어야 한다. 또한 한계대체율은 체감하고, 한계전환율은 체증한다. 따라서 우선 MRT의 값을 줄이기 위해, x재의 생산을 줄이고, y재의 생산을 늘린다. 그런 다음 두 개인 간의 MRS의 값을 같게 하기 위해, A는 x재의 소비량을 줄이고 y재의 소비량을 늘린다. 또한 B는 x재의 소비량을 늘리고 y재의 소비량을 줄인다. 이러한 과정을 거쳐 궁극적으로

   $MRS^A = MRS^B = MRT$가 될 것이다.

4. $(U_A, U_B) = (100, 0)$와 $(U_A, U_B) = (50, 50)$을 비교해보자. 이때 두 개인의 효용함수가 똑 같으며, 한계효용이 체감한다고 가정해보자. 각 개인의 한계효용이 체감하므로, 분배점 $(100, 0)$로부터 분배점 $(50, 50)$으로 이행하기위해 줄여야하는 A의 소득이 늘려주어야 하는 B의 소득보다 클 것이다. 따라서 실제로 두 개인의 효용수준이 균등해지면, 각자의 효용수준은 50보다 크게 될 것이다. 이때 사회후생함수도 100을 초과할 것이다. 이와 같은 상황에서 소득재분배의 주장은 설득력을 얻을 수 있다.

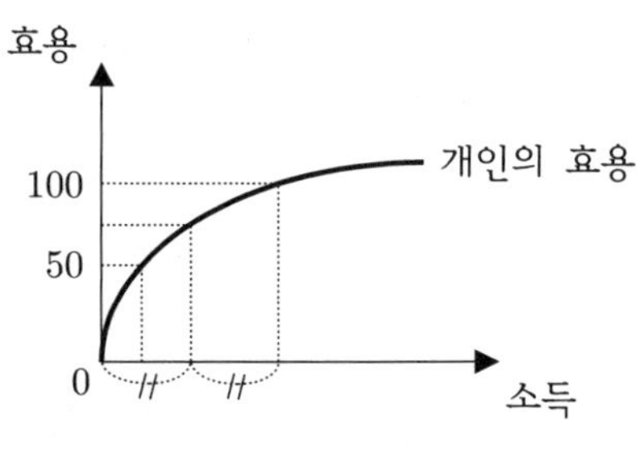

5. 만일 똑같은 소득으로 A가 더 큰 만족을 얻는다면, 소득분배는 A보다 B가 더 많게 해야, $U_A = U_B$가 성립한다.

6. $x = f(L),\ y = g(\overline{L} - L)$ (단, $\overline{L}$: 노동부존량)

   $\Rightarrow\ dx = f'dL,\ dy = g'd(\overline{L} - L) = -g'dL$

   $\Rightarrow\ -\dfrac{dy}{dx} = \dfrac{g'}{f'}$

   x가 증가할 때 (즉, y가 감소할 때) f'는 감소하고 g'는 증가하므로, $MRT\left(= -\dfrac{dy}{dx}\right)$는 체증한다.

6-2 시장실패

1. (1) 시장수요곡선은 다음과 같다.

   $$P = P_A + P_B$$
   $$= (50 - \frac{1}{2}Q) + (150 - \frac{3}{2}Q) = 200 - 2Q$$

   또한 한계비용곡선을 공급곡선으로 보면 된다.

   (수요=공급) $200 - 2Q = 3Q \quad \therefore\ Q = 40$

   $P = 200 - 2 \times 40 = 120 \quad \therefore$ 공급가격$= 120$

   $\therefore\ P_A = 50 - \frac{1}{2} \times 40 = 30$

   $P_B = 150 - \frac{3}{2} \times 40 = 90$

   (2) 시장수요곡선은 다음과 같다.

   $$P = P_A + P_B$$
   $$= (5 - \frac{1}{2}Q) + (15 - \frac{3}{2}Q) = 20 - 2Q$$

또한 한계비용곡선을 공급곡선으로 보면 된다.

(수요=공급) $20-2Q=3Q \quad \therefore \; Q=4$

$P=20-2\times 4=12 \quad \therefore$ 공급가격$=12$

$\therefore \; P_A=5-\frac{1}{2}\times 4=3,$

$P_B=15-\frac{3}{2}\times 40=9$

2. 실제생산량(Q_0)은 공급곡선과 PMB의 교차점에서 결정된다.

$Q=120-Q \quad \therefore \; Q_0=60$

사회적으로 바람직한 생산량(Q_0)은 공급곡선과 SMB의 교차점에서 결정된다.

$Q=240-2Q \quad \therefore \; Q_1=80$

실제 생산량이 Q_1이 되려면, 아래의 그림에서처럼 공급곡선이 아래로 40만큼 이동하면 된다. 이렇게 되기 위해 필요한 보조금은 제품 1개당 40이다.

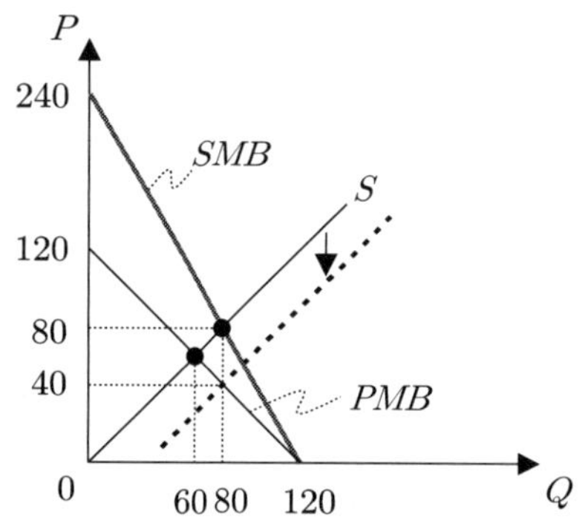

3. 실제생산량(Q_0)은 수요곡선과 PMC의 교차점에서 결정된다.

$300-\frac{1}{2}Q=\frac{3}{2}Q \quad \therefore \; Q_0=150$

사회적으로 바람직한 생산량(Q_1)은 수요곡선과 SMC의 교차점에서 결정된다.

$300-\frac{1}{2}Q=\frac{5}{2}Q \quad \therefore \; Q_1=100$

실제 생산량이 Q_1이 되려면, 아래의 그림에서처럼 사적 한계비용곡선이 위로 100만큼 이동하면 된다. 이렇게 되기 위해 부과되는 종량세는 제품 1개당 100이다.

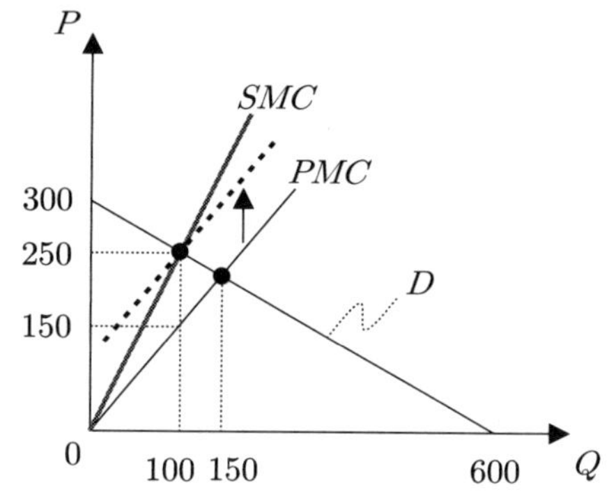

4. (1) 이때는 공장이 마음대로 생산할 수 있다. 따라서 김 양식장은 페인트 공장이 생산규모를 줄이거나, 공해방지시설을 설치 가동하는데 매년 최대 10억 원까지 지원해 줄 용의가 있을 것이다.

(2) 이때는 공장이 마음대로 생산할 수 없다. 만일 공해방지시설의 설치 및 가동비용이 매년 10억 원 이하라면, 그러한 시설을 페인트공장이 자체적으로 설치할 것이다. 만일 공해방지시설의 설치 및 가동비용이 매년 10억 원이 넘으면, 생산은 그대로 하면서 김 양식장에 매년 10억 원씩 지원해주려고 할 것이다. 하지만 페인트공장의 생산량을 조금만 줄여도 폐수의 피해를 크게 막을 수 있다면, 페인트의 생산량을 줄이는 방법을 택할 수도 있다.

6-3 정보경제학

1. 역선택: 가 (선별), 나 (신호), 마 (강제가입)

   도덕적 해이: 다 (유인체계), 라 (기초공제)

2. 취업희망자는 자신의 능력이나 성실성 등을 자신이 가장 잘 알고 있다. 하지만 기업의 입장에서는 겉으로만 봐서 잘 판별이 안 된다. 기업이 일정한 수준의 급료를 지급할 때, 그보다 생산성이 높은 자들은 그 기업을 외면하여, 그보다 생산성이 낮은 자들만 뽑게 되는 역선택의 가능성이 있다. 따라서 기업은 졸업장이나 학교성적으로 선별하려 할 것이다. 반면에 우수한 취업희망자들은 역선택 때문에 기업이 구인을 주저하지 않고 자신을 뽑을 수 있도록 졸업장이나 학교성적으로 신호를 보내려 할 것이다.

3. 공정보험료 $= 10,000 \times 0.19 = 1,900$

   기대가치: $E(V) = 10,000 \times 0.81 + 0 \times 0.19$
   $= 8,100$

   기대효용:

   $E(U) = \sqrt{10,000} \times 0.81 + \sqrt{0} \times 0.19 = 81$

   확실성등가: $CE = 81^2 = 6,561$

   리스크 프리미엄 $= 8,100 - 6,561 = 1,539$

   가능한 최대보험료 $= 10,000 - 6,561 = 3,439$

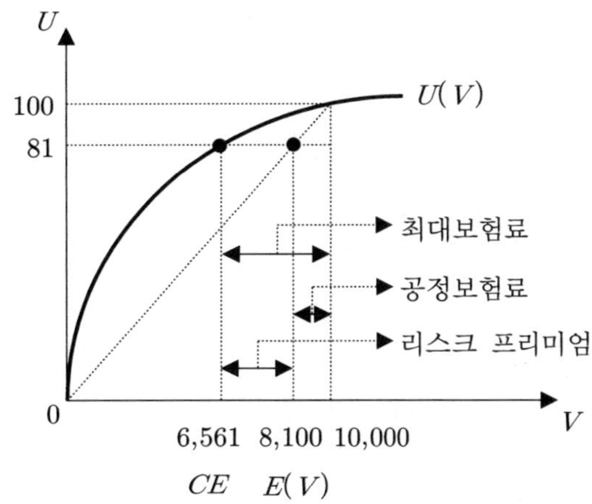

7장 국민소득의 결정

7-1 경제의 순환과 국민소득의 측정

1. ① GNP

   ② GDP

   ③ 포함 안 됨.

   ④ 포함 안 됨.

   ⑤ GNP, GDP

   ⑥ GNP, GDP

   ⑦ GNP, GDP

   ⑧ 포함 안 됨.

   ⑨ GNP, GDP

   ⑩ 포함 안 됨.

   ⑪ GDP

   ⑫ GNP

2. $P_0=(20, 35)$, $Q_0=(100, 30)$, $P_1=(21, 37)$, $Q_1=(110, 50)$ 라 하자.

라스파이레스 지수$=\frac{P_1Q_0}{P_0Q_0}\times 100$

$=\frac{21\times 100+37\times 30}{20\times 100+35\times 30}\times 100=105.2 \quad \therefore\ 5.2\%$

GDP 디플레이터$=\frac{P_1Q_1}{P_0Q_1}\times 100$

$=\frac{21\times 110+37\times 50}{20\times 110+35\times 50}\times 100=105.3 \quad \therefore\ 5.3\%$

$P_0Q_1=20\times 110+35\times 50=3,950$

경제성장률$=\frac{P_0Q_1-P_0Q_0}{P_0Q_0}\times 100$

$=\frac{3,950-3,050}{3,050}\times 100=29.5 \quad \therefore\ 29.5\%$

7-2 국민소득결정 이론

1. (1) $Y=\frac{1}{1-b}(a-bT+I+G+Ex-Im)$

$=\frac{1}{1-0.8}(100-0,8\times 40+20+30+60-50)$

$=640$

(2) $Y=\frac{1}{1-b(1-t)}(a+I+G+Ex-Im)$

$=\frac{1}{1-0.75(1-0.2)}(100+20+30+10)$

$=400$

(3) $Y=\frac{1}{1-b(1-t)+m}(a+I+G+Ex)$

$=\frac{1}{1-0.9(1-0.4)+0.04}(100+20+30+40)$

$=380$

2. 국민소득의 승수는 $\frac{1}{1-b}=\frac{1}{1-0.8}=5$ 가 된다.

(1) 첫 번째 기간: $\Delta Y_1=100$

균형국민소득: $\Delta Y=0$

(2) 첫 번째 기간: $\Delta Y_1=100$

균형국민소득: $\Delta Y=5\times\Delta G=5\times 100$
$=500$

(3) 첫 번째 기간: $\Delta Y_1=\Delta G-b\times\Delta T$
$=100-0.8\times 100=20$

균형국민소득: $\Delta Y=0$

(4) 첫 번째 기간: $\Delta Y_1=100-0.8\times 100$
$=20$

균형국민소득: $\Delta Y=\frac{1}{1-b}(\Delta G-b\times\Delta T)$
$=5\times(100-0.8\times 100)=100$

(5) 첫 번째 기간: $\Delta Y_1=100-0.8\times 100=20$

균형국민소득: $\Delta Y=0$

8장 경제정책

1. (1) 신용승수$=\frac{1}{0.1}=10$

신용창조액$=10\times 100$억 원$=1,000$억 원

(2) 순신용승수$=\frac{1-0.1}{0.1}=9$

2. (1) $B=C+R=200\times 0.3+200\times(0.15+0.05)$
$=60+40=100$ (조원)

(2) $m=\dfrac{c+1}{c+r}=\dfrac{0.3+1}{0.3+0,2}=2.6$

(3) $M=mB=2.6\times100=260$ (조원)

(4) $\triangle M=2.6\times\triangle B$

$52=2.6\times\triangle B$

$\therefore\ \triangle B=20$ (조원)

(5) 지급준비율$(r)=0.12+0.05=0.17$

$M=\dfrac{0.3+1}{0.3+0.17}\times100=276.6$

$\triangle M=\dfrac{276.6-260}{260}\times100=6.4\ (\%)$

$\therefore$ 6.4% 증가

주 법정지급준비율의 감소로 말미암아 법정지급준비금이 6조원 줄어든다. 대신 대출의 증가로 발생하는 요구불예금의 증가로 인해 민간보유현금과 초과지급준비금이 증가하므로, 본원통화량에는 변화가 없다.

3. $MV=PT$

(1) $V=\dfrac{PT}{M}=\dfrac{100\times200}{1,000}=20$

(2) $P=\dfrac{MV}{T}=\dfrac{1,500\times20}{200}=150$

$\triangle P=\dfrac{150-100}{100}\times100=50\ (\%)$

$\therefore$ 50% 증가

4. 고전학파에 의하면 화폐공급의 증가는 실물변수에는 영향을 미치지 않으며, 물가만 상승시킨다. 한편, 케인즈에 의하면 화폐공급의 증가는 채권의 수요를 증가시켜, 채권가격을 상승시키고 이자율을 하락시킨다. 이자율이 하락함에 따라 민간의 투자수요가 증가하여, 국민소득이 증가하고 실업이 감소한다.

9장 총수요와 총공급

1. (1)

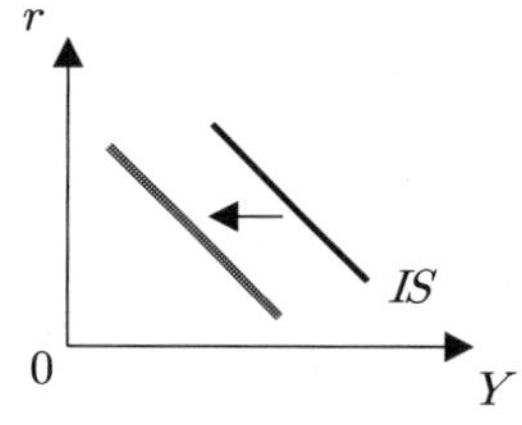

(2) 통화량이 증가하므로

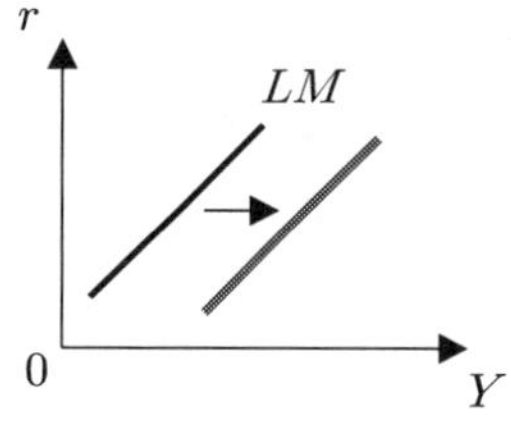

(3) $I(r)+G=Y-C(Y-T)$에서 r이 조금만 변해도 I의 변화가 크므로, r의 변화에 대해 Y의 변화가 커야 생산물시장의 균형이 유지된다. 따라서 IS곡선의 기울기는 더 완만해진다.

(4) $\dfrac{M}{P}=L(Y,r)$에서 Y의 변화에 대해 r이 조금만 변해도 화폐시장의 균형이 유지된다. 따라서 LM곡선의 기울기는 더 완만해진다.

2. 화폐수요곡선이 우측으로 이동하므로, 이자율은 상승한다.

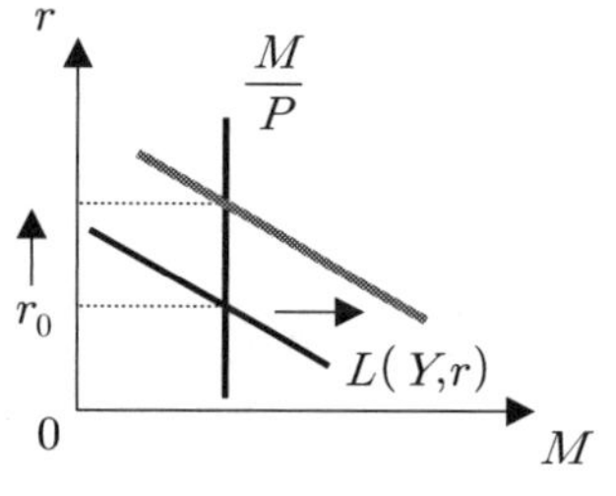

3. (1) 조세가 증가하면, *IS*곡선이 왼쪽으로 이동한다. 이때 국민소득은 감소하고 이자율은 하락한다.

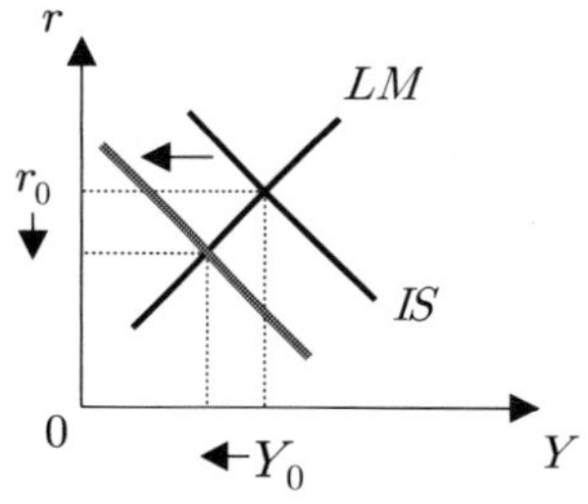

(2) 현금보유비율이 증가하면, 통화승수가 작아져 통화량이 감소하므로 LM곡선이 왼쪽으로 이동한다. 이때 국민소득은 감소하고, 이자율은 상승한다.

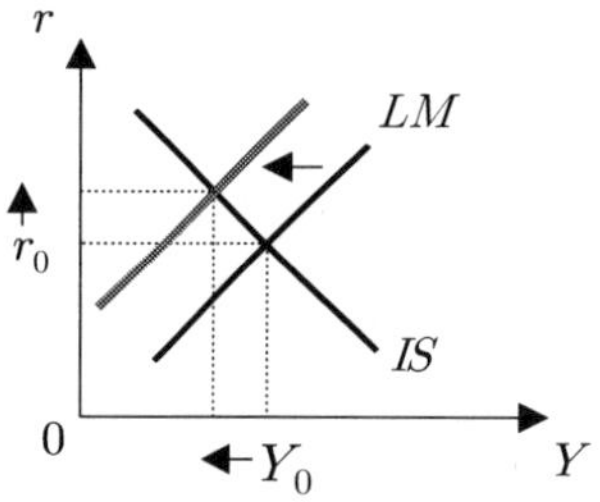

4. 해외부문을 추가하면, 물가가 떨어질 때 가격경쟁력이 커져 순수출이 늘어나는 것이 일반적이므로, 총수요가 국내경제 모형의 경우보다 더 크게 증가한다. 따라서 총수요곡선의 기울기가 더 완만해진다.

5. (1) 조세가 증가하면, 총수요가 감소하므로 *AD*곡선이 좌측으로 이동한다. 이때 케인즈의 경우에는 국민소득이 감소하고 물가가 하락한다. 반면 고전학파의 경우에는 국민소득은 변화가 없고 물가만 하락한다.

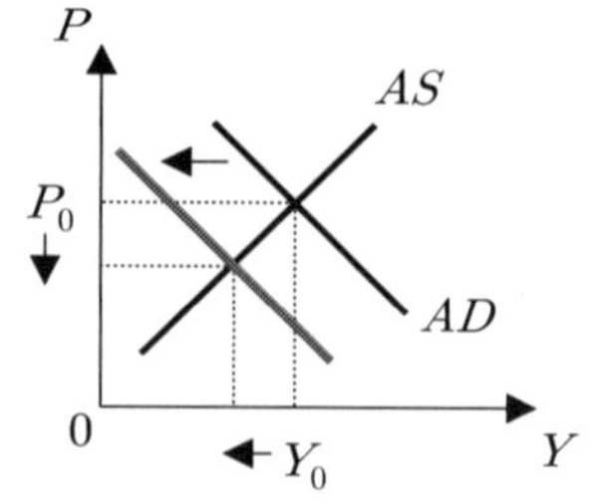

케인즈

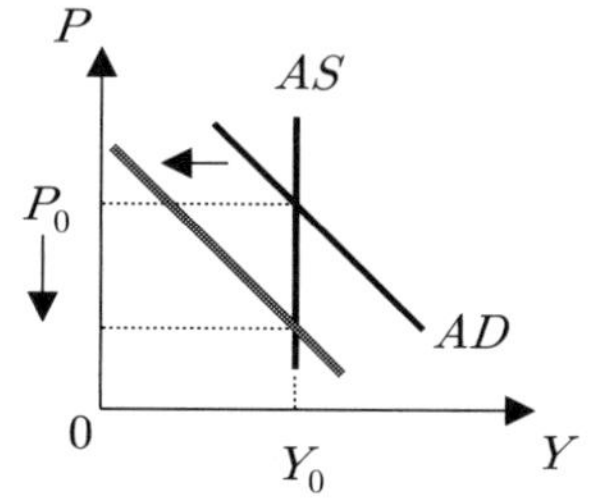

고전학파

(2) 법정지급준비율을 올리면, 통화량이 감소하고 총수요가 감소하므로 *AD*곡선이 좌측으로 이동한다. 이때 케인즈의 경우에는 국민소득이 감소하고 물가가 하락한다. 반면 고전학파의 경우에는 국민소득은 변화가 없고 물가만 하락한다.

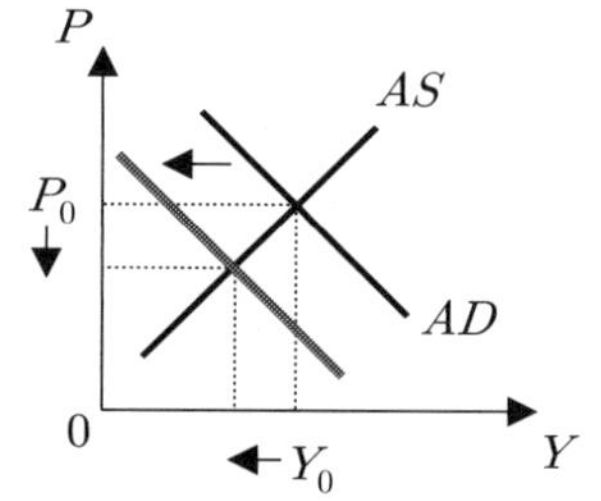

케인즈

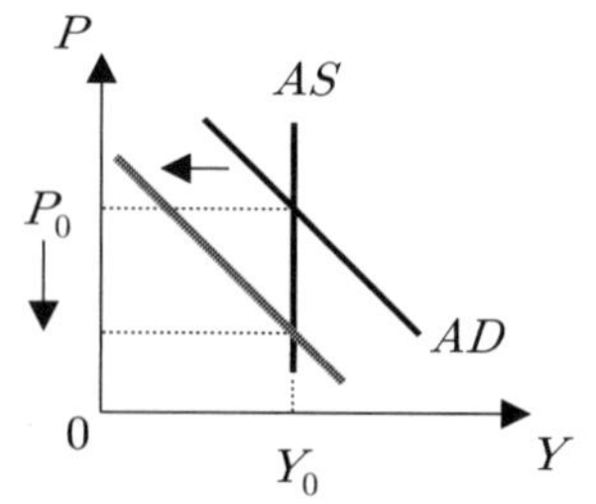

고전학파

(3) 재할인율을 낮추면, 통화량이 증가하고 총수요가 증가하므로 *AD*곡선이 우측으로 이동한다. 이때 케인즈의 경우에는 국민소득이 증가하고 물가가 상승한다. 반면 고전학파의 경우에는 국민소득은 변화가 없고 물가만 상승한다.

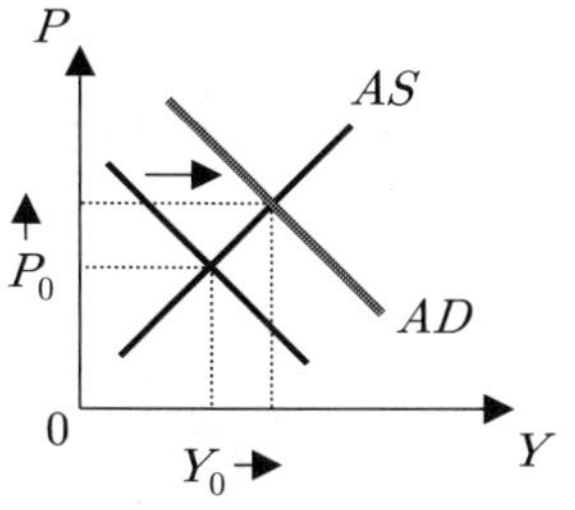

케인즈

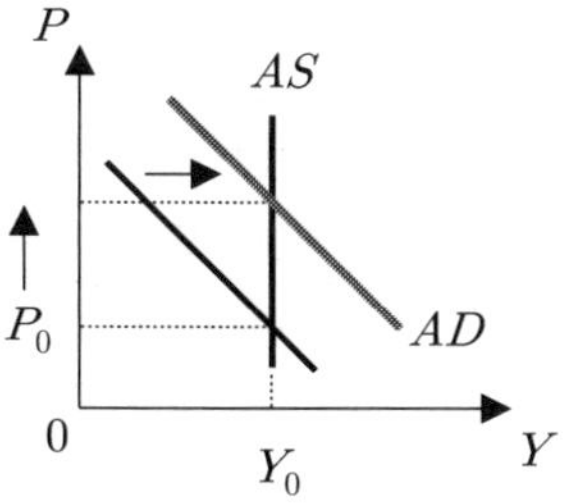

고전학파

6. (1) *AS*곡선의 기울기는 단기에서보다 중기에서 더 가파르고, 장기에서는 수직이 된다.

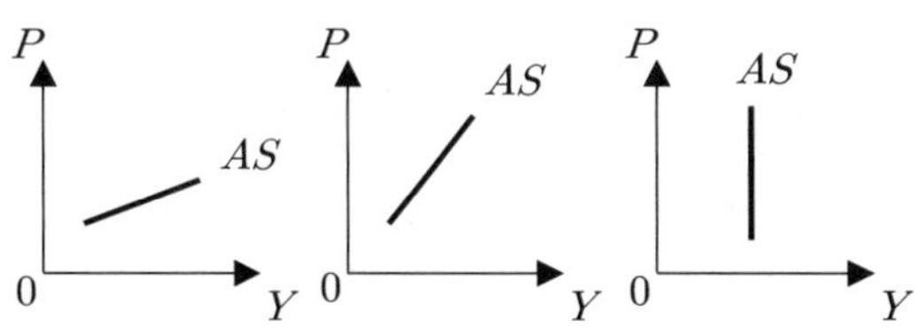

단기 중기 장기

(2) 단기와 중기에서는 총공급곡선이 우상향하므로, 총수요확대정책 결과 국민소득이 증가하고 물가가 상승할 것이다. 하지만 단기에서는 총공급곡선의 기울기가 더 완만하므로, 중기에서보다 국민소득의 증가폭이 더 크고 물가의 상승폭은 더 작을 것이다. 장기에서는 총공급곡선이 수직선이므로, 총수요확대정책은 물가만 상승시키고 국민소득은 전혀 변화시키지 못한다.

10장 인플레이션과 실업

1. 단기: 물가에 대한 정태적 기대를 하므로, *AS*곡선이 우상향한다. 또한 투자가 증가하였으므로, *AD*곡선이 우측으로 이동한다. 따라서 국민소득은 증가하고, 물가는 상승한다.

장기: 물가에 대한 합리적 기대를 하므로, 물가상승이 모두 명목임금 상승에 반영된다. 그러므로 *AS*곡선이 수직선이다. 이때 투자가 증가하여 *AD*곡선이 우측으로 이동하면, 국민소득은 변화가 없고 물가만 상승한다.

2. 국제원자재 가격이 상승하면, *AS*곡선이 좌측으로 이동한다.

(1) *AS*곡선이 우상향하므로, 국민소득이 감소하고 물가가 상승한다.

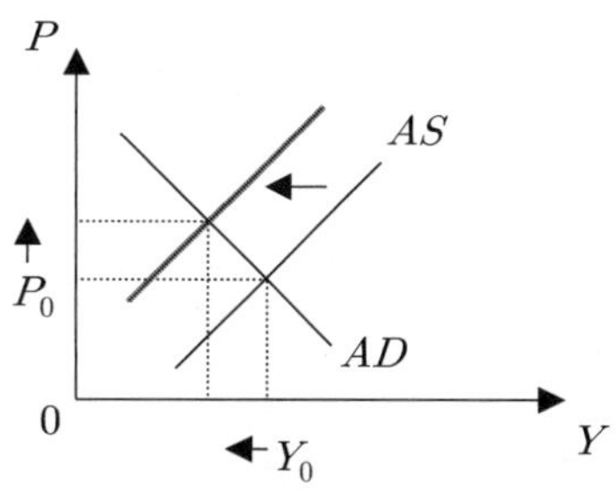

(2) *AS*곡선이 수직선이다. *AS*곡선이 좌측으로 이동하면서, 국민소득이 감소하고 물가가 상승한다. 이때 국민소득의 감소폭과 물가의 상승폭은 *AS*곡선이 우상향하는 경우보다 더 크다. 왜냐하면, 물가가 상승하여도 *AS*곡선을 따라 총공급이 증가하지 않기 때문이다.

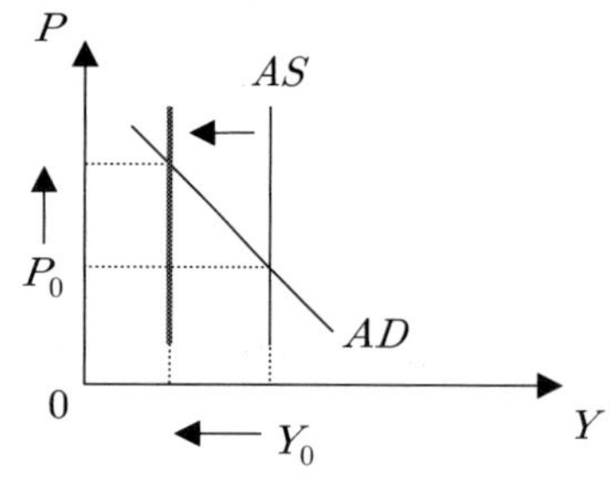

3. (1) $P^e_{t+1} = P_t = 115$

(2) $P^e_{t+1} = P^e_t + a(P_t - P^e_t)$
$= 110 + 0.9 \times (115 - 110) = 114.5$

(3) $P^e_{t+1} = E(P^e_{t+1} \mid \Omega_t) = 115 \times 1.02 = 117.3$

4. (1) $P^e_1 = P_0 = 100$

(2)

연도	-3	-2	-1	0	1
P_t	90	100	90	100	90
P^e_t	-	90	95	92.5	96.3
예측오차	-	10	-5	7.5	-6.3

$P^e_{-1} = P^e_{-2} + 0.5(P_{-2} - P^e_{-2})$
$= 90 + 0.5 \times (100 - 90) = 95$

$P^e_0 = 95 + 0.5 \times (90 - 95) = 92.5$

$P^e_1 = 92.5 + 0.5 \times (100 - 92.5) = 96.3$

(3)

연도	-3	-2	-1	0	1
P_t	90	100	90	100	90
P^e_t	-	90	99	90.9	99.1
예측오차	-	10	-9	9.1	-9.1

$P^e_{-1} = P^e_{-2} + 0.9(P_{-2} - P^e_{-2})$
$= 90 + 0.9 \times (100 - 90) = 99$

$P^e_0 = 99 + 0.9 \times (90 - 99) = 90.9$

$P^e_1 = 90.9 + 0.9 \times (100 - 90.9) = 99.1$

(4) $P^e_1 = E(P_1 \mid \Omega_t) = 90$ (물가패턴이 반복된다는 정보를 이용함.)

11장 경제학파와 최근의 경제학

1. (1) 고전학파는 노동의 가격인 임금이 신축적으로 움직인다고 한 반면, 케인즈학파는 임금이 경직적이라고 하였다.

(2) 고전학파는 신축적 임금에 의해 시장이 항상 청산(Clear)되므로 비자발적 실업이 장기간 존속할 수 없다고 한 반면, 케인즈학파는 임금이 경직적이므로 비자발적 실업이 장기간 존속할 수 있다고 하였다.

2. 고전학파 - 가, 다, 마, 바, 차

케인즈학파 - 나, 라, 사, 아, 자

3. 새고전학파 - 가, 다, 라, 마, 바, 사

새케인즈학파 - 나, 라, 마

4. (1) 남자도 약속시간보다 30분 늦게 도착한다.

(2) 막상 여자 친구가 늦게 나오면, 데이트를 취소하기가 아쉬워 그냥 데이트한다.

(3) 남자 친구가 한 말을 지킬 것이라 생각하여 여자 친구가 시간약속을 지킨다. [바람직한 균형]

또는 여자 친구가 남자의 말을 무시하고 계속 늦게 나오자, 남자친구도 늦게 나오게 되고, 이를 알아챈 여자는 친구는 더 늦게 나온다. 결국 (예를 들어) 남자 친구는 30분 늦게 나오고, 여자 친구는 1시간 늦게 나온다. [바람직

하지 못한 균형]

12장 경기변동과 경제성장

12-1 경기변동

1. (1) 반도체기술의 발전은 생산성에 긍정적인 영향을 주어 경기호황을 유발한다.

(2) 기후협약과 이산화탄소 배출규제는 생산비용을 높이는 등 생산을 위축시키므로 경기침체를 유발한다.

(3) 노동조합세력의 확대는 기업의 생산활동과 비용에 부정적인 영향을 주어 경기침체를 유발한다.

2. 예상 못한 통화량의 증가로 물가수준(P)이 예상물가수준(P^e)을 초과하면, 총생산량(Y)은 자연실업률생산량(Y_N)을 초과하는 호황이 발생한다. 시간이 지나면서 경제주체들이 통화정책을 알아차리게 되어 물가예측이 정확해지면($P^e = P$), 총생산량은 자연실업률생산량으로 복귀한다. 이 과정에서 불황이 발생한다.

3. 총수요가 감소하면 노동에 대한 수요가 감소하므로 (노동수요곡선이 왼쪽으로 이동), 균형임금이 하락해야 한다. 하지만 임금이 경직되어 있으면, 노동시장에서 초과공급이 발생하여 비자발적 실업이 발생한다. (또한 고용량도 균형임금이 하락할 때보다 더 작아진다.) 비자발적 실업의 증가와 함께 산출량이 감소하면서 불황이 발생한다. 이후 총수요가 증가하면, 노동에 대한 수요도 증가하여 고용량이 증가한다. 이때 산출량이 증가하면서 호황이 발생한다.

4. (1) 양의 값을 가지는 솔로우 잔차는 양의 생산성충격을 나나낸다. 문제에서의 실증분석은 솔로우 잔차 값이 클수록(작을수록) 경제성장률이 높아지는(낮아지는) 것을 보여주므로, 생산성 충격에 따라 경기가 변동하는 모습을 보여준다. 따라서 실물경기변동이론을 지지한다.

(2) 불경기 때 노동비축이 존재하면, 일정량을 생산하는데 실제보다 더 많은 노동이 투입되고 있으므로 생산성이 낮아진다. 이때 부정적인 생산성 충격이 불황을 유발한 것처럼 보인다. 만일 이와 같은 비축노동을 제외하고 솔로우 잔차를 다시 구하면, 생산성지표라 할 수 있는 솔로우 잔차는 경제성장률과 함께 변동하지 않고 보다 안정적인 값을 보일지도 모른다. 따라서 노동비축 이슈는 실물경기변동이론을 반박하기 위한 것이다.

(3) 불경기 때 근로자들이 생산량 계측에서 제외되는 작업에 배치되면, 생산성은 더욱 떨어진 것으로 기록된다. 따라서 솔로우 잔차와 경제성장률이 함께 떨어지는 것처럼 나타난다. 만일 그러한 작업을 적절하게 계량화하여 생산성에 반영하거나 또는 그러한 작업에 참여하는 근로자들을 투입요소 통계에서 제외시키면, 불경기 시에도 솔로우 잔차가 크게 감소하지 않고 보다 안정적인 값을 보일지도 모른다. 따라서 이와 같은 노동투입량 계측문제는 실물경기변동이론을 반박하기 위한 것이다.

12-2 경제성장

1. (1) 아래 그림에서처럼 1인당 균제소득이 증가한다.

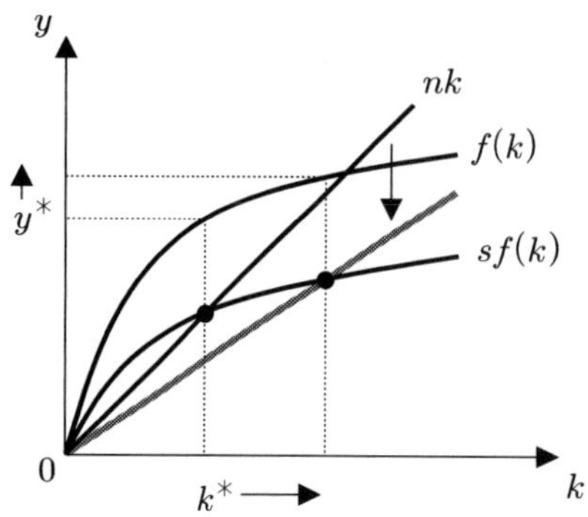

(2) 아래 그림에서처럼 1인당 균제소득이 감소한다.

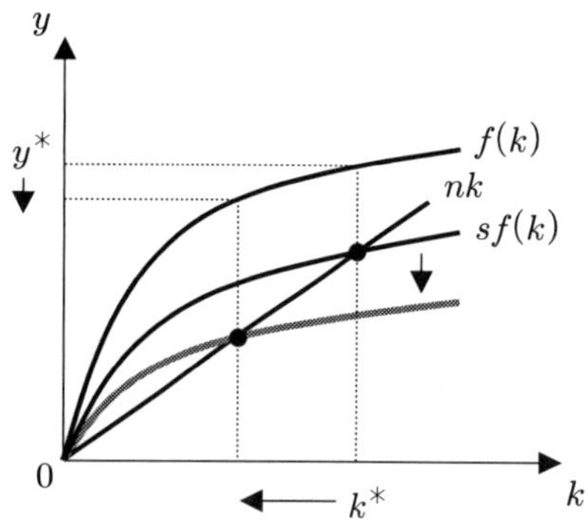

2. $f' = n$ (황금률 성장경로 조건)

$\Rightarrow \quad 0.25k^{-0.75} = n$

$sf = nk$ (균제조건) $\Rightarrow \quad sk^{0.25} = nk$

$\Rightarrow \quad s = nk^{0.75} = 0.25k^{-0.75}k^{0.75} = 0.25$

$\therefore$ 저축률(s)은 25%

3. (1) $sf = nk$ (균제조건) $\Rightarrow \quad 0.25 \times 4\sqrt{k} = 0.01k$

$\Rightarrow \quad k = 10{,}000 \quad \Rightarrow \quad y = 4\sqrt{10{,}000} = 400$

$\therefore \quad c = y - sy = 400 - 0.25 \times 400 = 300$

(2) $sf = nk$ (균제조건) $\Rightarrow \quad s \times 4\sqrt{k} = 0.01k$

$f' = n$ (황금률 성장경로 조건)

$\Rightarrow \quad 2k^{-1/2} = 0.01$

위의 두 식을 풀면, $s = 0.5$

최적저축률($s = 0.5$)을 균제조건에 대입하면,

$0.5 \times 4\sqrt{k} = 0.01k \quad \Rightarrow \quad k = 40{,}000$

$\Rightarrow \quad y = 4\sqrt{40{,}000} = 800$

$\therefore \quad c = y - sy = 800 - 0.5 \times 800 = 400$

(3) $sf = nk$ (균제조건) $\Rightarrow \quad s \times 4\sqrt{k} = 0.1k$

$f' = n$ (황금률 성장경로 조건)

$\Rightarrow \quad 2k^{-1/2} = 0.1$

위의 두 식을 풀면, $s = 0.5$

최적저축률($s = 0.5$)을 균제조건에 대입하면,

$0.5 \times 4\sqrt{k} = 0.1k \quad \Rightarrow \quad k = 400$

$\Rightarrow \quad y = 4\sqrt{400} = 80$

$\therefore \quad c = y - sy = 80 - 0.5 \times 80 = 40$

4. 현재 $f(k^*) < n$이다. 이때 저축률()을 줄이면, 1인당 자본량(k)이 감소하여 1인당 생산함수의 한계생산(f')이 증가하므로, 황금률 성장경로 조건인 $f'(k^*) = n$을 충족시킬 수 있다. 이때 아래 그림에서처럼 1인당 자본량은 k_1^*에서 k_2^*로 감소하고, 1인당 소득은 y_1^*에서 y_2^*로 감소한다. 하지만 1인당 소비량은 최대가 된다.

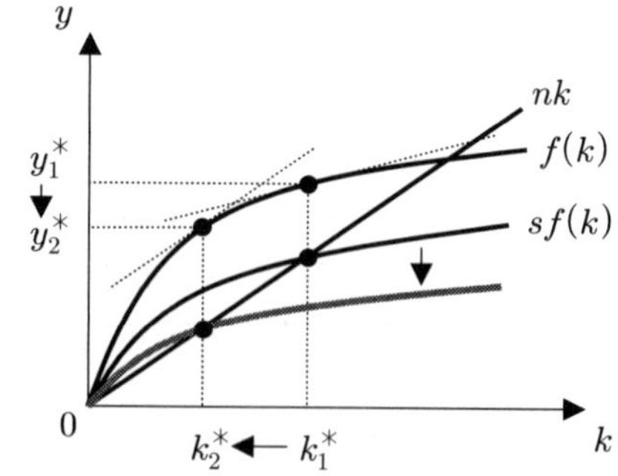

5. $k = \dfrac{K}{L} \quad \Rightarrow \quad \dfrac{\dot{k}}{k} = \dfrac{\dot{K}}{K} - \dfrac{\dot{L}}{L}$

$\Rightarrow \quad \dot{k} = \dfrac{\dot{K}}{L} - nk$

또한 $sY = I = \dot{K} + \delta K$

$\Rightarrow \quad sf(k) = \dfrac{\dot{K}}{L} + \delta k$

$\Rightarrow \quad \dfrac{\dot{K}}{L} = sf(k) - \delta k$

위의 식을 $\dot{k}$ 식에 대입하면,

$\dot{k} = sf(k) - (n+\delta)k$

13장 국제경제

13-1 국제무역

1. (1) 양국의 치즈의 상대가격(P_c)을 비교하면,

$P_c^A = 6/2 = 3 > 2 = 10/5 = P_c^B$

따라서 치즈생산에 비교우위가 있는 나라는 B국이다.

(2) A국은 쌀을 수출하고, B국은 치즈를 수출한다.

(3) 치즈의 국제가격(P_c^W)은 양국의 치즈가격 사이가 될 것이다.

즉, $2 < P_c^W < 3$

2. (1) A국: 노동을 컴퓨터와 소고기 생산에 각각 10단위와 30단위씩 투입하면 두 제품의 생산량이 같아지므로, 두 제품의 소비량도 같아진다. 이때 컴퓨터와 소고기의 소비량은 각각 10단위씩이 된다.

$(10/1 = 10, 30/3 = 10)$

B국: 노동을 컴퓨터와 소고기 생산에 각각 80단위와 40단위씩 투입하면, 각 제품에 대한 소비량은 10단위씩이 된다.

$(80/8 = 10,\ 40/4 = 10)$

(2) 컴퓨터의 상대가격은 A국이 1/3, B국이 2이다. 따라서 A국은 컴퓨터에서, B국은 소고기에서 비교우위를 가진다. 따라서 A국은 컴퓨터를 수출하고, B국은 소고기를 수출한다.

(3) A국: 40단위의 노동을 모두 컴퓨터 생산에 투입하며, 생산량은 40단위가 된다.

$(40/1 = 40)$

B국: 120단위의 노동을 모두 소고기 생산에 투입하며, 생산량은 30단위가 된다.

$(120/4 = 30)$

(4) 컴퓨터의 국제가격(P_c^W)은 양국의 컴퓨터가격 사이가 될 것이다. 즉, $\dfrac{1}{3} < P_c^W < 2$

(5) A국: 국제가격이 1이고, B국은 컴퓨터 15단위를 수입한다. 따라서 A국은 컴퓨터 생산량 40단위 중 15단위를 수출하고, 소고기 15단위를 수입한다. 이때 컴퓨터의 소비량(x_c)은 25단위가 되며, 소고기의 소비량(x_b)은 15단위이다.

즉, $(x_c, x_b) = (25, 15)$

B국: 소고기 생산량 30단위 중 15단위를 수출하고, 컴퓨터를 15단위 수입한다.

즉, $(x_c, x_b) = (15, 15)$

13-2 국제수지

1. $P = eP_f \quad \Rightarrow \quad e = \dfrac{P}{P_f}$

(1) $e = \dfrac{1{,}000}{20} = 50$

(2) $\hat{e} = \hat{P} - \hat{P_f} = 0.07 - 0.02 = 0.05$

$\therefore \ e = 50(1 + 0.05) = 52.5$

2. (1) $1 + r = (1 + r_f)\dfrac{E(e)}{e}$

$\Rightarrow \quad E(e) = (\dfrac{1+r}{1+r_f}) \times e$

$\therefore \ E(e) = \dfrac{1.06}{1.03} \times 1{,}000 = 1{,}029.1$

(2) $r = r_f + \dfrac{F - e}{e} \quad \Rightarrow \quad F = e + e \times (r - r_f)$

$\therefore \ F = 1{,}000 + 1{,}000 \times (0.06 - 0.03)$
$= 1{,}030$

3. (1) 이자율평형의 근사식에 의한 선물환율의 값은 다음과 같다.

$$F = e + e \times (r - r_f)$$
$$= 1{,}000 + 1{,}000 \times (0.05 - 0.03)$$
$$= 1{,}020$$

현재 선물환율은 1,050으로 이자율평형 선물환율보다 크다. 즉, 달러화 선물의 가치가 고평가되어 있다. 따라서 1년 후 달러를 매도하는 계약을 지금 체결하면 된다. [참고: 이를 달러화에 대한 매도포지션(Short Position)이라 한다.]

또한 원화로 표시한 미국예금의 연간수익률은

$$r_f + \frac{F - e}{e} = 0.03 + \frac{1{,}050 - 1{,}000}{1{,}000} = 0.08$$

이므로, 국내예금의 수익률 0.05보다 크다. 따라서 국내에서 원화를 차입하여 미국에 예금하고, 1년물 달러 선물환을 구입해 놓으면 된다.

100만 원을 국내에서 차입한 후 현재의 환율대로 1,000달러로 교환하여 미국의 은행에 예금한다. 미국의 금리가 3%이므로, 1년 후의 예금잔액은 1,030달러가 된다. 이때 환위험을 제거하기 위해, 달러 예금잔액에 대하여 1달러당 1,050원으로 선물환을 매도한다. (즉, 달러화에 대한 매도포지션을 취한다.) 이때 1년 후의 예금잔액은 원화로 표시할 때 정확히 1,081,500원(=1,030×1,050)이 될 것이다. 국내금리가 5%이므로 차입금 상환액은 1,050,000원(=1,000,000×1.05)이 된다. 따라서 차익거래에 의해 자기자본을 전혀 들이지 않고 무위험으로 1년 후 31,500원(=1,081,500−1,050,000)만큼의 이익을 얻을 수 있다. 이 이익을 당장 시장에서 현재가치인 30,000원(=31,500/1.05)으로 교환할 수 있다. 결론적으로, 100만원을 차입하여 차익거래를 하면 당장 3만원의 이익을 얻을 수 있다.

(2) 이자율평형에 의한 선물환율보다 시장의 선물환율이 더 낮다. 즉, 달러화 선물의 가치가 저평가되어 있다. 따라서 1년 후 달러를 매입하는 계약을 지금 체결하면 된다. [참고: 이를 달러화에 대한 매수포지션(Long Position)이라 한다.]

1,000달러를 미국의 은행에서 차입한 후, 현재의 환율대로 100만 원으로 교환하여 한국의 은행에 예금한다. 한국의 금리가 5%이므로, 1년 후의 예금잔액은 1,050,000원이 된다. 이때 환위험을 제거하기 위해, 원화 예금잔액에 대하여 1년 후 1달러당 960원으로 교환하

는 선물환을 매입한다. (즉, 달러화에 대한 매수포지션을 취한다.) 이때 1년 후의 예금잔액은 달러화로 표시할 때 1,093.75달러(=1,050,000/960)가 된다. 또한 미국의 이자율이 3%이므로, 차입금 상환액은 1,030달러(=1,000×1.03)가 된다. 따라서 자기자본을 전혀 들이지 않고 무위험으로 1년 후 63.75달러(=1,093.75−1,030)만큼의 이익을 얻을 수 있다. 이 이익을 당장 미국의 시장에서 현재가치인 61.893달러(=63.75/1.03)로 교환할 수 있다. 이렇게 손에 들어온 달러를 다시 원화로 교환하면 61,893원(=61.893×1,000)이 된다. 따라서 1,000달러를 차입하여 차익거래를 하면 당장 61,893원의 이익을 얻을 수 있다.

(3) 바로 앞의 문제에서 보았듯이, 이러한 상황에서의 차익거래자들은 현물환시장에서 달러화를 원화로 교환하기를 원한다. 따라서 달러화에 대한 수요가 감소하고, 달러화의 가격이 하락한다. 이러한 차익거래가 계속되면, 현물환율은 이자율평형식을 성립시키는 환율인 941로 변한다. 이때 더 이상 차익거래로 인한 이익이 발생하지 않는다.

$$0.05 = 0.03 + \frac{960 - e}{e} \quad \Rightarrow \quad e = 941$$

주 실제 현실에서는 현물환율이 결정되고, 그에 따라 선물환율이 결정되는 것이 일반적인 메커니즘이다.

13-3 개방경제하의 경제정책

1. (1) 확대재정정책으로 말미암아 *IS*곡선이 우측으로 이동하여 균형점이 E_0에서 E_1으로 이동하면, 국제수지 적자가 발생한다. 왜냐하면 이자율의 상승이 외환의 유입을 초래하지 못하는 반면, 소득의 증가는 순수출만 감소시키기 때문이다. 따라서 외환시장에서 외환에 대한 초과수요가 발생한다. 고정환율제하에서 환율의 상승을 막기 위해, 정부는 외환시장에서 달러화를 매각하고 원화를 매입하여야 한다. 이때 국내의 유동성이 감소하여 *LM*곡선이 국제수지 균형을 회복할 때까지 좌측으로 이동한다. 최종 균형점은 E_2가 되며, 국민소득은 변함이 없다. 따라서 재정정책은 효과가 없다.

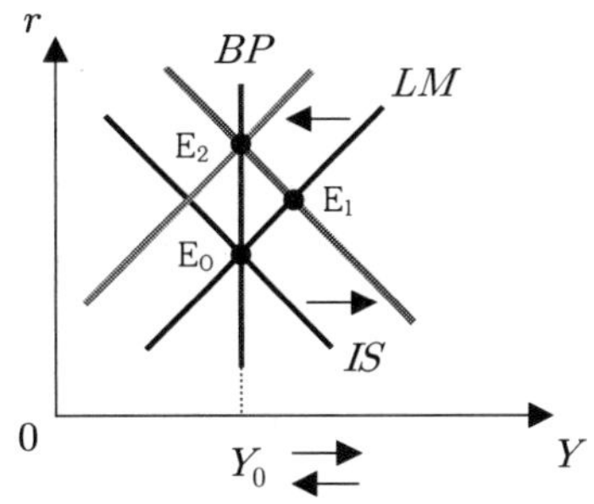

주 순수출이 감소할 때 *IS*곡선이 좌측으로 이동하는 데는 긴 시간이 소요된다. 반면 화폐부문의 균형을 나타내는 *LM*곡선의 이동은 매우 단기간만 소요된다. 따라서 국제수지 적자가 발생할 때 *IS*곡선이 아닌 *LM*곡선만 왼쪽으로 움직여 새로운 균형점 E2에 도달했다고 봐도 무방하다.

(2) 확대금융정책으로 말미암아 *LM*곡선이 우측으로 이동하여 균형점이 E_0에서 E_1으로 이동하면, 국제수지 적자가 발생한다. 이때 이자율 하락으로 인한 자본유출이 차단되어 있기 때문에, 국제수지적자는 모두 경상수지적자이다. 따라서 *IS*곡선이 좌측으로 이동한다. 이때 외환에 대한 초과수요가 발생하여 경상수지가 다소 개선되기는 하겠지만, 이는 2차적인 효과로 국민소득 증가로 인한 최초의 경상수지적자를 반전시킬 정도는 아니다. *IS*곡선은 국제수지가 다시 균형을 회복할 때까지 좌측으로 이동하다가, 새로운 균형점인 E_2에서 멈추게 된다. 따라서 국민소득은 변함이 없으며, 금융정책은 효과가 없다.

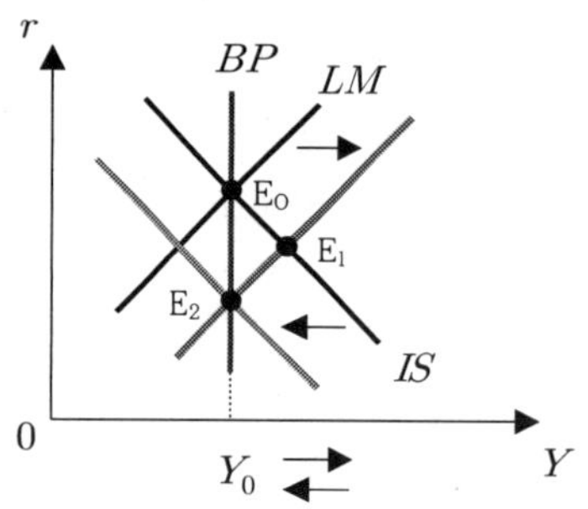

(3) 확대금융정책으로 말미암아 LM곡선이 우측으로 이동하여 균형점이 E_0에서 E_1으로 이동하면, 국제수지 적자가 발생한다. 이때 이자율에 대한 자본 유출입의 탄력성이 무한히 크며 자본 유출입의 속도도 경상수지의 변화에 비해 매우 빠르므로, 이자율의 하락으로 인한 자본유출의 규모가 매우 크다. 따라서 외환시장에서 초과수요의 규모도 크고, 환율의 상승폭도 매우 크다. 따라서 환율상승에 의한 경상수지의 개선효과는 금융정책으로 인한 국민소득의 증가가 초래하는 경상수지 감소효과를 완전히 압도해 버린다. 그 결과 IS곡선은 우측으로 이동하게 되어, 국민소득의 증가폭은 더욱 커진다. 따라서 금융정책의 효과는 더욱 커진다.

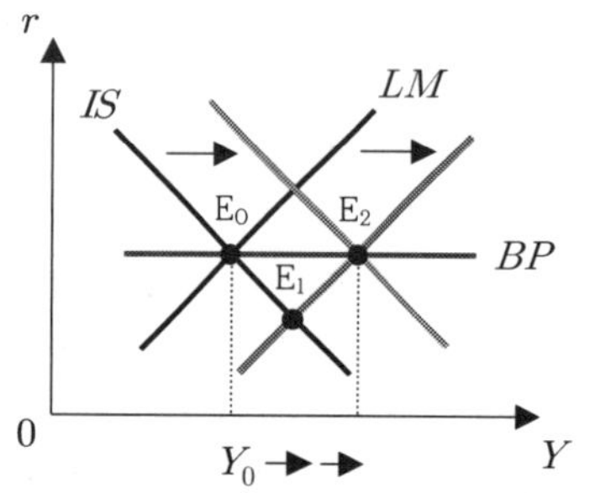

주 변동환율제하에서 외국자본유입이 환율에 대해 민감할수록, 금융정책의 효과는 더 커진다.

객관식문제 정답

1장 수요와 공급

1. ⑤	2. ②	3. ③	4. ①	5. ③
6. ⑤	7. ④	8. ③	9. ⑤	10. ①
11. ③	12. ①	13. ④	14. ②	15. ⑤
16. ②	17. ③	18. ②	19. ⑤	20. ⑤

1. ⑤

수요곡선은 왼쪽으로 이동하고, 공급곡선은 오른쪽으로 이동한다.

2. ②

개인의 수요함수는 각각 $Q_1=20-P$와 $Q_2=10-\frac{P}{2}$로 나타낼 수 있으며, 개인의 생산함수는 각각 $Q_1=\frac{P}{2}$와 $Q_2=\frac{P}{2}$로 나타낼 수 있다. 따라서 시장수요함수는 $Q=Q_1+Q_2=30-\frac{3}{2}P$, 시장공급함수는 $Q=Q_1+Q_2=P$가 된다. 이를 함께 풀면, $P=12$.

3. ③

"$P>$ 균형가격"이면, 초과수요가 발생하므로 가격이 상승한다. 따라서 왈라스적으로 적응하면, 균형은 불안정적이다.

"$Q>$ 균형거래량"이면 "공급가격>수요가격"이므로 거래량이 감소한다. 따라서 마샬적으로 적응하면, 균형은 안정적이다.

4. ①

$$\epsilon_{xy}=\frac{\triangle Q_y}{\triangle P_x}\frac{P_x}{Q_y}=\frac{10}{200}\frac{1,000}{100}=0.5>0$$

따라서 x재와 y재는 서로 대체재이다.

5. ③

균형점 $(P, Q)=(60, 20)$ 에서

$$\epsilon=-\frac{dQ}{dP}\frac{P}{Q}=-\left(-\frac{1}{2}\right)\frac{60}{20}=\frac{3}{2}$$

6. ⑤

$$\epsilon=\frac{20}{10}=2$$

7. ④

$$\epsilon_S=\frac{a}{q}=\frac{100}{70}=\frac{10}{7}$$

8. ③

$$\epsilon_S=\frac{200}{250}=\frac{4}{5}$$

9. ⑤

- 공급곡선이 수직선이기 때문에 공급탄력성은 0이다.
- 기호의 변화로 수요곡선이 이동해도 거래량의 변화가 없다.
- P_0 아래의 가격에서는 초과수요가 발생하여 가격이 상승하고, P_0 위의 가격에서는 초과공급이 발생하여 가격이 하락한다. 따라서 Walras적 적응방식에 의하면, 균형은 안정적이다.
- 위의 그림만으로는 수요의 탄력성이 정확히 얼마인지 알 수 없다.

10. ①

추종효과가 존재하면 수요곡선의 기울기는 더 완만해진다. 따라서 원래 소비점에서 수요탄력성이 더 커진다.

11. ③

열등재는 소득탄력성이 0보다 작은 경우이다. 가격탄력성과는 관계가 없다.

12. ①

$Q > 1{,}000$ 이면 "공급가격 > 수요가격"이므로 생산량이 줄어들고, $Q < 1{,}000$ 이면 "수요가격 > 공급가격"이므로 생산량이 늘어난다.

따라서 Marshall적 적응에 의하면, 균형은 안정적이다.

13. ④

제품의 구입가격은 낮아지나, 거래량이 줄어든다. 따라서 소비자 전체의 잉여가 늘어날지 알 수 없다.

14. ②

- 소비자 중 아파트를 분양받은 자들은 가격상한제로 말미암아 잉여가 증가한다. 하지만 가격상한제로 말미암아 아파트 공급이 줄어들므로, 가격상한제 실시 전보다 적은 수의 소비자만이 아파트 구매하게 된다. 따라서 전체 소비자잉여의 변화는 불분명하다.
- 분양이 끝난 후의 시장가격으로 구입하는 자들은 가격상한제 실시 전의 시장가격보다 오히려 더 높은 가격으로 구매해야 한다.

15. ⑤

원래의 소비자잉여(CS)$= \frac{1}{2} \times 80 \times 80 = 3{,}200$

최고가격제 후 소비자잉여$= \frac{1}{2} \times (100+40) \times 60 = 4{,}200$

$\therefore \ \Delta CS = 4{,}200 - 3{,}200 = 1{,}000$

16. ②

사중손실$= \frac{1}{2} \times 40 \times 20 = 400$

17. ③

최고가격제로 말미암아 조세수입의 경우처럼 정부잉여가 발생하는 것은 아니다.

18. ②

최저임금제를 실시하면 실업이 증가한다. 따라서 모든 노동자의 잉여가 증가하는 것은 아니다.

19. ⑤

물품세를 부과한 후, 소비자와 생산자의 잉여 및 정부의 조세수입을 다 합쳐도, 물품세 부과 전의 소비자잉여와 생산자잉여의 합보다 작다. 즉, 사중손실이 발생한다.

20. ⑤

물품세를 공급자와 수요자 중 누구에게 부과하든지 조세의 전가비율이나 사중손실의 크기가 달라지지 않는다. 또한 탄력성이 큰 쪽이 조세부담률이 더 작다.

2장 소비자이론

1. ②	2. ③	3. ④	4. ③	5. ②
6. ④	7. ②	8. ③	9. ④	10. ⑤
11. ⑤	12. ①	13. ④	14. ⑤	15. ③
16. ⑤	17. ⑤	18. ①	19. ④	20. ②
21. ②	22. ⑤	23. ④	24. ②	

1. ②

$MU > 0$인 것은 $Q = 3$이 될 때까지이다.

2. ③

$$MU_x = \frac{\partial}{\partial x}(x^{1/2}y^{1/2}) = \frac{1}{2}x^{-1/2}y^{1/2} = \frac{\sqrt{y}}{2\sqrt{x}}$$

$$= \frac{\sqrt{20}}{2\sqrt{5}} = 1$$

3. ④

$$MRS = \frac{MU_x}{MU_y} = \frac{\frac{1}{2}x^{-1/2}y^{1/2}}{\frac{1}{2}x^{1/2}y^{-1/2}} = \frac{y}{x} = \frac{20}{5} = 4$$

∴ y재를 4단위 줄이면 된다.

4. ③

사과를 x재, 빵을 y재라 하면,

$$\frac{MU_x}{P_x} = \frac{10}{1,000} < \frac{3}{200} = \frac{MU_y}{P_y}$$

1원당 효용의 증가량은 y재가 더 크다. 따라서 사과의 소비를 줄이고, 빵의 소비를 늘린다.

5. ②

한계대체율이 체감하므로, 무차별곡선은 원점에 대해 볼록하다. 볼록한 성질을 가진 무차별곡선이 그림에서와 같이 표현되면, x재의 소비가 증가하거나 y재의 소비가 감소해야 효용이 증가한다. 따라서 x재는 재화이며, y재는 비재화이다.

6. ④

무차별곡선: $x^{1/4}y^{3/4} = c$ (일정)

$$\Rightarrow \quad y = c^{4/3}x^{-1/3} \quad \Rightarrow \quad y = \frac{c^{4/3}}{x^{1/3}}$$

따라서 무차별곡선은 우하향한다.

$$MRS = \frac{MU_x}{MU_y} = \frac{\frac{1}{4}x^{-3/4}y^{3/4}}{\frac{3}{4}x^{1/4}y^{-1/4}} = \frac{y}{3x}$$

$$MU_x = \frac{\partial U}{\partial x} = \frac{1}{4}x^{-3/4}y^{3/4} = \frac{1}{4}(\frac{y}{x})^{3/4}$$

따라서 x재의 한계효용은 (x재의 소비량이 증가할수록) 체감하고, y재의 소비량이 증가할수록 증가한다.

7. ②

효용수준이 일정하려면, x재를 1단위 더 소비할 때 y재를 5단위 덜 소비해야 한다. 즉, 한계대체율 값이 5이므로 ($-\frac{dy}{dx} = 5$), $y = -5x + c$라고 유추할 수 있다.

따라서 무차별 곡선의 형태는 $y = -5x + c$ (일정)이 된다. 그런데 효용함수가 $U = 5x + y$라면, 한계효용이 체감하지 않는다.

(예를 들어, $MU_x = \frac{\partial U}{\partial x} = 5$)

만일 효용함수가 $U = \sqrt{5x + y}$라면, 한계효용이 체감한다.

(예를 들어, $MU_x = \frac{\partial U}{\partial x} = \frac{5}{2\sqrt{5x+y}}$)

이때 무차별 곡선은 $\sqrt{5x+y} = k$ (일정)의 꼴이 된다. 따라서 효용함수가 $U = \sqrt{5x+y}$라면, 5라는 한계대체율 값과 한계효용체감의 조건을 만족시킨다. 이때 효용수준이 10이면, 무차별곡선은 $10 = \sqrt{5x+y}$가 된다. 즉, $100 = 5x + y$의 형태가 된다.

8. ③

완전보완재의 경우이다. x재와 y재의 소비비율은 항상 1:2 이므로, 소비량은 항상 $y = 2x$의 조건을 만족한다.

따라서 무차별곡선의 형태는 $U = \min\{2x, y\}$ 꼴이 된다.

9. ④

가격소비곡선(PCC) 상에서 x재의 가격이 하락할 때, x재의 소비량이 감소하는 경우이다.

10. ⑤

x재의 경우 대체효과가 소득효과보다 크므로, x재의 가격이 하락할 때 x재의 수요량이 증가한다. 따라서 후방굴절은 하지 않는다. 또한 y재의 경우 대체효과에 의하면 수요량이 줄지만, 소득효과에 의하면 수요량이 증가한다. 따라서 y재의 수요량 증감여부는 불확실하다. 그러므로 PCC가 우상향

할 수도 우하향할 수도 있다.

11. ⑤

대체효과 $=40-10=30$

소득효과 $=35-40=-5$

12. ①

- 대체효과: 가격이 변한 후 원래의 만족도를 유지하는 소비점에서 x재의 소비량 15와 원래의 x재 소비량 20과의 차이인 5이다.
- 소득효과: x재 가격의 상승에 따른 실질소득 감소로 말미암아 x재 소비량은 15에서 13으로 2만큼 더 감소했다. 따라서 소득효과의 크기는 2이다.
- 실질소득이 감소할 때 소비량이 줄었으므로, x재는 정상재이다.

13. ④

$$\frac{MU_x}{MU_y}=\frac{\frac{1}{2}x^{-1/2}y^{1/2}}{\frac{1}{2}x^{1/2}y^{-1/2}}=\frac{y}{x},\quad \frac{P_x}{P_y}=\frac{10}{30}=\frac{1}{3}$$

$$\left(\frac{MU_x}{MU_y}=\frac{P_x}{P_y}\right)\ \frac{y}{x}=\frac{1}{3}\quad\Rightarrow\quad y=\frac{1}{3}x$$

예산식에 $10x+30y=600$에 대입하여 풀면,

$(x,y)=(30,10)$

$\therefore\ U=\sqrt{30\times10}=10\sqrt{3}$

14. ⑤

$$MRS=\frac{MU_x}{MU_y}=\frac{2}{3}>\frac{1}{3}=\frac{P_x}{P_y}$$

$$\Rightarrow\quad \frac{MU_x}{P_x}>\frac{MU_y}{P_y}$$

따라서 x재만 소비하며, 소비량은 $x=\frac{600}{10}=60$.

$\therefore\ U=2\times60+3\times0=120$

15. ③

효용함수는 $U=\min\{x,3y\}$로 나타낼 수 있다. 이때 소비자균형점에서는 $x=3y$. 이를 예산식에 대입하면, $(x,y)=(30,10)$

$\therefore\ U=\min\{30,3\times10\}=30$

16. ⑤

- E > A, C > E이므로, C > A라 할 수 있다.
- 원래의 가격선에서 E점을 택했고 B점은 예산 범위 내에 있었으므로 E > B이었다. 가격선이 점선으로 변한 후 C점 대신 B점을 택했다면, B > E가 되므로 현시선호의 약공리를 위반하게 된다.
- 예산선(실선)에서 A를 택하지 않았으며, B점보다 A점에서 x재와 y재의 소비량이 모두 많은 것도 아니다. 따라서 A > B라 할 수 없다.

17. ⑤

$P_0Q_0=6{,}000,\ P_0Q_1=6{,}400$

$\Rightarrow\quad P_0Q_0<P_0Q_1$

따라서 $Q_0>Q_1$이라고 할 수 없다.

$P_1Q_1=6{,}000,\ P_1Q_0=7{,}000$

$\Rightarrow\quad P_1Q_1<P_1Q_0$

따라서 $Q_1>Q_0$라고 할 수 없다.

그러므로 현시선호의 약공리를 위반하지는 않으나, 후생수준의 증감에 관한 아무런 결론을 내릴 수 없다.

18. ①

M> L, 즉 $\frac{P_1Q_1}{P_0Q_0}>\frac{P_1Q_0}{P_0Q_0}$이므로.

$P_1Q_1>P_1Q_0$. 따라서 금년도 후생이 증가하였다.

$$M > P \Rightarrow \frac{P_1Q_1}{P_0Q_0} > \frac{P_1Q_1}{P_0Q_1} \Rightarrow P_0Q_0 < P_0Q_1$$

따라서 작년도 후생이 더 나았다고 할 수 없다. (현시선호의 약공리를 위반하지 않는다.)

19. ④

하루 노동시간이 L인 사람은 $x+L=24$의 시간 제약을 받는다. 여기에 시간당 임금 2를 곱하면, 예산선은 $2x+y=48$이 된다.

$$MRS = \frac{y}{x} = 2 = \frac{P_x}{P_y} \quad \Rightarrow \quad y = 2x$$

예산선에 대입하여 풀면, $x=12$

$\therefore\ L = 24 - x = 24 - 12 = 12$

20. ②

예산선: $C_0 + \dfrac{C_1}{1.1} = 100 + \dfrac{132}{1.1} = 220$

$$MRS = \frac{\frac{1}{2}C_0^{-1/2}C_1^{1/2}}{\frac{1}{2}C_0^{1/2}C_1^{-1/2}} = \frac{C_1}{C_0} \quad \Rightarrow \quad \frac{C_1}{C_0} = 1.1$$

$\Rightarrow\ C_1 = 1.1C_0$

예산선에 대입하여 풀면,

$(C_0, C_1) = (110, 121)$

$\therefore$ 저축$= 100 - 110 = -10.$

즉, 10만큼 차입한다.

21. ②

예산선: $C_0 + \dfrac{C_1}{1.2} = 100 + \dfrac{132}{1.2} = 210$

$\dfrac{C_1}{C_0} = 1.2 \quad \Rightarrow \quad C_1 = 1.2C_0.$

예산선에 대입하여 풀면, $(C_0, C_1) = (105, 126)$

이자율이 10%일 때의 효용:
$U = \sqrt{110 \times 121} = \sqrt{13{,}310}$

이자율이 20%일 때의 효용:

$U = \sqrt{105 \times 126} = \sqrt{13{,}230}$

$\therefore$ 효용이 감소한다.

(이 사람은 차입자였으므로, 이자율이 상승하면 당연히 효용이 감소한다.)

22. ⑤

가격보조 전:

예산선 $20x + 10y = 400$

$$\frac{MU_x}{MU_y} = \frac{y}{x} = \frac{20}{10} = \frac{P_x}{P_y} \quad \Rightarrow \quad y = 2x$$

따라서 $x = 10,\ y = 20$

이때 $U = \sqrt{10 \times 20} = 10\sqrt{2} = 14.14$

가격보조 후:

예산선 $10x + 10y = 400$

$$\frac{MU_x}{MU_y} = \frac{y}{x} = \frac{10}{10} = \frac{P_x}{P_y} \quad \Rightarrow \quad y = x$$

따라서 $x = y = 20$ 이때 $U = \sqrt{20 \times 20} = 20$

$\dfrac{\Delta U}{U} = \dfrac{20 - 14.14}{14.1} = 41.4 \qquad \therefore\ 41.4\%$

23. ④

가격보조금액$=x$재 1개당 보조금액$\times x$재 구입량 $= 10 \times 20 = 200$

200만큼 현금보조를 받으면, 예산은 400에서 600으로 증가한다.

현금보조 후:

예산선 $20x + 10y = 600$

$$\frac{MU_x}{MU_y} = \frac{y}{x} = \frac{20}{10} = \frac{P_x}{P_y} \quad \Rightarrow \quad y = 2x$$

따라서 $x = 15,\ y = 30$

이때 $U = \sqrt{15 \times 30} = 15\sqrt{2} = 21.21$

24. ②

200만큼의 가격보조금액에 해당하는 x재의 현물 보조량은 10개이다. 또한 200만큼의 현금보조 후 x재의 구입량은 15로 현물보조량보다 많으므로, 현금보조와 현물보조 후 효용의 크기는 동일하다. (현물보조의 경우 x재는 추가로 5개만 더 구입하면 된다.) 현금보조와 현물보조 후의 소비량은 $x=15$, $y=30$이 된다.

따라서 $U=\sqrt{15\times30}=15\sqrt{2}=21.21$

현물보조 또는 현금보조 후 $U=21.21$

또한 가격보조 후에는 $U=20$이다. (문제 22)

∴ 가격보조<현물보조=현금보조

3장 생산이론

1. ⑤	2. ③	3. ①	4. ②	5. ③
6. ③	7. ⑤	8. ④		

1. ⑤

완전대체 생산요소로 이루어진 생산함수의 경우 확장경로는 L축 또는 K축과 겹치는 직선이 된다. 또한 동차생산함수는 동조적(Homothetic) 생산함수이며, 동조적 생산함수의 확장경로는 원점으로부터 직선이다.

2. ③

$Q=LK$의 경우

$f(\lambda L,\lambda K)=(\lambda L)(\lambda K)=\lambda^2 LK=\lambda^2 Q$이므로, 는 2차 동차생산함수이며, 규모수익이 체증하는 (IRS) 경우이다. 나머지는 모두 1차 동차생산함수이며, 규모수익이 일정한(CRS) 경우이다.

3. ①

$$AC=\frac{C}{Q}=3Q+\frac{50}{Q}=3\times10+\frac{50}{10}=35$$

$$MC=\frac{dC}{dQ}=6Q=6\times10=60$$

4. ②

- 한계비용이 평균비용보다 작아야 평균비용이 감소하는 것이지, 한계비용곡선의 모양하고는 상관이 없다.
- 평균비용곡선이 수평선이면, 평균비용이 일정하다. 이때 평균비용곡선은 한계비용곡선과 겹친다.
- 장기평균비용(LAC)곡선은 단기평균비용곡선들을 아래로부터 감싸는 포락선이지만, 최적시설규모점을 제외하고는 단기평균비용곡선의 아래 꼭짓점과 접하지 않는다.

5. ③

$$MRTS=\frac{\frac{1}{3}L^{-2/3}K^{2/3}}{\frac{2}{3}L^{1/3}K^{-1/3}}=\frac{K}{2L}=\frac{10}{20}=\frac{w}{r}$$

$\Rightarrow\ L=K$

$Q=L^{1/3}K^{2/3}=L^{1/3}L^{2/3}=L.$

$Q=100$이므로, $L=100$

∴ $C=10L+20K=30L=30\times100=3{,}000$

6. ③

생산성이 향상되면, 동일한 생산을 위해 노동이나 자본이 덜 소요되므로, 등량선이 원점에 더 가까워진다.

7. ⑤

$$\frac{w}{r}=\frac{10}{30},\ \frac{K}{L}=\frac{40}{60}$$

$$\triangle\frac{w}{r}=\frac{20}{20}-\frac{10}{30}=\frac{2}{3},\ \triangle\frac{K}{L}=\frac{50}{40}-\frac{40}{60}=\frac{7}{12}$$

$$\therefore\ \sigma=\frac{\triangle(K/L)}{\triangle(w/r)}\frac{(w/r)}{(K/L)}=\frac{\frac{7}{12}}{\frac{2}{3}}\frac{\frac{1}{3}}{\frac{4}{6}}=\frac{7}{16}$$

8. ④

대체탄력성(σ)$=\frac{5\%}{1\%}=5$

CES 생산함수의 대체탄력성$=\frac{1}{1+\rho}$

보기 ④의 경우 $\sigma=\frac{1}{1+(-0.8)}=5$임을 확인할 수 있다.

보기 ①은 $\sigma=0$, 보기 ②는 $\sigma=\infty$, 보기 ③과 ⑤는 콥-더글러스 생산함수이므로 $\sigma=1$ 이다.

4장 시장형태론

1. ④	2. ③	3. ①	4. ⑤	5. ②
6. ⑤	7. ⑤	8. ③	9. ④	10. ④
11. ④	12. ③	13. ①	14. ⑤	15. ③
16. ②	17. ①	18. ③		

1. ④

완전경쟁은 제품의 동질성을 전제로 한다.

2. ③

$MC=Q=20=P$

$\pi=R-C=PQ-C$

$=20\times 20-(100+\frac{20^2}{2})=100$

3. ①

독점기업의 생산은 (한계비용이 0이 아닌 한) 항상 수요탄력성이 1보다 큰 지점에서 이루어진다.

4. ⑤

제품의 차별성은 독점적경쟁의 특징이다.

5. ②

$R=PQ=(200-2Q)Q=200Q-2Q^2$

$MR=200-4Q=Q=MC \quad \Rightarrow \quad Q=40$

$P=200-2\times 40=120$

$\therefore \ \pi=PQ-C=120\times 40$

$-(\frac{1}{2}\times 40^2+2{,}000)=2{,}000$

6. ⑤

$6{,}000\times(1-\frac{1}{2})=P(1-\frac{1}{3}) \quad \Rightarrow \quad P=4{,}500$

7. ⑤

자연독점하에서는 기업이 독점화되어 자생할 수는 있지만, 그로 이해 사중손실이 발생한다.

8.③

독점기업의 수요곡선과 한계비용곡선이 만나는 지점에서 최고가격제를 실시하면, 균형가격과 생산량이 완전경쟁의 이윤극대화조건인 $P=MC$가 되는 지점에서 결정된다. 따라서 사중손실이 생기지 않는다.

9. ④

- 산업이 독과점 상태에 있으면, 사중손실이 발생한다.
- 독점기업이 1급 가격차별을 하면, 소비자잉여가 전부 생산자잉여로 전환되지만 사중손실은 없어진다.

10. ④

독점적경쟁의 경우 수십 개에서 수백 개의 많은 기업이 존재하지만, 제품의 차별성으로 인하여 어느 정도 가격지배력을 가지므로 개별기업의 수요곡선은 우하향한다.

11. ④

과점시장의 진입장벽은 매우 높다.

12. ③

가변비용이 0이므로 $MC=0$.

기업 1:

$R=PQ_1=(360-Q_1-Q_2)Q_1$

$=360Q_1-Q_1^2-Q_2Q_1$

$MR_1=360-2Q_1-Q_2=0=MC$

$\Rightarrow \quad 2Q_1+Q_2=360$

마찬가지로, 기업 2의 경우는 $Q_1+2Q_2=360$

따라서 $Q_1=Q_2=120$

$\Rightarrow \quad Q=Q_1+Q_2=240$

$\therefore \quad P=360-Q=360-240=120$

13. ①

두 기업 다 광고를 하는 것이 우월전략이다. 따라서 (30, 30)이 우월전략균형의 보수가 된다.

14. ⑤

어느 점을 잡아도 다른 보수의 쌍으로 이동한다. (시계방향으로 돌게 된다.) 따라서 Nash균형이 존재하지 않는다.

15. ③

(10, 0)과 (0, 8) 모두 내쉬균형의 보수이다. 즉, 상대방의 전략이 일단 주어지면 누구도 그 자리를 벗어나려 하지 않는다. 따라서 내쉬균형이 2개 존재한다.

16. ②

순차게임에 관한 문제이다. 기업 1로서는 기업 2가 진입하지 않고, 자신만 진입할 때 자신에게 최상의 보수가 보장된다. 따라서 자신이 어떤 일이 있어도 진입할 것처럼 신뢰성을 심어주어, 기업 2가 절대로 진입하지 못하게 하려고 할 것이다.

17. ①

두 기업 모두 전략 A가 우월전략이다.

18. ③

반복게임을 하면 이윤의 합이 최대가 되도록 두 기업 모두 전략 B를 택하는 협조게임을 할 것이다.

5장 생산요소시장과 소득분배

1. ⑤ 2. ③ 3. ④ 4. ⑤ 5. ②
6. ⑤

1. ⑤

생산물시장에서 독점이면, $P>MR$이며, $VMP>MRP$가 된다. 이때 고용량은 $w=MRP$에서 결정되므로, 임금은 추가생산물의 사회적 가치(VMP)보다 작다.

2. ③

가변비용$=wL=(10+L)L=10L+L^2$

$\Rightarrow \quad MFC=\dfrac{d(wL)}{dL}=10+2L$

$(VMP=MFC) \quad 130-L=10+2L$

$\therefore \quad L=40$

3. ④

수요독점일 경우에는, 한계요소비용(MFC)이 노동의 공급곡선보다 위에 있다. 따라서 노동을 1단위 추가시키는 데 필요한 비용보다 임금이 작게 된다. 이를 수요독점적 착취라 한다.

4. ⑤

공급탄력성이 무한대이면, 지대는 0이 된다.

5. ②

소득분배가 균등할수록 10분위분배율의 값이 커진다.

6. ⑤

소득분배가 완전히 균등한 것은 지니계수가 0 또는 10분위분배율이 2일 때이다

6장 일반균형과 후생경제학

1. ⑤	2. ①	3. ③	4. ④	5. ①
6. ⑤	7. ③	8. ②	9. ①	10. ②
11. ④	12. ③	13. ④	14. ⑤	15. ③
16. ①	17. ③			

1. ⑤

소비에 있어서 파레토효율은 다른 사람의 효용을 감소시키지 않고, 어떤 사람의 효용을 증가시키는 것이 불가능한 상태를 말한다.

2. ①

분배점 1에서 럭비공 모양의 안쪽으로 이동하면, 개인 A나 B 중 다른 사람의 효용을 줄이지 않고 어느 한 사람의 효용을 증가시킬 수 있으므로, 파레토개선이 가능하다. 따라서 분배점 1은 파레토효율이 아니다.

3. ③

한계기술대체율($MRTS$)은 생산요소의 배분에 관한 것이므로, 한계대체율(MRS) 또는 한계전환율($MRTS$)과 무관하다.

4. ④

차선이론에 의하면, 모든 분야의 비효율을 제거하지 않는 한 점진적인 개혁은 사회후생을 증가시킨다는 보장이 없다.

5. ①

- 개인기업의 파산은 시장실패와 관계가 없다.
- 다목적 댐의 경우는 평균비용이 체감하는 자연독점의 경우와 공공재의 특성이 동시에 나타나는 경우이다.
- 상해보험 가입 후에 부상에 대한 주의를 소홀히 하는 것은 도덕적 해이의 경우이다. 도덕적 해이는 민간의 보험산업을 어렵게 만드는 요인이 된다.
- 고용사장의 경우는 본인과 대리인이라는 도덕적 해이의 경우이다.
- 방범의 경우는 공공재의 경우이다.

6. ⑤

$$P = P_1 + P_2 = (150 - x) + (100 - 2x)$$
$$= 250 - 3x$$

즉, 공공재의 시장수요곡선은 $P = 250 - 3x$.

또한 MC곡선은 시장공급곡선이 된다.

따라서 $250 - 3x = 2x$ 로부터 $x = 50$.

7. ③

40평형 아파트 입주예정자들이 건축 예정된 임대아파트단지를 시장에서 150억 원에 사버린 후 임대주택을 짓지 않으면, 총 500억 원의 손실을 막을 수 있다. 이때 그 자리에 나머지 350억 원 한도 내에서 공원을 꾸미면, 40평형의 아파트가치는 더욱 상승할 수 있다. (임대아파트단지는 다른 지역에 건축하는 것이 더 효율적이다.)

8. ②

폐수로 인한 손해액이 분명하므로, 코즈의 정리에 의하면 폐수방지를 위해 양식장에서 그 만큼의 인센티브를 제공할 유인을 가진다.

9. ①

운동선수를 위한 부상자보험의 경우 가장 부상위험이 높은 집단이 보험에 가입하는 역선택에 직

면할 수 있다.

10. ②

보험에 가입한 자가 주의를 덜 기울이는 것은 도덕적 해이의 경우이다.

11. ④

도덕적 해이의 경우이다. 이때 기초공제, 즉, 부분보험을 실시하면, 화재 시 건물주는 손실을 입으므로 건물주는 화재예방에 보다 더 관심을 갖게 된다.

12. ③

유인(Incentive)은 도덕적 해이를 해결하기 위한 방안이다.

13. ④

기초공제는 도덕적 해이를 해결하는 방식 중의 하나다.

14. ⑤

- 위험기피자는 보험에 가입하려 한다.
- 위험기피자의 한계효용은 체감한다.
- 위험기피자의 확실성등가는 기대가치보다 작다.
- 위험기피자의 리스크 프리미엄은 양의 값을 가진다.

15. ③

$E(U) > U[E(V)]$ 의 경우는 위험애호자에 해당하며, 위험애호자의 한계효용은 체증한다.

16. ①

공정보험료 $= 1{,}600 \times 0.05 = 80$

17. ③

$E(x) = 1{,}600 \times 0.95 + 0 \times 0.05 = 1{,}520$

$E(U) = \sqrt{1{,}600} \times 0.95 + \sqrt{0} \times 0.05 = 38$

$CE = 38^2 = 1444$

리스크 프리미엄$= E(x) - CE$

$= 1{,}520 - 1444 = 76$

7장 국민소득의 결정

1. ①	2. ⑤	3. ③	4. ③	5. ④
6. ①	7. ③	8. ④	9. ②	10. ②
11. ②	12. ②	13. ④	14. ⑤	15. ②

1. ①

- 현대의 글로벌 경제에서는 부가가치, 수요, 고용 등의 창출이 더 중요시되며, 기업의 국적은 크게 문제 삼지 않는다.
- 치안이나 공해정화와 같은 필요악적인 지출도 GDP 계산에 포함되며, 이는 복지지표로서의 GDP 개념의 제약점이다.
- GDP 계산에는 시장거래의 대상이 아닌 가사노동이나 여가시간이 포함되지 않는다는 것도 복지지표로서의 GDP 개념의 제약점이다.

2. ⑤

최종생산재와 중간재를 모두 GDP 계산에 포함하면, 중복계산 된다.

3. ③

$m = \dfrac{1}{1-b} = \dfrac{1}{1-0.5} = 2$

4. ③

$Y = C + I + G = a + b(Y - T) + I + G$

$Y = \dfrac{1}{1-b}(a - bT + I + G)$

$= \dfrac{1}{1-0.5}(100 - 0.5 \times 40 + 80 + 40) = 400$

5. ④

$$Y = C + I + G$$
$$= a + b(Y - tY) + I + G$$
$$\Rightarrow \quad Y = \frac{1}{1-b(1-t)}(a + I + G)$$
$$Y = \frac{1}{1-0.75\times(1-0.2)}(200 + 100 + 50)$$
$$= 2.5 \times 350 = 875$$

6. ①

정부지출의 증가가 1회에 그친다면, 균형국민소득은 전혀 증가하지 않는다.

7. ③

$$\Delta Y = m \times \Delta G = 2.5 \times 50 = 125$$
$$\therefore \quad Y = 875 + 125 = 1{,}000$$

8. ④

$$Y = 200 + 0.75(Y - 0.2Y) + 100 + 100$$
$$Y = 2.5 \times 400 = 1{,}000$$

9. ②

균형재정승수는 1이므로, $\Delta Y = \Delta G = 100$

10. ②

$$\Delta Y_1 = \Delta G - 0.75 \times \Delta T$$
$$= 100 - 0.75 \times 100 = 25$$

또한 정부지출과 조세의 증가가 1회성이므로, $Y = 0$.

11. ②

$$m = \frac{1}{1-0.75\times(1-0.2)+0.1} = 2$$
$$\Delta Y = m \times \Delta I = 2 \times 10 = 20$$

12. ②

$$Y = 500 + 0.8(Y - 0.2Y)$$
$$+ 100 + 180 + (220 - 0.14Y)$$
$$\Rightarrow \quad Y = \frac{1}{1-0.8(1-0.2)+0.14}(500 + 100$$
$$+ 180 + 220) = 2 \times 1{,}000 = 2{,}000$$
$$T - G = 0.2 \times 2{,}000 - 180 = 220 > 0$$
$$X - M = 220 - 0.14 \times 2{,}000 = -60 < 0$$

13. ④

$$Y = \frac{1}{1-b(1-t)}[a + I + G + (X - M)]$$
$$m = \frac{1}{1-0.8\times(1-0.375)} \times 100 = 2$$
$$20 = m \times \Delta I \quad \Rightarrow \quad \Delta I = 10$$

위의 식에서 승수가 2임을 확인할 수 있다. 따라서 균형국민소득을 20조원만큼 증가시키려면, 향후 지속적으로 투자수준을 현재보다 10조원 증가한 25조원을 유지해야 한다.

14. ⑤

시계열분석에서 소비함수는 원점을 통과하는 직선으로 나타나지만, 횡단면분석에서는 양의 절편을 가진 직선으로 나타난다. 따라서 횡단면분석에서 소비함수의 기울기가 시계열분석에서보다 작다. 즉, 횡단면분석에서 한계소비성향이 시계열분석에서보다 작다. 이러한 소비행태의 차이는 항상소득가설, 상대소득사설, 생애주기가설로 설명된다.

15. ②

- 토빈의 q가 1보다 큰 것과 투자의 한계효율이 자본비용을 초과하는 것은 모두 투자하기에 유리한 환경이다.
- 투자의 한계효율과 내부수익률은 같은 개념이다. 투자하기에 좋은 환경은 내부수익률이 자본비용보다 큰 경우이다.

8장 국제정책

1. ④	2. ①	3. ②	4. ②	5. ④
6. ⑤	7. ②			

1. ④

구축효과, 리카도 대등정리, 자동안정장치 등은 자의적인 재정정책에 반대하는 이유이다. 반면, 케인즈는 디플레이션갭을 메우는데 가장 효과가 큰 것은 정부지출을 늘리는 재정정책이라 하였다.

2. ①

- 경제가 유동성함정 상태에 있으므로, 법정지급준비율 또는 공개시장조작을 통한 통화량증가는 효력이 없다.
- 임금이 경직적이므로 총공급곡선은 우상향한다. 따라서 재정정책으로 총수요가 증가할 때, 국민소득이 증가하고 실업이 줄어든다.

3. ②

$r=0.08+0.02=0.1$

$$M=\frac{c+1}{c+r}(C+R)$$

$$=\frac{0.4+1}{0.4+0.1}\times(800+200)=2{,}800$$

4. ②

$$M=\frac{0.4+1}{0.4+(0.2+0.1)}B=2\times 100=200$$

5. ④

민간의 현금/예금 비율이 커지면, 통화승수가 작아지므로 통화량이 줄어든다.

6. ⑤

$MV=PT$ 로부터 $V=\frac{PT}{M}=\frac{10\times 500}{100}=50$

7. ②

이자율이 상승하면, 채권가격은 하락한다. 이에 따라 채권의 구입량이 늘어나므로, 화폐수요량은 줄어든다.

9장 총수요와 총공급

1. ①	2. ①	3. ②	4. ②	5. ③
6. ①	7. ①	8. ①	9. ④	10. ①

1. ①

확대재정정책은 IS곡선을 우측으로 이동시킨다.

2. ①

균형재정승수에 의해 정부지출이 늘어난 만큼 소득이 증가한다. 이때 이자율도 상승한다. (IS곡선이 우측으로 이동한다.)

3. ②

확대금융정책은 LM곡선을 우측으로 이동시킨다.

4. ②

재할인율을 낮추면, 민간은행도 초과지급준비율을 낮출 것이다. 따라서 통화승수가 커지고, 통화량이 늘어난다. 이때 LM곡선이 우측으로 이동하므로, 국민소득은 증가하고 이자율은 하락한다.

5. ③

유동성함정 상태에서 확대재정정책을 쓰면, 국민소득이 증가하고 이자율은 변화가 없다. (LM곡선은 수평선의 형태이며, IS곡선은 우측으로 이동한다.)

6. ①

고전학파의 총공급곡선은 수직선의 형태이며, 케인즈학파의 총공급곡선은 우상향한다.

7. ①

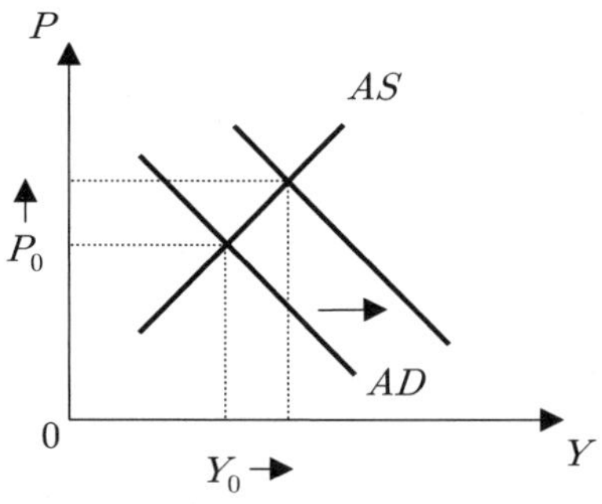

재정정책의 결과 총수요가 증가하므로, 총수요곡선이 오른쪽으로 이동한다. 또한 물가에 대한 경제주체들의 예상이 불완전하므로, 총공급곡선은 우상향한다. 이에 따라 국민소득이 증가하고, 물가가 상승한다.

8. ①

금융정책의 결과 총수요가 증가하므로, 총수요곡선이 오른쪽으로 이동한다.

9. ④

총수요정책의 결과 물가가 상승하면, 실질자산이 감소한다. 이때 자산효과에 의해 소비수요가 줄어들므로, 국민소득이 덜 증가하고 물가는 덜 상승한다. (자산효과가 존재하면, *AD*곡선의 기울기가 더 완만해진다. 이때 총수요정책의 결과 *AD*곡선이 똑같은 거리만큼 우측으로 이동하더라도 국민소득이 덜 증가한다.)

10. ①

총수요 확대정책의 효과는 단기에 있어서 근로자들이 물가상승을 눈치 채지 못하고 명목임금상승을 실질임금의 상승으로 착각하여 노동공급을 증가시키는데 기인한다. 장기적으로는 누구나 물가상승을 알아차릴 수 있기 때문에, 자신의 실질임금이 상승하지 않았다는 것을 알아차리게 된다. 이에 따라 노동공급도 옛날 수준으로 복귀시켜 버리고, 국민소득도 옛날 수준으로 돌아와 버린다.

10장 인플레이션과 실업

1. ④	2. ④	3. ⑤	4. ①	5. ②
6. ③	7. ④	8. ④	9. ④	

1. ④

소비자 물가지수는 라스파이레스지수이며 기준년도의 품목구성을 사용하므로, 물가변화에 따른 소비자선택의 변화를 잘 반영하지 못한다.

2. ④

$$\text{GDP디플레이터} = \frac{105\times 1{,}000+200\times 400}{100\times 1{,}000+180\times 400}\times 100 = 107.6$$

$\therefore$ 7.6%

3. ⑤

국내물가가 상승하면, 우리나라 제품의 대외가격 경쟁력이 저하되어, 경상수지가 악화된다.

4. ①

정규직원들이 다 할 수 있었던 일을 직원 수를 늘려 한다면, 통계상의 실업률은 줄일 수 있지만 잠재실업은 오히려 늘어난다.

5. ②

$$\text{실업률} = \frac{20-(9+7)}{100-(9+7+4)}\times 100 = 5\%$$

6. ③

합리적 기대하에서는 필립스곡선이 수직선이 되므로 물가상승률과 실업률간의 역의 관계를 보여주는 단기 필립스곡선이 성립되지 않는다.

7. ④

- A점은 통화량 증가나 총수요정책에 의하지 않고, 도달할 수 있는 가장 낮은 실업률이다.

- B점은 필립스곡선 안쪽에 위치해 있으므로 단기적으로 도달하기가 불가능한 점이다.
- C점은 불완전한 기대하에 총수요정책 또는 합리적 기대하에 예상치 못한 총수요정책에 의해 단기적으로 도달할 수 있는 점이다.
- D점은 합리적 기대하에 총수요정책이 미리 예상될 경우 도달하는 점이다. 적응적 기대는 새로운 정책에 단기적으로 충분히 적응하기가 어렵다. 따라서 적응적 기대의 경우는 단기적으로 케인즈학파의 주장처럼 C점에 도달할 것이다.
- E점은 A점의 우상방에 있으며, 비용인상으로 인한 스태그플레이션 발생 시 도달할 수 있는 점이다.

8. ④

- 합리적 기대하에 정책이 예견되면, 필립스곡선은 수직선이 된다.
- AS곡선이 수직선이면, 필립스곡선도 수직선이 된다.
- 생산비용이 증가하면 스태그플레이션이 발생하므로, 물가상승률과 실업률은 단기 필립스곡선을 따라 움직이지 않고 우상방으로 움직인다.
- 적응적 기대하에서는 물가상승에 대한 기대가 완전하지 않으므로, AS곡선이 우상향한다. 따라서 필립스 곡선은 음의 기울기를 가지게 된다.
- 잠재생산능력에서 생산할 경우 자연실업률 국민소득을 초과하기가 힘들며, 필립스곡선은 수직선이 된다.

9. ④

합리적 기대하에서도 예측오차는 발생한다. 다만 구조적 오차를 범하지 않을 뿐이다.

11장 경제학파와 최근의 경제학

1. ④	2. ②	3. ②	4. ①	5. ③
6. ⑤	7. ①	8. ⑤	9. ④	

1. ④

경제주체들이 화폐환상을 가지는 것은 케인즈와 케인즈학파가 주장하는 것이다.

2. ②

케인즈에 의하면, 금융정책은 경제가 유동성함정에 처해 있는 경우에 한해 효과가 없다고 하였다. 그렇지 않은 경우에는, 이자율을 낮추어 투자를 증가시키므로 효과가 있다고 하였다.

3. ②

고전학파, 공급측 경제학, 새고전학파 모두 국민소득을 증가시킴에 있어 총수요정책보다 공급부문을 중시한다.

4. ①

새고전학파는 불완전정보하에서 합리적 기대를 가정한다.

5. ③

이미 발표된 정책은 예견이 되므로 합리적 기대하에 단기적으로도 효과가 없다.

6. ⑤

- 경제주체들이 합리적 기대를 하므로 예상치 못한 물가상승만 단기에서 총생산과 실업률에 영향을 줄 수 있다.
- 물가상승이 완전히 예상될 경우 단기에서도 필립스곡선이 수직선이다.
- 예상치 못한 물가상승은 일시적으로 총공급을 증가시킬 수 있으나, 장기적으로는 생산량이 원래의 수준으로 복귀한다.

7. ①

유가상승은 AS곡선을 좌측으로 이동시킨다. 또한 재정정책은 AD곡선을 우측으로 이동시킨다. 정책이 미리 발표되었으므로, 경제주체들은 여기에 대해 완전한 예측이 가능하다. 따라서 정책의 결과 물가가 상승한 만큼 근로자들이 자신들의 노동공급곡선을 상방으로 이동시킬 것이므로, AS곡선도 함께 이동하게 된다. 그러므로 수요정책은 단기에서도 물가만 상승시키고, 국민소득이나 실업률을 변화시키지 못한다.

8. ⑤

이력현상은 가격의 경직성을 설명하기 위한 것이 아니라, 직접적으로 비자발적 실업을 설명하기 위한 것이다.

9. ④

새고전학파는 경제주체가 합리적 기대를 하므로 총공급곡선이 단기에서도 수직선이라고 하였다.

12장 경기변동과 경제성장

1. ④	2. ①	3. ⑤	4. ②	5. ④
6. ②	7. ③			

1. ④

경기변동이란 GDP가 추세선의 위 아래로 변동하는 것이다. 추세선이 상승하는 것은 경제성장을 의미하며 경기변동을 의미하지는 않는다.

2. ①

경기선행지수가 향상되고 있으므로, 조만간 경기가 상승 국면에 돌입할 것으로 기대할 수 있다.

3. ⑤

새고전학파의 실물경기변동이론에 의하면, 경기변동은 주로 공급부문의 생산성이나 기술변화와 같은 실물요인에 의해 발생한다. 경기변동은 균형을 벗어나는 것이 아니라 균형점 자체를 이동시키고 자연실업률을 변화시킨다. 따라서 경기변동의 흔적이 경제에 지속적으로 남아있게 된다. 또한 새고전학파는 불확실한 정보 아래 합리적 기대를 강조한다.

4. ②

솔로우 모형에서는 균제상태에서의 1인당 소득수준은 변함없이 일정하다. 따라서 경제성장률은 0%이다.

5. ④

$f' = n$ (황금률 성장경로 조건)

$\Rightarrow \quad 0.1k^{-0.9} = 0.005$

$sf = nk$ (균제조건) $\Rightarrow \quad sk^{0.1} = 0.005k$

$\Rightarrow \quad s = 0.005k^{0.9} = (0.1k^{-0.9})k^{0.9} = 0.1$

$\therefore \quad MPC = 1 - 0.1 = 0.9$

6. ②

유효수요를 증가시키는 것은 (케인즈와 케인즈학파가 주장하듯이) 경기를 회복시키기 위한 단기정책이며, 경제의 성장률을 높이는 것과 직접적인 관련이 없다.

7. ③

내생적 성장이론은 경제성장의 원인인 생산성 향상이나 기술발전을 외생변수가 아닌 내생변수로 취급한다.

13장 국제경제

1. ④	2. ⑤	3. ②	4. ⑤	5. ⑤
6. ③	7. ①	8. ②	9. ④	10. ④
11. ①	12. ①	13. ③	14. ③	15. ④
16. ④	17. ①	18. ⑤	19. ③	20. ②
21. ①	22. ③	23. ⑤	24. ①	25. ②
26. ④	27. ④	28. ①	29. ②	30. ③
31. ①				

1. ④

- 무역의 패턴은 절대우위론이 아니라 비교우위론에 의해 결정된다.
- 리카도의 비교우위론은 생산가능곡선이 직선인 (즉, 한계전환율이 일정한) 모형이다. 생산가능곡선이 원점에 대해 볼록하면 (즉, 한계전환율이 체증하면), 리카도의 모형에서처럼 완전특화가 아니라 부분특화를 하게 된다.

2. ⑤

무역을 하면, 국가 전체의 후생이 증가한다.

3. ②

치즈의 상대가격은 A국에서 $2(=\frac{10}{5})$, B국에서 $3(=\frac{6}{2})$이다. 따라서 A국은 치즈에서 비교우위를 가지며, 치즈를 수출하고 쌀을 수입한다. 반대로 B국은 쌀을 수출하고, 치즈를 수입한다.

4. ⑤

치즈의 국제상대가격은 무역전 A국과 B국의 가격 사이인 $2 \sim 3$이 된다.

5. ⑤

완전특화 후 (치즈, 쌀)의 생산량은 A국이 $(3,0)$이며, B국이 $(0,4)$이다. 치즈 1단위와 쌀 2.5단위를 교환하면, (치즈, 쌀)의 소비량은 A국이 $(2,2)$에서 $(2,2.5)$로 변하고, B국이 $(1,1)$에서 $(1,1.5)$로 변한다.

6. ③

- 무역전 컴퓨터의 상대가격:

  $$P^A = \frac{12}{3} = 4 > 3 = \frac{15}{5} = P^B$$

  따라서 B국이 컴퓨터 생산에 비교우위를 가진다.
- 무역전 소고기의 상대가격:

  $$P^A = 1/4 < 1/3 = P^B$$

  따라서 A국은 소고기에, B국은 컴퓨터에 비교우위를 가진다.
- 컴퓨터의 국제가격은 양국의 무역 전 국내가격 사이, 즉, 3과 4 사이가 될 것이다.

7. ①

A국은 무역을 하기 전에 비해 후생수준이 반드시 증가한다. 그렇지 않으면 두개의 무차별곡선이 서로 교차하게 된다.

8. ②

레온티에프의 역설은 헥셔-올린 정리와 반대의 결과를 보여준다. 산업내 무역은 헥셔-올린 정리처럼 국가 간 자원부존량의 차이가 아닌, 동일 산업내 제품차별화를 가지고 무역의 패턴을 설명한다.

9. ④

궁핍화 성장은 경제성장에 따라 세계시장에 제품의 공급을 늘릴 때 국제가격을 변화시킨다는 전제가 깔려있으므로, 대국에 해당되는 것이다.

10. ④

헥셔-올린의 정리에 의하면, 무역의 패턴은 생산성

이 아니라 생산요소의 부존량에 의해 결정된다. 따라서 헥셔-올린 정리는 자본집약재와 노동집약재 간의 무역 또는 선후진국간의 무역을 설명하기에 적합하다. 헥셔-올린에 관련된 정리로는 요소가격 균등화 정리와 스톨퍼-새뮤얼슨 정리가 있다.

11. ①

x재는 자본집약재, y재는 노동집약재이다. A국은 노동풍부국이므로, 헥셔-올린 정리에 의해 노동집약재인 y재에 비교우위를 갖고 수출한다. 이로 인해 A국에서는 무역을 하기 전보다 노동에 대한 수요가 증가하므로, $\frac{w}{r}$ 비율이 상승한다.

12. ①

레온티에프의 역설은 1947년에 자본풍부국인 미국의 수출재보다 수입대체재(즉, 수입재)의 자본집약도가 더 컸었던 현상을 말한다. 이는 자본풍부국이 자본집약재를 수출한다는 헥셔-올린 정리에 위배되는 것이었다.

13. ③

립친스키 정리에 의하면, 자본량이 증가하면 자본집약재의 생산이 늘어난다. 따라서 자본집약재의 가격이 하락한다. 즉, 자본집약재의 국제가격경쟁력이 더 높아진다.

14. ③

국제상대가격(P_x/P_y)이 균형가격보다 낮다. 따라서 x재에 대한 초과수요, y재에 대한 초과공급이 발생한다. 이는 오퍼곡선과 국제가격선이 만나는 두 점에서 수출입량을 비교해도 확인할 수 있다.

15. ④

헥셔-올린 정리에 따르면, 상대적으로 풍부한 생산요소를 집약적으로 사용하는 재화를 수출한다. 관세의 철폐로 수출이 늘어나면, 그러한 재화에 대한 생산과 생산요소에 대한 수요가 늘어나고 그 생산요소의 가격은 상승한다.

16. ④

관세를 부과하면, 국내생산자의 공급량과 잉여가 늘어난다.

17. ①

수입할당제를 실시하면 수입국의 전체후생은 감소한다.

18. ⑤

자유무역지대 (역내 관세철폐) ⇒ 관세동맹 (역외공동관세) ⇒ 공동시장 (생산요소의 자유로운 이동) ⇒ 경제연합 (공동경제정책과 화폐통합)

19. ③

- 자본수지를 광의의 자본수지로 정의하면, 경상수지와 자본수지를 합한 국제수지는 항등적으로 0이 된다.
- 국내투자수익률이 해외투자수익률보다 크면, 외환이 유입된다. 즉, 자본수지가 개선된다.
- 국내화폐의 가치가 상승하면 (즉, 환율이 하락하면), 국내제품의 가격이 더 비싸지므로 궁극적으로 경상수지가 악화된다.

20. ②

- 한국인이 외국의 투자증권이나 자산을 매입하면, 한국의 자본수지가 악화된다. 외국의 상품을 구입하면, 경상수지가 악화되는 것과 마찬가지이다.
- 협의의 국제수지가 적자이면, 보정적 거래로 채무증서 등을 주게 된다. 이는 채권이라는 단기금융상품을 수출한 것이나 마찬가지다.

21. ①

원/달러 환율이 하락하면, 원화의 가치가 상승한 것이다. 즉, 평가상승하였다.

22. ③

$$\frac{\text{원}}{\text{페소}}=\frac{\text{원/달러}}{\text{페소/달러}}=\frac{990}{11}=90$$

23. ⑤

$\epsilon_X+\epsilon_M>1$이면, 환율이 상승할 때 경상수지는 궁극적으로 개선된다. 하지만 수출입이 환율에 적응하여 변하기까지는 상당한 시일이 소요된다. 환율의 상승은 당장 순수출액을 낮추므로, 단기에서는 경상수지가 악화된다.

24. ①

비교역재의 존재와 양국 간 물가지수 가중치의 차이 때문에 PPP가 성립하지 않는다.

25. ②

빅맥지수를 기준으로 하면, 현재 실질환율이 $2.5\times1{,}000/3{,}000=0.83<1$이므로, 미국의 가격이 더 싸다. 즉, 달러의 구매력이 더 높다. 궁극적으로 실질환율이 1이 되어 양국 화폐의 구매력이 같아지도록, 환율이 $1{,}200\left(=\frac{3{,}000}{2.5}\right)$까지 상승할 것이다.

26. ④

$$F=\frac{1+r}{1+r_f}\times e=\frac{1.06}{1.04}\times950=968$$

27. ④

과잉반응은 경제변수의 교란에 대해 화폐부문의 적응속도는 빠른데 비해 실물부문의 적응속도가 느리기 때문에 발생한다.

28. ①

- 고정환율제도하에서는 금융정책보다 재정정책이 총수요를 증가시키는데 효과적이다.
- 고정환율제도하에서는 국제수지의 변동으로 인한 환율의 변동을 막기 위해 외환시장에 개입하는 과정에서 국내통화량이 변동하므로, 통화정책이 대외여건으로부터 독립되어 있지 않다.
- 총수요정책은 국제자본의 이동이 자유로울수록 그 효과가 더 크다.

29. ②

변동환율제하에서는 환위험이 발생하나, 국제수지가 스스로 균형을 회복하며, 국내 금융정책이 대외여건으로부터 독립될 수 있다.

30. ③

금융정책으로 이자율이 하락함에 따라, 자본수지의 적자가 발생한다. 이때 외환시장에서의 초과수요로 인한 환율의 상승을 막기 위해 정부는 외환을 공급해야 하며, 이 과정에서 국내통화량이 감소하여 국내이자율이 상승한다. 국내이장율의 상승에 따라 자본수지는 개선되어 균형을 회복한다.

31. ①

금융정책으로 이자율이 하락함에 따라, 자본수지의 적자가 발생한다. 이때 외환시장에서 초과수요로 환율이 상승하면 경상수지가 서서히 개선되면서 다시 균형을 회복하게 된다.

부록

부록

부록은 미분처럼 경제학에서 자주 쓰이는 수학을 수록하고 있다. 꼭 필요한 정도의 기본적인 수학은 매우 짧은 시간 안에 쉽게 익힐 수 있다. 경험에 의하면, 고교 때 성적의 상하를 막론하고 미분을 전혀 몰랐거나 잘 이해하지 못 했던 사람들이 모두 30~40분 남짓의 강의만으로 이 책에 꼭 필요한 수준의 미분, 편미분/전미분, 극대/극소의 기본개념과 계산방법들을 다 깨우치는 것을 보았다. 이처럼 조금만 공을 들여 가장 기본적인 미분을 습득해 놓으면, 경제학의 많은 개념들을 익힐 때 두고두고 더 간결하고 효과적으로 익힐 수 있다. 미분은 여러 가지 경제학 개념들에 대한 이해의 효율성을 제고시켜주고 시간을 크게 절약하게 해준다. 그래서 경제학원론부터라도 가장 기본적인 미분은 사용하는 것이 훨씬 더 낫다는 결론을 내렸다.

부록에 실린 수학 내용들은 경제학에 필요한 가장 기본적인 것들로서 한국에서 고교를 졸업한 사람들이라면 대부분 이미 잘 알고 있을 것이다. 다만 편미분과 전미분은 고교에서 잘 다루지 않기 때문에 그 부분만 금방 보면 될 것이다. 누구든지 부록의 내용 중에서 이미 알고 있는 부분은 모두 그냥 건너뛰고, 잘 모르거나 잊어버린 내용들만 취사선택하여 보면 된다. 이 책을 읽기 위해 꼭 알아야 될 수학 내용은 간단한 벡터의 계산, 지수계산, 기본적인 미분개념과 몇 가지 공식들, 전미분과 편미분, 극대/극소 정도이다. (내용 중 로그, 지수미분, 로그미분의 부분은 보지 않아도 전혀 상관없다.) 정상적으로 고교과정을 마친 대부분의 사람들은 $y=f(x)$처럼 1변수 함수에 대한 부록의 내용들은 익숙할 것이므로, $z=f(x,y)$와 같은 2변수 함수의 내용에 집중하면 될 것이다. 즉, 편미분과 전미분, 그리고 극대/극소값 찾기 중에서 2변수 함수 부분만 살펴보면 된다.

1. 벡터의 계산

벡터(Vector)는 행렬(Matrix)의 한 행 또는 한 열과 같다. 벡터는 여러 가지 용도로 쓰인다. 예를 들어, 벡터 $(1,2)$와 $(1,2,3)$은 각각 2차원 평면과 3차원 입체 좌표를 나타내는데 쓸 수 있다. 벡터의 덧셈과 곱셈은 다음과 같이 정의된다.

두 벡터 $x=(x_1, \cdots, x_n)$, $y=(y_1, \cdots, y_n)$에 대해

$$x+y=(x_1+y_1, \cdots, x_n+y_n)$$
$$xy=x_1y_1+\cdots+x_ny_n$$

벡터의 덧셈이나 곱셈을 하려면 두 벡터의 차원(Dimension)이 동일해야 한다. 즉, 한 벡터가 n개의 원소(Element)를 가지면, 다른 벡터도 n개의 원소를 가지고 있어야 한다. 위에서 보듯이 벡터끼리의 곱셈은 그냥 숫자인 스칼라(Scalar) 값이 되어버린다.

주 벡터 곱셈의 정의를 $xy=(x_1y_1, \cdots, x_ny_n)$처럼 하지 않는 이유는 그렇게 정의해봤자 별 쓸모가 없기 때문이다.

예 1 $x=(1,2)$, $y=(3,4)$라 하면,

$$x+y=(1+3, 2+4)=(4,6)$$
$$xy=1\times3+2\times4=11$$

벡터에 스칼라 값을 곱하면 그 벡터의 크기를 조절할 수 있다. (즉, Scale up 시킬 수 있다.)

$$ax=(ax_1, \cdots, ax_n)$$

예를 들어, $3(1,2)=(3\times1, 3\times2)=(3,6)$이 된다. 좌표에서라면, 원점에서의 방향은 같되 원점에서 벡터 끝점까지의 길이가 3배 길어진다. 이러한 성질로 인해, 두 스칼라 a, b에 대해 벡터의 다음 연산도 성립한다.

$$ax+by=(ax_1+by_1, \cdots, ax_n+by_n)$$

예 2 $x=(1,2)$, $y=(3,4)$라 하면,

$$5x+6y=(5\times1+6\times3, 5\times2+6\times4)$$
$$=(23,34)$$

$$3x-y=(3\times1-3, 3\times2-4)=(0,2)$$

예 3 국내에서 생산되며 일정액 이상의 비중을 차지하는 재화와 서비스가 모두 n가지이며, 가격(P)과 생산량(Q) 벡터가 각각 주어지면, 명목 국내총생산(GDP)은 PQ가 된다.

$$P=(P_1, \cdots, P_n),\ Q=(Q_1, \cdots, Q_n)$$

$$PQ=P_1Q_1+\cdots+P_nQ_n$$

2. 지수와 로그

지수의 계산방식

① $x^m x^n = x^{m+n}$

② $\frac{x^m}{x^n}=x^{m-n}$

③ $(x^m)^n = x^{mn}$

④ $x^0=1$, $x^{-n}=\frac{1}{x^n}$

⑤ $\sqrt{x}=x^{1/2}$, $\sqrt[3]{x}=x^{1/3}$ 등

참고 위 공식의 해설

① x^n은 x를 n번 곱한다는 약속이다. 따라서 $x^m x^n$은 x를 총 $(m+n)$번 곱한다는 뜻이므로 x^{m+n}과 같다.

② $x^m=x^{(m-n)+n}=x^{m-n}x^n$이므로, 양변을 x^n으로 나누면 $\frac{x^m}{x^n}=x^{m-n}$이 됨을 확인할 수 있다.

③ 예를 들어, $(x^3)^4=x^3x^3x^3x^3=x^{3+3+3+3}=x^{3\times4}$

④ $x^0=x^{n-n}=\frac{x^n}{x^n}=1$, $x^{-n}=x^{0-n}=\frac{x^0}{x^n}=\frac{1}{x^n}$

⑤ $\sqrt{x}$는 2번 곱해서 x가 되는 수이다. 또한 $\sqrt[3]{x}$는 3번 곱해서 x가 되는 수이다. 즉, $\sqrt{x}\sqrt{x}=x$와 $\sqrt[3]{x}\sqrt[3]{x}\sqrt[3]{x}=x$이다. 또한 $x^{1/2}x^{1/2}=x^{(1/2)+(1/2)}=x^1=x$이므로, $\sqrt{x}=x^{1/2}$로 적을 수 있다. 마찬가지로 $x^{1/3}x^{1/3}x^{1/3}=x$이므로, $\sqrt[3]{x}=x^{1/3}$로 적을 수 있다.

예 1 $5\times5^2=5^{1+2}=5^3=125$

예 2 $\frac{2^6}{2^4}=2^{6-4}=2^2=4$

예 3 $(2^3)^2=2^{3\times2}=2^6=64$

예 4 $\frac{3^4}{3^6}=3^{4-6}=3^{-2}=\frac{1}{3^2}=\frac{1}{9}$

예 5 $\frac{2^3}{2^3}=2^{3-3}=2^0=1$,

예 6 $2^{3/2}=(2^{1/2})^3=(\sqrt{2})^3$

$$2^{-1/3}=\frac{1}{2^{1/3}}=\frac{1}{\sqrt[3]{2}}$$

로그

로그는 이 책을 공부하는데 꼭 필요한 것은 아니다. 따라서 이 부분을 그냥 건너뛰어도 상관없다. 다만 부록의 뒷부분에서 c가 자연수뿐만 아니라 실수일 때 x^c의 미분공식 증명과정이 궁금한 사람은 로그에 대한 이해가 필요하다.

로그의 정의

$a^t = x$일 때, $t = \log_a x$로 표현한다. 즉, $\log_a x$는 a를 몇 번 곱하면 x가 되는가를 나타내는 지수이다. (단, $a>0$, $a \neq 1$)

예 $2^3 = 8$을 로그로 표현하면, $3 = \log_2 8$이 된다. 즉, 2를 3번 번 곱하면 8이 된다는 뜻이다. 또한 다음의 값들이 성립됨을 알 수 있다.

$$3 = \log_3 27,\ 2 = \log_4 16,\ \log_2 2 = 1$$

주 로그의 표현에서 a를 밑수(Base)라 한다. 1은 몇 번을 곱하든지 항상 1이어서 로그를 사용하는데 별 의미가 없으므로, 밑수에서 1은 제외한다. 또한 밑수가 -2와 같은 음수이면, t의 값이 0.5일 때 $(-2)^{0.5}$은 $\sqrt{-2}$라는 허수가 된다. 따라서 로그의 밑수는 항상 1이 아닌 양수의 값을 취한다. 따라서 x의 값도 항상 양수이다.

로그의 계산방식

① $\log_a x^n = n\log_a x$

② $\log_a x + \log_a y = \log_a xy$

③ $\log_a x - \log_a y = \log_a \dfrac{x}{y}$ (단, $y \neq 0$)

④ $a^{\log_a x} = x$

예 1 $\log_2 8 = \log_2 2^3 = 3\log_2 2 = 3$

예 2 $\log_2 3 + \log_2 4 = \log_2(3\times 4) = \log_2 12$

예 3 $\log_3 10 - \log_2 5 = \log_3\left(\dfrac{10}{5}\right) = \log_3 2$

예 4 $5^{\log_5 7} = 7$

예 5 $\log_2\left(\dfrac{1}{8}\right) = \log_2 2^{-3} = -3\log_2 2 = -3$

증명과정이 궁금한 사람은 아래의 증명을 참조하기 바란다.

참고 위 공식의 증명

① $t = \log_a x^n$이라 놓으면, $a^t = x^n$이 된다. 이때 양변을 $1/n$승하면, $a^{t/n} = x$. 이때 $\dfrac{t}{n} = \log_a x$이므로, $t = n\log_a x$.

② $t = \log_a xy$, $t_1 = \log_a x$, $t_2 = \log_a y$라 놓자. 이때 $a^t = xy$, $a^{t_1} = x$, $a^{t_2} = y$이므로,
$a^t = xy = a^{t_1}a^{t_2} = a^{t_1+t_2}$.

따라서 $t = t_1 + t_2 = \log_a x + \log_a y$.

③ $t = \log_a \dfrac{x}{y}$, $t_1 = \log_a x$, $t_2 = \log_a y$라 놓자. 이때 $a^t = \dfrac{x}{y}$, $a^{t_1} = x$, $a^{t_2} = y$이므로,

$$a^t = \frac{x}{y} = \frac{a^{t_1}}{a^{t_2}} = a^{t_1 - t_2}.$$

따라서 $t = t_1 - t_2 = \log_a x - \log_a y$.

④ $\log_a x = \log_a x \ \Rightarrow\ a^{\log_a x} = x$

상수 e와 자연로그

상수 e는 다음과 같이 정의된다.

$$e = \lim_{h \to \infty}\left(1+\frac{1}{h}\right)^h = 2.71828\cdots$$

밑수를 e로 하는 로그를 자연로그(Natural Log)라 부르며, 자연로그는 $\log_e x$라 적는 대신 간략히 $\ln x$라 적는다.

$$\ln x \equiv \log_e x$$

예 $\ln 10 = 2.3025\cdots$, $\ln 2 = 0.6931\cdots$, $\ln e^3 = 3$

첫 번째 경우는 e를 2.3025…번 곱하면 10이 된다는 뜻이다.

경제학 분석에서 유용한 도구는 자연로그이기 때문에, 경제학에서 쓰이는 로그는 거의 대부분 자연로그이다.

3. 미분

미분의 정의

x의 증분(증가량; Increment 또는 Difference)인 Δx가 무한히 작아지면, x의 미분(微分; Differential)이 되며 dx로 표시한다.[1] 즉, $dx = \lim_{\Delta x \to 0} \Delta x$이다.

Δx가 무한히 작아질 때 함수의 기울기$\left(\frac{\Delta y}{\Delta x}\right)$를 도함수(導函數; Derivative)라 하며, $\frac{dy}{dx}$로 표시한다.

1) 이런 미분기호를 도입한 사람은 17세기 독일의 철학자이자 수학자인 라이프니츠(Leibniz)였다. 증분기호로 쓰는 그리스어 알파벳 대문자 Delta(Δ)가 영어의 D에 해당하기 때문에, x의 미분기호로 dx를 쓰기 시작했던 것 같다. d는 영어단어 diminutive(매우 작은)를 생각나게 한다.

('도함수'는 원래의 함수로부터 유도된 함수라는 뜻이므로, 처음에 번역할 때 '유도함수'라고 했었더라도 괜찮았을 것이다.) 즉, $\frac{dy}{dx} = \lim_{\Delta x \to 0}\frac{\Delta y}{\Delta x}$이다. 연속인 함수에서는 Δx와 Δy는 함께 무한히 작아진다. 때때로 $\frac{dy}{dx}$ 대신 간단하게 $f'(x)$나 y'처럼 표기하기도 한다. 도함수의 의미는 다음 그림에서처럼 설명할 수 있다.

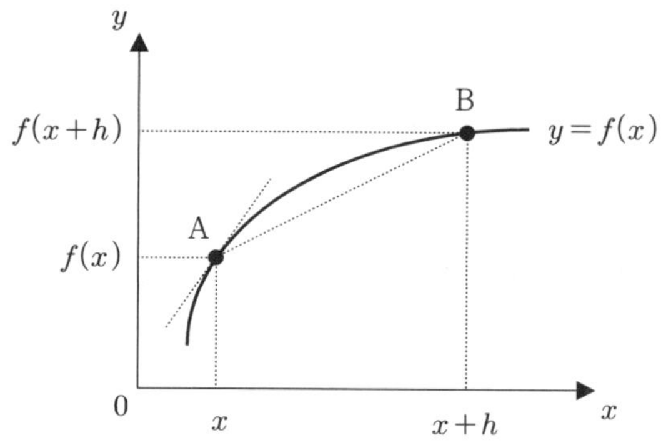

위 그림에서 그래프 $y = f(x)$의 A점과 B점 사이의 기울기는 다음과 같이 표현된다. (위 그림과 아래 식의 우변에서는 편의상 Δx 대신 h라 표시하였다.)

$$\frac{\Delta y}{\Delta x} = \frac{f(x+h) - f(x)}{h}$$

이때 B점이 A점에 점점 더 가까워질수록(즉, h의 값이 0에 가까워질수록), 선분 AB의 기울기는 $f(x)$ 위 A점에서의 접선의 기울기에 점점 더 가까워지게 된다. B점이 A점에 무한히 가까워지면(즉, h의 값이 0에 수렴하면), 선분 AB의 기울기는 A점에서의 접선의 기울기와 일치하게 된다. (정확하게 말하면, 선분 AB의 기울기가 지향하는 값이 A점에서 접선의 기울기이다.)

즉, x의 구체적인 값이 주어지면, 도함수 $\frac{dy}{dx}$는 그 점에서 함수 $f(x)$의 기울기를 의미한다. 따라서 도함수는 함수 위 어떤 한 점에서의 기울기이자 순간변화율이다.

이처럼 도함수를 구하는 것을 미분(Differentiation)한다고 한다.

함수 $y=f(x)$가 주어져 있을 때, 도함수는 다음과 같이 정의된다.

$$\frac{dy}{dx}=\lim_{h\to0}\frac{f(x+h)-f(x)}{h}$$

주의 어떤 점에서 미분의 정의가 가능하기 위해서는, 그 점에 오른쪽으로부터 접근하든지 왼쪽으로부터 접근하든지 기울기가 같아야 한다. 따라서 뾰족점에서의 미분은 불가능하다. 예를 들어, 아래 그림에서처럼 함수 $y=|x|$ 의 경우 $x=0$에서는 미분이 불가능하다. 왜냐하면 오른쪽으로부터 접근하면 기울기가 1이 되고, 왼쪽으로부터 접근하면 기울기가 -1이 되어버리기 때문이다.

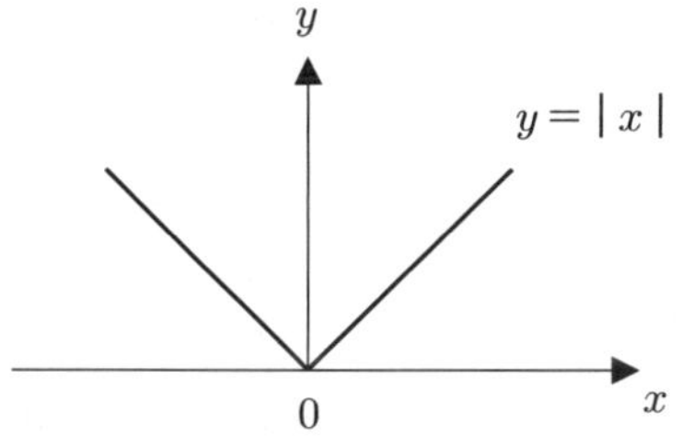

예 1 $y=2x$의 기울기는 항상 2인데, 미분의 정의를 쓰면 다음과 같이 확인된다.

$$\frac{dy}{dx}(2x)=\lim_{h\to0}\frac{2(x+h)-2x}{h}$$
$$=\lim_{h\to0}\frac{2h}{h}=2$$

예 2 $y=x^2$의 기울기는 앞의 예에서처럼 명백하지 않지만, 미분의 정의를 이용해서 찾을 수 있다.

$$\frac{dy}{dx}(x^2)=\lim_{h\to0}\frac{(x+h)^2-x^2}{h}$$
$$=\lim_{h\to0}\frac{2xh+h^2}{h}$$
$$=\lim_{h\to0}(2x+h)=2x$$

위의 결과에 의해 $x=1$에서 기울기가 2이며, $x=2$일 때 기울기가 4가 된다는 것을 알 수 있다.

매번 이처럼 미분의 정의를 써서 도함수를 찾아내는 것은 매우 번거로우며, 미분의 공식을 이용하는 것이 편리하다.

미분의 공식

① $y=x^n$ 일 때, $\frac{dy}{dx}=nx^{n-1}$

예 1 $y=x^3 \Rightarrow \frac{dy}{dx}=3x^2$

즉, 기울기는 $x=1$에서 3이 되며, $x=2$에서 $12(=3\times2^2)$가 된다.

예 2 $y=2x \Rightarrow \frac{dy}{dx}=2x^{1-1}=2x^0=2$

예 3 $y=\frac{1}{x} \Rightarrow \frac{dy}{dx}=\frac{d}{dx}(x^{-1})=-x^{-2}$

$$=-\frac{1}{x^2}$$

예 4 $y=\sqrt{x} \Rightarrow \frac{dy}{dx}=\frac{d}{dx}(x^{1/2})=\frac{1}{2}x^{-1/2}$

$$=\frac{1}{2\sqrt{x}}$$

예 5 $y=x^{1/3} \Rightarrow \frac{dy}{dx}=\frac{1}{3}x^{-2/3}=\frac{1}{3\sqrt[3]{x^2}}$

①′ $y=c$(상수) $\Rightarrow \frac{dy}{dx}=0$ (즉, 기울기$=0$)

② $\dfrac{d}{dx}[af(x)+bg(x)] = af'(x)+bg'(x)$

예 $f(x)=3x^2+2x+8,\ g(x)=x^3+3x^2+9$

$$\begin{aligned}5f(x)+g(x) &= 5(6x+2)+(3x^2+6x)\\ &= 3x^2+36x+10\end{aligned}$$

③ $\dfrac{d}{dx}f(x)g(x) = f'(x)g(x)+f(x)g'(x)$

[곱셈 미분]

예 $f(x)=5x^2,\ g(x)=x^3$

$$\begin{aligned}\frac{d}{dx}f(x)g(x) &= (10x)(x^3)+(5x^2)(3x^2)\\ &= 10x^4+15x^4=25x^4\end{aligned}$$

④ $\dfrac{d}{dx}\dfrac{f(x)}{g(x)} = \dfrac{f'(x)g(x)-f(x)g'(x)}{g(x)^2}$

[나눗셈 미분]

예 $f(x)=5x^2,\ g(x)=x^3$

$$\begin{aligned}\frac{d}{dx}\frac{f(x)}{g(x)} &= \frac{(10x)(x^3)-(5x^2)(3x^2)}{(x^3)^2}\\ &= -\frac{5x^4}{x^6} = -\frac{5}{x^2}\end{aligned}$$

⑤ $z=g(y),\ y=f(x)$일 때, $\dfrac{dz}{dx} = \dfrac{dz}{dy}\dfrac{dy}{dx}$

[연쇄법칙]

예 $z=(x^2+3x+1)^{100}$일 때, $\dfrac{dz}{dx}$를 구해보자.

위의 식을 전개한 후 미분하는 것은 매우 번거롭다. 따라서 일단 $y=x^2+3x+1$로 치환한 후 연쇄법칙을 이용한다. 이때 $z=y^{100}$으로 표시할 수 있다.

$$\frac{dz}{dx} = \frac{dz}{dy}\frac{dy}{dx} = 100y^{99}(2x+3)$$

다시 y를 x의 표현으로 바꾸어주면,

$$\frac{dz}{dx} = 100(x^2+3x+1)^{99}(2x+3)$$

미분공식의 증명

앞에 나온 미분의 개념과 공식만 알고 있어도 이 책을 읽기에 충분하다. 그래서 다음의 증명과정은 건너뛰어도 된다. 다만 개인적으로 미분공식의 유도과정이 궁금한 사람들은 아래의 내용들을 참조하기 바란다.

① $(x^n)' = nx^{n-1}$

$$\begin{aligned}(x^n)' &= \lim_{h\to 0}\frac{(x+h)^n - x^n}{h}\\ &= \lim_{h\to 0}\frac{x^n+nx^{n-1}h+h^2(\cdots)-x^n}{h}\\ &= \lim_{h\to 0}[nx^{n-1}+h(\cdots)] = nx^{n-1}\end{aligned}$$

주 $(x+h)^n=(x+h)(x+h)\cdots(x+h)$처럼 $(x+h)^n$을 전개할 때 $(x+h)$를 n번 곱하게 된다. 이때 각각의 괄호 안에서 x만 뽑아내면, x^n 항이 된다. 또한 $(n-1)$개의 괄호로부터 x를 뽑아내고, 나머지 1개의 괄호로부터 h를 뽑아내면, $x^{n-1}h$ 항이 된다. 그리고 n개의 괄호 중에서 h를 1개 고르는 방법이 n가지가 존재하므로, $x^{n-1}h$ 항의 개수는 n개가 된다. 그다음 남은 항들은 최소한 2개 이상의 h를 포함한다.

①′과 ②는 미분의 정의를 쓰면 증명이 매우 간단하므로, 직접 해보기 바란다.

③ $[f(x)g(x)]' = f'(x)g(x)+f(x)g'(x)$

$$[f(x)g(x)]'$$
$$=\lim_{h\to0}\frac{f(x+h)g(x+h)-f(x)g(x)}{h}$$
$$=\lim_{h\to0}\left\{\frac{[f(x+h)-f(x)]g(x+h)}{h}+\frac{f(x)[g(x+h)-g(x)]}{h}\right\}$$
$$=\lim_{h\to0}\frac{[f(x+h)-f(x)]}{h}g(x+h)+f(x)\lim_{h\to0}\frac{g(x+h)-g(x)}{h}$$
$$=f'(x)g(x)+f(x)g'(x)$$

④ $\left[\frac{f(x)}{g(x)}\right]'=\frac{f'(x)g(x)-f(x)g'(x)}{g(x)^2}$

$$\left[\frac{f(x)}{g(x)}\right]'$$
$$=\lim_{h\to0}\left[\frac{f(x+h)}{g(x+h)}-\frac{f(x)}{g(x)}\right]\frac{1}{h}$$
$$=\lim_{h\to0}\frac{f(x+h)g(x)-f(x)g(x+h)}{g(x+h)g(x)}\frac{1}{h}$$
$$=\lim_{h\to0}\frac{[f(x+h)-f(x)]}{h}g(x)\frac{1}{g(x+h)g(x)}-f(x)\lim_{h\to0}\frac{[g(x+h)-g(x)]}{h}\frac{1}{g(x+h)g(x)}$$
$$=\frac{f'(x)g(x)-f(x)g'(x)}{[g(x)]^2}$$

⑤ $z=g(y)$, $y=f(x)$일 때 $\frac{dz}{dx}=\frac{dz}{dy}\frac{dy}{dx}$

$\frac{\Delta z}{\Delta x}=\frac{\Delta z}{\Delta y}\frac{\Delta y}{\Delta x}$이므로,

$\frac{dz}{dx}=\lim_{\Delta x\to0}\frac{\Delta z}{\Delta x}=\lim_{\Delta x\to0}\frac{\Delta z}{\Delta y}\frac{\Delta y}{\Delta x}$.
따라서

$$\lim_{\Delta x\to0}\frac{\Delta z}{\Delta x}=\left(\lim_{\Delta x\to0}\frac{\Delta z}{\Delta y}\right)\left(\lim_{\Delta x\to0}\frac{\Delta y}{\Delta x}\right)$$
$$=\left(\lim_{\Delta y\to0}\frac{\Delta z}{\Delta y}\right)\left(\lim_{\Delta x\to0}\frac{\Delta y}{\Delta x}\right)$$
$$=\frac{dz}{dy}\frac{dy}{dx}$$

위의 함수들이 연속함수라고 가정하면, 증명과정에서 $\Delta x\to0$일 때 $\Delta y\to0$이다.

주 이 증명을 보다 완벽하게 하기 위해서는 Δy가 단지 0으로 수렴하는 것만이 아니라 0이 되어버리는 예외적인 경우도 포함시켜 줘야하나, 그럴 경우 증명과정이 훨씬 복잡해져버린다. 여기서는 이 정도의 약식증명으로 직관적 이해를 돕는 정도에서 그치기로 한다.

①'' $\frac{d}{dx}x^c=cx^{c-1}$

(단, $x>0$, c는 0이 아닌 모든 실수)

앞에 나온 ①의 증명은 n이 자연수라는 전제 아래 한 것이다. 그런데 그 공식은 n이 무리수를 포함한 실수가 되는 경우에도 성립한다. 이를 보이기 위해서는 로그의 미분이 필요하므로, 잠깐 지수와 로그의 미분에 대해 살펴보자.

● $\frac{d}{dx}e^x=e^x$

증명 $(e^x)'=\lim_{h\to0}\frac{e^{x+h}-e^x}{h}$
$$=e^x\lim_{h\to0}\frac{e^h-1}{h}$$

위의 식에서 $\lim_{h\to0}\frac{e^h-1}{h}=1$임을 다음과 같이 보일 수 있다.

$e=\lim_{m\to\infty}\left(1+\frac{1}{m}\right)^m=\lim_{h\to0}(1+h)^{1/h}$

(단, $h=1/m$)

$$\Rightarrow \lim_{h\to 0} e = \lim_{h\to 0}(1+h)^{1/h}$$

$$\Rightarrow \lim_{h\to 0} e^h = \lim_{h\to 0}(1+h)$$

$$\Rightarrow \lim_{h\to 0}(e^h - 1) = \lim_{h\to 0} h$$

$$\Rightarrow \lim_{h\to 0}\left(\frac{e^h-1}{h}\right) = \lim_{h\to 0} 1 = 1$$

$$\therefore (e^x)' = e^x$$

- $\dfrac{d}{dx}\ln x = \dfrac{1}{x}$

증명 $y = \ln x$에서 $e^y = x$. 연쇄법칙을 써서 양변을 x에 대해 미분하면, $e^y y' = 1$.

$$\Rightarrow e^{\ln x} y' = 1 \quad \Rightarrow \quad xy' = 1 \quad (\because e^{\ln x} = x)$$

$$\Rightarrow y' = \frac{1}{x}$$

$$\therefore (\ln x)' = \frac{1}{x}$$

이제 $\dfrac{d}{dx}x^c = cx^{c-1}$을 증명해보자.

증명 $y = x^c$에서 양변에 자연로그를 취하면,

$\ln y = \ln x^c. \Rightarrow \ln y = c\ln x$

위의 양변을 x에 대해 미분하면,

$$\frac{1}{y}y' = \frac{c}{x} \quad \Rightarrow y' = \frac{c}{x}y$$

$$\Rightarrow y' = \frac{c}{x}x^c = cx^{c-1}$$

$$\therefore (x^c)' = cx^{c-1}$$

성장률

x의 성장률(Growth Rate)은 $\dfrac{\Delta x}{x}$로 표현된다. (만일 여기에 100을 곱하면, 성장률은 퍼센트로 표시된다.) 성장에는 일정한 시간이 필요하므로, 위의 증분(Δx)은 일정시간 동안 증가한 양이다. x를 시간의 함수인 $x(t)$라 하면, x의 순간성장률은 미분을 써서 $\dfrac{x'(t)}{x}$로 정의된다. 즉, 순간성장률은 지극히 짧은 시간 동안의 성장률이다.2) 두 변수가 곱의 형태일 때, 순간성장률은 각 변수 성장률의 합이 된다.

$$z(t) = x(t)y(t)$$

위의 식을 시간(t)에 대해 미분하면,

$$z' = x'y + xy'$$

위의 식 양변을 z나 xy로 나누면,

$$\frac{z'}{z} = \frac{x'}{x} + \frac{y'}{y}$$

성장률의 표준적인 표기방법은 $\hat{x}$이다. ($\hat{x}$은 "x hat"이라 읽는다.) 따라서 다음의 관계가 성립한다.

$$z = xy \quad \Rightarrow \quad \hat{z} = \hat{x} + \hat{y}$$

또한 $z = \dfrac{x}{y}$이면, $\hat{z} = \hat{x} - \hat{y}$가 되는 것은 $x = yz$임을 이용하면 쉽게 확인할 수 있다.

---

2) 예를 들어, 1년 동안 국내총생산(GDP)이 4% 성장한다고 해보자. 만일 6개월간 GDP가 2% 성장했다면, 연간성장률은 여전히 4%라고 할 수 있다. 또한 3개월간 GDP가 1% 성장했다면, 연간성장률로 따지면 여전히 4%이다. 이처럼 시간간격을 줄여나가다, 그 간격이 무한히 작아 질 때의 성장률을 순간성장률이라 한다. 순간성장률이 4%라는 것은 이 수준이 1년간 연속적으로 지속되면 GDP가 4% 성장한다는 의미이다.

연습 아래의 함수들을 미분해보라.

1. $y=3\sqrt{x}$

정답 $y'=\frac{3}{2}x^{-1/2}=\frac{3}{2\sqrt{x}}$

2. $y=2x^{1/3}$

정답 $y'=\frac{2}{3}x^{-2/3}=\frac{2}{3\sqrt[3]{x^2}}$

3. $y=3x^3-5x^2+4x+16$

정답 $y'=9x^2-10x+4$

4. $y=(3x^2+1)(2x+5)$

정답 $y'=18x^2+30x+2$

5. $y=\frac{3x+2}{x^2+1}$

정답 $y'=\frac{-3x^2-4x+3}{(x^2+1)^2}$

6. $y=(3x^2+x+4)^{100}$

정답 $100(3x^2+x+4)^{99}(6x+1)$

7. $y=(x^2+1)(2x+3)^{10}$

정답 $y'=2(2x+3)^9(12x^2+3x+10)$

8. 국내총생산(GDP)의 명목성장률($\widehat{Y}$)이 7%, 물가상승률($\widehat{P}$)이 4%일 때, 실질성장률($\hat{y}$)은 몇 퍼센트인가?

정답 $Y=Py$로부터 $\widehat{Y}=\widehat{P}+\hat{y}$이므로,
$\hat{y}=\widehat{Y}-\widehat{P}=7\%-4\%=3\%$

볼록함수와 오목함수의 구분

함수 $f(x)$에서 $f'(x)>0$이면 기울기가 양수이므로, $f(x)$는 증가함수이다. 반대로 $f'(x)<0$이면 기울기가 음수이므로, $f(x)$는 감소함수이다. $f(x)$의 기울기인 $f'(x)$를 다시 미분하여 $f''(x)>0$가 되면, 기울기가 점점 증가한다. 따라서 아래 예의 그림에서 보듯이 $f(x)$는 볼록함수이다. 반대로 $f''(x)<0$이면, 기울기가 점점 감소하며, $f(x)$는 오목함수이다.

예 1 $f(x)=x^2$ (볼록함수)

$f'(x)=2x$이므로, $x<0$인 구간에서는 $f'(x)<0$가 되어 $f(x)$는 감소함수이다. 또한 $x>0$인 구간에서는 $f'(x)>0$가 되어 증가함수이다. 그리고 $f''(x)=2$이므로, 기울기는 x 값에 상관없이 항상 증가한다. 따라서 $f(x)$는 볼록함수이다.

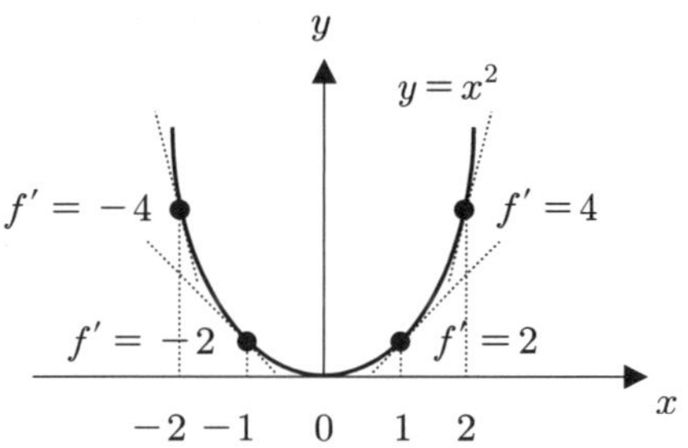

예 2 $f(x)=-x^2+6$ (오목함수)

$f''(x)=-2<0$이므로, 함수의 기울기는 아래의 그림에서 보듯이 항상 감소한다. 따라서 이 함수는 오목함수이다.

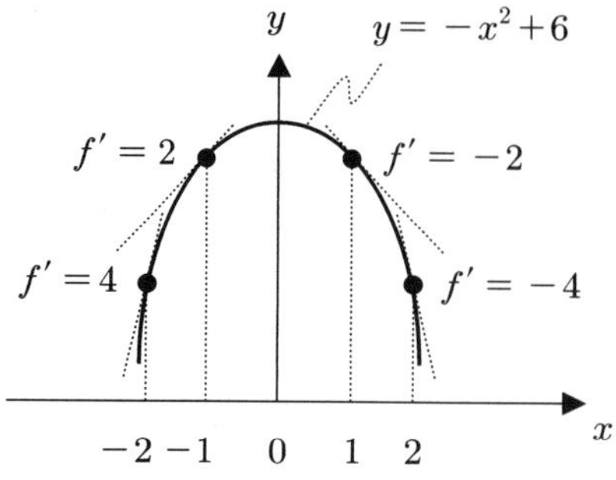

예 3 $f(x)=\sqrt{x}\quad(x>0)$

$$f'(x)=\frac{1}{2}x^{-1/2}=\frac{1}{2\sqrt{x}}>0\quad\text{[증가함수]}$$

$$f''(x)=-\frac{1}{4x\sqrt{x}}<0\quad\text{[오목함수]}$$

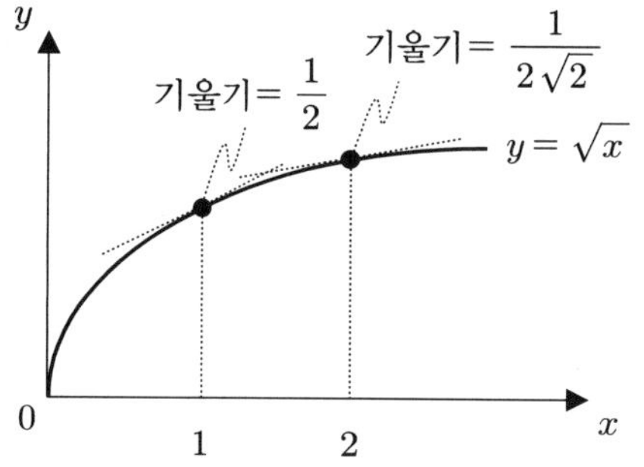

4. 편미분

편미분의 정의

다변수 함수 $z=f(x,y)$가 주어져 있을 때, 한 변수를 상수취급하고 나머지 한 변수에 대해서만 하는 미분을 편미분(Partial Differentiation)이라고 한다. x에 대한 편미분은 다음과 같이 정의된다.

$$\frac{\partial z}{\partial x}=\lim_{h\to 0}\frac{f(x+h,y)-f(x,y)}{h}$$

주 1 1변수 함수 $y=f(x)$에서와 같이 독립변수가 1개일 때는 함수가 선의 형태로 나타나지만, $z=f(x,y)$처럼 독립변수가 x, y 2개일 때는 함수가 면의 형태로 나타난다.

주 2 $\frac{\partial z}{\partial x}$는 "Partial z Partial x"라 읽는다. 이와 같은 편도함수(Partial Derivative)의 기호는 1변수 함수의 도함수인 $\frac{dy}{dx}$의 모양을 변형시킨 것이기 때문에, Casual하게는 d에 해당하는 그리스 알파벳 δ(Delta)의 소리를 따서 "Del z Del x"로 읽기도 한다.

편미분의 의미와 계산방법

편미분의 의미는 다음 그림에서처럼 설명할 수 있다.

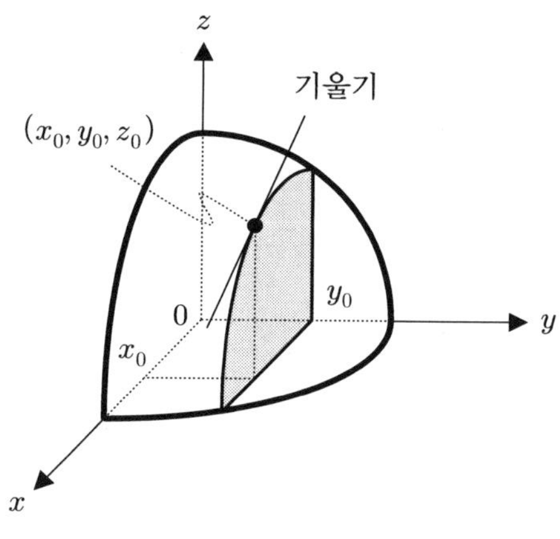

위의 그림에서 $y=y_0$에서 x축과 z축이 이루는 평면에 나란하게 함수의 면을 자르면, 잘라진 함수의 표면이 이루는 곡선은 $z=f(x,y_0)$가 된다. 여기서 y는 y_0로 고정되어 있기 때문에, 이 곡선은 $y=y_0$에서 $z=f(x)$와 동일한 형태를 가진다. 이때 x를 변화시키면, z도 곡선 $z=f(x)$를 따라서 변한다. 따라서 점 (x_0,y_0,z_0)에서 곡선 $z=f(x)$에 x축과 나란한 방향으로 접하는 선의 기울기는 y값을 고정시켜 놓은 채 x값만 조금 변화시킬 때 z값의 변화를 나타내는 변화율 $\frac{\Delta z}{\Delta x}$가 된다. 이때 x의 변화량이 무한히 작아지면, 변화율 $\frac{\Delta z}{\Delta x}$는 편도함수인 $\frac{\partial z}{\partial x}$가 된다. 즉, $\lim_{\Delta x \to 0} \frac{\Delta z}{\Delta x} = \frac{\partial z}{\partial x}$. x축 대신 y축과 나란한 방향으로 순간기울기를 구하면, $\frac{\partial z}{\partial y}$가 된다.

예 $z = x^3 + 4xy^2 + 10$일 때, x축과 나란한 방향의 기울기와 y축과 나란한 방향의 기울기를 각각 구해보자.

x축과 나란한 방향: $\frac{\partial z}{\partial x} = 3x^2 + 4y^2$

y축과 나란한 방향: $\frac{\partial z}{\partial y} = 8xy$

점 $(x, y, z) = (1, 1, 15)$에서의 각 축과 나란한 방향의 기울기는 각각

$\frac{\partial z}{\partial x}(1, 1) = 3 + 4 = 7$

$\frac{\partial z}{\partial y}(1, 1) = 8$

연습 $f(x, y) = 3x^2y^3 + 2xy^4 + 7x + 20$의 편도함수들을 구해보라.

정답 $\frac{\partial f}{\partial x} = 6xy^3 + 2y^4 + 7$

$\frac{\partial f}{\partial y} = 9x^2y^2 + 8xy^3$

연습 $z = \sqrt{xy}$일 때, 점 $(4, 3)$에서 x축과 y축에 따른 기울기를 각각 구해보라.

정답 $\frac{\partial z}{\partial x} = \frac{\sqrt{y}}{2\sqrt{x}}$, $\frac{\partial z}{\partial y} = \frac{\sqrt{x}}{2\sqrt{y}}$

x축에 나란한 기울기:

$$\frac{\partial z}{\partial x}(4, 3) = \frac{1}{2}\frac{\sqrt{3}}{\sqrt{4}} = \frac{\sqrt{3}}{4}$$

y축에 나란한 기울기:

$$\frac{\partial z}{\partial y}(4, 3) = \frac{1}{2}\frac{\sqrt{4}}{\sqrt{3}} = \frac{1}{\sqrt{3}}$$

5. 전미분

함수 $z = f(x, y)$에서 두 변수 x, y가 모두 변할 때, z의 변화량(dz)을 구하는 것을 전미분한다고 하며, 다음과 같이 정의된다.

$$dz = \frac{\partial f}{\partial x}dx + \frac{\partial f}{\partial y}dy$$

단, dx와 dy는 각각 x와 y의 극미량의 변화량을 의미하며 미분(Differential)이라 부른다.

전미분(Total Differentiation)의 의미는 다음 그림을 보면 더욱 명확해진다.

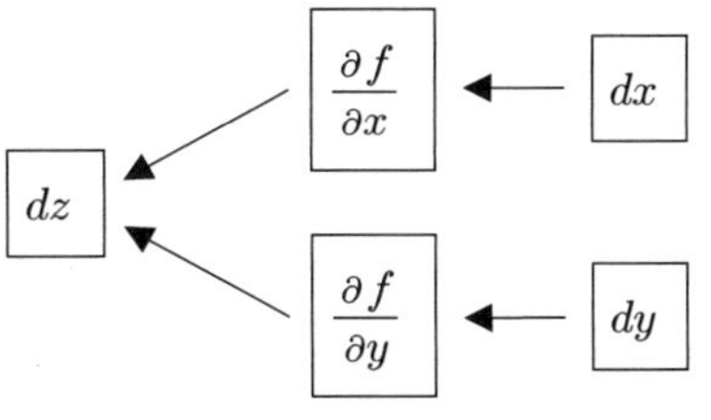

위 그림에서 $\frac{\partial f}{\partial x}$는 x의 변화에 대해 z가 변하는 비율인 민감도(Sensitivity)를 나타내며, $\frac{\partial f}{\partial y}$는 y의 변화에 대한 z의 민감도를 나타낸다. x와 y가 각각 dx, dy만큼 변할 때, x의 변화로 인한 z의 변화량은 $\frac{\partial f}{\partial x}dx$가 되며, y의 변화로 인한 z의 변화량은 $\frac{\partial f}{\partial y}dy$가 된다. 따라서 x와 y의 변화로 인한 전체 변화량은

$dz = \frac{\partial f}{\partial x}dx + \frac{\partial f}{\partial y}dy$가 된다.

예 1 $z = x^2y + y^3 + 10$을 전미분하면 다음과 같다.

$$dz = (2xy)dx + (x^2 + 3y^2)dy$$

예 2 함수 $z = f(x, y)$에서 x가 1만큼 변할 때 z는 3만큼 변하며, y가 1만큼 변할 때 z는 2만큼 변한다고 한다. x가 0.1만큼 변하고, y가 0.5만큼 변했을 때, z의 변화량은 다음과 같다.

$$dz = \frac{\partial f}{\partial x}dx + \frac{\partial f}{\partial y}dy$$
$$= 3 \times (0.1) + 2 \times (0.5) = 1.3$$

예 3 사각형의 면적(z)은 가로길이(x)와 세로길이(y)의 곱이므로, $z = xy$이다. 가로 200, 세로 100인 사각형의 가로길이가 1% 늘어나고, 세로길이가 3% 늘어나면, 면적의 증가분은 다음과 같다.

$$dz = \frac{\partial f}{\partial x}dx + \frac{\partial f}{\partial y}dy$$
$$= y \times dx + x \times dy$$
$$= 100 \times 2 + 200 \times 3 = 800$$

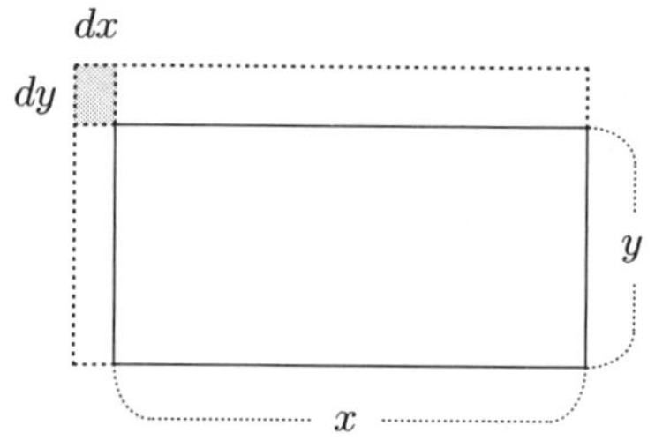

면적의 증가분은 전미분의 공식에 따라 $dz = ydx + xdy$가 된다. 이때 $y(=\partial f/\partial x)$는 x가 증가할 때의 민감도라 할 수 있다. 세로길이(y)가 길수록, 가로길이(x)가 똑같이 늘어나더라도 면적이 더 크게 증가한다. 마찬가지로 $x(=\partial f/\partial y)$도 dy에 대한 민감도가 된다.

주 1 실제로 늘어난 면적은 $806\,(=202 \times 103 - 200 \times 100)$이므로, 미분으로 구한 값과 약간의 차이가 있다. 상당히 작은 값이지만 오차가 생기는 이유는 각 변의 증가량 dx와 dy의 값이 무한소가 아니기 때문이다. 위 그림에서 오차의 값은 음영이 칠해진 부분의 면적과 같으며, $dx \times dy = 2 \times 3 = 6$이 된다. 만일 x와 y의 증가량이 무한히 작아지면, 오차의 크기도 면적의 증가분에 비해 더 빨리 0에 수렴한다. 왜냐하면 면적의 증가분 중 $y \times dx$와 $x \times dy$도 점점 작아지지만, $dx \times dy$의 감소 속도가 훨씬 더 빠르기 때문이다.

주 2 만일 전미분을 (민감도를 생각지 않고) 단순히 두 변수 증가분의 합이라 생각하여 $dz = dx + dy$ 식으로 정의해버렸다면, 사각형 면적의 증가분은 겨우 $dz = 2 + 3 = 5$가 되어버리고 만다. 따라서 전미분을 이렇게 정의하면, 현실에서 별로 쓸모가 없어져버리게 된다.

연습 $z = \sqrt{xy}$ 의 전미분(Total Differential)을 구하라.

정답 $$dz = \left(\frac{1}{2}x^{-1/2}y^{1/2}\right)dx + \left(\frac{1}{2}x^{1/2}y^{-1/2}\right)dy$$
$$= \frac{\sqrt{y}}{2\sqrt{x}}dx + \frac{\sqrt{x}}{2\sqrt{y}}dy$$

6. 극대와 극소

경제학에서는 효용이나 이윤의 극대화, 비용의 극소화와 같은 문제들을 다루게 된다. 이를 위해서는 주어진 함수에서 극대값이나 극소값을 찾는 방법을 알아야 한다. 함수 $y=f(x)$가 주어져 있으면, 이 함수의 극대값과 극소값은 다음의 원리를 이용해 찾을 수 있다.

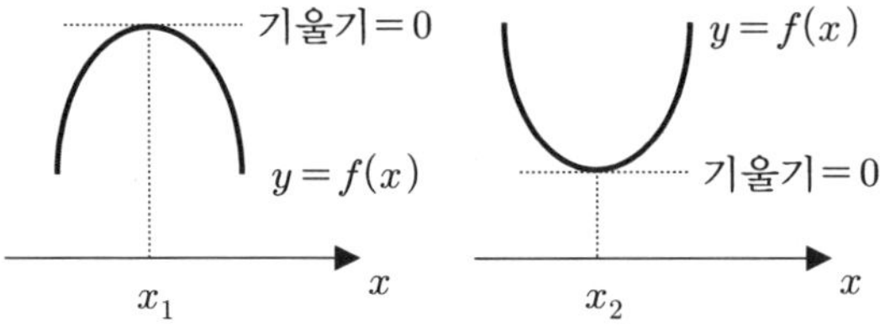

위의 그림에서 극대값 또는 극소값이 되는 x의 값에서 함수의 기울기가 0이 됨을 알 수 있다. 즉, 극값을 가지는 x에서 $f'(x)=0$이어야 한다. 또한 극대값을 가지려면, 왼쪽 그림에서처럼 오목함수의 모양을 가지며, 극대값 부근에서 함수의 기울기가 점점 감소해야 한다. 즉, $f''(x_1)<0$이어야 한다. 극소값을 가지려면, 오른쪽 그림에서처럼 볼록함수의 모양을 가지며, 극소값 부근에서 함수의 기울기가 점점 증가해야 한다. 즉, $f''(x_2)>0$이어야 한다. 이를 요약하면 다음과 같다.

극대값을 가질 조건 ($x=x_1$에서)

$f'(x_1)=0$ 1계조건 (1st-Order Condition)

$f''(x_1)<0$ 2계조건 (2nd-Order Condition)

극소값을 가질 조건 ($x=x_2$에서)

$f'(x_2)=0$ 1계조건 (1st-Order Condition)

$f''(x_2)>0$ 2계조건 (2nd-Order Condition)

예 1 $y=-x^2+4x+10$이 극대값을 갖는 x는 다음과 같다.

$$\frac{dy}{dx}=-2x+4=0 \quad \Rightarrow \quad x=2$$

[또한 $\dfrac{d^2y}{dx^2}=-2<0$이므로, $x=2$에서 극대값을 가짐을 알 수 있다.]

[단, $\dfrac{d^2y}{dx^2}\equiv\dfrac{d}{dx}\left(\dfrac{dy}{dx}\right)=f''(x)$.]

예 2 $y=x^2-4x+10$이 극소값을 갖는 x는 다음과 같다.

$$\frac{dy}{dx}=2x-4=0 \quad \Rightarrow \quad x=2$$

[또한 $f''(x)=2>0$이므로, $x=2$에서 극소값을 가짐을 알 수 있다.]

예 3 $y=x^3-27x+10$이 극대값 또는 극소값을 가지는 x는 다음과 같다.

$$y'=3x^2-27=3(x+3)(x-3)=0$$

$$\Rightarrow \quad x=-3,\ 3$$

$$y''=6x$$

$$y''(-3)=-18<0,\ y''(3)=18>0$$

따라서 $x=-3$에서 극대값을, $x=3$에서 극소값을 가진다.

예 4 x만큼 생산하여 판매하는 독점기업의 수입(R)과 비용(C)이 주어지면, 기업의 이윤(π)은 $\pi=R(x)-C(x)$이다. 이때 이윤이 최대가 되는 조건은 다음과 같다. [이 예는 4장에 나오는 예이며, 그냥 지나쳐도 무방하다.]

$$\pi'=R'(x)-C'(x)=0$$

$$\Rightarrow \quad R'(x)=C'(x)$$

$$\pi'' = R''(x) - C''(x) < 0$$

$$\Rightarrow \quad R''(x) < C''(x)$$

즉, 한계수입(MR) = 한계비용(MC)
[1계조건]

MR곡선의 기울기 < MC곡선의 기울기
[2계조건]

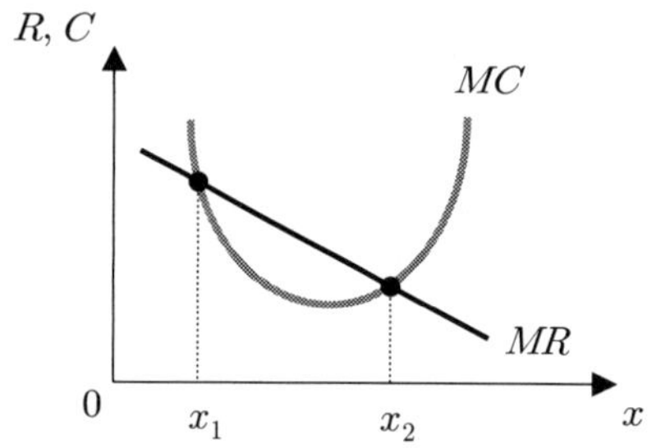

위 그림에서 x_1과 x_2에서 $\pi' = 0$이 되지만, 이 두 생산량 중에서 x_2에서만 한계비용곡선의 기울기가 한계수입곡선의 기울기보다 크다. 따라서 이윤을 최대로 하는 생산량은 x_2이다.

만일 함수가 $z = f(x, y)$처럼 2변수 함수로 주어지면, 극대값과 극소값의 조건은 다음과 같아진다.

$$\frac{\partial f}{\partial x} = \frac{\partial f}{\partial y} = 0 \quad \text{[1계조건]}$$

참고로 2계조건은 다음과 같다.

$$f_{xx},\ f_{yy} < 0;\ \begin{vmatrix} f_{xx} & f_{xy} \\ f_{yx} & f_{yy} \end{vmatrix} > 0 \quad \text{[극대의 2계조건]}$$

$$f_{xx},\ f_{yy} > 0;\ \begin{vmatrix} f_{xx} & f_{xy} \\ f_{yx} & f_{yy} \end{vmatrix} > 0 \quad \text{[극소의 2계조건]}$$

(단, $f_{xx} \equiv \dfrac{\partial^2 f}{\partial x^2}$, $f_{yy} \equiv \dfrac{\partial^2 f}{\partial y^2}$, $f_{xy} \equiv \dfrac{\partial^2 f}{\partial x \partial y}$)

주 경제학에서 다루는 함수들은 볼록함수 또는 오목함수인 경우가 많기 때문에 2계조건은 자동적으로 충족이 된다. 따라서 최적값을 찾을 때 굳이 2계조건은 따지지 않는 경우가 많다. 이 책에서도 2계조건을 따지는 경우는 별로 없다.

예 $f(x, y) = -2x^2 - y^2 + 2xy + 8x + 4y$의 극값을 구해보자.

$$\frac{\partial f}{\partial x} = -4x + 2y + 8 = 0$$

$$\frac{\partial f}{\partial y} = 2x - 2y + 4 = 0$$

이를 풀면 $(x, y) = (6, 8)$.

참고로, 극대값인지 체크해보자.

$$f_{xx} = -4 < 0,\ f_{yy} = -2 < 0,$$

$$f_{xy} = f_{yx} = 2$$

$$\begin{vmatrix} f_{xx} & f_{xy} \\ f_{yx} & f_{yy} \end{vmatrix} = \begin{vmatrix} -4 & 2 \\ 2 & -2 \end{vmatrix} = 4 > 0$$

따라서 위의 극값은 극대값이다.

연습 다음 각각의 경우에서 극대값 또는 극소값을 가지는 x의 값을 찾아보라.

1. $y = -x^2 + 16x + 20$

정답 $y' = -2x + 16 = -2(x-8) = 0$

$\Rightarrow \quad x = 8$

$y'' = -2 < 0$

$\therefore \ x = 8$에서 극대

2. $y = x^2 - 10x + 20$

정답 $y' = 2x - 10 = 2(x-5) = 0 \quad \Rightarrow \quad x = 5$

$y'' = 2 > 0$

$\therefore \ x = 5$에서 극소

3. $y = \dfrac{1}{3}x^3 - 4x^2 + 15x + 30$

정답 $y' = x^2 - 8x + 15 = (x-3)(x-5) = 0$

$\Rightarrow \quad x = 3, 5$

$y'' = 2x - 8$

$y''(3) = -2 < 0, \ y''(5) = 2 > 0$

$\therefore \ x = 3$에서 극대, $x = 5$에서 극소

4. 다음과 같은 판매수입(R)과 비용(C)을 가진 기업의 이윤(π)을 최대로 하는 생산량(x)을 구하라.

$R = -2x^2 + 100x$

$C = 20x$

정답 $\pi = R - C = -2x^2 + 80x$

$\pi' = -4x + 80 = 0 \quad \Rightarrow \quad x = 20$

$\pi'' = -4 < 0$

$\therefore x = 20$에서 최대이윤

5. 두 개의 공장을 가지고 있는 기업이 x만큼 생산해서 판매할 때 판매수입(R), 공장1과 공장2의 생산량 x_1과 x_2에 대한 비용이 다음과 같을 때, 이윤(π)을 최대로 하기 위해서는 각 공장에 얼마씩의 생산량을 할당해야 하는가?

$R = 120x - x^2 \quad$ (단, $x = x_1 + x_2$)

$C_1 = x_1^2 + 500, \ C_2 = 2x_2^2$

정답 $\pi = R - C_1 - C_2$
$= 120x - x^2 - (x_1^2 + 500) - 2x_2^2$

$$\Rightarrow \begin{cases} \dfrac{\partial \pi}{\partial x_1} = 120\dfrac{\partial x}{\partial x_1} - 2x\dfrac{\partial x}{\partial x_1} - 2x_1 = 0 \\ \dfrac{\partial \pi}{\partial x_2} = 120\dfrac{\partial x}{\partial x_2} - 2x\dfrac{\partial x}{\partial x_2} - 4x_2 = 0 \end{cases}$$

$\dfrac{\partial x}{\partial x_1} = \dfrac{\partial x}{\partial x_2} = 1$이므로,

$$\Rightarrow \begin{cases} 120 - 2(x_1 + x_2) - 2x_1 = 0 \\ 120 - 2(x_1 + x_2) - 4x_2 = 0 \end{cases}$$

$$\Rightarrow \begin{cases} 2x_1 + x_2 = 60 \\ x_1 + 3x_2 = 60 \end{cases}$$

$\therefore \ x_1 = 24, \ x_2 = 12$

찾아보기

찾아보기

주제어 찾아보기

ㄱ

ㄴ

ㄷ

ㄹ

ㅁ

ㅂ

ㅅ

ㅇ

ㅈ

ㅊ

ㅋ

ㅌ

ㅍ

ㅎ

이름 찾아보기